中国现象学文库
现象学原典译丛

回忆埃德蒙德·胡塞尔

倪梁康 编
倪梁康 等译

2018年·北京

《中国现象学文库》编委会

(以姓氏笔画为序)

编　　委

丁　耘　　王庆节　　方向红　　邓晓芒　　朱　刚
刘国英　　关子尹　　孙周兴　　杜小真　　杨大春
吴增定　　张　旭　　张再林　　张廷国　　张庆熊
张志扬　　张志伟　　张灿辉　　张祥龙　　陈小文
陈春文　　陈嘉映　　庞学铨　　柯小刚　　倪梁康
靳希平　　熊　林

常 务 编 委

孙周兴　　陈小文　　倪梁康

《中国现象学文库》总序

自20世纪80年代以来,现象学在汉语学术界引发了广泛的兴趣,渐成一门显学。1994年10月在南京成立中国现象学专业委员会,此后基本上保持着每年一会一刊的运作节奏。稍后香港的现象学学者们在香港独立成立学会,与设在大陆的中国现象学专业委员会常有友好合作,共同推进汉语现象学哲学事业的发展。

中国现象学学者这些年来对域外现象学著作的翻译、对现象学哲学的介绍和研究著述,无论在数量还是在质量上均值得称道,在我国当代西学研究中占据着重要地位。然而,我们也不能不看到,中国的现象学事业才刚刚起步,即便与东亚邻国日本和韩国相比,我们的译介和研究也还差了一大截。又由于缺乏统筹规划,此间出版的翻译和著述成果散见于多家出版社,选题杂乱,不成系统,致使我国现象学翻译和研究事业未显示整体推进的全部效应和影响。

有鉴于此,中国现象学专业委员会与香港中文大学现象学与当代哲学资料中心合作,编辑出版《中国现象学文库》丛书。《文库》分为"现象学原典译丛"与"现象学研究丛书"两个系列,前者收译作,包括现象学经典与国外现象学研究著作的汉译;后者收中国学者的现象学著述。《文库》初期以整理旧译和旧作为主,逐步过渡到出版首版作品,希望汉语学术界现象学方面的主要成果能以《文库》统一格式集中推出。

我们期待着学界同人和广大读者的关心和支持,藉《文库》这个园地,共同促进中国的现象学哲学事业的发展。

《中国现象学文库》编委会

2007 年 1 月 26 日

目 录

埃德蒙德·胡塞尔生平素描
　　…………马尔维娜·胡塞尔著/卡尔·舒曼编/倪梁康译(1)
源自《逻辑研究》初期的忆念
　　…………威廉·恩斯特·霍金著/陈伟译/王鸿赫校(25)
回忆胡塞尔 …………弗里茨·考夫曼著/谢裕伟译/方向红校(38)
于哥廷根时期在胡塞尔身边
　　………………赫尔穆特·普莱斯纳著/倪梁康译(50)
回忆胡塞尔……………………威廉·沙普著/高松译(63)
在胡塞尔身边的哥廷根和弗莱堡岁月
　　………………………埃迪·施泰因著/倪梁康译(77)
回忆埃德蒙德·胡塞尔………罗曼·英加尔登著/倪梁康译(161)
五次弗莱堡胡塞尔访问记……罗曼·英加尔登著/倪梁康译(191)
于弗莱堡时期在胡塞尔身边……格尔达·瓦尔特著/王俊译(207)
埃德蒙德·胡塞尔：回忆与反思
　　………………………让·海林著/董俊译/方向红校(232)
感谢埃德蒙德·胡塞尔……路德维希·宾斯旺格著/唐杰译(236)
关于埃德蒙德·胡塞尔的一个回忆
　　………………………卡尔·洛维特著/倪梁康译(247)
作为大学生在胡塞尔身旁

——施皮格伯格写于1924/25年冬的一封家书

.... 赫伯特·施皮格伯格著/倪梁康译(254)

视角变化:一个胡塞尔印象的构造

.... 赫伯特·施皮格伯格著/肖德生译(260)

回忆胡塞尔............ 汉斯-格奥尔格·伽达默尔著/单斌译(269)

回忆我走向埃德蒙德·胡塞尔的道路和与他的合作

.... 路德维希·兰德格雷贝著/李云飞译(273)

回忆埃德蒙德·胡塞尔 .... 扬·帕托契卡著/倪梁康译(279)

回忆胡塞尔 .... 马克斯·米勒著/冯芳译(292)

短暂的相逢 .... 芳贺檀著/冯芳译(299)

从胡塞尔到海德格尔——1928年弗莱堡日记节选

.... 威廉·拉尔夫·鲍伊斯·吉布森著/

赫伯特·施皮格伯格编/张琳译(302)

表象的崩塌 .... 伊曼努尔·勒维纳斯著/朱刚译(351)

纪念伟大的哲学家:埃德蒙德·胡塞尔

.... 列夫·舍斯托夫著/卓立、杨晶译(367)

迷恋真理——回忆埃德蒙德·胡塞尔

.... 埃迪·奥伊肯-埃尔德希克著/倪梁康译(398)

与胡塞尔的谈话(1931-1936年)

.... 阿黛尔贡迪斯·耶格施密特记撰/张任之译(406)

胡塞尔的最后岁月(1936-1938年)

.... 阿黛尔贡迪斯·耶格施密特记撰/张任之译(422)

私人札记

...... 埃德蒙德·胡塞尔著/瓦尔特·比梅尔编/倪梁康译(436)

《哲学家辞典》中的自我介绍 .... 欧根·芬克著/王鸿赫译(450)

回忆弗兰茨·布伦塔诺……………………埃德蒙德·胡塞尔著/
　　托马斯·奈农/汉斯·莱纳·塞普编/倪梁康译(460)
埃德蒙德·胡塞尔的哲学(为其七十诞辰而撰)
　　……………………奥斯卡·贝克尔著/倪梁康译(474)
胡塞尔遗稿的拯救与胡塞尔文库的创立
　　………………海尔曼·范·布雷达著/倪梁康译(514)
　　附录:海尔曼·范·布雷达教授
　　………………路德维希·兰德格雷贝著/倪梁康译(553)

编者后记……………………………………………………556

埃德蒙德·胡塞尔生平素描[①]

〔德〕马尔维娜·胡塞尔　著
〔德〕卡尔·舒曼　编
倪梁康　译

卡尔·舒曼：编者引论

马尔维娜·胡塞尔在胡塞尔研究界主要是以她曾有一次自称的[②]"胡塞尔教授的秘书"而闻名。首先她是按胡塞尔的委托撰写给他的学生和朋友的信函，因而经常接手她丈夫的书信工作。所以她的书信也常常表明是胡塞尔思想活动之历史佐证的一个重要来源。此外还应当提到的是，她在胡塞尔著作的付印方面也有贡献。"她全身心地投入到日复一日的校样核对中"，胡塞尔于 1899 年 11 月 21 日对他妻子在《逻辑研究》的付印方面所做的帮助如此报告说。[③] 1913 年前后让·海林写道："我们应当始终记住她是如何仔细准确地领导着《逻辑研究》第二版以及《观念》第一版清样的校对。"[④] 主要是在

[①]　Karl Schuhmann (Hrsg.), „Malvine Husserls. Skizze eines Lebensbildes von E. Husserl", in: *Husserl Studies* 5:105-125 (1988).

[②]　马尔维娜·胡塞尔于 1928 年 5 月 6 日致英加尔登的信，载于《致英加尔登的信》(*Briefe an Roman Ingarden*)，海牙：马尔蒂米斯·奈伊霍夫出版社，1968 年，第 45 页。

[③]　致古斯塔夫·阿尔布莱希特的明信片，引自 K. 舒曼：《胡塞尔年谱》，海牙：马尔蒂米斯·奈伊霍夫出版社，1977 年，第 58 页。参见上书第 59 页上马尔维娜·胡塞尔于 1899 年 12 月 4 日致阿尔布莱希特的卡片："现在……我要为埃德蒙德抄写许多东西。"

[④]　让·海林："马尔维娜·胡塞尔"，载于：《哲学与现象学研究》(*Philosophy and Phenomenological Research*)，第 11 卷，1950/51 年，第 611 页。

哈勒的初期,她时而还为胡塞尔摘录一些他在工作中所需要的文字。

马尔维娜·胡塞尔(婚前姓:施泰因施奈德)是何许人也?她的家庭显然与胡塞尔家庭一样,属于那些很久以来便定居于摩尔多瓦地区普罗斯捷耶夫(今属捷克斯洛伐克共和国①)城中的犹太家庭。施泰因施奈德家族的最著名成员无疑是莫里茨·施泰因施奈德,他于1816年出生在普罗斯捷耶夫,作为关于中世纪犹太人的经典的、至今尚未被超越的著作之作者而享有世界声誉。② 莫里茨·施泰因施奈德曾于1869—1890年期间在柏林担任学校的校长,并在那里于1907年去世。也许他是军医加布里埃尔·施泰因施奈德(他参与了1848年的革命)的一个兄弟。加布里埃尔的儿子西格斯蒙德与莫里茨一样在学校任职:这在施泰因施奈德家族中显然是一个并非罕见的职业选择。西格斯蒙德·施泰因施奈德在1860年前不久是七城堡地区③

---

① 该地区现属捷克共和国。因为捷克斯洛伐克共和国仅存于1918年10月28日至1992年12月31日期间。此后它分裂为捷克共和国与斯洛伐克共和国两个国家。——译者注

② 除了许多手稿目录以外,莫里茨·施泰因施奈德有如下最重要的著作:《中世纪的希伯来文翻译与作为翻译家的犹太人》(1893年);《犹太人的阿拉伯文献》(1902年);《犹太人的历史文献》第一编(1905年);《中世纪犹太文学通论》(1905年);《直至十七世纪中期的欧洲阿拉伯文翻译》(1905/06年)。海尔曼·列奥·范·布雷达显然已从马尔维娜·胡塞尔那里得知:"她是那位希伯来文手稿和中世纪犹太文学的著名专家莫里茨·施泰因施奈德的亲戚"(《胡塞尔与近代思想》,Husserl et la pensee moderne),海牙:马尔蒂米斯·奈伊霍夫出版社,1959年,第6页)。

③ "七城堡"(Siebenburgen)是自12世纪起为德语少数民族移居的一个中欧地区的德语名称。这个地区如今涵盖了罗马尼亚的中心地带,在罗马尼亚语中被称作特兰西瓦尼亚(Transilvania)。这里居住着中欧现存最古老的德国移民群落,他们也自称为或被称为"七城堡人"(或"七城堡的萨克森人")。卡尔·舒曼与马尔维娜·胡塞尔后面在文章中还多次提到这个名称。但实际上是一个历史的误称,这些移民与德国的萨克森地区无关)。这个七城堡移居地从未与德意志帝国的领地相连,而是先后属于匈牙利王国、七城堡公国、哈布斯堡王朝和奥匈帝国。据统计,1930年时在七城堡还生活着约三十万七城堡人,2007年时却已不到一万五千人。主要是因为自20世纪70年代以来,七城堡居民开始向联邦德国回迁,回迁的数量尤其自90年代以后激增。此外,在奥地利和北美也有由相当数量的七城堡人组成的社团。参见因特网Wikipedia中的相关条目。——译者注

克劳森堡(今日罗马尼亚的克卢日-纳波卡)的教师,也许他与其出生于匈牙利的妻子安托尼·西蒙(她于1916年在普罗斯捷耶夫去世)的相识也是在这座具有浓烈匈牙利风格的城市中。他的女儿马尔维娜随后也出生在克劳森堡,还不知道她这个名字是根据何人而起的。至迟在马尔维娜·施泰因施奈德四、五岁时,这个家庭重又迁回到普罗斯捷耶夫,西格斯蒙德·施泰因施奈德在这里才成为犹太小学的首席教师(Oberlehrer),并且日后又成为实用中学(Realschule)的教授。他于1887年前去世。

人们对童年和青少年时期的马尔维娜·施泰因施奈德几乎一无所知。得到证实的仅仅是她首先在普罗斯捷耶夫上犹太小学,她在那里"在所有四个年级里都是优秀生"。[①] 她当时肯定已经遇到过男孩埃德蒙德·胡塞尔,但后者——由于其父母不是正统的犹太教徒——上的不是犹太小学,而是市立小学。[②] 她12岁时按照父母的愿望来到维也纳,住在她的亲戚、世系工厂主库夫纳(Kuffner)家族那里(他们除了其它资产之外还拥有一家著名的啤酒酿造厂)。她在那里(作为唯一的犹太人、此外还是一个模范生)上的是圣安娜修女学校,当时她的最好朋友中有维也纳教育部的内廷参事克利舍科(Krischek)的几个女儿。

有理由设想,埃德蒙德·胡塞尔与马尔维娜·施泰因施奈德彼此间产生真正好感的时间是在胡塞尔于奥洛穆茨上德语文科中学的第二至第八年级期间(1869-1876年)。显然胡塞尔在那里经历了他

---

① 让·昆德尔(Jan Kühndel):"埃德蒙德·胡塞尔的家乡与家系"(Edmund Husserls Heimat und Herkunft),载于《哲学史文库》(*Archiv für Geschichteder Philosophie*),第51卷,1969年,第289页。

② 胡塞尔的女儿伊丽莎白·胡塞尔-罗森贝格在1975年10月底给我的信中写道:"父母亲童年时就在普罗斯捷耶夫彼此相识,两家都居住在这里,有远亲关系,无直接往来"。

的"初恋时期",他后来对此曾报告说:"我在普罗斯捷耶夫的园丁海因那里。我摘下一朵美丽的 La France 玫瑰。"①诚然,我们并不能够确定这朵玫瑰究竟是为谁而摘。

胡塞尔于1886年4月24日在属于奥格斯堡教会基督教教区的维也纳市教堂被施洗礼;他从其朋友和教父古斯塔夫·阿尔布莱希特那里接受了埃德蒙德·古斯塔夫·阿尔布莱希特·胡塞尔的名字。马尔维娜·施泰因施奈德于1887年7月8日在同一地点作为马尔维娜·夏洛特受洗,可以猜测她的第二个名字是从她的教母和堂姐妹、维也纳的女店主夏洛特·曼德尔(Charlotte Mandl)那里沿用而来的。这个洗礼的进行与马尔维娜面临的婚礼有关。1887年8月6日,她与刚刚获准的私人讲师埃德蒙德·胡塞尔步入婚姻的殿堂,而且这次又是在维也纳,这里既居住着胡塞尔的妹妹海伦娜,也居住着与施泰因施奈德家族有亲戚关系的库夫纳家族和曼德尔家族。

在熟悉马尔维娜·胡塞尔的人那里,她的形象摇摆不定。与她密切交往多年的埃迪·施泰因报告说:胡塞尔的太太,"我们私下里用她的富于诗意的名字马尔维娜②来称呼她。她个子瘦小;头发乌黑闪亮,分梳两边,棕色的眼睛闪烁着生动而好奇的光芒,而且始终惊异地看着世界。她的嗓音有些尖硬,而且听起来始终像是她要责问一个人;但其中掺杂着善意的幽默,这起到了缓和的效果。在她面前人们始终会担心有什么事发生;因为她说的话多半会让人陷于尴尬境地。……她定期参加胡塞尔的讲座,并且后来向我承认(我们所有人实际上都早就知道这一点):她常常是在数听众的人数。她

---

① 《胡塞尔年谱》,同上,第2页。
② 这个名字源于〔法国〕布列塔尼的城市圣马洛(Saint-Malo),它也是"马尔维纳斯"(Malvinas)(福克兰群岛)名称的由来。

缺乏与哲学的内心关联。她将哲学视为其生活的不幸,因为在得到聘任之前,胡塞尔不得不在哈勒当了 12 年[①]的私人讲师。这些经验促使胡塞尔太太让她的三个孩子远离哲学。"[②]这里所报告的这些负面特征,有些通过其它的渠道得到证实,有些甚至被其它的负面评价所超出。弗里茨·考夫曼谈到胡塞尔太太的"略带恶意的方式"[③],赫伯特·施皮格伯格谈到她有一种也为勒维纳斯所证实了的[④]"犹太式的反犹主义"(jüdischen Antisemitismus)[⑤]。她也会做出一些傲慢的评判,例如对海德格尔(与对兰德格雷贝的评判类似):他在她丈夫那里多听几次课会对他有好处。她对吉尔伯特·赖尔提出的问题(她似乎也对其他人提出过这个问题)纯属外行话:她的丈夫是否是一个像柏拉图那样的大哲学家——或者至少是与康德一样的大哲学家。

除了这些特点以外,她有着许多比它们要友善得多的性格。以胡塞尔的巴黎讲演已经临近为借口,她于 1928 年去勒维纳斯那里上法语课,她在那里所做的"与其说是为了丰富她这样的出色学生的词汇,不如说为了给这位大学生的钱包增加一些钱。"[⑥]让·海林"对胡

[①] 实际上是 14 年。
[②] 埃迪·施泰因:《出自一个犹太家庭的生活:童年与青少年》(*Aus dem Leben einer jüdischen Familie: Kindheit und Jugend*),卢汶:瑞维莱兹出版社,弗莱堡:赫尔德出版社,1965 年,第 175 页及后页。
[③] 参见考夫曼:"回忆胡塞尔",载于:《埃德蒙德·胡塞尔:1859-1959 年》(*Edmund Husserl 1859-1959*),海牙:马尔蒂米斯·奈伊霍夫出版社,1959 年,第 40 页。
[④] 参见勒维纳斯:"表象的废墟",载于:《埃德蒙德·胡塞尔:1859-1959 年》(*Edmund Husserl 1859-1959*),同上,第 74 页,注:"胡塞尔太太在谈论犹太人时完全用第三人称,连第二人称都不用。"
[⑤] 赫巴特·施皮格伯格与卡尔·舒曼:"作为大学生在胡塞尔身边:1924/25 年冬的一封信",载于:《胡塞尔研究》,1985 年,第 243 页,注 15。(但在那里并不能找到施皮格伯格的这个说法。也许舒曼或施皮格伯格在出版这封信时将其删除了。——译者注)
[⑥] "表象的废墟",同上,第 73 页注。

塞尔太太所过的这种自我牺牲的生活"表达了他的赞赏:"做一位沉浸在自己研究中的哲学家的妻子确属不易。① 她正是在其社会交往中出色地完成了这个哲学家妻子之角色的扮演。因此,埃迪·施泰因的外甥、哥廷根数学家理查德·库朗(Richard Courant)赞叹"她作为女主人所具有的本领、她的家庭主妇方面的干练、她的杰出厨艺。"② 但享有盛誉的首先是她在严峻境况中所拥有的勇气和决断力;尤其是在1938年极度棘手的形势下,即在范·布雷达神父在胡塞尔去世后几个月于弗莱堡拜访她之后,她必须对胡塞尔的全部遗稿——手稿与藏书——是否转移到国外做出艰难的决定。"在她身上表现出不同寻常的骨气和意志力",胡塞尔文库的创始人这样描写这位哲学家的遗孀。③ 我只能引述他的话,因为他最了解马尔维娜·胡塞尔允准在卢汶大学建立胡塞尔文库这个决定的意义:"哲学世界首先要感谢这位饱受苦难考验,但从未屈服的女性,正因为她,现存于胡塞尔文库中的全部原本资料才得以保存和安置。"④

1939年6月,范·布雷达神父成功地将马尔维娜·胡塞尔合法带出德国;他将她(他曾告诉我,有时是用假名)安置在卢汶附近海伦特镇的一个女修道院中。原先她打算尽快继续旅行去美国她的孩子们那里,但由于随即便爆发战争,不得不放弃这个计划。直至1946

---

① 让·海林:"埃德蒙德·胡塞尔:回忆与反思",载于:《埃德蒙德·胡塞尔:1859-1959年》,第28页。他在其上述"马尔维娜·胡塞尔"文章的第610页上写道:"马尔维娜·胡塞尔太太作为哲学家妻子由其处境所强加的自我牺牲的巨大努力,我们是很容易意识到的。"

② 康斯坦茨·赖特(Constance Reid):《理查德·库朗,1888-1972年:作为同时代人的数学家》,柏林-海德堡-纽约:施普林格出版社,1979年,第49页。让·海林在"马尔维娜·胡塞尔"一文的第610页上也谈到"胡塞尔太太的十分亲切的款待"。

③ "胡塞尔遗稿的拯救与胡塞尔文库的创立",同上,第6页。让·海林在"马尔维娜·胡塞尔"一文的第611页上也强调她"意志坚强"。

④ "胡塞尔遗稿的拯救与胡塞尔文库的创立",同上,第6页及后页。

年5月,她才得以离开比利时以及她的保护人和救命恩人。

马尔维娜·胡塞尔于1941年皈依了天主教,可能部分是因为她重新回忆起她的维也纳学生时代。她于1950年11月21日在弗莱堡去世,享年90岁。

下面发表的马尔维娜·胡塞尔的遗留文字虽然按照女作者自己的判断"不是文学的",却仍然可以被视为独特的作家工作(在这个词的宽泛意义上)。这是一份由13页纸组成的、用钢笔手写的、尺寸为 16×11 cm 的——即半页信纸大小的——页张,它们现在被保存在卢汶的胡塞尔文库。这些页张被装在一个信封里,信封上有其他人(鲁道夫·波姆?)用铅笔注明的日期"1940"、地点"海伦特"和标题"素描"。在《胡塞尔年谱》中,我曾在"E. 胡塞尔生平素描"的标题下引述了这个手稿,[1]尽管现在我已经记不得这个标题的确切来源,但它显然是有根据的,因此这里也继续保留这个标题。这个素描是马尔维娜·胡塞尔来到比利时的这一年撰写的,而且如后来补写的、却被放在正文前面的"后记"中所证实的那样,它是为范·布雷达神父所撰写的,马尔维娜·胡塞尔想用这篇素描来向范·布雷达神父说明胡塞尔的生命历程。

发表这篇文字的兴趣当然首先在于,这位实际上贴近地伴随了埃德蒙德·胡塞尔一生的马尔维娜·胡塞尔在这里提交了一篇第一手的报告。更为重要的是,在这个报告中有些东西无疑给人以真实可靠的印象,但却并未在其它地方被记录下来。然而这并不意味着,我们可以将马尔维娜·胡塞尔的这篇报告在任何方面都不加批判地视作有束缚力的。一方面,这里所涉及的是一位80岁老人的回忆,而不是一份对发生事件的同步记录。另一方面,这个素描的长处恰

---

[1] 参见《胡塞尔年谱》,同上,第XVII页。

恰也构成了它的短处。我指的是那种伸缩变形:马尔维娜将她所做阐述的一半篇幅用于《逻辑研究》出版前的时间,而在当时仍记忆犹新的20年弗莱堡时间方面,却几乎没有任何轮廓性的东西留存下来。如果随之而产生出一份对于早期胡塞尔生活状况而言的独特资料,那么我们尤其会面临回忆欺罔与回忆视角限制(Perspektivik)的危险。

因此完全有必要为这份文字加一个评论,既是用来说明和补充马尔维娜所说的东西,也是用来纠正一些差误。因此,反正需要进行大量的注解,我也就放弃对手稿的明显错误做出修改性的干预。文本的付印逐字逐句地忠实遵从原有的草案,未加任何更改或校订。只在很少几处存有句法错误的地方才[以方括号加入的方式]进行了最为亟须的补充。编者的所有其它补充和说明都被放到了注释之中。

感谢卢汶的胡塞尔文库,尤其感谢它的主任S.艾瑟林博士、教授提供了一份手稿的复印件并且友善地允准它的发表;同时也要感谢在这篇文字编辑的准备进程中对我的文库研究工作的慷慨支持。

马尔维娜·胡塞尔:E. 胡塞尔生平素描后记

大约在去世前两个月,胡塞尔曾说:不应当将过去的生活庸俗化。① 这给我留下了深刻的印象。还有什么样的传记能够成立呢?

---

① 在其"回忆1938年1-3月对其生病住院的父亲的探访"中,伊丽莎白·胡塞尔-罗森贝格记录下胡塞尔于1938年2月6日所说的话:"人越老就会越多地回顾他过去的生活,只是必须防止将它庸俗化。"

我的这些记录在回忆流中从我的笔尖流出,它肯定是有缺陷的,而且更为肯定的是:它不是文学的,但希望它不是庸俗化的。

我尤其希望您,尊敬的范·布雷达神父,会因此而对胡塞尔的生平有更为清楚的了解。

A. 奥洛穆茨

胡塞尔在文科中学里(奥洛穆茨)是一个差学生,对课程无兴趣,无任何抱负。但在每年结束时他都如此努力用功,以至于他每次都不必留级。[①]

在最后一年级时他得知教师会议已经决定:"胡塞尔必须在毕业考试中不及格;他在这些年里耍弄了我们。"[②] 现在胡塞尔怎么办?他首次测试了自己异乎寻常的工作强度:凌晨五点起床,并补习所有那些他还不熟悉的学习材料。在此期间,数学理论的无比之美对他

[①] 胡塞尔在奥洛穆茨从德语文科中学的二年级一直顺利进级到八年级。唯一保留下来的一份相关报告是他的同班同学维克多·汉伯格致安德列夫·奥斯本的信(奥斯本译成英文):"他是一个大瞌睡虫。……他对学校的一切都不感兴趣,只有一个例外,他在数学方面有极为出色的进展"(A. D. 奥斯本:"埃德蒙德·胡塞尔的哲学",哥伦比亚大学哲学博士论文,纽约市,1934 年,第 11 页)。无论胡塞尔是怎样的一个大瞌睡虫,他的学校证书既不能证明他只学到了最为必要的东西,也不能证明他(仅仅)在数学上有辉煌表现。他的努力大都被称之为"令人满意的"或"充分的";在三年级时他恰恰因为在数学和拉丁文(对拉丁文成绩的评语:"被允许在假期后修补不及格的分数")方面成绩欠佳而作为"参差不等的"受到警告。作文的外在形式在最初几个年级大都被评为"不清洁的"或"仓促的";从第六年级开始才被评为"非常可喜的"、"可喜的"或"相当认真的"。然而,从当时通行的"排名序号"来看,他从第二年级到第六年级的成绩完全处在全班平均成绩的上半部分。诚然,这个曲线在中学的最后两个年级则表明是陡然下降的。胡塞尔在第七年级才排 23 名学生中的第 20 位,此后是第 16 位,在第八年级则甚至只排在 17 名学生中的第 17 位,而后是在 16 名高中毕业生中的第 16 位。可以猜想这之后面有性格发展的问题。

[②] 如前所述,这只适用于最后的两个年级,尤其适用于毕业年。

的命运产生影响。①

高中毕业就这样逐渐临近。唯有胡塞尔必须参加所有学科的口试。结束时校长骄傲地对主席说:"督学先生,胡塞尔曾是我们最差的学生。"

胡塞尔身上有一个醒目的特点是他对光学的几近狂热的兴趣。这可能是通过几个学期的天文学学习而得到促进的,但它在胡塞尔那里却是某种完全不可抗拒的东西。作为年青的大学生,他得到过一个蔡司望远镜,并听从其内心的冲动而对它进行仔细的研究,而后确定在一个镜片上存有模糊斑点。他立即决定将望远镜寄到耶拿的蔡司工厂,随即便得到当时的经理阿贝教授②(大概是他赋予了耶拿这家光学工厂以世界意义)提供的到其研究所工作的邀请,因为"没有一个受过训练的检验者曾发现这个错误。他肯定会前途无量"。胡塞尔想要接受邀请,但正如在他生活中常常发生的那样,做出决定的并非是他自觉到的意志,而是另一个意志。

对光学望远镜的钟爱一直伴随到他去世。他身边始终带着一个望远镜,哪怕是在短暂散步的过程中,他拥有所有型号和系统的望远镜。③ 当我晚上让他注意一个特别的星座时,他会立即放下笔而跑到阳台上去。

---

① 根据其高中毕业证明,胡塞尔的物理学成绩是"杰出的",宗教学和自然史的成绩是"值得夸奖的",德语、历史/地理和数学的成绩是"令人满意的",拉丁文、希腊文和哲学的教育学的成绩是"及格"。因此,他的突出成绩并非表现在数学中,而是表现在物理学中。这也通过他的职业愿望"哲学",亦即天文学(当时这个学科还隶属于哲学系)而得到证实。

② 恩斯特·阿贝(Ernst Abbe,1840-1905)于1870-1896年期间是耶拿的教授,自1866起领导卡尔·蔡司的光学工厂。在后来的年代里他接管了整个蔡司工厂。

③ 有几张照片显示胡塞尔拿着望远镜。范·布雷达神父告诉我,胡塞尔在一次大战时将他收集的大量望远镜都转交给了德国军队。

去世前两个月,他希望得到一个新结构的望远镜,当我告诉他已经订购了这种望远镜时,他的眼睛烁烁发光。

B. 莱比锡

莱比锡四个学期的①天文学赋予他人生很多东西。与比他年长八岁的马塞里克的关系是他的第二条生命线的起点。②

马塞里克将这位年青的,而且显然为他十分喜欢的同乡胡塞尔引入七城堡-萨克森③的同学会,里面全部都是或几乎全部都是神学家。胡塞尔与其中的几个人结下了终生的友谊。④

此外,马塞里克以极为兴奋的方式让胡塞尔注意到弗兰茨·布伦塔诺,他本人是布伦塔诺的学生,并且很愿意让胡塞尔立即与他一同去维也纳,他准备在那里完成任教资格考试。然而胡塞尔已经把他的灵魂托付给了数学,而哲学这时还不能将他吸引过去。但布伦塔诺之魔力的推动并未消失,它只是在几年之后才发挥作用。

C. 柏林

1878年,即两年以后,他离开莱比锡和天文学。教学方式、枯燥的表格计算以及或许还有更深的原因驱使他走向所有科学中最严格的科学:数学,并且走向柏林。此外,他在那里也找到了一片星空,因为柏林大学当时处在其辉煌的高处,第一等星魏尔斯特拉斯、赫尔姆

---

① 胡塞尔在莱比锡没有学习四个学期,而是学习了三个学期。
② 关于胡塞尔与马塞里克的关系还可以参见卡尔·舒曼:"胡塞尔与马塞里克",载于:约瑟夫·诺维克(编):《论马塞里克》,阿姆斯特丹:罗多皮出版社,1988年。
③ 参见前面编者引论中关于"七城堡"(Siebenburgen)的说明。——译者注
④ 后面将会表明,马尔维娜·胡塞尔所说的这些朋友是指古斯塔夫·阿尔布莱希特和海尔曼·小格拉斯曼。

霍茨[①]、本生[②]等等，都是朝向认识之路的天才引领者。

胡塞尔晚年还乐于谈起，由于当时能够看到和听到这些精神领袖，他的年青的心充满了何等的幸福感与激情。

对他影响最深刻的是魏尔斯特拉斯。有一次他曾说：我从魏尔斯特拉斯那里得到了我的科学追求的伦理志向。

他满怀激情地投身于数学与物理学的学习之中，他将柏林时期视为他生命中最幸福的年代之一。

诚然，哲学在当时还没有扮演任何角色。虽然他听过保尔森和泽勒尔的讲座，[③]但他的爱始终只为数学所吸引。

D. 维也纳

遵从其正统的奥地利人的父亲的愿望，他于1883年在维也纳完成了博士考试，并且在那里完成了他的第三次，也是最后一次转变过程：他根据马塞里克的忠告而去参加了弗兰茨·布伦塔诺的讲座，而他的未来便自行做出了决定。[④] 它还在他自己知道这一点之前就已经决定了自己。在完成博士研究和服完兵役之后，他还觉得自己完全就是一个数学家，并且应魏尔斯特拉斯的邀请作为他的私人助教

---

① 胡塞尔极有可能从未听过赫尔姆霍茨的讲座。

② 罗伯特·本生从未在柏林大学任过职。马尔维娜·胡塞尔可能将他混同于古斯塔夫·基尔霍夫，他与本生一同发现了光谱分析。

③ 胡塞尔听过爱德华·策勒尔（Eduard Zeller）的课，这一点虽然没有其它方面的证明，但也并非完全不可能。

④ 在其"回忆弗兰茨·布伦塔诺"文章中，胡塞尔只是报告说，他去听这些讲座起初"只是出于好奇"，"为了听一下这位当时在维也纳被人谈论得如此之多的人"［《胡塞尔全集》，第25卷，第305页。——中译文参见胡塞尔：《文章与讲演（1911-1921年）》，倪梁康译，北京：人民出版社，2009年。——译者注］，尽管如此，马尔维娜·胡塞尔的这个主张至少不会是错误的，即马塞里克的催促在这里起着作用。

而去了柏林。① 但他在一个学期之后便回到维也纳,下定决心成为一名哲学家。② 布伦塔诺的周围有一大批聪明热情的学生,他也乐于在讲座与研讨课之外将自己奉献给他们,并常常将他们带回自己家中。③ 他很快便注意到一个有浅金黄色头发、蓝眼睛、沉思而腼腆的年青大学生④(或毋宁说年青博士);布伦塔诺对他如此感兴趣,以至于会邀请他去圣·吉尔根附近的沃尔夫冈湖边共度 1885 年⑤的长暑假,在那里每天进行哲学交谈、打扑克、划船等等,与他一起度过了三个月的时间。这样就奠定了在一个位于其生命顶端的大师与一位"正在成长者"之间的奇特关系,这个关系一直维续到布伦塔诺去世,而且并未因胡塞尔的所谓"堕落"而受到影响。(即便有克劳斯——他在其布伦塔诺正统派中肯定比教皇本身还要教皇——的那些带有恶意的说明。⑥)

布伦塔诺对胡塞尔的爱在圣·吉尔根还在下列情况中得到表达:当他的太太,一位极优秀的画家,开始为胡塞尔画肖像时,从未画

---

① 胡塞尔是在他从柏林回来之后才作为志愿者服了一年的兵役。"魏尔斯特拉斯的邀请"是一个夸张的说法。伊丽莎白·胡塞尔-罗森贝格在 1975 年 1 月 22 日给我的信中写道:"'应邀请'这个表达符合我母亲常有的那种略带狂热的表达方式。这肯定只是一个较为短暂的和完全非正式的合作形式。"而就那个一再进入到关于胡塞尔的文献中的"私人助教"的表达而言,也无法设想任何正式的,甚至哪怕半正式的功能。马尔维娜·胡塞尔在这里是将世纪之交后才在哲学院系开始设立的助教工作岗位回返投射到了胡塞尔的柏林岁月上。

② 胡塞尔自己报告说:从柏林(魏尔斯特拉斯当时病了)回来之后,他起先还在数学与哲学之间"犹豫了"一阵子(参见:《胡塞尔全集》,第 25 卷,第 304 页及后页)。

③ 参见《胡塞尔全集》第 25 卷第 306 页上关于布伦塔诺的说法:"在做完练习之后,他常常将报告人和积极参与者中的三四个人带回家。"

④ 关于胡塞尔的外表也可以参见他的中学同学汉伯格的说法:"他有一头浅金黄色的卷曲头发,苍白的皮肤。"(A. 奥斯本:"埃德蒙德·胡塞尔的哲学",同上书,第 11 页)

⑤ 应为 1886 年。

⑥ 这是指奥斯卡·克劳斯(Oskar Kraus)所撰写的对弗兰茨·布伦塔诺《出自经验立场的心理学》第一卷(1924 年)和《真理与明见》(1930 年)的编者引论。

过画的他会从她手中拿过笔和画板,自己去完成肖像。① 而他的一个带有热心柔肠的特别举动是:他将这幅肖像画作为圣诞礼物(1885年②)寄给了新娘,连同一封令人感动的信。(我在这里还要附加著名艺术史家罗伯特·菲舍尔③对此肖像的一个评判:"您为有这样一幅漂亮的肖像高兴吧,它的价值不亚于一幅早期意大利画。")

布伦塔诺像一位父亲一样指挥着胡塞尔下一步的未来计划。胡塞尔应当去萨勒河畔的哈勒,并且在他的学生与朋友施通普夫那里进行任教资格考试,而后应当立即结婚。胡塞尔找借口说他还是哲学中的迟钝初学者,但这一切都于事无济,于是胡塞尔便去了哈勒。

E. 萨勒河畔的哈勒

施通普夫满怀信任地接纳了他,而且几乎像一个家庭成员那样对待他。胡塞尔毫不犹豫地开始撰写他的任教资格论文。施通普夫则带有疑虑地监督着他,让他能够按直线达到目标。有一次他曾以严厉的语词来接待这位受到惊吓的年青人:"如果您不在四星期之内递交您的论文,您就不要再踏进我家的大门。"1886年就是这样过去的,1887年7月进行了任教资格考试,论文题目是《论数的概念》,1887年8月6日我们结婚了。

---

① 参见赫伯特·施皮格伯格:"布伦塔诺的胡塞尔形象",载于其《现象学运动的前后关联》,海牙、波士顿、伦敦:马尔蒂米斯·奈伊霍夫出版社,1981年,第119-124页。

② 应为1886年。

③ 罗伯特·菲舍尔(Robert Vischer, 1847-1933)在1893和1911年期间是哥廷根的艺术史教授,他在这里作为系里的同事而与胡塞尔有一定接触。在其"回忆弗兰茨·布伦塔诺"的文章中,胡塞尔提到过罗伯特·菲舍尔,但错误地将他说成是他的父亲特奥多尔·菲舍尔(Friedrich Theodor Vischer, 1807-1887),后者当时主要因其小说《也是一个人》(Auch Einer)而闻名于世。(参见:《胡塞尔全集》,第25卷,第311页;这个错误在胡塞尔的手稿中已经得到纠正。)

1887—1901年的哈勒时期对于胡塞尔的精神未来起着至关重要的作用。与各种问题以及与自己的忐忑不安所做的艰苦的内心搏斗,将一块生铁变成了坚硬而贵重的钢材。他经历了多少绝望!当时他每天都到弗兰克孤儿院去,并诵读刻写在大门上的题词:以赛亚的诗篇"那倚靠上主的,必从新得力……。"它成了他的生活箴言。①1891年在出版了得到重要扩展的任教资格论文《算术哲学》后,他立即想撰写计划中的第二卷。但正如贯穿在他一生中的情况那样,他的意志屈从于一个他自己并未意识到的更高意志。因此,《算术哲学》的第二卷始终没有写出来,②而胡塞尔在一个追根寻底和殚精竭虑的研究中沉浸了十年之久——他直截了当地拒绝了那些极为看重他并且极有影响的重要人物让他先发表其研究的一个部分的急切劝说,③"在我相信已经完成之前,我不会出版。"

《逻辑研究》于1900年和1901年出版。

在结束哈勒时期之前,我们还想就我们的人际关系说几句话。

---

① 参见埃迪·奥伊肯-埃尔德希克:"对真理的激情。回忆埃德蒙德·胡塞尔",载于《法兰克福汇报》,1977年1月15日:"他向我们讲述,他当时常常来到弗兰克孤儿院中观看这个题词,以便从中汲取慰藉,这个题词就刻在正门上方:'但那倚靠上主的,必从新得力,他们必如鹰展翅上腾。'在通往这所由奥古斯特·海尔曼·弗兰克于1695年创建的孤儿院的大门上方,山形墙上的老鹰握住一个载有这段引自《以赛亚书》第四十章第三十一节的文字的卷轴。此外,孤儿院的印刷所还为尼迈耶出版社工作,这个出版社自发表《逻辑研究》以来便在出版现象学文献方面处于引领地位。"

② 这个说法与胡塞尔自己在《算术哲学》第一卷前言中的说法并不矛盾,即:第二卷的"构想已大部分完成"(《胡塞尔全集》,第12卷,第8页)。因为这些构想从未达到可付印的纯拟稿文本的程度。

③ 胡塞尔于1899年11月21日写信给阿尔布莱希特说:主要是阿洛伊斯·里尔(1844—1924,于1898—1905年在哈勒任教授)"不断催促我将我的研究以现在的状态发表"(《胡塞尔年谱》,同上,第58页),而根据几篇可以回溯到马尔维娜·胡塞尔那里的报告,自1894年起在柏林当教授的卡尔·施通普夫也曾强烈地催促将文稿付印(参见《胡塞尔年谱》,同上,第57页及后页)。

无论这些关键性的发展年代是多么艰难以及如何搅动着内心，青春力量的财富以及对幸福的渴望还是获得了其应有的权利。哈勒当时是一个极为出色的大学，我只需提及神学系的拜伊施拉克①、豪普特②、考郗③，法律系的封·利斯特④、……⑤、路宁⑥，哲学系的施通普夫和鲁道夫·海姆⑦、约翰·爱德华·埃尔德曼⑧，数学家中的格奥尔格·康托尔，如此等等。这个名单要列出来的话会太长，我只想泛泛地说：这里有很高的精神生活水平，而且有许多好的和最好的朋友。我只提三个名字：胡塞尔深情喜爱的施通普夫、汉斯·封·阿尼姆和格奥尔格·康托尔，最后这位是高斯以来最伟大的数学家，是集合论(数学的一个有极为丰富成果的新分支)的创始人。他们在有些方面相似，在其它方面则差异极大。康托尔的住所与施通普夫的住

---

① 威利巴尔特·拜伊施拉克(Willibald Beyschlag,1823-1900)，自1860年起在哈勒任实践神学教授。

② 埃利希·豪普特(Erich Haupt,1841-1910)，自1888年起在哈勒任新约圣经注释教授。

③ 埃米尔·考郗(Emil Kautzsch,1841-1910)，自1888年起在哈勒任旧约圣经教授。

④ 弗兰茨·封·利斯特(Franz von Liszt,1851-1919)，1889-1899年间在哈勒任刑法教授。

⑤ 马尔维娜·胡塞尔在其文稿中于此处留了一个空缺，显然是留给一个她在撰写时忘了而后来又一直没有补上的名字。属于胡塞尔哈勒亲密朋友的还有枢密顾问韦尔克以及法律顾问克庑肯贝格，或许马尔维娜·胡塞尔想要提到的就是这两人之一？

⑥ 胡塞尔在哈勒与埃德加·路宁(Edgar Loening,1843-1919)为友，在胡塞尔的藏书中有路宁1872年主编的《国家词典》(Staatswörterbuch)，三卷本，以布隆奇利［原中译名为：伯伦知理。——译者注］的德意志国家词典为基础。

⑦ 文学史家和哲学家鲁道夫·海姆(Rudolf Haym,1821-1901,自1860年起在哈勒)首先是因其著作《黑格尔及其时代》(1857年)和《浪漫主义学派》(1870年)而著名。

⑧ 黑格尔主义者约翰·爱德华·埃尔德曼(Johann Eduard Erdmann,1805-1892,自1839年起在哈勒任教授)至今也还因其内容丰富的《近代哲学史》(1834-1853年第一版)而闻名于世。

所一样，对我们来说就是一个家园。① 施通普夫是良师、顾问、父亲般的朋友，而当他于 19 世纪最初几年②去慕尼黑时，我们几乎觉得，我们随着他的离开而成了孤儿。

与阿尼姆的友谊联结十分美好。③ 我相信今天已经不再有这种东西了。我几乎要说：这两位先生命中注定是要彼此互补的。胡塞尔曾在精确的自然科学中受过当时一流的精神伟人的教育，而阿尼姆则构成他的对立面：他是那位具有最精致学养的精神科学家威拉莫韦茨·莫伦道夫（Wilamowitz-Möllendorf）的学生。由此而产生出一个受到神的眷顾的星座：一个人为另一个人的未受训练的眼睛打开自然科学认识与方法的无穷财富的大门，并且为此而得到历史学与语言学的宝藏作为回报礼。④ 与此同时，在两位朋友之间存在着一种亲善的同情，它就像一件仙女披风（Feenmantel）一样，一直延伸到我们两位太太这里。

还有三个亲密的朋友我不想只字不提。胡塞尔在哈勒找到了格拉斯曼，⑤ 就像他在柏林找到了后来的物理学家阿尔布莱希特教授

---

① 关于胡塞尔对康托尔的可能影响可以参见 A. 弗兰克尔的文章"格奥尔格·康托尔"，载于：《德国数学家联盟年刊》，第三十九卷，1930 年，第 257 页。伊丽莎白·胡塞尔-罗森贝格在 1975 年向我讲述，在她孩童时代，康托尔曾为她制作过一种单人纸牌游戏，对她来说那个游戏显然太难了，因此她将它扔掉了。

② 应为 1889 年。

③ 古典语言学家汉斯·封·阿尼姆（Hans von Arnim，1859-1931）在 1888 至 1892 年期间在哈勒任私人讲师，他主要作为《斯多葛派学说残篇》（1903/05 年）的编者而著名。他的太太伊丽莎白是胡塞尔的同名女儿的教母。

④ "所以，你的精神科学的力量与财富对我来说是一种帮助和幸运的补充"，胡塞尔在他于 1929 年 9 月 12 日致阿尼姆的信中这样回忆与他在哈勒共同度过的时光。

⑤ 海尔曼·恩斯特·格拉斯曼（Hermann Ernst Grassmann，1857-1922）自 1875 年起在莱比锡大学学习了五个学期，他在那里与胡塞尔结下友谊。自 1882 年起，他在哈勒的拉丁语小学当老师，在这里自 1886 年起与胡塞尔重逢；格拉斯曼是胡塞尔家"多年来的圣诞夜常客"（引自马尔维娜·胡塞尔于 1899 年 12 月 18 日致古斯塔夫·阿尔布莱希特的信）。格拉斯曼于 1893 年在哈勒完成博士学位考试，1899 年在那里完成任教资格考试。在 1900 年之后的岁月里，他在吉森任数学教授。

一样,①这两个人都曾是莱比锡七城堡-萨克森同学会的成员。两个人都属于我们毕生——无论年轻时还是年迈时——都保持联系的非凡人物的圈子。

(在告别哈勒之前,我还必须讲述格拉斯曼的一个有趣轶闻。格拉斯曼是一位著名数学家的儿子,这位数学家同时也作为梵文专家而享有盛名。② 在提到我们的这位朋友的名字时,他常常被问及:您是大数学家格拉斯曼的儿子,还是印度学家格拉斯曼的儿子?小格拉斯曼这时会谦虚地眨着眼睛轻声回答说:"我是他们两人的儿子。")

F. 哥廷根

随《逻辑研究》的出版而开始了一个新的时期。一道自己想要的厚实帷幔曾将埃德蒙德·胡塞尔与世界、与科学的世界事务隔

---

① 古斯塔夫·阿尔布莱希特(Gustav Albrecht,生于1858年)是一个七城堡萨克森人,与格拉斯曼一样,他还在莱比锡时便与胡塞尔相遇。无论如何,他与胡塞尔在其柏林的岁月(1880年前后)里成为终生的亲密朋友。他首先在摩拉维亚-特热博瓦担任文科中学的老师,后来是布尔诺的文科中学的教授,并于1909年作为数学老师去了维也纳的职业学校(技术专科学校),1939年他还生活在那里。在胡塞尔的藏书中可以找到以下的阿尔布莱希特的著述:《电的历史。顾及到它的应用》(电子-技术文库,第二十八卷),维也纳-莱比锡,1885年;"论可称重量的定义",载于:《1888年级结束时布尔诺德语国立中学和实用中学的项目》,第3-23页;《亚当·里斯与我们算术的发展》(公益报告集),布拉格:布拉格公益认识普及的德语学会,1894年。胡塞尔与阿尔布莱希特的书信往来是胡塞尔遗稿中数量最多和内容最丰富的书信往来之一。

② 教师海尔曼·君特·格拉斯曼(Hermann Günther Grassmann,1809-1877)是一个具有丰富多样形态的人物。他不仅为孩子们撰写过一个读本和一本关于植物的书,而且还参与了一个自由报纸的创建,以及积极从事在中国的传教活动。他对数学的意义主要在于(当时在数学专业世界中被低估了价值的)《扩张论》(*Ausdehnungslehre*)(1844年)。胡塞尔因为这本书而有一次将他称作"也许是在这个世纪在德国产生的最天才的数学家"(引自《胡塞尔全集》,第21卷"编者引论",第XXX页)。作为印度学者,他撰写的书中有经典的《梨俱吠陀词典》(第五版,1976年)。

开。他想在自己选择的孤独中赢得这样一种东西,而这种东西的缺失曾如此深切地使他感到不安,即:有责任意识地成为一个哲学教师。而他只能在孤独中去赢得它:"你不给我祝福,我就不容你去。"①

因此,那块使他在隔离状态中工作的帷幔也被扯碎:在发表《逻辑研究》后他便收到了去哥廷根担任副教授的邀请,并且很快便开始了他的具有伟大风格的教学活动。大学的精神温床很长时间以来就已在最高的意义上得到了开垦,并且在自然科学中成为引领者,在精神科学中也幸运地拥有出色的力量。唯有在哲学中,自洛采②以来正在发生一种衰落。大学生们是国际性的,尤其是在数学中(希尔伯特、费利克斯·克莱因③等),对于胡塞尔来说,这里有一个巨大的学院活动领域。尽管他坚信并且也一再地对我说,《逻辑研究》要过些年才可能起作用,④但情况完全相反。首先"它在慕尼黑"、在特奥多尔·利普斯的学生圈中,"像是扔下了一个炸弹"(亨瑟尔教授的评述),⑤这是今天十分时兴的鲜明比喻。⑥ 而从慕尼黑开始了外来学生和年青学者的迁移,他们想来《逻辑研究》的作者这里学习。我只

---

① 《圣经·创世记》,第 32 章,第 26 节。
② 鲁道夫·海尔曼·洛采于 1844-1881 年期间在哥廷根任教授。
③ 费利克斯·克莱因(Felix Klein,1849-1925)因 1872 年撰写[几何学方面的——译者注]"爱尔兰根纲领"(Erlanger Programm)而闻名于世,他于 1886-1913 年在哥廷根任教授,并通过聘请大卫·希尔伯特等人而将哥廷根大学发展成为德国数学的要塞。
④ 参见胡塞尔 1907 年 11 月 4 日关于《逻辑研究》的被接受状况的日记:"当它们如我所不敢希望的那样开始产生出迅速而有力的影响,尤其是对年轻一代的影响时,我的心是多么地充满自豪。"(《胡塞尔全集》,第 24 卷,第 448 页)
⑤ 保尔·亨瑟尔(Paul Hensel,1860-1930)是一个更多对文学感兴趣的人物,他也带着好感来看待胡塞尔,以及特别是来自慕尼黑现象学家圈子的亚历山大·普凡德尔。
⑥ 要考虑到这篇"素描"是马尔维娜·胡塞尔在二次大战期间撰写的。

提一下其中几个名字：莱纳赫①、希尔德勃兰特②、舍勒、康拉德-马蒂乌斯、埃尔哈特·施密特等等。

即使哥廷根的讲座和研讨课需要在时间和力量方面有完全不同的付出，这并未影响胡塞尔对其各个问题的继续研究。在他的精神道路上矗立着难以克服的障碍、山峦乃至群山，它们让他永远无法进行欢庆。

"胜利之神并未对他发出邀请。他的成长就是成为深深的战败者，败于日趋伟大的东西。"③

哥廷根的地方氛围完全不同于哈勒。曾在那里教学与研究过的许多思想家会作为告诫和激励而继续生活在那里。（伟人来过的地方，就永远被授予了圣职。④）希尔伯特就是这样一个全然奉献给其事业的范例，他很快便在胡塞尔身上看到了相同的伦理志向，并与之结下了让人深深敬重的友谊。⑤

---

① 参见卡尔·舒曼："胡塞尔与莱纳赫"，载于：克文·穆利根（编）：《言语行为与实事状态：莱纳赫与实在论现象学的基础》(*Speech Act and Sachverhalt: Reinach and the Foundations of Realist Phenomenology*)，多特雷赫特：马尔蒂米斯·奈伊霍夫出版社，1987年，第239-256页。

② 参见"迪特里希·封·希尔德勃兰特"，载于：L. J. 朋格拉斯（编）：《哲学家自传》，第二卷，汉堡，迈纳出版社，1975年，第77-127页。

③ 无法确定这段引文的出处。[该段引文出自里尔克（Rainer Maria Rilke, 1879-1926）的诗作《观望者》(*Der Schauende*)的最后一段。但马尔维娜将原有诗句的两处动词现在时全部改作了过去时。——译者注]

④ 这段引文也无法确定出处。——在其1940年2月1日致范·布雷达神父的信中，马尔维娜·胡塞尔还以下列形式给出这段文字："好人来过的地方，就永远被授予了圣职。"[该段引文出自歌德（Johann Wolfgang von Goethe, 1879-1926）的诗剧《托尔夸托·塔索》(Torquato Tasso)的第一幕·第一场。原文应为："好人来过的地方，会被授予圣职；几百年后，他的言行重又为他的子孙聆听。"——译者注]

⑤ 关于胡塞尔与希尔伯特的关系人们所知甚微。无论如何，1905年，当胡塞尔的近邻同事（collegae proximi）尤利乌斯·鲍曼和格奥尔格·埃利亚斯·缪勒试图（最终也成功地）阻止对胡塞尔讲座教授的任命时，希尔伯特自发地从那些他能够视为以积极态度对待胡塞尔的德国同事们那里获取了七份关于胡塞尔科学成就的鉴定。他于1905年5月25日在致施通普夫的信中便写道：他与鲍曼和缪勒的"信念相左"，并且觉得"他们对胡塞尔有失公允"。

尽管当时在哥廷根以一般的礼仪社交为最大时尚，而且尽管我们并未被排除在外，胡塞尔还是首先将自己奉献给他的学生们，在特定的日子为他们敞开家门。周日、周三他乐于邀请一两个高年级学生来家里吃饭。最常被邀请来的是埃尔哈特·施密特[①]与康斯坦丁·卡拉吉奥多利[②]，前者来自波罗的海地区、数学家、极具才华，后者是希腊人、有全面的学养、原先曾是工程师以及苏伊士运河与尼罗河管理委员会的成员。现在卡拉吉奥多利在慕尼黑担任实用数学的讲座教授，施密特在柏林担任数学教授。这两位年轻人许多年都是我们家里的朋友，而且对孩子们饶有兴趣。这段交往十分美好、崇高。

哥廷根的岁月便如此流逝，而1913年《观念》的出版，即使对于较为亲近的学生而言，它也是一个惊喜。只有少数几个人跨过了这个不期而至的新思想之流并且达到了彼岸！而战争的爆发也阻碍了对《观念》的更快接受，这场战争还影响到胡塞尔对《逻辑研究》第二版的重新加工。他在1913年1月至1913年4月13日期间便写出了《观念》，他自己说，他"像是在出神状态中（in Trance）"写

[①] 数学家埃尔哈特·施密特（Erhard Schmidt, 1876-1959）在1901至1905年期间是哥廷根的大学生。自1917年后是柏林的教授。由于战争的影响，他于1945年失去了——如他在一封信中所说——"所有照片、画像、信函"（引自汉斯·罗尔巴赫："埃尔哈特·施密特传"，载于《德国数学家联盟年刊》，第六十九卷，1968年，第214页），其中无疑也包括胡塞尔致他的信函。因此，关于他与胡塞尔的关系我们几乎一无所知。

[②] 康斯坦丁·卡拉吉奥多利（Constantin Caratheodory, 1873-1950），毕业于布鲁塞尔的比利时军事学校，1899年曾去埃及一年，在那里作为助理工程师参与尼罗河上艾斯尤特水坝的建造。自1902年起是哥廷根的数学大学生，在这里于1905至1908年期间担任私人讲师。他曾于1907年3月陪同胡塞尔去意大利旅行。自1924年起他在慕尼黑任教授。

出了这些书①(所以《形式的与超越论的逻辑学》是在六周内完成构思的)。②尚未从《观念》清样的修改中得到休整,他便又扑向《逻辑研究》,这部书当时已告售罄,出版社急切要求再印。

这里我想到了在我回忆中的一个空缺,我要尽快填补它,这便是狄尔泰。

狄尔泰是少数几个对《逻辑研究》的影响力做出反应的人。它出版后,在哲学刊物之丛林中是出奇的寂静,没有书评,只有几封信函。③狄尔泰是少数几个立即认识到"这部著作的划时代力量"并将此认识毫无保留地告知作者的人。很快他便表示要来哥廷根访问,④而这是令人难忘的一天:老先生的那双闪烁着敏锐精神的小眼睛、他对一个伟大成就的友善承认、他的个性的素朴单纯,所有这些都证明他属于德国研究者中的最高尚类型。他私下里对我说:"仁慈的太太,《逻辑研究》是哲学的一个新时代的引导。这部著作还会经历很多次再版,您要运用您的全部影响,使它不被修改,它是一个时代纪念碑,必须始终将它如其在被创造时的那样保存下来。"

尽管有此智慧的告诫,胡塞尔仍然能够和愿意冒险做出加工的

---

① 这个所谓的《观念》铅笔手稿产生于 1912 年 9 月和 10 月;这部著作于 1913 年 1 月至 3 月付印,并于 4 月出版。胡塞尔在 1919 年 11 月 4 日致阿诺德·梅茨格的信中所做的说明:他"像是在出神状态中写出了"《观念》第一卷,便是指此铅笔手稿。参见《胡塞尔全集》第 3 卷第一部的"编者引论",第 XXXIX 页。

② 《形式的与超越论的逻辑学》产生于 1929 年(应当是 1928 年——译者注)11 月和 1929 年 1 月 23 日之间。

③ 这个说法过于夸张。可以参见《胡塞尔全集》第 18 卷"编者引论"中"关于书评史"的概述,第 XLI-XLVII 页。

④ 胡塞尔与狄尔泰的私人接触是通过胡塞尔在柏林于 1905 年 3 月对狄尔泰的拜访而形成的。关于狄尔泰而后做了回访这一点,目前没有其它渠道的证明,但肯定不是不可能的。因为狄尔泰的兄弟卡尔·狄尔泰曾在哥廷根任考古学和古典语言学的教授;狄尔泰有可能常常去拜访他,并且而后也造访胡塞尔。诚然,卡尔·狄尔泰在 1907 年便已去世。

尝试，尤其是对第六研究。在已经印出四个印张之后，他让人将它们化成纸浆。

我现在要离开哥廷根，不再去谈论布莱斯劳、耶拿和波恩的邀请，因为它们最终也没有结果。①

G. 弗莱堡

与此不同的是弗莱堡，以及去海德堡的同时建议。那里是除马堡学派之外最有影响的南德意志学派所在地。

他已近 57 岁，并且相信向一个另类环境中的移植以及对此环境的征服只可能使他生命之流奔淌得更为顺畅。的确也是如此。1916 年至 1937 年的这些岁月引导他在陡峭的石径上向上攀行。他始终生活在无限的理念下，直至其最后健康的日子，他都一直拥有对于他的无限任务而言的无限时间视域。他越是觉得自己是一个初学者、一个拓路人，他越是探讨死亡问题，②他就越是看不到自己就站在那个无法逾越的、切断了世俗生活之线的时间边界面前。对他而言，他的世俗活动是一个来自上方的使命，对此使命的服务构成了他的生活，这个生活不含有任何对未来的担忧。在他面前，他的任务是无限的，他实现这个任务的追求是无限的。

他在 78 岁时开始将他集聚起来的精神习得之力量全部浇注在一部登峰造极的著作中。此时他却遭受了一个致命疾病的全力袭击，③延续了九个月的苦难生命历程将他引向人生的最高顶端。无

---

① 这三个案例都涉及相关院系对胡塞尔的聘任的考虑或企图：1909 年前后于布莱斯劳，1911 年于耶拿（参见《胡塞尔年谱》，同上，第 159 页），1913 年于波恩（同上，第 179 页）。这三处都没有发出对胡塞尔的邀请。
② 死亡问题在胡塞尔的著作与手稿中并未扮演突出的角色。
③ 胡塞尔最后患病（胸膜炎）是因为在浴室滑倒。

论是谁,都会服从这个从世俗之物到超世俗之物之发展的神圣魔力。

辞世之夜像是人类生存最深秘密的昭示。被唤起的是惊异、敬畏、震惊、对最伟大事物的预感,甚至几乎是幸福感——没有眼泪流出,没有苦痛可以报告。他静静地躺在那里,他的面容变得越来越美,闪光的皮肤上看不到任何细微的皱褶,呼吸越来越静谧,女护士俯身向他说"去吧,基督徒的灵魂(Proficiscere anima christiana)",这时可以听见他吐出最后一口气。

他像圣者一般逝去——修会的修女震惊地说。

源自《逻辑研究》初期的忆念[①]

〔美〕威廉·恩斯特·霍金 著

陈伟 译/王鸿赫 校

1902年秋天,我作为一个新来的外国人有幸第一学期在哥廷根大学注册入学,时间是1902年米迦勒节到1903年复活节。注册本上还留有几个有趣的签名:缪勒(心理学)[②]、亚伯拉罕(理论物理学)[③]、马克斯·弗沃恩(身体与心灵)[④]、能斯特(原子论的发展)[⑤]。胡塞尔的签名出现了两次——一次是"逻辑学",这是通论性的讲座课程,一次是"认识论:关于休谟的研习课",这是小型研讨课程。希尔伯特[⑥]和克莱因也在哥廷根:当然,人们偶尔会听他们的课。

胡塞尔的重要性才刚刚开始在德国被意识到。我记得,仅有我们六个人上他的主课程"逻辑学"。我想,他在美国还不为人所知。

[①] William Ernest Hocking, "From the early days of the *Logische Untersuchungen*", in: H. L. Van Breda and J. Taminiaux (eds), *Edmund Husserl 1859-1959*, *Recueil commémoratif publié à l'occasion du centenaire de la naissance du philosophe*, Martinus Nijhoff: La Haye 1959, p.1-11.

[②] 格奥尔格·埃利亚斯·缪勒(Georg Elias Müller,1850-1934),德国心理学家,于1881-1921年在哥廷根大学任教。——译者注

[③] 马克斯·亚伯拉罕(Max Abraham,1875-1922),德国物理学家,于1900-1909年在哥廷根大学任教。——译者注

[④] 马克斯·弗沃恩(Max Verworn,1863-1921),德国心理学家,于1901-1910年在哥廷根大学任教。——译者注

[⑤] 瓦尔特·赫尔曼·能斯特(Walther Hermann Nernst,1864-1941),德国化学家,于1890-1905年在哥廷根大学任教。——译者注

[⑥] 大卫·希尔伯特(David Hilbert,1862-1943),德国数学家,从1895年起在哥廷根大学任教。——译者注

在美国没人向我提及过他:我事先并没有预料到我会申请上他的课。正如许多幸运的命运的降临一样,这是一些意外情况造成的。当时在哈佛大学讲授算术哲学的卡尔·施密特博士知道了我要在德国待一年的计划后,把我推荐给他的老师和朋友、马尔堡的保罗·纳托普。纳托普慷慨地和我一起翻阅了秋季学期的公告。他得出了结论(实际上,他还顺带做出了以下评论——他说德语但礼貌地建议我说英语,以便他能听懂!):"如果你主要关心的是认识论,那么在哥廷根有个年轻人,不太出名,但关于这个主题他似乎有新的东西要说。他的名字叫胡塞尔。一两年前,他出了一本薄薄的书叫《逻辑研究》,接着去年又出了很厚的第二卷。我看过薄的那一卷:它包含了一个觉醒,一个对他先前关于算术真理所做的思考的拒绝——事实上,这是对他所说的心理主义的总进攻。无论如何,他的思想在发展中——在我看来他正在成长。你不妨跟着他学习一段时间。"

这个建议不错却令人不安。我的哈佛的指导老师们把我的注意力引到了别的地方:罗伊斯[①]、詹姆士、明斯特伯格[②]都有他们自己的推荐。冯特在莱比锡;罗伊斯在期待着冯特的逻辑学——这是一个心理主义者的逻辑学——中的伟大的东西。狄尔泰尽管年迈多病,仍然在柏林;施通普夫,保罗森[③],普夫莱德尔[④],西美尔也在那里。库诺·费舍[⑤]在海德堡;而文德尔班则刚从斯特拉斯堡来到海德堡。

[①] 约西亚·罗伊斯(Josiah Royce,1855-1916),美国哲学家,1882 年起在哈佛大学任教。——译者注

[②] 雨果·明斯特伯格(Hugo Münsterberg,1863-1916),德国-美国心理学家,1892年起在哈佛大学任教。——译者注

[③] 弗里德里希·保罗森(Friedrich Paulsen,1846-1908),德国新康德主义哲学家。——译者注

[④] 奥托·普夫莱德尔(Otto Pfleiderer,1839-1908),德国新教神学家。——译者注

[⑤] 库诺·费舍(Ernst Kuno Berthold Fischer,1824-1907),德国哲学家、新康德主义追随者。——译者注

我已经能想象我对李凯尔特以及对弗莱堡的兴趣,我尤其被他那本《自然科学概念形成的界限》所吸引。选择青年胡塞尔显然是个风险,是个双重风险,因为我的哈佛的赞助者可能会感到困惑。

我承担了这个风险。我受到了纳托普的话中胡塞尔与我自己的探索方向有所类同这种暗示的指引。我早就对规范思维中的心理主义抱有怀疑,并写了一篇题为"宗教心理学——该被实施吗?"的讽刺文(从明斯特伯格的眼光来看):在我看来我们思维的原因和动机不仅与思维的真理无关,而且本质上是对把人类团结起来的一个理由的反叛。我确实是来德国体验其丰富的哲学思想的:但是最重要的是,我希望有人看到推理是某种不同于联想或实际的打算的东西并由他来对形而上学真理的基础做一些严谨的分析。胡塞尔也许就是那个人。

他确实是。

这个冒险以我做梦都没想到的方式获得回报。在胡塞尔课堂上,由于学生人数少,便利了个人关系的发展,这在任何情况下都是不寻常的——在庞大的大学中则是不可能的。这不单是因为胡塞尔生性热情,对门下的外国人无疑关怀备至。而且还因为他具有这样一种精神,即在极端重要的问题上的强烈信念,以及传达这种信念的驱动力——这种精神和驱动力造就了伟大的教师。在不无危险地越过流行的陷阱之后,他费尽一切心思以使他的学生免于误解:他的教学是通过一种小心谨慎的表达来进行一连串的重要而困难的区分。

这种教学无疑是很艰难的。当然我们必须弄到《逻辑研究》,并且两卷都要好好钻研,尤其是第二卷的第六研究"现象学的认识启蒙之要素"。(第六研究的第一篇题为"客体化的意向与充实",这让我立即想起罗伊斯在他的两卷本的《世界与个人》中所阐述的将实在看作"意图之施行"的学说,这部著作与胡塞尔的两卷本《逻辑研究》完全是处在同一个时期的(1900/01)。罗伊斯和胡塞尔之间的区别很快就被意识到。)胡塞尔也建议我们购买波尔扎诺的几卷本的《科学理论》。我如实照办！当在特别与休谟相关的研讨课中我们被邀请回顾洛克、休谟和穆勒的时候,我对谈及如此熟悉的材料感到失望懊恼;但我很快发现了这种回顾与现象学概念之间的关联:毕竟我们的思维的成果中有一个经验性的连接,——而那些把"观念"当作在女王陛下那儿通行的条款来探讨的英国探索者们,他们即便拙笨,也还是有话要说。

我提到过胡塞尔的精神紧张。这种紧张无处不在,并且以相应的强度影响了他的学生们。其强度在他的系统的逻辑学讲座中明显比在有机会讨论的研讨课中要低。胡塞尔非常注意大学讲座课中的形式因素,他的讲授偶尔在技术上有些拘谨,但总是措辞得当,饱含激情。我想起他的一个措辞。当时我们在某个午后一起散步,他提起他早年和《算术哲学》的斗争:他在处理基础工作中的心理学方面的时候已经感到不安,但是在讲座课的那种氛围中不能支支吾吾地讲述——他必须"扯开嗓子"讲。现在他已经从那种内在的危机中解脱出来了！但他还是继续"扯开嗓子"讲。

在研讨课中,以及在我们的私人对话中——这是我们关系中最宝贵的一部分——,斗争的意识必定更明显,因为对他来说这是与一个时代的斗争,他不仅要让他自己而且还要让他的这个时代的思想变得明晰。他希望我理解他早期的混淆的本质,为此他给了我他以前的写作的副本。其中一小本是在哈勒当私人讲师的授课资格论文(1887年):《论数的概念,心理学的分析》。另一本是 1891 年的《算术哲学》,其副标题值得注意:"心理学的研究和逻辑学的研究"。那时他的《逻辑研究》确实已经开始了,但心理学的无关因素仍然有待克服。

胡塞尔坚持努力去阐明他的特殊立场,正面地廓清现象学的方法,此期间偶然找到并未总被注意到的表达方式。他对当代论著的批判性评论往往是最明晰的。在 1903 年及以后的《系统哲学文献》中,他的《1895-99 年间关于逻辑学的德语论文报告》系列特别有价值。①

我还要提到以下事实:当这些报告发表之后,胡塞尔就不断地寄给我;我们的交流在我整个留德期间以及许多年以后都以通信的方式一直延续着;我在哈佛读博士期间(1904 年)以及此后在哈佛当教授期间,我不但有机会交换我们的论著,而且有机会向他推荐学生,如法伯(Marvin Farber)和凯恩斯(Dorion Cairns),他们已经成为现象学方法在北美和南美的积极的倡导者。——我提及这些事情是想要表明,我和胡塞尔实际在一起的时间尽管出乎意料地短暂,但是关系的发展如此迅速、如此真诚,以致建立起了一种持久而富于成果的联系,虽然我在技术上不能说是一个现象学家。

我们的相聚的中断完全出自偶然。出于责任,我向哈佛大学的管理部门(我从那里获得在国外旅行和研究的奖学金)报告了我所做的事情。由于不了解胡塞尔并且对未来的无知,他们自然无法立即理解我的研究项目的意义。我从明斯特伯格那里(他后来当了主席)②收到了一份相当尖锐的说明,大意是说(哈佛)管理部门"不会拨付奖学金,以便学生们自我封闭于地方大学";还说我应该从柏林的哲学家和国家冬令营那里学些东西!我很愕然;胡塞尔表示理解

---

① 我特别注意到《报告》Ⅲ——它出自 1903 年的《文献》第 3 期,这似乎是圣诞节期间我从胡塞尔那里得到的——上有一段珍贵的题词:"赠予 W. E. 霍金先生,并致亲切的问候与真挚的节日祝福。"在这份报告中,他讨论了艾森汉斯(Elsenhans)的《逻辑学与心理学的关系》——这是写于 1896 年的一本小册子,其结尾断言:"除了广泛的心理主义之外,没有其它方式能够解决逻辑学的问题",还讨论了贡佩尔茨(Heinrich Gomperz)的《论逻辑的基本事实的心理学》的破坏性影响。

② 明斯特伯格于 1908 年起担任美国哲学学会主席。——译者注

并相当宽宏大量。我们就此别过,而后继续主要通过写作保持哲学上的交流——毕竟写作具有某些好处,例如熟思和持久。① 我的注册本一直不含有注销证明。然而比起我生命中几乎任何其它的类似阶段,在哥廷根的这两三个月都更充满了忆念——所有这些伟大的思想家都在其中占有一席之地。②

从胡塞尔这样的思想家那里获得的力量是双重的。首先是在与其接触时获得的不可估量的财富:对目标之内在伟大性的直觉;对于哲思意志的心灵感应;重拾对冒险献身于哲思生活之正当性的信心。其次,他那些重要的、产生影响的议题,不是胡塞尔的,而是我们每个人自己要去面对的问题。对于第一个方面的收获,没有人能靠近胡塞尔工作——一起思考、紧追问题——而不受触动。他知道幸福仅来自于创造的痛苦:他在传达着亚里士多德关于神圣召唤的信念,而后他还可以加上以下洞察:这——对于凡人来说——同时也是对严肃的艰苦工作的召唤!

正是由于这个原因,人们所遵从的路线,无论是直是曲,总必定是自己的:在原生的思想路径中存在着(通常是无意识的)自传性的要素。这是在一切哲学信念中必不可少而弥足珍贵的核心要素。(在斯宾诺莎的阐述中,自传原则上被禁止以有利于纯粹的理性推导,其结果也许是宏大的,但在具体的意义上仍然是有缺陷的。)思想的核心奥秘在于那些最具强烈个人的、自传性的、私人的思想——如笛卡尔的怀疑的过程一样——潜在地是最普遍的,正如当他将他的我思向全世界公布时前后不一地表现出来的那样!但是学生在老师

---

① 大多数这些信件的复印件都保存在卢汶胡塞尔文库。

② 仅仅是出于偶然,我被允许参加学生歌手俱乐部,他们当时正在编排勃拉姆斯的《德意志安魂曲》。后来我在柏林听到了这首高贵的乐曲,由于早前的经历,其意义对我来说显得重大无比。

面前必须学会尊重老师在通往真理之途中无意识的、自传性的因素，而不会由于虚假的忠诚这种错觉而将它用于自己。

和胡塞尔保持亲密关系意味着参与到他的精神痛苦中，参与到他的细腻的描述和他以无限的才能所进行的区分中，某种程度上也参与到他的忧虑和复杂中。被迫离开哥廷根某种程度上意味着我可以从一个合适的角度来理解它。第二次的探寻要开始了，——胡塞尔在何种程度上已经回答了我个人的哲学问题呢？写信注定是传达剩下的问题的管道。

我在胡塞尔的教学中获得的巨大满足当然首先在于把当时诱人的心理主义置于其本位，并同时尊重在心智的生物学方面的有效的科学主张。这不是单纯的否定：这里具有一种贯穿着经验之光的清晰认知；这里有一种在本质直观中的看的要素；它是现象学中的一种现象要素。人们并不是在理性真理、天赋观念、公理等先天列表中，而是在作为一切经验之因素的本质的简单特征中达到理性生活的稳固基础的。我们所感知到的从来不是纯粹的——无意义的——直接之物，而是有特征的直接之物；并且特征可以从实际的被给予性或者它在其中被给予的媒介中抽象地得到考虑和确认。在这里与康德的"感觉"有些类似，我们必须"总具有一种感知"，以便为概念提供存在，但是却避免了康德对经验要素的先天思想形式进行推论性列表的构想。

在这点上，我把胡塞尔看作我称之为这个思想的开放时代的"扩展了的经验主义"的先知之一。我近来比较了胡塞尔和黑格尔以及马塞尔关于经验结构的论述。① 黑格尔在《精神现象学》中的出发点

---

① 载：《哲学与现象学研究》，1954 年 6 月，关于"马塞尔和形而上学问题的基础"的一篇文章。

是特殊的直接之物,是伴随着其感性确定性的现在这个,是"最抽象的和最贫乏的真理性";但要无止境地忍受这个问题:它是什么?将所有答案(本质)逐个整合进它们自己的存在:具体之物亦即特殊之物自身。胡塞尔的现象学——以下是引用我的文章——

"基于同一个观念,但是要从相反的方向来理解。从作为被彻底地思考的客体出发,胡塞尔精确地悬搁了对实存——这正是黑格尔的感性确定性——的设定:他宣扬一种基于结构概念本身的经验主义,一种本质直观,因而消除了其本体论负担……在科学的'经验主义'中(它造就了现代)……'首先服从自然'这一格言只不过是对于精通行为的反讽性策略……使自身成为纯粹接受性仅仅是具有洞察力的本质直观的镜头聚焦,而这一本质直观……是科学进步的核心。"

对于这种技术性的本质直观,我开始认识到,我们必须为我们的开放时代的这种更深广的经验主义增加一种正确的认识,即对三个领域中的形而上学实在性在经验中的在场的认识:自我、他人和你。

经验中的这些形而上学的方面正是我所要探求的,而我当时在胡塞尔那里并没有得到令人满意的启示。我在到德国之前的年岁里就已经关心唯我论的理论问题,对于这个问题罗伊斯和詹姆士都没有解决方案。我当时就提出了未来的博士论文论题的一个模糊的构思:"交往哲学,第一部分:关于他人心智的知识。"我继续探寻胡塞尔的思想和著作,以便找到现象学研究中有关自我的角色的理论,以及他-我的理论,这一理论在我们的设想中似乎被预先作这样的假定:每个人所感知的自然世界与所有人都是相同的,即私人客体具有普遍性。

对于罗伊斯来说,自我和他-我并非是经验性地被给予的。它们是意图的客体,是道德决定的客体。我既不能整天感知我自己的同一性,也不能整天去证明它:但是一种基本的行为准则是,我视自己和昨天对你做出承诺的那个人为同一个人,并对此承诺负责。与此同时,我也希望把你看作——尽管我对此既不能经验也不能证明——昨天我对其做出承诺的同一个人。对于明斯特伯格来说,正如对于费希特来说,他-我被视为一个实体,无论如何都不能在任何感知中被给予。对于胡塞尔来说,我发现这些问题仍然未解决,仍然在生成中。这些问题自然就成了我给他所写的信的一个主题。1903年6月,我在海德堡给他写了一封信,其中有如下一些话:

值得注意的是,我们必须切实地将作为一种经验科学的心理学区分于一切规范性的兴趣,我指出过,逻辑学自身必须仍然包含一种心理学概念的理论:"因为逻辑学想要建构一种概念理论,但只要它仅只考虑一个受到限制的概念范围,那么这种建构就决不能成功。如果我们的整个概念理论取决于对例如树木、动物、原子等这样的一些概念的本质的研究……那么我们从一开始就不得不将例如回忆、相信、爱、自我等等诸如此类的概念看作要么是被推导出来的,要么是根据同样的图式被建立起来的,这绝不是不言而喻的……"

"在您的关于心理现象和物理现象的文章中您提到了心理之物的特征与自我有关联。因此心理之物的每一个概念都必须包含这个自我-因素。"

"但是为了将同一个东西用作心理之物的基本规定,自我概念自身必须要么超出心理之物和物理之物,要么在其本质中具有某种原朴的和原初的东西……"

我有一段时间没有收到他的回信,部分是由于其健康——他经常不适——;在全神贯注的心智活动后——无疑部分由于这个原因——胡塞尔不再强健。后来,我收到了他的回复,是一封详尽而仔细的来信,地址写的是我在热那亚的小船,写于哥廷根,日期是1903

年9月7日……信太长了,没办法全部引用(12页),其中有许多就一般而言、就私人关系而言以及就专业而言都很有趣的段落:

他当时正在将他的[思想]定位标识为现象学:

"我还要补充,您对我的现象学倾向的解释(正如您针对文德尔班教授为现象学辩护那样)是正确的,并且相当出色……"

"'概念理论'是一个巨大的,并且尚未完全解决的任务,这也是我所承认的。我早就对这个领域中的不清晰感到痛苦不堪。我在我的《逻辑研究》中所描述的那些东西已不再能作为建议和开端……"

"但我还是要问一下,您是如何理解'概念理论'的……您不想'我们的整个概念理论'取决于树木、动物、原子等等,以避免构成对回忆、相信、爱等等概念(我已经指出这些概念是'反身性的',因为它们包含着一个自身)的不公平。但是……对于一切涉及含义和概念的普遍本质的领域来说,这样的区分是无关紧要的,更不必说'整个概念理论'都要取决于这些区分。"

他特别指出,这些区分就其是重要的而言,"还没有得到系统的研究,这是在间接的表象活动和直接的表象活动之间的极其重要的区分(这是最好的课题,你可以对此进行研究……)……单个物的被给予状态并不存在于对一个感性直观的单纯具有中,而是存在于一种借助一系列的思维步骤才回引到感性直观上的、通过连续的一般化……而成为伴随性的,并且在范畴上得以纯化的关联中。"

"在所有这些领域中,普遍的概念理论都不起区分的作用,正如在反身概念……和别的概念之间没有起区分作用一样。仅当人们——这种情况时有发生——也把纯粹的范畴概念如存在、真理、部分等等标识为反身性概念的时候,我们才在起源中找到本质的区分(对此我已经在我的《逻辑研究》中试图探讨过)。但您的例子却不属于这样的概念——自我概念也不属于这样的概念。我无法同意给予这些概念一个特殊的地位。"

"您不要被费希特和新费希特主义者的不清晰所迷惑（这可能指的是明斯特伯格，某种程度上也包括罗伊斯，我和他们在这点上已经分道扬镳了）。即便是费希特也误解了认识批判的基本问题从而误入了虚构的、最终是神秘的自我形而上学的迷途。康德的尚未完全成熟的、没有得到完全澄清的超越论统觉的自我观念对他……产生了一种灾难性的影响。纯粹自我进而理论自我的真正概念是全部的理论先天，是从属于可能的本真的思维自身的形式与规则的系统……"

"我绝没有将自我概念视为（正如您由于没有正确理解《逻辑研究》的表述而认定的那样）原初的，也绝没有将与自我的关系视为一切心理之物的一个因素……（然后提到，把一切心理之物作为经验性的拥有归属于'通常的经验性的自我'）……但纯粹自我在任何意义上都完全不是实在之物……我仅只把（相互紧密地交织在一起的）意向体验视为原初的和实在的……"

"关于这些无止境的问题就说这么多吧。我已经在我的《逻辑研究》中用炸药炸开了认识论这块古老而粗笨的岩石。其中有许多泥砾和碎石，但有一些东西已现于天日……"

无法不对这封信的友好温暖及其对我的持续的思想旅程的亲切关怀表达深切的感激。我的脑海中继续持有以下根深蒂固的信念：自我既是概念也是经验；它既是基本的也是独特的；它作为真实之物的复杂性和它的本质的朴素性并不矛盾，并且这种复杂性必须通过其直接的朴素性而得以通达。我相信胡塞尔的道路将引领他超越他这封信的出发点，事实上也确实如此。接下来在哈佛大学的这一年（1903-04），我专注于我的博士论文，探究自我和他-我的问题，着手正面处理唯我论的问题。其主旨在于提出一种有效的交互主体性，我相信对这种交互主体性的认识刻画了当前哲学时代的基本特征。我的博士论文出版于 1912 年，题为《人类经验中上帝的意义》。①

我和胡塞尔的通信间或地进行着，一直延续到他的生命的最后阶段。他给我的最后的信息是题赠给我的《欧洲科学的危机与超越论的现象学》的副本，这本书在 1936 年也就是他去世的前两年在贝尔格莱德付梓。他在结尾处热情地向人类呼吁的话语与他自己的个人历史有着奇特的关联。他谈到被置于"最终的转折和最终的决定"面前，谈到被带入一种内在的转变中：

"在这种转变中，我们将会真正发现，并直接经验到早就被感觉到但却总是被隐蔽了的超越论的东西的维度。这一在其无穷性中得以敞开的经验基底，很快就变成根据一定方法来进行工作的哲学的沃土……"

这些话语透露出胡塞尔迄今为止的言说中尚付阙如的神秘主义触动，并最终缓解了他对复杂性事物的终生紧张，在对无所不在的实在的扩大了的经验主义中，在经验中，我似乎认识到——我确定我并未身处幻觉中——他的精神历程和我的精神历程之间的一种最终和解，一种真正的相接。

早些年，我在他的《笛卡尔式的沉思》中获得特殊的乐趣，其中第五沉思包含着一种处理交互主体性问题的方法，尽管一种"单子论的交互主体性"——如果这不是个自我取消的说法的话——似乎由于限制性的术语而减损了其活力。但是我们的实际关系之间没有这样的限制，也不缺乏活力。今天，我谨以他在 1903 年所写的信中的某些结束语作为我自己此刻对他的回应：

---

① 我马上把它寄给了胡塞尔；他的副本现在存放于卢汶胡塞尔文库中。而我这儿则保留着他用心题赠给我的 1931 年的《笛卡尔式的沉思》。

"我愿忆念我们共度的美好的哲学时光。"

(麦迪逊,新罕布什尔州)

回忆胡塞尔[①]

〔美〕弗里茨·考夫曼 著
谢裕伟 译/方向红 校

一

我与埃特蒙德·胡塞尔在25年的时光里所建立的私交上和精神上的关系(由于拙荆在胡塞尔临终前的几周对他而言可能具有的意义,这种关系便获得了一种特别的庄严感)[②],体现在1936年他为送给我的那本《危机》所作的题词当中:"致弗里茨·考夫曼博士先生,我多年来忠诚的哥廷根学生和老朋友! E. 胡塞尔"。

我对他曾怀有的,并且至今仍怀有的那种带着敬意的忠诚并不

---

① Fritz Kaufmann,原文无标题,载于:*Edmund Husserl: 1859-1959. Recueil commémoratif publié à l'occassion du centenaire de la naissance du philosophe*. La Haye: Nijhoff,1959,p.40-47.(这是一部以纪念胡塞尔诞辰100周年为主题的文集,由胡塞尔的学生和友人们执笔,收录于"现象学丛书"(*Phaenomenologica*)。本文作者 Fritz Kaufmann(1891-1958),于1910至1914年先后在莱比锡、柏林和哥廷根学习哲学,1918年一战结束后到弗莱堡继续学业,并于1923年在胡塞尔门下获得博士学位。1926至1933年在弗莱堡担任私人讲师并实际上参与胡塞尔的研究工作。1938年移居美国,曾任教于西北大学和纽约州立大学(布法罗),是现象学在美国传播和发展的主要推动者之一。他本人的主要工作是将现象学分析方法运用到美学和文学评论方面。1958年退休后移居瑞士,并于同年去世。本文原文为德文,是在作者去世之后才出版面世的。本文原无标题,现有标题为译者所加。——译者注

② 括号中的句子原文为:sie empfing eine stellvertretende Weihe durch das, was ihm meine Frau noch in den letzten Wochen sein durfte. 这个句子涉及的应该是作者家人与胡塞尔的交往经历,但译者未能查到相关资料以充分确定此句的意思,只能根据可能的含义而勉强译出,因而译文可能有误,仅供读者参考。——译者注

是盲从——马尔维娜·胡塞尔女士常常多少有些戏谑地称我为"自由领主考夫曼"(Freiherr von Kaufmann)①。出于人与人之间的伟大信任和极为高贵的宽容,胡塞尔从来不会责怪人们偏离了他的道路,②尽管对于他而言,他的道路就是那条道路,或者更好地说,就是最终有效的那个道路起点;一切对这个起点的偏离都意味着那些还没有充分"进步"的心灵所产生的迷误,而它实际上就如同那条为那个步调一致地和情绪高昂地在哥廷根那里集结在他周围的青年兵团所开辟的王者之路(königlicher Weg)那样。这个运动的统一性在其思想势头上并没有因为胡塞尔在《观念 I》(1913 年)和早在 1907 年的讲座课中已经发生的超越论转向而有所削弱,尽管胡塞尔感觉到老战友们对自己不理解,尽管他们在更具人格魅力的阿道夫·莱纳赫周围建立了第二个——补充性的而不是敌对性的——中心:胡塞尔心满意足地注意到,他的年轻朋友们准备对观念论采取妥协态度,例如在关于概念建构和命题建构的问题上。在胡塞尔心中,有一种对自己的方法(Vorgehen)的难以撼动的内在确定性和必胜信念,而与之相伴而行的则是一种对思想之最终的自负其责(letzte Selbstverantwortlichkeit des Denkens)的近乎宗教般的感受——这种自负其责在理论上就反映为先验本我的那种从未被完全驱除的孤寂。他也将这种自负其责赋给其他人,既作为尊严,也作为重负(Bürde);他将此奉为他的——他所认为的——新教徒的天性。这是一种持续了一生的基本态度,无论他在那些天主教的姐妹们面前

---

① 德文"Freiherr"本意为"男爵",但在神圣罗马帝国时代指的是那些对自己领土有自主支配权并且无需对其他领主承担租金、兵役等封建义务(frei 意为"自由")的男爵(区别于某些没有这种自主支配权、需要对更高等级的贵族承担封建义务的男爵),因而这里译者根据文意而译为"自由领主"。——译者注

② 当我觉得他没有合理地对待我们圈子中一些人的需要和诉求时,有时我会言辞激烈地为这些人辩护,而出于上述那样一种友善的宽容,他对此也会予以接受。

所作的骑士般的言辞,还是当他一直以来都非常喜爱的学生埃迪·施泰因出家①时他所表现出来的那种带有理解的体谅之情(尽管他一直以来都对此感到不安),都不能掩盖这种基本态度。而对于马克斯·舍勒在其天主教时期所作的那种理智上的牺牲(*sacrificium intellectus*)②,胡塞尔一直没有完全给予原谅。

对于那些参与现象学运动的人,胡塞尔都有一种几乎坚定不移的信任,而这种信任即使在海德格尔那里都没有例外。他不能也不愿接受他的这位助手在极尽所能地破坏大师的学说与威望——那种悲剧般的宿命往往让成己之路(der Weg zu sich selbst)变成一条挑衅他人的不忠之路。胡塞尔将海德格尔看作自己的继承人,这位继承人虽然某种程度上关注着另外的问题,但从根本上并没有以另外的方式来看待这些问题——这是胡塞尔的一个信念,即使当他在托特瑙山阅读《存在与时间》的校样时,他还持有这一信念。后来将他推入痛苦之中的,并不仅仅是作为其接班人的海德格尔对他的日益疏离和拒斥,也不仅仅是那种将他置于敌对状态的政治转向,甚至也不是那个与他的哲学规划截然有别的另外一个规划,真正让他痛苦的是,他认为海德格尔把他本人的意图颠倒过来了:海德格尔是一幅对《观念 I》的架构的讽刺画,是一个会扰乱人们对原作的理解的临摹本。胡塞尔对此做出了创造性的回击,借此,他在其生命最后十年里力图展示其思想在方法论上的纯粹与彻底,展示其思想的清晰轮廓和普遍有效范围——在哲学上,能在暮年之际取得像胡塞尔的这种创造性回击那么辉煌成就的,极为罕见。

---

① Gang ins Kloster,即出家到修道院中成为修士或修女,属于天主教徒的特有做法。而这是胡塞尔的"新教徒天性"所能完全赞同的。——译者注
② 指出于其它方面(利益、宗教等)的诉求而放弃自己理智上的信念和态度。——译者注

二

　　除了第一次世界大战那几年以外,从1913年复活节以来,我都能够从近旁要么参与、要么观察全部这些伟大的精神之战。这些战斗起初发生在那些用心组织的讲座课和那些研讨课当中,而那些研讨课在最开始几分钟的羞怯的提问之后也变成了讲座课①:胡塞尔的这种独白的倾向一定程度上是因为他视力较弱,影响了他与其他作者进行精神上的交流;但更为重要的是,胡塞尔在回答问题时一丝不苟,并且他对现象的微妙之处很敏感,总是想要尽其可能地将其间的差异展示出来。在哥廷根时期,历史材料还占有一席之地,不过基本上都是现代哲学中的材料了:休谟的"观念间的关系",洛采的《逻辑学》中关于"观念世界"(Ideenwelt)的章节,还有纳托普的"重构心理学"(rekonstruktive Psychologie),都是一些正面的和反面的思考材料。而到了弗莱堡的那些年月里,基本上就是系统性的分析一家独大了——那些规模庞大的课程总是逐个小时地被精心完善,从来不会完全结束(在威廉·冯特的那些精确地按照钟表时间下课的讲座中,我体验到一种严格的对比),而在那些或多或少属于内部举行的讲座课中,情况也是如此:在那些最具秘传性质的(esoterischst)的讲座中——在超时之后——人们可以破例地抽抽烟;而两个小时的时光就在礼貌地交换烟斗的过程中过去了。

---

　　① 德国大学的讲座课(Vorlesung)由一位老师主讲,一般最多只在每次课结束时或者某部分告一段落时有简短的问答,没有讨论。研讨课(Seminar)则以课堂参与者相互讨论为主,老师主要起主持和协调的作用。此处意指胡塞尔即使在研讨课上也以独白为主,很少讨论。——译者注

不过教学活动并不限于这些正式的场合。我对胡塞尔那些老式的、然而非常清晰的加比斯伯格速记法(Gabelsberger Stenographie)很熟悉,很快就得到他称赏并被允许阅读《观念》的后续部分以及关于时间意识的研究等内容。此外,我还与他在洛莱托山种满杨树的缓坡上散步;在圣·麦尔根(St. Märgen)、兰兹教堂镇(Lenzkirch)或托特瑙山的草地和森林里,在胡塞尔的办公室度过的那些上午时光,或者在上方挂着伦勃朗的画作《与天使摔跤的雅各布》的棕色皮沙发上,——这都是些内容紧凑的交谈,直到提醒人们开餐的敲锣声将它们打断;而在相对轻松的晚间时分,有时候女士们也会来参加,此时会有酸味适中的红酒,可惜每年只能购得一小桶。

三

一种对总是纯粹的和忘我的严格实事性的禁欲式激情让我在胡塞尔世界的氛围之中流连忘返,如同深陷在一座魔山(Zauberberg)[①]之中一样,而当我的哥廷根岁月开始之时,胡塞尔还没有完全从那种"优先权之争"(Prioritätenstreit)[②]——尤其是与迈农的争论——的狭隘中走出。那种投身其中的观看,如"醒人的酒"(sobria

---

[①] 作者此处可能借用了托马斯·曼的小说《魔山》作为比喻,该小说的主人公因病被隔离在魔山治疗。(作者以对托马斯·曼作品的现象学分析而著称。)——译者注

[②] 指的应是迈农和胡塞尔之间关于二人中谁最先提出"对象理论"方面思想的争执。迈农在1902年发表《关于对象理论》(Über Gegenstandstheorie)一书。胡塞尔读后认为这是自己在《逻辑研究》(1901年)中已有的内容,而迈农则声明自己在多年以前就在从事相关研究,虽然未以"对象理论"来命名。对此可参见施皮格伯格的《现象学运动》关于胡塞尔前期思想的内容(中译见商务印书馆1995年版,第147-149页)。——译者注

ebrietas）①一般的，无疑随着年月的增长而被承负在一种越来越强烈的使命感之中，一如先前在他的老师布伦塔诺身边时那样。由此导致的结果是，他有时连演讲时的声调都变得越发庄严。他的哥廷根学生们如利普斯就将这看作是一种具有世界观性质的傅油仪式（weltanschauliche Ölung）②而不予接受；但这当中的意义，我是先感觉到，而后再认识到的：在此不仅仅是一种关于事物的新式的、无成见的观点在起作用，而且在胡塞尔的"悬搁"（ἐποχή）中，生命在面对自己和面对世界时的一种新式的自由也将被赢得。

这样一种更高意义上的沉思型生活方式使我着迷；我因此忘记了自己的毕业这一比较外在的事，尽管我很久以来就受托于胡塞尔而带领学习小组。直到 1923 年我才获得了博士学位，而这要归功于胡塞尔的策略：直到我匆忙地借助我的博士学位来取得成为其助手所需的资格之后，他才对前去柏林任教的聘请予以拒绝。我以"最优"（summa cum laude）③的成绩通过考试，这是一个善意地商定了的事情，而不是一个实际应得的荣誉。获赠一根海泡石烟斗，这本是胡塞尔少数博士生的一种特殊荣誉，但由于通胀时期④的经济困难，我一直没有得到这一赠礼。

---

① Sobria ebrietas 字面义为"使人清醒的酒"，由基督教教父安布罗西乌斯（Ambrosius,339-397,曾任米兰大主教）所创并在其多首诗作中使用，以矛盾修辞法喻指信徒饮耶稣的血而得永生的故事（参见《圣经·约翰福音》第 6 章第 53-56 节）。奥古斯丁受其影响，在《忏悔录》中引述了该词（参见《忏悔录》第 5 卷第 13 节）并因此使之成为西方文学中的著名典故。——译者注

② 一种基督教仪式，一般指的是给重病的信徒涂上圣油，意为将病人托付给基督以求得安慰和拯救。——译者注

③ 德国博士论文评分的最高分。——译者注

④ 德国经济从 1921 年起陷入严重通胀，至 1923 年达到顶峰。——译者注

四

　　那种在开始时曾将我引向现象学的东西,在我的生活进程中得到了印证。如埃迪·施泰因所说,我不是从马堡前去哥廷根的,而是从莱比锡来的,我满怀渴望,想去克服那种在当时占统治地位的、关于形式-内容规定性的单调的新康德主义模式,并希望依照现象的丰富性来拯救现象;当然这也意味着不仅去观看现象,而且从其根源处理解现象。所以,对李凯尔特的哲学以及对马堡学派哲学的批判就成了我借由胡塞尔而在我的博士论文中首先设定的一项任务。这项任务的部分解决是很后来才给出的:对李凯尔特的批判是在我的《当代历史哲学》(*Geschichtsphilosophie der Gegenwart*)(1931年)中作出的,而对马堡学派的批判则是在我为《在世哲学家丛书》(*Library of Living Philosophers*)(1949年)的"卡西尔卷"所写的论文中进行的。

　　在莱比锡,由于狄尔泰的学生斯普朗格①的引导,我是按照理解性描述(verstehendes Beschreiben)的视角来熟悉现象学的;而我认为,这个想法在胡塞尔1913年的超越论构造研究的转向中得到了确认——这一研究力图对某种用一些飘摇不定的本质、本质性(Wesenheiten)、所是性(Washeiten)等等来玩深奥魔术的危险作出预防,并力图在意识生活中为一切对象性之物(Gegenständliches)确定根基。因此在很早时,我就产生了一个模糊的理想,那就是在狄尔泰和胡塞尔的对立——如同胡塞尔在其《逻各斯》论文(1911年)②

---

　　① 爱德华·斯普朗格(Eduard Spranger,1882-1963),德国教育学家、哲学家和心理学家。——译者注
　　② 指胡塞尔发表在《逻各斯》(*Logos*)刊物中的著名文章《哲学作为严格的科学》。——译者注

中将狄尔泰与他的对立绝对化为世界观哲学（Weltanschauungsphilosophie）与作为严格科学的哲学之间的对立那样——之外找到一种统一性。我对瓦滕堡的约克伯爵（Yorck von Wartenburg）的那些研究就来自于我的这样一种从最初进入现象学以来就产生的整合二者的努力。无论如何，我认为自己更接近于胡塞尔的超越论主观主义，而不是一种着意（betont）采取非批判态度，甚至是反批判态度的客观主义。在作为直接了当的承认（Anerkennen）的认知，与作为自主的规定和体系建构的认知这二者之间，我在艰难地、沉闷地和笨拙地寻找一条可以穿越过去的道路，而这导致我开始时在莱纳赫的圈子中遇到了某些困难。当我在一战结束后被抛入了弗莱堡的那个以反转为标志的、对我而言全新的哲学环境——这个新环境的标志是海德格尔为关于诸现象的真正的实存论（existential）分析而作的努力——之中时，同样一些困难可能以一种相反的征兆而在弗莱堡重演了。

五

根据1913年《观念》发表以前的观点，斯普朗格从狄尔泰的立场出发，将那位在反心理主义的争论中的胜利者[①]消极地刻画为"捣毁一切者"（Alles-Zermalmer），并过于片面地将他描述为将某种逻辑学缔造为唯一一门科学的人。而我心中很快产生了一种更为积极的确信：我起初学习时怀有的那种梦想，可能会以某种方式在现象学中找到实现之途。

当时，我的脑海中呈现着文学研究和哲学之间的一种关联，即后

[①] 指胡塞尔。他在《逻辑研究》中对心理主义进行了有力反驳。——译者注

者为前者奠定基础。而现象学的基本动力学,亦即从意向到直观性充实的过渡,被表明为一个富有成果的起点,可借以对一部作品的形成中的和已取得成功的谋篇布局进行理解和评判。胡塞尔对设定性特征(thetische Charaktere)与中立性变异(Neutralitätsmodifikationen)所作的彻底区分在《作为审美现象的图像作品》(Bildwerks als ästhetischen Phänomens)——这是我博士论文的标题——的论述中占据基础地位。

现象学的一个核心概念,即代现(Repräsentation)概念,后来借助莱布尼茨式的代现形式等级(Stufenfolge von Repräsentationsformen)①而以辩证的方式得到发展,并成为解释托马斯·曼著作时的关键概念(《托马斯·曼——作为意志和表象的世界》,1957 年)。在此,并且也在其它一些研究中,一种"艺术现象学"逐渐成熟;我打算不久之后就会将这些内容出版,而在此之前,它的第一稿由于1932 年时机不佳——并且也因为弗莱堡的主管当局——而中断,只有一个片段(即《作为创造的语言》,1934 年)付印了。

某些我一直以来都试图加以表达的东西,例如关于创作的创作(ποίησις ποιήσεως)的思想——对创作(Dichtung)本身的本质进行探究的创作——在此期间已经几乎变成了陈词滥调,这尤其要归因于荷尔德林的复兴(至少在文学领域)。我对胡塞尔思想的推进首先在于,将一种对象性的(并且与对象性认知相符的)本质概念以符合审美和艺术经验的方式转变为另一种本质概念;这种本质概念着眼于事物"关涉"我们的方式,涉及的是事物的一种正在成其自身并产生着效果的本质。

---

① 在莱布尼茨那里,Repräsentation(拉丁语原文为 repraesentatio)可译为"表象"。——译者注

在展开这个思想的过程中,现象学美学将变成形而上学的一个部门——在此我指的是一种免遭海德格尔式的驱逐的意义上的形而上学。在对胡塞尔的意向概念所进行的某种强化中,这里的意指(Meinen)将变成迷恋(Minnen),变成倾慕(Inklination),此时,本质与本质在呼唤与回应中、在对显现之诉求(Erscheinungsanspruch)进行满足的过程中彼此相遇、彼此开放、投身到彼此之中。感觉(Empfinden)将被理解为交流(Kommunikation),并在艺术家的体验中被极致化为交融(Kommunion)。在显像中得到预示的那种本质应当在作品中达到完全现前(Präsenz)的效果。

于是,体现(Präsentation)和交流就作为对代现辩证法(Dialektik der Repräsentation)的补充而进入到我最近的美学论文和一部收录在《二十世纪哲学家》的"雅斯贝尔斯卷"里的长篇作品当中。在"体现"中,人是"最终"的关键,因此人在本体发生学中具有突出地位:这就是一种终极观念论(ein finaler Idealismus, a terminal idealism),它以自己的方式将主体性的突出地位和构造性本质考虑在内,如胡塞尔对主体性所作的论述那样——只不过在这里,绝对意识显现为那个普遍的、在人当中得到反映(reflektiert)的存在论运动的巅峰阶段(对此我的论文《艺术与现象学》已有所阐述[①])。

与此同时,交流的概念则力图在"有责任的应答"(verantwortliches Redestehen, responsible responsiveness)的层次上正确地对待那种构成胡塞尔思想生命之血脉的最终的自负其责(Selbstverant-

---

[①] 收录在《为纪念胡塞尔而作的哲学论文》(*Philosophical Essays in Memory of Edmund Husserl*)(1940年)中。那种在此得到实行的赋形活动(Gestaltgebung),只不过是自由意识之赋意活动(Sinngebung)的一种特殊形式,而这种自由意识的独立主权(Souveränität)是胡塞尔不厌其烦地让我们牢记的。在那些最困难的岁月里,胡塞尔曾在书信和谈话中请求我,要忠于自己,将自己当作生活之主体,而不要把自己当作客体,让自己变成逆境的牺牲品。

wortlichkeit)。在此,虽然我并不是要否认先验本我性(Egoität)的经验基础,但那种"光荣孤立"(splendid isolation)①式的独善其身(Ausschließlichkeit)却应该要避免——胡塞尔那里的先验自我始终陷入在这种独善其身中。因为最终只有在这种先验自我中,"单子论的交互主体性的领域"才得以构建起来;在此,我与你(Du)的相遇与交往并不是原初被给予的。

有可能,在我的陈述不可避免地变成自我陈述的那个部分中,结局在很大程度上已经穿凿到开头之中了。不过,每一种自我理解都需要创造性的想象,而后者是包含在一种回到自身的生命所进行的赋意活动(Sinngebung)之中的,因此,真理就处在这样的一种创造之中。一种事后(post factum)的目的论总是也说出了一种事前(ante factum)的目的论。人们最终为之奋斗的其实是人们一开始就在自己当中所感受到的那种冲动(Trieb)。会不会是我的那种冲动偏离胡塞尔太远?我希望不是。因为,对那样一种以自我建构的方式来运行的冲动所作的种种设定(Setzungen),都始终受制于和受限于与某些人的争论——在这些人面前,我们在做一切事情时都会以承认或反对的方式给出理由。在面向一位精神上的导师和一种理智上的良知时,埃特蒙德·胡塞尔始终是我之此在(Dasein)的一种发挥着作用和指引着方向的力量。对我而言,他曾是精神上的父亲,而他在我的(并不只是)血缘上的父亲去世之后写给我的话也同样适合于他本人:"我们带着爱而向之致敬的人,真正说来并未逝去;他们不再奋斗和作为,不再对我们说话;也对我们没有要求;然而,当我们在思念他们时,我们感觉到他们就在我们面前;他们在注视着我们的心灵,

---

① "光荣孤立"是历史学语汇,用以描述 19 世纪晚期英国不参与欧洲大陆事务、不与他国结盟而只专心维护自己利益的外交政策。——译者注

与我们一同在感受着,在理解着我们,在赞同或反对着我们。"① 假如,不管发生什么,我都会通过这种心灵上的考验——就算不是以"最优"的成绩——,那么这也不是我的功劳,而是我老师的功劳。

(布法罗)

---

① 1915年9月20日写给我的信。

于哥廷根时期在胡塞尔身边[①]

〔德〕赫尔穆特·普莱斯纳 著

倪梁康 译

想要听到胡塞尔学生关于他的回忆的读者不会喜欢下面要说的东西,因为这里说的更多是我自己,而且是一个并不忠实于胡塞尔的学生。但由于哥廷根时期的见证者和听证者日渐稀少,因而一个含有某些有可能说明胡塞尔观念论转向的私人回忆也可以要求受到关注。

1914年6月,我身着礼服、头戴礼帽去造访这位尊者,当时这也是一个大学生应做的事情。我在他的位于霍恩维克街(Hohenweg)的家中受到他的接待,那间别墅如今仍矗立在那里。他蓄着略显花白和稀疏的大胡子,头发纤细且后退很多,在他的教授形象上首先让人注意到的是那个由他的略微拱起的前额和凹进的太阳穴构成的匀称部分。眼镜后面一双蓝灰色的、显得专注的眼睛并不会长时间盯住面前的人。但带着温暖和父亲般的友善,他向年轻而拘谨的来访者表明,欢迎并赞同他离开海德堡到哥廷根来做博士考试的决定。日益增多的迹象表明在新康德主义者那里对现象学理解在日趋递增。纳托普在精神科学(已经表明,这只是自然科学的一个短命配对)中认同和赞赏了刚刚出版不久的《观念》,而同一时期在《逻各斯》

[①] Helmuth Plessner, „Bei Husserl in Göttingen", in: *E. Husserl*, 1859-1959. *Recueil commémoratif publié à l'occasion du centenaire de la naissance du philosophe*, Martinus Nijhoff: Den Haag 1959, S.29-39.——译者注

上发表了关于先天之物的可认识性的文章的尼古拉·哈特曼显然已经走在通往胡塞尔学派的道路上。以有所保留的方式并且带着适当减弱的夸赞,我有幸作为西南德意志阵营的又一先锋而受到了欢迎,这个状况对于一位大学生来说毕竟还是不同寻常的,而其中的原因在于,他不是空手而来,而是带着一本真正的、1913年在海德堡C.温特①出版的书,尽管我并未将它作为文德尔班愿意接受的那种博士论文来撰写和提交。显然,《科学的观念》产生于杜里舒的观念圈,而非海德堡学派的观念圈,但这一点无论对于文德尔班还是胡塞尔都是无关紧要的。

文德尔班在我递交该书时向我提出的建议让我十分吃惊,这个建议促使我中断了已经相当成熟的在动物学博士论文方面的工作——完全违背了我的老师C.赫普斯特的忠告——并且使我全身心地陷入到对博士考试的准备之中。半年的时间就足以让我放弃计划并使我明白自己在专业上是多么缺乏训练。当我心情沉重地向文德尔班报告,我决定到哥廷根去在胡塞尔指导下进行训练时,他有些吃惊并且对我如此这般的幼稚报以微笑,但他还是不无宽容地允准我离去,并祝愿我在"现象学家"那里一切顺利。他并未因为此事而对我耿耿于怀。当时海德堡的人对胡塞尔并不看好。胡塞尔只是让拉斯克②感到不安,因为拉斯克在其哲学逻辑学的研究中开始对新康德主义处理先天问题的方式抱以怀疑。

哲学的处境对于一个初学者而言当然要显得简单一些。他觉得观念论的传统在本质上已经完结,并且已经被认识论纲领向它突显

---

① C.温特(C. Winter)是海德堡大学出版社的名称。——译者注
② 埃米尔·拉斯克(Emil Lask,1875-1915),李凯尔特和文德尔班的学生,新康德主义西南德意志学派的重要代表,先后在海德堡大学任私人讲师和副教授。1915年在一次大战中阵亡。——译者注

出来的那些具体科学所超出。对于在自然与历史中不断递增的经验财富而言,哲学向意识的客体化作用的回溯已经丧失了驱动力。生物学的或历史学的思考者会随这种理论而遭遇最大的困难,因为人连同其意识首先是一个发展的产物,而后借助于其摆脱了并优先于经验领域的意识而重又是这个发展的缔造者。谢林、黑格尔和叔本华已经对此有所思考,但他们当时在学院哲学中并未受到重视,而这些都于事无济,尤其是思辨体系看起来早已遭到了经验研究者的反驳。

反抗精神在为自己寻找根据,但并未在这些根据上燃放自己。我们当时想要从被传授的那些堆积如山的知识老套中突破出来,并且抛弃那些妨碍我们看到开放可能性的颓废无力之累赘。如其所是地看世界,简单而直接,不带成见和理论,以自然科学家的方式,他们只在自己与事物之间放置一个问题,而不会在文献的群山下窒息。这曾是实证主义者们的纲领,但他们失之于感觉主义的成见。迈农[①]的对象理论作为认识论的对应项又让人觉得过于狭隘。莱姆克[②]看起来在其基础科学中虽有种种努力却仍然过于束缚在传统上。在所有反叛传统的哲学家中似乎只有一个人成功完成了突破:胡塞尔。

撇开所有理论而"面向实事"的口号当时对于专业内的年轻人所起的作用必定与19世纪中期外光绘画对于学院派的所起的作用相似。它在方法上已经一并包含了对素朴的、前科学的世界观的平反,并且因此而像实证科学那样与日常生活的态度相衔接。可以"自由

---

① 迈农(Alexius Meinong,1853-1920),奥地利哲学家,布伦塔诺的学生,曾任奥地利格拉茨大学哲学教授,并创立格拉茨学派。——译者注
② 莱姆克(Johannes Rehmke,1848-1930),德国哲学家,曾任德国格赖夫斯瓦尔德大学哲学教授。——译者注

地"哲思，并因此而可以"首先"撇开一切至此为止就论题已说过的东西，这就相当于发现。因为，当我们忙于某事时，被我们始终视而不见、置之脑后的恰恰是我们日常活动的自明性地带。除了处在类似从熟睡中醒来时那样的临界情况，没有人会对此感到吃惊，即：有"事物"围绕在他周围，他可以前进、侧行和回退，有他和这整个多彩的世界存在。唯有艺术家可以唤起这种孩童般的惊异，但是他并不对此做出阐发的追究。作为对不言自明之物的阐明，现象学的分析向未受过训练的人所展示的是无穷无尽的咬文嚼字的外表，但为专业哲学家们提供的则是对素朴的、前批判的实在论的攻击平台。当然，咬文嚼字有一个值得尊敬的前史，直至柏拉图的早期对话，而胡塞尔也在他的每周四小时的关于"哲学通史"的讲座中强调这一点，他在那里将苏格拉底称作第一个现象学家。可惜柏拉图很快便偏离了正确的道路，并为了构建体系的事务而牺牲了需耐心从事的细微研究工作。对素朴实在论的指责则并不如此简单，因为讨论从一开始就负载了这个将素朴性的概念与一个"主义"缠绕在一起的语词——而这是不可能的，因为理论的表态（而每个"主义"都是如此）与素朴性（作为对表态还保持开放的态度）是相互争执的，或者说，前者已经将后者限制在不假思索之上。但这种限制与现象学的方法起点相抵触，即那个作为在所有"主义"之此岸地带的不言自明上的起点，但这一点并不是可以轻易看透和拒绝的，因为分析必定会不可避免地起始于针对观念主义、实证主义和批判的实在主义的诠释。

此外还有进一步的负担，即讨论题目被紧缩在认知行为范围上，尽管莱纳赫、普凡德尔、舍勒、莫里茨·盖格尔已经突破了它，但胡塞尔却还并不懂得如何去摆脱它，因为他是在七十、八十年代的心理学与认识论上成熟起来的，而且不得不为了与逻辑学中的心理主义作战而付出其半生的心血。伦理学的、美学的、法哲学的问题离他甚远。感觉、感知（他向我特别推荐沙普和黑德维希·康拉德-马蒂乌斯的典范研究）、错觉、抽象、判断和事态主宰着整个课程，尤其是研讨课，而且——如《观念》所表明的那样——还不仅仅是课程。诚然，与心理学的亲近当时已经不再使他感到不安。由于心理学采纳的实验-因果程序，混淆已不再可能发生，而当时并不存在描述心理学。即使有描述心理学，通过悬搁（ἐποχή），亦即通过对体验状况在命名它的语词的观念含义统一方面所做的示范处理，现象学的实践也可以与描述心理学毫无混淆地区分开来。（我们年轻人始终不知道，关于这个问题曾有过与施通普夫和狄尔泰的通信。我们也没有听到他谈论布伦塔诺。当我有一次谈到迈农时，胡塞尔真的愠怒起来。他时而会提到魏尔斯特拉斯。他闭口不谈他在哈勒的起点。）

很久以后我才从汉斯·利普斯的叙述（此外它也在埃迪·施泰因的回忆中得到证实）中了解，我当时的处境是多么不利。胡塞尔显然很难置身于他人的思路之中。虽然他觉得我对《观念》的自我概念与费希特的自我概念进行比较的博士论文计划很好，但他对此无法提供建议。缺少了已被证实为善解人意的中介者莱纳赫。1914年9月，在我的哥廷根学习生涯之初，我在同学圈里还遇到英加尔登，只有一天，他给了我几个上路的暗示。我应当只在老师面前陈述我的东西。我有规律地进行此事，每隔一段不长的时间于早晨9点时去胡塞尔那里，并在旧式的黑沙发上就座。在书桌上方可以看到面向城市的大窗户的光亮。淡淡的烟雾向来访者透露出房屋主人清晨的工作强度，他坐在我对面的左边，并且极为友善地请我报告。不到五分钟胡塞尔便会打断。某个语词在他那里引发了一系列的想法，他开始演讲，常常依据他从存放在书桌里的大堆手稿中取出的札记。并不容易跟随那些细致入微的描述，我常常会失去线索，尽管如此却还是被带有奥地利-摩拉维亚色调的斟酌的-从容的声音迷住了。通向费希特的各个纪念碑的桥梁没有展示出来。直至十二点半，我被仁慈地允准离去："您就这样继续做吧。"

胡塞尔过多地是一个自言自语者，因而按照通行的看法并不是一个好讲师。他不具备任何历史感。他的关于哲学史的大讲座所遵循的是宇伯维克-海因泽①，并且将整个哲学史叙述为一个尝试走向现象学的序列，而且是一个由于急躁和体系的欲望而一再失败之尝试的序列。即使在以费希特的《人的使命》、休谟为基础的和以"自然与精神"为系统标题的研讨课上，受到讨论的也只是具体的实事问题，而非整体的关联，甚至也不讨论作者与文本的历史。今天人们会将此称作范式课程（paradigmatischer Unterricht），但它从根本上说不是范式课程，而只是让人印象深刻的现象学显微镜检测的案例。这里没有什么被诠释，人们横穿过文本，并且拿某个东西用作导向独立思义（Besinnung）的纯粹契机。在手中旋转的铅笔之费解性的引导下，人们突然陷入到映射（Abschattung）以及背面的现象中，或者，舒尔特-悌格斯小姐发现自己面临一个光荣的任务：描述在她坐着时所体验到的处身情态（Befindlichkeit）。我无法想象这一小群未来的教师候选人究竟会从中获益多少，但只要知道胡塞尔是什么并且想要什么，就不可能不注意到他的严肃工作态度。

他只是一个非心甘情愿的体系哲学家。在《观念》中首次表现出来的体系秩序对他来说是为研究工作服务的。对他来说，它具有一种即使不是临时性的特征，也是在某种程度上确保现象学研究实践的技术措施的特征。至少在当时还谈不上向康德意义上的观念论的转向。将研究领域及其区域划分规定为纯粹意识的维度，即他的老

---

① 这里指的是由宇伯维克（Friedrich Überweg, 1835-1909）所撰、海因泽（Max Heinze, 1835-1909）所编的多卷本哲学史著作《哲学史纲要》（Überweg-Heinze, *Grundriss der Geschichte der Philosophie*）。——译者注

学生圈的反对派给他带来的那个维度,显然是被迫进行的,为的是在各种论题的狂热抓取的任意性面前保护现象学研究的运行。是否所有的东西,例如污秽,都有其理念,这个古老的柏拉图问题在某种程度上也重复地针对那些仅仅根据语词含义线索而随时进行的悬搁和本质直观(Wesensschau)提出来,因为它缺少另一种优先秩序和方向。如果与志向和审美享受、对外部世界的感知或社会构成物一起,公民权利的先天基础也得到分析,①那么从技术上是无法对此提出反对意见的。但胡塞尔十分清楚地感受到,如果对于研究而言没有给出其进展的原则,那么自由反思必定会退化为一种"连环画现象学"②。因而他转向构造联系并且将现象学的实践加入到意识视域之中。因此,与他原初的意向相背,他被引入到超越论反思的轨道中,这个轨道对于作为布伦塔诺的学生和康德的坚定对手的他来说曾经是可疑的,而且他当时无论如何是反对其抛锚于一个创造性"自我"之中的做法的。

我可以证明这一点,因为我通过我对费希特知识论的研究而将这个实事角度非常明确地摆到他的面前。当我们有一次在研讨课之后一同回家并走到他院门前时,他深怀的不满终于爆发:"整个德国观念论都始终让我感到……[恶心]。③ 我这一生"——这时他抬起

---

① 这里列出的是普凡德尔、盖格尔、舍勒、莱纳赫在他们各自发表于《哲学与现象学年鉴》第一卷上的论著中所做的工作(E. Husserl(Hrsg.), *Jahrbuch für Philosophie und phänomenologische Forschungen*, Band I, Max Niemeyer Verlag: Halle a. S. 1913)。——译者注

② 这是舍勒在其《伦理学中的形式主义与质料的价值伦理学》中使用的概念,因此普莱斯纳在上面加了引号(M. Scheler, *Gesammelte Werke*, Bd. II, Francke Verlag: Bern und München 1980, S. 10)。——译者注

③ 在普莱斯纳的回忆和引述中,胡塞尔这句话并非说完整,他只是说:"… mir zum K… gewesen"。这里的"K…"很容易让人想到"zum Kotzen sein"的短语,即"令人作呕"。——译者注

他的银柄细手杖,躬身用它抵开门栏——"都在寻找实在"。手杖再生动不过地代表了意向行为,而门栏代表了它的充实。

战争,开始时还包括在慕尼黑与哥廷根圈子中一同共事的意识,它们起先阻止了在《观念》的超越论主义(Transzendentalismus)方面的深刻分歧。20年代对于他而言绝不是有利的时代。一门束缚在意识视域中的哲学看起来无法胜任这个动荡不已的时代。它的深思熟虑连同其作为阿基米德关系点的自我太像是已经过气的19世纪的各种观念论。保障的时代应当走到了尽头,而且随它一起结束的还有任何一种建立在自身确然的思维基地上的理性主义和绝对性。人们想要的是去除保障(Entsicherung)与全盘置疑。斯宾格勒的多元论和舍勒的情感论更符合对这种被宣判无效的近代价值体系的反叛愿望。

与此相反,胡塞尔在其弗莱堡岁月里,主要是在海德格尔激进主义的压力下,坚定地将自己与世隔绝,就像他在哥廷根时期遭遇舍勒分析时已经带有很大的保留一样。对他来说,问题在于对这个专业及其进步能力的技术巩固。他认为,哲学作为严格的科学就意味着将它最终纳入到现代研究的工作方式之中,即可以并必须按照一种可实际应用的方法而且在一个可明确划定的领域中原则上开放地始终不断向前推进,当然前提在于,可以获得后继者能够一再追溯的结果。在这种确保已完成工作的回溯可能性的过程中隐含着尚未被《逻辑研究》所看到的困难。其他人在前十年里所做的现象学的事情,触及了形形色色的领域,但却没有根据某个秩序原则而为其发现物之确保提供支撑点。现象学应当"为成千上万天才提供场所",胡塞尔在我第一次访问时就对我这样说,不带丝毫讥讽性的贬眼示意。他在此刻想到的当然是数学。但谁来保证它不会成为游乐场呢?

胡塞尔非常了解威胁着他的创立的危险。现象学的还原、对某个特定内涵的各种有效性要求的加括号、它在就一个恰当地刻画它的动词化方面的典范转向——这些都是在谈及某事时随时随地可以使用的。贯穿于我们整个行为方式——从吃喝到数学——之中的我们的活跃的前知识（Vorwissen）的千万种自明性、我们用来操作的含糊的前概念的整个清单，它们当然都可以变得明确"可见"。这只是一种相对于一个"过去的"陈述而言的花招和窍门，它可以是随意轻巧的，或者也可以出现在严肃的语境中。但用这种方法窍门虽然可以确保现象学研究领域的特征以及在它之中的工作方式，但却不能确保它的连续性。实事的连续性是将提问与回答转入一个有序进程之做法的不可或缺的基础。随着还原时而在这个现象上、时而在那个现象上的随意使用，连续性并没有从实事出发而得到保障。对此有所掩饰的是现象学的依照之可能（Anlehnungsmöglichkeit）——姑且不说依照之需求（Anlehnungsbedürftigkeit）——，即它依照了那些带有生活与科学的印记，但首先是带有哲学传统本身印记的问题。

这种科学理论的思考的典型之处在于，它并未妨碍现象学的实践为心理学、心理病理学和所有精神科学所接受。这种促进作用，包括对哲学的促进作用，是异乎寻常的，只有弗洛伊德的作用能够与之相比。但胡塞尔的担忧并未因此而得到消除，而如果他看不到，对于现象学理论而言除了现象学道路之外还有另一条道路，那么这最终是因为他出身于心理学的问题域，以及因为他的数学知识理想。我不断更新地尝试向他解释他的《观念》的自我概念与费希特自我概念之间的差异——十分可怜的尝试，因为要害之处在于：由于缺乏对康德的足够认识，我始终没有弄清在关于超越论统觉统一之教理中的自发性理论与关于实践理性之优先权的教理之间的联结，而胡塞尔在此无法为我提供帮助——由于他的这个理解的弱项而搁浅。除了一种普全的研究维度的可能性,而且重又是在这个维度的视角中,他看不到其它的意识奠基的可能性。将伦理的或审美的或宗教的原则列于理论的原则之前,这个置前排列(Vorordnung)的问题对他来说是闭锁的。

为了恰当地理解他在哥廷根时期的所谓观念论转向,至少需要对为了从技术上保障现象学实践的努力予以充分的关注,而至此为止在这方面做得很少。胡塞尔认为,如果对研究领域(即在纯粹意识视域中研究领域)的区域划分得以成立,那么本质结果的可确立性便是有保障的,即使它们要依据一种不受标准制约的"看"。他相信已经用《观念》成就了这一点,但却不得不痛苦地发现,在这里没有人跟随他。无法将较年长者从由传统哲学和具体科学已在先给定的问题上引离开来。黑德维希·康拉德已经遇到了重大的疑难。尤其是舍勒,他很快便看到了胡塞尔的企图的幻想特征,这个企图就是可以用其方法论来对现象学进行编组并因此使哲学成为一门专业科学。通过整个人类的生活经验的其它区域,它们的问题已经在先被给予了,这对舍勒以及他的整个一代人来说都是已确定的。"实际上根本不应该再用现象学这个词了",在其科隆时期结束时他有一次对我说,"他所做的说到底只是哲学一直已经做过的"。[①] 胡塞尔会赞同他的这个说法,但会从中得出相反的结论。而如果海德格尔在《存在与时间》中为了此在而放逐意识的做法在方法上是认真的,即使所采用的

---

① 不过关于这个可疑的说法,首先应当对照普莱斯纳此后不久在舍勒去世这年(1928年)所表达的一个与此相矛盾的观点:"尽管舍勒的哲学有形而上学的倾向,他在所有奠基问题上都是现象学家。"(H. Plessner, „Vorwort", in: *Die Stufen des Organischen und der Mensch. Einleitung in die Philosophische Anthropologie* (1928), Walter de Gruyter: Berlin 1975, S. V.)其次还可以对照舍勒本人在大约写于1927年前后的遗稿中所提出的关于现象学的一个论断:"除了胡塞尔之外,只有我自己和海德格尔给出了现象学的一个确定落实的类型以及对哲学的一个系统建构的纲领"(GW 7, S. 330)。——译者注

所有手段仍然尊重了一个现象学专业的背景,那么这也仍然不会改变这样一个事实:现象学的原则在反对胡塞尔对它的诠释,诚然,它从此时起是在明确地远离实证的研究运作的理想。

胡塞尔在其方法理论的压力下成为了"观念论者",而这种理论恰恰应当在对世界之直接性的全然敞开性中确保那些对立的东西、素朴的"实在论",反对传统意识哲学的所有内向性、他的年青时代的敌对者。在意向活动与意向相关项的一致性原则上,向可能性条件回溯的超越论方法就有可能重新复活,并且获得凌驾于他之上的强力,这个方法在其康德版本中曾对他而言是极为可疑的。

他的丧子之痛以及对现象学研究之命运的失望一并规定了这个在哥廷根之后才启动的进展吗?英加尔登报告他在弗莱堡对胡塞尔的一次访问,胡塞尔说过:如果世界是这样的,那么我无法生活在其中。[①] 这样他就在自己周围为了确保他对事物之理(Ratio)的信仰而建起了一个反对一种现实的保护层,这个保护层至少还具有这样的自由,即如此地行事,就好像它可以否认这个现实一样。

译者附记:

1914 年 6 月,在随汉斯・杜里舒、马克斯・韦伯和威廉・文德尔班等人学习过一段时间之后,赫尔穆特・普莱斯纳(Helmut Plessner, 1892-1985)从海德堡来到哥廷根随胡塞尔学习,直至 1916 年 2 月。胡塞尔当年接受了弗莱堡大学的聘任,并于 4 月离开哥廷根。普莱斯纳无意效法英加尔登、施泰因、考夫曼等学生,继续随胡塞尔转到弗莱堡大学,而是与更多的同学一起,中断了在胡塞尔身边

[①] 对此可以参见本书中笔者所译英加尔登的"五次弗莱堡胡塞尔访问记"。——译者注

的学业。他最后是在爱尔兰根大学和科隆大学完成自己的博士论文考试(1918年)和任教资格论文考试(1920年)。由于带有犹太血统，普莱斯纳在纳粹执政期间不得不放弃教职并离开德国，先后在土耳其和荷兰任教，并且在二战期间藏匿于荷兰。二战后他回到德国任教，最后回到哥廷根任教，并曾任哥廷根大学校长。

普莱斯纳后来成为20世纪德国重要的哲学人类学家和社会哲学家。尽管他在哲学界的影响并不很大，但眼下世界哲学的发展路线的确与他多年前就采纳的发展方向是一致的：哲学越来越多地从形而上学走向哲学人类学。这个走向在接下来的进一步发展过程中是否会干脆丢掉"哲学的"定语累赘，成为纯粹的人类学，目前还不得而知。实际上，当"哲学"已经成为一个修饰词时，它就已经是可有可无的了。无论如何，还在普莱斯纳的笔下就可以发现：哲学已经被理解为一种行当或需求、一种权术或谋术、一种话语权力，"所以哲学是政治的工具"。[①]

在这份关于胡塞尔的回忆文字中所描述的胡塞尔负面形象多于其正面形象，其中对现象学的负面评价也多于正面评价。但从一个如他自己自称的"并不忠于胡塞尔的学生"的角度来观察胡塞尔也有其特别之处。从各方面看，他都更多是舍勒的学生而非胡塞尔的学生。[②] 如果说他曾受到"新康德主义"和"现象学"的影响，那么很大部分也是在此意义上言之。除了这篇1959年的文字外，普莱斯纳此前还在1938年发表过悼念胡塞尔的文章"现象学：埃德蒙德·胡塞

---

① 普莱斯纳的文字转引自耿宁的自传文稿《有缘吗？——在欧洲哲学与中国哲学之间》绪论部分的"地道(一部八十一章的欧洲《道德经》)"第十六节。——中译本正在翻译之中。

② 对此还可以参见普莱斯纳为舍勒撰写的悼念文字：Helmuth Plessner, „Erinnerung an Max Scheler", in: Paul Good (Hrsg.), *Max Scheler im Gegenwartsgeschehen der Philosophie*, Francke Verlag Bern und München 1975, S.17-27. ——译者注

尔(1859-1938)的事业"①,此后还在 1975 年的"哲学自述"中写过他在哥廷根时期的简短回忆。②

---

① 参见:Helmuth Plessner, „Phänomenologie: Das Werk Edmund Husserls (1859-1938)", in: Helmuth Plessner, *Zwischen Philosophie und Gesellschaft. Ausgewälte Abhandlungen und Vorträge*, Suhrkamp Taschenbuch Verlag: Frankfurt am Main 1979, S. 43-66.——译者注

② 参见:H. Plessner, „Selbstdarstellung", in: Ludwig J. Pongratz(Hrsg.): *Philosophie in Selbstdarstellungen I*, Felix Meiner Verlag: Hamburg 1975, S. 274-276.——译者注

回忆胡塞尔[1]

〔德〕威廉·沙普 著

高松 译

我们站在康德的肩膀上,却没有超过他的头顶。李凯尔特在1902年前后用这句话向我们这些青年学子描述当时哲学的状况,我不知道这是谁的话。

两三年内我每天都读三大批判。由于常读,我可以逐页背诵它们。对康德研究的越多,这座城堡在我看来就越坚固,越无懈可击,就像是由巨大的方石无缝拼接而成。无需我细述这一城堡的各个部分以及它们之间的关联,这是每个哲学家都知道的东西:

感性、知性、纯粹理性、实践理性、直观形式、空间和时间、物自体、现象、先天综合命题、范畴、超越论和超越的关系;另一边是上帝、自由、不朽以及通向这一无法探究之地的桥梁:直言律令,在当时那个新旧参半的世界中,直言律令对其中一半的意义或许和教会对另一半的意义是一样的。

尽管直言律令在无限的世界中为我们提供了支撑,但除此之外我们在康德学说中感觉并不好。倒不如说我们感到了压迫,看不到在这一体系框架内进行富有成效的哲学研究的可能性。

实证主义和经验主义,以及一切与康德学说相反的流派对我们

---

[1] Wilhelm Schapp, „Erinnerung an Husserl", in: *Husserl*, *E.* 1859-1959. *Recueil commémoratif publié à l'occasion du centenaire de la naissance du philosophe*, Phaenomenologica 4, Martinus Nijhoff: La Haye 1959, S. 12-25.

都不管用。尽管我们也忙着反驳它们,但在哲学上却对它们提不起兴趣。

在这种哲学环境中,我遇到了胡塞尔。我学习哲学和法学。先是在弗莱堡,然后到了柏林。通过第一次司法考试之后,我一开始在哥廷根附近实习,后来直接到了哥廷根,从1905年底一直待到1909年。

在弗莱堡和柏林的时候我很少听到胡塞尔的名字。还在柏林的时候,我只在考试之前不久参加过狄尔泰的一个讨论班,并未十分用心。那时狄尔泰平常已经不上课了。作为狄尔泰的助手,格雷图伊森(Groethuysen)也参加了讨论班,在班上,我们花了几个小时讨论了胡塞尔在1900年和1901年发表的《逻辑研究》。谈到胡塞尔时,狄尔泰充满敬意。其中一个参与者将《逻辑研究》说成是一篇文字,平时很宽容的狄尔泰有些激动地纠正他说:"这不是什么文本(Schrift),这是一部书(Buch)。"[1]由于狄尔泰在柏林影响巨大,对胡塞尔而言,这种结识他的方式着实有几分意义。通过考试之后我就去找胡塞尔,跟他继续学习哲学。由于上司的宽宏大量,在司法实习期间我几乎可以完全自由地进行哲学研究。

我见到了一个中等个头的先生,收敛且安静,审慎而友善,看上去几乎谦卑,他留着大胡子,中等年纪,实实在在,生活方面几近严酷,不问世事。

我听他的课,参加所有的练习,同时日益发奋地学习《逻辑研究》,夜以继日经年累月阅读这本世界之书。在外行人看来,这本书无疑是枯燥乏味的,它的价值和魅力何在?

---

[1] 在西方文化中,"书"令人联想到《圣经》,《圣经》的原意就是"诸书"。狄尔泰用"书"来称呼《逻辑研究》,可见其重视程度。——译者注

现象学的方法：

在此我不打算展示这一方法，而只想描述这一方法对我和我那些哲学同学的影响，特别是它在我们之中所引发的哲学革命。在一个系统关联之中展现它的做法将与这一方法的精神相矛盾，虽然这样做的诱惑巨大，而且人们也时不时地或多或少屈从于这一诱惑。大约可以分为如下几层：

1. 对象性、对象、事实或对象的世界以及它们彼此的关系
2. 事态以及
3. 与事态相应的命题以及
4. 与命题相应的又有判断和判断行为，然后还有一般而言
5. 认知行为领域：表象、感知、直观、空泛的表象、疑问、怀疑。在这一领域中，一个世界展现出来。

在现象学家看来，不仅原始的对象性可以成为对象，而且对象性在其中变为对象的整个组织关联都可以成为对象；因此不仅是柜子和房间，而且与柜子和房间有关的事态，自为地作为事态，也可以成为对象；并且不仅是这些事态，而且与事态相关的命题也可以成为对象，命题在判断和行为中变得生动起来，而判断和行为也可以成为对象；另一方面，对柜子的感知也可以成为对象。现象学家的出发点在于，可以通过某种方式将目光从朝向对象回溯至朝向目光本身，更重要的是，可以朝向在此目光中以被思考和被处理的方式显现的一切其它东西。

如果以这种方式开始展示现象学的方法，那么听众很快就会有个初步的理解，但却会完全错失现象学的方法，至少我是这么认为的。现象学的第一禁令是，不要僵化，僵化离建构只有一步之遥。对现象学家最严厉的谴责是："这是建构出来的"！通过思考而在视域中浮现出来的东西，不能被仓促地固化为轮廓清晰的东西，或纳入固

定的框架之中。在现象学的开端,个别研究代表着一切,体系则什么都不是。而个别研究的目标是追求知识、追求真理、追求清晰明白、追求明见性。一开始这些可能只是理想,在研究的过程中则必须越来越牢固,获得越来越多的支撑。从这一观点看,不难理解为什么从希腊哲学到笛卡尔、莱布尼茨、康德直至胡塞尔(他也是数学出身),对数学的研究一直吸引着最多的注意力,逻辑的情况也与数学类似。现象学或许可以这样形成,即现象学家——第一个就是胡塞尔——做出了一个发现或再发现,大约相当于阿基米德的发现或者其它的伟大发现。我无需细述康德是如何将数安置于其体系之内的,很漂亮,但是缺乏最终的清晰性,即关于时间和计数的清晰性,我也无需细述心理主义或经验主义——对它们而言世界分化为外部世界和内部世界——是如何努力对付数的。胡塞尔显然不满足于这些尝试。他重新揭示出,数是一个对象,一个非时间的对象,关于这一对象又有命题;作为一个对象,数在一个根据感知行为的原理而奠基于感知行为之上的新行为中对人类而言是"可见的",或能够成为"可见的"。"当人们使用和操作数时,它就成了对象性",在这一命题或认识的基础上可以证明,许多貌似大胆的命题都是有根据的。随之第一次产生了一个突破,上述将世界分为外部世界对象和内部世界对象的顽固划分被破除了。这一突破既涉及经验主义的基本结构,也涉及康德,它废除了在时间与计数和数之间建构出来的关联,并质疑了空间和几何之间的类似关联。这样一来,整个体系都动摇了。

接着,胡塞尔扩大了突破。他从数这一观念对象(经过进一步的发展则是集合)达至普遍对象,他通过观念性漂亮地将普遍对象与数关联起来。他还将普遍对象与感性经验对象关联起来。狮子或柜子这种普遍对象和数一样也是非时间的和观念的。接着他从普遍对象达至普遍对象的概念和本质,达至命题及其与概念的关系,达至对象一般；达至带有其同一意义的命题，命题又证明了自己与观念对象最近的亲缘性。接着他从命题又达至判断，在判断中，命题的意义鲜活起来，但对命题自身而言，判断是非本质的。

在结束《逻辑研究》之后，胡塞尔在对象区域的领域内有了新发现，他发现了价值和应当的领域，其实在《逻辑研究》中就已经为这一发现做好了准备。价值成了一类被奠基的对象性，以某种方式附着于价值载体之上，但它们很有可能按照漂亮的固定秩序互相联合成一个价值世界和应当世界。贝克（Beck），后来尤其是舍勒，贯彻了这一思想，莱纳赫则在法学领域贯彻了这一思想。此处可以给出一个很有启发性的序列：直言律令—胡塞尔的价值学说—舍勒的质料价值伦理学。

但是最重要的认识论发现是发现并确证了先天综合命题，后者又与其它发现密切相关。关于先天综合命题的学说的起点是康德学说，或者说承接自后者，但是在范围、根据以及整个研究语境的意义方面它都远超后者。

我差点忘了非常重要的一点：自身展现、自身被给予性，以及与之密切相关的空泛意指与充实之间的关系。每一次研究都必须向前推进，直至被研究者在自身被给予性中显。这对每一个研究对象都有效，无论它是传统说法意义上的对象、一个事态、一个概念、一个数、一个行为，还是其它什么对象。我后来很难想象有什么能比对此自身被给予性的想法及其预设进行批判性研究更有意思的事情了。

一切被给予的东西都可以达到自身被给予性吗？是不是有某些东西，就像被泥沼包围着，因而可能在接近它的过程中只能达到泥沼的边缘，却无法达到它自身？为了排除歧义，也可以用壕沟或城墙来代替泥沼。或许也可以谈论面纱或烟雾。然而我们还是可以说，必须在自然以及对象之本质允许的范围内，在情况允许的范围内尽可能地接近对象，或者人们也可以说，如果无法使对象本身达到自身被给予性，那么至少必须揭示将对象与我们隔开的障碍，并使之达到自身被给予性。

这一思想在我们圈子里很早就出现了，这一点我并不想否定。但是它绝未得到应有的重视。

另一个与自身被给予性相关的问题是，是否可以正当地将对象及被给予性孤立起来。可能存在着某些对象，按其本质就允许自为地被把握，完全无需考虑在一个整体中、在时空中与之邻近的其它东西，也无需考虑它自身的从前和往后。然而一般而言，自身被给予性首先只会导向一个横截面，一个带有视域或许多视域的被给予性。因此，当我们遇上缪勒先生或"不莱梅号"轮船时，它们始终只能在视域中被给予。对于视域，我们当然还可以谈论它的自身被给予性，但这样事情就变得复杂起来了。是不是一切东西都只有带着视域世界才能自身被给予？世界又是什么？

我还几乎忘了最重要的一点：现象学还原。但我从未完全理解它，因此只能满足于在此提一提。在我待在哥廷根的那些年，并且大概主要是随后的时间里，胡塞尔自己才在其学说的关联中完成现象学还原的工作。它涉及存在与如在（Sosein）、本质的关系，并以各种各样的方式与之前的学说相关。

如果我回到本文的开头，一方面回到康德，另一方面回到经验主义，人们就会理解，为什么对我们这些青年现象学家来说胡塞尔的学说意味着是对康德体系的突破，它一块块地拆除了这一体系——尽管它也接纳了其重要的部分，如先天综合命题以及价值论领域内的直言律令，但却给了它们一个新的框架，并且只保留了最核心的部分。

关于行为的学说与经验主义——或者更准确地说是心理主

义——保持着某种特定的联系,因为这一学说中最重要的成分无疑是胡塞尔从布伦塔诺那里接受过来的,而且与利普斯也有一致之处。这是胡塞尔现象学中最复杂的部分。

直至1910年或直至一战,胡塞尔将我们一方面从康德那里、另一方面从经验主义那里解放出来。对此我想简单地概述一下。从正面说,这意味着在现象学的框架内为我们打开了一个巨大无比的工作领域,其中有着不计其数的个别研究,并且为我们提供了各种可能性,可以对旧哲学的现象学内涵进行研究,并将它们从各种建构中解放出来。

我们要好好思考一下,现象学和哲学是一回事吗?还是说现象学只是哲学的预备阶段?和柏拉图及其弟子们一样,我们有的是时间;不必急着下结论。我们日益认识到现象学与哲学的密切联系:哲学家们的许多宏伟建构无法经受住现象学方法的检验,但另一方面,古代哲学却在一些重要的方面与现象学的结论一致。

在知识界很多人的第一印象中,胡塞尔关于观念对象和普遍对象的学说可谓愚蠢。虽然人们未必承认,但经验主义联合着进化论深深地支配了人们的思想,包括受过哲学训练的人。同事们听说了胡塞尔关于观念对象的学说之后,称他为可怜的疯子。我说的甚至就是那些古典语言学家,照理他们应该在柏拉图那里见过了世面。在他们看来,胡塞尔就是堂吉诃德,在与被自己当作巨人的风车作战。胡塞尔自己告诉我们,有人还说:"胡塞尔非常尴尬地坐在两张椅子——柏拉图主义和经验主义——之间。"

如果要说骑士的话,在我们看来不如将胡塞尔比作丢勒画中策马向前的骑士,漠视死亡和魔鬼,亦不左顾右盼。当时,胡塞尔就这样与世界科学中最强大的潮流作战,与康德哲学和经验主义作战。

许多弟子追随导师的足迹。当时去找胡塞尔的人大多已在康德学派中受过哲学训练。我们青春年少，全力以赴学习《逻辑研究》，然后尝试着从新观念出发进行独立研究。哲学史方面的研究鲜有人问津。每人都尝试着按照现象学方法耕耘一块地，哪怕只是很小块。在这一地基上做出了工作的有莱纳赫、康拉德、海林，还有他们的后来者康拉德-马蒂乌斯、英加尔登、施皮格伯格、施泰因和施塔文哈根（Stavenhagen）。

当我 1905 年去哥廷根时，胡塞尔还没有真正属于自己的学生圈子。他最大的学生应该是诺伊豪斯（Neuhaus），比我大一些，当胡塞尔升了正教授之后，诺伊豪斯在我之前成了他的第一个学生，博士论文做的是休谟。

这并非偶然。当时胡塞尔在休谟的学问和为人方面下了很大的功夫。他承认休谟有强大的哲学天赋，却指责休谟的行事方式：休谟在哲学研究方面没有从英国的读者那里收获到成功，就转而去研究历史，这使他名声大噪，然而他后来的世界级声誉还是建立在其哲学之上的。给人感觉胡塞尔似乎在非难休谟的为人处世。从这一评价中我们可以品出一点辛酸味。当时胡塞尔年近五旬，42 岁才开始发表《逻辑研究》，之前一直是一位不怎么知名的学者。但与此同时也有一种满意，满意自己坚定不移地以成为哲学家为目标，尽管——人们已经开始肯定他了——他当时还没有十足的把握确信自己将给哲学带来转折。

其他的学生有冯·济贝尔、罗森鲍姆、曼克、霍夫曼、卡茨。卡茨是格奥尔格·埃利亚斯·缪勒的学生。但他未能与缪勒建立联系，也可能根本就没有尝试过。霍夫曼一开始是实证主义者或心理主义者，动不动就用心理学家那一套来反对胡塞尔的学说，极其顽固。在其他学生看来，这些反对意见已经被驳倒过无数次了，当他们都对此表示出不耐烦时，胡塞尔摆手制止。显然，与心理学家或心理主义者聊天他总是乐意的。

有时胡塞尔也会和我们聊他在慕尼黑的追随者。可是他谈得很克制。他本可以对在慕尼黑的巨大成功感到自豪,但我们很难看出来。或许对于胡塞尔的基本感受而言,小失败引起的不快比大成功带来的喜悦要更强烈。要达成伟大的目标,这一点大概是必须的。

一天,肯定是1907年的某天,慕尼黑人从慕尼黑"来犯"。我想是在一个夏季学期。来的人是莱纳赫、康拉德以及小希尔德勃兰特。盖格尔时不时也会露面。我们不分日夜地抓住一切机会与慕尼黑人讨论哲学。在我们看来,他们各方面都远远领先于我们。他们不像我们那样虔诚。莱纳赫指责胡塞尔转向了马堡学派,此倾向在慕尼黑时就显露出来了。胡塞尔在形而上学的努力方面向马堡人寻求依靠,这在莱纳赫看来是不对的。当时我们在慕尼黑搞了一个现象学聚会,大概一周聚一次,康拉德有时会主持讨论。我记得,他大概是在接续慕尼黑的研究,试图达到语词之"含义"的更大清晰性。我们不断检验新的语词构成,如红色的酒(roter Wein)、是红色的酒(rot-seiender Wein)、酒是红色的(der Wein ist rot)。我们寻求语词和含义、概念和对象之间的关联。有时候也会谈一点慕尼黑人的观点,他们以柏拉图的概念分有(μετέχειν)学说为焦点,沿着胡塞尔的思想向前一步,提出了一个大胆的学说:不仅有作为观念对象的这个"二"(Zwei)——这无疑是胡塞尔当时的教导——而且必定还有许多个二(Zweien),不计其数。

慕尼黑人不再认为有作为感知的构成要素(constituens)的感觉,并将一切与之相关的陈述视为建构;但他们仍然相信行为和心理学,这些东西还没有受到怀疑。

我们可以不分昼夜地讨论所有这些问题。欧洲甚至是整个世界大概都没有什么地方会带着如此的坚定和热情回溯至柏拉图及其先驱,并且可以说是在柏拉图摺下铲子的地开始重新建造。胡塞尔偶尔也来听,有时还会做报告。这时候胡塞尔向我表示,他正考虑拜托我去看看布伦塔诺。布伦塔诺是胡塞尔昔日的老师,70岁左右,住在佛罗伦萨,我原本应该花不少时间去探望他,向他概述现象学当时的状况。可惜这一计划未能实现,主要是因为对于我的司法学习而言,这太浪费时间了。作为这一计划的替代,我决定下学期待在慕尼黑,结识一下普凡德尔、道伯特以及他们的学生圈子。司法管理部门允许我在慕尼黑继续学习。我向普凡德尔和道伯特报到。道伯特住在郊区,大概在施瓦宾格,天空开阔地势高,住处有一套毕德麦雅风格的家具。我告诉他哥廷根的事,告诉他康拉德为含义所花费的心思。他立即提升了对话的深度,谈起了生命的含义。

在普凡德尔的带领下,我们在道伯特的住处开始了一周一次的聚会。道伯特偶尔会用特供雪茄和意大利葡萄酒来招待我们。有一周我们所有人都在意大利餐厅聚会,包括普凡德尔和道伯特。那时利普斯占据着慕尼黑的哲学空间,培养了一大批聪明有才华的学生。在《逻辑研究》出版之后,这批学生分成了胡塞尔的追随者和利普斯的追随者,长期争论,试图说服对方。普凡德尔和道伯特一起领导着现象学家,有一次普凡德尔告诉我,在《逻辑研究》出版前他就达到了和胡塞尔差不多的结论。无论事实如何,他立即就抓住了胡塞尔的思路。在相当短的时间内,利普斯的学生几乎都跑到普凡德尔这边了,或者更准确地说,跑到胡塞尔这边了。当时属于普凡德尔门下的有盖格尔、康拉德、莱纳赫、希尔德勃兰特、勒文施泰因(Löwenstein)、冯·格布萨特尔(von Gebsattel)、福格特伦德姐妹(Schwestern Voigtländer)、菲舍尔、希尔施(Hirsch)、韦尔克(Welker)。利普斯无路可退。他继续以旧的方式教学。他的讲座和研讨课只有年轻学生会参加。普凡德尔和道伯特在慕尼黑带领胡塞尔的现象学走向胜利。不远处有舍勒,小希尔德勃兰特和他关系好,是他的坚强支柱。我还记得在一次讨论中舍勒用"天空的晴朗"来展示必须如何将对象性的领域扩展至远超过日常的尺度。当时舍勒在私人生活方面非常糟糕。但这并未对他造成太大的困扰。他很喜欢接近普凡德尔和他的圈子。但是普凡德尔则表现得比较克制。这两人的气质无疑相差太大了。现象学能在慕尼黑传播,道伯特立了头功,因此值得说一说他。道伯特从未参加过考试。他是位非常富有的息爷(Privatmann)。1914年他30出头,自愿参军之后,他指定慕尼黑大学,确切地说是哲学系,作为其巨额财产的继承人。这笔钱大概可以支持十个哲学系学生永远衣食无忧的生活。可惜战后他损失了大笔财产。他用余下的财产当了个农场主。普凡德尔和道伯特一生关系密切,直至后者去世。道伯特的遗孀至今靠遗产生活。她还保存着亡夫的速记笔记,或许慕尼黑大学应该将之收藏起来。

在慕尼黑,我也在为博士论文寻个题目。我想让胡塞尔来指导博士论文,从感知和错觉开始做。因此我又从慕尼黑回到了哥廷根。胡塞尔同意了这个题目,于是,为了论文工作不受干扰,我从哥廷根又来到了乡下。大概6个月后,我带着完成的论文去找胡塞尔,他刚看到论文时大吃了一惊。他说:"这是首诗啊。"[1]他影射我分了好多段落。为了表明我的每个思想的深刻含义,几乎每句句子我都另起了一段,以便读者能以新的力量应对新的段落。不久我们便取得一致,必须去掉这些分段。然后胡塞尔才对论文勉强满意。他只修改了两到三处。

不久就进行了口试。我辅修了国民经济和心理学。胡塞尔主持

---

[1] „Das ist ja ein Gedicht",一般可以译为,"这真是好极了",但是根据上下文,此处胡塞尔更愿意让沙普在字面意思上理解这句话。——译者注

的考试虽然进行得很顺利,我在心理学上却考砸了。心理学家的课我听了一些,而他显然也怀着最大善意,不想在考试上为难我。谈到爱伦·凯(Ellen Key)时,我胆子大了起来,提出了自己的问题,或者说,抛出了基于现象学的问题。考官听了感觉很不对劲。他问:"是我考你还是你考我。"因此这次考试不欢而散。在国民经济的口试中也发生了类似的事情。

于是胡塞尔犯难了,该如何给我一个还算满意的评分呢?他做出了一个妥协,考试的总分是良,而论文的评价则是优。胡塞尔很失望。但她夫人很开心,因为我毫无顾忌地与那个她不喜欢的心理物理学家(Psychophysiker)唇枪舌剑了一番。

在本文的最后我还想谈一些完全与胡塞尔的个性有关的事情。在这方面我发觉我们所有人对他内心的了解实在是太少了。当谈到真理,谈到献身于真理,献身于那个对所有人类都一样的真理时,他滔滔不绝。他有时也谈到种族问题,但是却强调追求真理的优先性,对于当时的他而言,真理自身是不成问题的。

他远离凡尘,不谙世事。当我还在哥廷根的时候,举行了国会选举。教授们是自由派。他们的开路先锋是历史学家,主要对手是韦尔夫家族(die Welfen)。教授们挨家挨户宣传自己的政党。在一次聚会上,胡塞尔向我们讲述这件事的时候说,他从未想过事情还可以这样做。但他似乎也参与了。《逻辑研究》就像一堵墙一样将他和日常世界隔开了。

我们这些学生经常聊到胡塞尔的个性。有一次,某人——我想是莱纳赫——特别强调了他那笔挺的身姿,对它的解释可以是非哲学的。这表明胡塞尔曾经当过兵,并终身保持着军姿。严酷的军旅生涯大概从未远离他。我可以想象他是一个不差的兵。

胡塞尔是开得起玩笑的,他喜欢我对待一切事情时的活泼劲儿。

虽然是晚辈,有一次我还是放肆地挖苦了他一下。胡塞尔有时会暗示,他——应该指在哥廷根——没有意气相投的学生。当然他的原话可能不是这样的。我听到后请求他允许我用一个童话来表达对这一抱怨的看法。

我这么说:"传说有个印度女孩深受神灵的宠爱,神灵想送她一件礼物,便领她来到一大片庄稼地前对她说:穿过这片庄稼,摘三颗最漂亮的谷穗,它们将在你的手中变为金子。女孩听言便向前走去。她摸摸这颗谷穗,又摸摸那一颗,但总是垂下手,因为她看见不远处有更漂亮的谷穗。她就这样一直走到了庄稼地的尽头。这里的谷穗又瘦又小。现在女孩不知道该摘那一颗了。就这么着她不知不觉到了庄稼地的另一边,结果一颗谷穗都没摘到。"

胡塞尔的看法——在涉及小小的哥廷根大学时——在核心处当然是对的。但是他忽略了,就在此刻,在慕尼黑,最漂亮的金谷穗已经成熟待摘了。普凡德尔、道伯特、舍勒、莱纳赫、希尔德勃兰特,就只算我们这一代人,更不用说海德格尔和萨特了。

按照吕贝(Lübbe)的说法,关于海德格尔文献的书目已经近千本了。如果有人对胡塞尔也做类似的统计,他一定会发现上千个名字。当我想象这个简单的人面对我站在讲台上,坐在桌子边时,只有真正厉害的识人之人才能从这一形象中看出那种神奇的力量来。

普凡德尔曾说,有巨人、有侏儒、有普通人。我想接着说,有十到二十个巨人是哲学家。如果有人问我胡塞尔算不算巨人,我会这样回答:

从泰勒斯直至康德,哲学的出现让人想起巨人们争夺和保卫天庭的战争。这一比喻可以从字面上来理解,也可以不那么字面地来理解。在18世纪,由于康德,由于他对上帝、自由和不朽的看法,战争暂时告一段落。对此现象学能说什么?这大概要看它的创立者是不是还能被视为一个巨人,又或者巨人的时代已经一去不返,而长夜将至。关于此事的真相是,自胡塞尔以来或自胡塞尔之后,死亡便取代了上帝、自由和不朽。

(东弗里斯兰,奥利希)

在胡塞尔身边的哥廷根和弗莱堡岁月

〔德〕埃迪·施泰因 著

倪梁康 译

译者引言：下面的文字选自埃迪·施泰因写于1933年至1939年的回忆笔记《出自一个犹太家庭的生活》。① 关于施泰因的写作动机或初衷，最好是让她这篇文字的前言自己来言说：

最近几个月，德国的犹太人被从平静的此在自明性中拔了出来。他们被迫对他们自己、他们的本质和他们的命运做出思考。但其他许多处在诸党派彼岸的人也因为这些当代事件而不得不逼迫自己面对犹太人问题。例如它在天主教青年中就以极为认真的态度和责任意识得到思考。我在这几个月不得不一再地想到我在几年前与一位神父和一位修会人员的谈话。在谈话中他们建议我将我作为一个犹太家庭的孩子所了解的犹太人生活记录下来，因为外人很少了解这些事实。当时有许多其它的任务阻碍了我对此建议做认真的思考。今年三月，随着民族革命而开启了对犹太人的战斗，这时我又想到了这个建议。"我倒是很想知道希特勒是如何形成他的可怕的犹太人仇恨的！"我的一位犹太女友在一次为努力理解目前发生事情所做的交谈中这样说。对此，新当权者们的纲领文件与讲话给出了回答。

---

① Edith Stein/Sr. Teresia Benedicta a Cruce OCD, *Aus dem Leben einer jüdischen Familie und weitere autobiographische Beiträge*, Herder Verlag: Freiburg i. Br. 2000.

好像是从一个凹面镜中有一张扭曲的图像在看着我们。或许它是带着诚实的信念被描画出来的。或许有活的榜样的个别线条得到了复制。但整个犹太人种都是"犹太血统"的必然结果吗？大资本家、傲慢的作家、在近几十年的革命运动中起着领导作用的不安分的脑袋，他们是犹太人的唯一的代表或哪怕是最真正的代表吗？在德国民族的所有层次中都可以找到对此问题做出否定回答的人：他们作为职员、邻居、中小学的和大学的同学来到犹太家庭中；他们在那里发现了仁德、理解、温暖的同情和乐于助人的精神；而且他们的正义感会油然而生，反对将这些人宣判为贱民。但其他许多人缺乏这种经验。主要是那些从一开始就在种族仇恨中长大的年青人被剥夺了这样的机会。在他们面前，我们这些在犹太人中长大的人有义务给出证明。

我在这些页张上想要写下的应当不是为犹太人的辩护书。阐释犹太人的"观念"和在歪曲面前为它辩护，说明犹太人宗教的内涵，撰写犹太民族的历史——所有这些都会有更为专业的人士来完成。而如果有人想了解这些，那么他会找到汗牛充栋的文献。我只想素朴地报告我作为犹太人所经历的东西；一个见证接着另一个见证，它们已被付印或会在将来发表：谁想无拘无束地从源泉出发来了解，那么它会向他提供咨询。——我的意图首先在于，记录我母亲的生活回忆。她一直在滔滔不绝地叙述，而如果我不能指望她在其高龄——她已经84岁——还能动笔写下这些，那么我就想尝试自己来叙述并尽可能忠实地复述她的话。但这也表明是极其困难的。无法找到足够的宁静时间来做此事。我必须提出特定的问题，以便将如此多的秩序和清晰纳入到回忆之流中，从而使读者能够理解。但常常有这样的情况出现：一些伸手可及的和确凿无疑的事实却无法得到确定。下面我会将一些与我和母亲的对话相衔接的简短记录列在前面。而后应当是我自己能够给出的我母亲的一幅生活画面。

布莱斯劳,1933 年 9 月 21 日
埃迪·施泰因

相信并希望这篇文字的全文不久会被译成中文。这里为了纪念胡塞尔去世 80 周年而译出的节选仅仅是其中涉及胡塞尔及其同事与学生的部分。它已经离开施泰因的写作初衷甚远,不再完全是她"母亲的一幅生活画面",而是已经成为她自己的生命回忆与记录。这个回忆录在现象学运动的文献中绝无仅有。一方面,它提供了自 1913 年起关于现象学运动的丰富资料和——如施泰因本人所言——"见证",其中有客观的写实和记录,也有主观的观察与评价。另一方面,由于施泰因对胡塞尔的追随和对现象学运动的参与横跨了哥廷根和弗莱堡两个阶段,她既是哥廷根学派,也是弗莱堡学派的主要成员,既曾作为学生,也曾作为助手在胡塞尔身边学习和研究过——所有这些都赋予了施泰因的回忆以流动变化的视角和不同寻常的眼光。

除此之外,它还是一部女哲学家的回忆录,这意味着,它既充满了女性的敏锐与细腻,也富于哲学家的睿智与深刻。不只如此,施泰因性格中的生动俏皮的一面也表露无遗。此外,无须提醒的还有她的轻盈而隽永的文笔。倘若最后这点并未被读者在阅读中感受到,这也只能归因于译者的笔力不逮。

本文的标题和段落标题为译者所加,其中的所有脚注也为译者所加。

布莱斯劳[①]

在[布莱斯劳大学的]第四个学期里我获得了这样的印象：布莱斯劳无法再向我提供了什么了，而我需要新的动力。客观上当然绝非如此。还有许多没有充分利用的可能性，而我在这里应当还可以学到很多东西。但我急迫地想要离开。在高校的选择上，大学生歌曲的那种诗情画意不再起效。决定这个选择的显然是完全不同的东西。1912年夏和1912/1913年冬，在施特恩（William Stern）的研讨课上探讨了思维心理学的问题，主要与"维尔茨堡学派"（屈尔佩、毕勒尔、梅塞尔等）的研究著作相衔接。我在这两个学期里都承担了做一个课堂报告的任务。在我需要通读的论文中，我一再发现胡塞尔的《逻辑研究》被引述。有一天我在处理这个心理学研讨课的事情时遇到了莫斯契维奇（Georg Moskiewicz）博士。"别去管那些玩意儿了"，他说，"还是读读这个吧；其他所有人都只是从这里来的。"他递给我一本厚书；这是《逻辑研究》的第二卷。我还不能立即投入其中，正在进行的研讨课作业不允许我这样做；但我打算在接下来的假期里阅读它。莫斯[②]认识胡塞尔本人；他已经在哥廷根随胡塞尔学习了一个学期，并且一直向往着再去那里。"在哥廷根所做的只是哲学思考——夜以继日，在吃饭时，在街边，时时处处。人们只是在讨论'现象'。"有一天，在画报中可以看到一张哥廷根女大学生的照片，她获得了一个哲学著作的奖项：胡塞尔的才华横溢的女学生海德维希·马蒂乌斯（Hedwig Martius）。莫斯也认识她，而且知道，她刚刚

[①] "布莱斯劳"（Breslau）是施泰因的出生地。二战后被划归波兰，更名为"弗罗茨瓦夫"（Wrocław）。——译者注

[②] "莫斯"是"莫斯契维奇"的简称或昵称。——译者注

与胡塞尔的一个年龄较大的学生汉斯·特奥多尔·康拉德结为连理。当有一天又是很晚才回到家里时,我在桌上看到一封来自哥廷根的信。我的表兄理查德·库朗不久前在那里成为数学私人讲师,并在那里与他的来自布莱斯劳的女同学内莉·诺伊曼(Nelli Neumann)结了婚。这封信是内莉写给我母亲的,里面含有对我们的婚礼礼物的答谢。它也叙述了这对年青人的生活;而后是这样一句话:"理查德将许多男朋友带到这个婚姻里,但鲜有女朋友。你是否想把埃尔娜①或埃迪送到这里来上学?这倒会是一种平衡。"这恰恰就是我这里还缺少的最后一滴水。第二天我告诉惊讶不已的家人,我在将要到来的夏季学期想去哥廷根。由于他们并不知道前面的整个发展,因而这对他们无异于来自晴朗天空的一道闪电。母亲说:"如果这对你的学习是必要的,那么我当然不会阻拦你。"但她十分悲哀,比一次短暂的夏季学期的别离所应有的要悲哀得多。[……]

　　实现我计划的第一步是给我的表兄写一张明信片,请他提供下个学期哥廷根哲学家的讲座消息。他不久就为我寄来了新的讲座目录的印刷单。我利用圣诞假期来研究《逻辑研究》。由于它当时已经售罄,我不得不用哲学专业②的那一本,并在那里度过我的假日。赫尼西斯瓦尔德(Richard Hönigswald)也常常去那里,有一次他终于问我,我在整个假期如此勤奋研究的究竟是什么。"啊,无非就是胡塞尔!"这是他对我的答复的回应。此时我敞开心怀:"夏天我去哥廷根",我心花怒放地告诉他。"哦,如果自己的研究已经能够在这个方面走得如此之远也是很不错了!"他有些震惊。他在那个冬天首次做了一个思维心理学的讲座;这是他与现象学的分歧的开始,后来这个

---

① "埃尔娜"是施泰因的姐姐。——译者注
② 这里的"专业"(Seminar)是指一个包括了图书馆的专业学科所在地。——译者注

分歧蜕变为一种激烈的对抗。当时他的拒绝还没那么决然；但对他来说，一个女大学生举着飘扬的旗帜转移到那个阵营中去，总是一件不太正当的事情。我当时根本还没有这个想法。由于我十分赞佩赫尼西斯瓦尔德的洞察力，因此没有想到他会敢于让自己与胡塞尔平起平坐。因为当时我已经对此深信不疑：胡塞尔是我们时代的哲学家。从此以后，只要在赫尼西斯瓦尔德的研讨课上提到现象学，我就会作为"懂行的人"而被叫到名字。

除夕夜，莉莉·普拉陶、罗莎和赫德·古特曼朗诵了一首诙谐诗。针对每个在场的人都有一个段落，都是以著名的口头禅开始：这难道不是昏了头？她们在一个西班牙墙的后面演唱，脑袋从墙后探出来。每次在唱到叠句时，她们的脑袋都消失不见，取而代之的是露出的双脚（实际上是填塞了的鞋子和长袜，它们被穿在手上）。我的那段诗是：

有些女孩梦想着接吻，
但埃迪只梦想胡塞尔。
她在哥廷根会见到
胡塞尔鲜活地站在面前。

我也听到了一些稍为正经些的东西。在我们的除夕报上有一个关于蓝色小星星的童话，它以温柔的象征向我表明，我的亲人和朋友是如何将我在纯粹学问中的沉迷感受为：失去了我这个人。撰写这个童话的是莉莉。

所有为动身所做的准备都已渐渐完成。在确保了我自己夏天会在哥廷根之后，我有了一个新的想法。哥廷根不只是一个对于哲学家而言的天堂，而且对于数学家来说也是如此。所以我建议罗莎与我一起去。这对她当然很有诱惑力，但她担心自己是否负担得起。通常她是通过家教来赚取她的大学学习费用，而这在一个陌生的大学几乎是不可能的；在那里必须充分利用所有时间来接受它所提供的推动。但这恰恰是我为罗莎所希望的。她如此年青就一直在超负荷工作，这让我担心，而我很想让她脱出这样的运转，哪怕只是几个月的时间。有一天，当我与母亲独自在一起时，我玩笑地问她："妈妈，你是一个有钱人吗？"她以同样的口吻回答："是的，孩子；你想要什么呢？"这时我便端出了我的恳求：她是否愿意给罗莎提供资助，以便让她在哥廷根学习一个学期。母亲立即便答应了。当我告诉我的女友时，她便决定与我一同去；在与她的家人商讨后也有了这样的结果：他们可以从自己的资金中为她提供费用，而不需要动用我母亲的善良资助。我们的决定也使得格奥尔格·莫斯契维奇再次去哥廷根的计划得以成熟。这对我们来说太舒服了，因为他在那里已经为人所知，而且可以将我们引介到现象学家的圈子里。

我从来没有想过会离开一个学期以上的时间。尽管在一个小的大学里的学习在当时也是一种廉价的享受，但它总还是要比在家里花费得更多。而从童年开始就习惯了的节俭使得这样一种需要较长时间且花费更多的愿望根本无从产生。因而我也觉得母亲对于将要到来的分离所抱有的悲伤有些夸张。但我在内心深处——可能她也是如此——有一种悄悄的预感：这将会是一次十分伤感的别离。就像我是为了抵御这种几乎未意识到的预感一样，我做了一件本应会逼着我回头的事情：我去施特恩教授那里，请他给我一个心理学博士论文的题目。我偏好他甚于其他哲学家，因为根据我至此为止的经验，我相信他会最多地让我放开手去做。但在这点上我弄错了。他在研讨课上总是友好而不敏感地接受我们对他的方法的批评。但他如此固执于他的那些想法，以至于没有什么能够让他动摇；而在他的学生的研究上他也想获得对他自己研究的一种帮助。从我们的交谈中我清楚地了解到了这一点。他像以往一样友善地接待了我,也愿意理解我的愿望,尽管我还十分年青;但我无法认真考虑他给我的建议:我应当探讨——与我在这个学期所做的课堂报告相衔接——儿童思维的发展,而且是借助于询问实验,就是几年来一直在折磨着不幸的莫斯的那种实验。由于我打算经柏林和汉堡去哥廷根,我就应当从柏林出发去访问在波茨坦附近的克莱因-格利尼克(Klein-Glienike)"实用心理学研究所",并让施特恩的同事奥托·利普曼(Otto Lipmann)博士给我看那里存有的图像资料,确定其中是否有适合此项研究的东西。这次在克莱因-格利尼克的访问是我为我的心理学博士论文所做的唯一的事情。

莫斯契维奇与利普曼先生交好,并且约好我们——他自己、罗莎和我——在一个下午前往那里。房主和他的有魅力的小太太非常热情地接待了我们。我们被邀请喝咖啡和吃晚饭,见到可爱的孩子,看过整个房屋,并且在那里的哈弗尔湖边徜徉散步。其间我们也有一次被领到敞亮的地下室房间里,"研究所"便设在那里。存放在一个抽屉里的图像收藏对我的吸引力不大,而聪明的利普曼博士也向我证实,用它们做不了什么。

我带走的是对一个美好下午的回忆连同这样的信念:这个论文没法做。对一个心理学论文的考虑从一开始就是错误的。我的整个心理学的学习仅仅使我明察到:这门科学现在还处在穿着童鞋的阶段,它还缺少清晰的基本概念的必要基础,而且它自己还没有能力去拟就这些基本概念。而我从现象学那里至此为止所了解的东西之所以使我如此着迷,乃是因为它完全本真地处在这样的澄清工作中,而且因为这里所需要的思想装备从一开始起就是自己锻造的。对我的心理学课题的回忆在我的哥廷根之初还是一个轻微的压力,但我很快就把它甩掉了。

[……]

哥廷根

我走的是一段很长的路,从1913年4月我初次来到哥廷根那一天,到1921年3月我再次去那里——向着我一生中最重大的决定。亲爱的哥廷根!我相信,谁只要在1905年至1914年这个现象学家流派的短暂兴盛期在那里学习过,谁就可以估量:在这个名字中有什么东西在为我们奏响。

我当时21岁,并且对应当到来的东西充满了期待。

[……]

现在我终于要从诸多的次要状况转向那个将我引向哥廷根的主要事情上:现象学与现象学家们。莫斯在布莱斯劳曾给我这样的指示:"如果去哥廷根,就先去莱纳赫那里;而后他会料理其它一切的。"阿道夫·莱纳赫是哲学私人讲师。他与他的朋友汉斯·特奥多尔·康拉德、莫里茨·盖格尔和其他几个人原先是慕尼黑特奥多尔·利普斯(Theodor Lipps)的学生。在《逻辑研究》出版后,他们坚持要求利普斯在他的研讨课上与他们讨论这部著作。在胡塞尔应聘到了哥廷根之后,他们于1905年一同来到那里,想请大师本人为他们开示这门新科学的秘密。这就是"哥廷根学派"的开端。莱纳赫在这个圈子里第一个完成了任教资格考试并且成为胡塞尔的右手,首先是作为在他与学生之间的联系环节,因为他十分懂得与人交往,而胡塞尔在这方面却相当无助。莱纳赫当时约33岁。[1]

---

[1] 莱纳赫(1883-1917)在1913年时应为30岁整。——译者注

我逐字逐句地听从莫斯契维奇的好建议。我相信,我在到达后的第一天就去了石壕街28号。这条街一直延伸到城市边缘。莱纳赫一家住的房子是最后一座。屋后是一片开阔的麦田;一条狭窄的步道在旁边穿过,向上通向威廉皇帝公园,穿过公园就可以到达俾斯麦塔,并进入哥廷根森林。当我询问莱纳赫先生时,金发女佣将我领到他的书房,并拿着我的名片去叫他。这是一间漂亮大房间,带有两扇高窗、深色的地毯和棕色的橡木家具。门口左边的两面墙几乎被书架一直覆盖到顶。右边有一扇带有彩色玻璃的移门通向隔壁房间。在这个门与一扇窗之间的角落是由一张厚重的书桌填塞的。书桌右边和书椅对面摆着为访客准备的休闲沙发。在两面书墙之间的角落里建起了一个舒适的空间:一张桌子、一张休闲沙发和几张沙发椅。写字沙发对面的墙上悬挂着一张米开朗基罗《创造人类》的复制品。这是我所见过的最舒适的和最有品位的书房。莱纳赫在半年前结了婚。这个宽畅住所的整个布置是由他的太太怀着至爱来构想,并按照她的指示来完成的。此外我并不相信我在第一次拜访时就已经把握到很多细节。因为只等了片刻,我就听到在长长过道另一端的一声喜悦惊讶的呼叫;而后就有人从那里跑了过来,门开了,而莱纳赫站在了我面前。他几乎不到中等个子,不强壮,但肩膀宽。下巴没胡须,髭须又短又黑,额头宽而高。棕色的眼睛透过夹鼻眼镜的玻璃发出聪明而仁厚的闪光。他亲切友善地欢迎我,劝请我坐在最近的休闲沙发上,并且自己斜坐在他的书桌旁。"莫斯契维奇已经写信告诉我您的情况。您已经研究过现象学?"(他的话带有很强的美因茨地方口音。)我做了简短的答复。他立即答应将我接受到他的"高级班训练课"中,只是还不能告诉我是在何日何时,因为他想与他的学生们再做商定。他答应我向胡塞尔做预先通报。"您也许想认识'哲学学会'的某个人?我可以将您介绍给女士们。"我觉得,他不需要自己为此费心，莫斯契维奇会为我做引见的。"是的！那么您很快就会认识所有人的。"

我在这个初次会面后十分开心并且充满了深深的感激之情。就好像从未有人对我抱以如此纯粹的仁德一样！认识多年的身边亲人和友人已经证明了爱，这在我看来是不言而喻的。但这里有完全不同的东西。这像第一次看到一个全新的世界。几天后我收到一张明信片，上面告诉我练习课定在周一晚上六点至八点。可惜我在这个时间已经有了其它的我不愿意放弃的东西：马克斯·雷曼（Max Lehmann）的历史研讨课。因此我只好放弃莱纳赫的课程，尽管很不情愿。

在胡塞尔那里我先没有去他家里上门拜访。他在黑板上预告了在哲学专业的一个预谈。听说新来者也会在那里做自我介绍。我在那里第一次见到"胡塞尔鲜活地站在面前"。在他的外部显现上并无引人注目的或令人倾倒的东西。一个高雅的教授类型。中等身材，举止庄重，脑袋漂亮而凝重。他的语言立即透露出他是土生土长的奥地利人：他出生于摩拉维亚，并且在维也纳读了大学。他的亲切开朗也带有老维也纳人的味道。他刚满54岁。

在一般讨论后他将新来者一个个地叫到身边。当我的名字被提到时，他说："莱纳赫博士先生跟我谈到您的情况。您已经看过我的东西了吗？"——"《逻辑研究》。"——"整个《逻辑研究》？"——"整个第二卷。"——"整个第二卷？那么，这也是一个英雄之举了"，他微笑着说。随之我便被接受了。

学期开始前不久，胡塞尔的新巨著出版了：《纯粹现象学与现象学哲学的观念》。它应当在研讨课上得到讨论。除此之外，胡塞尔预告说，他每周都会有一个下午在家，以便我们能够去他那里，并且向他报告我们的问题和顾虑。我当然立即买了这本书（即以它开启的

《哲学与现象学研究年鉴》第一卷;据说这个《年鉴》此后会汇集发表现象学家的研究著述)。在第一个"开放的"下午我发现自己是胡塞尔这里的第一个客人,并且向他报告了我的顾虑。而后其他人也来了。所有人都在关心同一个问题。《逻辑研究》给人留下印象,首先是因为它表现为一种对带有康德和新康德主义烙印的批判的观念论的彻底背离。人们在其中看到一种"新经院哲学",因为眼光偏离开主体,转向了实事:认识重又显得是一种从事物那里获得其法则的接受,而不是——像在批判主义中那样——一种将其法则强加给事物的规定。所有年青的现象学家都是坚定的实在论者。但在《观念》中含有一些措辞,它们听起来完全就像是他们的大师想要倒回到观念论上。他向我们做的口头澄清并未能够平息那些疑虑。这是那个发展的开端,这个发展将胡塞尔越来越引向被他称作"超越论的观念论"(它与康德学派的超越论的观念论并不相等)的地方,在这里他看到了他的哲学的真正核心,并且将所有的精力都运用在对它的论证上:这是一条他的老哥廷根学生无法随他同行的道路,他和他们都为此而痛苦。

　　胡塞尔在霍恩路上有一所自己的房子,也位于城市边缘,在向"容斯"①上行的地方。(容斯在他的哲学谈话中扮演了重要角色;当胡塞尔在谈到事物感知时,它必定常常被用作例子。)这是根据他的太太的指示应和家庭的需求而建造的。大师②的书房在上层,这里有一个小阳台,他可以走上去,在那里"沉思"。最重要的家具是一个

---

　　① "容斯"(Rohns)是哥廷根的建筑业主容斯(Ch. Fr. A. Rohns)建造的一座古典主义风格的饭店建筑,1830年开业。位于哥廷根的海因山上(Hainberg)。这座建筑后来被人简称作"容斯"。——译者注

　　② 施泰因在其回忆录中以及在与其他胡塞尔弟子的通信中常常将胡塞尔称作"Meister",这里勉强译作"大师"。但这个词也带有"师傅"的意思。胡塞尔的其他弟子也使用这个称呼,但远没有施泰因那样频繁和自然。——译者注

旧的皮沙发。这是他在哈勒作私人讲师期间拿到一笔奖研金时购置的。通常我必须坐在沙发的一个角落上。后来在弗莱堡我们常常将我们关于观念论的讨论从一个沙发角引到另一个沙发角。在他的学生们那里，当他们自己在一起时，胡塞尔只是被称作大师(Meister)。他自己知道这一点，但对此压根儿不喜欢。我们私下用其有诗意的名字来称他的太太"马尔维娜"。她又小又瘦；她的闪亮黑发被平滑地分梳开来，她的棕色的眼睛生动而好奇地看着世界，而且总是带着一些惊讶。她的嗓音有些尖利和生硬，而且听起来始终像是她要责问一个人；但在其中掺杂着一些善意的幽默，这起到了缓和的效果。在她的面前总会担心有什么事情发生；因为她大半会说一些令人尴尬的话。她不喜欢的人会受到很不好的对待。但她也有极为明显的同情心。我自己在她那里始终只有非常友善的经历。我不知道我何德何能会受此优待。多年后或许还可以将原因归诸于我为她丈夫做了宝贵的服务。但当时我还是一个完全微不足道和无足轻重的大学生，她却如此热情地善待我。当我在她丈夫在身边时，她常常会中途走进来，说她想问候我一下。这样，最美妙的谈话就会戛然而止。她定期地去旁听胡塞尔的讲座，而且后来向我承认（我们所有人实际上早就知道这一点），她常常是在数听众的人数。她与哲学没有内心的关联。她将哲学视作她生活的不幸，因为在得到聘任前，胡塞尔不得不作为私人讲师在哈勒生活了 12 年。[①] 此后在哥廷根所得到的也还不是一个正式的正教授位置，而是一个私人的、由精力充沛且具世界眼光，但有些专横独断的文化部长阿尔特霍夫(Friedrich Theodor Althoff)特别为他设立的正教授席位；而他在系里的位置是一个

[①] 施泰因在这里记忆有误。胡塞尔在哈勒总共生活了 15 年，其中有 14 年是作为私人讲师。——译者注

十分难堪的位置。这些经验决定了马尔维娜太太要让她的三个孩子远离哲学。大女儿伊丽与我年龄相当。她学的是艺术史。外表上她与母亲很相似。但她在本性上更为温柔细腻。格哈特成为了法学家,但在后来的岁月里却并未将自己与哲学思考切割开来。沃尔夫冈当时还在上文科中学;他具有非同寻常的语言才华,而且想在大学里学习语言。小儿子是母亲的最爱。当她后来在他过早去世后——他17岁时作为志愿兵战死在佛兰德——谈到他时,人们可以了解她的心。有一次她对我说,她从未担心过沃尔夫冈的未来。她一直知道,无论他在哪里,在什么位置上,他都会让他周围的人快乐起来。

胡塞尔夫妇都是犹太人出身,但早年便转而皈依路德新教。孩子们所受的是路德新教的教育。有人讲述说——我不能保证这是真的——格哈特六岁时与大数学家希尔伯特的唯一孩子弗兰茨一起上学。他问小同学,他是什么(即哪个教派)。弗兰茨不知道。"如果你不知道,你就肯定是一个犹太人。"这个推理是不正确的,但却很有性格。后来格哈特经常谈到他的犹太家世。

那个夏天胡塞尔做的是关于"自然与精神"的讲座,是对自然科学与精神科学之奠基的研究。尚未发表的《观念》第二部分也应当探讨这个对象。大师是将它与第一部分一同起草的,但推延了为付印所做的加工,以便先处理《逻辑研究》的新版。当时对这个新版的要求十分急迫,因为这部书已经脱销多年,而且一再地被索求。

在莫斯契维奇到哥廷根后不久,"哲学学会"的第一次学期会议也召开了。这是真正的胡塞尔学生的较窄圈子,他们每周在晚上聚会一次,以便透彻地讨论特定的问题。罗莎和我根本不知道,我们立即便进入到这些精英之中是多么勇敢的行为。由于莫斯认为我们不言而喻地要一起去,我们也就以为是如此。否则会在一学期后才能知道有这个组织,而如果被引进来,也还要在自己敢于开口之前先恭恭敬敬、默不做声地听上几个月。但我立即便鲁莽地发表意见。由于莫斯契维奇绝对是最年长的,因而他便被委任为这学期的主席。但在这个圈子里几乎没有人像他那样在实事方面感觉自己如此无把握。在会上可以看出他扮演这个角色有多么不幸。他在桌上主持,但谈话的领导权每次都很快从他那里滑脱。我们的聚会地点是海斯特庄园主的房子。这是一位年青的地主,他乐于住在哥廷根,旁听哲学讲座,并且亲自与哲学家们交往。他很高兴我们在他那里聚会,而且他也不介意别人常常会将他在讨论中的看法当作无足轻重的扔到桌子底下。他的温柔的金发太太对于我们所有人来说都要比他更可爱。她是一位杜塞尔多夫画家的女儿。装饰房子的许多油画便出自她父亲之手。当我们来到时——常常是在真正的哥廷根雨天,穿着湿漉漉的雨衣和雨鞋——,仆人会默默有礼地帮我们宽衣。但可以注意到,他会在背后对这些奇怪的客人摇摇头。即便是当他在豪华的餐室为我们——随各人选择——沏茶或斟酒时,他也会观察到一些不同寻常的事情。我自己就永远不会忘记,汉斯·利普斯在一次热烈的谈话期间将他的雪茄烟灰弹在银质的糖罐里。

哲学学会的始创者们当时都已不再出现了。自从成为讲师并结了婚之后,莱纳赫就不再来了。康拉德和海德维希·马蒂乌斯在结婚之后交替地住在慕尼黑和贝根扎伯纳(Bergzabern)(普法尔茨州)。迪特里希·封·希尔德勃兰特去了慕尼黑,亚历山大·柯瓦雷去了巴黎。约翰内斯·海林想在下学期进行国家考试,并且为了能够不受干扰地工作而回到了他的家乡斯特拉斯堡。但这里还有几个人曾与这些学术权威一起工作过,现在他们可以将这个传统继续传递给我们这些新人。起着领导作用的是鲁道夫·克莱门斯(Rudolf Clemens)。他是语言学家。他的褐色胡须和他的领带、他的柔和嗓音和他的既深情又戏谑的眼睛让人回想起浪漫主义者的时代。他的声音是友善的,但这是一种不会为我注入绝对信任的友善。弗里茨·法兰克福特(Fritz Frankfurther)来自布莱斯劳并且学习数学。从他的棕色的眼睛中看出来的是童心的爽直、忠心和善良。在哲学思考上的极度快乐是为我们大多数人所各自拥有的,而在他那里则表现得尤为可爱。有一次他向我讲述胡塞尔的康德课程中的一些东西,这是我还没有听过的课,他突然打断自己,并且说:"不,现在要说的太美妙了,不应该事先透露它。您必须自己去听。"在所有人中给我留下最多印象的是汉斯·利普斯。他当时23岁,但看起来还要年青得多。他非常高,修长,但健壮,他的漂亮的、表情丰富的脸如同一个孩子的脸一般清新,而他的又大又圆的眼睛看起来就像一个孩子的眼睛一样在发出认真的询问。他所说的通常是一个简短的,但十分确定的句子。如果有人请他进一步说明,那么他会解释:无法说得更多,实事本身会让人开悟的。于是我们不得不满足于此,而且我们所有人都相信他的明察的真切与深邃,即使我们还不能一同完成这种明察。在他难以用话语来表达时,他的眼睛和他的生动的、不由自主的脸部表情变化也就会更为迫切。此外,他在那年夏天不能定期参与晚上的聚会,因为他当时在进行医科大学预科考试,同时——以一项植物生物学的研究——做哲学博士论文。医学的和自然科学的学习充塞了他无法进行哲学思考的那些时间。他之前已经做了一些别的事情。他以室内装饰设计师和手工艺师开始,但这些都无法给他带来充实。不管怎样,他后来仍然喜欢做些手工,而且在他的本性中含有十分显著的艺术气质。在作为禁卫军中的龙骑兵于德累斯顿服役期间,他结识了《逻辑研究》,而这对他来说成为一个新生活的开始。这样他便来到哥廷根。他是这个圈子里唯一还与可怜的莫斯经常有私人聚会并且喜欢他的人。其他人都在背后取笑莫斯的动摇不定和他的永远无法解决的问题。

在至此为止提到的这些人那里,哲学是真正的生命要素,尽管他们此外也还在学习其它的东西。还要加上另外几个人,他们的情况恰恰相反:他们的专业学科对他们来说是主要的事情,但他们本质上受到了现象学的推动。其中包括日耳曼学者弗里德里希·诺伊曼(Friedrich Neumann)和君特·米勒(Günther Müller),他们后来相对较早地在其学科中获得了正教授的位置。也有两位女士自几个学期以来就是哲学学会的成员:格蕾特·奥特曼(Grete Ortmann)和埃里卡·戈特(Erika Gothe)。她们比我大得多;两人在决定上大学之前都已曾在学校工作过。她们都来自梅克伦堡:格特小姐来自什末林,奥特曼小姐来自一个农庄。她[格蕾特·奥特曼]是一个又小又瘦的小人物,但走路时的步伐如此沉重,以至于她的大衣常常被哥廷根街道上的尘埃一直溅到很上面的部分。她说话同样十分急促,但那些听起来像是隆重布告似的语句,其内容却让我常常觉得相当平凡。但她并不常常开口,而是在研讨课上和在哲学学会中睁着她的又大又蓝的眼睛,带着心醉神迷的表情在聆听。在她那里,这让我觉得很滑稽。但在埃里卡·戈特那里,吸引我的却是她敬畏沉默的姿态。奥特曼小姐很快便清楚地表明:她很不喜欢我。她自己后来在一次亲密的交谈中向我讲述说,莱纳赫有一次曾与她有深入良心的谈话,问她为什么如此不友善地对待施泰因小姐,而她又是那么可爱。她给出的论证是:"她总是那么干脆地参加讨论。而那些实事又是那么难。"此外,莫斯在第一次会议时就请我接受日志管理的任务,而我也毫不犹豫地表明愿意做此事。其他人似乎没有对我的主动性感到不满。他们对我十分友善,并且极为认真地对待我在讨论中表达的看法。无论如何,奥特曼小姐的行为造成的后果是她最初与整个圈子不再有进一步的个人交往。她与埃里卡·戈特好像是不可分的。而女士们的任务曾经在于，将我进一步拉拢过去。在这个夏天我并未想念她。因为我在人际关系方面的需求通过布莱斯劳的熟人而得到了充分的满足。此外，我很久以后才知道，在哲学学会以及大学之外还上演了些什么，而且当时甚至根本没有注意到，我已经被排斥出去了。

除了罗莎和我还有几个新引入的成员。贝蒂·海耶曼（Betty Heymann）是一个汉堡犹太女子，小个子，长得不太正常。纤细而柔和的脸被过大的牙齿所损害，漂亮的眼睛显得异常聪慧和明亮。她是乔治·西美尔的学生，也想在他那里完成博士考试，她到这里来先学习一个学期，为了也认识一下胡塞尔。同样，弗里茨·考夫曼也已有了一个他可以带着骄傲回顾的哲学过去。他从马堡的纳托普那里来，因而内心已经接受了那么多的新康德主义，以至于他如此难以适应现象学的方法。他是一个来自显然非常富有的莱比锡犹太商人家庭的长子。由于还有两个弟弟可以接管他父亲的买卖，因而他可以完全献身于哲学，而且直接向着高校生涯奔驰。他是我们中间唯一无需考虑面包学业的人。在这个通常不会关心外在的事物的圈子里，他的讲究的穿着很是引人注目。当有一次他的邻桌，一个美国人，相当用力地挤出钢笔墨水，而考夫曼显然在担心他的浅灰色西装时，大家都在暗自窃笑。他的语言是无可指责的标准德语，不带一丝一毫的萨克森痕迹，而利普斯的最大沮丧就在于他一开口就泄露出他的萨克森人身份。（他绝不想是萨克森人，而是一再强调，他是普鲁士人，因为他已经从他父亲那里继承了普鲁士国籍。）

在胡塞尔那里做预谈的那天，我与罗莎下午第一次去了俾斯麦塔。在我们中途努力采集紫罗兰时，考夫曼赶上了我们。他认出在早上会面时的我们，向我们问候并且友好地说："这里有那么多的紫罗兰。"随之便引出了第一次的对话。偶然间他向我们说起，在初次访问莱纳赫时他"差点被扔出来",而且莱纳赫坚定地拒绝他参加自己的练习课,这使我感到很惊讶。至此为止我根本不会想到,莱纳赫接待我时所带有的善意,很可能是一种个人的褒奖。后来在参加了莱纳赫的练习课之后,我才找到了解释。尽管具备所有的好意和友善,他也非常严厉地拒斥任何一种狂妄自负。而考夫曼有可能在他面前介绍自己时附带了一些自信。由于这种态度以及在他语言中的某种做作,他几乎在所有人那里都会对自己造成损害。但我很快便注意到,这只是表面。我有时会擅自做一些狠狠嘲弄他的事情,同时不去顾及他显摆出来的尊严。而后他会十分惊讶的看着,就像在看某种完全不寻常的东西,然而这好像对他很有效果;他逐渐变得不拘束了,而且他的声音时而也变得完全纯朴和亲切起来。

在胡塞尔的研讨课上也有一些人是在他身边工作,但并不参与哲学学会。当我在开学后不久的一个晚上受邀去库朗夫妇那里时,理查德说:"如果你参加了胡塞尔的研讨课,那么你一定已经认识了贝尔。"他是一个加拿大人。我注意到有几个美国人和英国人,但不知道他指的是谁。"他是哥廷根最和善的大学生。你肯定会把他找出来。"此后不久我在礼堂的斜坡上看见一个穿着运动服、不戴礼帽的大学生站在那里。他似乎是在张望某个人,而在他的姿态中有某种招人喜欢的自由不拘的东西。"这是贝尔",我想。的确也是如此。他与其他现象学家在一起的时间不多。哥廷根的美国人和英国人形成了自己的殖民地,而且他们抱团抱得很紧。除此之外,他也有一个不是由专业学习来确定的朋友圈。其中就有我的表兄。通过他,我也知道一些贝尔的前史。他原先是工程师,但在北冰洋——他的家乡是哈利法克斯——航行时,开始了哲学思考。而后他先去英国学习,后来到了德国。偶尔有一次他告诉我,莫里茨·石里克的一篇书评使他注意到了《逻辑研究》,并将他引向了哥廷根。现在他已经在这里三年了,而且在胡塞尔这里做一个关于美国哲学家罗伊斯的博士论文。他已经31岁,但看起来要年轻得多。

在哲学学会中我们为那个学期选择的讨论对象是当时在《年鉴》上发表的第二部巨著,它在近几十年里对精神生活发挥的影响或许要强于胡塞尔的《观念》:马克斯·舍勒的《伦理学中的形式主义与质料的价值伦理学》。年青的现象学家们受舍勒的影响很大;有些人——如希尔德勃兰特和克莱门斯——注重他甚于注重胡塞尔。他个人当时处在一个十分糟糕的境地。他与之离婚的第一任妻子让他在慕尼黑卷入了一场丑闻官司。在此期间公开的对他的指控材料造成了这样的结果:大学剥夺了他的任教权(venia legendi);所以他不能进行教学活动;此外他没有固定的收入,靠他的写作维生——大都与他的第二任太太[梅丽特·富特文格勒(Märit Furtwängler)]住在柏林的一个低廉的膳宿公寓房间(Pensionszimmer)里,也常常处在旅途上。

哲学学会邀请他在那个学期到哥廷根做几周的讲座。他不被允许在大学里演说,我们也不被允许在黑板上张贴他的讲演公告,而只能口头通知大家。我们不得不在一个旅馆或咖啡馆的公共房间里聚合。这个学期结束时舍勒也来了。起先确定了在这周的几个晚上做讲演;但他并不懂得分配时间,而最后堆积了那么多材料,以至于我们必须每天都来。当正式的部分过去之后,他还继续与一个较小的圈子一起留在咖啡馆里几个小时。我只参加了一、两次这样的[讲座]后聚会(Nachsitzung)。尽管我急于想捕捉尽可能多的实事推动,但这里还是有些东西让我反感:他说到胡塞尔时的口气。舍勒当然也极力反对观念论的转向,而且差不多是居高临下地来表述自己的意见;一些年青人现在允许自己用一种讥讽的口气来说话,而这种不恭不敬和忘恩负义让我感到气愤。胡塞尔与舍勒的关系并不完全纯净透彻。舍勒在每个场合都强调，他不是胡塞尔的学生，而是独立地发现了现象学的方法。诚然，他并未作为大学生在胡塞尔那里听过课，但胡塞尔深信舍勒的依赖性。他们彼此相识已有多年。胡塞尔作为私人讲师住在哈勒时，舍勒住在附近的耶拿；他们常常会面并有思想交流。[①] 每个人都知道，舍勒会如何轻而易举地从他所认识的或者哪怕只是读过其著述的其他人那里获得推动。种种观念飞往他那里，在他那里继续工作，而他自己并未意识到它们的影响。他可以心安理得地说：这都是他自己的财富。除了这种关于优先权的竞争之外，在胡塞尔那里还有对他学生的另一种严肃的担忧。他付出了最大的努力来培养我们的严格实事性和缜密性，培养"彻底的智识的诚实性"。但舍勒的方式却是播撒天才的启示，而不对它们做系统的探究，这种方式含有一些让人眼花缭乱并充满诱惑的东西。此外，他谈的是切近生活的问题，它们对于每个人而言都是事关重要的，而且特别能够打动年青人，不像胡塞尔仅仅谈论冷静而抽象的事物。尽管有这些张力，当时在哥廷根两人之间还是有友好的往来。

  舍勒给人的第一印象是令人着迷的。我从未在任何人那里如此纯粹地遭遇过这样的"天才现象"。从他的蓝色大眼睛中放射出一个更高世界的光芒。他的脸的线条是优美而高贵的，但生活在上面留下了蹂躏的痕迹。贝蒂·海耶曼说，舍勒让她回想起道林·格雷（Dorian Gray）的一幅画像：那幅神秘的画像，在其中扭曲的线条勾画出原型的荒芜生活，然而人却还保持着他的完好无损的青春美丽。舍勒说话很急切，甚至带有戏剧般的生动性。他特别喜欢的那些语词（例如"纯然的何物性"）是带着虔诚和温情而被说出来的。在与他

  [①] 这个说法至此尚未获得旁证。而按舍勒本人同样未获得旁证的表述，他是于1901年［实为1902年初］才在法伊欣格尔举办的一次聚会上认识了胡塞尔并与之讨论直观问题。——译者注

认定的对手争辩时,他的语气是蔑视的。当时他处理的问题也构成他刚刚出版的书《论现象学与同情感理论》的论题。它们对我来说具有特别的意义,因为我刚刚开始致力于"同感"(Einfühlung)问题。

在实际生活中,舍勒是无助的,像个孩子。我有一次看见他站在一家咖啡馆的衣帽架前,面对一排礼帽束手无策:他不知道哪个是他自己的。"现在您缺少了您的太太,不是吗?"我微笑着说。他赞同地点点头。如果看见他如此,就不可能对他生气——尽管他做的那些事情若换了其他人就会遭到谴责。哪怕是他的那些错误的受害者们也常常会维护他。

对于我和许多其他人来说,他在那些年的影响已经具有远远超出哲学领域的重要意义。我不知道舍勒在哪一年回归了天主教的教会。① 不可能是在那段时间之前很久的事情。无论如何,在那段时间里,他完全被天主教的观念所充塞,而且懂得用他的精神的闪光和他的语言强力来为它们做宣传。这是我第一次接触到这个我在那时还全然无知的世界。它还没有将我引向信仰。但它为我开启了一个"现象"的领域,我现在无法再视而不见地绕开它们而行。对我们的一再提醒并非是徒劳无益的:我们对所有事物的观看都应当毫无成见,应当抛弃所有的"眼罩"。我是在理性主义成见的屏障中成长起来的,自己对此全然不知,而当这些屏障垮塌时,信仰的世界便突然伫立在我的面前。这里生活着我每日与之交往的人,我钦佩地仰望的人。这个世界至少是值得认真思考一番的。暂时我还没有对信仰问题进行系统的研究;因为我当时过多地为其它事物所充塞。我满足于对来自我的环境的推动做无抵抗的接受,并因此而——在我没

---

① 这里的"回归"(zurückgekehrt)可能有误。舍勒在1899年皈依了天主教,在1916年之后与天主教教会走得很近,后来他的教会改革思想在二十年代中期受到天主教人士的批评。——译者注

有留意的情况下——逐渐地被改造了。

[……]

我是因为哲学才来到哥廷根的,并且想在这里将我的大部分时间奉献给它。但其它专业也不应当被怠慢。由于我打算只住一个夏天,所以我也很愿意充分利用它来认识其他的日耳曼学家和历史学家。在理查德·维森费尔斯(Richard Weißenfels)那里的一个关于"布尔纳、海涅与年青的德国"的课程与其说是工作不如说是休闲。严格而可怕的爱德华·施罗德(Edward Schröder)也被我当作"现象"来享受。他是一个又高又壮的男子,蓄着宽宽的、夹杂白须的、中间分开的胡子。他说的是一种"成熟的语言"——他家乡黑森的语言,这是他的骄傲。但我觉得,他说中古高地德语甚或古高地德语会更合适;每当他在课上朗读一段文本示例时我都会很高兴。与他在柏林的姐夫罗德(Gustav Roethe)一样,他也是女性上大学的反对者,而且至此为止没有在他的研讨课中接纳女士。但我共同经历了他的"转变"。当他在那个学期开始时将专业①的钥匙分发给参加者时——为此我们必须一个一个地走上前去,用击掌向他承诺,不把专业图书馆的书拿回家——,他公开宣布,从现在开始他想允许女士进入学科的高班;这是她们用她们的勤奋和她们出色成绩挣来的。此外,他还是一个重情感的人;有一次,当他在讲座中想到一个去世的同事时,他的眼泪夺眶而出。

在哲学家中,除了现象学家之外,我还听了莱奥纳多·尼尔森(Leonard Nelson)的课。他还年轻,几乎不到30岁,但已经因为他的《论所谓认识问题》②的书而在全德国都闻名遐迩或臭名昭著。在

---

① 如前所述,这里的"专业"(Seminar)是指一个包括了图书馆的专业所在地。——译者注

② Leonard Nelson, *Über das sogenannte Erkenntnisproblem*, 1908.——译者注

其中他极其敏锐地通过形式矛盾的证明一个接一个地"杀死了"近代认识论的所有较为重要的代表。在他的课程中——我听的是他的《实践理性批判》——，他的进程也并不更为温和。他用两张图表画来展示典型的矛盾；几乎每堂课都会为了新的对手而将它们画在黑板上，而且它们在听众那里被叫作"断头台"(Guillotine)；在战场上唯一活下来的是康德的学生弗里茨·尼尔森按他的名字来称呼他自己的哲学。他的伦理学是在对一个有所改动的绝然律令的推导中达到顶峰的。实际上整个讲座都是一种从自己预设的命题中导出的滴水不漏的演绎。他的推论是很难逃避的，但我绝对有这样的印象，错误是隐藏在前设之中的。危险在于，他将那些从其伦理学中理论上推导出来的东西也确定无疑地在实践中加以实施，并且也对他的学生们做同样要求。他的周围有一个年轻人的圈子（主要是青年运动的成员），他们完全受他的引导，并且按照他的指导原则来塑造他们的生活。曾一度处在他的影响下的理查德·库朗常常说："就像联谊会大学生去喝晨酒一样，义勇军战士去上尼尔森的课。"尼尔森有真正的领袖本性；他的坚定的性格、不屈的意志、他的伦理观念论的宁静激情都赋予他以凌驾于人之上的强力。外观上他鲜有迷人之处：高个子，宽肩膀，步伐沉重，浅蓝色的眼睛上堆着沉重的眼睑，他的语言听起来也很沉重，有些疲惫，尽管他是带着决断和强调将一切都端出来。脸是难看的，但有吸引力；他的漂亮是在他的浓密的金黄色卷发上。他的话十分冷静而且枯燥；他会将主要的思路勾画在黑板上；在他写字和画图形时可以看出，他有一只画家的手。

他认为值得交往，同时却又不会无条件献身于他的哲学和生活方式的人只有很少几个。罗莎·海涅(Rosa Heine)，一个俄罗斯犹太女子，便是这少数几个人之一，她已经在哥廷根学习心理学多年。我在心理学研究所认识了她，有一天我与她走在街上时，我们遇到了尼尔森。她问候他，向他介绍我，并且解释说：我们现在必须好好谈一谈。然后她就告辞了，并让我们独自继续走。尼尔森认得我是他的课程的听众，并且乐意听一下我对此会说什么，因为他知道我是胡塞尔的学生，而从这个阵营中并不常常会有人迷失到他那里。他自己并不十分了解胡塞尔的著述，他解释说，熟悉胡塞尔的又难又新的术语需要花费太多的时间。我问他是否曾对莱纳赫做过辨析；这会容易得多。"莱纳赫是更清楚，但因此也少了深刻。"这个回答言简意赅。随之我们的谈话便告结束，因为我们已经到了他要去的范登霍克与鲁布莱希特（Vandenhoeck und Ruprecht）出版社的门前。过了好几年我才与他本人再次会面。

在心理学研究所里我听了格奥尔格·埃利亚斯·缪勒（Georg Elias Müller）的"眼感觉的心理物理学"，这是一位使用纯粹自然科学的旧运行方法的老前辈。这里有一种精确性，它吸引着我，而且它对我来说要比我在施特恩那里所学到的东西更值得信任。但我在它那里得到的乐趣仅仅像是我在理论物理学和数学上得到的乐趣：这是一些我很乐于了解的研究领域，但这些领域中并不包含对我自己而言的任务。缪勒是一个暴躁的现象学反对者，因为对他来说，除了经验科学之外，不存在其它科学。与此相反，胡塞尔则建议我们去听缪勒的课，因为他很看重我们对实证科学方法的了解。除了缪勒，大卫·卡茨也作为私人讲师在研究所工作，他在大学时代也研究过现象学，而且可以在他的讲座中注意到，他受到了这方面的促进。通过莫斯契维奇和罗莎·海涅（他们后来结为连理），我也认识了他本人。研究所里的运动十分奇特。缪勒有一些学生想在他这里进行博士考试，尽管这并非易事。常常要在几个月之后才能将实验规定与必要的机器凑在一起。没有人会告诉其他人，他做的研究究竟是什么。在这个位于保丽妮街（Paulinerstraße）的旧建筑的不同实验室中，他们在他们的机器前神秘地转来转去地工作。有一段时间我曾被一个丹麦心理学家用作实验人。我在黑暗的房间里坐在一台速示器(Tachystoskop)前,有一系列各种不同的、绿色闪亮的形状对我展示出来,每次都是一瞬间,而后我必须说明我看到了什么。我在这里看出,这里涉及的是对形状的再辨认,但我没有得到进一步的解释。我们现象学家对这些故弄玄虚的做法一笑了之,并且为我们自由的思想交流感到高兴:我们并不担心,一个人可能会抢走另一个人的成果。

除了哲学之外,对我来说在哥廷根最重要的是在马克斯·雷曼那里的研究。我在布莱斯劳就已经彻底研究了他的关于施泰因男爵的巨著,并且很高兴认识他本人。我听了他关于专制主义和启蒙时代的大课以及每周一小时的关于俾斯麦的课程。让我感到高兴的是他的欧洲式思维方式、他的伟大老师兰克的遗产部分,而且我为通过他而成为兰克的一个徒孙女而感到骄傲。我当然不能在所有方面都赞同他的观点。作为老汉诺威人他有很强烈的反普鲁士心志;英国的自由主义是他的理想。当然这会尤其强烈地表现在他的俾斯麦讲座中。由于片面性始终会推动我去正确地评价对立面,因而我在这里反而比在家里更多地注意到了普鲁士天性的优点,而且我的普鲁士人意识还得到了强化。

我已经提到过,为了参与同时进行的雷曼的研讨课,我放弃了莱纳赫的练习课。当我注意到雷曼讨论课上提出了哪些工作要求之后,我几乎要为选择了这门课而后悔;因为我并不想在哥廷根花费那么多时间在历史学习上。我们整个学期的任务是对当时德国的帝国宪法与1894年的宪法草案做一比较。对于这个问题研究的最重要书籍被集中存放在大练习课室旁边的小工作室里供我们使用。我在那里度过了一些时光。但最让人难受的惊讶在于,每个新来的成员都必须承担一个长篇的书面作业。论题在第一堂课上就被分配了，而且是每两个人——尽可能是一个先生和一个女士——都做同一个论题。交稿的时间也立即被确定。这些作业会在这学期下半段的课上受到讨论。为此，两个受害者必须在马蹄铁形状的桌子旁面对雷曼就座，并且做出答辩。这对他来说是一个亲自彻底地认识一个人的机会。他的视力很弱，如果我们坐得较远，他就无法看见我们。在每个学期开始时他都让人画上桌子并将每个参与者的名字填在他的座位上。而后他便将我们认作我们的座位功能，而我们不可以再改变次序。我的论题是：在1849年宪法草案中的党纲之实现。在学期就要结束时才轮到我的同伴和我。我们此前并不认识；但由于我们是在相同的负担下叹息，有几次他陪我回家，以便在途中向我倾谈他的顾虑。他是一个聪明而勤奋的人；我完全信任他的工作。我们的任务是艰苦的。必须完全了解在法兰克福国民议会中各个党派的行进状况，必须设法获得那些纲领；它们并不都是容易得到的，尽管其中的大多数都在一部便利的文集中得到付印；我找了很长时间才从海德堡图书馆的1848年旧报纸装订本中得到一本。而后才开始进行比较研究。整个学期我都处在这样一种压力下。终于到了雷曼来考查我们的那堂课了。不过他做此事时总是采取一种非常友善的方式，而且这次也对谈话的进程表示相当满意。诚然，还出现了一个悲喜剧的难题：他不能完全辨读我的报告，因为对他的弱视的眼睛来说，墨水太淡了。一位年长的女同事（在大学读书的女教师）给我一个好的建议：去找雷曼并且问他，我是否应当用打字机再誊写一遍。因此我便去了市民街（Bürgerstraße），他在那有一栋自己的住宅，一幢被一个园子包围着的较老的房子。我被领到楼上。还在他书房前的前厅里就已经布满了直达屋顶的书架。雷曼很亲切地接待我，他说不需要再誊写报告了。他现在通过讨论已经有了确切的了解，而且感到非常满意。总的说来女士们都不错！如果没有那些勤奋而出色工作的女士们，他的研讨课还不知会怎样呢！我觉得这有些夸张，并感到有义务为我的男性同事做些辩解：也有一些做出了成就的先生们。他对这个反驳有些吃惊，但认可我的说法。"噢，是的，个别的。例如您的同伴也提交了一份好报告。"而后就来了一个大惊喜。雷曼向我透露，由于他对我的报告是如此满意，因而他乐于将它接受为国家考试论文；我只需做一些小补充。这不是一个异常的表彰；雷曼常常会让人将出色的研讨课报告作为国家考试论文递交。但我当时并不知道这些，因为我至此从未对哥廷根的考试运作有过丝毫的关心。此前我将国家考试视作某种离我很遥远的东西，因为我的意图始终在于先读博士。而且此外我也只是这个夏天来哥廷根，并且计划在布莱斯劳进行国家考试。当然，距离学期末越近，我就越是觉得现在离开并不再回来的想法是不可能的。在我身后的这几个月不应该是插曲，而是一段新生活的开端。现在它从一个我没有丝毫期待的方面为我提供了帮助。总不能放着一个业已完成的国家考试论文不用吧！我的家人也会明白这一点的。

我相信，在从这次富有成效的访问出来的回家路上，我的计划就已经形成了。我首先必须调整我与施特恩教授的关系。他收到了一份关于这个学期的进程的报告：我在我的心理学论文上什么也没做，相反我已经完全熟悉了现象学；现在我的迫切愿望是继续在胡塞尔这里做研究。他的回答充满了善意：如果我有这个愿望，那么就只能建议我在胡塞尔这里读博士。我在家人那里也未遭遇抵抗。现在要迈出的是最大的一步：我去胡塞尔那里，并且请求在他那里做博士论文。"您已经走得那么远了吗？"他吃惊地问。他已经习惯于人们在敢于进行独立研究之前先在他那里听几年课。无论如何，他没有拒绝我。他只是向我指明了所有的困难。他对一个博士论文的要求是很高的；他估计为此需要三年的时间。如果我打算做国家考试，那么他会迫切地建议我先做这个，否则我会过于脱离开我的其它专业。而且他自己十分看重在一门专门科学中做出些出色的东西。仅仅做哲学是没有用的，需要以对其它科学的方法的透彻了解作为坚实的基础。尽管这将我至此为止的计划颠倒了过来，并且使我的心情有些沉重；但我不为任何事物所惧，而是准备接受任何条件。这时大师变得和气了一些。他说，如果我现在就已经选择题目并且开始研究，那么他不会反对。如果我在对国家考试的前期准备中已经走得足够远，那么他就会如此地交给我一个国家考试论文的任务，以至于我日后还可以将这个论文扩展为博士论文。

于是现在的问题就是，我想做哪方面的研究。我不会因此而感到为难。在他关于自然与精神的课程中，胡塞尔曾谈到，一个客观的外部世界只能以交互主体的方式被经验到，即是说，通过多个彼此处在相互说明关系中的认识个体。据此，对其他个体的经验构成了对外部世界的经验的前提。在与特奥多尔·利普斯的研究的衔接中，胡塞尔将这种经验称之为同感（Einfühlung），但他并未充分地说明同感是什么。因而这是一个需要得到填补的缺口：我想研究同感是什么。这让大师感觉不错。诚然，我于此立即便得到了一片新的需要吞食的苦药：他要求我，将我的研究作为对特奥多尔·利普斯的辨析来实施。因为他很愿意他的学生们在其研究中去澄清现象学与这个时代其它重要哲学流派的关系。他自己在这方面做得很少。他已经过多地被他自己的思想所充塞，因而没有时间再去辨析他人。但即使在我们这里，他的这个要求也很少得到赞同。他常常微笑着说："我将学生们培养成系统哲学家，而后我吃惊地发现他们不喜欢做哲学史的研究。"但他暂时还是铁面无情的。我不得不去啃这些酸苹果，即透彻地研究特奥多尔·利普斯长长的一系列著作。

现在这又是一次后果重大的访问。必须制定全新的计划。但我也很快就完成了。如果我应当在做博士之前先做国家考试，那么我就要尽快地将国家考试摆脱掉。我现在已经读了五个学期。这样我就还不能去报名考试。当时规定的最少学期数是六学期。它产生于古老的年代，那时还没有那么多的材料需要掌握。现在大多数人都用八至十个学期的时间。这在我这里是不可能的。我已经做了决定：在即将到来的冬季必须完成同感研究的草稿，而且必须在口试方面做好如此的准备，以至于我在学期结束时就可以报名考试。

这是我在哥廷根第一学期的结果。我于8月初放假回家。我已不记得，我是否是与罗莎同行的。对她来说这是与哥廷根的最后告别。我们放弃了我们的住所，因为它对我一个人来说太贵了。我想在秋天为自己找一个新的营地。

[……]

10月下半月，讲座开始的前几天，我又来到哥廷根。我租了一个房间，在席勒街32号，与库朗夫妇的住所只隔了一个住宅区。整条街都是新造的，房间是现代的，且有品位，带有白色的屋顶、浅灰色墙纸和窄镀金边框。房东属于十足的中产阶级；穆斯曼太太既不年轻，也不漂亮，但非常友善。如我至此为止所习惯的那样，她在早餐时为我准备牛奶，晚饭时为我准备茶。在几个月后她也着手从他们的饭菜中取一份午饭给我送来；这样我就只需要给少许钱就得到比在客店里更好的照料。我的房间位于住宅外，有一个自己的楼梯入口；这是一个底层房间，因此可以在街上用一根手杖敲击我的窗户。理查德有几次曾以这种方式让人注意到他，如果他晚上听完音乐会回家并发现我这里还亮着灯。我在这个冬天非常孤独。在罗莎与我同住期间，我们两人都没有感受到丝毫的乡愁。我现在如此地想念她。我避免走长盖斯玛街，因为看到我们的老住所会让我过于揪心。

因此我也从未忍心去拜访我们以前的好房东。忠实的丹茨格[①]继续接我去做周日的散步。我只是现在不再像以前那样有那么多时间来做此事，因为我完全沉迷在我的伟大工作计划中。此外我也必须承认，这位好青年让我觉得有些无聊。

莫斯契维奇也重回这里，我更愿意由他来陪同，虽然与他的交往越来越令人精疲力竭。通常他会请我为他空出周日下午；但我必须估计到，上午会有一位红衣骑车人捎来一封取消函。有时会有第二个接踵而来，将这封取消函重又收回。我并不因此而生他的气，因为我看得出背后隐藏着什么。现象学是他的不幸的爱。它败坏了他对心理学研究的兴致，而他无法再回到那里；但在现象学中他从未走出过开端的困难，而且无法在其中成就任何独立的东西。他相信我已经超过他了，并且必须充分利用每次的聚会，以便让我带他前行。另一方面他又害怕这些谈话，因为它们会再次让他灰心丧气。当我们谈论其它事情时，他很自在，但他很少让自己有此享受。他再次来到哥廷根主要是因为莱纳赫答应，他可以每周一次独自到莱纳赫那里去。他对这些下午最为看重，它们应当给他带来对所有怀疑的解答。因而当莱纳赫在学期末有一次向我承认，这些谈话对他来说是一种负担时，我大大地吃了一惊。他知道我很了解莫斯契维奇，并想听一下我对他的评价。莱纳赫自己觉得他是无药可救了。"他应当留在他的心理学那里，作为现象学家他将会永远一事无成。难道就没有人能告诉他一下？"我恳请他不要这样做。就我对莫斯契维奇的神经质状况的了解，我担心他会挺不住这样一个打击。莱纳赫也允诺不去说什么，并且继续耐心地一再重复倾听这同一个怀疑和顾虑。反

[①] 丹茨格(Dr. Erich Danziger)是施泰因在回忆录前面曾提到的化学研究所的一个助理。——译者注

过来,我这方面承担的任务则是悄悄地影响他,让他在哥廷根不要再滞留到这个冬季之后了。确实,他接下来的夏天是在美因河畔的法兰克福度过的,以便在那里通过重要的心理学家[韦特海默(Wertheimer)、盖尔普(Gelb)、柯勒(Köhler)]的推动而获得进一步的帮助。

对我来说,这个冬天带来的哲学促进比夏天的还要大。胡塞尔讲了他的康德课程。但主要是我的学习计划允许我这次参加莱纳赫的讲座(哲学引论)和他为高年级学生开设的练习课。夏天我只是偶尔在我刚好没课的时间里旁听了他的课程。听他的课程是一种纯粹的乐趣。他在面前放着一些手稿,但好像几乎不去看它们。他说话的语气生动而欢快、轻盈、自由和高贵,而且一切都是那么透明清晰和富有说服力。人们会有这样的印象:这对他是毫不费力的事情。当我后来能够看到这些手稿时,我十分惊讶地注意到,它们从头到尾都得到了逐字逐句的精心处理,而且在学期的最后一次讲座下他通常会写下:"完毕,谢天谢地!"所有这些鲜亮的成就都是难言的艰辛与煎熬的结果。

莱纳赫的练习课是在他住所进行的。由于我们此前刚好有胡塞尔的课程,因而有一个20分钟的延续时间,直到我们到达石壕街[28号]。在漂亮书房里的课程时间是我在整个哥廷根期间的最幸福时光。大概我们所有人在这一点上都是一致的,即我们于此在方法上学到的最多。莱纳赫与我们讨论他在自己的研究工作中刚好探讨的问题,在那个冬天和接下来的夏天是运动问题。这不是讲授与学习,而是一种共同的寻找,类似于在哲学学会中,但借助于一个可靠的引领者。所有人都对我们的年轻老师抱以深深的敬畏;在这里没有人敢轻易说出一句仓促的话语,我几乎不敢在没人问的情况下开口。有一次莱纳赫提出一个问题并且想知道我对此怎么想。我努力地一同进行思考,并且非常腼腆地说了几句我的看法。他极为友善地看着我，并且说："我也是这样想的。"我无法想象比这更高的奖励。但这些夜晚对他也是一种煎熬。在两个小时过去后，他根本不想再听到"运动"这个词。在我们这个圈子里当时有人对他提出了一些异议，它们迫使他最终完全放弃了最初的起点。他在复活节后再次完全从头开始。后来我在他的书面草稿中也可以确定这个断裂。

除了哲学之外，我现在将我听的讲座限制在最小量上，以便可以尽可能多地在家里工作。我开始对口试做系统的准备：对于历史、德国文学和哲学史来说，这意味着汗牛充栋的记忆材料。还要加上另一些东西。哥廷根的哲学系在几年前划分为一个数学-自然科学部和一个语言学-历史部。哲学家们必须决定，他们想要从属于哪个部。尽管自己有一个数学的过去，并且尽管为他应聘哥廷根而曾付出努力的数学家们会感到不快，他［胡塞尔］还是选择了另一个部，出于实事的信念：哲学与精神科学有更多的内在共属性。但在语言学部进行的博士论文答辩要求提供文科高级中学的毕业证书（Abitur）。与我一样上了实科中学（Realgymnasium）的海德维希·马蒂乌斯曾以在胡塞尔那里写的一篇研究论文而获奖，她为了博士论文答辩而去了慕尼黑，因为那里不存在这个难题。我立即决定，追加一个希腊语的补充考试，但我想将它推延到国家考试之后，以免一下子要得太多。因此，当胡塞尔太太有一次告诉我，古希腊语（Graecum）考试必须在博士论文答辩前六个学期做完时，我感到非常为难。我立即去了语言学部的系主任那里——当时是考古学家科尔特（Körte）——，向他咨询那些规定。他认为，可能存在这样一种规章，他不知道以后的系主任会如何对待这种事情；他自己会赞成将这个条件忽略不计。但为了保险起见，我可以去找语言学家海尔曼·舒尔茨（Hermann Schultz），他在哥廷根开设一门给希腊语初学者的课程班，我可以让他为我出具证明，证明我现在已经会希腊语。于是我用几周时间重温了我在布莱斯劳的前几个学期的知识，而后去了舒尔茨博士先生那里。他是一个还年轻的私人讲师并且住在他母亲那里，她有一个不寻常的称号"阿博特太太"（Frau Abt）[①]。实际上这是布尔斯费尔德的本笃会修道院在移作俗用后交付给了哥廷根大学；每次会有一个路德新教的神学家被委托管理的职责，并且被视作"阿博特"。

海尔曼·施密茨友好地接待了我。在我向他陈述了我的事情之后，他约我第二天去做一个小考试。他给我翻译的是修昔底德，我至此为止没有读过他的东西，但我对结果感到完全满意。他说，他很高兴，在初学者课程班上就可以获得这么多东西。显然他在自己的授课中至此为止有这样的印象，即他的辛苦是相当徒劳无益的。我得到了一个不错的证明，希望日后可以用它来帮助我达到目的。

但在其它学业方面，我的经验让人沮丧。我曾希望，一次性的透彻研究就足够了。但在几周之后我惊慌地发现，许多东西都已经从我的记忆中消失了。如何能够做到，在适当的时刻当下地拥有所有这些小玩意儿呢？但这个担心与我的哲学研究给我造成的痛苦相比，分量要轻得多。它是我在这个冬天需要克服的绝对最高的山。白天的最大部分是献给它的。我的白天相当长；我六点起床，一直工作到深夜，几乎没有间断。由于我大都是独自吃饭，所以也可以在吃饭时思考。而当我上床时，我会将纸张和铅笔在床头柜上摆好，以便我可以立即记下夜里涌现给我的思想。当我在梦里想到一些我觉得相当聪明的东西时，我常常会从睡梦中惊起。但当我想在清醒时把握它们时，我总是觉得没有东西可以抓得住。在去大学的路上我也始终在对我的同感问题绕来绕去地沉思冥想。我常常在哲学专业度

[①] "阿博特"一般被用来称呼大修道院的院长。——译者注

过白天的大部分时间，以便在那里研究特奥多尔·利普斯的著作。有时我干脆不去吃午饭，而是带上一些烤制的点心在工作小憩时食用。当我在预定的时间从哲学研究转向其它学科时，我的感觉就像是我的大脑必须做180度的旋转。我一本接一本地读书，做长长的摘录，而材料收集得越多，我的脑子也就越晕。胡塞尔在同感下面——根据他的少量暗示——所想的以及利普斯所说的，彼此间显然没有很多关联。在利普斯那里，这恰恰是他的哲学的中心概念，它主宰着他的审美学、伦理学与社会哲学，但也在认识论、逻辑学和形而上学中起作用。这些领域越是繁杂，这个概念向我闪烁的色彩也就越是斑斓，而我绞尽脑汁想要抓住某种统一的和确定的东西，以便能够由此出发去理解和阐释所有的变化。在这里我第一次遇到我后来在每次研究工作中都一再经验到的东西：只要我尚未在自己的研究中弄清相关的问题，书籍对我就是百无一用的。现在我心中，这种为清晰而进行的搏斗带着巨大的煎熬在进行，而且让我日夜不得安宁。当时我忘记了如何睡眠，而且过了许多年我才重又获得宁静夜晚的馈赠。

我的工作逐渐地将我引入了一种真正的绝望之中。在我的一生中，我第一次站在某种我无法用我的意志来强迫的东西面前。在我一无所知的情况下，我母亲的格言已经深深地扎根在我心中："只要愿意做，就能够做"以及"只要打算做，亲爱的上帝就会来帮助"。我常常赞扬自己，我的脑壳比最厚的城墙还要坚硬，而现在我撞得头破血流，但无情的墙却不愿让步。这对我的影响如此之大，以至于我已经觉得生活是无法忍受的。我时常对自己说，所有这些都是荒唐的。如果我不能完成博士论文，那么这对于国家考试大概应当够了；而如果不能成为伟大的女哲学家，我或许还可以是一个可用的女教师。但理性的理由无济于事。我无法做到过街时不希望有一辆车从我身上轧过去。而如果我做一次远足,我会希望摔到山下去,不活着回来。

没有人猜到我的内心状况是如何的。在哲学学会里和在莱纳赫的研讨课上,我在共同研究时是快乐的;我只是害怕这些让我感到安全的课时的结束,以及我的孤独战斗的重新开始。有几次胡塞尔在研讨课上要求我报告我的工作进展。而后我必须在晚上到他那里去。但这些谈话并未使我感到轻松。当我讲了几句之后,他就觉得自己有话要说,并且一直说到他累得无法继续讨论为止。我离开那里时可以对自己说:我学到一些东西——但对我的研究工作而言很少。这也是他的研讨课的通常进程。

汉斯·利普斯通过莫斯而听说了我的论题,并让人告诉我,他对此非常感兴趣,而且很想就此听听我的说法。有一次在胡塞尔的研讨课后,他请我和他一起走。他领我走最近的路到他的住处,即是说,不断地穿过位于研讨课大楼对面的植物学研究所以及通向下卡施毕勒街6号的植物园。在研究所里他向我低声细语:"如果遇到某个人,我们必须说,我们来找奥特曼小姐,因为我们实际上是不能在此穿行的。"下卡施毕勒街是一条又窄又绕的小巷子,利普斯住在这里的一间小屋里,屋子是马斯(Maaß)太太的,她是一位木匠的妻子,举止不太招人喜欢,利普斯有些怕她。让·海林在哥廷根时也曾住在这里;如果我记得不错的话,还有几位较老的现象学家也在这里住过。我们走上一条又窄又陡的台阶,而后走进"书房":一间微小的小屋连同一些零散而可怜的家具。利普斯的脑袋几乎会撞到屋顶,而如果他站在屋子中间伸开双臂,他的手几乎要触到两边的墙壁。一个小门通向更小的小寝室。我不得不在沙发角上坐下,利普斯穿上一件白色的医生罩衫,装满烟斗,在他的小黄折叠书桌旁坐下,并且用他又大又圆的眼睛充满期待地望着我。现在无路可逃了:我必须做出答辩:我是如何思考同感的。他看起来不是很满意,并且提出反驳。但当我说，莱纳赫对我表示赞同时，他便活泼地叫起来："那么您就把我所说的都删除吧。我对莱纳赫抱有最高的敬重。"学期结束时，我在斗胆向胡塞尔建议这个题目之前曾与莱纳赫谈过，而他给了我鼓励。但与利普斯的交谈还是让我感到极度沮丧。与他相比，我觉得自己还是现象学中的新手，而当我敢于做一些我力所不能及的事情时，这种印象就更为强烈了。

那时我偶尔会遇到利普斯与他的熟人中的一个在吃午饭。我在那几个月没有常去的饭馆，而是——如果还去吃午饭的话——去某个恰好摆在我路过的路旁的午餐桌。当两人看见我时，我不得不坐到他们的桌旁；这也是一个短暂的放松。而后利普斯告辞说，他在这里不能陪我去席勒街了。他必须现在赶快回家躺下睡觉。他现在正在尝试尽可能多地睡觉，并且在其它时间完全集中精力地工作。他已经睡过14个小时，但他希望逐渐能够达到21个小时。他在那个冬天行使哲学学会主席的职务；学期快结束时他必须为舍勒的客座讲座做准备，他感谢我将此也告知了我认识的人。但他不想在夏天时再来，那时他想到斯特拉斯堡的让·海林那里去。听到这个让我觉得很遗憾。我想，如果不能指望看见他的高大身影和他的海军蓝夹克在哪里冒出来，我会感觉自己更加失落。

圣诞节前不久，整个学生圈都应邀到莱纳赫那里共进晚餐。我至此还没有像较老的女大学生们所做的那样拜访过莱纳赫博士太太。我曾经在她定期参加的她的丈夫的讲座上见到过她。她是高个子，身材十分修长，她的走动有一种小鹿的优雅。对我们来说，最引人入胜的是她的毫不掺假的施瓦本方言。有一次，当我想去拜访莱纳赫时，她在石壕街上就走在我前面。在她住宅的门前她转过身来问候我，并且说："您肯定是来找我丈夫的。"而后她带我进去，并且自己立即在他那里通报了我。几年后她向我叙述了当时我没有注意到的东西:莱纳赫当时站在上面的窗前已经看到她走过去;于是她压低声音喊:阿道勒(阿道夫的昵称)、男孩、心肝!他吃惊地摆摆手,因为他看见我跟在后面走来,后来他在上面还责怪她这样做是会让他在他的女学生面前很没面子的。

  那天晚上我们在沙龙里受到接待,这个沙龙连同其银灰色毛绒大沙发让人感觉十分雅致,但没有其它房间那么舒适。晚饭时我们被叫到莱纳赫的书房,也许是因为这里比餐室更宽畅和更惬意。几张小桌子已经被布置好,每张上面都有一棵点燃的小树。没有电灯干扰温暖的烛光。我们站在这迷人的景象面前,就像圣诞夜的孩子们。由于在客人中只有三位女士,莱纳赫太太决定,每个女士都坐到一张桌旁,而先生们则自己选择坐在哪里。而她自己不得不选择较大的桌子,因为女主人当然要构成主要的吸引点。那里当然也是最活跃的。我偶然一次听到他们谈到"为罗马而战"①——也许是说以前人们会以何种热情吞下那四卷书。而后莱纳赫太太的声音响彻整个房间:"这个我从来没做到过!"我找了一张最小的桌子,旁边只能坐三个人。我的绅士是埃德温·奥克福德(Edwin Oakford),一位富有的美国人,他在雷曼的课上也坐在我旁边,以及门瑟(Mense)博士,我在哲学学会就已认识他——一个有些闷闷不乐和心神不定的人,后来我们再也没有听到过关于他的消息。

  这些社交活动当时对我来说是闪光点。我事先就会为此高兴很久,并且事后还会对此反复回味。它们也为我提供了给家里写的每周报告的素材,因为我并不想写我的烦恼和痛苦。

  [……]

---

  ① "罗马之战"(Ein Kampf um Rom)应当是指当时家喻户晓的一部由费利克斯·达恩(Felix Dahn)于1876年出版的历史小说。——译者注

唯一知道我对自己工作进展不满意的——但并未猜测到它给我造成的折磨有多大——是莫斯契维奇。这个可怜的人当然没法帮助我,但在学期结束前几周他对我说:"您为什么不去找一下莱纳赫呢?"而且他劝说了我如此之久,直到我决定听从他的建议。下一个周五,在练习课结束后,我没有与莱纳赫道别,而是问他是否能够与我独自谈一会儿。他友善地答应了,但我必须等待,因为还有其他人要谈他们个人的事情。他与其中一人到另一个房间去了。一会儿他来找我去。现在我告诉他,我很想谈一下我的论文。"但一切都还是那么不清楚!"我小声小气地补充。"现在就可以把不清楚的东西弄清楚啊",他回答。这听起来是如此亲切和如此令人欢欣鼓舞,以至于我已经感觉得到了一些安慰。我被约了一个时间做详细讨论——我已经记不得这是否就已在第二天早上。我惴惴不安地来到这里,而后被要求坐在书桌对面最舒适的休闲沙发上。于是我报告了我收集的大量材料,以及浮现在我眼前的计划,以便对此混乱进行整理。莱纳赫觉得,我已经走得很远了,而且他竭力劝我现在就开始起草。到学期结束还有三周。然而我应当再来一次,并且报告我做出了哪些东西。这是一个重大的决定,我毫不犹豫地开始实施。至此为止还没有什么工作让我付出过如此巨大的精神强度。我相信,如果一个人自己不曾做过创造性的哲学工作,那么他对此几乎无法想象。在这里我记不得,我当时已经感受到那种深深的幸福,就像我后来在工作中每当最初的痛苦努力被克服时总是会体验到的那样。我还没有达到这样一个清晰性阶段:精神可以在这里休养于一种业已获得的明察中,可以由此出发看见新的道路的开启,并且有把握地向前行进。我像是在雾中摸索前行。我自己觉得我所写的东西很奇怪,而如果另一个人将这一切都解释为荒唐的,那么我会立即相信他。在一个困难面前我始终受到保护:我几乎不需要寻找语句。那些思想好像是自动地、轻易而可靠地被语言表达出来,而后如此坚实而确定地站在纸上,以至于读者无法再找到这种精神诞生的痛苦痕迹。三周过去后,我有了约三十大张写满了的稿纸。

现在我去莱纳赫那里。这是早晨。他的书房还放着早餐。我带着我的手稿,并且想留给莱纳赫请他浏览。但让我大吃一惊的是他要我留下来,他想当场就阅读。在此期间他递给我一本正好放在他书桌上的黑格尔的《精神现象学》来消遣。我打开书,试图读些什么,但我不可能将注意力集中在这上面。这实在太让人紧张了,我坐在这里,而我的法官在试图完成对我的著作的判决。他勤奋地读着,有时会赞许地点点头,间或也会听到他发出赞同的惊叹声。他很快读完了,快得让人吃惊。"很漂亮,施泰因小姐",他说。这是可能的吗?是的,他的确没有指责什么,而且他劝我不要中断这个研究。我难道不能在哥廷根留下来,一直待到我将它完成吗?在家里我肯定不会像在这里一样不受干扰。他知道那会是怎样的,如果他回美因茨的话。那时必须拜访所有的阿姨。我立即决定听从他的忠告。他正准备去美因茨他的父母那里,但只住八天。如果我完成了的话,可以将我的论文的第二部分交给他。

假期开始了,哥廷根变得空空荡荡。我独自留了下来,在小屋里,坐在我的书桌前。由于我没有讲座要听,因而几乎可以不间断地写下去。在一周之后我完成了。那时大约是晚上八点,开始淅淅沥沥地下起了小雨。但我在屋里待不住了,我必须走出去并且确定,何时可以找到莱纳赫。当我去石壕街时,正好有一辆出租车从弗里德伦德尔路转过来并且沿街开上去。它停在莱纳赫房前——一会儿他的书房亮起了灯。现在我都知道了。我当即转身回家。我无法言说是带着何种喜悦和感激。直到今天,在20多年之后,我还能感受到那深吸的一口气。

次日早晨我拿着我的手稿到了那里,并且摁响门铃。莱纳赫自己为我开门。他独自在家;他的太太在斯图加特,为了援助他在那里进行文科哲学毕业考试的姐姐。宝莉妮(Pauline)比他大;她这么迟才决定上大学,而记忆方面的学习对她来说很费力。第一次尝试时她没有通过,这第二次因而也就更让她紧张。当我刚到那里时,门铃还响了第二次,而莱纳赫不得不再次去开门。他回来时报告的口气就像是一个孩子在背诵一段委托传达的信息:"是屠户!不,我们不需要什么。"奥古斯特①在去市场前就是这样一再提醒他的。

这次我不再像第一次考试那样完全忐忑不安。莱纳赫感到非常满意。我问他,这篇论文用作国家考试是否足够了。噢,当然!胡塞尔会为此而高兴的,他并不会常常得到这样的论文。我现在可以无忧无虑地去度假了。我们开心地道别,直至4月再见。

在莱纳赫这里的两次访问之后,我像是获得了重生。所有的厌世都荡然无存。困境中的拯救者对我显现为一个好天使。我觉得就好像他用一句魔语而将我的可怜脑袋的可怕怪物变成了一个清楚而有序的整体。我不怀疑他的判断的可靠性。我安心地将论文放在一边,以便将所有努力都用于准备口试。尽管我才读了六个学期,我却很有优势,因为我几乎还有通常必须用于这两篇大论文的全部时间可以支配。与考试规定不符的是,我已经完成了这些论文。

国家考试的正式报名需要在州一级的学校咨询委员会递交;需要附有生平简历、学历的准确说明、必要的讲座和练习课的证明以及离校证明书。而后会召集考试委员会,被任命的考官需要提出论题,而对每个论题有3个月的时间。只有当它们被提交了之后,口试的日期才会确定下来。不允许表达对委员会之组成的期望。这里的技

---

① "奥古斯特"应当是莱纳赫家中的女佣,虽然施泰因在前面没有提过她的名字。——译者注

巧在于,要如此地陈述大学课程和专门的研究领域,以至于在内容上不可能是别人,而恰恰就是所希望的自己的老师来进行这个考试。我完成了这个技巧:被确定的哲学考官是胡塞尔,历史考官是雷曼,日耳曼学和德国文学的考官是维森费尔斯。此外我错过了报名的日期。我甚至不知道还有一个最后限期和一个在学校里提醒此事的布告。考试委员会的秘书是一位哥廷根文科中学的老师,他用不耐烦的口气向我指明这一点,但还是迁就地接受了材料。我已记不得我是何时得到汉诺威方面消息的。或许是在假期后。雷曼将题目做了准确的表述,就像我在他那里上研讨课时已经所处理过的那样;这里只还需要再加入一些文献;这我可以放心留到我的提交日期——这是 11 月——前再做。但胡塞尔为我准备了一个让我难受的意外。大概是他的记忆出了问题,他提出的题目使得我不仅要顾及特奥多尔·利普斯,而且也要顾及其它关于同感的文献,尽管主要是利普斯。我也许可以保留原有的内容划分和整个结构不变,但需要通读和加入大量新文献。

[……]

尽管有一大堆口试的准备工作需要做,此外还有因为题目变化而需要对哲学的国家考试论文进行修订,但所有这些与我所经历的事情相比都只是一些儿戏了。对于考试材料的纯粹记忆而言,若我可以结识一些工作伙伴就会在根本上轻松些。在历史方面是一位参加雷曼研讨课的正在大学读书的女教师:来自希尔施贝格的凯特·沙尔夫(Käthe Scharf),即一位西里西亚女同乡。她是一个无忧无虑的人,也想尽可能舒服地通过考试。她还将报名推延了一些,以便先安心做准备。关于我从未关心过的那些考试条件,她知道得非常详细。这样我便得知,雷曼在口试时完全依据他的那些讲座,在他那里必须将他做过的讲座中的两个大的和一个较小的讲座作为专门领域来给明；此外，在历史考试中，如果不是毕业于文科中学，就需要提供希腊文知识的证明；雷曼通常总会把色诺芬《远征记》的一个开头拿来考试。（这个开头我在布莱斯劳的初学者课程班上就学过，那时还记得。）作为专业领域，我们选择了专制主义时期和革命时代，此外是我们从我们的国家考试论文中拿出的1848/49年革命。我们在一起仔细研究我们的详细课堂笔记。我们让人从图书馆里一车一车地将那些被给出的来源著述和最重要著作运到阅览室。阅读所有的材料是不可能的，但我们还是想将所有的东西都看一下，拿在手上摸一下。我尽我所能带一些回家，在晚上的时间里阅读，或在一个我无力再做更艰苦工作的时间里阅读。当时我读了兰克的许多东西，尤其喜欢读的是国家史。加上伏尔泰、孟德斯鸠，以及许多其他人。我有了关于历史生活的一幅巨大的、色彩丰富的图像，有了一种真实的接触。相互的考问非常有趣。天气好时我们会登上哥廷根的山丘。我现在也摸到了考试用功技术的窍门。在我们本子上，最重要的事实必须用红线标出，更小的选择用红色和蓝色，最小的选择则用红色、蓝色和绿色。借助于这种方式可以在最后几天里将许多东西再次浏览一遍，并且真的可以做到，所有需要的东西差不多都在手边了。

如果我们晚上一起工作，我们会相互邀请吃晚饭。这在凯特·沙尔夫那里尤其舒服。因为她母亲在她身边帮她料理家务。这位好太太陪着她女儿来上大学，宁可让她的丈夫独自留在家，也不愿让她女儿独自留在陌生的城市。这让我觉得很奇怪，而且我一直在为那位父亲难过。但也许父母二人都一致想要以此方式在大学生活的危险面前保护他们的孩子。

哲学史和日耳曼学方面的准备工作我是与我在心理学研究所认识的萝特·温柯勒（Lotte Winkler）一起进行的。这里的合作导向了某种比愉快的同伴关系还要多的东西。萝特·温柯勒也很开心有趣，但她具有更深切的科学兴趣。此外她自己心里有些负担并且曾对我倾诉：她是路德新教徒，但与一位犹太律师订了婚，他的父亲坚决反对这个婚嫁。在她结婚后我们还保持了较长时间的通信联系。

宝莉妮·莱纳赫也在这个夏天来到哥廷根，以便开始她的学业。现在她与她的弟媳一起去听她弟弟的讲座。我自己大概是应通常的学期末聚会邀请而在胡塞尔那里认识她的。她在学会里极富激情、诙谐幽默且善于应对。但与她单独谈话时就可以看入到一个深邃的、宁静的和真正安逸的心灵中去。她的脑袋让人联想到哥特式的木雕，而她的双手是如此柔软和有生气，就像拉斐尔前派的圣人之手。与此相应的是她理解其大学学习的方式。她选了古代语言，并且能够全身心地深入到一个让她感到快乐的作家中去；为了实际目的的学校论文离她甚远。他的弟弟阿道夫常常戏弄地说她："宝莉妮——一个自为的世界！"而姐弟三人中最小的海因有一次在她安静地坐在那里独自发愣时对她喊："宝莉妮，至少要拿本书在手里吧！"有几次与她一同在她家里待过之后，我就会全然不由自主地用她的名字称呼她。对她说"莱纳赫小姐"会让人觉得不自然。

还有一些人在这个夏天新来哥廷根。莱纳赫在我于学期初去拜访他时就告诉了我。来了一位想在源头上学习现象学的俄国教授、一位退役的将军封·君德尔（von Gündell）和一位年轻的先生封·巴里干（von Baligand）。将军是一位小个子白发先生，当然只被允许参加初学者的研讨课。他举止谦虚，但他的问题始终是以一种有力的、军队的声调被说出来。封·巴里干先生对学习很认真；只要有活动他都参加，即使是哲学学会。尽管他还会过于自信和自以为是地乱说一气，但莱纳赫已经非常确定地给他定下了规矩，而到学期结束时这个教育的结果已经显示出来了。

这个学期让·海林也来住了几周，以便进行他的国家考试。那晚在胡塞尔那里庆祝考试通过，同样也庆祝了奥特曼小姐通过考试。处在喜悦中的她对我也比至此为止更为友善了。与让·海林在一起不需要很长时间就可以与他建立联系。对每个人他都以孩子般的开放方式来迎接，而在这后面还藏着深切而温柔的善意。同时他还是一个爱开玩笑的人，而且始终具有最令人惊讶的想法，以至于在他面前，所有的忧郁、愤恨、无情的恶灵都会被驱散。他的面孔狭长，山羊胡是金黄色的，声音细脆，这些都有点像勇敢的小裁缝。① 胡塞尔非常喜欢他，同时珍视他的哲学才华。他以洛采为题写了一篇国家考试论文。他后来在《年鉴》上付印的关于本质、本质性和观念的文章便是从中产生的。

  自冬天起我也对贝尔更为了解了一些，因为他也在胡塞尔那里写一篇博士论文。这将我们作为"同病相怜者"联结在一起。当大师约他去那里报告他的进展时，他也完全不喜欢。要是这个报告是在与他一起散步时进行的，那还过得去。在向上爬到容斯时，胡塞尔就喘不过气来了，而这时自己就可以说话了。在冬天结束时贝尔提交了他的论文初稿。大师去维也纳祝贺他母亲 80 诞辰时将它带在身边，作为旅途读物。（莱纳赫以我们所有人的名义写了一封非常亲切的祝贺信，我们所有人都在上面签了名。）贝尔当时对我说：如果他的论文根本不需要修改或需要修改很多，那么他想在继续进行之前先回家一趟。他已经五年没有见到过他的加拿大家乡和他的父亲。但情况既非前者亦非后者：他被要求做一系列小的改动，因而他决定这个夏天还留在这里。夏天开始时他告诉我说，他父亲现在想到德国来，在巴德诺海姆用那里的温泉疗养。他父亲想让他去安特卫普接船，并且让他大部分时间在巴德诺海姆陪他，因为他根本不懂德语。

---

① "勇敢的小裁缝"是出自格林兄弟的一个童话故事的主人翁。——译者注

过些时候我从一次讲座前的短暂交谈中得知，他的父亲买了一张"印度女皇号"(Empress of India)的船票，但却因为心脏病突发而不能踏上这次旅途。现在这艘船沉没了，而那个来得如此不是时候的阻碍却救了他的命。但很快就有完全不同的另一个无法克服的困难挡在他们父子重逢的路上。

塞尔维亚谋杀国王的炸弹在我们的平和的大学生涯中间炸响。7月充满了疑问：会导致一场欧洲战争吗？所有迹象看起来都是如此。但我们无法理解真的应当走到这一步。在战争中或战争后长大起来的人都无法想象我们直至1914年时都还相信我们生活于其中的那种安全可靠。和平、财产的稳固、习常状况的持续对于我们而言就像是不可动摇的生活基础。但当人们最终注意到风暴在无可阻挡地逼近时，他们就会试图弄清这个过程。确定无疑的是，它会完全不同于以往所有的战争。这将会是一种如此可怕的毁灭，以至于不需要持续很长时间。在几个月内一切就都会过去。

当托妮①与我晚上七点从莱纳赫的课上出来后，我们会在玉登街的一个售报点买一份《柏林午报》，它在这个时间里会随着柏林的火车到达这里。有时我们去的时候它还没到。那样我们就会在门前聊着天走来走去，直至它到来。其他人当然也是如此。有时我们会遇到莱纳赫与太太和姐姐。我们从水果店拿来樱桃，边吃边打发时间。在路过时我将打开的袋子递给莱纳赫和两位女士，他们伸进去抓取。过了一会儿莱纳赫太太跟在后面跑来，将她在此期间买来的递给我们。但她还不得不听她丈夫说：施泰因小姐的樱桃要比她的好吃得多。

---

① 即托妮·迈尔(Toni Meyer)，施泰因前面有对她的叙述。她是施泰因的来自布莱斯劳的同乡女友。战争爆发后因莱纳赫参战而去慕尼黑随普凡德尔等人学习。——译者注

当我去上最后一次研讨课而来到莱纳赫的书房时，没有人在那里。在他的书桌上放着一张打开的大地图。随后考夫曼也到了。他也看到了打开的地图。"莱纳赫也在研究地图"，他说。在这个晚上没有再讨论哲学。人们只是在谈论将要发生的事情。"您也必须参加吗，博士先生？""我不必须参加，我被允许参加"，莱纳赫回答。我对这个回答感到由衷的高兴。它与我自己的感觉完全相应。

不安的情绪与日俱增。但我当时的行为已经与后来在这些危机日子里常常有意识地所做的完全相同：我在工作中保持平静，尽管内心已经准备好随时中断。我不愿意通过跑来跑去和无益的废话来增添普遍的紧张情绪。每次在荷马那里读到，赫克托尔在与他妻子和他小儿子诀别之后还命他妻子回家做她的事情时，我都很高兴。

就是在这种心态中，我于7月30日下午四点坐在我的小书桌旁，正沉浸在叔本华的《作为意志与表象的世界》中。五点时我想去参加讲座。这时有人敲门，沙尔夫小姐与她的女友、一位西里西亚女子麦尔克走了进来。她们报告说，我可以省去走这段路了。黑板上有一个布告，已经宣战，所有讲座都停止了。在我们说话期间，又有人敲门。这是内莉·库朗。理查德已经收到应召令。一旦下达战争动员令，他就必须在几天后作为军官代理到达他在图林根附近的后备营。她不应当独自留在哥廷根，而是应当待在她布莱斯劳的父亲那里等待战争结束。而由于理查德认为，在战争动员开始后铁路的私人营运就会被阻断，因而她应当今天晚上就动身。我是否愿意一起走。我想了一下：哥廷根位于德国心脏，很难指望会看到一个敌人，除非是作为俘虏。相反，布莱斯劳离俄国边境只有几个小时路程，而且是东部最重要的堡垒；不排除它很快被俄国军队所包围的可能性。我做出了决定。我合上《作为意志与表象的世界》；很奇怪的是我再也没有拿起过它。现在大致是五点，而八点是我们的火车。

在此之前我还有许多事情要处理。于是我说，如果我做完所有这些，我想在八点前的半小时到库朗夫妇那里，而后与他们一起去火车站乘车。随之我们便分开了。我相信，我的第一条路是去了托妮·迈尔那里。我不可以将她独自留在这里。她无法像我这么快地做出决定。由于我没有时间等待她考虑结束，我便与她约定稍后在库朗家见面，如果她还想一起走的话。现在她去其他的西里西亚朋友那里〔利希特维茨（Lichtwitz）教授夫妇〕，向他们做进一步咨询。我继续前行；去银行取钱，去吃午餐的地方付我的每月账单。而后去莱纳赫那里。我让他为我所上的他的讲座和研讨课出具证明。他做了，但告诉我，我无需在任何地方再证明了，以后没有人会问这个的。他询问我想做什么。我想去红十字会。他还没有服役，但他当然会去报名当志愿军；而如果人们不接受他，他就必须让封·君德尔将军——他现在又活跃起来了——帮他实现此事。他将我的地址写了下来；我们还是要相互报告：我们成为了什么。我第一次意识到，他在我面前的友善不仅仅产生于一般的仁爱，而且是出于衷心的友爱。

现在我赶回我的住所，打点了最近期间最必需的东西带走，剩余的则迅速装在我的旅行箱里，交给我的女房东保管。我也很快与她结账并与她道别。还有时间赶到库朗那里。车已经在门口了，托妮也来了。但内莉让人等了很长时间。虽然理查德要与我们坐车同行一段路，但他们现在已经在他的书房做了告别。而这并不那么快。我十分同情这两个人。实际上在他丈夫不得不离开之前内莉就已经上路，这是让人惊讶的。我要是她就肯定不会这样做。也许这是出于对其父亲的担心。这样她也就完全有别于其他人。

车站和火车当然都挤满了旅行者。我们无法去埃兴贝格，通常我们会在那里中转到卡塞尔-布莱斯劳的大铁路线上，而现在必须去卡塞尔。理查德陪我们到那里。卡塞尔的骚动与混乱更大。甚至无法查明,我们上的火车是否真的去布莱斯劳。铁路官员们自己也不知道,而后干脆不再让人看见他们,以免一再地被问到。在我们途经的每座铁路桥旁都站着一个哨兵。这让人初尝战争的滋味。此外我们越往东部走,就越是会觉得安静和有序。同样的观察我后来在革命开始时也曾有过。有一次我们必须在途中停较长时间,因为机车上有些东西需要修理。这已经是第二天了。旅行者从所有车厢爬出去,坐在火车边,在明亮的七月阳光下。这是一幅祥和快乐的景象,而且让人产生奇异的感触,只要想到,这正是在驶向战争。在途中某处,忠实的丹茨格找到了我们。7月31日的后午时分,我们到达布莱斯劳。我的主要担心是内莉。我想在回自己家之前将她交给她的父亲。我记得我请丹茨格打电话告诉我的家人,我已经抵达并且很快到家。法律顾问高兴地先将他的女儿、而后将我挽在手中。我并未滞留多久;我让出租车等在门口,并且立即继续往前开。我母亲在窗口等着,并走到街上来接我。她在我下车时已经站在车门旁了。"你从来没有这么乖乖听从过",她喜笑颜开地说。我不得不拒绝这个夸奖:她的尽快回家的指令在哥廷根没能再赶上我。

[……]

我于10月下半月到达哥廷根。内莉将她的住宅连同所有家什都交给我使用。由于她自己对此无法享用,那么我应当为此开心。于是我让人将我的东西从席勒街32号搬到42号。这是一间相当新的两层楼小屋。屋子的主人帕普斯特(Pabst)夫妇住在底层。库朗夫妇租了一层和二层。现在这是我的王国。

[……]

从席勒街到城里的最近道路要经过阿尔巴尼教堂墓地和消防水池。当我有一天在回家途中经过水池时,有一位女士在我前面走,她穿的绿色大衣是我熟悉的。她在刚好要转进海因霍尔茨路(与我需要走的方向相反)时转回身来,当她看到我时,就停下来等我。这是埃里卡·戈特。除了我们两人之外,胡塞尔的小圈子里没有人回到哥廷根。因此我们不言而喻地相互结伴。她刚要去她在海因霍尔茨路20号格罗纳维克太太那里的午餐桌吃饭。我这天已经吃过午饭了,但从这天起我也应当去那里了。宝莉妮的膳宿都在格罗纳维克这里。石壕街的住所被锁起来了,莱纳赫太太在斯图加特她母亲那里。很快我在海因霍尔茨路的屋子里就像在席勒街一样有在家的感觉。我只是中午去,晚上我与以前一样自己照料自己。定期每周一次会收到家里来的一个小包裹。如果我母亲在周五早上按规定的方式为安息日做麻花面包,她也会为我(以及她在汉堡的子孙每人各自)做一小份,中午将它们新鲜烤好,交邮局寄出;此外还会有作为配菜的一块鹅肝或一块周日煎肉。

[……]

当时始终有那么需要相互倾诉的:各地的战事、来自前线的消息、学习的事情。每次有一张莱纳赫的战地明信片甚或一封信到来,我们都会那么高兴!他处在凡尔登战区。有一次他给我们每人寄了一朵雪花莲。他自己采摘的,它们到达时还十分新鲜。埃里卡和我也弄到我们同学的战地地址,并且开始给他们寄战地明信片。而后有回信:从海林、利普斯、考夫曼那里。秋天也带来了我们圈子里的第一批损失:弗里茨·法兰克福特和鲁道夫·克莱门斯。法兰克福特的母亲住在布莱斯劳,在战争开始时她的女儿马格达·弗莱(Magda Frei)便到她那里去了。她是女医生并且嫁给了一位哥廷根的医生,但她的丈夫现在也在战场。战后弗莱夫妇全部移居到布莱斯劳。托妮·迈尔与法兰克福特太太和弗莱博士太太交好,因而请我在回布莱斯劳时拜访她们。两人因为失去儿子和弟弟好多年都无法得到慰藉。他们很看重我去她们那里并通过我而与这个圈子保持联系,他们的弗里茨曾在这个圈子如此幸福。我得以仔细阅读他的战争日记以及他的全部文字遗稿。她们很想看见他留下的这些研究得到发表,但我无法将它付诸实施。

埃里卡的弟弟汉斯·戈特也在战场。汉斯与弟弟格奥尔格来自他们父亲的第二次婚姻,而她自己则来自第一次婚姻。现在她父亲早已过世,但第二个母亲对于埃里卡而言是一个真正的母亲,她与两个弟弟的关系也是非常真挚的。我从未见过戈特太太和她在什未林的住所,但通过埃里卡的叙述我对这两者都十分熟悉。她是一位笃信的路德新教徒,而她的生命的温暖善良之光一直投射到了我们这里。

尽管有沉重的战争忧虑,这个冬天大概是在我的哥廷根学习生涯中最幸福的冬天了。与宝莉妮和埃里卡的友谊变得比老的学习友谊要更深和更美了。这是第一次:我不再是引领的和被索求的部分,相反,我在其他人那里看到了比我自己更好和更高的东西。

与我的两个学习伙伴的合作还在继续。当沙尔夫小姐和我晚上共坐在我的舒适的书房里时,我们会勤奋地为战地士兵们编织袜子或其它保暖的东西。我当学童时在手工课上没有学会多少这方面的技艺,而且自此之后早就将它忘光了。现在我在我灵巧的女伴那里重新学会了它;在我们详细讨论和铭记我们的历史规定作业的同时,毛线针在频繁地格格作响。

在特定的晚上我与埃里卡一起做哲学的作业。为最后一次复习我从她那里得到三页纸,让·海林在上面勾画了哲学史的轮廓。他与法兰克福特在国家考试时都用过它,而现在它被继续传承下去。作为最后的阶段,上面标明的是现象学时代;在这里写着:所有其它哲学的终结。宝莉妮也促成了莉安娜[①]与我之间的工作约定,而她

[①] 莉安娜是施泰因在前面曾提到过的韦格尔特小姐(Liane Weigelt),她参加了胡塞尔的研讨课和哲学学会的活动。——译者注

自己有时也与我一起带着幽默来读它。如果格罗纳维克太太的两位晚餐客人被别人请走，那我就会将第三个人请到我这里来，以便她不必独自与老妇人在一起。而后我会买比通常更多的吃食，并且尽我的可能来漂亮地装饰那张墙角小圆桌。所有的东西屋里都有，而且内莉会因为我用她的东西而高兴。卧室里的麻布衣柜被漂亮的衣服塞得满满的；而如果我想要一个好看的果盘或一个银质蛋糕篓，那么我只要到下面餐室去，伸手到那里的大餐柜里去拿；总是能找到我刚好需要的东西。

这个冬天的胡塞尔研讨课上，参加人数寥寥无几。开始时老熟人中只有日耳曼学家君特·米勒还出现。夏天期间来了波兰人罗曼·英加尔登。他曾身处波兰军团，但因为心脏有问题而不得不被免除兵役。此前他还与他的同胞在一起。现在他独自在此，为与我们还能说上几句话而感到高兴。有两个新人冒了出来，有一个是以哲学为专业的，而且目标明确地驶向学院的职业生涯：赫尔穆特·普莱斯纳。我时而也在大学之外与他在一起。我当时必须作为莱纳赫博士太太和内莉·库朗的代表来接受为女大学生们做职业咨询的工作。这个位置是由"女性教育与女性学习"协会设立的，这让我与协会的主席法律顾问施泰因贝格太太建立了联系。施泰因贝格夫妇现在也被普莱斯纳的父母推荐给普莱斯纳先生，而这两位友善的人时而会以请我们一起吃午饭或吃晚饭为乐。当两位哲学家在烤鹅旁进行无法理解的对话时，他们在专心地聆听。后来当我想到这些邀请时，我会不由地一再微笑。因为事后我往往产生一种不无理由的怀疑：好心的律师或许希望：在他们好客的家中会有一对男女聚合到一起。但我们二人在此方面相隔得无法更远了。当普莱斯纳先生从城中心的老市民住宅中出来陪我回席勒街时，他会向我阐述他的"体系"，并且向我解释，他在哪几点上无法与胡塞尔同行；但他并未恰当地将自己的意思说清楚。

圣诞节前几周,我们将我们寄往前线的圣诞包裹聚集在一起。礼物是带着最大爱意被找出来的,由从各个甜食店里精挑细选的美食组成。在每个大包裹中都有许多小包裹,用漂亮的纸张单个包起来并用彩色丝带缠绕好。莱纳赫得到的是纯粹金黄色的带子,考夫曼是紫色的,属于青年运动的汉斯·戈特是农夫带子:上面绘有彩色小花的黑色带子。最难的是最外面的包装:当时的规定是,所有的东西都必须缝在粗麻布中。在宝莉妮的房间里我们在地板上待到深夜,以便精工细作地完成此事。当我随后独自穿过教会墓地回家时,在墓碑之间遇到一个大概正从这条路走回附近军营的军官。他看到我时完全不知所措。"嚯,您倒是有勇气!"他在经过时说。我在家还看了《法兰克福报》;当时我每天在赐予自己一些夜晚的安宁之前都会仔细研究一下报纸和我的少许书籍。

11月里我提交了自己的论文,并且请求一个尽可能早的口试日期。它被定在1月14日和15日。只有在哥廷根的最亲近女友们知道此事;我在写给家里的信中只字未提;应当让最少的人为此感到惊慌不安。我想在哥廷根度过圣诞节。所有其他人当然都回家了;无家可归的莉安娜至少也去了熟人那里。在她们出发之前,有一天晚上我听见许多脚步走上楼梯:宝莉妮、埃里卡和莉安娜为我带来了一棵装饰动人的圣诞树。如果我独自庆祝圣诞前夜,那么这应当给我安慰。这是我平生得到的第一棵装饰好了的圣诞树。我带着喜悦和感激将蜡烛插在上面。对我来说,独处并不是一件悲伤的事情。我至此为止都没有习惯庆祝圣诞,不会挂念什么。

在考试前我还必须拜访考官。我最不熟的就是文学史家维森费尔斯。由于他的高大同事爱德华·施罗德作为上尉还在战场,他现在开设了日耳曼学的高级研讨课并且是代理主任。他在学期开始时愉快地接受了我，没有要求我提供一篇入学资格论文。他向我保证，他从他上学期的关于《浮士德》的练习课上对我有所了解，知道我有能力。这次他开的是关于海因里希·封·克莱斯特（Heinrich von Kleist）的练习课。在最初几周我去了。但由于我觉得它无聊和无用，因而后来我跟他说：他或许会理解，我如此临近考试，必须在家里工作，从而将自己从课程参与中解脱了出来。在我拜访他之前，有人告诉我说，要想做高年级的德语考试，就必须写一个笔试论文。当我在维森费尔斯那里时——他的别墅就紧挨着胡塞尔在霍恩路上的别墅——，我问他这是否属实。是的，他说，但这并非危险的事情；只需要在三个小时里写一篇文章。我想在三个小时里完成不了什么像样的东西。并不期待大东西，他这样回答。仅仅是要认识一下风格。我觉得，我们可以更容易做此事。我建议他读一下我的两篇大论文中的一篇。他觉得这非常实用，就立即准备接受了。他打听是什么题目。我说了题目，并且向他建议历史论文，因为哲学论文对于非现象学家来说是很难弄懂的。但他恰恰对这个题目感兴趣，并且答应让胡塞尔给他这篇论文。这样口试就尽可能地被简化了。当时除了在自己的专业学科中的考试外还有在一个包容了哲学、德语和宗教的"通识教育"中的考试。哲学与德语是我的专业，因此对我省略了；宗教则因为犹太人不在其中受考也被省略了。这样我就被免除了"通识教育"的考试证明。我只需要在我的几门专业学科中受考；诚然，由于我想做的都是高年级的考试，因此在每个专业科学中的考试都是整整一小时。作为德语的专业领域，我给出的是莱辛。我曾仔细研究过莱辛的著作，还研究过维森费尔斯的莱辛课程。我虽然自己没有听过这个课程，但借到了一本笔记抄本，我的姐姐弗丽达在假期里将它用打字机誊写了出来。我还必须给明：我在中世纪的叙事诗方面读过哪些东西。这方面有数量可观的一大批文献，其中也有维恩赫·德尔·加腾奈尔(Wernher dem Gartenaere)的《迈尔·黑尔姆布莱希特》(*Meier Helmbrecht*)，我从一次布莱斯劳的课程中对它有所了解，而它已经在哥廷根帮助我被接受到研讨课中。

对雷曼的访问让我感到非常轻松愉快。当时在哥廷根，这个老人的心情十分沉重。作为老自由派和热情的英国朋友，他因为与英国开战而极为痛苦。那时在某些圈子里出现的可怕问候语"上帝惩罚英国"一再地让他生气。但他在他的系里几乎是唯一持有这种信念的人，而且在同事那里"没了好感"。所有这些他都坦率地告诉我。他的全部安慰就是他的研讨课。没有这些周一晚上的课程他就几乎忍受不下去。他也对德国政府的姿态持批评态度。在我告别时他说："周五我们可不能谈论这些事情。""噢，可是我喜欢这个远甚于那个"，我微笑着回答说。他将我的专业领域记在我给他的名片上。在考试时他为了切题而将名片拿在手里。雷曼也询问了希腊史和罗马史方面的问题，这时我才注意到，我应当也将它们列为我的专业领域了。但我并未因此而胆怯，而是立即说出迦太基和波斯战争，因为在学校里学到的这些关键战役，我记得是最清楚的。在我们多年的李维[①]阅读(Liviuslektüre)中，我尤其熟悉迦太基战争。前几天我还勤奋地读过莫姆森[②]的罗马史，以便重温我的知识并获得一个概览。

考试第一天早上，我向哈尔通太太[③]倾诉了我的顾虑。她摊开身子沉重地坐在长沙发上并为我打气。由于她的工作，她几乎认识全系的人；她定期在维森费尔斯太太那里做事。"维森费尔斯肯定不会让你不及格"，她最为确定地向我保证说。"而在胡塞尔那里无论

---

① 李维(Titus Livius，公元前 59-公元 17)，古罗马的历史写作者。——译者注
② 莫姆森(Theodor Mommsen，1817-1903)，德国古典学学者和历史学家，1902 年获诺贝尔文学奖。——译者注
③ 哈尔通太太(Hartung)，施泰因在回忆录前面提到过的大学女管理员。——译者注

如何也不可能让你不好过。"

考试应当在1月14日周四下午五点开始。我还去格罗纳维克太太那里去吃午饭,但一般的席间交谈让我感到如此烦躁,以至于我的女友们决定,第二天埃里卡应当到我那里去,在家里为我做饭。她开心地接受下来,会去购买所有必要的东西,而后在干净舒适的厨房里为我忙碌。

考试是在文科中学里进行的,校长米勒是一位非常令人生畏的考试委员会主席。这天我还没有见到他。我完全是独自一人受考,但同时有其他考生按序进入他们各自专业的其它教室。我们都在一个专用于此的房间里等候。五点时维森费尔斯亲自来接我过去。还应当有考试委员会的另一成员作为陪审员在场;由于没人来,我们就一直独自在那里。他拿出一本小书:中世纪高地德语。这会是什么呢?《迈尔·黑尔姆布莱希特》——我要控制自己,不要泄露我的喜悦之情。我流利地阅读和翻译,也能够回答所有语法问题。现在是在德国文学中的漫步。我应当说明,中古高地德语叙事诗后来成为什么了;这时就有机会讨论民间话本(Volksbücher)。于是我们谈到浮士德论题以及对它的不同处理。当我想对莱辛的浮士德问题说些什么的时候,维森费尔斯打断了我:"诚然,您给出的专业领域是莱辛,但我现在还是更想提几个关于浪漫派的问题。""请吧!"我平静而顺从地说。在我也回答完这些问题之后,时间到了。友善的考官祝我愉快,并且说,他很高兴我如此出色地开始了考试。

周五十一点到十二点安排的是哲学考试。这次米勒校长是陪审员。我知道这对胡塞尔来说是非常不舒服的;他担心会有人指责他对待自己的学生过于温和,因而他的考试非常严厉。整个一小时他提的都是关于哲学史的问题。我读过柏拉图的许多东西,但他现在问的恰恰是我只是通过别人的论述而了解的《蒂迈欧》;但我为了避免我的好大师在严格的主席面前丢脸而不敢这样说,而是开始以所提问题为支点,冷静地重构这篇对话的思路。同样的做法我也用在我应当对大卫·休谟在其《道德与政治论文集》和《人性论》中对数学所持态度的说明中。我根本没有《论文集》,对《人性论》也只读过一部分,但我鼓足勇气做比较。这种精神杂耍的小把戏甚至使我感到快乐,但它让我付出极度的紧张,而我很高兴胡塞尔终于转向逻辑学。最后还有几个出自教育学史的无关紧要问题。我不得不坚守了1小时15分钟。当我在阿尔巴尼教堂墓地的窄路上走向席勒街时,埃里卡从厨房窗户中探出半个身子挥着双手迎接我。午饭已经做好了,而且十分出色成功,小桌子已经为我们二人布置好,而在我们为自己增强体力的同时,我必须如实地从头到尾阐述这场战役的进程。

我已经相当劳累,但没有时间疲惫,因为下午五点是历史考试的最后一幕。这次应当是维森费尔斯作陪审员。由于他有些迟到,雷曼先开始考希腊文本。与以往相同,这是我背得下来的《远征记》的开篇。当维森费尔斯进来时,考官用这样的话来迎接他:"这位女士对希腊文很懂行。""这位女士整个说来都很懂行",他开心地笑着回应说。而后继续进行。一个关于波斯战争的简短问题。而后是个让人吃惊的问题:"您认为汉尼拔的最大壮举是什么?"对此我还从来没有考虑过。我也不知道,这是否是一个随意的问题,以及雷曼作为答案想要什么。"越过阿尔卑斯山。"我短暂地想了一下,而后带着最大的把握说:"他将战场移到了意大利。"现在大概是雷曼感到吃惊了。他大概注意到,我没有花力气弄到并记住以往考试问题与相关答案的汇编集,而是自己无拘无束地进行思考和判断。于是他认可了我的回答并通过一个插入的小问题而将我带到阿尔卑斯山的跨越上;对此我从李维那里了解了很多。——古代史只是前奏。现在进入雷曼自己的研究领域,我从中选择了我的研究领域。重又有一个令人惊讶的开始:"如何看待对普鲁士军国主义的指责?"我想:"真好,他现在想到我在最近拜访他时所说的话,我更喜欢进行一次政治谈话,而不喜欢让人这样考我。"但这个问题本身让人为难。它听起来像是要求对现有状况进行批评,而我不喜欢这样做。因而我的回答首先是外交式的:"这取决于人们如何理解'军国主义'。"维森费尔斯笑了起来。但雷曼耐心地告诉我他的定义:人们所说的军国主义是指:在和平时期维持一个常备的军队。在这个前提下我只能毫不犹豫地承认,可以合理地谈论普鲁士的军国主义。据此我必须说明人们在英国如此激烈地反对军国主义的理由。现在我们处在平滑的航道上,一桨接一桨地前进,直至六点。

宝莉妮·莱纳赫已经在外面等着我。她先将我带到"客蓉与兰茨"[①],以便在打完战役后用咖啡和蛋糕来增强体力。在一张邻近的桌子上坐着数学家兰岛(Landau)和心理学家卡茨。几分钟后卡茨走过来说:兰岛教授先生对他说,他刚刚在文科中学看到我,我必定是刚刚完成考试。现在他要立即祝贺我。我当然乐得高兴。这晚我应当去格罗纳维克家吃晚饭。中途我在韦登街的一个小邮局给布莱斯劳发了一个通报喜讯的电报。宝莉妮和我还必须在她的房间交谈一会儿,因为埃里卡和莉安娜在餐室还没准备好。当我们终于被叫去吃晚饭时,在我的座位上燃起了许多小蜡烛,它们被摆在一个彩色木环上,就像在过生日时那样;周围躺着紫罗兰的小花束。格罗纳维克太太准备了一个节日盛宴。埃里卡坐在我对面,她的黑色眼睛闪烁着爱意和喜悦。

次日我坐火车去了汉堡。我的姐姐罗莎正好在伊丽泽那里住几

---

① "客蓉与兰茨"(Cron und Lanz)是哥廷根至今仍存的一家已有百年以上历史的甜食店和咖啡馆。——译者注

周,当我到她们那里,让她们分享我的喜悦时,她们两人都非常高兴。在这里我也收到来自布莱斯劳的祝贺。我母亲的信中包含着我以前曾提到过的段落:如果我记得我的这个成就应当归功于谁,那么她将会更加高兴。但我还没有走到这一步。我在哥廷根学会了对信仰问题和有信仰的人的敬畏;我现在甚至时而会与我的女友们去一个路德新教的教堂(当然,在那里的布道中笼罩着的宗教与政治的混杂无法将我引向对一个纯粹信仰的认知,而且也常常引起我的反感);但我尚未重新找到通向上帝之路。

我不想将我的访问拖得过长。我周六过去,周三下午便又准时回到胡塞尔的研讨课上。他很看重人们定期参加他的研讨课;而现在当只有少数几个他的老学生还在这里时,这就比平时更重要了。我在考试过后还没有见到过他,课程结束时便到他的主任办公室①去找他,想问他我何时可以访问他以及想听一下关于我的论文的进一步情况。通常如此和蔼的大师明显不太高兴。由于我在考试后没有立即去他那里,我犯了一个失礼的过失(fauxpas)。这时他告诉我,他曾有许多关于我的论文的话想跟我说,但现在全忘了。它还不足以成为博士论文(我也从来没这么想过)。而由于我在历史和文学中如此出色地通过了考试,我还可以考虑是否更愿意选这两门学科中的一个来做我的博士论文。他对我的伤害不可能更大了。"教授先生",我十分气愤地说,"我并不在乎用随便一个博士论文来赢得这个头衔。我只想试一下,我在哲学中是否能够成就一些独立的东西。"这似乎使他恢复了思考。他的恼怒一下子消逝了;他用完全改变了的语气说:"现在您需要好好休息,施泰因小姐,您看起来完全疲

---

① 胡塞尔于 1912 年 9 月 30 日被文化部长任命为哥廷根大学哲学学科的联合主任(Mitdirektor)。因而这里有主任办公室一说。——译者注

惫不堪。"我还从未如此迅速地得到安抚,于是告辞出来。次日,讲座结束后他在大厅门口等着我。他太太向我衷心问候,并且请我周日下午去喝咖啡。我们还必须庆祝一下考试通过。戈特小姐、莱纳赫小姐和韦格尔特小姐也在被邀请之列。如果我还希望有谁在场的话,我尽管告诉他。

在周日之前我还要对雷曼和维森费尔斯做告别访问。两人都在此对我表达了他们的满意。维森费尔斯向我透露,考试委员会主席对"出色"的评分提出了异议,因为由于被免除了通识教育考试,考试对我来说特别容易。但考官们却坚持我的成绩为一分①。胡塞尔在周日对我笑着保证:"我们会为您而战斗的。"果然,证书上标明的笔试和口试成绩是:"出色通过"。

[……]

②这样我就自由了,而在我"为了从护理病人的劳累中得到恢复"而完成了希腊文考试后(胡塞尔就是这样揶揄我的),我毫不停顿地开始进行博士论文的写作。我为此留在布莱斯劳,以便随时可以听候[野战医院的]召回命令。但我也乐意独自一人不受干扰地工作,无须因为给大师的不如所愿的汇报而做任何中断。与他的关系并未因为距离遥远而受损,相反甚而更为温暖和真挚了。他让两个年轻的儿子加入了哥廷根的志愿团,当然也完全理解我去作护理的决定。他带着真心的关切伴随着我的活动,以他那漂亮、纤细而仔细的手书给我写长信,并且在我的报告上感受到最大的喜悦。同样使

---

① 德国大学考试的成绩以一分为最高分,文字表达是"出色"(mit Auszeichnung)。——译者注

② 这里略去的是施泰因于1915年4月至1915年9月期间在位于摩拉维亚-魏斯基兴(Mährisch-Weißkirchen,二战后划归给捷克共和国)的野战医院服务的回忆。——译者注

他感动的是,我是在他的家乡麦伦①。他一开始就向我询问,从魏斯基兴望出去能否看到阿尔特法特山②,他出生在普罗斯涅兹③,对那里十分熟悉。当然,每次收到大师的信对我来说都是一个节日。有一次我不得不确定,有一封信丢失了,这让我非常沮丧。他是如此地亲切,在一段时间后又忧心忡忡地询问,我过得如何,因为他没有得到回信。与其他在战场上的朋友的通信交往也在继续。当莱纳赫给我写道:"亲爱的护士埃迪!现在我们是战友了……",我是多么开心啊。

最长的来信是考夫曼的。兵役对他是最艰难的。尽管他最仔细认真地完成了所有义务,他也从未走得比当下士更远,而莱纳赫却相当快地从炮手升作少尉。除此之外,考夫曼在精神环境之外感觉自己无根无系。恰恰因为他作为哲学家,尤其是作为现象学家还不是很有把握,因此他担心,由于长时间的中断学业他会丧失一切。故而与我的联系为他提供了一个让他感激不尽的支撑点。我将我在第一个战时学期听过的,而他还不了解的胡塞尔逻辑学大课仔细记录下来,而后让人将我的课程笔记用打字机誊写出来。我的姐姐弗丽达始终愿意做这样的工作。这个礼物让考夫曼如此高兴,以至于不仅他自己感谢我,而且他的唯一的妹妹玛尔塔也感谢我,她显然怀着最大的爱意在牵挂着她的长兄。她与我保持了多年的通信联系;我们从未见过面,在她结婚后书信往来渐渐停止了。考夫曼的极端对立面是由汉斯·利普斯构成的。对他来说,习常的市民秩序是一件[给

---

① "麦伦"(Mähren)是这个当时属于奥匈帝国的地区的德文名称。它现在属于捷克共和国,改名为"摩拉维亚"(Mrava)。——译者注
② "阿尔特法特"(Altvater)是麦伦地区东北部最高的山(1487米),它的德文名的意思是"老父亲"或"祖先"。——译者注
③ "普罗斯涅兹"(Proßnitz)是这个当时属于奥匈帝国的地区的德文名称。它现在属于捷克共和国,改名为"普罗斯捷耶夫"(Prostějov)。——译者注

疯子穿的]约束衣,他很乐意将它扔掉。无法预测的战争生活对于他是如此适合,以至于他有一次在度假时说:"如果和平到来了,我将如何开始呢?"他与哲学的关系是一种如此有机的关系,以至于没有什么环境和异样的事务能够干扰它。就像他能够做到研究自然科学和医学并有时也作为医生工作,同时他的哲学发展并不因此而受到影响一样,他同样也可以在地下掩蔽部工作,就像在一个哥廷根或德累斯顿的咖啡馆或舞厅的音乐中工作一样。他的来信往往只有几句话,用他的大字体手书——对于不熟悉的人来说它是无法辨读的,但每个字母都是一个图饰——会充满整整一张纸。胡塞尔曾说,里面什么也没说。的确,从里面读不到关于战争形势的任何东西。但这寥寥数语对我却意味着很多:它们始终给我一个他的此在的忠实图像。他时而叙述一只住在地下掩蔽部附近并与他分享果仁糖的蟋蟀;时而叙述一只他在一个教堂里抓到的小枭;他将它称作吕贝卡,并将它带在身边很长时间。它是对他留在德累斯顿他母亲那里的小鸭卡鲁索的一种替代。利普斯太太按照他的委托用金丝雀来喂它。当她没法再得到金丝雀后,她心情沉重地决定将它放了。她乘坐出租车将卡鲁索带到德累斯顿草原上,将它留在那里,但此后还时常去看它。用一个战地小包裹就可以让利普斯感到幸福。他有一次写道:"您有一种异乎寻常的精准性来查明我刚好需要什么。"这是一些不同的东西;有时是一个日本的木雕,有时是几篇关于相对论的论文,不过常常只是果仁糖或其它甜品。

[……]

在这段时间里,有如此多的人性的东西涌向我,并在最内心深处击中我;我聚集了自己的全部力量来将我的论文重新激活,它作为沉重的负担压在我的心灵上至此已经两年多了。当我在魏斯基兴在厚厚一叠摘录和草稿中翻阅时,我会变得相当焦虑。而可怕的 1913/

14年冬还没有被忘却。现在我坚定地将一切源自书中的东西都放在一边，完全从头开始：根据现象学的方法对同感问题进行一个实事研究。噢，现在的进展与当时是多么不同！当然，我每天早晨都胆战心惊地坐在我的书桌旁。我像是在一个巨大空间中的一个微不足道的点——在这个巨大的范围里会有什么东西到我这里来让我抓住吗？我坐在椅子上完全向后仰躺，并且带着痛苦的焦虑将精神集中在对我来说最急迫的问题上。过了一会儿似乎升起了一线光。我至少可以表述问题并找到途径去收拾它。而一旦我弄清了一件事，新的问题便从各个方面（胡塞尔通常会说"新的视域"）开启了自身。我始终会在正在写下文字的漂亮页张旁放一张纸条，以便将这些冒出来的问题记录下来；它们都必须在它们的位置上得到处理。与此同时，一页又一页的纸被写满了，我写得面红耳赤，而内心充满了一种不太熟悉的幸福感。当我被叫去吃午饭时，我像是从另一个世界回来了。我疲惫但充满快乐地下楼去。我对现在我知道的一切感到十分吃惊，这些都是我在几个小时之前还根本没有丝毫预感的事物；我对我能够重新把握到的许多接上了的线索而感到高兴。

尽管如此，每天这样的继续进行都像是一个新的馈赠。而始终也是如此继续进行着，三个月一晃而过。而后在我心中有某种东西被释放出来，并且旋转成为一个自己的此在。我还可以复查，报告和补充具体细节；首先我必须阅读许多文献，并且借助于我自己已经掌握到的东西来进行批判的思考。但所有这些都只是在一个作为整体业已形成的构成物上的一种归档。这是我在1916年1月底时的进展。根据我的回忆，圣诞节时尚未写完一半，但已经有了相当大的一块，我十分想就它与胡塞尔讨论一下，以便可以听到一个暂时的评价。圣诞前不久，宝莉妮·莱纳赫来了一封信：她的弟弟回来休假过节；她们都觉得，如果我也去哥廷根就好了。休假——我至今还从未想到过！至此为止，与莱纳赫的重逢对我来说是与和平是同义的。要真是这样就太美了。我问母亲，她觉得这个建议怎么样。这是一个钱包的问题，这么远的旅行要是没有迫切的理由，我们家里是不会那么容易决定的。但这次我母亲立即劝告我去。她由衷地将这次重逢的巨大快乐赐予我。此外，她已经领会到，与胡塞尔做一次谈话是非常恰当的。当我在哥廷根说起此事时，宝莉妮·莱纳赫十分钦佩。她在发出信后就觉得自己的要求实属过分。而她在她美因茨的家里就决不会找到这样的理解。

我现在是已经离开一年后再到哥廷根了。当莉安娜·韦格尔特与以前一样坐在我对面时，她说："您看起来完全没有变化，施泰因小姐。""我不这样认为，"格罗纳维克太太说，"从她身上可以看出，她认识了生活的严厉。"宝莉妮暂时还住在格罗纳维克太太这里。但她很快就会搬迁到石壕街，因为莱纳赫太太不想再离开，而是在莱纳赫离开哥廷根后也继续住在这里。

莱纳赫的生日是12月23日。这是我到达后的第二天。我应约于上午去石壕街。我买了一本漂亮而流行的书作为生日礼物，并且满怀喜悦期待地上了路。在熟悉的台阶上刚刚向上走了两层，我便已经透过玻璃门看到所有人都聚集在衣帽间的外面。正好有人陪客人出来。门开了——我走进去，站在我面前的是的表兄理查德·库朗。我们两人都同样吃惊。"怎么，你也在这里？"他热烈地叫起来。"你马上跟我走；我必须和你谈一下。"我求助地看着莱纳赫。我实在难以做到：走到门口就返回。但理查德并不轻易放弃他已经放到脑子里的事情。他也转向作为最高主管的房主："您告诉她，她应该跟我走。""这必须由她自己决定。"这意味着，我必须屈从于我的命运。但这时从另一方面来了援助：莱纳赫太太干预了："你们两个今天下午都到我们这里来喝咖啡吧。此外胡塞尔夫妇也会来，还有普悌·

克莱因(Putti Klein)。而后你们可以躲到另一间房间，不受干扰地交谈，想谈多久就多久。"这是一个无可指责的建议，理查德知道无法再反驳了。他走了，我们松了一口气，现在可以真正相互问候了。莱纳赫变得宽大而结实了，兵役对他很适宜。这时我才真正认识了莱纳赫太太。以前我只是作为学生来找我的老师。但现在我属于最亲近的圈子、属于"第一排的送葬者"，莱纳赫就是这样开玩笑的，有一次他曾描画：若他阵亡了将会是怎样一种情形。除了他太太和宝莉妮之外，他还算上了埃里卡·戈特和我。此外，埃里卡这几天也被约来。她想也必须在家庆祝圣诞。但她想在圣诞与新年之间过来，因而在这个假期要在哥廷根和什未林往返两次。

当然，对于莱纳赫太太来说，她无法在这个短短的休假期独自享有她丈夫，这是一种牺牲。但她很乐意这样做，因为她知道，与我们的重逢会使她丈夫感到快乐。当埃里卡随后到来之后，我们两人去散步，路上遇到一同出门的胡塞尔夫妇和莱纳赫夫妇。彼此做了简短的问候。我此前已经几次去了胡塞尔那里，而埃里卡在短短几天没有必要去胡塞尔那里，因为她整个学期都是在哥廷根度过的。"施泰因小姐是专为莱纳赫而来的"，胡塞尔逗弄说。（他坚信，我是为我的论文而来，而我却觉得他的玩笑切中真理。）"戈特小姐也是专为莱纳赫而来的"，马尔维娜太太跟着说。现在好大师又说了："莱纳赫先生以为如何？""我十分惭愧"，回答简捷。现在达到顶点："莱纳赫太太以为如何？"胡塞尔太太问。我们不知所措地站在那里。这时响起了最美的施瓦本语："啊，我当然最能理解了。"禁忌被打破了。我们相互道别，埃里卡和我略有狼狈地走回家，无品位的玩笑还在我们心中萦绕。这时我们听到后面有很快的脚步声。莱纳赫太太追着我们跑过来，而且现在是上气不接下气地喊："戈特小姐，施泰因小姐！"我们转过身去。"你们今晚到我们家来？"莱纳赫太太对我们说。我们为她在应对任何境况时都表现出自然的诚挚之心和情感的坚定不移而着迷，所有的抑郁也都随之而被驱散。

但现在回到生日咖啡聚会上来。客人们首先是在灰色沙龙中被接待的。我在这里再次见到胡塞尔。

［……］

当然，在到达之后不久我就已经抱着我的手稿去了霍恩街。大师让我读了几个大段落，感到相当满意，给了我一些小的补充建议。在莱纳赫夫妇那里我必须仔细报告这些访问，并且引发了强烈的惊讶，因为长时间地倾听某个人，这通常绝不是胡塞尔的方式。每次我都被问到："在胡塞尔那里始终还是那么美好吗？"

圣诞前夜唯有宝莉妮在莱纳赫夫妇那里。我完全可以理解，他们想将这个晚上静静地留给自己。莉安娜·韦格尔特一并邀请了我和她当时结交的一位较年长的大学生。她将其舒适的小屋装饰得很漂亮，并且尽其所能为我们三个无巢可归的小鸟做了很有圣诞味道的布置。若只是我们二人肯定会更有如家的感觉。但在舍费尔（Schäfer）先生那里我却感受到一个坚硬的内壳，它将她的诸多努力弹了回去。事实上他在此后不久就让她大大地失望了。莉安娜建议去天主教堂参加午夜弥撒。她大概在慕尼黑常常这样做。这对我来说是完全陌生的，但我开心地接受了。我们穿过漆黑的冬夜来到短街（Kurze Straße）。但这里四处都无人可见，而教堂的大门紧闭。圣诞弥撒大概要在明天才举行。这样我们便不得不失望地回家。

圣诞第二天我应邀与莱纳赫夫妇一起去胡塞尔家共进晚餐。马尔维娜太太十分友善，而我为此十分高兴；当然这与在莱纳赫家中的夜晚是全然不同。除了我们之外还有其他客人在那里：延森（Jensen）教授（医学家）与他太太，以及一位瑞士的女大学生。延森夫妇与胡塞尔夫妇私交很好，但对我来说却完全陌生。在那里讨论了很多政治,而且是以一种鲜为我们认同的方式;好像瑞士的女大学生也身受其苦。席间谈到圣诞树的习俗从何而来。延森教授取出《百科全书》的"W"卷,并且读取其中的"圣诞树"词条。胡塞尔太太极为慎重地要求我们确定,哪一种小块姜汁饼味道更好:是她自己烤制的,还是由施泰林(Stählin)小姐带来的真正巴塞尔的。当我们走在回家路上时,莱纳赫突然在路上停下来问:"现在要老实说一下吧:究竟哪个味道更好——是假的还是真的巴塞尔的小块姜汁饼?我觉得真的更好吃。但我没敢对胡塞尔太太这样说。"这时他恶作剧地笑起来,而我们大家便都摆脱了我们所怀有的忐忑抑郁心情。

我已经记不得,莱纳赫和我自己是何时离开的。对于我的论文来说,与胡塞尔谈话是非常令人鼓舞的,而现在一路继续顺风顺水。但这时传来让人吃惊的消息:胡塞尔收到并且接受了聘书,要作为海因里希·李凯尔特的继任者而去弗莱堡,而此刻我的论文尚未完成。李凯尔特接受了去世的威廉·文德尔班的位置而去了海德堡。这两位"巴登学派"的领军人物曾在一起共同活动,并因此而效果卓著。要想在这里为现象学获得立足之地并非是一项轻而易举的任务。但胡塞尔没有片刻犹豫就接受了这个聘任。他随之也从尴尬的处境中得到解脱,他多年来便身处于此,现在则得到了德国最有声誉的教席之一。比他本人更高兴的肯定是马尔维娜太太。但喜悦应当没有延续很久。在准备搬迁至弗莱堡的过程中传来消息:他们的爱子沃尔夫冈阵亡了。他在战前不久完成了文科中学的毕业考试,而且有了详细的、为他的极为出色的天赋所指明的语言学习计划。他作为17岁的青年参加了哥廷根的志愿团。丧失幼子对于父亲也是沉重的打击。"我必须忍受",他在给我的信中写道。

向弗莱堡的疾速转移打乱了我的计划。我曾有把握地认为,在口试中考我的与在国家考试中考我的是同一些先生,而在博士论文口试中对副专业的要求要低于对任教能力（facultas docendi）的要求，因而只需要做小小的重复就可以了。现在我不得不准备好去面对完全不认识的教授。在接到胡塞尔聘任的消息后我便立即写信问他，我是否应当最快地完成我的论文，并去哥廷根进行博士考试。但他回答说：这已经不可能了。我只要安安心心地将"出色作品"（opus eximium）写完，而后去弗莱堡。他会在那里怀着最大喜悦等待我，而其他的新同事无疑也会以各种方式来迎接他的博士生。

［……］

我在青年时代就在城市里有了某种声誉，在知识圈甚至在高薪阶层（这两者在布莱斯劳紧密联系着）有些影响，这让我母亲为我感到骄傲。如果在此期间有什么东西影响到她的快乐，那么这就是我附加给自己的过重工作负担。如果我从学校回来，我会将所有学校的东西放在一边①而开始写我的博士论文。吃晚饭时我出现在家人面前，晚饭后我立即重回桌边。直至大约十点，我才开始准备第二天的课程。倘若我已经疲倦得无法理解任何东西时，我便读少许的莎士比亚。它对我的精神生命是如此地起作用，以至于我立即又可以继续进行下去了。母亲在睡觉前便先到我这里，伸出手来要带我一起去睡觉。而后我会微笑着拒绝，而她会在晚安吻别后离开。她会留心给我准备一份用来为夜间工作增强体力的食物。如果家里人吃水果，那么会有一小盘削好的水果放到我的写字桌上。此外，罗莎在一个隐蔽的地方存放着一些饼干和巧克力，并且每晚给我带一些来。尽管如此，持续紧张的结果也渐渐显露出来。最初是1916年夏出现了较长时间的食欲不振，而后几乎每年都重复。我在很短时间里体

---

① 施泰因在完成国家考试之后被应聘为她在布莱斯劳母校的教师，以弥补因一战期间上前线的老师而空缺的教师位置。——译者注

重就减了约 20 磅。在此期间我默默地得出这样的信念：学校工作与艰苦的学术研究彼此无法长期协调一致。我清楚地知道，如果我可以希望在学术上有所建树，那么我就要毫不犹豫地放弃学校工作（尽管我很喜欢它）。因而对我来说是，胡塞尔对我博士论文的评价是一个事关我的生活道路的决定。

弗莱堡

我利用复活节假期来口授记录我的论文。我的两个表姐妹阿黛尔海特·布尔哈特（Adelheid Burchard）与格蕾特·皮克（Grete Pick）都是能干的速记打字员，她们为我效力，并且轮替地在不上班的时间里来我这里。所有的周日和节假日都被充分用于此。这是一篇长文，因为博士论文在篇幅上已经有了惊人的膨胀。在第一部分我还依据了胡塞尔讲座中的几个简略说明，我在这里将"同感"作为认识的一个特殊种类来研究。但由此出发我继续前行到我自己所特别牵挂的并在所有后期研究中都一再重新探讨的东西上：人格的建构。与那部处女作相关联，为了说明对精神关联的理解如何有别于对心灵状态的简单感知，这项研究是必要的。对于这些问题，马克斯·舍勒的讲座和著述以及威廉·狄尔泰的著作对我具有重要意义。与我仔细研究过的大量同感文献相衔接，我还加入了关于在社会、伦理、审美领域中的同感的几章。我后来没有将这些部分一并付诸印刷。[1]

---

[1] 施泰因的博士论文"历史发展与现象学考察中的同感问题"后来交给哈勒的孤儿院印刷所印刷出版（这也是尼迈耶出版社的印刷所），但因战时缺乏纸张而仅印出了其中的第二、三、四章，冠名为《论同感问题》（中译本参见张浩军的译本：艾迪特·施泰因：《论移情问题》，上海：华东师范大学出版社，2014 年）。其余的前面第一章和后面的第五、六、七章现在均已遗失。——译者注

用打字机打在厚白纸上的论文手稿有如此庞大的篇幅，以至于我无法让人将它们装订成一卷。若是如此就会成为一本大开本书，这对于好大师来说太不方便了。所以我让人将它制作成带有可弯曲的蓝色厚纸板的三册书，再加上一个可以将三册全放进去的结实纸夹。以此包装，这部作品在复活节后不久便作为邮局包裹寄往弗莱堡。我请胡塞尔在夏季期间审核我的论文。我想自己随后在7月我的长假里再去弗莱堡，以便进行博士学位的口试答辩。大师对这部蔚为大观的著作感到很高兴，但同时让我对此有所准备，即：他不容易找到时间来审阅它。这是他的第一个弗莱堡学期。他开设一门哲学引论的课程，而且还在最仔细地加工某些新东西，以便为新学生们开启对现象学方法的理解之门。这花费了他的全部精力。我并未因此而气馁。我的学校以外的时间现在被我用来准备口试。在其它方面我也为这次长途旅行做好了准备。自学校工作以来，我就已经觉得，有必要较为仔细地选择我的服装。我了解当我在年轻姑娘面前站在讲台上时我会受到什么样的观察，而我也想尽可能地既不因为疏忽随意也不因为过分讲究的装饰而引起注意。为了旅行也需要购置一些新东西。为了考试，母亲赠给我一件丝绸连衣裙，这是我的第一件。（当时人们只有在节庆场合才穿着丝绸连衣裙。我的姐姐们只是在她们结婚时才在她们的嫁妆中得到她们的第一件。只是在战争的最后几年里，由于无法再得到棉布，丝绸才成为日常的物品。）我们一起选了一块又厚又软的绸布；颜色是黯淡的李子红。

我为此次旅行而高兴。我第一次要越过"美因河线路"了。我还根本不认识南德地区，因而始终向往到那里去。在弗莱堡的滞留也应当成为我的度假。苏塞·穆格丹（Suse Mugdan）在那里学习一个学期，并且带给我许多好的建议。首先我不应当住在城内，而是应当住在外面的君特谷。这样我就差不多已经住在黑森林里了。我们学校在7月的前几日结束。我立即上路。我几乎无法说,当我结束学校工作时,我有多么深地舒了一口气。我确定,假期对于老师们来说要比对于孩子们来说美得多。(我的女友埃里卡·戈特后来解释说:"为了从学校工作中得到休整而过的假期是美的。但没有了学校工作的假期要更美。")

第一个最大的快乐在德累斯顿等着我。汉斯·利普斯在那里,在他母亲家中;我的假期的第一天是他的休假的最后一天,我们正好还可以在德累斯顿会面并且一同乘车直至莱比锡。他在火车站等我。他也在战争中变得健壮了,他身着军灰色军装,绑着棕色皮绑腿,看起来非常魁梧。我们没有时间再去看他的母亲。所以我们在火车站附近的一家咖啡馆里等待我们的火车出发。我们交换了我们圈子中人的消息。这时他问:"您也属于在慕尼黑每天都去做弥撒的俱乐部吗?"我不得不为他这个滑稽的表达方式而笑起来,尽管我切身地感受到敬畏的缺失。他指的是迪特里希·希尔德勃兰特和西格弗里德·汉堡格(Siegfried Hamburger),他们已经皈依了天主教并且现在表现出极大的热情。不,我不属于。我几乎要说:"可惜不属于。""这究竟是怎么一回事,施泰因小姐?我完全弄不懂这些。"我懂一点点,但我对此无法说很多。

而后我们在二等车厢的一个隔间里相对而坐,大部分时间只有我们两人。在来的路上,利普斯于弗莱堡拜访了大师。"您是否听到,他读了一些我的论文?""噢,毫无迹象!他给我看过。他有时将纸夹解开,将几个册子拿出来,在手中掂量,并且心情愉快地说:您只要看看,施泰因小姐给我寄来了多么大的一篇论文!而后他仔细地将它放回去,重又将纸夹系上。""这倒是好迹象啊",我笑着说。

我讲述我们的学校活动和我的拉丁文课。突然利普斯打断了我:"啊,施泰因小姐,您根本不知道,我在您面前觉得自己是多么低能!"我摇摇头。"这怎么可能,因为您自己不就将这些事情全然视作低能的?""这些事情——是的……"但这个印象已经在那里。此外,它完全建基于相互作用之上。以往我就已经在他的简短表述中感受到一种明察的深度,与它相比我觉得自己的所有工作都像是拙劣的东西。而现在我的感觉也是如此。

我最后要报告的是我于1916年7月从布莱斯劳到弗莱堡的旅行。我在莱比锡与汉斯·利普斯告别,而后穿过夜晚,抵达海德堡。我在中学时一直梦想在海德堡学习,这个梦没有实现。现在我至少要认识一下它,所以我将我的行程中断了一天。

此外,我已经无法确定,这是在这次旅行途中发生的,还是在几个月后再次去弗莱堡时发生的。同样我也记不得,在这两次旅行中是哪一次在法兰克福与宝莉妮·莱纳赫见了面。我们穿过老城闲逛,我通过歌德的"思想与忆念"而熟悉它,在此期间我们有很多话要说。但比罗马广场和牡鹿沟街给我印象更深的是其它的事情。我们走进主教堂(Dom)待了几分钟,在我们敬畏沉默时走进来一个提着购物篮的妇女,并在一个长凳上跪下做了短暂的祈祷。这对我是全新的事情。在我去过的犹太教堂和路德教堂,人们只是去做礼拜。但在这里,某人在工作日的劳作中走进一个空荡荡的教堂,就像来进行一次亲密的谈话。这让我永远难以忘怀。宝莉妮后来带我沿着美因河走进的利比希研究所[①],那里存有迈伦(Myron)的雅典娜。但在到达那里之前,我们来到一间屋子里,那里摆放了四尊出自16世纪一个佛兰德墓葬的塑像:圣母与约翰在中间,玛格达雷娜与尼哥底母在两旁。耶稣的身体(corpus)已经不复存在。这些塑像带有如此

[①] 施泰因在这里说的是"Liebieg'sche Institut",如今也被简称作"Liebieghaus",是法兰克福古代雕塑品博物馆,是欧洲比较重要的博物馆。——译者注

动人心魄的表达，以至于我们久久无法从那里脱身离开。而当我们从那里走到雅典娜这里时，我只觉得她的确风姿优美，但她并未打动我的心。许多年后我才在再次参观的过程中找到了理解她的钥匙。

在海德堡我也有一个好导游：伊丽莎白·施泰格（Elisabeth Staiger），哥廷根数学家费利克斯·克莱因的女儿，我前面可能已经谈到过她，因为我是于1915年圣诞节在莱纳赫家中认识她的。她在丈夫去世后重又回到学校教书，如今在这里的一个男孩学校工作。与她交流学校里的经验最让她高兴。我参观了海德堡城堡、内卡河，看到了大学图书馆里的漂亮的宫廷抒情诗人手写稿。而在那里重又有另一些东西比这些世界奇迹更深地铭刻在我的心底：一个谐生教堂（Simultankirche），它被一堵墙隔开，这一边用作路德教的礼拜，那一边用作天主教的礼拜。

第二天中午12点，我到达弗莱堡。我的女友苏塞·穆格丹极力建议我住在君特谷，这样我可以得到一些假期的休整。一位友善的男子将我从火车站领到开往君特谷的轨道电车的站台。这是位于城南的一个合并的村庄，从平原一直建造到黑森林的山中。在村庄入口前靠着森林边的稍高处有一座带有最纯粹意大利风格的大房子。异国情调的外观会立即吸引住每个人的眼球。电车司机告诉一个人说：这是愉快心情别墅（Wohlgemut'sche Villa）。每次走过那里，都会希望有一次可以进入到这个关闭的天堂里。后来它转而成为利奥巴修女会（Liobaschwestern）的财产，这让我感受到爱和信任。

这次我从它旁边驶过，穿过古老的小门，一直到达轨道电车的终点站。就在车站附近，我在平地上的一个干净农家房屋中找到一间舒适的小房间，房主是一位和善的年轻女子。她的丈夫上了战场；年迈的公婆与她住在一起。在这个瞿普费尔森（Kybfelsen）乡间旅舍的斜对面可以得到价廉物美的餐饮，天气好的时候可以在餐饮大花园里用餐。

有了自己的住所之后，我就立即动身去胡塞尔夫妇那里。他们现在住在洛莱托街，位于君特谷与市中心之间，在洛莱托山的山脚下；不像在哥廷根那样住在自己的房子里，而是住在一个宽敞的租用住宅里。当我被带进过道时，我已经透过一扇大玻璃门看见可亲的大师坐在他书房的书桌旁。这让我感到难过。在哥廷根他可以在远离世界的顶楼工作。他是在高度紧张的时期来到这里的，甚至不下来吃晚饭。而现在他像是坐在一间玻璃屋里。我被立即带到他那里。他迎向我走来，而且打趣地喊道："债权人来啦！"不，他说他还没能看我的论文。在新大学的第一学期——他对他的课程做了全新的加工并且为此需要时间。此外我会对他的课程非常感兴趣：近代哲学，是从我们的立场出发来看的，听众因此会同时被引入现象学。就此情况而论，我几乎无法开始进行博士考试。胡塞尔太太完全按捺不住了。"施泰因小姐专门从布莱斯劳长途跋涉来到弗莱堡，现在难道要让她白跑一趟吗！"大师并不为其所动。"施泰因小姐很高兴来认识弗莱堡，以及来看看我在这里如何安排。她也会从我的课程中获得许多东西。博士她可以下次来做。"我也并非完全不知所措，但还是暗暗地想，这也还不是此事的终审判决。很明显，我必须去听这个课程。一周四次，下午五点至六点，只有周三和周六无课。胡塞尔太太也定期去。课程结束后我们在大学前面等待，直到大师从教师房里出来。而后我们步行回到洛莱托街。在第一次课上我也再见到一个哥廷根的老熟人：罗曼·英加尔登，战前在胡塞尔身边听过课的波兰人中的一个。战争开始时他加入了波兰军团，但很快因为心脏的毛病而被免除兵役，并且回到哥廷根。他作为唯一出自哥廷根老圈子的人陪伴胡塞尔来到弗莱堡。除他之外，一同来的还有一个路德教的神学家鲁道夫·迈尔（Rudolf Meyer）。作为新追随者还要加上一个俄罗斯女子普洛尹克（Pluicke）太太。在胡塞尔那里我曾被告知，他们"火烧火燎地"想要认识我。因而我很快便与他们一起被邀请。普洛尹克太太热衷于现象学，但更热衷于鲁道夫·斯坦纳。在她的影响下，"小个子迈尔"也转向了人智学。两人在一段时间之后离开了弗莱堡。我不知道他们后来的情况如何。

有一天，当我从洛莱托街去君特谷时，胡塞尔和他太太陪着我走。半路上他说："我太太让我不得安宁。我必须找时间来读您的论文。我还从未接受过一篇我没有读过的论文。但这次我想这样做。您立即去系主任那里，取得一个博士口试的尽可能偏后的日期，以便我到那时可以读完您的论文。"我当然立即便着手完成所有必要的事务。我必须从胡塞尔那里取走装有三卷本的纸夹，以便将它提交给系里。为了不损失任何时间，我可以为他提供一个副本，直至那个正本正式地重新传送到他那里。

博士生们通常会去大学的学籍管理员那里，给他一些小费，以便通过他的帮助而去他们所希望的考试委员会那里。这个小后门为我所鄙弃。我直接去了哲学系的系主任那里。当时的系主任是古典语言学家科尔特（Körte）教授。在战争期间他是后备军的上尉，在弗莱堡训练新兵，并且在空闲时间里作为系主任处理他的行政事务。因而他接待我时身穿军灰色制服。他是一位非常和蔼的先生。确实不需要中介者就可以与他达成一致。论文没有人能评价，只有胡塞尔。因而他必须成为审核人。我给出的副专业是近代史与近代文学。为此考虑拉赫法尔（Rachfahl）教授与维特科普（Witkop）教授作为主考官。我请求以［1916年］8月3日为考试日期。6日在布莱斯劳要开学，我必须于5日晚到家。我在途中还要在哥廷根留一天，因此我要在4日早上从弗莱堡出发。科尔特教授告诉我，我必须自己向考试的教授们请求，在弗莱堡留到这一天。通常因为酷热，讲座在7月底就结束了,而那时人们就会去避暑了。按此保留条件,博士口试定在8月3日下午六点。现在我去拜访两位先生并向他们做自我介绍。在不认识的人那里进行考试是一件不同寻常的事情,而我必须确定一下,他们究竟是哪路神仙。赫法尔教授的书我已读过。他首先是通过他的关于腓特烈·威廉四世与1848年革命的理论——一门被我的近代史老师们(布莱斯劳的格奥尔格·考夫曼和哥廷根的马克斯·雷曼)所拒绝,此外也相当普遍地被坚定地拒绝的理论——而为我所知。三月革命属于我的专业领域,我的历史的国家考试论文与此相关。所以我必须小心,以免发生冲突。在维特科普教授那里,如我从交谈中注意到的那样,要打交道的不是数字和日期,而是观念。他询问我是否读过欧根·屈内曼(Eugen Kühnemann)的书。这已经告诉了我很多。我还没读过那本赫尔德书①,并立即从图书馆里借出了一本。两位先生都同意那个日期。为了让自己适应他们的思维方式,我还去参加了几次他们的讲座。我相信不超过两次或三次。而后我觉得已经获得了充分的了解。我也必须考虑到,我是在假期里,而且我应当为一个新的季度来增强自己的体魄。我现在通常一早带着我的书从君特谷出发上到周围的一座山上,在草地上躺下,在那里备考。

在这些日子里,我的女友埃里卡·戈特也从哥廷根过来了。她也想度假休整;同时她还想来支援我,让我在考试日不是一个人孤零零地站在这里。我到火车站接她回来。当我们一同坐在我的小屋里时,我拿出我的黑森林地图放在她面前并指给她看:这里是费尔特山(Feldberg)。这里我们必须去一趟。博登湖我们也必须去一趟。埃

---

① 屈内曼在1893年出版《赫尔德的世界观中的个性》,1895年出版《赫尔德的生活》(1927年第三版改名为《赫尔德》)。施泰因这里说的应当是第二本书。——译者注

里卡心花怒放地拥抱我。莱纳赫夫妇曾极力劝阻她到我这里来。他们认为我现在只能为考试做准备，没法再做其它事情。现在她为自己对朋友的忠诚而受到奖励。但我们必须将我们的出游安排得巧妙些。胡塞尔的课程是不可以逃避的。要去费尔特山的话，用两次讲座之间的时间必定就够了。我们在去的途中完全步行，从君特谷越过绍因斯兰德山（Schauinsland），中途过夜，并且可以在下午听完讲座后骄傲地对大家说，我们早上曾在费尔特山上，而且在喝早晨咖啡时看到了阿尔卑斯山。博登湖的旅行我们要等到考试前的几天再进行。对此我们需要更多的时间，并且要利用周六与周日。我们决定暂时不告诉胡塞尔，以免大师有可能因为我如此临近考试还让自己享受这些而感到不安。

在韦惹火车站（Wiehrebahnhof）等待赫伦山谷列车（Höllentalbahn）时，我们注意到胡塞尔全家人都在站台上。他们在离我们不远处上了同一列火车，并且同行了一段路程，我想是直至欣特察尔滕（Hinterzarten）。我觉得，他们仓促地看见了我们，就像我们仓促地看见了他们一样。格哈特与他们在一起；他只是来这里休几天假，而我们猜想，他们更愿意与他们的儿子独自在一起。我们坐火车穿过整个赫伦山谷直至多瑙厄申根（Donaueschingen）。在那里我们坐火车下行到辛根（Singen）。但当我们从费尔特山下山，看见东面赫皋群山（Hegauer Berge）如浪峰般升起时，我决定，我们要去看一下霍恩特维尔①。于是我们留在辛根过夜。

晚上登上山，在古老的城堡漫游，想着埃克哈特以及席勒的青年时代，真是十分美妙。这里还有一些战俘在堡垒里受苦。早晨我们

---

① 德文为："der Hohentwiel"。它是辛根附近的一个城堡废墟，海拔 686 米。中世纪神学家埃克哈特曾在这里监管和指导当地神职人员的研究。原先的城堡在拿破仑战争期间被法国军队破坏。——译者注

继续走到湖边。一位老妇划船在教堂的钟声中将我们从卡恩的拉道夫采尔(Radolfzell im Kahn)渡到对面的赖兴瑙岛(Insel Reichenau)。修道院当时给我留下了尤为深刻的印象。葡萄园,在深蓝色天空下,在耀眼夺目的阳光中,由碧波荡漾的湖水围绕着——这是那一天留在我记忆中的东西。

但在快乐的漫游旅行之外,在这些天里也有极为严峻的印象留存下来。在埃里卡到达后的第一夜或第二夜,我们就被一次空袭所唤醒。我对此已经习惯了,并不十分介意。埃里卡睡在另一间房里,与一对夫妇的房间只有一墙之隔。突然那个男子在敲我的门,并且用他的巴登方言告诉我,我的"同伴"(Kamerad)在哭。我急忙穿衣到她那里去。她的确是泪流满面,但不是为她自己担心害怕。有人告诉她,可以听出火炮射击是从弗格森①那边传来的,而她的弟弟汉斯就是作为少尉处在那边的战场上。现在她听到了榴弹的爆炸声并且说:如果这里就已经是如此可怕,那么在那边必定会是什么样的一个地狱啊。我跪在她的床前安慰她。我们所听到的只是防御火炮,它从城堡山(Schloßberg)向下对整个城市进行拦阻射击。从弗格森那里只能听到一些沉闷的隆隆声。这时她的眼泪立即止住了。埃里卡完全安下心来。她甚至看到了我疾速地披在身上的连衣裙。"您找到了您的风格",她说。自从我当教师以来,我就努力做到让自己的穿着无可指责。我在讲坛上站在一群来自最好家庭的成年女孩面前,并且知道她们对于外表有着如何苛刻的眼睛。我既不想因为疏忽随意也不想因为过分高雅而让人反感,而是尽可能不引人注目,这样就可以尽可能地避免将她们的注意力从课程转移到我个人身上。

---

① 德文为:"Vogesen"。它是德国西南部与法国接壤的山脉。——译者注

当然，尽管有埃里卡的假期，我还是必须继续为博士口试做准备。我们现在还要一大早将更多的书拖到山上去。在我研究我的那些书的同时，埃里卡在研究我的论文。她十分忠实地在下午去听胡塞尔的讲座，而后我们三人在讲座后等着他。有一次他出来时对我说："幸好您没有跟我一起在教师室，否则您会沾沾自喜的；我向其他先生说到了您，也强调了您在战争中作为护士所做的贡献。"他很在意我顺利通过考试。在他的哥廷根学生圈中还没有人在弗莱堡做过博士考试；现在我作为第一个要给人以一个好的印象。他已经参与过多次考试，因为哲学常常被选作副专业。当我们晚上被邀请到他那里去时，他向我们讲述他的经验。要求是非常高的。"Cum laude"已经是一个很好的成绩了；很少给出"magna cum laude"的；"Summa cum laude"只是给任教资格候选人的。"那我就瞄准 Cum laude 了"，我开玩笑地说。"您要是能通过就应该高兴了"，他回答说。这是对我的自负的一小瓢冷水。此外，由于需要仔细研究我的论文，大师在此负担下呻吟叹息。奥特曼小姐有一次在周日从斯特拉斯堡过来看我们。我们下午与她一起在胡塞尔家中。大师在喝咖啡时出现在阳台上，而后很快又回到书房。"我根本无法为您奉献时间"，他对奥特曼说。"您要感谢施泰因小姐，我要将所有时间用在她的论文上。"他将我叫到他的书房；我需要向他解释一些他没有完全弄懂的东西。此时我们谈到整个论文。"这只是一篇学生论文"，我说。"不，完全不是"，他坚定地回答，"我甚至觉得它非常独立。"这是我听到的第一个评价，而它听起来非常有希望。

有一次我们应邀到胡塞尔家里去参加晚会，被邀请的是一个较大的圈子。如果我没有记错的话，我是在那个晚会上认识马丁·海德格尔的。他还在李凯尔特那里便完成了任教资格考试，胡塞尔从他前任那里接受了他。他的就职讲座是他在胡塞尔已经到了弗莱堡之后才举行的。它具有针对现象学的确凿无疑之矛。① 他后来的太太、当时还是佩特里（Petri）小姐，曾在胡塞尔的讨论上出现并且活跃地提出反对意见。这是他自己后来告诉我的："如果一个妇人形象是倔强不羁的，那么后面一定藏着一个男人形象。"在这个晚会上，海德格尔给我的感觉很好。他安静而内向，只要没有谈及哲学。但一旦有哲学问题出现，他便充满了活力。

在回到君特谷后，我们还在床上谈到这个晚会。（如果我们回家较迟，年轻的女房东会睡到我的面对街道的小房间里去，并将她的有两张床的大卧室留给我们。）埃里卡与大师独自谈了很久。他抱怨说，他无法推进他的工作。他1912年便在与《纯粹现象学与现象学哲学的观念》第一部分的关联中草拟了第二部分。在1913年出版了第一部分之后，人们催促他完成《逻辑研究》的新版，因为老版本已经售罄。而后是战争爆发，儿子沃尔夫冈阵亡，向弗莱堡的迁居。所有这些都将他从他的著作的思路中拽了出来，而现在他无法重新找到进路。他无法再辨认原稿，因为他是用纤细的铅笔字速记下来的；他的视力现在已经弱到不足以去阅读它们；他对眼睛的抱怨由来已久，很想让人为他做一个白内障摘除术，但这个病从未达到可以做手术的程度。现在他只知道一个拯救办法：他必须有一个助手。我们躺在自己的床上绞尽脑汁：我们从哪里为大师弄一个助手来？因为所有的老学生都在战场上。对此最合适的人选大概就是弗里茨·法兰克福特了。但他恰恰是第一个阵亡的。"倘若我想，他或许可以用得着我"，最后我说，"那我会去的。"埃里卡十分吃惊。"这可能吗？我不能。我现在必须在学校工作挣钱。"我也没有我能赖以生存的财

---

① 施泰因这里的回忆可能有误。她指的可能是海德格尔1928年获得弗莱堡大学哲学教席时的就职讲座"什么是形而上学"。海德格尔的任教资格讲座"历史科学中的时间概念"是他在胡塞尔到弗莱堡之前的1915年7月27日便完成了。——译者注

产。但算计不是我的事情。我会直截了当地去做。只是我觉得根本无法想象我有可能被纳入考虑范围。我是那么渺小,而胡塞尔则是在活着的哲学家中的第一人——按照我的信念,他是在那些超越时代并规定历史的极其伟大的人物中的一个。但我自己知道办法了。"我会自己去问他。我还可以等到考试之后。如果他读完了我的论文,他也就可以更好地做出评判。"于此我们结束了我们的讨论并且互道晚安。

当我们次日下午六点与胡塞尔太太一起在学校大门前等待,而胡塞尔从阶梯上走下来时,他对他太太说:"你与戈特小姐先走,我与施泰因小姐有话要说。"这样我们便两个、两个地向回走。在几天前大师就打趣说:"您的论文让我越来越喜欢了。我必须当心,不要让它上升得太高了。"现在他用同样的语调继续说:"我已经在您的论文中走得相当远了。您真是个非常有才华的小女孩。"而后他变得严肃起来。"我只是在考虑,这个论文是否可能在《年鉴》中与《观念》相并列。我的印象是,您已经从《观念》第二部分中提前取走了一些东西。"这让我的内心抽搐了一下。这是我可以切入我的问题的一个点。现在要赶快抓住这个时机。"如果真是如此,教授先生——反正我还想问您。戈特小姐告诉我,您肯定想要一个助手。您认为我可以帮助您吗?"我们刚好要过德赖萨姆河(Dreisam)。大师在腓特烈桥中间停下并且以最快乐的惊讶喊道:"您想来我这里?是的,我想与您合作!"我不知道,我们两人中哪一个更幸福。我们就像是处在订婚时刻的一对年青人。胡塞尔太太与埃里卡小姐站在洛莱托街上看着我们过去。胡塞尔对她太太说:"想想吧,施泰因小姐想来我这里作助手。"埃里卡看着我。我们无须语词便心心相印了。在她的深深的黑眼睛里闪烁着最衷心的喜悦。当我们晚上重又睡在我们的床上时,她说:"晚安,女助手!"

当我们现在重又与胡塞尔夫妇相聚时，未来计划得到了辛勤的打造。我还必须回布莱斯劳两个月去学校工作。目前没有替代我的人，而秋天我还要进行文科中学的拉丁文考试。但我想从10月1日起辞职。胡塞尔本人也对我毫不犹豫地愿意将学校工作放在一边而感到吃惊。胡塞尔太太得出结论，我必定是很富裕的。无论如何，多年后还有人一再地告诉我，她是这样向人说到我的。关于薪酬问题曾有过严肃的谈话。胡塞尔说，他每个月可以给我一百马克。① 以此我当然还不足以应付，但还是可以减轻一些负担；这样我的家人也更愿意同意。我对所有这些都说：是的。这些事情对我而言很尴尬，我想尽快摆脱它们。

考试现在已经不再受到关注。胡塞尔笑着说："我们可以说您想说的。甚至可以说同感。（这是我的博士论文的论题。）只是我们必须避免这个词。"②我再三提醒他："您不要像在国家考试时那样考那么多的哲学史。"他认为，这恰恰是必要的。

伟大的日子终于到来，1916年8月3日。晚上埃里卡在床上问我的心情如何。我回答："无论如何，24小时之后就过去了。"她对这种宿命论感到十分吃惊。她当然要陪我同赴沙场。此前我们为了使精力充沛而去了比尔林格咖啡馆（Birlingers Kaffeestuben）；我尤其乐意去那里。它有几个装饰动人的毕德麦耶尔风格的房间。我们也在露天找到一张桌子，这是我最中意的：有节制的绿和黑。我要了冰咖啡和蛋糕，而且如此证明了我的异乎寻常的本领，以至于埃里

---

① 胡塞尔在弗莱堡的年薪数目不详。应当高于他此前在哥廷根任编外教授时的年薪四千四百马克。据此，他付给施泰因的私人助手的费用约占他的收入的六分之一至四分之一。——译者注

② 按照德国大学博士考试的规定，在博士口试过程中提出和回答的问题应当与博士论文的论题无关。——译者注

卡几乎要担心我可能会反胃。这是热得可怕的一天。系主任选了政治学系的会议室作为考试房间，因为那里最阴凉。他让胡塞尔和我坐在会议桌旁舒适的皮沙发椅上。他自己则背对着我们坐在一张写字桌旁，就好像这不关他的事。当然他在注意地倾听，但他想尽可能地避免对我造成困扰。因此这就像是我与大师的一次熟悉的思想交流。为了使事情变得更吸引人，他用一个问题开场："尽管常常要求在考试中应当独立思考——而且还是在这样的酷热中——，但您是否可以告诉我……？"如此等等。我猜想，这位友好的陪审官看穿了这个善良的把戏。但他丝毫未让人察觉到。预定的时间对我来说过得很快。结束时系主任跳起来说："现在我们必须给施泰因小姐弄杯水来。"他自己急忙穿过房间去取东西，尽管我完全没有感到虚弱或需要提神。

现在是两门副专业；预定每门是半小时。维特科普教授的问题是那么"文艺"，以至于我在胡塞尔面前都感到羞愧。但我给出了所希望的回答，而主考官后来向胡塞尔恭维说：立即就可以看出是受过哲学训练的。他甚至考了 40 分钟，以至于系主任最后打断他说："同事先生，我们并不想比必要时间更长地折磨施泰因小姐。"

历史考试只是一个小小的附属物。当我想不起一个名字时，胡塞尔给我提示。8 点时我可以离开。先生们留下来商讨结果。埃里卡与英加尔登在下面的大厅里等着。我至此一直未得见到的学籍管理员这时也出现了。他祝贺我说："至少也应当是 summa。在胡塞尔于论文下面写了那些评语之后，这已经不可能是别的了。"他得到了他的小费，尽管他什么也没为我做。

当晚我们被胡塞尔夫妇邀请去他们那里。但我们知道，在那里只有一些甜点，所以我们想事先在哪里吃个晚饭。尽管英加尔登建议放弃，但由于我们不接受，他便将我们带到附近的一家餐厅。他想在这里告别。后来追问出来,他没有钱。他的每月一次的支票还没有到,而上月的钱又所剩无几。"您今天是我的客人,这是完全理所当然的",我说。在我们吃完饭后,我悄悄将我的钱包塞给他,让他去为我们大家付账。

但这时已经相当迟了。在胡塞尔家里所有人都已经在等着我们。胡塞尔太太和[女儿]伊丽用常春藤和春白菊扎了一个富丽堂皇的花环。它被戴到我头上充当桂冠。"就像一个女王",小个子迈尔兴高采烈地说。胡塞尔心花怒放。系主任自己建议分数为"summa cum laude"。我们告别时大概已是午夜以后。已经没有轨道电车了。我们必须在漆黑之中走回去。由于空袭威胁,到处都始终完全遮住光。英加尔登陪我们一直走到我们的小屋门口。他听说了我10月1日会再回来,感到十分高兴,他将不会独自在弗莱堡了。

我们进屋时,里面的年轻女子醒了。我还戴着花环。"应该这样给她照张相",她说,"趁着幸福的闪光还在。否则她总是带着那样一张辛勤劳作的脸。"早上我给家里发了一封电报,报告我的结果和我的到达时间。而后我们启程。我已经记不得埃里卡为什么不能与我一起去哥廷根。我只记得,我是独自到那里的。莱纳赫太太等着我,但我在火车站的格布哈德旅馆要了一个房间,因为我第二天早上就要继续乘车走。而后我们坐出租车去石壕街。

[笔记到此结束]

回忆埃德蒙德·胡塞尔[①]

〔波兰〕罗曼·英加尔登 著

倪梁康 译

我于1912年4月底首次来到哥廷根,目的是为了在那里学习哲学、心理学、数学与物理学。我与胡塞尔教授的第一次谈话是在5月11日,即我在报名参加他的"判断理论"课程时。我在哥廷根度过了直至第一次世界大战爆发的五个学期,并且在胡塞尔那里聆听了下列讲座:逻辑学与知识学引论,1912/13年冬季学期;自然与精神,1913年夏季学期;康德与近代哲学,1913/14年冬季学期;以及伦理学的基本问题,1914年夏季学期。除此之外,我于1912/13年冬季学期至1914年夏季学期参加了他以下的研讨课:1912/13年冬季学期,关于自然与精神的形而上学与科学论的练习课;1913年夏季学期,关于自然科学与精神科学的练习课;1913/14年冬季学期,高年级的现象学练习课;1914年夏季学期,现象学问题选要。1914/15年冬季学期我是在维也纳度过的,我在那里主要学习数学和物理学。我于1915年夏季学期回到哥廷根。胡塞尔这时正在做"现象学问题选要"的讲座并开设费希特《人的使命》的研讨课。1915/16年的冬季学期我生了病,这段时间我是在波兰度过的。我于1916年2月底来到哥廷根,得知胡塞尔接受了去布赖斯高地区弗莱堡的邀请,并且

[①] Roman Ingarden, „Erinnerungen an Edmund Husserl", in: E. Husserl, *Briefe an Roman Ingarden. Mit Erläuterungen und Erinnerungen an Husserl*, hrsg. von R. Ingarden, Phaenomenologica 25, Den Haag 1968, S.106-135.——译者注

很快要搬迁去那里。我跟随他去了弗莱堡,并在那里聆听了他的讲座:哲学引论,1916年夏季学期,以及哲学史,1916/17年冬季学期。研讨课上探讨的是笛卡尔的《第一哲学的沉思》、休谟的《人性论》和贝克莱的《人类认识原理》。1917年1月初我必须去克拉科夫,并且直至1917年9月底才回到弗莱堡,而后我提交了我的博士论文,并且准备我的博士考试。1918年1月16日。我在E.胡塞尔这里通过了考试(哲学、数学和物理学)。

可惜我在哥廷根和弗莱堡所做的所有讲座笔记都因第一次世界大战而遗失。因此我现在无法依据它们来对讲座内容做更为详细的报告。但我于1966年11月曾在卢汶胡塞尔文库度过一段时间,从而能够根据现存的胡塞尔手稿来对这些讲座做一些陈述。

依据我的回忆,1912年夏季学期预告的"判断理论"讲座并不是一个逻辑学讲座。5月有一个关于本质和关于作为本质研究的哲学的较长的阐述,当时它给我留下了深刻印象。在胡塞尔文库中被视作1912年夏季学期讲座的那份手稿卷宗的标题页上有胡塞尔手写的标题:"关于还原的旧文稿,1912年"。而后还有:"第一部分,1-34,现象学引论"(标号:F I 4);"夏季学期,1912年,第二部分(好),35-59"(标号:B-II 19 I)。因而所有这些都表明,胡塞尔在这个研讨班上讲授了当时所准备的《观念》第一卷的某些部分。同样与此相关的是:胡塞尔在开始时预告并论证了论题的变动。①

1912/13年冬季学期关于逻辑学的讲座只是对1910/11年冬季学期关于逻辑学研讨课的一次重复,那时它的标题是"作为认识论的逻辑学"。关于这个讲座手稿的内容,根据鲁道夫·波姆(Rudolf Boehm)博士所做的汇编有以下几点:

---

① 可惜胡塞尔的原[速记体]手稿尚未被转译[为正体],所以我无法阅读它们。

标号：F 115；"3"至"72"，带有几个缺失和几个附加，略有混乱。胡塞尔标明："I. 作为认识论的逻辑学，1910/11 年，第 1-73 页。重读于 1912/13 年，1914/15 年，战争冬季。"——而后：F I 2：几个页张，而后"73"至"182"。胡塞尔标明："II. 逻辑学［删除了'1908 年与'］1910 年。1910 年的第 II 部分，第 73 页及以后各页。关于范畴论的结尾部分专门纳入一个信封。"而后：F I 12："181"至"200"。波姆博士还说明[①]：这个讲座在 1912/13 年与 1914/15 年以"逻辑学与知识学引论"为题重复了一次。

关于这个讲座，我自己只记得胡塞尔关于范畴判断的建构所做的一些阐述。那时也谈到在主词表达中的一种存在设定，在此之上建构起第二个由谓词而来的设定。这样一个问题域从属于兰德格雷贝在《经验与判断》中根据胡塞尔手稿而需要加工整理的那些问题。或许这个讲座的笔记也曾供他使用过。但就我所能回忆的而言，在这个讲座中既未探讨过心理主义或反心理主义的问题，也未探讨过那些后来在《形式逻辑与超越论逻辑》中论述的问题。这是十分有意思的，因为在讲座中也未提到，胡塞尔在这个时期已经放弃了他在《逻辑研究》第一卷中所主张的对逻辑对象性的看法以及对真理的看法，这从胡塞尔 1918 年 4 月 5 日的信[②]中可以看出。因此我与我的同事们相信，这个看法当时在胡塞尔那里还合理地存在，而且对它的

[①] 在胡塞尔文库存有一份鲁道夫·波姆以"关于在文库机构保存的胡塞尔讲座手稿和研究手稿的系统-编年概观"为题的文字。人们为我提供了一份该文字的复印件，为此我要向胡塞尔文库的主持人、也要向波姆博士表达我的衷心感谢。我也要向耿宁（Iso Kern）博士先生致以最热忱的谢意，他在我对胡塞尔的各种手稿的探究中为我提供了友善的帮助。

[②] 指胡塞尔致英加尔登的信。该信现收于卡尔·舒曼编：《胡塞尔书信集》，多特雷赫特等，1994 年，第三卷，第 179-181 页。——译者注

奠基仅仅涉及对个别逻辑对象性之结构的确定,这个工作在《逻辑研究》中尚未完成。看起来胡塞尔认为这些特殊考察是重要的,因为——就像埃迪·施泰因所记述的那样——有这样的计划,即逻辑学讲座应当在1914/15年冬季学期重新讲授,那时曾想要记录下各个讲座并准备将它们付印。而后这个计划并未付诸实施,因为战争爆发了,而胡塞尔这时既不可能有通常数量的大学生,也不可能有为这样一个负责准备的研讨课的进行所必需的工作气氛。

1913年夏季学期的讲座标题为"自然与精神"。我在胡塞尔文库拿到一份手稿卷宗,它应当含有作为底本用于这个讲座的文字。在标题页上写着:"观念 II,第 1-305 页";其中也应当含有出自1915年的加工文字,它曾被施泰因小姐使用过(标号:F III I)。除此之外,其中还应当汇集了其它的手稿,包括用于重新编辑第六逻辑研究的资料。① 但重要的一点在于,这个讲座处理的是"观念 II"的问题,而且正如从埃迪·施泰因所做加工中可以看出的那样,这种处理是在一种自身带有强烈实在论色彩的精神中进行的。这个事实说明了,在1913年出版的《观念 I》中包含的一些考察为什么会使胡塞尔的学生感到惊讶。我会在讨论胡塞尔1913/14年冬季学期的讨论练习课时回到这个问题上来。

胡塞尔于1913/14年冬季学期讲授康德哲学。但我记不得胡塞尔是以何种方式来讨论康德的批判主义,以及他对康德采取何种态度。但对我来说毫无疑问的是,他对《纯粹理性批判》的主要思想进行了批判。因为无论如何这都不是一个通常的、不表达报告者本人立场的学院研讨课。我知道胡塞尔对待康德哲学的处理方式给我留

---

① 埃迪·施泰因于1918年夏季写信告诉我,她收到须待整理的一大卷宗的手稿,它包含对第六逻辑研究的一个新加工的部分。或许这恰恰就是刚才提到的那些手稿。我还会再讨论此事。

下了何种印象,它与我在哥廷根学习生涯初期在亨利希·麦耶(Henrich Meier)那里所参与的康德《纯粹理性批判》的几次练习课不同。但我的回忆还不够充分,以至于我还不能对耿宁关于胡塞尔与康德关系所做的阐述①表达自己的看法。

胡塞尔在 1914/18 年战争前所做的最后讲座是奉献给伦理学与价值论的。根据胡塞尔文库中保存的资料,这是对出自 1911 年的一个相同讲座的重复。② 它一方面探讨作为哲学学科的伦理学——而在此方向上胡塞尔意图构建起一种与康德"实践理性"的平行性,但同时他也引入他当时常常诉诸的弗兰茨·布伦塔诺的"伦常认识的起源",③——另一方面,这个讲座也致力于一门形式的价值论,在这里既没有顾及对理论价值的本质做进一步加工,也没有顾及对伦理学问题出现于其中的具体人类处境做进一步的分析。

胡塞尔是如何做他的讲座的呢?

在讲座期间他通常站在讲台旁,而且面前始终有几页笔记,在讲座开始时他会看这些笔记。但在几分钟后他常常会更多地看向讲堂,在某种程度上忘记了在他面前有准备好的文字,而后基本上是自

---

① 英加尔登在这里指的是耿宁在此之前不久发表的著作:《胡塞尔与康德——对胡塞尔与康德和新康德主义的一项研究》(Iso Kern, *Husserl und Kant. Eine Untersuchung über Husserls Verhältnis zu Kant und zum Neukantianismus*, Phaenomenologica 16, Den Haag 1964)。——译者注

② 关于这个讲座以及后来对胡塞尔伦理学讲座的加工和扩充的进一步介绍可以在阿洛伊斯·洛特的著作:《埃德蒙德·胡塞尔的伦理学研究》(Alois Roth, *Edmund Husserls ethische Untersuchungen*, Phaenomenologica 7, Den Haag 1960)中找到。

③ 胡塞尔在手稿标题页上所做标示已经表明,作为哲学学科的伦理学问题在这个讲座中对于胡塞尔来说是重要的:"形式伦理学(伦理学的基本问题),1911 年夏和 1914 年夏,基于 1908/09 年冬季讲座,第 39-123 页;第 1-38 页,处理哲学的观念以及各种本体论的划分"。但他在 1914 年夏主持的练习课的标题则表明,胡塞尔的思想与康德的伦理学著述相接近:"与康德《道德形而上学之奠基》与《实践理性批判》相衔接的哲学练习"。

由地讲授。① 他的讲话始终十分严肃认真,然而简朴,从不坠入一种教授激情。② 除了胡塞尔有义务要做的历史讲座之外,他的所有讲座都是研究的沉思,他在讲座中可以说是试验他自己的理论,并且赋予它以最终的形态。这时他会极为专注,并且完全停留"在实事旁"。但对我们来说最为重要的是,他的讲座并不在于一种对异己思想的传承,而始终是自己研究的结果,从而听众能够进入与活生生的、成长着的科学的联系之中。③ 在《观念 I》出版前,这一点也是重要的,因为人们可以通过这个途径了解胡塞尔如何发展了他的基本学说。在研讨课上胡塞尔常常会以一个古典作家(例如,笛卡尔的《沉思集》、休谟[《人性论》第一卷]、贝克莱、费希特)作为共同讨论的基础。但在这里没有真正的文本分析和诠释。文本通常只是胡塞尔自己的考察的出发点,它的目的首先在于阐明在文本中涉及的问题域,并且标示出一个可能进行解答的途径。纯粹就实事而言,这常常是极富

---

① 从哈勒、哥廷根与弗莱堡的讲座索引中可以看出,胡塞尔多次重复了(在标题上)相同的讲座。因此可以说,胡塞尔是根据记忆来讲授他的这些讲座。但这可能只适用于这样一些讲座,例如哲学史的讲座。而在他的所有讲授他自己理论的研究讲座中,情况则恰恰相反,因为胡塞尔在每次重复时都对旧的笔记进行加工,常常会做出全新的考察,如此等等。而在他自由言说的过程中,他追随自己正在自身构形的思想。就此而论,对胡塞尔讲座的原笔记的付印通常只能提供关于沉思的思路的信息,却不能提供相关讲座的真正地、具体地得到阐述的内容的信息。

② 这种激情我只见到过一次,即在胡塞尔 1917 年为休假的战士所做的那些讲演中。但那并不是真正的大学讲演。

③ 有一次胡塞尔对我说,卡尔·施通普夫曾劝告他永远不要讲授自己的研究。这个忠告与这样事实有关:胡塞尔的一位学生曾利用胡塞尔的伦理学讲座来构思自己的一部书。但胡塞尔回答施通普夫说:"那样我就不得不关门歇业了"。[英加尔登在这里提到的胡塞尔学生是特奥多尔·莱莘(Theodor Lessing, 1872-1933)。译者在《反思的使命》一书中会对这"莱辛事件"做出详细的说明。也可以参阅拜隆(Lawrence Baron):"门徒与异议:特奥多尔·莱辛与埃德蒙德·胡塞尔"(Discipleship and Dissent: Theodor Lessing and Edmund Husserl, in: Proceedings of the American Philosophical Society, Vol. 127, No. 1, Feb., 1983, pp. 32-49)。——译者注]

教益的和极为有趣的,但它并不能帮助人们真正深入到被宣讲的作者的思路中,并且把握他的哲学世界以及理解它在历史境遇上所受的制约。它也不能帮助人们去克服文本理解方面的困难。一般说来,对于普通学生而言,研讨练习课中的胡塞尔也是过于困难的。人们必须已经对现象学有所知晓和有所理解,而后才能在胡塞尔的阐述进程中确定方向。① 如果在研讨课上有较老的学生参与,其中不乏博士,这在第一次世界大战前几年的哥廷根乃是常态,那么讨论就始终是十分生动的,而且是极富教益的。胡塞尔一直在专注地听取问题或诘难,并且以一种详尽的方式给出回答,他常常会从很远处讲起,以便揭示出他所概观到的并且他视为重要的问题关系,而后从这里开始才阐明正在讨论的问题。他只有少数几次让参与者做课堂报告。通常对研讨课的参与是建立在讨论中的积极的共同思考和共同谈论的基础上,这些讨论或者是胡塞尔自己引发的,或者是在与被探讨的著作文本中的某一处的衔接中展开的。但谁要是没有兴趣和勇气说话,他可能一整年都在沉默和只是聆听。实际上即使是那些在胡塞尔这里撰写博士论文的学生在研讨课上也根本没有任何义务。积极参与讨论对于学生们而言之所以重要,只是因为胡塞尔可以从中得知,哪些东西已经被理解了。时而会有其它大学的客人前来参加,通常是年青的博士,他们试图以快速的辩论来征服我们。例如1914年初,年青的数学家诺伯特·维纳(Norbert Wiener)博士出现在课堂上,他对现象学一无所知,而且也对现象学的考察方式十分反感。有一天他非常快地宣讲了他的一些责难。但胡塞尔只是对他说:"慢一些,博士先生,我思考得没这么快。"

---

① 在报名参加研讨课时,人们首先会被问及这样一个问题:"您读过我的《逻辑研究》吗?"。

胡塞尔的阐述始终十分有意思。从这些阐述中可以得知，他在对具体问题的分析中要走得更远。当时《逻辑研究》早已售罄（新版于1913年秋才面市），而且也很难得到。在学校图书馆里，它始终是被借出的，在数学阅览室里只有一本，也始终是被使用的；因而要想理解现象学也并不容易。人们也知道胡塞尔自《逻辑研究》以来进行了广泛的研究，但通常大家对此知之甚少。所以讲座和研讨课的讨论构成了胡塞尔现象学的唯一源泉。

人们始终有这样的印象，即胡塞尔在谈论一些他早已知道并且已经透彻思考和加工了多年的事情，现在他只是将它们从记忆中取出来。他是智者，已经做过几十年工作，现在只是将他已经知道的东西告知大家。《观念Ⅰ》出版后，胡塞尔将它用作研讨课中的基础文本。我们在家里阅读它，而后在研讨课上讨论个别的段落，这时胡塞尔不仅会回答向他提出的那些与起初难以理解的段落相关的各种问题，而且也会进行许多补充的分析，并且因此而开启了那些可以说曾隐藏在文本后面的问题的更为宽泛的视角。很快便会展开生动的讨论，因为诸多胡塞尔的老学生会针对《观念Ⅰ》中显露出的观念论倾向以及对超越论还原的意义和成就方面提出指责。实际上《观念Ⅰ》中的一系列主张对于胡塞尔的哥廷根学生圈而言是某种意外，因而在研讨课的参与者和胡塞尔之间会产生许多活跃的讨论，胡塞尔首先致力于说明他在《观念Ⅰ》中的阐述的真正意义，并且也在一系列的问题中维护他的立场。无论是《逻辑研究》，还是胡塞尔的各个讲座，都是在一种——如果可以这样说的话——实在论的语调中进行的（同样还有1913年夏季学期的讲座"自然与精神"①）。阿道夫·

---

① 如果注意到，在这个讲座中讨论的问题构成《观念Ⅱ》的核心，那么就无须为此惊讶，即它给人的印象是胡塞尔实际上在追随国实在论的倾向。因而，要想使《观念Ⅰ》中的各种阐述与此相协调，并非易事。

莱纳赫的讲座与练习也是在此同一方向上起作用，在这些讲座与练习的参与者中有让·海林、亚历山大·柯瓦雷（之前还有康拉德-马蒂乌斯女士）、亚历山大·罗森布鲁姆、埃迪·施泰因、鲁道夫·克莱门斯与汉斯·利普斯。在1913/14年胡塞尔研讨课的讨论进程中，胡塞尔的立场与他的哥廷根学生之间的分歧开始越来越强烈地显露出来。

如果我现在回想哥廷根的学习生涯，那么我不能不提到阿道夫·莱纳赫的作用。他的教学活动虽然短暂，却具有持续的作用，因为在第一次世界大战前的最后几年里，在他周围聚拢了一批年轻的现象学家。他是一位好老师，并且首先是一位出色的哲学练习课的老师。在"高年级练习课"上，他始终会自己设计一个中心问题，而后在这个学年的进程中对它进行思考。在他教学活动的最后一年里，最有趣和最有教益的讨论是致力于探讨运动问题的。他给出的问题表述是明白而清晰的，他对"练习课"参与者的回答是清楚、准确、扼要的，他用来维护其立场的反驳是有力的，他能够引述的例子的是生动而令人信服的。而弥足珍贵的是这样一种状况：他有能力立即理解我们的那些常常是笨拙地表述出来的问题与主张，并且将它们纳入到正确的问题语境之中。讨论的进程是交给参与者的，莱纳赫本人似乎在扮演守护者的角色，以防人们走上歧途。但实际上他是整个工作的心脏，是鲜活的、恰恰在创造性的观点中开启新的研究途径和视角的精神，他从未失去过他的主动性，他在困难处境中的干预，他的精神当下。以此方式，他将人们带入到创造性的哲学活动的观点之中，而人们可以为参与一种新的哲学的生成而感到欣喜，即使他们实际上还是一个哲学的孩童。[①]

[①] 我与莱纳赫的最后一次谈话是在1914年5月底，即我在去克拉科夫之前到他那

我是在我大学学习的第二个学期来到哥廷根的。1912/13年冬季学期我才报名参加胡塞尔的研讨课。我当时的德语很糟糕,而且也相当胆怯。因而在延续了相当长的一段时间之后我才开始在研讨课上开口说话。所以我与胡塞尔的私人关系是慢慢发展起来的,尽管我在1912年夏季学期就已经清楚地知道,我的学习将以哲学为主课,而且将会在胡塞尔这里进行。胡塞尔于1912年5月的一天里谈到意识的本质,并且一般性地谈到作为哲学主题的本质研究。我来自利沃夫[①],那里尽管有特瓦尔多夫斯基却仍然笼罩着强烈的带有实证主义色彩的哲学氛围,因为有一部分特瓦尔多夫斯基的学生(主要是卢卡西维茨)处在罗素和恩斯特·马赫的影响下。特瓦尔多夫斯基的另一部分学生仅仅从事一种布伦塔诺意义上的描述心理学,而特瓦尔多夫斯基始终将布伦塔诺标示为一个"心理学家"。这个时期人们已经很少相信哲学。后来的逻辑主义学派的最初开端此时业已成为现实。因此,当我听到胡塞尔说应当让哲学承担本质研究的

里告别之际。"波兰人怎么办?"——这是莱纳赫的第一个问题。"要么现在,要么永不"。——我回答说。而后我们谈到即将到来的战争。在告别的最后一刻我问莱纳赫:"博士先生,您也必须参加吗?"——"不言而喻"——莱纳赫回答——"或许我们这是最后一次见面"。可惜情况的确如此。当我于1915年夏来到哥廷根时,莱纳赫已经在西部前线。1917年夏,我们通过施泰因小姐而从《法兰克福报》上得知,他已在比利时阵亡。(胡塞尔在1917年6月12日的《法兰克福报》上发表了阿道夫·莱纳赫的长篇讣告。参见胡塞尔:《文章与讲演(1911-1921年)》,倪梁康译,北京:人民出版社,2009年,第328-331页。——译者注)

① 利沃夫(Lwów)也就是英加尔登在后面还会提到的伦贝格(Lemberg)。前者是这个城市的波兰文名称,后者是它的德文名称。它于1256-1340年期间属于老俄罗斯,而后于1340-1772年期间属于波兰,再后于1772-1918年期间属于奥匈帝国,1918-1939年期间重属波兰,第二次世界大战期间和战后属于苏联,现在则属于乌克兰。英加尔登起初在这里随布伦塔诺的学生特瓦尔多夫斯基学习数学与哲学。在胡塞尔那里完成博士学业后,英加尔登于1924年在利沃夫大学完成任教资格考试,并于次年在这里担任私人讲师,1933年担任教授。1946年应聘回到他的家乡克拉科夫担任那里的雅盖隆大学的讲座教授。——译者注

任务时，我感到异常的兴奋。尽管如此，我还是用了很长的时间才习惯于这种新的哲学的，尤其是现象学的氛围。在这方面有所干扰的是 G. E. 缪勒的讲座，我不得不听这些讲座，因为我原初按照特瓦尔多夫斯基的建议也应当学习心理学。他的讲座就其风格而言当然是很好的，但它们在其严格经验主义自然科学的观点中距离任何哲学都已十分遥远。以缪勒处理心理学问题的方式，他的讲座以及在他领导的心理学研究所中从事的一切活动基本上都已是非常过时的，无论缪勒是多么认真地进行着他的研究。最后还有，那种在希尔伯特影响下处理数学问题的方式与胡塞尔还有莱纳赫所理解的哲学相距甚远，而且他们彼此间的气氛并不十分友善。就这样，在我的最初的哥廷根学期里，各种不同的影响对我产生作用，以至于我只是缓慢地向现象学靠近。

无论如何，我在1913年秋已经与胡塞尔和现象学如此接近，以至于我想到，要在胡塞尔这里进行博士考试。在1913/14年冬季学期开始时，我在胡塞尔教授这里报到，以便请他准许我在他指导下撰写我的博士论文。我建议以人格的本质为题，胡塞尔兴奋地予以采纳，不过他认为，处理这个论题会需要五年时间。但我无法花费这么长的时间，于是我建议另一个论题："柏格森哲学中的直觉与智性"，胡塞尔接受了这个论题。这样我于1913/14年冬季学期便开始探讨柏格森哲学，在此期间我首先更为深入地研究了《论意识的直接材料》。我之所以提到这一点，是因为它导致了与胡塞尔的一次谈话。1914年春，在研讨课上对胡塞尔《观念Ⅰ》的处理已经有了长足的进步，以至于我们讨论到了时间问题。而这时我向胡塞尔提出了一个与原初时间构造意识相关的问题。如所周知，这整个问题域在《观念Ⅰ》中都尚未被顾及。胡塞尔有些吃惊，并且问我，我如何知道这些。我回答："我是从柏格森那里知道的"，随即胡塞尔便让我在第二天去访问他。当时胡塞尔对柏格森似乎知之甚少。当我到他那里时，我在他的桌上看到《创造进化论》（德译本）。胡塞尔确证，在柏格森那里有对"纯粹绵延"的描述，这与他自己在此领域的研究十分相近。这样便开始了我与胡塞尔的私人哲学交谈，后来这些交谈越来越频繁地持续下去。它们在1915年并在以后都一直延续着。

　　战时的第一学期我是在维也纳度过的，在那里我只学习数学和物理学，因为我觉得那里的哲学并不有趣。所以我决定回到哥廷根。我在那里度过了1915年的夏季学期，并且聆听了胡塞尔的讲座"现象学问题选要"，我已经记不得这个讲座的内容了。在胡塞尔文库中存有胡塞尔对此课程所做的手写笔记，可惜它们尚未被誊写（标号：FI31，共计86页张+封面，第一部分：1-42，第二部分：43-69），因而我无法进一步说明它们的内容。有趣的是胡塞尔手写的几个边注。例如我们首先读到对讲座标题的补充："其中包含对超越论的观念论的论据"——看起来它从第64页及以后各页开始，随后还有一系列的附加的页张。其中还包含对经验自我与超越论自我的区分。必须在胡塞尔笔记的文本本身之中检验这是否是对超越论的观念论的一个辩护。——胡塞尔的另一个边注如下："关于1915年战时夏季的失误课程"——而另一个笔记似乎在澄清，胡塞尔为何将这个课程视作"失误"。这个笔记如下："我在这里忘记了整个交互主体性的学说。在整个讲座中。这是战争心理症吗？"（第42页张）基于多个原因，这个笔记是有趣的。首先可以从中得出，胡塞尔已经很早就开始对"交互主体性"的问题以及与此相关的"他我"（Alteregos）问题进行研究，也对它们的认识问题以及它们在交互主体地可达及的实在世界的构造中的作用问题进行研究，而且已经获得了某些结果，而在胡塞尔自己发表的著作中，这个问题是在《笛卡尔式的沉思》中——而且是在第五沉思中——才被处理的。其次，如果胡塞尔认为在讲座中没有顾及这个问题域是一种"失误",①那么他是将这整个问题域视为极为重要的。再次,还有一点很重要:在我所知的讲座中,胡塞尔没有谈到过交互主体性问题。因而当我在《笛卡尔式的沉思》中读到这些问题时,它对我来说是一件全新的事情。所以我必须将第五沉思中的这整个思考视作胡塞尔现象学发展的又一个进步,而且由于胡塞尔在给我的信中如此强调第五沉思的重要与新颖,我在这方面的信念必定还有所增强。但事实上,关于交互主体性理论的最初设想或准备看起来至少要深深地追溯到胡塞尔的哥廷根时期。②

---

① 此外还可以找到对此讲座笔记的其它批判性的边注。例如,"自然心理学完全不充分,甚至是错误的"(第25页张),"出色地混淆了背景与视域"(第39页张),"有误:潜在的内在被给予性的视域"(第39页张)。因而讲座的"失误"可能具有不同的原因。

② 在1966年11月于卢汶滞留两周的时间里,我只能粗粗地浏览一下胡塞尔的手稿。但有一点我可以根据自己的经验说:需要撰写胡塞尔哲学的两个完全不同的历史:第一个是依据由胡塞尔自己发表的著述的历史。它们在一个特定顺序中的发表以及由它们引发的效应构成了一个历史事实。这种观察方式给出一条完全确定的、先后产生的理论与观点的发展线索。这条线索我试图在我的著作《埃德蒙德·胡塞尔哲学观点的主要发展线索》(波兰文)中给予标示。它首次出版于1939年,而后以扩展了的形态在我的著作《当代哲学研究》(1963年,波兰文)中再一次得到发表。但是还有胡塞尔哲学的另一个发展进程,它在胡塞尔的真实的、延续50多年的工作中成长起来,并且在手稿中得到落实。这个进程似乎不仅不同于第一条发展线索,而且至今为止看起来也异常复杂和捉摸不定。胡塞尔似乎是以一种极其非系统的方式在工作。他将精力主要集中于个别的、彼此相邻的问题上,在这里,同一类问题会多次地,而且常常是在时间上彼此相距很远的阶段得到探讨,并且会导向各种不同的、内容上常常彼此对立的结果。而对问题的选择似乎在很大程度上取决于刚好清醒起来的直观的随意。因而看起来极难在这些论题及其处理的杂乱中找到一条系统的发展线索。而且完全可以怀疑,它可以在何种程度上得到标示,因为看起来极难勾勒出手稿的一个产生史。许多手稿的产生日期不明,而且只能根据不同的派生标记来确定,倘若这种做法还能奏效的话。对胡塞尔哲学的接受的历史与作用方式的历史的标示同样是一件异常困难的工作。直至他去世,他的哲学一方面是通过他发表的著作起作用,另一方面也是通过胡塞尔的讲座和研讨课在起作用,同时他于20年代在各地所做的讲演也扮演着一定的角色。通过在第二次世界大战后胡塞尔一部分手稿的出版,胡塞尔哲学的作用力得到了很大的扩展。但于此期间各国的哲学的处境的改变常常以不利的方式影响着对胡塞尔现象学的接受。

这当然并不意味着,应当以任何方式低估至此为止20多年来在胡塞尔文库中由它的所有成员在范·布雷达教授的充满牺牲精神的、谨慎小心和富有成效的领导下所进行的在1915年夏季学期之后，我的大学学习再次中断。直至1916年2月底我才能回到哥廷根，但我那时得知，胡塞尔迁居去了布赖斯高的弗莱堡。于是我于1916年4月来到弗莱堡，因为我的博士论文在此期间已经有了相当大的进步，而我必须寻求与我的老师的进一步的知性联系。在胡塞尔的大学活动史上，以及随之而在现象学运动史上，一个新时代在弗莱堡开始了。胡塞尔开始在一个至此为止完全不同的哲学工作中心发挥作用，尽管他通过其活动而完全重塑了这个中心，但他同时也受到这个新环境的某些影响的制约。即使如此，他不得不顺应这个不同的氛围，或在其教学活动中考虑这个氛围。战争的最后几个年头虽然削弱了南德意志新康德主义的这个中心，因为许多李凯尔特的合作者和学生都还在战场上或在战场上阵亡，也有一小部分随李凯尔特去了海德堡；但在战后又有许多大学生和年轻的哲学家回到弗莱堡，而胡塞尔当然必须考虑他们的在场。另一方面，哥廷根的现象学中心不仅在空间上与胡塞尔相分离，因为

对胡塞尔遗稿的研究。恰恰相反，无论是在胡塞尔手稿上的纯粹技术工作、对它们的认知、对它们的整理等等，还是对胡塞尔的一大批基础考察工作的出版，尤其是在《胡塞尔全集》各卷编者引论中给出的那些常常是十分有趣的信息，都为人们带来了极具价值的成果，它们在很大程度上丰富了我们关于胡塞尔哲学的知识。它们也提供了在一系列历史问题方面的卓有价值的成果。在"现象学丛书"（Phaenomenologica）中出版的诸多总的说来非常有趣的卷册也卓有成效地探讨了胡塞尔哲学的基本问题。但对这些研究的主要付印的目的首先在于，系统地考察某些问题的复合体。这一点既关系到对在《胡塞尔全集》中附加给主要文字的那些附录的选择，也关系到"现象学丛书"的个别卷册的主要论题。毫无疑问，这是对胡塞尔思想世界之研究的正确定向。可以说，特殊意义上的历史问题只能在对问题进行系统研究的过程中、在为个别卷册所做的材料收集过程中，亦即首先是以次要的方式得到处理。我觉得，在完成了这20多年的工作后，这些材料现在已经得到了如此广泛的透彻研究，以至于胡塞尔哲学研究工作的实际发展的历史问题现在已经自身呈现出来，而且或许正是在今天，这样一个任务的巨大困难才开始暴露出来，这个任务就是：根据胡塞尔大量手稿——在我看来它们主要处理一些相对有限的问题——的背景，重塑胡塞尔研究的真实进程，而后发现在胡塞尔研究的发展线索与当时欧洲哲学中的哲学氛围之间存在的联系。这里恰恰存在着对胡塞尔哲学的一种历史考察的方法论问题，它们可以成为现象学家们进行共同讨论的论题。

只有几个哥廷根的大学生迁居到弗莱堡，而且这个中心也因为战争的状况和战争的结果而被摧毁和打散。因而胡塞尔在很大程度上失去了对老哥廷根现象学氛围的感受，他必须在很大程度上为自己在弗莱堡构建一个新的现象学的周围世界。只有少数几个老哥廷根学生，而且是在相对短的时间里还跟随着他。1916年春，除了我之外，在弗莱堡的只有鲁道夫·迈耶了（他很快便消失了，以至于我根本不知道他是否还在从事哲学）。夏天，大约在夏季学期结束时，埃迪·施泰因小姐来到这里，以便在胡塞尔这里提交她的博士论文，而后她自1916年秋起作为胡塞尔的助手留在弗莱堡将近两年。在胡塞尔的老哥廷根学生中，战后只有几个人来到弗莱堡，例如汉斯·利普斯和弗里茨·考夫曼；胡塞尔在哥廷根最亲近的同事阿道夫·莱纳赫于1917年秋阵亡，同样还有一系列其他的亲近的和有才华的胡塞尔学生（如鲁道夫·克莱门斯、方克弗特等等）。最后，胡塞尔还有许多其他的学生和朋友留在了国外，如亚历山大·柯瓦雷、让·海林、温特洛普·贝尔等等；康拉德-马蒂乌斯与她的丈夫特奥多尔·康拉德在贝根扎伯纳（Bergzabern）隐居了许多年。——哥廷根现象学家的圈子作为一个文化整体在根本上已经中止了存在，而胡塞尔只是时不时地还谈到他的"老学生"，他们已经从他的视野中消失。胡塞尔重又是独自一人，并且从头开始一个建设工作。

但如今在胡塞尔与我之间建立起了一个更为亲近的关系，因为我们两人彼此感觉可以说是面对一个新的、陌生世界的老熟人。所以我开始在每次讲座之后都陪胡塞尔回家，但很快便形成了这样的习惯：我几乎每晚都去拜访胡塞尔，以便共同进行哲学思考。常常延续到深夜，而后马尔维娜·胡塞尔太太会出现，并将我打发回家。此后，施泰因小姐在秋天时到来，而这样我们三人便构成在弗莱堡的一个小哥廷根殖民地。尤其是施泰因小姐还完全生活在哥廷根的氛围中，因为她与老哥廷根的朋友,首先是与莱纳赫,还保持紧密的通信联系。

还在1916年2月我便带上了我的博士论文的很大一部分。而后我在弗莱堡继续进行写作。1916年8月我将我的论文的第一编交给胡塞尔审阅。随后我们在塞克①一同度过了几天,除了我的论文以外,我们在那里还讨论许多不同的问题。胡塞尔也将盖瑟尔的《老的和新的哲学途径》交给我阅读。我压根儿不怎么喜欢这本书,而当我得知盖瑟尔是弗莱堡大学天主教哲学教席的候选人时,我感到十分吃惊。因为年初马克斯·舍勒曾在弗莱堡滞留几日,而我想他是这个教席的候选人。当时我与舍勒交谈了几个小时,我还在哥廷根时便认识他,而这次他的才华横溢的活力以及他的问题域的广泛再次给我留下深刻印象。他肯定是——就像他后来的发展所证明的那样——除了胡塞尔之外最重要的现象学家。

当然我没敢向胡塞尔说起盖瑟尔候选方面的事情。但我还是表达了我对盖瑟尔书的看法。后来盖瑟尔的确到了弗莱堡,在这里度过了几年。在他就职讲座的次日,我在胡塞尔讲座后陪他回家。我问起胡塞尔对这个就职讲座的印象,但胡塞尔只是夸奖了盖瑟尔后来为他的客人提供的葡萄酒。

我与胡塞尔的学术谈话围绕几个主要问题进行,它们对我来说出于不同原因而是重要的。这些问题一方面与我的柏格森研究相关,但另一方面还有涉及胡塞尔的观念论的问题。在第一组问题中首先包含着时间问题,而且是充实了的、被构造的时间的问题,以及它在原初的"内"意识中的构造的问题。这与柏格森对纯粹绵延和时间的区分相关,也因此与直觉与智力的对立相关。还在1914年与我的第一次谈话中,胡塞尔就已经承认,纯粹绵延与原初被体验的延续

---

① 塞克(Saig)是位于布赖斯高-黑森林地区的一个度假村落。——译者注

(Dauer)相近。① 当时我正在对柏格森的时间观和纯粹绵延进行深入的批判。因而我首先感兴趣的是这个问题:纯粹绵延或在它之中进行的原初体验是否真的——如柏格森所声言的那样——不带有任何"形式",尤其不带有任何范畴形式,以及它这时是否在原初的意义上是时间性的,或者也可以说,是绵延的。另一方面对我来说可疑的是,时间(temps),即——用胡塞尔的话来说——被构造的时间②是否真的已经指明了一个空间结构(柏格森甚至常常直接说"同质的时间或空间")、一个在柏格森看来应当标志着智力理解特征并因此而是相对于行为而言的结构。易言之,由于我相信纯粹绵延与时间之对立的正确性,并且在这种对立中倾向于看到一种与胡塞尔在其所做的对被构造的、被充实的时间以及对原初时间构造意识展示出来的原初时间流之间区分的相似性,因而我不认为柏格森关于纯粹绵延和时间的主张是正确的。但与此相关,在直觉与智力之间的柏格森式对立也就受到了质疑。因而对我来说首先至关重要的是澄清:原初的、流动的、先构造起时间的体验的时间性究竟处在何种状况中。其次,这些尚未被构造为时间单位的体验是否也指明了一种范畴形式。③ 故而我试图在与胡塞尔的谈话中获悉,他如何对待这些问题。而有一天他对我说了下列原话:"您知道,这是一个好故事。这里有一个魔鬼的循环:原初的时间构造的体验本身重又是在时间

---

① 当我后来在 1917 年秋向胡塞尔宣读我的已经完成的博士论文文稿时,他专注地听取了对柏格森的"纯粹绵延"的描述,并在一瞬间惊呼:"完全就像我是柏格森一样。"而我在十年之后才读到了一份打字誊写的"内时间意识现象学讲座稿"。但对此稍后再做讨论。

② 更确切地说,在胡塞尔那里有两个与柏格森的"时间"(temps)相对应的东西:被构造的、但始终还是质性的时间以及物理学的时间。但这个区别柏格森根本没有看到。

③ 从我的博士论文的几个批评性章节中可以看出,我试图表明,不可能剥夺原初时间构造体验所具有的范畴形式,也不可能否认它们的原初时间结构(参见英加尔登:《亨利·柏格森哲学中的直觉与智力》,第二部分,第一章:"范畴与本质",载于《哲学与现象学研究年鉴》,第五卷,1921 年,第 398-423 页)。

之中的。"我记录这点是因为这个确定或许构成了胡塞尔后来于1917/18年在贝尔瑙所做研究的出发点,并且迫使他去寻找可以排除这个"循环"危险的解决方案。在1916年和1917年秋与胡塞尔的多次讨论中,我的努力目标在于,至少要理解从原初的时间构造意识出发到在经验中被构造的实在世界的构造性考察之途径的要点。胡塞尔对这些问题极其在意,并且对我的所有询问都极其活跃地做出实证分析的回应。我当时经历了许多向构造问题之广博而艰难的领域深入挺进的幸福时刻。胡塞尔这时当然是指路人,我只是提问者,一再地因为没有适当的理解而请求进一步的澄清。我坚信,当时在胡塞尔这里有许多时间问题得以重新活跃起来,而这最终导致他在贝尔瑙对时间进行重新研究,当然,这些问题并未在内容方面对他产生影响。

当时我与胡塞尔讨论的另一个问题是原初的感觉材料以及它与感性感知的意向活动(Noese)的关系或联系的问题。我从第一次阅读《逻辑研究》第二版①起就遇到了困难。一方面需要明确地区分作

---

① 对此参见第五逻辑研究,尤其是第383页、第385页、第394页、第396页及后页,即:"我认为,没有什么比在这里出现的内容与行为的区别更为明见的了,更特殊地说,没有什么比展示性感觉意义上的感知内容与在立义性的并带有其它各种重叠特征的意向意义上的感知行为之间的区别更为明见的了;这种意向在与被立义的感觉的统一中构成了完整具体的感知行为。""但在这个可体验之物的最宽泛领域之内,我们相信能够发现在两种意向体验之间的明见区别:在一种意向体验中,意向对象通过各个体验的内在特征而构造出自身,在另一种意向体验那里,情况则不是如此,也就是说,它们是这样一种内容,这种内容虽然可以作为行为的基石而起作用,但本身却不是行为。"(第二版,第383页)"感觉以及这些对它进行'立义'或'统摄'的行为在这里被体验,但它们并不对象性地显现出来;它们没有被看到、被听到,没有带着某个'意义'被感知。另一方面,对象则显现出来,被感知,但它们没有被体验。""类似的情况显然在其它地方也有效;例如对于那些属于素朴的和映象的想象行为的感觉(或者我们也可以将它称之为作为立义基础起作用的内容)也有效。""人们同时理解了,在与意向对象关系中的表象(感知的、回忆的、臆想的、映象的、标示的对对象之意向)意味着什么,在与实项地属于行为的感觉的关系中的立义、释义、统觉意味着什么。"(同上书,第385页)"我在这里一如既往地将疼感等同于疼感的'内容',因为我根本不承认有特有的感觉行为。"(同上书,第394页)最后还有:"……单纯感觉……即……那种确实缺乏意向关系并因此而在属上有异于意向欲求的本质特征的体验。"(同上书,第395页及后页)

为"意向"(或作为通过包含在它之中的"意向"才成为"行为"的东西)的"行为"以及自身不含有意向(缺乏任何"意向")的"感觉"。但另一方面,意向应当"在与被立义的感觉的统一中构成了完整具体的感知行为"。这个"完整具体的感知行为"以某种方式包含着"被立义的感觉",后者——如后来所说的那样——以某种方式从属于前者,无论在行为(意向)与单纯"被体验的"内容(感觉)之间的区别有多么本底。但行为也是"被体验的"。因而它不只是与感觉处在统一中,而且也与感觉——如后来所说的那样——在"被体验状况"方面被放置在相同的层次上。感觉——如后来所说的那样——与行为本身(完整的行为还是不完整的行为?)一起构成行为的"实项内容"(或者也叫作"实项部分")。是什么在这里决定了感觉与行为之间的统一,而且是一个尽管有"意向"与"感觉"之间的本底差异却仍然十分紧密的统一?——在《观念 I》中,这个困难最初似乎消失了,因为这里实施了对"意向活动"(Noesis)与"意向相关项"(Noema)的划分,同时也首次引入了纯粹意识的概念,它本底上有别于"意向体验"或"行为"的概念。但在《观念 I》中有许多地方,《逻辑研究》的老概念在那里会以某种方式渗透进来。可以说,在(《观念》意义上的)纯粹意向体验之内实施了对意向活动与意向相关项的划分,以至于这个体验的整个组成都被分解为意向活动与意向相关项。但应当在哪里寻找"感觉材料"呢?——而且这种"感觉材料"并不是那种本身自为地在其纯粹性中被把握到的感觉材料,而是那种作为纯粹原素(Hyle)单纯地被体验到、通过感知行为被立义,并且作为纯粹原素而在其纯粹性中实际上已经消失不见的感觉材料(胡塞尔在《逻辑研究》中合理地说:它们并未"被感知")。——我们可以这样问:它们应当被算作是谁的?肯定不能被算作是意向相关项的——就意向相关项是所思(Cogidatum)、被意指之物本身而言——,因为它们恰恰不是被意指之物本身。这样看起来，如果还应当承认感觉材料的现存，那么它就只能"从属于"意向活动了。① 而如果在《观念 I》中追踪它，那么人们会找到不同的地方，在那里有对意向活动和感觉材料之间紧密关系的确认，在这个关系上人们倾向于运用这样的说法，与在《逻辑研究》中的情况相似，即：按照《观念 I》，感觉材料"属于"意向活动。但这个决定显然会因为下列事实而变得困难起来，即：人们在这里遭遇到"意向活动"概念的一个双重意义，类似于在第五逻辑研究中"行为"概念的情况。② 一方面，意向活动在《观念》中被理解为所谓"意向活动组元"的总体，即被理解为"意义给予"在其中进行的那个东西，③ 但另一方面却谈到"具体的意向活动的体验"。在前一种情况中同时也会谈到"原素材料与意向活动组元"，因而在这两者之间已经有了明确的区分。这并不会自行决定它们之间的相互关系，但或许人们应当这样来理解，即原素并不属于如此被理解的意向活动。然而在第二种情况中则清楚地说明，在具体的意向活动体验中既包含原素材料，也包含特殊的意向活动组元。④ 在这里至关重要的是，在感觉材料的组成与同时的意向活动组元的从属总体之间应当存在着一个

---

① 参加过胡塞尔 1913/14 年关于《观念》的研讨课的人或许会记得，在感性感知中的感觉材料的现存当时曾引起争议。1956 年，威廉·沙普在克雷菲尔德还对我说："您相信感觉材料？这只是纯粹的建构。"而无论在当时，还是后来在 1916 年，我都相信，肯定有纯粹的感觉材料这样的东西，尤其是那种原初流动着的感觉材料。

② 参见前面的引文。单单作为"意向""行为"，而后则是"完整具体的行为"，在这里"感觉"作为"行为的基石而起作用"。

③ 意向活动的概念在胡塞尔这里只是如此被引入，但却没有说，究竟有哪些东西属于意向活动或能够属于意向活动。这里不应当忘了在第 185 页上的这句话："与此相应，意向体验的意向活动方面并不只是由真正的'意义给予'的因素所组成，'意义'作为相关项特别属于这个因素。"

④ 胡塞尔在《观念 I》中同样是在两个不同的含义上使用"体验"一词。它一方面标志着由意向活动与意向相关项构成的整体，另一方面则相反，它只标志着"具体的意向活动的体验"，而意向活动在这里只是一个抽象。

特殊种类的统一。它们在这里都是总体的"实项的组成部分"。胡塞尔将这个统一对立于在现象学上被还原了的体验方面所涉及的两个其它的统一,即:其一是特定的意向相关项的"组成部分"的统一,其二是在意向活动与从属的意向相关项之间存在的统一。用胡塞尔的表达更为确切地说:"将所有那些体验的实项组成部分与通过它们并在它们之中作为意向相关项而被意识到的东西联合起来的统一。"①但在每个意识体验上对此三种不同的"统一"的区分还是不能令人满意的,因为这里并没有说它们彼此之间的区别何在。但看起来,在体验的感觉材料与特殊的(本真的)意向活动组元之间的统一尤其紧密和无法扯断,而且同时限定了"具体的意向活动体验"的总体,与此相反,意向相关项只是从属于这个总体,虽然它同样与相应的意向活动是不可分离的,但意向相关项却通过一种存在方式上的差异而截然有别于意向活动。意向相关项并不是体验的实项组成部分,而感觉材料却恰恰是体验的这种实项组成部分。② 胡塞尔尤其强调在意向活动体验的感觉材料与特殊的意向活动组元这两者之间的这个特殊统一,尽管他同时也强调在原素材料与特殊的意向活动组元——现象学的存在的两个层次——之间的差异。

唯当人们清晰地区分"意向活动"这个词的两个含义,在感觉材料与作为"具体的意向活动体验"的(完整)意向活动之间的关系才能清楚地被把握到。而后便可以弄清,胡塞尔之所以将"原素材料"算

---

① 参见《观念 I》,第 204 页。胡塞尔还补充说:"……'超越论的被构造之物'……恰恰在一种完全不同的意义上隶属于体验,即与这个体验的实项的,因此是本真的被构造物对体验的隶属完全不同"。因而"体验"这个词在这里是如此地被使用,以至于它并不包含意向相关项。

② 胡塞尔在《观念》中明确地说:"映射"(Abschattungen)属于"感觉材料"。"映射是体验。但体验只有作为体验才是可能的,而非作为空间的东西。而被映射的东西原则上只有作为空间的东西才是可能的(它本质上恰恰是空间的),而非作为体验"(《观念 I》,第 75 页及后页。——中译补注)。然而被映射的东西却是意向相关项的一个特例。

作是完整的意向活动的实项组成，其根据恰恰就在于那个意向活动体验的特殊统一，尤其在于"素材"（感觉材料）与"特殊的意向活动组元"之间的那个特别的、紧密的存在联系。但在这里恰恰也会产生出这样的怀疑：在具体的意向活动体验的这些所谓"组成部分"之间是否真的存在着一种如此特别紧密的存在联系。首先需要注意的是，感觉材料仅仅是这个体验的"实项的，并因此而是真正的被构造者"，但却——只要这个体验被进行，并且本身没有受到一种反思的把握——"没有在其中被感知、被对象性地把握"（《观念》，第205页）。因而它们尤其没有被相关体验的特殊意向活动组元所感知或对象性地被把握。这些组元始终与感觉材料处在一个具体的意向活动的体验的统一之中，而如果这些组元在感觉材料面前还发挥一种作用，那么这只是用"立义"来为原素材料"赋灵"（Beseelung）的特有作用，借助于这种作用，感觉材料"被赋予"其对象意义。但从中并不能明晰地看出，这些特殊意向活动组元为什么应当与感觉材料共同处在这样一个统一之中，或者换言之，这个统一建基究竟在哪里。而由于在它们之间还存在着一个公开的异质性，因而这一点也就变得更难以理解。原素材料恰恰就是"素材"内容、质性的内涵，恰恰就是"材料"，而与此相反，特殊的意向活动组元则是"意向"、"意义给予"、"意指"、"行为"（在狭窄的、确切的意义上），它们进行"赋灵活动"。在这里，它们［原素材料］似乎在其出现与变化中至少在一定限度内是不依赖于特殊的意向活动组元的，正如贝克莱已经注意到的那样，尽管他并没有挺进到真正意义上的感觉材料这里。难道在具体的意向活动体验的建构中感觉材料就是基础和原本，可以说，在它们的基础上才建构起作为次生之物的体验的特殊意向活动组元，而且这些组元以某种方式顺应了感觉材料，而后才能在它们面前发挥"赋灵"、"意义给予"的作用？即是说，究竟应当如何理解在感觉材料与特殊的意向活动组元之间的关系?究竟应当在哪里寻找感觉材料?难道真的是在完整的意向活动方面,而不是在例如意向相关项的最终的下层建筑中?意向相关项——在胡塞尔看来——甚至只是一个借助于意义给予才产生的意义(立义)的上层建筑,它耸立在感觉材料的杂多性之上,这样一个上层建筑虽然在其意义内涵中有别于流动的感觉材料和杂多性,并且受到由意向活动组元来完成的意义给予的规定,但它在其基底上(在最深的被构造的层次上)所拥有的无非只是这些感觉材料。在某种程度上,这些材料——无论它们如何有别于那些在被构造的意向相关项的内涵中出现的对象性的质性——似乎在其质性中都全然渗透了"立义",即那个由特殊的意向活动组元披在这些材料上面的"立义"。但这个披在它们身上的"立义"究竟是由什么东西决定的呢?是由那些构成特殊意向活动组元之本质的意向决定的。但这些"意向"、这些意向活动组元本身又是由什么东西决定的呢?是由原初的、流动的感觉材料本身决定的,还是由其它东西决定的?胡塞尔的立场是:在完成现象学还原之后,人们根本不可以建基于那些有可能规定这些意向并因此而规定"立义"(对象意义)的"超越的"(超越出内在意识领域的)、"现实的"因子(实在世界)之上;而在胡塞尔的这个立场上就只能说:要么这些意义给予是(完全)由感觉材料或它们的杂多性所规定的,要么就根本不是由它们所规定的;最后还有一种可能:意义给予一部分是由感觉材料规定的,另一部分则不依赖于它们,而且可以说是无根据的。在第一种情况中必须承认,感觉材料在其杂多性中可能是对意向活动的意义给予之规定的最终的和唯一的源泉。换言之,纯粹自我在意向相关项(被感知之物本身)的整个构造中都仅仅依据那些对于它们的意向活动而言内在的、与特殊意向活动组元处在严格而紧密的统一之中的感觉材料。特殊的意向活动组元连同其意义内涵,即它们为感觉材料披上的意义内涵,仅仅是而且完全是由这些材料所规定的,而且在与它们的关系中是某种第二性的东西,就像意向相关项在一种也许不同的,但仍然相似的意义上对于感觉材料而言是或将会是第二性的东西一样。然而这样一来,在流动的感觉材料之杂多性与最终被构造的意向相关项之间的深刻的、本底的、为胡塞尔如此强调的关系就很难理解。而如果具体体验的特殊意向活动组元不依赖于感觉材料及其杂多性,那么很难理解的重又是这样一个问题:在意向活动体验的这些通常是异质的"实项组元"之间的特别紧密的统一究竟建基于何处,或究竟能够建基于何处。最后,如果特殊的意向活动组元应当只是部分地依赖于感觉材料,那么就会产生这样的问题:哪些东西可以构成对它们的规定的补充因子。在这里会不可避免地提出那些在胡塞尔那里与《观念 I》中的"术语"概念相联结的问题,以及那些例如在柏格森那里指向完全不同方向的问题——指向具体感知相对于行动而言的局限性以及作为行为中心的感知主体之角色的问题——,但它们都通过现象学还原而被排除了。因此,无论如何都会遇到一些我当时不知如何应对的困难。

　　作为具体意向活动体验之"实项组成部分"的感觉材料在其存在中以及在其自身展开的杂多性之河流的进程中看起来是某种完全神秘的东西。在这里会无法避免地产生出关于它们的存在根据的问题。在完成现象学还原之后,这个存在根据不能在一个超越出纯粹意识的因子中寻找,但它也无法在具体的意向活动体验的特殊意向活动组元中找到。感觉材料对于体验的特殊意向活动组元的存在依赖性或存在不依赖性究竟是如何表现出来的呢?而且这个问题所涉及的不仅仅是个别的感觉材料,或不仅仅是它们的一个当下领域,而是关系到在时间流中展开的全部感觉材料的杂多性,关系到这些杂多性的相互接续,看起来最终还是这些感觉材料的杂多性——作为意义给予的和披在它们身上的对象意义的可能规定根据——在为此负责，它们决定了，哪一种对象世界会成为对于进行体验的自我而言的被给予性。在这里会产生出所有那些康德在其《纯粹理性批判》开始时试图用"通过事物的激发"的说法来清除的问题，但这些问题在《纯粹理性批判》出版后不久又被提到了康德面前，并且在费希特那里导致了一个十分特别的自我-非我的问题域。

这就是我当时在1916年所面临的问题。这些问题之所以被摆到我的面前，不仅是因为在《观念Ⅰ》中有一系列说法，而且也是因为柏格森在《材料与记忆》中提出了"纯粹知觉"（perception pure）的理论、它向一种"具体知觉"（perception concrète）的转变，以及建基于其中的智力理论。尽管立场、概念装置和建基于其中的观点千差万别，柏格森在上述书中仍然发现了与整个胡塞尔式构造问题域本质上相近的事实组成以及从它们之中产生的问题。如果我想理解柏格森智力理论的最终意向以及隐藏在这个理论背后的直觉的事实组成，并且找到克服它们的根据，我就必须尝试在这里显露的问题中获得清晰性。因而可以理解，在我们于1916年进行的谈话中，我会一再地向胡塞尔提出关于感觉材料的问题以及关于它们与"行为"——在《观念》的表达方式中是纯粹意向活动——的关系问题。我希望胡塞尔承认，感觉材料在存在上是不依赖于体验的特殊意向活动组元的，它们只是被自我所发现，[①]而且并不与特殊的意向活动组元一同处在那种从《观念》中可以得出的紧密的统一中。但我在胡塞尔那里所能达到的仅仅是，他承认感觉材料是"自我陌生的"（ichfremd）而不是"自我的"（ichlich）。

[①] 当时我还不能对行为的经历（Durchleben）、对原初感觉材料的体验（Erleben）以及对象性的意指做出区分，这个区分是我在1918/19年冬季学期编辑我《论认识论中一种循环论证的危险》论文期间、部分是在康拉德-马蒂乌斯女士的影响下才做出的。

不是"自我的"——这可以意味着不同的东西。首先,在《观念》时期——如所周知——仅仅被理解为行为(或各种行为)之起源点的纯粹自我恰恰不是或不可能是感觉材料的起源点——或者易言之,不可能是这些材料的存在根据。其次,它们本身不具有特殊的意向活动组元(行为)的结构,即是说,不具有行为的进行模式,同时也不具有意向(意指)的形态,因而——如《观念》本身所表明的那样——自身不隐含意向性,而至多只是意向性的"载体"。而它们是"自我陌生的",这只能意味着,对于自我来说,它们是某种(在与自我的关系中)第二性的东西和在内涵上不同的东西。这样的话,怎么能够承认它们与特殊的意向活动组元处在一种特别紧密的统一之中呢?但在这一点上胡塞尔已经不想再有所动摇。胡塞尔完全理解,我在这里是围绕观念论的问题兜圈子,但在这点上我无法再向前推进了,因为当时还有许多东西对我来说显得过于遥远和过于困难。相反我还要向胡塞尔提出另外一个问题。

这就是纯粹自我的同一性问题。而且是在两个不同含义中的同一性,或者也可以说,在两个不同方向上的同一性。其一,对我来说,这里涉及的是这样一种纯粹自我的同一性,它在意识论中维持自身,尽管不断有新的和别的意识行为得以进行,这种同一性是意识流统一的可能性条件,同时也是认识一般的可能性条件。其二,这里涉及的是这样一种纯粹自我的同一性,这个纯粹自我进行一种朝向自身的反思行为,试图以此方式来把握意识流中它自己的同一性。胡塞尔在此两种情况中都持有这样一种立场,即:这个同一性是存在的,并且也可以被证明和被把握,而且是以这样一种方式,即:在其严格的中心的位置上——即不是像纳托普所说的在"对象的"位置上,他恰恰因此而否认纯粹自我的被给予性的可能性——,自我可以作为行为的进行者而被把握到。胡塞尔否认这会导致在把握着的自我与被把握的自我之间的某种分裂。他也认为,这个在觉察其自身时可以说是自身维持着的自我同一性可以在从自我进行的行为的严格现时性向滞留的过渡过程中得到证明。胡塞尔充分地意识到了纯粹自我之同一性问题的重要性。

这些就是我们当时谈话的主要论题。无论如何,胡塞尔当时很喜欢这种谈话。它们与《观念 I》处在密切的联系之中,并且引向一种对其主要倾向的更好理解,以及导向一系列构成其基本主张的理论背景的问题。尽管胡塞尔面临新的教学任务,他还是不想中断他的哥廷根研究的主要征程,并且谋求将《观念》继续下去,这一点可以从以下事实上看出:他于 1916 年秋将那些应当作为《观念 II、III》之基础的手稿交给施泰因小姐整理,以便为它们的最终编辑出版做准备。与我的谈话给了他恰当的机会来认真思考他在弗莱堡讲座中无法讨论的一系列问题。弗莱堡大学的大学生们所受的是完全不同的哲学教育,并且面对现象学的分析最初有些不知所措。胡塞尔在弗莱堡初期遇到的阻碍也许因为海德格尔常常针对现象学进行批评而愈发加重,当时海德格尔还是一位年青讲师,在李凯尔特那里完成了博士考试并且刚刚完成任教资格考试。[①] 胡塞尔不得不先去获得新的哲学听众,并且将自己局限在入门的开端分析上。有一次他对我说:"在讲座和练习中我对实事做粗略的梳理,否则很少会得到理解。"在与我和施泰因小姐的谈话中,胡塞尔能够去谈论他自己感兴趣的东西,而且畅所欲言。就这样,我们的会面延续了 1916 这一整年。可惜我不得不于 1917 年 1 月去克拉科夫,在那里我一直待到 1917 年 9 月底。而后,在我回到弗莱堡之后,我们的会面重又活跃

---

① 英加尔登这里的说法有误,因为海德格尔是在阿图尔·施奈德(Arthur Schneider)那里完成博士学位考试,在李凯尔特那里完成了任教资格考试。——译者注

起来,尽管不再是那样频繁,因为我必须为考试做准备了。我必须将我的博士论文逐章地读给胡塞尔听,因为胡塞尔当时几乎是半盲的,而且很不愿意阅读。然而我的博士论文的批判性的章节还是他自己阅读的,因为他将它们在圣诞期间带到了塞克。而后我必须去塞克,以便听取他对这些章节的评判。

如果我现在回想所有这些与胡塞尔的谈话,那么我必须说,它们不仅是极富内涵的,而且也是弥足珍贵的时刻,在这些谈话中,胡塞尔的重要直觉被唤醒,而且有一系列根本重要的问题被带到他的近旁。胡塞尔需要一个他认定可以理解他的人,以便能够出声地思考,并且在他面前展开自己的发现。这时在他心中便有直觉的力量得以苏醒,它们在独自工作时还不那么容易被激发。[①] 而他始终是在问题这里,在实事这里,没有间距,也没有附带想法的干扰。在其大学讲座或研讨课练习中,胡塞尔从来不会像在那些准独自的研究时刻那样生气勃勃和富于创造性。而更应感叹的是,1916 年对他来说是一个困难的时刻,他的幼子阵亡,而长子几乎从不间断地滞留于前线。许多年后胡塞尔多次写信告诉我,当时我在弗莱堡时他的心情有多么糟糕,而与后来几年的创作活动相比他当时知道得有多么少[!]。我当然不会否认,胡塞尔尤其在 20 年代有了巨大的进步。但我仍然相信,他并不十分记得当时的那些谈话以及他当时与我谈话的方式,而且他自己后来也不能正确地对待自己。后来他自己也不知道,他在 1916 和 1917 年的好时段里有能力给出哪些东西。许

[①] 我曾透过他书房的玻璃门看见他在全然独自状态下的工作。我看到他如何不安地在房间里走动,如何生动地做着手势,不时地坐到书桌边记录下几句话,而后再起身于屋内走动,就好像他在试图克服某些阻碍。他给人的印象是,思维或直观对他而言是极其珍贵的。然而在谈话中情况则全然不同。他在某种程度上忘记了与他的谈话的人,后者的当下并不会干扰他,而是相反导致他在某种程度上轻易地找到语词与措辞,它们在困难的问题境况中常常是不容易找到的。

多在第二次世界大战之后才发表在《胡塞尔全集》中的东西以及标明为后来的年代的东西,我在 1916 年就已经听他说过。这是十分奇特的。胡塞尔始终——如他自己所说——根据"念头"(Einfälle)来工作,而他并不记载在与他的亲近学生们的谈话中获得的念头。所以它们有时是在许多年后才被记录下来。

在专注的讨论中常常会忘了:战争还在进行,而且还会有空袭这类东西,说起来它在当时并不十分危险。但战争还是来报到了。有一次,我深夜从胡塞尔那里出来,在明亮的月光下和全然的寂静中回家,我听到一声加农炮的炮声从弗格森山方向的前线传来。哲学与战争现实的对照是令人震撼的。在我完成博士考试后最终离开弗莱堡的前夕,我还去拜访了胡塞尔的好客之家,向大师和马尔维娜太太告别。我们当然很快就开始正式的哲学讨论。大约在晚上 11 点有一次新的空袭。胡塞尔住在二层楼。所以我们所有人都下到一个底层客厅,在那里我们与房主一家都站在前厅里。但胡塞尔继续进行着哲学谈话,并未在某种程度上注意到有什么事发生。而后我们相互告别,而我则经过维勒车站回我在施特恩贝格街的住所。车站旁的一个仓库在着火燃烧,而后又开始了一次短暂的空袭。我很迟才回到家。第二天一早我便启程了。我希望很快就回来。但过了差不多十年之久,我才能开始与胡塞尔共度的新的哲学之夜。

博士考试后的当晚,胡塞尔太太邀请我去吃晚饭。在某一时刻胡塞尔对我说:"您必须在三年内完成任教资格考试。"实际上我的任教资格考试是在 1924 年 6 月底才进行的,但我的学院教学活动只能在 1925/26 年冬季学期才得以开始。1927 年秋我得到一笔奖学金,这样我便可以去国外几个月。我当然首先去了胡塞尔那里。我在弗莱堡度过了两个月,而后去马堡六周,此后于 12 月中去巴黎。1928 年 3 月底我经斯特拉斯堡来到弗莱堡,在胡塞尔这里滞留了几天,而后回到伦贝格[①]。我在这几个月里撰写出了《文学的艺术作品》。

　　后来我还与胡塞尔见过三次面：在 1929 年庆祝胡塞尔 70 岁寿诞时，1934 年 9 月在布拉格的会议之后，最后是在 1936 年 1 月，我旅行去德国，为的是能够在这个对他而言极其艰难的时代里与我这位年迈的、尊敬的老师握一下手。[②] 此后我就没有可能再去弗莱堡。在 1937/38 年冬从马尔维娜太太那里传来关于胡塞尔健康状况日趋恶化的消息。最后我是在卡希米尔·特瓦尔多夫斯基的追悼会上需要讲述其学术活动的那天得到了胡塞尔辞世的电报。在关于特瓦尔多夫斯基的讲演中，我多次提到胡塞尔的名字，特瓦尔多夫斯基曾与他多次会面。但我不忍心告知听众胡塞尔刚刚去世的消息。由于在两天之内无法获得护照，因而我无法参加葬礼，而只是向胡塞尔太太发去一份唁电。

---

　　① 伦贝格（Lemberg）就是英加尔登在前面提到的利沃夫（Lwów）。——译者注

　　② 关于他在任教资格考试完成十年后在弗莱堡对胡塞尔的这五次访问，英加尔登在这个回忆录中没有详细记述。他将几个相关回忆文字分别插入随后"对书信的阐释"中（参见：E. Husserl, „Erläuterungen zu den Briefen", in: *Briefe an Roman Ingarden. Mit Erläuterungen und Erinnerungen an Husserl*, hrsg. von R. Ingarden, a. a. O., S. 152-162, S. 179 f., S. 182 f.）。译者已将这些文字译成中文，冠以"五次弗莱堡胡塞尔访问记"的标题，发表在《广西大学学报》2016 年第 3 期上。——译者注

五次弗莱堡胡塞尔访问记[①]

〔波兰〕罗曼·英加尔登 著

倪梁康 译

1927年秋访问胡塞尔

终于,几乎是在十年之后,我能够去拜访胡塞尔了。我获得了一笔六个月的奖学金。我可以确定将两个月用于弗莱堡,并且必须在1927年9月1日开始我的休假。我也是在这天去了弗莱堡,但胡塞尔还在黑森林里滞留,直至9月中才回到弗莱堡。因此我只有六周的时间与胡塞尔交谈。与此同时,我在这个休假期间至少要用一些时间对我当时准备的几项研究("文学的艺术作品"、"外感知分析"和"关于认识论建基的一项考察")中的一项研究进行建构,以便它可以进入到付印的阶段。因而我必须将这个在弗莱堡度过的时间分派给不同的活动。起先没有一个现象学家在那里。几天后弗里茨·考夫曼来了,我在哥廷根时期就认识他。胡塞尔一回来,我就去了他那里。我看到他十分健康,只是老了一些,且心情很好。马尔维娜太太就像是没有变化一样。我们立即开始进行学术交谈,这些交谈与以前一样,通常都是在晚上进行的。胡塞尔给了我他在1918年之后形成的各种研究(都是打字稿),让我阅读。首先是两个出自1921和

[①] Roman Ingarden, „Erläuterungen zu den Briefen", in: E. Husserl, *Briefe an Roman Ingarden. Mit Erläuterungen und Erinnerungen an Husserl*, hrsg. von R. Ingarden, Phaenomenologica 25, Den Haag 1968, S. 152-162, S. 179 f., S. 182 f.

1923年的带有"现象学引论"相同标题的讲座稿。① 而后是"伦敦讲演",再后是施泰因整理编辑的"观念 II",以及同样是施泰因整理编辑的"内时间意识现象学讲座稿",再后是《不列颠百科全书》条目"的第三稿或第四稿,最后是同样由施泰因整理编辑的"观念 III"。我最感兴趣的是"观念 II",而"内时间意识现象学讲座稿"则给我留下最深刻的印象。"观念 III"是我在弗莱堡滞留的最后几天里才得到的,只能匆匆地浏览了一下。②

每次在阅读后我都与胡塞尔讨论与之相关的问题,这时我常常会提出我的疑195。胡塞尔的回答始终带有进一步的补充和阐释,它们远远超出在文本中所说内容的范围。他从不会因为我提出异议而对我不满,而是始终用相反的论据来回答。他很看重我的坦率,而且我的反对意见会促使他做进一步思考和新的、常常是极为有趣的分析。但如果我或他的学生中的任何一个不能赞同他,尤其是在原则性的问题上,他总是会感到沮丧。就总体而言,这些谈话对我来说具有非同寻常的价值。

"《不列颠百科全书》条目"让胡塞尔十分操心。他极其认真地对待这整件事情,并且写下了多个编辑稿本。我拿到了第三稿或第四稿。胡塞尔要求我做出批评说明。我会以一种完全不同于胡塞尔的方式来拟定这样一个条目。我会给出一个关于胡塞尔本人和他的合

---

① 我如此地重新给出这两个讲座稿的标题和数据,就像它们在我记忆中所保留的那样,因为我的相关笔记遗失了。要想在胡塞尔文库的资料中辨认出这两个讲座似乎并不是一件简单的事情。但我可以肯定,这两份材料都与"引论"有关,并且两者都出自20年代的最初几年;同样可以确定,它们既不是关于"现象学的心理学"的讲座稿,也不是关于"超越论的逻辑学"的讲座稿。

② 打字稿大约有500页。当我收到作为《胡塞尔全集》第5卷出版的《观念 III》时,我非常吃惊。除去附录,它们一共约有105页。它们是否只是我在1927年读到的文本的一个部分,或者它们根本就是别的东西?我读过的那个誊写本到哪里去了?

作者们的已有现象学研究的信息，尽可能扼要，同时又详尽。但胡塞尔为自己提出这样的任务，从现象学心理学出发，在纯粹系统的思考中指明现象学的观念。这是他的意愿，而我认为，我无法对此提出异议。因而我所留意的是那些不够清晰精准或可以允许做不同的解释的个别表述，并且记下它们，让胡塞尔注意到它们；因而这可以说是纯粹技术的问题。而后我们用了两个上午来讨论这些具体细节，胡塞尔显然对我如此理解我的任务感到满意。他也立即在他的文本上做了相关的笔记。但就我所知，对此条目的加工还持续了很长时间。胡塞尔为这个条目付出了如此多的时间，我内心里为此感到惋惜。我坚信，这个条目的规模过大，而且必须对它做根本性的缩减。我也担心，将会有一个编辑来决定缩减以及英文的表述，而他根本不能应对此事，而且在某种程度上也是无能为力的，因为英文根本还没有对胡塞尔的微妙概念构成做出适应（而且至今基本上也仍然处在未适应的状态）。

对我来说，对"内时间意识现象学讲座稿"的阅读是一个特殊的体验。主要是它重新唤起了我对1916年我与胡塞尔谈话的所有回忆。但在"讲座稿"中，各种问题得到了比在生动的谈话中所可能的更为具体和更为仔细的处理。也有许多是胡塞尔当时未曾对我说过的。现在终于有一个总体的东西摆在我面前，它——尽管也还需要补充——展示了对此问题领域的一个确定掌控，由此出发而开启了广阔的理论视角。所以我在读完之后立即去胡塞尔那里，并请他尽快出版这个讲座稿。让我大吃一惊的是，胡塞尔带着一种相当不屑的口气来论述这个"讲座"，并且认为，不值得发表这样一个不成熟的文本。最后他说："我还有其它更重要的东西。您明天到我这里来。"次日我去胡塞尔那里，这时他拿了一大卷宗的速记手稿给我看，大约有500至600页。胡塞尔指着它对我说："这是我的主要著作。您来为我做将它付印的准备吧。"我深受感动,而且尤其是因为,我立即明白,我无法承担这个任务。我也随即向胡塞尔说了。主要是我相信,除了胡塞尔之外,没有其他人能做此事。根据胡塞尔的说明,这是1917/18年在贝尔瑙写下的关于时间构造意识和关于充实了的时间以及与此相关的个体化问题的笔记。它们是最艰难的现象学问题——之所以是最艰难的,一方面是因为它们所涉及的是在这样一个领域中进行的直观把握,反思的观点在这里始终带有对在素朴体验中进行的东西做出篡改和推移的危险;另一方面是就语言复述的可能性而言,这是对在原初体验中被意识到的东西的语言复述,因为语言本身在其自己带有的形式结构中和范畴表述中是与被构造的世界相配合的,并且必须以某种方式得到根本的改造,而后它才有能力在无篡改的情况下对原初被体验的东西以及原初才构造出时间的体验进行复述。我的柏格森哲学研究、而后是我在完成博士论文后(在华沙和托伦)进行构造问题分析的那些岁月让我了解到:这里有哪些无法克服的困难在发出威胁。胡塞尔自己对我说,这些手稿还没有成熟到可以简单做纯粹外部处理即可准备付印的程度。它们必须得到积极的进一步的思考——而这是指在现象学的工作中——得到进一步的直观的透彻研究和追复检验。在这种情况下,我明白,我们中的任何一个人都无法替代胡塞尔的直观研究。我——或许还有另一个比我更有准备和更有才华的同事——会在这里很快遇到这样的状况,它们必然导向与胡塞尔的分歧,并且因此之故也将会开启其它的——不同于胡塞尔所意识到的——问题视角。简言之,只有胡塞尔可以做此事。而如果我想以某种方式帮助胡塞尔的话,我就必须每天与胡塞尔讨论每个新段落、每个新章节,亦即在弗莱堡滞留一年或两年,倘若胡塞尔真的愿意的话。我已经知道埃迪·施泰因曾有过的经历,她无法说服胡塞尔在她编辑出版的过程中与她详细讨论

"观念 II"。在弗莱堡滞留两年——就我的状况而言，这是完全不可能的。我还有我的太太和三个儿子并且必须供养他们，而且没有一个学校机构能够支付我一年或两年的带薪休假。但我能不能将手稿带到伦贝格，以便至少在家里对它们做一些准备工作？可是胡塞尔不愿意将手稿拿到"不安全的东方"，但又不愿意让人在现有状态中做誊写。因此别无它法。我必须放弃，而且带着极大的遗憾。但胡塞尔也明见到，这是不可能的。我要是知道，这些手稿直至如今1967年还未出版，而且还根本无法预见它们是否会出版以及何时会出版，那么我也许还是会以某种既成事实的模式（Modus procedendi）来尝试协助进行出版的准备。

我觉得"伦敦讲演"很好，而且它们对我是有用的，可以说是将现象学的总体形象重又摆在我的眼前。但我当时并未感觉到在它之中含有一个真正的革新。它们构成（根据我的当时也许并不正确的看法）胡塞尔为外国公众所写的许多现象学引论中的一个引论，它们——撇开其暂时的效果不论——对于胡塞尔的合作者来说虽然是有趣的，因为它们自身包含着这些年来在对现象学的理解中完成的变化痕迹，然而就其本性而言，它们始终只是综合性的缩写，常常只是展望和未来考察的纲领，并且作为这些，它们自身在具体分析上要落后于胡塞尔的其它著述。它们应当为现象学赢取新的朋友和新的合作者。无论是在哲学观点之间，还是在哲学思考方式本身中业已养成的习惯之间，通常会有广泛的分歧存在，它们在哲学研究的各个中心起着主宰作用；在这种情况下，这样一类引论永远只能在听众那里引起一种精神的激励或振奋，它们不可能对在相关哲学中心的哲学运动的进一步发展产生影响。在这种情况下，如果知道英国人或法国人多么不愿意阅读外语文献，而胡塞尔为准备这些讲演要花费多少时间，那么这种讲演旅行在多大程度上是值得的，就是一个问题。胡塞尔自己也觉得，这种讲演对于德国公众来说，尤其对于现象学家们本身来说，是不充分的，而且在此之后每次都会致力于对这些讲演进行一个"加工"。但是，撇开《笛卡尔式的沉思》不论，胡塞尔生前几乎没有以新书的形态完成过真正的出版。而且这些沉思在胡塞尔看来对于德国公众而言也是不足的，如所周知，他试图撰写一个新的德文版本，但此事最后也是无果而终。但大约自1920年以来，胡塞尔似乎对"观念 II"和"观念 III"以及对《观念 I》能够获得的成功得出了一个负面评价，此后胡塞尔便始终抱有一个想法：为现象学以及——在他那里日趋强烈地与之相关——为超越论的观念论进行一次新的、原则性的、更深入和更广泛的奠基，而且他在其生命的最后20年中进行了多次尝试来实现这一奠基。所有这些尝试都奉献给了对现象学观念的加工和保障。在某种意义上，这是现象学的现象学，而与此相对，对特殊问题的个别的、带有实证指向的分析开始越来越多地扮演案例研究的角色，以便让读者能够领会现象学的研究方法和研究领域，领会这个领域的丰富性和重要性。对此，重点被放到了现象学的巨大关联和目标观念上，这就要求这些引论的作者以最大的程度绷紧自己的精神力量。由于胡塞尔健康状况有时并不稳定，这就常常会导致困难。

当然，在我们的谈话中，我首先会与"观念 II"相联系，因为我很看重这部《观念》续集的出版。在它之中包含的问题也是我最关心的，而且我很高兴在那里讨论了诸如身体被给予性、心灵实在、通过身体对心灵实在的构造等问题。所有这些都与我近年来进行的外感知研究相关联，并且以根本的方式对这些研究做了补充。另一方面，对于我来说，它们在胡塞尔式的观念论的可持守性问题上也具有意义。我也将我与胡塞尔的谈话多次引向这些话题，其部分原因也在于，我觉得对"观念 II"的持守是在一种至少比《观念 I》的一些阐述更具实在论的语气中进行的。然而我恰恰发现,在这点上胡塞尔的态度与 1917/18 年相比有了很大变化。如今,在胡塞尔这里,在向观念论的转向方面,一切似乎都已是确然决定了的。几乎不可能使胡塞尔相信,在这里还可能提出怀疑。而且他也一再地解释说,他的"较老的学生们"(亦即哥廷根时期的学生们)没有理解他,并且将一个取自历史氛围的、连他自己也全然陌生的观念论的意义强加给他。但不可能促使胡塞尔去说出:胡塞尔的超越论观念论究竟在多大程度上区别于其它的观念论。我当然知道——而且我的多个哥廷根同事也知道——胡塞尔在做出决定时所经历的整个途径在根本上有别于其它观念论者的途径。但这里的问题事关世界实在性的存在方式的准确意义,以及事关在纯粹意识或纯粹自我与实在世界之间的存在联系,可以说是事关纯粹意识在世界面前的存在(ontisch)位置。而且与此相关联,对我来说这里的问题在于"构造"概念的准确而明白的意义,对它的正确解释在整个问题关联中起着决定性的作用,尤其是当时无论是从胡塞尔口中,还是从他的合作者们如兰德格雷贝博士口中,都常常听到这样的主张:"一切都是被构造的。"在与胡塞尔进行的所有与此相关的谈话中,我意识到,胡塞尔的这个坚定的基本信念是无法动摇的。他认为,近年的工作使他得出这些不再允许质疑的结论。他将我的怀疑和问题归诸于我不了解他的这些研究。这当然有可能是正确的,但可惜出自这个时期的关键考察还没有用打字机抄写出来,因而我无法了解它们。另一方面,我在这么短的时间里也无法阅读比我已阅读的更多的胡塞尔文本。而有一个文本我很想阅读,它与我同时撰写的书《文学的艺术作品》相关,但胡塞尔没有将它交给我阅读。

  但总而言之,我在弗莱堡的滞留十分有益和富有成果,我很高兴,我们建立的私人关系是如此亲近和如此友好,相距遥远的流逝岁月并没有在我们之间留下任何精神的间隔。只是这一切都太短暂了。我在胡塞尔这里必须滞留不是两个月,而是两年,而后才能够可以说是看到他的著述的幕后景色。但这对于我来说,或许也对于胡塞尔来说,都是不可能的,因为我们的谈话已经攫取了他过多的时间。我必须继续前行;在告别时胡塞尔邀请我在从巴黎返回途中再访问他。

当然我在弗莱堡滞留期间也常常与其他现象学家聚会,即与弗里茨·考夫曼、奥斯卡·贝克尔和路德维希·兰德格雷贝博士;除此之外我也在胡塞尔那里体验过一个哲学之夜,参与者也包括海德格尔、来自柏林的保尔·霍夫曼和弗莱堡的天主教哲学家霍奈克。海德格尔只是从马堡来此做短暂访问。但我读过他当时出版的《存在与时间》并且对这种迥然不同的考察风格感到十分诧异。在去马堡的途中,我在美因河畔的法兰克福与格尔达·瓦尔特小姐相聚,并且在贝根扎伯纳与埃迪·施泰因相聚,在那里我们与特奥多尔·康拉德先生在一起待了两天。可惜康拉德-马蒂乌斯太太不在,而我很遗憾没能够与她相识。埃迪·施泰因就她自己向我说了许多(她当时已经是天主教徒,并且在施佩耶尔工作),并且也讲述了胡塞尔的事情。

我应当在马堡滞留一个月,因为我在12月的前半月还想在科隆访问马克斯·舍勒和尼古拉·哈特曼。由于并非取决于我的原因,我在马堡的滞留延长到了12月中,以至于我不得不放弃对舍勒的拜访。我并不知道,这是最后一次再见舍勒的可能性。

撇开我在那里勤奋撰写的关于《文学的艺术作品》一书的工作不论,我在马堡的滞留实际上不是很有成效。我想与彦施[①]谈论他的遗觉图像理论,它与我关于外感知的研究有关。我也与他做过多次交谈,而他十分友好,让我在他的研究所里看了各种实验,但我还是

[①] 埃利希·彦施(Erich Rudolf Ferdinand Jaensch,1883-1940)是马堡大学哲学系教授,实验心理学家,也是心理学的遗觉学说(Eidetik)的最初倡导者之一。——译者注

不能对遗觉图像的实存感到信服。与海德格尔的几次关于《存在与时间》的交谈也收益甚微。对于我的提问和异议，海德格尔的回答总是重复那些在他书中已有的说法，完全不同于胡塞尔，他始终谈论那些在他从未发表过的著述中的问题。与此相反，海德格尔关于康德的讲座是有趣而出色的，这个讲座稿后来在他的《康德与形而上学问题》的书中得到发表。在研讨课上，海德格尔与他的学生一起读谢林，但我对此不太感兴趣，而且他引导这个顺便说来实际上很难的研讨课的方式也并不让我觉得特别喜欢。

与我在马堡延长滞留的情况有关，我收到胡塞尔的来信（1927年11月19日），他在信中友善地向我提供一个借贷。与此相关的是我在12月初应当得到的奖学金没有到来，而这样我就面临必须立即回家的危险。然而恰恰在我收到胡塞尔信的那天，钱也到了。于是我向他表示最衷心的感谢，并且立即乘车出发去了巴黎。

1927年3月访问胡塞尔

这次我在弗莱堡只待了三天。我住在胡塞尔家中，这样我们就几乎可以整天待在一起。但后来得知，胡塞尔收到了一个新的邀请，这次是到荷兰，并且必须准备新的讲演。我的在场因而意味着一种干扰。尽管如此，我还是将我在巴黎写完的《文学的艺术作品》一书的文本放到胡塞尔面前，他用了两天时间来读它，以便对全书能够有所了解。对于我来说，他对书的评价十分重要，因为我期待他为我在尼迈耶出版此书提供帮助。胡塞尔也马上就对我说，他会立即给尼迈耶写信推荐我的书。纯粹就内容方面而言，我好奇的主要是，他对处理艺术作品的含义统一之层次，尤其是讨论作为主观的，特别是语句构成操作之构成物的语句和语句联系的那几章会怎么说。对我来说有趣的是,在我对语言构成物的理解与胡塞尔对逻辑构成物的"超越论"理解之间存在一种什么样的关系,胡塞尔在给我的信中多次提到后者,但从未做过详细的阐述。在我滞留弗莱堡期间,我们对此也从未谈论过。但胡塞尔现在只是对我完全简短地说:"我看到,您在这里在许多方面抢在我前面了。"这对我来说是一个巨大的赞誉,但它在我们的观点彼此的实际关系方面却对我教益甚微。胡塞尔只是对我书中的一处提出批评。这是在前言中的一处:我将此书预告为一个关于观念论讨论的前研究。胡塞尔劝我删除这一处。"您不要束缚自己"——他对我说——"您将会明见到,超越论的观念论会展示唯一可能的答案。"但他没有拒绝为我在尼迈耶那里提供支持。这对我来说是一件大事,因为如果我不得不将此书放在我们波兰那边发表,那么我就必须第二次用波兰语撰写。而这本书的篇幅是如此之大,以至于要为此找到一个出版商必定会很难。在当时的稿本中,它含有 600 多页的打字纸,因为还收有一个关于音乐、图像和建筑的文章的"附录"。① 由于

---

① 它在此书于尼迈耶出版时被去除了。与尼迈耶的协议的内容是 23 个页张,但在 1930 年寄给尼迈耶的文本约有 25 个页张。尼迈耶劝我放弃附录的付印,因为否则书的篇幅必定会过大,而且花费也必定很大。我必须赞同,但我没有料到,附录的发表将会拖延得如此之久。因为它——当然是以经过了扩充的形态——在 1962 年才以德语作为《艺术本体论研究》发表。关于音乐的文章的一部分虽然以波兰语已经以"音乐作品的同一性问题"为题发表在《哲学家综述》(*Przegląd Filozoficzny*)杂志(第 36 卷,第 320-360 页)上,但关于图像建构的文章直到 1946 年才作为在克拉科夫的波兰科学院的出版物发表[《语言学部听证会》(*Rozprawy Wydzialu Filologicznego PAU*),第 67 卷,第 69 页],并且在同一年,"建筑作品"的论文也在《科学与艺术》(*Nauka i Sztuka*)杂志(第 2 卷,第 3-51 页)上发表。这些文章在 1957/58 年在我的《美学研究》第二卷中发表了扩展后的第二版(第 7-307 页)。然而还在 1933 年,尼古拉·哈特曼就在其《精神存在的问题》中(在没有提及我的书的情况下)采纳了我的艺术作品的层次理解,并且立即扩展到其它艺术的作品上。他以一种极为概略的方式来处理,以至于对艺术作品的层次考察在他那里总共只有 34 页纸(而它们在我这里——'附录'第一稿本连同对文学的艺术作品的考察——总共有约 600 页纸)。在我的书中,对物理基础与艺术作品之间的划分,以及对艺术作品及其历史存在的存在方式的思考也具有相应的优先地位。N. 哈特曼战后撰写了他的《美学》(发表于 1953 年),在其中艺术作品的层次建构成为艺术理解的一个基本概念。

胡塞尔的致函,我在几个月后便与马科斯·尼迈耶出版社签署了一个协议。在我回到伦贝格后,不利的工作条件导致《文学的艺术作品》在1930年12月才出版。

我在弗莱堡的滞留突然被中断,因为我的所有孩子都得了病。于是我在滞留了三天后便启程回家。

胡塞尔的七十寿辰

根据胡塞尔教授太太的一个邀请,我参加了胡塞尔七十诞辰的祝寿会。在最后时刻看起来护照会迟到,因此我极为惋惜地给胡塞尔只是发去了一封祝贺信。但次日早晨我却收到了旅行证件,因而在祝寿会那天一早我便到达了弗莱堡。我在霍亨佐伦的旅馆下车,在那里我遇到了许多老熟人和老朋友,并与他们一起在恰当的时刻来到洛莱托街,出现在胡塞尔面前,使他大吃一惊。在我的老朋友中主要有埃迪·施泰因、让·海林、柯瓦雷等。

当校长和系主任以及海德格尔一起同时出现时,正式的庆祝开始了。在校长致辞后,新的讲座教授海德格尔也做了一个长长的、相当复杂的讲话。[①] 在火车里睡了两夜之后,我还没有休息好,没有听懂多少。结束时胡塞尔做了回应,显然受到了感动,但素朴而简短。他同意这个说法,即他有幸完成了一些东西,但大多数的东西都还处在未完成状态。而后他以几句值得注意的话结束发言,他说:"有一点我必须予以驳回,即关于功绩的说法。我根本没有功绩。哲学是我的毕生使命。我必须进行哲学思考,否则我在这个世界上无法

---

① 参见:M. Heidegger, „Edmund Husserl zum siebenzigsten Geburtstag(8. April 1929)", in: Heidegger, *Reden und andere Zeugnisse eines Lebensweges*(1910-1976), GA 16, Vittoria Klostermann: Frankfurt am Main 2000,S. 57-60. ——译者注

生活。"

这些话语让我当时就陷入思考之中，后来也常常促使我思考。哲学作为召唤、作为使命——是的，这始终是胡塞尔的基本观点。但哲学作为拯救？——在这个世界上。这听起来很忧郁，并且好像表达了胡塞尔对这个世界的一种否定态度，对这个存在着战争、不义、恶行的坏世界。听起来就是如此。在战争期间，我在很长一段时间里几乎每天都可以看到和听到在这种心情中的胡塞尔，如果现在是在战后不久，那么这种心情是容易理解的。但现在几乎是在十年之后，在胡塞尔重新找回了他的伟大工作状态并且取得了伟大科学成就，而且作为伟大的当代哲学家而受到祝贺的时候？在这个——看似偶然的——措辞中是否涉及某种其它的东西和某种更为重要的东西？涉及那种可以说是原初的、本质的世界一般的恶？哲学由此出发才构成一种拯救或一种解脱？超越论的观念论是否就是对此世界的一种拯救？这是否就是所有哲学思考在胡塞尔那里的最终意义？这是否是对某种凌驾于世界之上的东西的寻找，对上帝的寻找？胡塞尔有一次曾对我说："每个哲学家都必定会集中到宗教上。"这与他讲话的结尾部分没有关系吗？

我不敢做此断言。但这个想法不止一次进入我的脑海。胡塞尔此前和此后不止一次地谈到过和写到过：受到"召唤"而需要完成的哲学使命。但关于哲学可以为哲学思考的人提供一种重要的服务，对这一点可能只有这一次才如此清晰地被说出来。而且是以完全无意的方式。

在正式的庆祝部分结束后，几乎所有客人都很快离开了。只有几个胡塞尔的老学生还被邀请参加一个可以说是私人的午宴。在场的只有胡塞尔一家，而后是埃迪·施泰因、让·海林、柯瓦雷、珀斯和我，几乎全是老哥廷根人。在午宴后有一个不和谐的声音。胡塞尔请人从放在他写字桌上的一堆信中选几封朗读一下。是施泰因小姐读的信。在某个时刻她读到了莫里茨·盖格尔的信：他和其他"慕尼黑人"抱歉没有能够来参加。而使得他不可能前来的是海德格尔。胡塞尔陷入不愉快的惊讶之中，而且全然不解。但人们认为，这与纪念文集的准备方式有关。① 好心情过去了，很快我们便离开了。

晚上在胡塞尔那里还举办了一个盛大的招待会，有许多客人到来。我在弗莱堡还待了两天或三天。而后又过了五年，我才得以重新拜访胡塞尔。在此境况中无法考虑与他的合作。始终只有一些没有许多实际内容可说的通信往来。

1934年9月访问胡塞尔

我向胡塞尔承诺，在布拉格会议之后去拜访他。

我当时在弗莱堡只住了几天。尽管胡塞尔及其家人的境况发生了彻底变化（他不能再讲课），但他的心情仍然很好。他有进一步的工作计划，看起来也能很好地工作。我们谈到在广泛世界中的哲学

---

① 盖格尔的这封信没有收入《胡塞尔书信集》。但在胡塞尔于祝寿会后给时任哥廷根大学正教授的盖格尔的回信以及盖格尔再回信中可以大致了解事情的原委：原先是出版商M.尼迈耶委托时任慕尼黑大学副教授的亚历山大·普凡德尔编辑出版《胡塞尔七十诞辰纪念文集》（后来作为《哲学与现象学研究年鉴》第十卷出版，尼迈耶出版社，哈勒，1929年），但普凡德尔出于某种原因转请盖格尔承担此事。在答应普凡德尔之后，盖格尔又收到尼迈耶的信，得知后者在未通知盖格尔的情况下已将此事委托给海德格尔了。盖格尔在回信中同意从编辑事务中撤出。然而他随即又收到普凡德尔的信，告诉他尼迈耶同意将编辑事务交给盖格尔。盖格尔至此十分恼怒，认为这是尼迈耶"在一个教授面前很不专业的举止"，因而告知"我很遗憾不可能再以任何方式参与《纪念文集》的事务"（参见：E. Husserl, *Briefwechsel*, Husserliana Dokumente III/1-10, Kluwer Academic Publishers; Den Haag 1994, Bd. II, S. 113 f.）。由于这部主要由胡塞尔学生的论文组成的《纪念文集》是学生们和朋友们为胡塞尔准备的生日惊喜，因而胡塞尔对此前的准备工作一无所知。——译者注

的境况，尤其是在布拉格的大会，胡塞尔想从我这里得到一份报告。他收到邀请去布拉格做一个报告，但他只是写了一封哲学长信，这封信在第一次全体会议上被宣读了。我向胡塞尔叙述了各种报告以及新实证主义者们（所谓维也纳学派）的许多干预，他们试图控制大会。他们首先组织了一个"前会议"，只有新实证主义的代表人物才能参加的会议，而且这个会议据说构成了与真正会议的某种竞争。大多数的波兰逻辑学家和哲学家（卢卡西维奇、塔尔斯基、艾伊杜凯维支等）都参加了这个会。大会主席莱德（E. Rádl）教授向我讲述了，"维也纳人"运用了何种方法来占领全体会议与分组会议（尤其是在所谓A组）中的最好位置。我的报告原先被大会主席团放在大会第一天的A组中（在我们到达布拉格之前就收到的大会的正式会议程序中就是如此），后来则被放到了大会的最后一天。我是唯一抗拒新实证主义的波兰人。我的报告的题目是"一种对哲学的新构建的逻辑学尝试"，主要反对新实证主义的语义观。胡塞尔对所有这一切都饶有兴趣。有一刻我在胡塞尔面前对此表示遗憾：现象学家们——与"维也纳人"相反——根本没有被组织起来，因而他们没有作为群组出场，尽管有一批现象学的报告。对此胡塞尔父亲般地拍拍我的肩膀说："亲爱的英加尔登，哲学是不用组织起来做的"，于是我羞愧无言。他当然是有道理的。即便如此，我还是又重新向他提出问题，难道不应当建立一个国际现象学学会，由它来出版一个真正的杂志。《年鉴》始终是为较大篇幅的文章而定的，根本没有空间给讨论、书评等等。除此之外，它现在已经被冷落在一边了。我觉得十分有益的是，组织一些小型的研讨会，主要由现象学家们参加并能够讨论各种有争议的观点。胡塞尔倾听了这些，但无法指望从他这里发出一个倡议。

而后我们也谈到计划中的胡塞尔出版物。看起来《沉思》德文版的新编辑计划当时已经被放弃。但胡塞尔还在为那部现象学体系著作工作；他也始终在考虑如何构建一个正确的现象学引论和论证。

因而我们几乎仅仅在探讨哲学，而没有去深究在实在的外部世界中的一般状况。也许正因为此，总的说来心情不坏。

1935年的最后一次访问

我仅仅为了两天时间来到弗莱堡，并且在胡塞尔那里遇到让·海林和兰德格雷贝，后者带来一份邀请函，邀请胡塞尔到布拉格德语大学任教。此外他还想带另一部分胡塞尔手稿到布拉格。

关于布拉格邀请的谈话持续了很长时间。我们考虑了所有赞成和反对的理由。但我和海林都不知道，这里能够做何种建议。很明显，胡塞尔在德国的境况在这些年里从根本上变坏了，很难预料将来还可能会发生什么。但布拉格？——谁能够知道在那里会更平静和更安全吗？胡塞尔倾听并沉默。我们在没有做出决定的情况下各自分手回去。

第二天早上我去胡塞尔那里。他立即坚定地告诉我："我留在这里"。他勇敢而骄傲。不愿退让。我没有抗议，尽管我忧心忡忡。但当我几小时后出现在旅馆里时（我想反正第二天就要离开），我在并未主动要求的情况下收到了一份账单。显然人们在此期间已经得知，我拜访了胡塞尔，而且人们不想让这样一个客人留在自己这里。我通知他们我的启程时间。

这次我们的哲学谈论很少。只有兰德格雷贝向我叙述了很多在布拉格对胡塞尔手稿进行加工的事情。我当时询问"观念 II"和"观念 III"的情况如何。兰德格雷贝认为，胡塞尔将相关的手稿以某种方式分到各个组中。"实际上"，兰德格雷贝当时对我说，"'观念'已经不复存在了"。这是指"观念 III"吗？

海林晚上到旅馆来看我。我们谈到胡塞尔。海林在那段时间去看过他多次，并且赞叹他的好状态，他的坚定性，以及他对科学研究的不懈的奉献。胡塞尔在此最后的岁月里作为人和作为哲学家变得更加伟大了。他坚信，他的哲学终有一天会拯救人类。他预感到将会发生的事情吗？

翌日，我与胡塞尔和马尔维娜太太衷心地道别，而后乘车离开。这是我与大师的最后一次聚会。尽管发生的一切，我当时还是没有想到，这是最后一次。

于弗莱堡时期在胡塞尔身边[①]

〔德〕格尔达·瓦尔特 著

王俊 译

战争已经持续了两年多了。必要食品的供应总是越来越困难。在施塔恩贝格湖的东岸没有铁路,在冬天行驶的船只不多,当湖面结冻时,那些船常常完全被取消。之前我们还有汽车,但是现在我们不得不交出轮胎,并且也无法再得到汽油。我的父亲在有些事上成了"自给自足者":他买了一头奶牛,而汽车司机则扩大了他养鸡的规模。因此我们至少有充足的牛奶和鸡蛋。在我父亲身体健康期间,情况还是相当不错的。

但是后来他开始变得体弱多病。我们不断地往巴登-巴登去,在那里有一位我父亲以前的助理医生吉斯(F. Giese)医生,他曾深受我父亲的器重,以前是位于利希腾塔尔林荫道上"林荫道诊疗所"(现在的隆克维茨诊疗所)的合伙人。在那里我很容易发生呼吸困难:这个诊疗所被湿热的、温室般的空气所包围。与此相反,我父亲在那里则总是感觉特别良好。而当我有一次违背他的意愿向他表达说,我无法适应巴登-巴登的天气时,他很愤怒地说道:

"不适应天气?你到底是怎么想的?没有那样的事儿!你完全就是臆想症?!"

[①] Gerda Walther, „Bei Husserl in Freiburg i. Br.", in: *Zum anderen Ufer: Vom Atheismus zum Christentum*, Der Leuchter Otto Reichl Verlag, Remagen 1960, S. 196-220.

从此以后，我自然对此保持了沉默，但是随着时间的推移，一种严重的、长期的哮喘病痛不断加重了。

我的父亲在1917年初突然发起高烧，这引发了他以前就有的肾脏疾病。情况持续了数个小时，直到一位被召唤的来自慕尼黑的专科医生最终到达，他规定了严格的饮食节制。因此我父亲决定再度售出那座漂亮的乡间别墅，搬家到巴登-巴登，在那里他与吉斯医生毗邻而居，而在他的帮助下获得必要的食物供给也会容易得多。在那里他成功地买下了一座位于小山坡上的别墅。特别让他激动的是，理查德·瓦格纳以前曾客居于此。这座房子当然比之前的乡间别墅要小得多，但是我的家庭成员在那几年也大大缩减了，自从我的姐姐嫁到南美后，我的兄弟也作为外科医生在耶拿执业。

搬家是在1917年夏天完成的。期间我必须陪伴父亲待在诊疗所，而西格伦在一个熟人的帮助下要挑选，哪些东西应该运到巴登-巴登，哪些留在原处。很遗憾我们丢掉了很多古老的、有价值的东西，而很多不重要、不值钱的玩意儿则辗转搬入了新家。

人们有时会将我们这一代人称为自杀者一代。我必须承认，告别生命的渴望也曾经不断地侵袭我。在孩童时代，我不知道是在诺德拉赫还是已经在莱奥尼了（可能是在"儿童园地"或者"闲暇时光"时），我曾读到过这样一个故事，一个名叫"弗雷内利"的小女孩，她在城里为她母亲买了一个漂亮的彩色杯子，在返程途中经过一片森林时，她忍不住困倦睡着了，被雪覆盖了；还好她被及时发现并得到了拯救！这给我一个很深的印象：在冷杉林中把身体深深陷入青苔，或者躺在山上一块高高的岩石上——然后让巨大的白色雪花盖住自己入睡，是多么美妙啊。被飘落的白絮完全包裹，永不再醒来！我常常带着愉悦想象自己，能动身进入密林，或者在山中游荡，途中就与世界告别，最后无人知晓地在睡梦中被冻死。然而我后来也总是有如下感觉,最初作为一个社会主义者,而更重要的是晚些时候,当我找到了一个不同的、灵性的-宗教的世界之后,为了证明这个世界,我恰好在一切情况下都不可以那样做,我恰好应当忍耐和坚持。为我的生命本身预备一个终结,在我看来这就像对于这个世界的一次出卖。但是以前当我发觉它时,自杀往往是非常艰难的,并非被诱使屈服于温柔地笼罩着的雪花。

有一次,那是我们往巴登-巴登搬家的不久之前或者之后,也就是在1915年到1917年之间,我再度从内心最深处对这整个世界、整个人生失去了兴趣。这并非是由某个特定的、我亲身经历的事件所引起的,而更多地是普遍状况的一个后果,社会民主的失效、战争终结遥遥无期,尽管偶尔还有一丝希望,但这些希望却因为中欧列强的态度,因为它们拒绝公开放弃吞并而破灭了。我也不够爱我的父亲——即便他已经得了致死的疾病,而西格伦就像一堵灰白的、湿冷的墙矗立在我们之间。

我坐在床上,感到绝望,想要"自尽",我不断地在积聚这种情绪。当时有一种极为崇高、坚强,但是眼前又极为愤怒的声音在我内心最深处响起:

"如果你想自杀,那么当场马上就去做:——但是你没有勇气这样去做,没有力量,那么就不要喋喋不休地哭诉,承担起你的人生,扛起它!"

此时此刻,我无法承担人生,只有对于这个声音的好奇能有助于这种承担。它从哪里来?那是什么?一个"投影"?然而它表现得无比崇高、坚强,以上级的口吻向困苦不堪、充满胆怯的我下着命令。几经踌躇后我小声地回应着,——事实上,之前仿佛我被撕成了毫不显眼的小纸片,现在则必须被扫到一起聚集成某种程度上独立的一堆。

数年以及数十年之后,当此种情绪再度侵袭我时,我还会回忆起那个声音,以及它尽管有效、但毫不留情的严格性。这种形式可能就是有的人通过天使才能经验到的引导?但是当时我对此类事情一无所知,只能怀着惊讶之情倾听。

一俟我们生活在巴登-巴登,在我父亲看来,我想要在弗莱堡跟随埃德蒙德·胡塞尔继续我的学业就变得理所当然。而当时这座小城还属于战区。人们警告我,若非必要不要那么接近前线。在第一次世界大战中这里就达成了协议,属于空袭区。因此大学的解剖学研究所以及其中所有的酒精标本都被炮击而付之一炬,后来那座规模宏大的崭新的歌剧院也被轰炸了。尽管如此,我还是想去胡塞尔那里。但是他究竟还授课吗?我的父亲询问了,得到了肯定的回答,所以他就同意了。从此之后,我就很容易地像以前一样在周末回到家乡。

我向我父亲表明,为了一种社会主义意义上的行动,我无法再在那些"资产阶级的"国民经济学家那里学习,在那里我仿佛只能孤身一人阅读马克思和马克思主义者们的著作。在包含了国民经济学作为主专业的毕业考试的学习过程中,我只能期待获得与那些"资产阶级"知识分子之间的分歧。我说服了我的父亲,选择一个完全中立的领域作为主专业,应该是更好的。因此他同意了,我完全改学哲学。

在离开慕尼黑前,我克服了我的害羞,到普凡德尔教授位于施瓦宾芬德街的住所与他道别。在那里,忠实的安娜·迪兹(Anna Dietz)为他料理家务,后来,在普凡德尔的太太去世之后、在他临终的病中,这位女士又再度陪伴在他身边,并且拯救了他的遗稿,使之免于受到纳粹分子和二战乱局的破坏。当我探访他的时候,普凡德尔说的不多,但是他允许我向他汇报我学习的进展,并且替他问候胡塞尔。他以带着疑问的目光再度以审查的态度看看我,即便那并非不友好。当时的情形仿佛是,这种目光穿透了我存在的多重层面,直入最内在的深层,对于这一深层我几乎毫无所知,迄今它似乎还在沉睡,或者它沉浸在巨大的晦暗不明之中。我再度想要闪避并尽快离开他。

我自问,当时是否命运想要赐予我这样的机缘,与这样一个人联系在一起?我从未参与我那许多同学与年轻人之间的争辩,因此我看起来是冷漠孤傲的。事实上我的情况通常是,仿佛在心中隐藏了一座火山,当它一旦爆发,就会毁灭一切。此外,他人的撩拨在我看来就像一根纤细的火柴,不值得用我内心深处蕴藏的像巨大熔岩般的热情对火柴的微弱火苗做出回应。更恰当的比喻是,我像海克拉火山一样把自己隐藏在冰雪之中,这是一座位于冰岛的巨大火山。人们想要我保持安静,以便冷却和平静!如果人们那么做,那就更好了。

普凡德尔是否会跟任何一位女士有所联系?在弗莱堡时,我与他就纯粹事务性的、哲学的或心理学的问题与他保持通信。然而有一天,在给我的信中,在几个科学论述的结尾处他写道,"顺便提一下",不久前他结婚了。因此现在我就确信了。我寄送给他一大束花,并送上温暖的祝福。

后来我与普凡德尔教授夫人结为朋友。她经常邀请我到她父母的房子里,她与普凡德尔住在这座房子的五楼。因此我也更加切近地与她熟识。罗莎·普凡德尔是一位真正的慕尼黑女人,爱美,颇具艺术才能,并且不像她的来自威斯特伦的丈夫那样性情沉郁。有几次,当普凡德尔教授按照他极端的道德标准对罗莎提出过于严苛的要求时,我会为罗莎辩护。她出身于慕尼黑一家富有的公司,即位于洛里斯大街6号的"施朗克建筑事务所",早前著名的兰菲尔德宾馆也位于此地。普凡德尔夫人终年忙于她父母的生意,而肯定还没有人有所察觉,她有效利用了交易所纸张价格的波动买进和卖出,因为当时发生了由战争和通货膨胀引起的严重物资短缺。而当普凡德尔听闻此事后非常愤怒,他直截了当地禁止她从事此类"投机交易":以这种方式不劳而获谋求金钱是"不道德的"。这当然跟社会主义-反资本主义的观点毫无关系,普凡德尔对此十分陌生,但是他表达的可能是一种清教徒的倾向。可能这个倾向符合他父亲的新教信仰。

相比于慕尼黑大学敞亮开阔,比如大学里宽阔的过道、明亮的天井、从东面的巨大走廊上俯瞰路德维希大街的视野,弗莱堡大学中敦实的红色建筑会以某种方式让我想起巴比伦的神庙:其原因我无法言说。弗莱堡大学的大中庭也比慕尼黑的要低矮得多。比勒(Bühler)的壁画展现的是一群近乎赤裸的男人围着一个置于火上的女人——这是一个出自普罗米修斯神话的场景。这被带有戏谑意味地称为"女性新生的注册"。我和胡塞尔就是在这里相遇的!

当我在位于火车站附近的维勒区星林街上、在一位名叫艾米莉·迈尔的瘦小老妇所开办的膳宿公寓中找到一个房间之后,我就告知了胡塞尔。他住在离铁路不远的地方,在一条沿着洛莱托山延伸的与山同名的路上。在他规定的时间我前去找他,借助于那张著名的黑色防水布小沙发的指引,我来到他的办公室。自他成为私人讲师以来,这张小沙发就一直陪伴着他;很多重要的哲学谈话就是在这张沙发上进行的,应该也就是在这个办公室发生的。当时58岁的胡塞尔身材瘦高,额头很高,蓄着白色的山羊胡子,白色的头发有些稀疏。尽管他的要求非常严格,但是作为奥地利人他却颇具魅力以及某种特定的幽默。①

---

① 原文如此,但严格来说,胡塞尔的出生地是奥匈帝国摩拉维亚(Moravia)的普罗斯涅兹(Prossnitz)(今属捷克),不能说他是奥地利人。——译者注

我转达了普凡德尔的问候，胡塞尔询问了普凡德尔的境况。而接下来他所说的令我惊讶：对我在慕尼黑听到的现象学，他抱有怀疑，他怀疑那种现象学与他本人所理解的是否一致。他完全不清楚，在慕尼黑人们是否"卡在"本质化的本质分析之中，抑或根本没有。当时如果我只读过他的《逻辑研究》中的第一研究，这可能算不错，但应该远远不够。

"我不知道，慕尼黑的人们在何种程度上保留存在论，还是说也一道完成了我的超越论转向？"胡塞尔问道。

就像在接下来的时间里我还会更深切地体验到的一样，事实上这种情况对胡塞尔而言是一个创伤。从数学和天文学出发，他首先与心理主义进行斗争，按照心理主义的观点，纯粹的数字或者是主观之物，或者是通过国际数学家之间的一致协商所确定的东西。他尝试着去证明，那些为数学（以及其它）概念奠基的观念是自足有效的。对于每一个意识而言，无论是何种形式的，这些观念总是具有同样的含义，并且是在同样的方式中被把握的。它们占有其对意识而言固有的本质或者"埃多斯"（Eidos），由此可以对意识进行认识、指明和描述。这种"观念"、"本质"为每一个对象领域奠基，对每个领域中的这些观念进行研究，是"区域本体论"的任务。这是胡塞尔的伟大功绩：针对每一种形式的主体主义，指出这样一种关于"本质"的学说的理据和重要性，也就是说，去重新发现这种学说。他早期的哥廷根学生中有很多人，比如阿道夫·莱纳赫，还有康拉德-马蒂乌斯在某种意义上也可以算一个，以及如他在某种程度上所正确设想的那些慕尼黑的现象学家们，都在从事那种本质研究或者"本体论"。甚至是在哲学教科书中，胡塞尔的现象学也通常一贯地仅仅被表述为关于"本质"学说的本质直观，这一点令他十分恼火。他已经继续跨进了一步，并不是仅仅将所有事物回溯到所谓的向着其本质的"本质还原"之中，而是在第二个步骤中研究，每种对象形式是如何与其本质相符合地必然被意识、被每个"一般"意识所把握的、是如何在意识中被构造或者"构建"（Konstituieren）的。由此他研究了一切与其外在实存无关的东西，仅仅视之为意识的内容，仅仅在一个更宽泛的"现象学还原"中还将之视为现象，也就是说，视为某种在意识中成为被给予之物的东西。这种"超越论的"研究最先是继《逻辑研究》之后，在他的《纯粹现象学观念》中系统化地以得以表述的。

当我回答说，我研读过的不仅有《逻辑研究》，而且也有《观念》时，胡塞尔看上去略显惊讶。对于一个第五学期的学生而言这是值得赞许的，但是我是否也领会了它呢？对此我回答道，希望我已领会了，至少在那些基本点上。更多的内容我期望在这里跟着他学习，这就是为什么我来到弗莱堡；就是因为他的缘故我才来这里。

一方面他看上去对此感到高兴，但另一方面他也提醒我，哲学是一门"无收入的艺术"。人们不太可能靠哲学谋生。那么为了一份职业我应当获取什么，并且我如何为职业进行准备？就此情况他想到的或许是某一种国家考试，可能作为教师，就像他的其他学生也参加过的那种。

现在或者永不！我应该对他撒谎吗，对这位伟大的真理追寻者？因此我直截了当地说，我考虑成为社会主义的宣传者。胡塞尔看上去内心一惊。而我的父亲对此说了什么？哦，这完全符合他的愿望。

"那么我可能不需要您！"胡塞尔回答说。

我当时有些难过，也有点恼怒：他甚至可以不"需要"我，而我并不是在他这里找工作！但是我在探求真理、探求一种可以获取真理的方法的过程中需要他。当胡塞尔注意到我巨大的失望情绪时，他做了些让步：哲学家必须完全无成见，不受世界观偏见的支配，现象学家尤其应当如此，我必须要理解这一点。

当然，这一点我在普凡德尔那里已经听到过了，这是我的回答。如果社会主义被证明与我的认知无法取得一致，那么我当然必须放弃它。我甚至可以观望一下。（我相信，实际情况不会是这样的。）在经济上我不需依靠职业，我可以靠利息过活，我补充说。胡塞尔看起来有点犹豫，他是否应该接受我进入他那个当时接近研究前沿的极小的学生圈子。随后他将我指派给埃迪·施泰因。

她住在我所经过的那条铁路线另一边的不远处，那条街道的名字我已经记不起来了。她自哥廷根时代开始就是胡塞尔的助手，主管一个所谓的"哲学幼儿园"，这在哥廷根时就已经有了，在这个幼儿园里她引导低年级的学生进入胡塞尔的思想世界。因此现在我应当报名参加这个幼儿园。可能胡塞尔想要以她对我所具备的知识的判断为依据来做出决断，他是否要将我作为社会主义者、作为学生接受下来。

当我在埃迪·施泰因那里预约之后，她非常友好地接待了我，首先让我谈谈，我从哪里来以及迄今为止我都干过什么。她沉静而朴实。她灰白的袖套和朴素的发型给人的感觉不太像女教师，但也没有让人觉得不舒服。我表达了对她的信任，并谈到，在胡塞尔那里，我是如何由于自己对于社会主义的关注而碰了一鼻子灰。我也可以对他隐瞒此事，我注意到，他很可能对诸如此类的事情毫无兴趣。但是那样做的话，在我看来是不真诚的和令人不快的。在这方面埃迪·施泰因的表现甚合我意。她以幽默的方式接受了此事并且答应会去安抚胡塞尔。之后我们也再没有谈及此事，而我也可以与其他同学一道不仅仅参加"幼儿园"，也可以参加胡塞尔的讲座课和研讨课。

其他同学都有谁呢？这是一个精挑细选的小圈子。我无法回忆起所有人的名字了，但是我想提及那些最重要的、我最信任的几位。首先是较为年长的、已跟随胡塞尔学习了很长时间的学生之一，来自奥芬堡的路德维希·费迪南德·克劳斯（Ludwig Ferdinand Clauß）。这是一个独来独往的人，但是充满了冷幽默，有一个高高的、漂亮的、就如象牙雕刻的前额，尽管身材矮小，但坚韧不拔。后来他成为国际知名的民族心理学家，是"把握陌生人心灵生活模仿性方法"的发现者。这种方法认为，要以感同身受的方式将自身视为陌生民族的成员，大概就像一位演员、一个模仿者，而不是像迄今为止的做法那样，仅仅从外部观察他并记录他的特点。克劳斯首先以这种方式研究了贝都因人的生活和习俗。但是当时他还没有发展出这种方法。此外把我们联系在一起的还有他对于所有北欧事物的偏爱，这远远超出了其他日耳曼学者的兴趣。他曾经也在挪威待过，会说挪威语。我们常常习惯于沉浸在忘乎所以不顾他人的状态中，埃迪·施泰因有时会因此感到忧虑。

我回忆起一次关于研讨课郊游的讨论。我问克劳斯，我应该穿什么。

"随您便，尽可能色彩丰富！"他说。

"那么也许穿一件瑞典的民族服装？"我说，当看到五颜六色的横条纹围裙时，理应会使人更快乐。

"不，那个可能过于开胃了！"——"但是我可以令人倒胃口地不来吗？"

这时埃迪·施泰因回过头来，——我们坐在报告厅里等胡塞尔来。"注意！我们不想人人都用这种口气说话！"她说道。我们就像受到责骂的孩子那样闭嘴了。这仅仅是一种对贯口式回答的乐趣，相较于埃迪·施泰因成长的环境，这种说话方式在德国南部（比如在巴伐利亚-奥地利地区的一种讽刺歌曲中[①]）可能更为流行。

[①] 原文中为 Schnadalhüpfln，是在巴伐利亚-奥地利流行的一种传统讽刺歌曲。——译者注

另一次克劳斯想要研究,我很博学,是否还具有母性的情感。当我们在路上遇见一位推着童车的女士时,他问我,是否觉得那个孩子很可爱?我当然会这么觉得,但是克劳斯有什么可操心的!

"婴儿闻起来总是带点酸味,我不喜欢这点",我的回答使他很吃惊。当遇到像我这样冷漠的人时,他可能更情愿在临近的路灯杆上把自己吊死,这一点上他很肯定。他会不会真的去想,我的回答是认真的吗?

然后还有奥托·格林德勒(Otto Gründler),宗教哲学家。当我进入这个圈子时,大家都叫他"熊",我不知原因。我相信,当埃迪·施泰因在早上很早的时候过来向他提出某个要求时,他会以悠长粗重的呼噜声作答的。

当我再度返回慕尼黑时,他还待在弗莱堡,很多年后我有一次拜访克劳斯时在弗莱堡再度遇到他,他是新教期刊《时代转折点》的主编。

还有一位名叫迈尔(名字怎么拼的我记不起来了)的新教助理牧师也会来参加胡塞尔的讲座课和练习课,但很明显他不知道从何入手。他提出的问题——我想是对克劳斯提出的:"请您说一下,究竟什么是胡塞尔现象学的窍门?"这在我们看来是异想天开之语,当我们面对困难的问题时总是将这个当成消遣。

然后还有一位女生,她的名字我忘记了。她曾经激怒过"马尔维娜",也就是胡塞尔夫人,因为她经常抽大雪茄。胡塞尔夫人劝说她放弃这个习惯,因为这太男性化了,但是她平静地说,这不关胡塞尔夫人的事。后来在休息时,我看到她坐在研讨课的桌子边,嘴里叼着那根受到指责的烟卷。我想我还能记起,她是医生,可能她已经使自身的人体结构适合于吸烟了。

波兰人罗曼·英加尔登很受欢迎。他的褐色皮肤、直直地往后梳着的深色头发使他看起来不像道地的波兰人，就像他的名字也不像波兰名字那样。事实上他的家庭很久以前是从荷兰迁居到波兰的。最早他在巴黎跟随柏格森学习，现在在胡塞尔的指导下写一部关于那位法国哲学家的巨著，在这本著作中他在胡塞尔现象学的视野中批判性地研究了柏格森关于"意识的直接被给予性"之类的学说。

与英加尔登很合得来是来自另外一个系的两位学习者，即学习国民经济学的伊尔莎·布斯（Ilse Busse）和她的爱人、历史学家汉斯·普洛斯勒（Hans Proesler）博士。此外这二人也学习社会学，这自然特别能引起我的好感。普洛斯勒博士是一位斯文又极其认真的学者，很久之后我在纽伦堡社会科学高等学校再度遇到他，他已是教授。这二人看起来身份较高。他们也参加"幼儿园"。有一次在课开始前我又与克劳斯打趣闲聊，此时只有普洛斯勒夫妇（期间他们结婚了）还没到，我们听到了他们上楼梯的脚步声。埃迪·施泰因再次回身充满责备语气地说：我们必须得停止了："我们必须注意身份！普洛斯勒夫妇来了！"她说道。

此外伊尔莎·布斯还有些标新立异的作风：她举止无拘无束，几乎像个男孩子，尽管（或者因为？）她父亲是大学教授。在她所居住的学生宿舍中，她让几位年长的女士简直火冒三丈，因为她对于"我们雄壮的战士的英勇善战"这种过于宏大的空洞论调发表了意见，认为他们在冲锋陷阵之前也会喝酒，就像其它国家的战士一样。人们愤怒地指责她，认为她"侮辱了德国军队"。对此她非常惊讶（尽管他的爱人以及他的兄弟都在前线），因为在她看来这只是一个事实性的论断。

处于这个圈子中的还有卡尔·洛维特（Karl Löwith），他的父亲是慕尼黑著名的画家，但是他后来与胡塞尔渐行渐远，而与海德格尔日渐亲近。

　　海德格尔此时刚刚在胡塞尔那里完成了教职论文。他从海因里希·李凯尔特那里过来,李凯尔特先于胡塞尔在弗莱堡任教,这时则已前往海德堡工作。海德格尔来自麦斯基尔希,他的父亲是教堂司事,由于他所具有的出色天赋他在一个天主教奖学金的资助下在大学学习,但是后来认识了一位普鲁士军官的女儿,她觉得,一位哲学家如果被束缚在天主教的世界观上,是不值得的。因此海德格尔就将自身从这种"对其精神自由的限制"中解放出来,与这位精神独立的女先锋结婚了。就我所知,海德格尔夫人终其一生对海德格尔的精神创造都具有最大的影响,并且她还会在发表之前审阅海德格尔所写的所有文字。

　　我们中的大多数人当然也会参加海德格尔的讲座课和练习课。我记得,我们是如何在一个研讨课中长达数小时在头脑中"观察"一块统一的红色,这块红色被作为唯一的对象"给予"我们。由此我们应当搞清楚,当一个意识只具有唯一一个、不可再行"区分"的对象时,它是否能够根本上达成理解。[这个问题比如对于神秘化结合(Unio Mystica)至关重要,但在这里并不涉及这些内容。]或者,是否在此它与其它意识之间的区分并不必要。无论如何,每个主体始终能够转回自身,而不必具有更多被给予的"对象",然而是什么造成了这种情况?我无法再知晓,我们会得到什么样的结果。

　　这一点至少会引导我们接近德国观念论哲学,首先是费希特和黑格尔。当时我特别深入地致力于研究黑格尔,可以说我是从马克思回到黑格尔的。关于这一点,弗莱堡的哲学家约拿斯·柯亨(Jonas Cohen)成为我们杰出的教导者。由于他宽厚可亲的方式,人们把他称为"拖毡拖鞋的哲学家"。但其中不含任何贬低的意思。而胡塞尔一般上哲学史讲授课的时候,会认为要回到古代找到或者去寻找他自身观点的萌芽,然后这个萌芽得到了发展,而约拿斯·柯亨则致力于单单获取他所研究的哲学家的理解。他尝试着从哲学家的内在出发、从他自身的问题和他的个性出发去理解。他的研讨课在他位于君特谷的漂亮的乡间别墅中进行,此地是弗莱堡的近郊,沿着漂亮的林间小路步行一小时可抵达,或者也可以搭乘有轨电车。我们会整个下午跟他一起呆在户外,他会请我们喝茶,常常也会请我们吃晚饭。夏天的时候我们坐在花园里,这情形真是无与伦比地美好!我们仔细阅读了黑格尔的法哲学和历史哲学,接下来还有柏拉图的《宴饮篇》和出自《理想国》的洞穴比喻,亚里士多德《形而上学》中挑选的章节,涉及的是对我们现象学家而言特别重要的问题,比如本质、理念、隐德来希(Entelechie)、实体(Ousia)。我们通过原文阅读这些希腊哲学家,当然我们同时也使用德语译本。

除了胡塞尔和约拿斯·柯亨,我也还会去听天主教哲学家盖瑟尔讲亚里士多德。与此相反,国民经济学被我完全弃置一旁。在这个系里面,我只与其他很多"上所有系课程的听众"一道,听了由舒尔策·盖维尼茨教授主讲的一门以近似大学的形式组织的预科课程(当时他刚从前线回来),是关于"佛兰德"的,是以弗拉芒人反对瓦隆人的"自由斗争"为内容的宣传性讲座。最后胡塞尔还要求,我还要为"一般对象理论"(普遍数学)去上高等数学的课程,因为它与形式逻辑之间密不可分。其他人已经修过这个课了,而我先听的是"集合论",然后是"解析几何"。当黑夫特教授在第一节课开始时说:"女士们先生们"时,听众发出沙沙声表示反对。他看起来有点惊讶,我也想不出来究竟发生了什么。他环顾了一下教室,然后笑着说:"女士和先生们!"下面发出表示赞同的跺脚声——由此我才注意到,我是唯一的女性听众。

当时胡塞尔的讲座课也只有大约30-40位学生参加。后来在战后，他应该有大约200名甚至更多听众。而在这里我就远远不是唯一的女性了，在场的还有埃迪·施泰因、伊尔莎·布斯、那位女烟民以及一位小姑娘兰德(E. Landé)。(这一位也是犹太人，但是我不太想得起她了。我只记得她的名字，因为她后来成了克劳斯的女同事，在第三帝国时期克劳斯有好几年将她藏在位于勃兰登堡边境的他的农庄里，最后差不多15个月时间是藏在一片云杉树林中的一个地下防空洞里。)

在胡塞尔的研讨课上常常只有我们7到10位学生。有时我们坐在教室的最前排，而胡塞尔喜欢跨坐在讲台上面对着我们：这是真正的私人课程。胡塞尔的儿子们在前线，我想他的小儿子已经去世了。他的女儿伊丽在我的记忆里是红十字会的女护士，后来我在慕尼黑与她重逢，她已是一位艺术史专家。她和她的母亲虽然都带有明显的犹太女性的美丽特征，但都非常娇小纤弱，几乎就像一座古埃及的女性雕塑，或者像一头羚羊，有着深色的直发和杏仁状的眼睛。他的女儿，伊丽·胡塞尔在生了她的第一个孩子之后变得很强壮，而马尔维娜·胡塞尔夫人，当我1950年在一家配有专门护士的弗莱堡疗养院中再度见到她时，在体格上几乎没有变化，不久她就去世了，享年90岁。当她在二战期间躲在一座外国修道院中时，她成了天主教徒，但是此时她已经完全丧失了记忆，认不出我了。

但是当时她正处于精力充沛的中年。几乎可以说，她代表着胡塞尔与坚硬的外部实在世界之间的关联。因此，人们如何看待马尔维娜·胡塞尔，这并非无关紧要。当胡塞尔出门旅行时，她必须按照固定的模式装好行李箱——胡塞尔开玩笑说，按照这个模式就是"区域本体论"，否则胡塞尔凭借他糟糕的视力根本什么都找不到。当胡塞尔提出任何一种要求或者在外形上有所建议时，他会完全听从马尔维娜的意见。比如说，当胡塞尔当作条件提出的那些要求，即拒绝了前往柏林工作的召唤而留在弗莱堡,这个决定毫无疑问可以归因到马尔维娜,而当时的巴登州文化部长对这些要求的难度惊奇不已。作为其中一个部分被拒绝,他应当只是顺从地说:"我应该如何将此事仅仅告诉我的太太?"

马尔维娜夫人最为器重海德格尔,她经常说:"这是我们的本雅明!"尽管在我来到弗莱堡期间,海德格尔已经开始在事实上疏远胡塞尔,并且越来越强烈地往另外一个方向发展。在这个时期,胡塞尔视力已经非常糟糕,在接下来的几年几乎失明,因此他无法再阅读很多东西,关于他的学生和追随者的出版物的了解要依赖其他人的报告。因此也许他还不知道,当他推荐海德格尔做他的继任者时,后者在多大程度上已经在走自己的路了。在我来到胡塞尔这里之前很久,在与普凡德尔以及几位共同的朋友——其中有传说中的道伯特(Daubert),一起待在蒂罗尔州的塞弗尔德[1]——的谈话中,他当时曾说过,没有任何其他人能像普凡德尔那样,他能与之进行如此深刻且具有启发性的哲学对话。因此有朝一日普凡德尔应当首先被聘任为他的继任者。但是当在咨询会议上讨论继任者问题时,胡塞尔根本没提到普凡德尔,这令几位会议参与者十分意外。当有其他人提出普凡德尔时,他完全没有理会这个建议。我猜想,这一情况至少有一部分要归因于马尔维娜夫人的影响:她对普凡德尔并不是非常有好感,可能这一情形的出现还是双方相互的?

当胡塞尔在讲座课上站在讲台上时,有时他会让我想起《旧约》中的先知或者中世纪的智者,站在高塔上思索着星星的轨迹:看上去他像在出离了世界的远方,停留在"纯粹意识"的领域中的事物之上。

---

[1] 蒂罗尔州的塞弗尔德(Seefeld in Tirol),是位于奥地利蒂罗尔州因斯布鲁克的一个小镇。——译者注

后来有一次我向一位非常出色的丹麦女性笔迹学家耶斯塔·贝格（Jesta Berg）展示了胡塞尔的字迹（带有覆盖页的亲笔签名），而她对胡塞尔一无所知。（这是一封完全无关紧要的信函，没有陈述任何关于他的内容。）她认为，情况很奇特，这个人漂浮在世界之上，根本上他不会将任何东西看成是实在的，甚至包括他自己！这正是对将一切被给予之物还原为意识内容的"现象学还原"最好的定义！

然而外部世界也有一些东西，是胡塞尔特别重视的，就是重口味的咖啡豆。在战争期间他自然非常惦记这种咖啡豆。我的父亲当时每月一次从丹麦订购一个食品包裹，因为我的继母出生在丹麦。但是她常常要强调，这些都是她的东西。无论如何我会时常说服她，转让一些咖啡给我，以便送给胡塞尔。

"您给我咖啡，我从中做出现象学！"他愉快地说道。

有一次我问他，如果不经过他，人们是否就无法直接做出现象学？

"您还是一位本性难移的唯物主义者！"他笑着说。

然而情况并没有那么糟糕：我很幸运地再次来到了黑森林。一旦情况允许，我就带着我的书搬回了黑森林，这里离我在星林街的住处不太远。我最喜欢攀上库柏崖，用一个多小时穿过黑森林向上攀登。我常常站在高处，置身于阳光照射之中，望着邻近的山谷和山丘，同时，特别是在春天和秋天，浓雾包裹中的弗莱堡就躺在我脚下。

当我回来吃饭时，迈尔女士惊奇地说道："您在这样的天气出去散步！"

"上面有蓝天和暖阳，"我回答说；她无法相信我的话。

然而到了冬天，这个活动必须停止。此时我常常跟与我大致同龄的卡尔·洛维特一起，我可以与他交流对慕尼黑的记忆，尽管他对普凡德尔评价不高。总的来说，他经常通过他的批判将我带到几乎对一切人和事绝望的境遇，他总是抱着怀疑。此外他已经亲历过死亡：在意大利前线时他曾跟随巡逻队在晨雾中径直误入敌方的位置，令人极为吃惊的是，在意大利人的炮火中他作为唯一的幸存者逃出。在这样一个时刻一个人所想之事，应该是非常奇特的，有时他注意到，他只是循着他的香烟摸索前进！随后他在意大利的牢房里待了很长时间，并且经由此学会了去爱上这个国家和它的语言。突然有一天他被作为战俘交换，作为已宣告死亡的人回到了他欣喜不已的父母身边：在一个抽屉里他找到了唁函和讣告，这些是随着死亡通知被寄给他的父母的。

"当人们在此觉察，关于一个人有哪些好的看法，能从一个人那里期待的所有东西是什么，这无论如何是必要的。"他常常沉思着说。他的妹妹死掉了，母亲就带着狂热的爱眷恋着这个失而复得的儿子。

有一天胡塞尔邀请我们所有人参加一个讲座，这个讲座应该是他在弗莱堡文化哲学协会所做的，我想这个协会还是由他的前任李凯尔特教授建立的。随即他就敲开了某些阻碍他的女性学生的东西，事后他才意识到，女士是不允许参加此类活动的。他尝试着获得一个例外，然而这是白费力气，陈规不可变动。这难道不荒诞吗？在这里，比如说埃迪·施泰因对胡塞尔哲学的所知可能要比那些被允许参加活动的"世界的主人"中的很多人都要多。当然这一规定的目的是，学者不应该携他们的夫人，在那个时代还没有女性学生。而作为安慰，胡塞尔后来向我们讲了整整一节课关于那个晚上涉及的一系列问题，这些问题都是从未发表的《观念 II》中提取出来的：将文化"对象"构建为新的、更为宽广的"层面"，这个层面是基于物质之物被构成的，就比如说书是基于每页的纸张和印刷字体的黑色线条被构成的。

除此之外，"弗莱堡现象学协会"的建立是由教师和学生表决通过的,女性当然可以参加这个协会。应当有一个人做开幕报告,——但是谁呢?每个人都有不同的借口,不做这个报告。洛维特纠缠了我很久,直至我在强烈的反对无效后最后接受了这个任务。

但是我应当讲什么?我曾经常地与一些人谈起关于胡塞尔"纯粹自我"的一系列问题。洛维特认为,这应当是一个非常适合的题目。如果我的记忆没错的话,海德格尔也非常赞同,尽管这真是一个很难的题目,当时他担任某种形式上的主持人,因为这个活动很明确不涉及教授的圈子。

报告所涉及的是,按照胡塞尔的看法,从事认识活动的经验个人也要落入现象学的加括号之中。因此还有的只是意识流及其纯粹的自我,这个纯粹自我是"绝对空乏的和无内容的、单纯观视的眼睛",一切都是在这个意识流中"构建"出来的。普凡德尔有关于基本本质以及"自身"部分,即"灵魂器官"的思想,通过灵魂器官对不同对象领域的认识根本上才是可能的,我凭借这一思想——尽管没有提到普凡德尔的名字,现在提出了如下问题:如果"纯粹自我"是"绝对空乏和无内容的",那么这个一般的"纯粹自我"是如何能够意向某物、认识某物。参加这场讨论的还有胡塞尔本人和海德格尔,可能还有埃迪·施泰因。海德格尔首先认为,这个问题的提出非常重要,并且是值得赞扬的。另外一些人事后抗议说,这个报告太难了,学生们几乎跟不上。现在我也不会强迫自己去做这样一个报告!后来,那个报告的手稿很遗憾也在一次外借中被弄丢了。

我要致力于为胡塞尔的《观念》做一个详尽的内容索引,对于我来说这是一个巨大的帮助。海德格尔和其他人都认为,编订这样一份索引去搞清楚不同的引文出处,这项工作很重要,但是他们都没有时间亲自去做——或者在旁协助我。暑假在即。我没有兴趣总是陪着父亲和"西格伦阿姨"坐在同一个空间里。为了让自己能够回到自己的房间,需要一个有说服力的理由:做索引的工作对我来说是一个求之不得的理由。因此我立即开始着手工作了。以下问题在我看来特别重要:在认识论上胡塞尔究竟是实在论者还是观念论者(就像很多人所断言的那样),而我则将支持这两种观点中任何一种的所有表述都汇集到一起。

然而胡塞尔教导说,被意识把握的所有东西,必须在意识中被"建构",被意识所"意指"和"意向",这根本上是理所当然的。(那种反映论,认为意识是对现实的反映,胡塞尔是断然拒绝的。)然而他决不是要宣称,就此而言,对象、首先是外部世界的对象,是发生的或者被创造的。对于在"现象学的加括号"之内的所有东西——这些东西没有被意识到要被"还原到意识内容上",这个问题根本不会出现,这个问题不属于现象学,而是属于认识论和形而上学。但是另外一方面,胡塞尔清楚地指出,意识的"意指"、"意向"并完全不是自始至终被充实的。它们也有可能"爆炸",就像他的学生雷炎戴克(Leyendecker)在他的《错觉现象学》中极为出色地分析的那样。但是在这里,在我看来,在"爆炸"的可能性中,在一个意向的"未被充实"中,有着其独立性的起点、意识相对于对象的独立性的起点。

我把暑假时间花在制作索引上,随后也把这个索引提交给海德格尔,他挑剔地指出其中缺了这个或那个胡塞尔的术语,尽管实际上情况多数是这样的,对于同一个内容我使用了具有大致相近含义的另外一个词。接下来这个索引被搁置了很长时间,两年之后,当我回到普凡德尔那里之后它才被着手出版,也就是1923年经由胡塞尔的出版商尼迈耶在《观念》的新版中出版,并且也作为单行本出版。后来这个索引被兰德格雷贝(Landgrebe)做的一个更短的索引取代,其原因是我在胡塞尔那里失宠了。1927年我在《哲学指南》(Philosophischer Anzeiger)上发表了一篇题为《路德维希·克拉格斯

(Ludwig Klages)及其反抗精神的斗争》的文章，在文中我将克拉格斯对世界的观点与体系化哲学进行比较，后者在某种程度上就是胡塞尔所扮演的角色，我以一种走马观花的方式而非鞭辟深入的方式将之视为是等同的。由此我只是想以形象的方式说明二者之间的对立，完全没有要贬低胡塞尔或者利用克拉格斯一派的意图。这篇文章也没有继续纠结于此事。然而一定是有人将这一处读给这位几近失明的老学究听了，还附上相应的评论，因此对于我的询问，为何我的内容索引被另外一个取代了，他的回信令我惊讶，他写道：有人如此刻画他，这只能说明，此人对于他的哲学一无所知。因此他也不能让我的索引再次出版。我尝试着对此事做出解释，但却没有得到回应。因此关于这件事我就听其自然。不久之后，我转而专心研究超心理学（通灵学/Parapsychologie），这才真正激起胡塞尔的不满，即便在宽容的普凡德尔那里，情况也是如此。当然这又是后来的事。

在这之前，当我有一次与胡塞尔讨论到写教职论文的可能性时，他略显尴尬地说了一些话，他就是持这样的看法，女性的任务根本上应当还是家庭和婚姻，因此他也没有安排埃迪·施泰因在他那里写教职论文。（毫无疑问她曾经有可能这样做。）其他教授总还是会让女性在自己这里取得任教资格，他甚至可能会把他的女学生推荐给这些教授，但是他自己无法下决心做此事。在这件事上是否马尔维娜夫人也在他那里说了什么？在我看来这很可能。显而易见他根本不会这样想，即认为已婚的女性可以成为大学教师——即便这种情况后来多次发生。在这些事情上，他仍然局限在《旧约》重男轻女的观念中，尽管在他的时代，如他一直所强调的，他是出于信仰，而非外部原因才改信新教的。无论如何，相比于那个完全不允许妇女参加其活动的弗莱堡哲学协会的其他奠基者，胡塞尔已经算是具有较为进步的倾向了。通过1918年的革命在我们这里妇女才具有充分的可能选择学术生涯。

在那个时代,我亲身经历了这种旧式的对女性的态度的一个实例,当时我在从弗莱堡前往巴登-巴登的火车上,阅读康德《纯粹理性批判》的一个部分,这是胡塞尔在他的研讨课上布置给我们的任务。一位陌生的先生坐在我的对面。他突然说道:

"您可以扔掉这书了,我已经看到了!"

起初我没理解他的意思。他重复说,他已经看到这本书了,"因此"我可以把它放到一边了。这时我才明白:他很真诚地自负地认为,我"作为女性"从来不会看这样一本书,而翻开这本书只是为了做做样子,目的是给他——这个陌生的男人!——留一个深刻的印象。这是多么妄自尊大的傲慢啊!我根本没有回答他。这完全是一个"揭穿真相的读懂他人心理的人",这些人当时总自认为特别聪明。

除了我的学习所占用的时间外,只要有机会,在弗莱堡我还会参与社会民主党的活动,我将之视为是我义不容辞的。按照我第一次拜访这位老学究时获得的经验,关于此事我更倾向于对胡塞尔和同学们守口如瓶。工人秘书马尔兹洛夫(Ph. Martzloff)(后来成了部长)和他的夫人很亲切地问候我并且谈到了慕尼黑的情况:不,诸如在那里18岁的团体这样的情形在这里不存在,只有"青年工人",他们是学徒以及被学校开除的就业者,也就是我们在慕尼黑称之为"小青年"的组织。我也能够看到,这些人能干点什么。我参加了几次徒步旅行和俱乐部晚会,马上就看到,除了郊游、歌唱晚会以及诸如此类的活动之外没有其它兴趣。像今天一样的运动,那时候还没有,还在形成过程中。我自告奋勇地想在那里讲一点马克思主义、历史唯物主义或者任何一个大家可能建议的主题,然而白费力气,没有人报名。当然大多数男孩子被征集去服兵役了,而女孩子们,大多数是年轻的工厂女工,几乎没有除了穿着问题和恋爱关系之外的任何兴趣。

因此我又再度返回。仅有一次我受到一个妇女组织的邀请,为年轻女性讲一个关于性的宣传讲座!我表示了反对,我在我的20年人生里没有丝毫这方面的经验,来讲这样的讲座肯定是不合适的,一定要已婚女性以及母亲才能讲得更好。但是不行,有一些人说她们讲不了,另一些人则说,她们害羞。一位非常聪明、令人有好感的同志玛利亚·哈克(Marie Haack),她年轻时曾在巴黎工作、在那里与艾米莉·左拉(Emile Zola)有私人交情,她在这件事上向我展示了真正的品格。

"我当然可以接受这个任务",她说,"但是我原来讲这个太频繁了。因此已经有人说,哈克女士在表现自己,——我可不想这样。"

因此令我非常遗憾,我还是摆脱不了这个事。也没有人告诉我,我应当如何处理这个问题:我一定要自己知道此事。因此最后我是以纯粹自然科学的方式应付的,首先我谈了植物、花,并且借用很多黑板上的图画讲解了细胞分裂,在这个问题上我在很大程度上遵循了康拉德·君特尔斯那本很棒的书《从单细胞动物到人》,这是格克叔叔很久以前送给我的。绕了这么个圈子进入了进化论,然后我很容易地从哺乳动物谈到了人。我还尝试略微提及彼此间心灵理解和心灵关联的问题。当然我没有谈到宗教事物,关于这个我自己所知甚少。事后人们非常感谢我的辛劳付出。首先是倾听了讲座的哈克女士,她年轻的女儿同样也在座,哈克女士觉得,这应当完全是对的。我不知道,这是否正确。无论如何,那些年轻的女工们现在不会完全一无所知地暴露于这方面的那些危险之中。我曾以为,她们会愿意在家中经历这一切,但妇女组织的同志们认为,情况不该是这样。然而我觉得情况一如既往地荒诞,我这样的年轻女大学生必须要做这样一次讲座,但是所有成年的女性和母亲避之不及。并且这个情况并不是如我之前所想象的,发生在天主教的妇女社团,而是发生在社会民主党！

尽管我们的兴趣方向在一些方面开始有所分歧，但是在我们这些胡塞尔的学生中仍然洋溢着一种温暖的同门情谊的精神。我在一个特别的情形中亲历了这一点，当时是1917年圣诞假期，我在巴登-巴登从一位给我们送蔬菜的农妇那里传染了麻疹。我之前还从没有得过这种病，因此没有进一步关注。而在1918年1月初，我在弗莱堡得了一种"严重的粘膜炎"，然后发烧，睁不开眼睛。因为我既缺席了讲座课，也缺席了胡塞尔的研讨课，所以热心的英加尔登就来了，为了查看一下发生了什么事。他叫了一位医生，确诊了这是麻疹，自那以后我的公寓管理员由于害怕被传染，禁止她的服务员踏进我的房间，她必须只能将餐食放在门口。而英加尔登，后来还有克劳斯，为我将餐食拿进来并且照料我，直至克劳斯找到一位护士。各个医院都没有位子。我被这二位真心实意的同门情谊所深深感动。因为我不能阅读，他们甚至读给我听，我记得，克劳斯为此还选择了哈菲兹（Hafis）①，并且为了达到更合乎文体风格的效果，他还戴了一顶红色的土耳其毡帽。他后来对东方的好感在这里就已经表现出来了。此外，我总是被作为"现象学的婴儿"（我是这个圈子中最年轻的一个）来培育照顾，这一点通过我身上一种儿童病的发作得到了再一次的证明。

这次生病使我变得有些虚弱。因此在1918年春天的假期中，我被允许前往耶拿、到我的姑姑米丽亚姆和她大约一岁半的小儿子那里进一步休养，我的兄弟也在耶拿工作，他是外科医生莱克瑟尔教授的助手。我的兄弟自身当时是波兰一个地区的医生，因此他能够时不时地往家里寄食物，这些食物是他由于他的诊断而从民众那里获

---

① 哈菲兹（Hafis），著名的波斯诗人，生活于14世纪。——译者注

得的。在那里我还认识了与现象学很亲近的林克教授(Prof. F. Linke),然而他无法对抗奥伊肯和他的学派。他很乐意听闻一些关于弗莱堡的消息。

在前往耶拿的行程中,我在3月31日安排了去魏玛,目的是为了参观宫殿和纪念歌德的一些地方。在歌德故居中我慢慢地从一个房间走到另一个房间,恰好都只有我一个人。当我在一个房间里专注地观看那些书和手稿时,我一度有这样的感受,似乎我被特别地注视着。我抬头来看:在对面的墙上、靠近门的地方,挂着科尔贝[①]的歌德画像,画中表现的是老年时期的歌德,柔软的衣领敞开着。眼睛如此富有表现力,就像活人的眼睛,一种向外发散的、灵魂的温暖从这幅画中弥漫出来,它很亲切地对着我微笑。歌德身上那种向很多女性展示的整个魅力,我突然就领会了。我几乎不敢呼吸,在这个房间里停留了很久。最后我几乎是带着遗憾继续往前走的,因为我的时间有限。我希望,在回程途中再次接受这幅画的问候——:然而此时它冷漠地且无生命地挂在墙上,就像其它的画一样。这肯定是一幅很好的绘画,但是来自歌德伟大人格的那种鲜活的光芒消失了。当我后来再一次来到魏玛,或者当我观看这幅画的复制品时,也都再没有呈现那样的效果。只有一次,多年之后,我在史蒂芬·格奥格斯(Stefan Georges)的一幅画中体验到了相似的东西,但这是在其生前,而当歌德的画像变"活"的时候,他已经离开我们很久了。

---

① 科尔贝(Georg Kolbe,1877-1947),德国著名雕塑家和画家。——译者注

埃德蒙德·胡塞尔：回忆与反思[①]

〔法〕让·海林 著

董俊 译／方向红 校

假如50年前有人向胡塞尔的12门徒预言：我们在哥廷根，到1959年时现象学运动将被视作当代最重要的哲学运动，不仅在德国，而且也在它国——甚至可以说"尤其在它国"——，这绝不会使我们惊讶，因为我们是如此地信服于现象学的内在价值，就像胡塞尔和阿道夫·莱纳赫在那所大学里，以及有时特奥多尔·康拉德和马克斯·舍勒在自由授课和私人谈话中教授它时一样。不仅如此，如果不在该词产生前就想成为存在主义者的话，我们会理解此种哲学出现得恰逢其时。那时，无论实证主义者还是康德主义者，都未显示出有能力平息那由大卫·休谟的怀疑主义引起的、时而剧烈时而沉潜的不安。

的确，胡塞尔自己的目标更加地节制。他并未梦想过现象学的世界性传播，而后来来自各地的众多弟子无疑向他显露了这种迹象。他想要的本只是培养一个人数有限但训练有素的弟子团队，他们应该以小组的形式严格地遵从他的方法，并按照他描画的大纲进行工作。至于那些稍稍过于按自己的方式工作的外围人员，以及那些不愿亲自动手的业余爱好者们，他多少有些不信任。

[①] Jean Hering, "Edmund Husserl: Souvenirs et Réflexions", in: *E. Husserl, 1859-1959. Recueil commémoratif publié à l'occasion du centenaire de la naissance du philosophe*, Martinus Nijhoff: Den Haag 1959, S. 26-28.

可以说，在这点上，事情既超出了大师的预期，也使其落空。他在哥廷根和弗莱堡培养的并不只是一小组研究者，而是质与量均相当可观的一大群人。然而却无多少人（甚至可能没有）继续严格地如他所希望的那样工作，即方法上彼此分享问题，像人们在物理实验室（他自然只是赞许他们的组织，而非其方法与学说）中所做的那样。事实上，如仔细观察，而今有多少个现象学家就几乎有多少种现象学。我们无须为此抱怨。纵使现象学未能成为一个车间，它依然造就了一个巨大的花园，其间百花争艳，却又指示着一种明确的亲缘精神。

然而，此处应该驳斥一种顽固的错误。人们一再暗示：胡塞尔第一时期的弟子，可能也包括第二时期的，只接受了本质还原，而未接受超越论还原。我们可以断言全非如此。沙普（Schapp）也好，莱纳赫也好，抑或是希尔德勃兰特，或是康拉德-马蒂乌斯，又或是柯瓦雷，再或是更晚的马文·法伯（Marvin Farber）或芬克，都未想过否认第二种现象学还原的认识论价值或否认作为第一哲学（prima philosophia）的意识分析（包括构造问题）的重要性。他们排斥的，只是关于意识之首要性的形而上学命题，这在他的《观念 I》（第 92 页）中由如下字句简练地表达："内在的存在无疑在如下的意义上是绝对的存在，即它在本质上不需要任何'物'的存在。另一方面，超越'物'的世界是完全依存于意识的，即并非依存于什么在逻辑上可设想的意识，而是依存于实显的意识的。"[①]在我们看来，似乎现象学也完全——甚至更好地——兼容于关于世界之独立性或意识与世界之相互依赖性的命题。无意识即无世界吗？对，或许如此。然而，没有向

[①] 引文中译文参见，《纯粹现象学通论》，李幼蒸译，中国人民大学出版社，2004 年，第 74 页，有改动。——译者注

其呈现的世界,亦无意识。我们很明白,显然胡塞尔不想由其命题使世界失去在超越论现象学的目光中获得的可靠性。他说:"某一世界如何能比我们的世界更好地、以更融贯的方式显示自身呢。"我们以为,我们指出的正是否定大师之形而上学命题的理由。① 纵使某些弟子更愿意只进行或近乎只进行本质研究,那也是另外一回事,完全不能证实我们刚刚驳斥的不实之言。

当然,回到大师自身的话,如我们所知他那时在哥廷根,其后在弗莱堡,我们不应忘记:他,虽然总是太忙于他的研究,而不许自己从文学、艺术和社会生活中获得片刻休息,但仍一直能够找到时间来接待和指导学生们,来组织集体散步或在位于高路②的家中开招待会,先是在哥廷根,而后在弗莱堡。我们也不能忘记他极其可亲:1928年从索邦的会议回程时,他非常乐意为斯特拉斯堡人奉献几天宝贵的时间。他为他们做了一场听者云集的报告,并应允了与哲学家小团体的好几场谈话。在这些哲学家中人们能见到可敬的 E. 葛步洛(Goblot),他已在斯特拉斯堡退休,以及天主教神学系的 E. 博丹(Baudin)教授,这位善解人意而富于洞见的学者与弗莱堡的哲学家结下了友谊。

然而,于此也应允许我们再次表达对胡塞尔夫人的忘我人生的钦佩之情,我们已在悼文中表达过此种钦佩,它载于马文·法伯的刊物。③ 作一位常沉心学术的哲学家的妻子,并非易事。她不仅成功地使他从世务的烦忧中解脱出来,其中包括部分信件往来和清样校

---

① 在罗曼·英加尔登关于《世界之实在性问题》的重要手稿中,所有这些问题都以一种我们看来已详尽无遗的方式得到了讨论,我们极为期盼该书在法国或德国的出版。

② 胡塞尔于哥廷根时期住在名为"Hoher Weg"的街道上,它的德文意思是"高路"。——译者注

③ *Philosophy and Phenomenological Research*, Volume IX, part II, pages 610 et suiv.

对，而且也成功地在他晚年终于决定的旅行中尽可能周详、高效地为其向导。此前，胡塞尔在其绝大部分人生中都囿居在哥廷根和弗莱堡——就像康德居于哥尼斯堡。

(斯特拉斯堡)

感谢埃德蒙德·胡塞尔

〔瑞士〕路德维希·宾斯旺格[①] 著
唐杰 译

尽管我从没有听过埃德蒙德·胡塞尔的学术讲座，并且也从未在大学里上过哲学专业，我的学术研究毋宁说仅仅限于医学且首先是精神病学，但是我仍然要将我思想与研究中第一次决定性的转变归功于埃德蒙德·胡塞尔。虽然在高中时代通过对先验研究（tran-szendentalen Forschung）的最初接触，[②]我就已根本上消除了胡塞尔曾提及的"事实的迷信"（Aberglauben der Tatsache），但是医科学习期间压向学生的那些"事实"（Tatsachen）中的分量与重量，总是阻碍着对于先验意识之内容与形式的继续钻研。因此，我可以顺理成章地说，当时正是胡塞尔的现象学，一劳永逸地让我"刺穿了自然主义的迷梦"。

我从康德到胡塞尔的进路，是借由新康德主义，在此首先是借由保罗·纳托普，但这一进路同样也借由狄尔泰、施通普夫、柏格森、舍勒、普凡德尔等。在我1922年那本早已售罄的《普通心理学问题指南》中，我详尽地描述了这一进路。在书中，胡塞尔与布伦塔诺，以及

[①] 宾斯旺格（Ludwig Binswanger，1881-1966），瑞士哲学家与精神病理学家，现象学精神病理学、存在主义心理学的奠基者。——译者注

[②] 宾斯旺格先后就读于瑞士沙夫豪森和德国康斯坦茨的文科中学，中学时代接触了康德哲学；而他在大学学习的专业是医学，1907年在苏黎世大学获得医学学位。——译者注

让我深受启发的纳托普对胡塞尔的分析[参见他 1912 年的《依据批判方法的普通心理学》,以及 1917/18 年发表在《逻各斯》学刊上的文章(*Logos*-Aufsatz)],都得到了充分表述。同一年,在苏黎世的瑞士精神病协会我做了论现象学的专题报告,随后我的朋友尤金·闵科夫斯基以柏格森为基础第一次做出关于一个精神病理学案例的现象学分析。① 那本《指南》和这一报告,让胡塞尔注意到了我。我和他的第一次私人会面发生于 1923 年 8 月 10 日,在康斯坦茨的赖兴瑙岛疗养院,他当时由普凡德尔的一个学生阿尔弗雷德·施瓦宁格(Alfred Schwenninger)博士陪同,正在那里度假。我当时,正如我在日记中所记载,不仅是对作为思想家和学者的胡塞尔印象极其深刻,而且是对其作为人而"感到惊讶"。几天之后,8 月 15 日,我们极其愉快地在克洛伊茨林根②接待了胡塞尔及其夫人。就着这次机会,他给我们做了一次清晰无比且其清晰性令人倾倒的演说,联系笛卡尔与康德来谈现象学的本质。它根本上所涉及的问题,就我自己对心理科学的本质与方法的相关研究看来,正好是胡塞尔在我们的访客登记簿上写下的那几行简短字句所表露的。他那时一定要采取"先验主体性"的绝对效力的立场,无比清晰地呈现于这几行字句中:

我们将不会到达那个想往的真正心理学的天堂,除非我们像孩童一般行事。我们必须寻求意识的 ABC 并因此成为十足的 ABC

---

① 在这一报告中,宾斯旺格提出了现象学在临床实践中的应用问题,指出舍勒的内知觉以及胡塞尔的本质直观,可以有效地呈现精神疾病现象。而在他的报告之后,闵可夫斯基则做了另一个讲座,有关一个忧郁型精神分裂案例的现象学分析。——译者注

② 宾斯旺格出身于一个精神病学的世家,他的祖父 1857 年在瑞士克洛伊茨林根(Kreuzlingen)建立了拜里弗(Bellevue)疗养院。1911-1956 年间宾斯旺格主持这个疗养院,这期间拜里弗不仅是欧洲的精神病治疗中心,也是一个国际性的学术交流中心,弗洛伊德、胡塞尔、普凡德尔、舍勒、海德格尔、斯泽莱西(Wilhelm Szilasi)、卡西尔、布伯(Martin Buber)等人,先后访问过这里。——译者注

卫士。通向 ABC 之路，以及由之继续通向基本语法并逐步上升至具体形态的普遍先天（universalen Apriori concreter Gestaltungen），是让真正的科学得以可能和让一切得以被理解的道路。

1923 年 8 月 15 日

埃德蒙德·胡塞尔

虽然这个谈话的主题只涉及现象学且几乎整个就是胡塞尔自己在独白，但是由于他的无比谦逊坦诚与和蔼可亲，一种轻松随意的人际关系氛围存乎期间。

此后我再没见过胡塞尔，相反我极其愉快地收到了有着他非常友好题词的两个单行本著作，即他的《纯粹现象学与现象学哲学的观念》(1930 年)[1]的《后记》，以及他的论文《欧洲科学的危机与超越论的现象学》(1936 年)。[2]

从《逻辑研究》的第一页开始就让我着迷于胡塞尔的，是其开端的严肃性及其思想进程之毋庸置疑的结果，正如他在我们访客登记簿上的留言早就如此清晰地体现出的那样；是"完全地去观视现象之物，不是重新去解释它，而是如同它自己给出自己那样去接受它，如实地描述它"的那种勇气；是"未被自然主义成见所干扰，去探究意识主体性自身，作为设身处地者就其自身从其本己的本质来阐释它"的那种技艺。在此，一个完全不同于纳托普普通心理学的世界，向我浮现出来。虽然纳托普也在最敏锐的意义上强调了"心理之物的非客体化性"，但是他又从——按照数学方程式演算模型来被理解的——认知过程的重构性"方向"（rekonstruierenden "Richtung"）中推导

---

[1] 来自《年鉴》第十一卷(1930 年)。
[2] 《爱智慧》杂志，第 1 卷，贝尔格莱德，1936 年。

出了这同一个东西。在此之外胡塞尔则给出了更加敏锐和深刻的区分,人们仅仅以为这是在纳托普或利普斯那里的关于内容和对象的某种相对简单的区分,但胡塞尔给出了更加差别性的——以他借由布伦塔诺而发展起来的关于意向性与奠基的学说为基础——成熟的区分,即内容作为意向活动(Noesis)和意向相关项(Noema),而对象作为两者的相关物(Korrelat)。有了这一切,作为研究者我才感到自己站在了坚实的地基上,这不仅是就我关于精神分析、心理学和精神病学之本质的研究作为"真正的"科学而言,而且就这些领域中的一个个基本问题而言。当然,在海德格尔的著作《存在与时间》出版之后,以及后来紧随威廉·斯泽莱西①的学说,我的思想出现了第二次转变,但这绝不能与通过胡塞尔所掀起的那种决定性的转变相提并论。不过,无论海德格尔还是斯泽莱西都是胡塞尔多年的学生和同事,且两人正是从胡塞尔的纯粹或先验现象学出发,尽管以不同的方式,才进一步发展出了某种现象学存在论。由此对先验意识和先验自我之构造的揭示(Freilegung),替换成了对于此在的先天开显(apriorische Freilegung)。也正由此,为精神病学进行某种哲学奠基的尝试才能够敢于被施行。

我的研究中第一个并且是完全仅受胡塞尔影响的成果,是关于生命机能(Lebensfunktion)和内在生命历史(innerer Lebengeschichte,1927年)②的严格区分,它已在精神病学中迅速流行开来。在此不是纳托普,而是为我所同样高度尊敬的威廉·狄尔泰,借由其终生辛勤探索着的关于生命、关于理解、关于传记、关于被体验或被

---

① 威廉·斯泽莱西(Wilhelm Szilasi, 1889-1966),匈牙利裔德国哲学家与现象学家,深受胡塞尔与海德格尔影响,1947年海德格尔被禁止授课后,他曾作为其在弗莱堡大学教席的继任者。在德国他与宾斯旺格、卡尔·洛维特等有着密切联系,代表作有《想像与认知》(1969年),以及下文提到的《精神的强力与虚弱》(1946年)等等。——译者注

② 参见《演讲与论文选集》(以下简称为《演讲》),第1卷,伯尔尼,1947年。

习得的结构关系等等的学说，可与胡塞尔一样继续给我助益。虽然狄尔泰强调"内容的现实性"和灵魂生活的创造性，并且他敏锐区分了"假设性的"或因果-构成性的心理学与描述性或分析性心理学——这个区分后来被雅斯贝尔斯归结为"因果与理解之关系"的学说——这对我把握精神分析的科学结构、科学方法及其界限，有着很大帮助，但却正是胡塞尔帮助我获得了以下洞见，即精神分析的科学方法——当然是在不损害其诱导式方法的巨大成果的情况下——最终涉及的也就是，在生成演化过程中对先天或本质可能性的一种"重新释义"（Umdeutung）。应用于内在生命历史这一具体问题上，这就意味着，所涉及的不再能够是自然科学式的解释（Erklärung），而是释义学式的（hermeneutische）阐释或诠释。这一洞见表明，一个这样的诠释只有基于某种确定的"精神存在"的领域，基于某种完全确定的"内在相互需求着的含义诸要素的统一性"或某种完全确定的"内在动机引发结构"的统一性，才得以可能。这样的洞见我要感谢胡塞尔。在此，实际上我又踏入了一个完全不同于狄尔泰的世界，而让我一再感到"悲伤"的是，狄尔泰要那么久之后才能够了解到《逻辑研究》并表示赞赏。

同样正是借助胡塞尔，在关于发生与体验的关系问题上，我与我的朋友埃尔温·施特劳斯（柏林，1930）[①]的观点之间的争论才得以可能。借助胡塞尔我才能反驳施特劳斯关于"强制含义汲取"的观点，[②]

---

① 埃尔温·施特劳斯（Erwin Straus, 1891-1975），德裔美国现象学家与神经学家、神经现象学的先驱，他对机械还原论的治疗方法提出了批评。——译者注

② 在1930年出版的《发生与体验》(Geschehnis und Erlebnis)这一著作中，施特劳斯认为在发生和体验之间有着"强制含义汲取"（Zwang zur Sinnentnahme）的过程。他以剧场失火时观众一致逃跑为例，认为事件有三个层次，即感知：火灾的发生作为自然过程；意义汲取：生命有危险；反应：逃跑。简而言之，发生作为纯粹感知（火灾），其意义（生命危险）来自于人们的体验结构，因此当人们感知到火灾时，立即强迫性地作了意义理解，意识到危险进而一致作出逃跑反应。——译者注

并且才能阐明,根本就没有单纯的亦即无含义的、自在存在的发生,"单纯的发生"这一概念根本就不成立,因为每一发生总是在一种已确定的意蕴含义(Bedeutungssinne)中被规定、被阐释或诠释。①

我 1930 年以《梦与生存》为题出版的论述,②已经以在-世-存在的此在(Dasein als In-der-Welt-sein)学说为基础,但完全是在胡塞尔现象学方法的意义上推进着的。它涉及的是,对人类此在特有的沉沦(Fallen)与上升(Steigen)这两个"意蕴方向"(Bedeutungsrichtungen)的纯粹本质,进行现象学的揭示与描述。不仅"实在的"(reale)身体-灵魂的那些事实(Fakta),而且正是在日常口语、诗意比喻、"道德"语言、梦中被观察到的那些事实,作为"典型根据"、"独特事实",让我从中"把握和确定"了"沉沦"与"上升"的纯粹本质。在此还成功地将相应的纯粹本质,放在其构造性本质关联(Wesenszusammenhängen)中进一步加以分析,例如"上"(Oben)与完全的光照、闪耀的色彩以及"世界"的精确构造(Konfiguration)之间的本质关联,"下"(Unten)与阴暗、黑色之物以及"世界的"解构(Defiguration)即解体(Destruktion)之间的本质关联。

我在这一著作最后特别给予重视的,实际上是作为现象学直观与诠释之起源的比喻的作用,尤其那时格尔达·瓦尔特③关于"观念内容索引(Sachregister zu Ideen)中的比喻"这一说法还没出现。在那个关于现象学的专题报告(1922 年)中,我已经基于批评的

---

① 《演讲》,第 2 卷,第 153 页,伯尔尼,1955 年。
② 《演讲》,第 1 卷,法文翻译以 Le rêve et l'existence 为题出版(1954 年)。
③ 格尔达·瓦尔特(Gerda Walther, 1897-1977),德国女哲学家和通灵学家,1920 年前后在求学期间与普凡德尔、胡塞尔以及施泰因都有交集。著有《神秘主义现象学》(1923 年)、《埃德蒙德·胡塞尔现象学方法对于通灵学的意义》(1955 年)等等。——译者注

（didaktischen）理由，谈及了艺术技巧上的比喻和日常口语中的比较（Vergleiche），即梵高（写作与绘画中的）关于被风吹打的树与（人类）悲剧、嫩绿的谷物与沉睡的孩童之间的比喻，这样的比喻分别是借助被直观到的戏剧张力的本质以及"纯粹与温柔"的本质才得以可能，我还谈及了弗朗兹·马尔克的鹿[①]、德彪西的教堂[②]的本质等等。在《梦与生存》中，比喻因此就发挥着一种完全决定性的作用，它以对慌乱痛楚的失望的比喻性描述为开端，这种失望处于"从所有的天堂坠落"这样的语言意象（Bilde）中，并且首先是"在最冒险的高度为闪电击中"、"缓慢地从天空落下"以及"精疲力尽地向你的脚下沉没"的猛禽（《画家诺尔顿》）[③]这样的诗意比喻。正是这样的比喻及其在梦、宗教空间和精神分析治疗等等方面的持续运用，让我得以在一种"相应的直观的知悉行为（entsprechenden Akt anschaulicher Kenntnisnahme）中去观看"那种沉沦、下降与上升的纯粹现象学的本质。我对比喻的高度重视，延伸至《精神分裂症研究》[④]中。我能想起的只有病人艾伦·瓦斯特（Ellen West）的剧场比喻，[⑤]在其中彻底的绝望的爆发被与一个剧场的闭锁状态相比较，它的所有出口都被武装人员占领了。

《梦与生存》这一著作中的本质确定（Wesensfixierungen），对我

[①] 弗朗兹·马尔克（Franz Marc，1880-1916），德国表现主义画家，"蓝骑士"派创始人，以别具特色的动物画著称，1913 年前后有《林中鹿》、《两只伏鹿》、《红鹿》等作品行世。——译者注
[②] 克劳德·德彪西（Claude-Achille Debussy，1862-1918），法国"印象主义"音乐鼻祖，《沉没的大教堂》为其代表作之一。——译者注
[③] 《画家诺尔顿》（Maler Nolten），德国诗人、小说家爱德华·莫里克（Eduard Mörike，1804-1875）的长篇小说。——译者注
[④] 普富林根（Pfullingen），1957 年。
[⑤] 《精神分裂症研究》，第 83 页。

1931/32年间的《意念飘忽研究》①应该首先是决定性的,但后者还添加了一种新的关于"在空中上升"与"在空中飘落"的本质特征(Wesenszug),即"盲目的相信"。我在此可以再补上胡塞尔关于实在世界之本质的基础性规定:"实在的世界只存在于不断被预先做出的假设(Präsumption)之中,经验将是在同一构造性样式中不断得以持续。"②那么现在显示的就是这样一种经验的经验,在其中这种假设"事实地"(faktisch)可以显示出非常不同的形式,甚至将自己提升至"盲目的相信",或者下沉至"无底的"恐惧这样的极端情况。在前者那里,我们发现了"意念飘忽式"的认知乐观主义和"无忧无虑"(sorglose)式的自信以及躁狂症的相信;在后者那里,起典型作用的则是"悲观主义者"的忧郁,及其对经验"在同一构造性样式中"得以持续的恐惧与怀疑。

在我1942年的著作《人类此在的基本形式与认识》③中,相比于要感谢马丁·海德格尔,我则更加深刻和确定地要感谢胡塞尔,那时我还将海德格尔对此在操心结构(Sorgestruktur)的先天揭示完全误解为人类学学说。尽管我在那里有关爱之本质、操心之本质的对立观点,因此当然是有争议的,但是其中关于爱的纯粹本质的分析今天在我看来还是可以辩护的,这再一次地主要是基于以下意义上的典型理由,即关于爱的"事实的"(faktischer)诗意描述与阐释。不仅仅如此!同样在理解人际交往与交流的本质方面,即在我用"因某物而共世界地说服"(des mitweltlichen Nehmens-bei-etwas)这样的术

---

① 存于瑞士精神病学档案馆。(Studien über Ideenflucht,在此"意念飘忽"又称"思维奔逸",指一种思维扰乱和障碍,患者表现为注意力不能集中,思维主题迅速而跳跃、散漫无序,语速快、表情多、动作夸张、声音大且很难被打断等等。——译者注)
② 《形式与先验的逻辑》,《年鉴》,第十卷,第222页。
③ 第2版,1953年。

语所描述的那个方面,胡塞尔也是我的引路人。事实(Fakta)在此是指以下意义上的日常口语的表达,即揪住耳朵、抓住弱点、用字词与名称(nuncupare = nomine capere)说服(和被说服)。在此它涉及的是对以下情形之本质的最初澄清,即留下印象与影响、追究责任、对他者的"历史的"理解与规定;涉及它们的"被动的"对立面,换而言之涉及的是受动能力(Impressionabilität)、受影响性(Suggestibilität)和一般易感性(Affektivität)的本质、伦理(Sittlichkeit)的本质与历史性(Historizität)的本质。此处(第 358 页)明确要求关注胡塞尔的学说,即"每一纯粹的种属规定性或实事的统一性(Noema),都对应着一个确定的原本-给予着的行为(Noese)、一种直接的观看＝经验",此外还有,"每一这样的实事的统一性都隶属于一种先天的或者本质规律(Wesensgesetz),它规定着,以什么方式,某些应作为部分起作用的内容上的种,隶属于某些整体的种。"如果没有在《逻辑研究》第二卷第一部分第三章中包含的"整体与部分的学说",对我来说这一研究就是不可能的,因为这里最重要的首先是去发现本质规律,在此基础上每一作为部分起作用的"内容"——由此他者被说服——隶属于某个作为整体的种。这里的每一本质,当然总是也在其空间性与时间性上被继续研究。胡塞尔关于整体与部分的学说,为我这样的研究奠定了基础,正如他关于表述、含义和传诉的学说,为我关于语言与思维问题的工作(1926 年)[①]奠定了基础一样,后者不仅涉及一般语言,也涉及梦的语言,涉及失忆失语症意义上的语言表达障碍等等。

现象学方法对我关于迷路(Verstiegenheit)的本质、怪癖(Verschrobenheit)的本质、做作(Manieriertheit)的本质的研究,也有着

---

① 《演讲》,第 2 卷。

至关重要的意义,这三者在 1956 年我以《失败此在的三种形式》[1]为题作了概括。同样,在这里我用归纳-推理思维从来没有达成目标。毋宁说这里奏效的仍然是每次在相应的事实中去找到典型的根据,基于这样的根据相应的本质被把握、确定和分析。我的《精神分裂症研究》(1957 年)也是如此。在此只需指出,在其第五个研究[2]中对"可怕之物"(des Schrecklichen)的现象学处理,以及对于理解(多重)偏执妄想症而言这一现象学本质或埃多斯(Eidos)的决定性意义。此外,《精神分裂症研究》也很是以海德格尔与斯泽莱西的学说为根据,所以还必须强调,也正是在这里,"世界"概念连同前面提及的"假设"——经验在同一构造性样式中不断得以持续——起着核心的作用(参见上述著作的"序言")。它指出,正是这一"假设"出了问题,才造成了处于矛盾紧张中的经验的不稳定、不连贯和分裂,以及由此而来的"世界"的分裂状态,后者对于被视为患精神分裂症的此在方式(Daseinsweisen)来说是其特有的状态。

正如前述的、囿于篇幅而高度概括的和不完全的阐述所表明的,相比于其绝对直观主义的纯粹哲学的基本设定,我要更加感谢胡塞尔的是其现象学的方法。在 1922 年关于现象学的专题报告里[3]我已阐明,我和纳托普反对纯粹意识的绝对的被给予性,换而言之,反对现象学明察的绝对的直观特征。为了与威廉·斯泽莱西相讨论,我那时预见,"一种挑战人类精神限度的超越(Übersteigerung)"正在于,"每一种未来科学的框架、对象和内容都应在先验现象学中被

---

[1] *Drei Formen mißglückten Daseins*,图宾根,1956 年。
[2] 苏珊·乌班的病例(*Der Fall Suzanne Urban*)。法文译本如同《梦与生存》一样由 Desclée de Brouwer 出版,巴黎,1957 年。
[3] 同上,第 47 页。

筹划"。① 但这并不妨碍——怀着最大的感激与赞美——胡塞尔已经促使精神病学,正如我 1945 年就已表述过的,承认了"两种科学经验",即"在对自然过程进行描述、解释和控制意义上的推理-归纳经验"和"在对现象内容的方法-批判的诠释的意义上的现象学经验"。② 要在精神病学中探讨这两种经验方式的相互关系,并不属于本文的任务,了解下述情况并一再表示感谢就够了,即胡塞尔不仅为精神病学研究开辟了一种完全崭新的领域和崭新方法,而且也帮助它获得了关于它最本己的科学任务的范围与深度的知识。

(瑞士,克洛伊茨林根)

---

① 斯泽莱西:《精神的强力与虚弱》,第 260 页。
② 《演讲》,第 1 卷,第 191 页。

关于埃德蒙德·胡塞尔的一个回忆[①]

〔德〕卡尔·洛维特 著

倪梁康 译

1919年初,遵照我的老师盖格尔和普凡德尔的建议,我来到弗莱堡,以便在胡塞尔的指导下继续深造,在此期间我认识了他的助手海德格尔。在40年之后的今天,如果我问自己,我在弗莱堡的三年时间里从胡塞尔那里究竟学到了什么,那么回答不会使他本人,也更不会使我自己感到满意。我还记得,当时我便失望地向他承认过这一点,因为我在前几个学期有过如此疾速的"进步",而现在却突然停滞了下来。他的质朴性情使他无法猜测到,我没有继续进步的原因乃是因为我与我的许多同龄人一样,更强烈地为年轻的海德格尔所打动。我们对胡塞尔关于向纯粹意识"还原"的学说越是失去兴趣,更年青的和更合乎时势的哲学家所提出的那些激动人心的问题也就越是吸引我们。

尽管如此,我们始终还应当更加感谢这位更年长的和更智慧的哲学家。正是他,以他方法分析的独具匠心、报告的冷静清晰、科学修养的人文严格,教会了我们在一个内部与外部之组成部分都土崩瓦解的时代中牢牢地站住脚跟,因为他迫使我们放弃宏大话语和巧言令色,迫使我们在对现象的直观中检验每一个概念,迫使我们在回

[①] Karl Löwith, „Eine Erinnerung an E. Husserl", in: *Husserl*, E. 1859-1959. *Recueil commémoratif publié à l'occasion du centenaire de la naissance du philosophe*, Phaenomenologica 4, Martinus Nijhoff: La Haye 1959, S. 48-55.

答他的问题时不是拿出大纸票,而是付出有效的"小零钱"。我永远无法忘记,在人们因害怕法国部队的占领而纷纷躲避,学校教室空空如也的日子里,这位研究最细微事物的伟大学者仍然继续阐述着他的思想,那么冷静和自信,就好像科学研究的宁静严肃不能为世界上任何事物所干扰。1933年,政变后不久,还在他的继任者担任校长期间,我到他家中拜访他。他在他的住所中深居简出,我在那里所感受到的重又是那种为智慧而生长的精神所具有的自由,它摆脱了那些无所不及的时间摧毁力,这个印象一直被我保留到今天。

1936年秋,我离开欧洲,到一所日本大学就职。胡塞尔将他1936年在贝尔格莱德发表的文章的第一部分寄给我:《欧洲科学的危机与超越论的现象学》,他曾于1935年秋在布拉格做过这个问题的讲演,在贝尔格莱德发表它乃是因为德国的公众和德国的杂志不再接受他的文章。与文章一同寄来的还有他写给我的下列明信片:

布赖斯高地区的弗莱堡,洛莱托街40号　1937年2月22日

亲爱的同事先生,我祝贺您在仙台安顿下来:在我的诸多老朋友中间!① 您的友善的愿望我日后再回应,因为我一月初就希望能给您寄去我的著述的第一部分的一个单行本。它们至今还没有到。但愿您不属于那些"早熟者"、不属于一个已经形成自己立场的人,以至于您还有内心自由来为您自己的人类学"加括号",并根据我的新的、最成熟的阐述来理解我为何将人类学视作哲学上幼稚的实证性,以及为什么我将现象学还原的方法视作唯一哲学的方法,视作真正具体达到普全存在认识或普全自身思义的唯一方法。也许您会理解,

---

① 胡塞尔有一些日本学生当时在仙台和京都的大学里任教。

舍勒、海德格尔以及所有早先的"学生"并未弄懂现象学——超越论现象学作为唯一可能的现象学——的本真意义和深刻意义,而且有多少东西是取决于这个意义的。它当然是不易达及的,但我认为,值得为它付诸心力。也许您会得以理解:我为何并非出于固执,而是遵循最内在的必然性,许多年来便行走在我的孤独之路上,而且在一个发问与决断的新维度中高度尊崇这条道路——以及我为何不得不将时髦的生存哲学以及如此自以为是的历史相对主义的深邃神秘视作已然无力的人类的脆弱失败,人类在逃避整个"近代"之崩溃向它、向我们所有人已经提出并还在提出的巨大任务! 第一部分是缓慢的上升,在第二册或第三册中的第二部分才分别地提出现象学的还原,因而关键的东西可惜是在后面,出于偶然的原因。最友善的问候,期望您的哲学才华会有纯粹而美好的发挥。

您的 E. 胡塞尔
衷心问候同事们和朋友们!

  这封密集书写的明信片的内容显然是围绕着它所通报的文章在活动。"科学的危机"表现在一战之后于周围蔓延的敌视科学的情绪中。看起来,似乎自然科学以及随之还有我们"生存"的整个"近代"都已经无话可说。从这个历史处境出发可以说明胡塞尔的这个目光远大的尝试:对实证主义的科学之"残余概念"进行一个根本的批判,并随之而对一门科学的哲学的真正方法做出论证和实施。"这是一种并未损害专业科学的理论成果和实践成果,然而却彻底地动摇了它们的整个真理意义的危机。这里涉及的事情并不是作为欧洲人类中各种其它文化形式中的一种文化形式,即作为'科学'和'哲学'的特殊文化形式。因为新哲学的原创立是……就是近代欧洲人属(Menschentum)的原创立,而且是作为一种相对于至此为止的、中世纪的和古代的人属而想通过它的新哲学并且只能通过它的新哲学而自身彻底更新的人属。据此,哲学的危机就意味着作为哲学之普全性环节的一切近代科学的危机,这是一种最初是潜隐的,但后来就越来越彰显出来的欧洲人属本身的危机,是在其文化生活的整个意义性方面,在其整个'生存'方面的危机。"在胡塞尔思路中,处于中心位置的不是对那些本己的、历史的生存的担忧,而是"世界问题",关于一个通过理性而得到论证的世界问题,"直至最后在意识中显露出来的有关理性与存在者一般之间的最深刻的本质关联的世界问题,这个一切谜中之谜,必须要将它当作本真的主题。"①因为:"只有这样才能决定:这个自希腊哲学诞生起就赋予欧洲人属的目标(Telos),即想成为由哲学理性构成的人属……只不过是一种历史-实际的妄想,一种在许多其它人类与历史性中的偶然人类的偶然习得物。或者毋宁说,本质上处在人类本身之中的隐德来希(Entelechie)是否首次在希腊人那里得到了突破。……只有这样才能决定:是否欧洲人属自身载有一种绝对的理念,而不是像'中国'或'印度'那样仅仅是一个经验人类学的类型;还有,是否所有人的欧洲化的景观自身就宣示着一种绝对意义的主宰,属于世界的意义,而不属于世界的历史荒谬。"这就是胡塞尔为自己预设的,并且确信可以通过一种"方法上的工作哲学"来达到的目标之所在。

如果有人从这个1936年发表的最后一部著作出发,回顾胡塞尔1911年关于"哲学作为严格的科学"的《逻各斯》文章,那么他或许会惊讶而欣喜地确定,胡塞尔是如何不受所有时尚的和非时尚的东西的困扰,始终坚持他认之为真、认之为必要和有益的那一个东西,首

---

① 参见:Heidegger, *Der Satz vom Grunde*, S. 171ff.,在这里,同一个问题以完全不同的方式成为论题。

先是坚持那个科学性的东西,因为哲学的知识特征以及它不只是想"理解"的特征,乃是一种倘若没有对理论(Theoria)的最高等级的信念就无法想象的特征。"逻各斯文章"开篇写道:"自最初的开端起,哲学便要求成为严格的科学,而且是这样的一门科学,它可以满足最高的理论需求,并且在伦理-宗教方面可以使一种受纯粹理性规范支配的生活成为可能。这个要求时而带着较强的力量,时而带着较弱的力量被提出来,但它从未被完全放弃过。即使是在对纯粹理论的兴趣和能力处于萎缩危险的时代,或者在宗教强权禁止理论研究自由的时代,它也从未被完全放弃过。"与这种对理论研究之自由的坚持相符合的是胡塞尔持续表明的相关信念:哲学可以作为严格的科学来传授和学习,而且,一旦它为私人的"意见"、"世界观"、和"立场"留下空间,它便不再是科学的。正是在这个科学性的问题上,"各种精神必定会分道扬镳"。胡塞尔认为,这个朝向科学方法的意向从希腊哲学直至康德都是活跃的;在浪漫主义哲学中,主要是通过谢林和黑格尔(他的效果就是历史主义的"世界观哲学"),这个意向以灾难性的方式被削弱和篡改了。胡塞尔的论文还对两种流行的思维方式提出批评,一方面是自然主义的实证主义,科学性的意向在它之中虽然还是活跃的,但却被缩减和错失了,因为它将意识自然主义化了,另一方面是怀疑论的历史主义,对于它来说,每门哲学都是一个特定历史处境的思想;提出这些批评是为了建立一门存在者在意向意识中的本质被给予方式的现象学,将它建立为所有科学的科学基础。但这样一个科学哲学的观念是随着理论之习俗(Ethos der Theoria)而一同兴亡的。如果长期以来的情况就是:在最宽泛意义上的"实践"动机占据了主导地位,不仅是在科学中,而且,它也使得作为诸原则的理论科学的哲学逐渐消亡,那么这种理论习俗的失效本身也成为今日人类的一个突出实践问题,今天的人类一方面借助于和依赖于它的科学生活，另一方面则在其最高的意识形式中不再相信它，或自以为可以绕开它而行。在《欧洲科学的危机》的25年之前，胡塞尔便写道："我们这个时代的精神困苦事实上已经变得令人无法忍受。如果这只是一种打扰着我们的安宁的理论含糊性，也就是为自然科学和精神科学所探讨的'现实'之意义方面的理论不明晰性——即：在这些现实中，最终意义上的存在得到何种程度的认识，什么可以被看作是这种'绝对的'存在以及这种存在究竟是否可以被认识——，那么也就罢了。但这里所关系到的毋宁是一种我们所遭受的最极端的生活困境，一种在我们生活的任何一点上都不停步的困境。任何生活都是执态，所有执态都服从于一个应然（Sollen）、一个关于有效性或无效性的裁决，都依据于带有绝对有效性要求的规范。只要这些规范是没有争议的，没有通过任何怀疑而受到威胁和嘲讽，生活的问题便只有一个，即如何在实践中去满足这些规范。然而现在的情况是，所有的和任何的规范都受到争议，或是在经验上受到歪曲并被剥夺了观念的有效性。自然主义者们和历史主义者们在为世界观而战，但他们是在两个不同的方面从事这项工作：将观念转释为事实并且将所有的现实、所有的生活都转变为一个不可理解的、无观念的'事实'混合物。他们两者的共同之处就在于对事实的迷信"，——即便世界历史的命运被视作最高的事实。但是：无论这种困苦有多大，我们也不能以为了时代而放弃永恒的方式来阻止它。"世界观可以争执，唯有科学才能决断，而它的决断带有永恒的烙印。"胡塞尔毕生所理解的科学哲学是由"智性真诚"（intellektueller Ehrlichkeit）以及得到恰当理解的非个性或实事性的激情来承担的。饱受赞美的哲学之"深邃"乃是它的"不完善性"！"深邃（Chaos）是混乱的标志，真正的科学要将它转变为一种秩序（Kosmos）、转变为一种简单的、完全清晰的、被阐明的秩序。真正的科学在其真实的学说领域中不包含任何深邃。深邃是智慧的事情，概念的清晰和明白是严格理论的事情。"为了达到这种清晰和明白并且放弃深邃的模棱两可，人们必须是无成见的，并且因此而愿意不将任何在先被给予的和传承下来的东西作为开端接受下来，哪怕它们通过历史上最伟大的名字而被披上了权威性的外衣。"对于一个无成见的人来说，一个确定是源自于康德还是托马斯·阿奎那，是源自于达尔文还是亚里士多德，是源自于赫尔姆霍茨还是巴拉塞尔苏斯，这都是无关紧要的。"因为："研究的动力必定不是来自各种哲学，而是来自实事与问题。"但这些命题的简单真理最终也为哲学的历史所证明；因为，倘若那些伟大的名字不是由那些实事性的问题所驱动，倘若它们至今并非还在以一种不只是历史学的或历史性的方式，而是作为它们自己在触动着我们，那么我们对他们的回忆还能为我们带来什么呢？

尽管胡塞尔有可能低估了通过黑格尔而得以普及的"历史意识"的深度，并且误识了思考的历史对于思考的实事问题的内在从属性，但没有人可以忘记，当胡塞尔在对一种"科学动力"的遵从中坚持作为纯粹理论的原则科学的伟大传统时，他是以何种令人叹服的方式持守在一个业已失落的岗位上！最后，的确是"已然无力的人类的脆弱失败"才使自然主义的实证主义、怀疑论的，抑或还有独断论的历史主义得以灵验，使一门——在时代历史处境的压力下——放弃了科学理论（Theoria）的理念以及"无欲之欲"（Bedürfnis der Bedürfnislosigkeit）[①]的哲学得以灵验。

（海德堡）

[①] Aristoteles, *Metaphysik* A, 2. 982b; Hegel, *Vorrede zur 2. Auflage der Wissenschaft der Logik*（Meiner）, S. 12.

作为大学生在胡塞尔身旁

——施皮格伯格写于1924/25年冬的一封家书[①]

〔美〕赫伯特·施皮格伯格 著

卡尔·舒曼 编

倪梁康 译

1.卡尔·舒曼:前言

下面我们发表取自赫伯特·施皮格伯格在60多年前写给他父母亲的一封信中的一个片断,其中谈到他在胡塞尔身边的学习。发表该信的主要原因并不在于这封信始终还具有文献资料方面的价值。因为胡塞尔研究者首先感兴趣的真正哲学方面的东西并不是这封信的强项,而正如信本身已经说明的那样,施皮格伯格打算以后再向他父母做这方面的进一步口头报告。然而这封信有其令人感兴趣的地方:它十分直接地将胡塞尔的影响作为教师之人格性展示出来,并且提供了对研讨课程的具体进程的观察,可惜人们——无论是从课堂记录的形式中,还是从胡塞尔手稿的形式中——对此大都知之甚少。除此之外,这封信还反映出弗莱堡现象学家团体当时生活和工作于其中的某种氛围。

[①] Herbert Spiegelberg/Karl Schuhmann(Hrsg.), „Als Student bei Husserl: Ein Brief vom Winter 1924/25", in: *Husserl Studies* 2: 239-243 (1985).

施皮格伯格先在海德堡学习，以法学为主修专业，而后于1924年10月底来到弗莱堡。他在1924年11月16日这个周日，亦即在这学期的第三周的进程中给他的父母写了这封信。我们仅仅发表其中与胡塞尔和弗莱堡的现象学有关的部分。我们认为这样做有益于保留哲学史的一个片断，它已经面临着会过快地从我们身边滑过的危险。

这封信的原件（存于赫伯特·施皮格伯格处）与施皮格伯格直至1935年前后的所有手稿一样，是用德语花体字（Fraktur）撰写的。不久前有一位在华盛顿大学德语系的德国女大学生掌握这种字体，她为此誊写了一份打字机文稿，①又将这个文稿与原件的一个影印本做了比对。为了出版，对正字法与标点符号做了现代处理，缩写转变为全写，而语气和选词则得到了忠实的再现。在注释中我们给出了一些背景信息，不了解这些信息，这封信必定会始终是部分不可理解的。如果以此方式而保证了我们拥有一个未加修饰的版本，那么我们也不想隐瞒一点：在这封家书中的某些价值判断肯定更多是一种青年人的匆忙草率，而非一种深思熟虑判断的象征。读者可以在施皮格伯格于1959年的回顾中寻找后者。② 面前的这封信则因这些传达的自发性而对此有所补偿。

2. 赫伯特·施皮格伯格：信的片断

在此期间我度过了经历丰富的一周，而且前面还将有事件繁多

---

① 这一点促使卡尔·舒曼提出共同发表这封信的建议。
② 参见赫伯特·施皮格伯格："视角的变换：一个胡塞尔形象的构造"（Perspektivenwandel: Konstitution eines Husserlsbilds），载于《埃德蒙德·胡塞尔：1859-1959年》，"现象学丛书"系列，第4卷，海牙：马尔蒂尼斯·奈伊霍夫出版社，1973年，第57-59页。

的一周在等着我。我必须按时间顺序开始来向你们做确切的说明。周三重又是在胡塞尔那里的研讨课。① 至此为止,胡塞尔的独白大都失之于某种宽泛、无边际和无目的,而参与者的对话亦即插话则大都失之于一种令人难以置信的不专业。胡塞尔的一个问题促使我给出了一个纯粹历史方面的回答,我之所以能够如此是因为凑巧在前一个晚上读到了关键的段落。② 其结果就是我现在背负起了做下一节课的课堂报告的任务。事情本身是极其简单的,因为现在的任务仅仅是简短地报告这堂课的思路,并且将其"带入争论",至此为止这当然是十分必要的,因为这个思路总是落脚在它不应当去的地方。但是,要将一个统一的而且首先是有计划的倾向构想进去,这就并不简单了,而我无论如何不能仅仅局限于对别人的话的重复,考虑到在此情况下说漏嘴的危险。当然,这完全不是一篇李凯尔特研讨课方式的课堂报告,而整个事情的意义实际上差不多只是在于为胡塞尔自己思想的展开提供一个契机。无论如何,这个"题目"还是十分有趣的:笛卡尔与洛克各自对内在意识(现象学的别名)所持观点之间的关系。因此我在读笛卡尔和洛克,并且非常顺利地进入到英国哲

---

① 这里涉及的是"高年级学生的现象学练习"的研讨课,每周三中午 11 点 15 分至下午 1 点,讨论贝克莱的《原理》(参见舒曼:《胡塞尔年谱》,海牙,1977 年,第 285 页;那里的第 285 页及后页上也有一个参加者的名单)。关于这个研讨课,施皮格伯格在其"视角的变换"的论文中已经做过报告(参见注释 2)。由于他作为法学学生当时只能在弗莱堡待一个学期,所以胡塞尔根据施皮格伯格的要求而允许他参加这个研讨课,尽管他还是同时参加奥斯卡·贝克尔(Oskar Becker)指导的关于胡塞尔《逻辑研究》第五和第六研究研讨课的"初学者"。

② 胡塞尔的问题涉及约翰·洛克写在其《人类理智论》开篇处的"赠读者"。在研讨课的第一堂课上,胡塞尔告诫参加者,要尽量阅读作为现象学之最佳引论的英国经验主义者文本的原文,并且避免阅读"有毒的"德译本,尤其是基尔希曼的德译本。为此施皮格伯格立即请他的英国亲戚给他寄洛克、贝克莱和休谟的主要文本。在这些文本到达他在游泳池街 39 号的住处——位于胡塞尔住宅的斜对面(这也是汉娜·阿伦特 1926 年在弗莱堡随胡塞尔学习时曾住过的地方。——译者注)——之后,施皮格伯格便立即开始阅读洛克。

学之中。其余的部分将会由课程提供。①

次日晚,整个研讨课的成员加上几位其他的现象学家等都被邀请到胡塞尔的住宅中,②一共有约 30 人。整个活动是在一个不大却漂亮的住宅的三个房间里进行。尽管如此,整个晚上的气氛还是亲切而令人兴奋的,晚宴招待极为丰盛,一直延续到 12 点以后。我被称作"彩色狗"③,但为此至少可以整晚坐在胡塞尔近旁并谈到许多有趣的事情,尤其是他几乎整晚都在演讲和叙述。一开始时就谈到了父亲④,胡塞尔立即回忆起他是"德国最重要的埃及学家",并说他很遗憾没有能够在 1919 年将他吸引到弗莱堡来。当然,不可能也没必要给你们复述整个闲聊与谈话的内容,因为它们大都围绕现象学进行。也许我以后再向你们面叙,或也乐于致函亨利希舅舅⑤报告细节,如果他对此感兴趣的话。——但无论如何,在总体上我对他的人格抱有深深的好感,为之所感动。尤其是他谈论李凯尔特的方式也让我觉

---

① 但施皮格伯格"课堂报告"的宣读实际上是一次失败,因为胡塞尔在前几句话刚读完就开始插话,并且直接开始研讨课的讲话,而施皮格伯格此时站在胡塞尔身后的小阶梯教室的讲台上还在等待继续宣读的可能性,直到胡塞尔约在 15 分钟之后告诉他,他不再需要他的课堂报告了。可以确定,这种情况并非只在这里出现过一次,它甚至也会涉及"先进的现象学家",如阿诺尔德·梅茨格在布伦塔诺研讨课上的引论报告。

② 胡塞尔当时住在一个多层住宅(洛莱托街 40 号)的二楼。

③ 施皮格伯格在研讨课参加者中的地位在第二堂课上得到确定,胡塞尔当时问到关于洛克"赠读者"的基本思想的问题,他作为最年青的学生是唯一能够给出令胡塞尔满意的回答的人。("彩色狗"的说法来自德语的成语:像一只彩色狗一样著名。——译者注)

④ 施皮格伯格的父亲威廉·施皮格伯格(慕尼黑西北部的施皮格伯格街便是对他的纪念)在被驱逐出斯特拉斯堡后(即在法国人于 1918 年底解散了德语大学之后)得到了多个新老大学提供的职位,他从中选择了海德堡大学,主要是因为那里的图书馆,他在那里担任了四年的客座教授,而后于 1923 年被聘为慕尼黑大学埃及学的讲座教授,他在那里任教,直到 1930 年 12 月突然去世为止。

⑤ "亨利希舅舅"是施皮格伯格母亲的长兄亨利希·封·雷克林豪森。他是一位生理学医学专家,作为自学者也是哲学家(参见约瑟夫·哈贝尔:《亨利希·封·雷克林豪森的哲学》,累根斯堡,1957 年),施皮格伯格将他当作指导老师,从他那里获益甚多,尤其是在雷克林豪森因德国第一次通货膨胀而失去了其不多的遗产,从而搬到施皮格伯格家中居住的那些年里。

得十分满意,①尽管可以理解,李凯尔特关于现象学的《逻各斯》文章②曾让他相当恼火。对我来说,此刻的这个状况当然有些复杂,因为尽管他并不希望我表达自己的意见,我还是觉得自己时而会直接被省略地触及。在实事方面,我在这里认为他说的每一句话都是有道理的——所以也没有发生失礼(faux pas)的事情。③ 此后我坐在他身边,听他谈论法哲学的所有事情④(他极力支持在哲学前学习一门单科,尤其是学习法理学),我在这里获得了现象学意义方面的全新视角;而后便谈到了宗教与宗教哲学,而我也亲身了解了许多有趣的东西。⑤ 这

---

① 前一个学期,施皮格伯格在海德堡积极参与了李凯尔特的各个讲座和研讨课,但对其构造主义的哲学并无深刻印象,因而决定在进行法学国家考试前的一个相对空闲的学期到弗莱堡胡塞尔这里学习,而李凯尔特当时曾对胡塞尔做了一个并未使施皮格伯格信服的讲堂论战。在施皮格伯格外祖家与李凯尔特(两家都来自但泽)之间存在着家族关系。所以施皮格伯格才会因为其对李凯尔特传统的"出卖"而感到尴尬。(亨利希·李凯尔特(Heinrich Rickert,1863-1936),德国哲学家,新康德主义弗莱堡学派的主要代表,也是胡塞尔弗莱堡教席的前任。——译者注)

② 亨利希·李凯尔特:"哲学的方法与直接之物"(Die Methode der Philosophie und das Unmittelbare),载于:《逻各斯》(Logos),第十二期,1924年,第235-280页。诚然,这篇文章所包含的对现象学的批评是相当温和的。

③ 施皮格伯格今天已经记不得这里涉及的具体内容是什么了(一个与李凯尔特相关的、尽管所有这一切也仍然使施皮格伯格觉得自己负有责任的泄密?)。

④ 施皮格伯格当时是正式的法学学生(不过他在完成见习律师考试的三年后才为了哲学而离开这个专业),他当然会为胡塞尔在他当时主课方面的兴趣而尤其感到高兴。胡塞尔在这里也谈到他的长子格哈特,施皮格伯格接下来便会将他当作一个样板来报告;胡塞尔同样还谈到阿道夫·莱纳赫及其现象学的研究工作[《公民权利的先天基础》(Die apriorischen Grundlagen des bürgerlichen Rechtes),1913年],当然,胡塞尔因为莱纳赫对权利体验的主观意识视角的忽略而不再对这些研究感到满意。

⑤ 在前面注释③所说的文章中,施皮格伯格已经谈到胡塞尔对克尔凯郭尔的好感,但还没有提到他与鲁道夫·奥托的密切关系,后者曾是胡塞尔哥廷根时期的学生。关于胡塞尔与奥托的关系可以参见施皮格伯格:《现象学运动》,海牙、波士顿、伦敦,1982年,第150页注20,以及胡塞尔致鲁道夫·奥托的信(G. 瓦尼尔翻译),载于:《哲学研究》(Les Etudes philosophiques),第3期,1983年,第349-352页。[鲁道夫·奥托(Rudolf Otto,1869-1937),二十世纪最杰出的宗教学家之一。胡塞尔于1918年读过他的书《神圣》(Das Heilige),并于1919年3月5日致函于他。该信函的德文原稿现载于《胡塞尔书信集》,第七卷,多特雷赫特,1994年,第205-208页。——译者注]

当然并未排除这样的可能性,即我始终还没有"皈依",即使我看到可以在这里学到多少东西(这当然是指,在弗莱堡学到的甚至要比从现象学著述中学到的更多)。我在此也认识了其他一些略感亲切的人。当然,我只是在欢迎接待时才匆匆地见过"她"。①

我与贝克尔也相处得很好。② 他的练习课要小得多,课程的进行非常实际,或许对于行家来说包含的东西不多,因为他至此始终紧密地与胡塞尔的文本相衔接,但这对我来说很有用,因为可以通过提问来了解一些东西。此外,他本人并不是那种过于灵巧的人,差不多是瓦格纳博士(《浮士德》)那种学者类型,而他的课程变换不定。但对此还是以后等我有了更清楚的印象后再说吧。

---

① "她"是指胡塞尔的妻子马尔维娜·胡塞尔,娘家姓:施泰因施奈德。她作为非哲学家起着重要的,但并不始终是幸运的作用,例如因为她的犹太式的反犹主义和其它特性,为此她成为一些奇闻轶事的靶子。例如参见勒维纳斯:"表象的废墟",载于:《埃德蒙德·胡塞尔:1859-1959年》(*Edmund Husserl 1859-1959*),"现象学丛书",第4卷,马尔蒂米斯·奈伊霍夫出版社:海牙,1959年,第74页。

② 奥斯卡·贝克尔当时是私人讲师和胡塞尔的讲座助手,以后直至1964年去世都在波恩担任教授。他后来也在其讲座中讨论当时(即1923-1928年)还住留在马堡的马丁·海德格尔的《存在与时间》的重要内容。尽管他的出发点是数学,贝克尔对海德格尔的评价还是远高于对胡塞尔的评价。

视角变化:一个胡塞尔印象的构造[①]

〔美〕赫伯特·施皮格伯格 著

肖德生 译

"在近-远-定位变化中……我归于事物本身的……(是)一个……多种多样地展示自身的东西——我现在谈的是视角的变化。"

——《胡塞尔全集》,第6卷,第161页

"……无限不完美属于'事物'和'事物显现'之相互关系的不可扬弃的本质"(《观念Ⅰ》,第44节;《胡塞尔全集》,第3卷,第100页及下页[②])。胡塞尔这个重要明察在提升的程度上也对"人格"(Person)和"人格显现"(Personerscheinung)有效。这个明察多么更切合一种像胡塞尔这样的个性(Persönlichkeit)!

但是,并非所有这些显现在同样的程度上是特征性的。如果对我同胡塞尔相遇的后来思义(Besinnung)可以要求超过个人的意义,那么这个意义不应该建立在我同他接触的范围和强度的基础上。这些接触被认为是一系列远视角和近视角的例子,这些视角在它们意

[①] Herbert Spiegelberg, „Perspektivenwandel: Konstitution eines Husserlbildes", in: *E. Husserl, 1859-1959. Recueil commémoratif publié à l'occasion du centenaire de la naissance du philosophe*, Martinus Nijhoff: Den Haag 1959, S.56-63.

[②] 通过比对《胡塞尔全集》第3卷原著的页码,译者发现,这句话原文出自《纯粹现象学通论》,海牙,马尔蒂米斯·奈伊霍夫出版社,1976年,第91-92页。——译者注

向、充实、失实和修正的变化中应该证实他的构形用之不尽的多维性。作为这样的一些视角,它们也可能具有某种典型的意义。

海德堡的前视角

我的最初胡塞尔印象要回溯到1922年的岁月,在那些日子里,海德堡高级中学学生形成了他对哲学重要人物的最初印象,这些重要人物主宰着当地人的视域。亨利希·李凯尔特的奥林匹克式的清晰和雄辩在其中占统治地位,卡尔·雅斯贝尔斯,这位不安宁的-天才的瘦长的前-心理病科医生,显得是一个非专业的初学者。但还在那个时候,胡塞尔的声誉就已经显露在这个视域之上,并且对学院的地方观念提出了警告。值得深思的是,他能够排斥弗莱堡"西南德学派"的传统。他对哲学作为严格科学的呼唤仍旧显得是一个征兆。他的《逻辑研究》甚至在海德堡也被称作新世纪这门哲学最重要的著作。

但是,只是作为1922-1924年海德堡的高中学生,我才对弗莱堡转向的意义获得一个更清楚的视角。对李凯尔特体系的假象明白性(Scheinklarheit)和图式对称性越来越多的不满,以及也许更多是李凯尔特本人把它指向南方的持续而很少可信的讲坛论战,增加了我的兴趣,并且促使我紧张地自学胡塞尔的著作。1924年夏,它们导致这样一个决定,即在弗莱堡度过一个自由的学期,这在当时的海德堡几乎可能被看作是哲学叛逆罪。

弗莱堡的近视角

胡塞尔在1924-1925年冬季学期只做了并未充分吸引现象学初

学者的近代哲学史讲座,而且他还"为高年级学生做了关于贝克莱《人类知识论》的现象学练习课"。① 尽管我的准备性的训练不足,我还是决定至少试一试,即作为旁听生获准旁听这些练习课。因而,我在胡塞尔的谈话时间里首次见到了他。他的身姿挺直,凸出的脑袋略向后倾,似乎足以弥补其物理尺寸方面的不足。他用透彻的目光打量我。让我感到如此轻松的是,他认为我的准备工作和我的理由是充分的,可以立即准许我参加!

每周一次两小时的研讨课在大学教学楼的一间较小的阶梯教室里举行。除了作为胡塞尔独白的研究哲学的跳板,贝克莱的论文在这里意义不大,在每次课开始时,这种研究哲学由一位研讨课成员对在前面课时内容的一个短评所引起。无疑,它是一个独白,但是,是一个以其强度吸引人的独白,即使胡塞尔尤其是在开始时常常有所重复。他不使用讲台,在大多数情况下站得很直,并且在第一排长凳前敏锐地凝视着听讲者,或者沉思地来来回回踱步。坚持特有的高声连同奥地利的语调听起来使我感到犹在耳中。他说话不用讲稿,却很少中断,但并非没有某种不自然的状态。并不缺少一个有点滑稽可笑的幽默、自我批评,但常常也有损于一位研讨课成员。例如,我还记得,为了澄清身体与自我的本质关系,他把一位年龄较大的研讨课参加者在自由变更的想象中变成一个大纸球。只是他很少对听众提出问题。当一次一位成员提出一个反对意见时,胡塞尔打断道:"您慢点说!您一定知道,我难以设身处地为别人的思路着想。"

这里不是仅仅暗示性地报道这个研讨课内容的地方。但是,我

---

① 关于这个"高年级学生的现象学练习"的研讨课的详细情况,参见:"作为大学生在胡塞尔身旁:施皮格伯格写于1924/25年冬的一封家书",赫伯特·施皮格伯格撰,卡尔·舒曼编,倪梁康译,本书第256页脚注①。笔者译此文时,倪梁康先生已经翻译了上文,我做了参照。——译者注

不想不提我这个初学者扼要记录下的几个由胡塞尔为初学者所做的一些纲领性说明所具有的印象。胡塞尔以此方式谈到了学习现象学"内部直观"(Innenschau)的必然性,这种内部直观并非不同于自然科学中的观察,并且胡塞尔谈到现象学就是"目光使用",在这种"目光使用"时,人们"把传统抛在脑后,尤其是把语言和所有学过的东西抛在脑后"。在这里,贝克莱,胡塞尔研究过的第一位哲学作家,作为最早的现象学作家之一可以作为榜样。毕竟,"现象学家必须专注于历史,不应该漠视历史,必须与原创作者保持联系。"当然,"应该停止(单纯的)著作阅读。人们必须专注于著作是活生生的人的著作,必须把它们理解成生活著作。"接续的是一个提醒,是对被忽视的英国经验论的研究,这种经验论今天被视为"在这下面过去"(drunter durch),从洛克开始,但在这里避开像基尔希曼的"有毒的"译本。①我可以补充一点:这个警告对我本人成了紧张地专注于英语和英国哲学的最初具体诱因。

但是,在洛莱托大街40号房子2楼研究班的欢迎仪式上,我得到了对胡塞尔的个性最生动的印象。在这里,胡塞尔无拘束地从一个小组转到另一个小组,提出问题且回答问题,并以这些问题为出发点以自由的方式评论且探讨这些问题。以此方式,他把李凯尔特的著作与一间高大的圆柱式大厅比较,第一次阅读时他审美地享受它的清晰性,但重复阅读时他知道没法和它的空洞打交道。尽管承认舍勒的天才,他还是谈到他是一个冒牌货-现象学家(Talmi-Phänomenologe):"人必须具有突然产生的思想;但是人不应该发表这些思想。"他把普凡德尔称作"我们最坚实的工作者"。甚至于他以

---

① 关于这个"有毒的"译本的具体说明,参见:"作为大学生在胡塞尔身旁:施皮格伯格写于1924/25年冬的一封家书",赫伯特·施皮格伯格撰,卡尔·舒曼编,倪梁康译,脚注⑤。同上。——译者注

肯定的同情回答了对克尔凯郭尔和特奥多尔·海克尔的质问。他以自发的热情谈到了赫尔曼·黑特讷的德国文学史。作为法学大学生他向我指出阿道夫·莱纳赫。但是,他补充说,还需要与莱纳赫的本体论完全不同的东西,一门权利意识的现象学,对这门现象学他即兴拟定了一个当时令我神往的形象。但是,给我留下最强烈印象的是,劝告的声明缜密性无论如何在于:"为了从事基础工作,人们不可以过于善待自己。"他本人无非是想作一个奠基工作者。这里有严格的科学技工的热情。难以否认某种热情洋溢。但它是真诚的。

慕尼黑的后视角

一个学期之后,主要是当时在法学主科学习方面的外部原因将我从弗莱堡引向了慕尼黑。然而在这里一同起作用的还有这个明察:弗莱堡的现象学要求我这位犹豫不决的初学者与大师保持一个过于固定的联系。因为,我无法抑制自己对胡塞尔的新学说的怀疑,同时也难以抑制自己对由奥斯卡·贝克尔所提供的常为人所论及的马丁·海德格尔(他当时还在马堡)的解释学现象学的印象的怀疑。尤其是在慕尼黑还有普凡德尔的吸引,胡塞尔在研讨班的欢迎仪式上曾给他以很高的夸赞。当时普凡德尔还在主持现象学《年鉴》的编纂工作,并且偶尔到弗莱堡拜访胡塞尔。

当然,"慕尼黑人",正如胡塞尔称呼他们的那样,自认为自己是一条独立的、"自由的"现象学路线,它的起源未曾受他们导师特奥多尔·利普斯的心理主义的束缚。胡塞尔的《逻辑研究》是他们的圣经。但是,他们对胡塞尔的弗莱堡发展所持的态度日趋保留。引发不满的主要原因是胡塞尔现象学的观念论,慕尼黑人认为这种观念论缺乏强有力的证据。尤其是因为在胡塞尔自《观念》以来的出版著述中有诸多纲领性的承诺,却未通过具体的现象学分析而得到践履,他们对此感到失望。

我这样一位弗莱堡的初学者认为所有这一切并非没有理由,即使我从未能够完全学会慕尼黑人的批评,我觉得这个批评在有些方面显得过于是素朴实在论的。但是,我享有慕尼黑人研究现象学的新的、非独断论的自由,这种自由使我有可能为我的第一本现象学-本体论著作获得哲学基地。弗莱堡方面认为这本著作适合于胡塞尔主持的年鉴,这对我而言是一件愉悦的惊喜。但更为令人惊喜的是,胡塞尔的回答是寄来一个题赠了不变的友谊与鼓励的特印本。这样的情况也在以后的岁月也重复过。当然,他在这里从未隐瞒过他的失望,即自《逻辑研究》以来,他的所有著作都被疏忽了,它们受到了"很多局限","这些局限遮蔽了我在最近十年里已经揭示的新维度",而且这些局限"始终还停留在本体主义和实在论中"。而且他毫不怀疑,他会让慕尼黑现象学家的所有著作都不再被视为真正的现象学,甚至不再被视为哲学,而只被视为个别科学的成就。

我最后一次见到胡塞尔是1936年10月8日。一年前,他在一张明信片的末尾鼓励我为了"共同爱智慧"(symphilosophein)而去探访他。这恰好应合了我在对欧洲大陆背转身去之前再见他一次的愿望。但这个一小时的会谈进展不顺,会谈时几乎只是胡塞尔在说话,收益甚微,甚至简直让人尴尬。在短时间内我就明白,他现在仅仅将我视作"慕尼黑人"的代表,这些人对他不再感兴趣,并且甚至不再阅读他发表的东西。当我在指出欧根·芬克的那篇被他认可的著名文章的情况下(这篇文章载于1933年的《康德研究》)谈到这样一个希望,即希望他不久会端出在那儿许诺的对原造构造的指明时,他带着一种急躁的信心告诉我一部即将完成的,与芬克共同撰写关于时间的巨著。胡塞尔说话带着令人不安的激动和痛苦的辛酸,这些激动和辛酸使所有试图调和（Überbrückungsversuch）变得无意义。与慕尼黑的决裂已变得不可挽回，这是明白的。但是，77岁不屈的思想勇气和工作勇气却激发了新的钦佩，甚至那些天命之年的灾难[①]也未能使这种勇气屈服。仔细回顾从那时起已公开的信件来往，今天我相信悲剧性地疏远慕尼黑成员的理由，并且相信能够更好地理解胡塞尔不友好的理由。归根到底，它来源于失望了的希望：在一件共同的实事上合作，胡塞尔从未放弃这个希望。

美国的远视角

从那时起，20多年过去了。它们为我带来移居到英美人研究哲学的世界，这个移居并非出于自己选择。在英国一年使我接触到一种乔治·摩尔、查理·邓巴·布罗德（Charlie Dunbar Broad）、威廉·大卫·罗斯（William David Ross）、阿尔弗雷德·C.尤因（Alfred C. Ewing）分析的思维方式，他们已经在许多方面以独立于现象学的方式获得了与之相似的明察。而后，出现了习惯于更全球性的惊人生动和广阔的北美哲学氛围，这种哲学的成果高度，首先就论证的明白性和缜密性方面来说，需要得到高度的尊重。在德国被解释为胡塞尔效应的一些事情，例如，心理主义的统治地位，在这里由于思想家如伯特兰·罗素的影响而独立地得到了克服。与此相比，胡塞尔转向笛卡尔主义和超越论观念主义，与美国反感笛卡尔和英

[①] 这些天命之年的灾难有可能指的是："1916至1918年对胡塞尔及其家庭来说是一个悲伤的岁月。1916年3月8日，胡塞尔最小的儿子沃尔夫冈阵亡。1917年春，他较年长的儿子格哈特在香槟地区受重伤，而胡塞尔的母亲尤丽叶·胡塞尔也于1917年7月初在维也纳去世。"参见："编者引论"，鲁道夫·贝耐特撰，S. XX, in: Kluwer Academic Publishers, *Edmund Husserl*, *Die Bernauer Manuskripte über das Zeitbewusstsein*（1917/18），2001.——译者注

国反抗黑格尔学派的观念主义彼此相交。但是,更重要的是哲学气氛的区别:不带有狂妄的哲学思考的实事性,不带有针对个人的尖锐性的哲学谈话的强度,怀疑的谨慎,特别是生动幽默的感觉。在一个这样的维也纳学派和柏林学派的逻辑实证主义氛围下,留下一个比现象学更强烈的印象,并且路德维希·维特根斯坦的治疗实证主义成了头号新闻,这不意外。

首次回顾大陆研究哲学带来一个收缩的结果,并且给总是警觉的怀疑以动力;另一方面导致过高评价家乡名人的乡土主义过去了,这不可能缺席。在那里,显得无情的严肃态度和对实事的献身精神的东西,现在常常用作自负(Pompösität)和装模作样,缜密性常常用作迂腐,术语的创新常常用作疏忽共同感(commen sense)的语言智慧。

在一个这样的氛围,演示现象学的意义重大,尤其是指明胡塞尔对新大陆(Neue Welt)难题状况的贡献,这并不简单。尽管美国哲学观念开放的好客,尽管本土和由国外移入的现象学家非常努力,使命直到此刻尚未消解。缺少重要文本的译本。可供使用的译本并非总是可靠,并且在忠实原文和语言合法性之间尚未发现在胡塞尔情况下特别困难的中间道路。因而,胡塞尔在英美世界仍然首先是一个谜语(Änigma)的伟大名字,这个谜语难以编入当代哲学图像,除非作为实存主义的先驱。

但是,收缩的结果对移居者(Verpflanzter)不再持续下去。对英美研究哲学更明白和更清醒的世界的深化,最终揭示了它相对的现象贫乏及其难题硬化。新的分析哲学首要是语言分析,而非现象分析。它的语言限制了它的实事被给予性的目光。这个明察今天还在增加(Wachsen)。它开启了恢复现象学思想财富的新的可能性。异常珍贵的丰富胡塞尔形象在这里意味着一个特别的帮助,这种丰富近年通过卢汶和科隆的发行已成为可能。在研究手稿不懈的迫切中,同时很动人地揭示了胡塞尔哲学研究的真正严肃的态度,准备修订并且重新开始,正如它尤其在生活世界新现象学中证明自身的那样。

总体视角

当然,像大多数"大人物"的伟大不是没有人类的弱点一样,尤其像讲坛大人物的伟大不是没有人类的弱点一样,胡塞尔个人的伟大也对他直接的环境共同负责。他的伟大最初是他计划的伟大,他靠这个计划生活。单单这一点应该使一个狂热崇拜他的个性成为不可能。在胡塞尔身上有足够人性的东西,甚至于有太人性的东西,人们可能对这种太人性的东西报以微笑。但是,在他的无条件哲学良知性(Gewissenhaftigkeit)的伦理中,甚至有足够不仅仅是人性的东西,这种东西要求敬仰。

我在这里试图描述的所有这些视角,哪一个理应得到优先地位?没有和所有。看来,它们全都以情况和阐发为先决条件。但是,同一意向相关项的核心是不会认错的。这个核心在一定程度上甚至解释视角变化的必然性。并因此属于同一关系极之本质的是来自新立场的总是新视角的产生。如果他的印象固化了,如果这个印象不再在总是新的构造中展开新的视角和新的意义,那么这正是胡塞尔效应的终结。

(阿普尔顿,威斯康星州)

回忆胡塞尔[①]

〔德〕汉斯-格奥尔格·伽达默尔 著

单斌 译

一战后的弗莱堡大学在德国哲学学生中有一种声名远播的巨大感召力。现象学一词听来既神秘又富有希望。1920年我还在马堡读书,曾参加一场社会改良讨论会,这种讨论会在学生当中向来流行而颇受欢迎。那时我们处于一种国家形象分崩离析的状态。关于如何拯救欧洲的方案五花八门,为我们熟知的就有斯蒂芬·乔治、马克斯·韦伯,当然还有卡尔·马克思、奥托·冯·基尔克、克尔凯郭尔等,然而最终有人断称,唯有"现象学"堪当此任!我第一次听说现象学这个词,至少是第一次如此印象深刻。显然我们这些人在拿到博士学位之后要到弗莱堡来寻求出路。然而就我而言,海德格尔的亚里士多德研究的吸引力要甚于胡塞尔的现象学研究,不过两者并不排斥。而是相反,海德格尔已经令人确信在亚里士多德那里可以发现一门真正的生活世界现象学,胡塞尔则称之为"古代"的生活世界现象学。因而胡塞尔完全同意,除了研究"观念"之外,也要研究亚里士多德。胡塞尔友好地接待我,仿若我是马堡学派的特使。当然这也不是无缘无故的,胡塞尔将我的导师保罗·纳托普视为知交同道。由于我要跟随他的学生海德格尔研究亚里士多德,故而胡塞尔引以

---

① Hans-Georg Gadamer,原文无标题,载于:H. R. Sepp(Hrsg.),*Husserl und die Phänomenologische Bewegung - Zeugnisse in Text und Bild*,Verlag Karl Albert:Freiburg 1988, S. 13-16.——译者注

为豪地四处引介。

我当然也参加胡塞尔的讲座和研讨课。他的讲座课是在一个大阶梯教室进行,一般坐满半场。他说话声调并不抑扬顿挫,而是平缓单一、轻柔的地方口音。我尤为他自身陷入沉思而出神的情景所吸引。此外,胡塞尔描述艺术的直观性确实令人惊叹不已。有一次我和好友弗尤多尔·斯太蓬（Fjodor Stepun）一起去听胡塞尔的课。斯太蓬是一个颇有天赋的演员,曾在海德堡师从文德尔班。至今（1923年）为止,他已主持莫斯科艺术剧院近两年。据说他现在把胡塞尔对讲台的观看描画为:胡塞尔就像一个发疯的钟表匠。同时斯太蓬极为出色地描述了胡塞尔最为独特的、精神贯注的动作,在讲座中他右手伸出的手指在左手掌心旋转来旋转去。斯太蓬敏锐地观察到了这一动作。不过这也表明,他实际关注的不是胡塞尔在独特手势之外真正专注投入的现象学描述工作所引发的哲学。胡塞尔知道实际关注之事。有一次他在讲座中生动地叙述、描画他做梦的情形。他在梦里十分详细、生动地表象一个骑马的阿拉伯人的所有细部,戴着五彩的穆斯林围巾、佩着弯刀,以及穿着其华丽的衣袍。如果他在意向之真实的充盈中完全清晰地看到所有这一切,那么他在睡梦中也能如此。

他也如此专注于讲台。举个例子:为了阐明感知错觉的本质结构,他以可爱的纯朴讲述他在柏林的一次经历。这很可能是他被柏林教育部初聘哥廷根期间。他非常惬意地沿着大街漫步,最后到达弗里德里希大街火车站后面闻名一时的蜡像馆。他现在讲述道:当他拾级而上时,一位漂亮女士似乎正跟他招呼邀迎。他犹疑不已,呆呆相视——突然觉察到:"原来是一个蜡像!"他以东奥地利口音柔和而近乎亲切地说蜡像这个词,直到如今仍令我难以忘怀。这听起来半是惊异半是失望,其中既有温切也有失落。

我还确切记得一门研讨课。在这门课的圈子里我是新来乍到的。他徒劳地试图使每次研讨课都变成研讨课，想让听众从他们自己的角度来回应他提出的问题，大多数研讨课参加者都已非常了解他们的老师，故而没有任何回应的动力，与之相反，我作为一个新人完全无拘无束。我对他的问题的回答大概不是十分糟，也不是十分好。胡塞尔由此找到了充分的激发在一个半小时内不停歇地从他的方面来阐明相关问题。然后时间已到，研讨课结束。胡塞尔走出教室，海德格尔、奥斯卡·贝克尔、克劳斯以及几个在他身边学习的不同年级的博士生跟随左右。胡塞尔边走边转头向海德格尔期求赞同地说（在他一个半小时的独白之后！）："今天的课实实在在是一场真正热烈的讨论。"

另一次，已临近期末，他阐述一门发生现象学的总体方案，同时作为接下来的报告会的导论。这令人心驰神往。当时我就有所感悟，他很大程度上被视为不自觉地向黑格尔现象学的回返。当然这个任务对于20世纪的思想家要比歌德时代的思想家更为困难重重。现在需要回返到所有科学主导的经验概念之后，不顾哲学的重大问题而导向认识论的优先性。胡塞尔计划将全部经验科学及其所有知识整合入他的观念先天论（Apriorism），正如黑格尔建构的一系列明见性那样。然而这一不可能完成的计划在费希特的思想中就已完整拟订。

胡塞尔当时显然已经确信觉察到贯注其使命的那个时代独特的隐秘主张。他十分真诚地坚持认为他的工作是对崩溃的世界之拯救，也即是对堕入极端的怀疑主义、相对主义和虚无主义之拯救。

他起先就给人如此深刻印象，总是携带着巴拿马帽子和雨伞，以备所有的不适天气，马甲上挂着一个金色的表链，透过眼镜镜片的严格目光审视每一事物。他意识到此乃其毕生志业所在，决心致力于此，这是坚定不移的真诚。他最终关切的唯一问题就是："如何成为一个真诚的哲学家？"以前的数学家可能一直不能摆脱哲学思考中触及的怀疑。因而他旨在探求不可取消的最终奠基，而诉诸明见性并未被同时代的批判所接受。屈尔佩等人针对此提出异议，即还存在错觉的明见性。因而他必须回返到超越论自我的绝然明见性。后来，在退下教授教席之后，他转而忧虑不安于舍勒和海德格尔当时即已发现，而后尤以民族觉醒为名在中欧喧腾不已的非理性主义狂潮的巨大反响。胡塞尔于此觉察到危机的爆发，他以坚定不移地深化其为哲思的真诚而进行的本己努力来回应。他75岁生日时我奉上学生的致谢贺信，我作为年轻编外讲师，亦如其他所有祝贺者那样，致谢他那著名的隐秘主张，并以真正的谦恭致谢他十年前在弗莱堡对我如此友善接纳。

回忆我走向埃德蒙德·胡塞尔的道路和与他的合作[①]

〔德〕路德维希·兰德格雷贝 著

李云飞 译

我生长在维也纳,在1921/22年冬季学期的高级中学毕业考试后,开始在维也纳大学学习,想要研究哲学和历史。就历史而言,我在那里遇到了优秀的老师,但哲学课程却较少令我满意,因为我很早就已通过对《纯粹理性批判》的阅读获得了一个哲学水平的严格标准。在寻找新的哲学著作时,我遇到了马克斯·舍勒当时已发表的第一批论文。我在这些论文中发现很多对胡塞尔的现象学的提示,当时,胡塞尔的现象学在维也纳大学几乎没有什么名气。当然,我按照那些提示买了《逻辑研究》和《观念》第一卷(1913年第一版)。但是没有指导,对它们的研究是不可能的。

因此,如果我想要更切近地体验现象学,那么我必须去弗莱堡胡塞尔本人那里。

这个大胆的计划在1923年夏季学期能够得以实现,因为第一次世界大战后的奥地利货币已稳定了,而德国马克的通货膨胀仍然不停地攀升。但绝非理所当然的是,一个年轻的大学生在四个学期内

[①] Ludwig Landgrebe, „Erinnerungen an meinen Weg zu Edmund Husserl und an die Zusammenarbeit mit ihm", in: H. R. Sepp (Hrsg.), *Husserl und die Phänomenologische Bewegung - Zeugnisse in Text und Bild*, Verlag Karl Albert: Freiburg 1988, S. 20-26.

能很快与胡塞尔有私人接触。这感谢我的叔叔莱欣枢密官(奥地利工艺美术博物馆主任)。他于80年代学习期间在弗兰茨·布伦塔诺的讲座中结识了埃德蒙德·胡塞尔,并且与他成为朋友。因此,他将我推荐给胡塞尔。

当然,我到达弗莱堡后立即在其会客时间拜访了胡塞尔,并且向他呈递了我叔叔的推荐。对此,他说:"我很乐意尽我所能帮助您。"这——以真正的奥地利式的礼貌表达——清楚明确地意味着:"首先对我说,你会什么,然后我们才能继续讲。"而推荐导致的结果是,我不久就被邀请去胡塞尔家喝咖啡,他的夫人也参加了,他极度推崇她的知人之明。在咖啡晤谈后,他领我去他的书房,到了书房,我自然坐在那张已有许多名人坐过的棕色的沙发上。在这里,现在开始谈到我已做好了准备的问题:"您肯定有问题想要问我。"对此,我援引了他的《观念》中给我造成困难的一段。我现在感到惊异的是,他先从书架上取出《观念》的这一卷,而我得给他指出有疑问的段落的位置。代替直接的回答,他做了一个很长的报告,我很快就乱了报告的头绪。而这并没有妨碍他。只是后来我才得知,这是他的风格:他总是那么高度地专心于他正致力于的各种思想,以至于他肯定只是就其当下的思想状况说明其以前的思想。因此,他的回答没有对以前的文本的解释,而有一种总是源于其当下的思想观点的修正。他不愿——就像他也偶尔说的那样——是一只"自我学舌的鹦鹉"。他甚至乐意把自己说成是"永远的初学者"。

我在弗莱堡的第一学期时,胡塞尔接到柏林大学的聘请,继任恩斯特·特勒尔奇(Erst Troeltsch)的教席,他在做了很长时间的考虑后拒绝了聘请。他对我讲,他已梦到他在柏林的第一次课,他得走进一个特大的教室上课,里面有一百多听讲者在等着,这时我明白了他拒绝聘请的原因。他对其留任弗莱堡所提出的唯一条件,就是批准一个学生私人助理的职位，私人助理要帮他整理数量变得越来越大的手稿和为他的课做好准备。(他的遗物中有大约四万页加贝尔斯贝格速记手稿)他选中我为私人助理。因此，我在弗莱堡的继续求学也就得到了经济上的保障。于是我在夏季学会了打字。作为奥地利唯一使用的速记，加贝尔斯贝格速记法是我所熟悉的。

我的第一个任务是给胡塞尔1923/24年冬季学期的《第一哲学》讲座做笔记，并且用打字机转录笔记文本。为此，胡塞尔在每次讲座后都把他的速记手稿交给我，以便检验我的笔记。这个讲座的打字稿笔记，只有第一部分——即截至1923年圣诞节所作的报告——还保存在其原稿中。胡塞尔曾多次把它发给他的听众阅读。从速记文本——胡塞尔通常把速记文本编成和看作某个讲座的基础——无法获得实际的讲授过程的任何概念。《第一哲学》讲座的第一部分打字副本具有这样的特殊地位，因此可以被用作后来的《胡塞尔全集》考证版第7卷的基础。

在接下来的时间里，胡塞尔不再有讲座要用打字机打写，他计划为我安排他感到紧迫的其它任务。自1920年以后，他没有再举办逻辑-讲座，因此，他委托我编辑1919/20年及以前的讲座的逻辑-手稿，并且从中做出一个统一的文本。草稿总是与他详细讨论，总是被补充。此外，他给了我另一些任务，首先是用打字机打写他的通信，这对我来说是很有教益的，因为这大多关系到哲学家聘任其它大学的哲学教席。另外，他于1926年夏季学期免除了我的职务，以便我能完成我的论《狄尔泰的精神科学理论》的博士论文。

因此，我1928年才能把逻辑-手稿提交给他，这份手稿本该取得《经验与判断》的标题。他本人打算写一个导言，但没有写，而是这个计划推动他去充分思考完全新的逻辑问题。这一努力的成果是《形式逻辑与超越论逻辑》，这本书是在1928至1929年冬季的短短几个月中写就的。我得帮他划分文本的标题和小标题。然后它发表在1929年的胡塞尔主持的年鉴的第九卷上（现在的《胡塞尔全集》，第17卷）。

我接下来的任务是再一次审阅《经验与判断》手稿，使其与《形式逻辑与超越论逻辑》的阐述相一致。我可能是在1930年初把这个新的文本提交给胡塞尔。然后他打算本人为它配一个前言出版，因为我的工作已结束了，这是因为自从他退休以后，我的薪水不可能再从大学财务处领取。我的薪水由德国科学互助合作组织发放，按原则不可能再延长。

工作的结束也符合我的个人需要，因为在获得博士学位三年后是努力谋取一个在大学任教资格的时间。对此，胡塞尔也支持我，但他知道，在弗莱堡，它将是不可能的，因为他的继任者海德格尔已经带了自己的弟子过来，他们当然具有优先权。因此，胡塞尔向其它大学的同行求助，他与这些同行具有良好的关系。这是一段长时间的寻找和我生命中的一段黑暗时期。我不可能料到，它将在几年后又导致我与胡塞尔的新式合作。1932年秋，胡塞尔迎来哈勒的哲学教授和美学年鉴的长年编辑者乌蒂茨（E. Utitz）的造访。他推荐我尝试一下布拉格德语大学。德语大学只有一位哲学教授，而没有编外讲师。教授是奥斯卡·克劳斯，布伦塔诺的一个忠实弟子和其著作的编者。他反对胡塞尔的现象学的论战文章是我熟悉的，他把胡塞尔的现象学看作是对真正的布伦塔诺学说的背离。

因此，我准备于1933年1月首次拜访在布拉格的奥斯卡·克劳斯，我叔叔莱欣——他在布伦塔诺的讲座上与克劳斯相识——又给我推荐。我知道，我不能把现象学的著作作为大学任教资格论文提交给克劳斯，而必须选择一个他感兴趣的论题。通过几天的交谈和仔细翻阅他的藏书，我发现了布拉格哲学家安通·马尔梯（Anton

Marty)的著作,他也是布伦塔诺的弟子,而且在克劳斯那里享有崇高的威望。这样,克劳斯邀请我来布拉格,并且向我许诺一个在他的布伦塔诺档案馆的工作岗位。在那里,我于1934年完成了大学执教资格论文《名称的功能与语词含义》,一项关于马尔梯的语言哲学的研究。为了取得在大学任教的资格,必须把它交付印刷,并且于1934年在哈勒大学出版社出版。1935年我会取得在大学执教的资格。

那时,乌蒂茨已受聘前往他的故乡布拉格,而且在那里建立了"布拉格哲学小组"——一个德国-捷克的现象学联合会。负责人是乌蒂茨和捷克大学教授科扎克(J. B. Kozak),我被任命为德国方面的秘书,我的朋友帕托卡(J. B. Patocka)被任命为捷克方面的秘书,他是胡塞尔的最后弟子,在捷克大学取得任教资格。他是最重要的捷克哲学家,于1977年在反对捷克共产主义专政的斗争中遇难身死。他的庞大遗稿如今在"维也纳人学研究所"被编辑出版。一大卷将用于他的现象学论文。

"小组"的最重要任务是发掘胡塞尔的尚未出版的著作。因为我的协作,我获得了一笔洛克菲勒奖学金。1935年春,我受"小组"的委托前往弗莱堡去清点和整理胡塞尔的手稿,我与他的最后助手欧根·芬克一起能在三周内完成任务。对于这次整理非常有帮助的是,胡塞尔本人已经研究它的原则问题。他已经认识到,这个原则只能是一种静态的原则,亦即划分成各种主题。因此,他已为这次整理准备好封面文件夹,在其标签上写着各自的主题。这些文件夹在卢汶胡塞尔文库至今仍在使用。

1935年夏,在我成功地征得奥斯卡·克劳斯的同意后,"小组"邀请胡塞尔到布拉格大学演讲。但是,到访布拉格的期限得一拖再拖,因为胡塞尔忙于各种各样的演讲邀请,而且首先要去维也纳。因此，他只有在1935年11月才能对布拉格做一次两周的访问，在那里，他以惊人的精力在德语大学和捷克大学的讲堂上演讲，在好些研究所和研究班演讲，就像面对德国和捷克的哲学协会一样演讲。演讲的主题是处于欧洲人的历史性危机中的哲学——这一论题自1932年起已可在其手稿中看到，为此，胡塞尔已于1937年在《欧洲人的危机与先验现象学》的标题下做出了一个连贯的文本草稿。但是，他只付印了草稿的前两部分。它们发表在贝尔格莱德《哲学》杂志第一卷上（因为不再能由胡塞尔在德国发表）。编者是德国哲学家，他们因希特勒而逃离。直至1937年夏病入膏肓，胡塞尔都在致力于《危机》书的主体部分，而未能完成它。

在此情况下可以理解的是，胡塞尔不再能为我的《经验与判断》草稿写导言，就像他打算的那样，而是赋予我全权，独自负责对文本作最后加工，对此还必须考虑到在此期间已发表的《危机》的文本。为了与胡塞尔进行讨论，我还能在1936年和1937年初好几次拜访他。在1938年3月我的最后一次探望时，我不再打算进行哲学的交谈。他躺在床上，他目送我离开的方式表明，他把我的探望视为告别。

后来我自己直到1938年终还在致力于《经验与判断》的文本，而且它本该在布拉格科学院出版社——德国流亡者创办——出版。但当我于1939年3月在出版商那里拿到一本样书时，希特勒的坦克开进了布拉格。出版商必须逃离，但他们逃走前还能将200本样书寄往伦敦的阿伦和昂文出版社，出版社能在英国和美国售书。其余的样书则被纳粹没收并焚毁。这是我与胡塞尔合作的戏剧性的结尾。这里不能再讨论比利时方济各会修士 H. L. 范·布雷达神父抢救胡塞尔遗稿的事。它是现象学历史中的下一篇章。

回忆埃德蒙德·胡塞尔[①]

〔捷〕扬·帕托契卡 著

倪梁康 译

朋友们曾一再地请求我：我应当写下对我曾有幸与几位现象学的巨人会聚的青年时代的回忆录，因为在共同经历过哲学这个最后伟大时代的人中，只有少数几个人还在世，尽管他们只是处在这些首创者们的周边，但仍然还是处在物理的近旁。在这个伟大的时代，人们在学院中[②]带着历史任务所要求的那种独特的责任意识在极度紧张地工作着。

我初见胡塞尔是1929年在巴黎。作为奖学金生，我当时正在索邦听拉郎德教授的一门关于逻辑学的课程，如果我的记忆正确的话，它是在下午17-18点进行的；这时讲课者说道，我们今天必须早一些结束，因为在这个教室里，来自弗莱堡的胡塞尔教授要做一个报告。随后大多数人便离开了大厅，但我留了下来，带着激动的心情，因为我很早就将胡塞尔视作哲学家，听过古尔维奇在巴黎大学所做的关于最新德国哲学的特别讲演，并且与柯瓦雷教授有联系，我知道他是胡塞尔的学生，并听说他正要在索邦为他的雅各布·波姆的长篇论

[①] Jan Patočka, „Erinnerungen an Husserl", in: Walter Biemel (Hrsg.), *Die Welt des Menschen – Die Welt der Philosophie. Festschrift für Jan Patočka*, Martinus Nijhoff: The Hague 1976, S. VII-XIX.

[②] 帕托契卡在这里特意用两个词来表达"学院"："Akademie 或 Licaeum"。前者是柏拉图创立的哲学学院，后者是亚里士多德创立的哲学学院。——译者注

文做答辩。这样,我便一同体验了"笛卡尔式的沉思"的开端,胡塞尔将这些沉思构想和意指为对现象学问题域之总体的系统阐释——可惜这些沉思是如此紧凑和密集,以至于它们几乎不适合用作讲演。然而从这个讲演和讲演者之中还是走出了某种东西,它要求得到理解并将人带入思想的历程,即使它是如此不寻常——人们感觉到一种新的奠基、一种极其深刻的转向的急迫必然性——而且人们看到自己面前的一位哲学家,他不做报告,不做评论,而是坐在自己的工作间里,就好像他是独自一人,并且在与他的问题搏斗,全然不去关心世界与众人。讲演获得了巨大的成功,尽管当时索邦的大师们如布伦什维格(Brunschvicg)、布吕耶尔(Brehier)、吉尔森(Gilson)——柯瓦雷后来向我解释说——因为语言的缘故并未出场。但我在精神中还看见老舍斯托夫在[胡塞尔]讲演结束后一跃而起地奔上讲坛,去向受到他如此多批评的人表示热情的祝贺。……

几天之后我在柯瓦雷的"论文答辩"(soutenance de thése)上重又见到胡塞尔。我至今还记得他在马尔维娜太太和几位熟人的陪同下走下路易-李亚尔(Louis Liard)阶梯教室的台阶,以便作为单纯的旁观者来参与他曾经的弟子的凯旋;然而他在下面受到隆重的迎接,并且被请到上面的评审委员的讲台上就座。他当时正好70岁,给人的印象是还很硬朗,还不具有后来相片中表现出的微秒的物理外观,但他的举止和行动所具有的特别尊严给人留下深刻的印象。

三年之后,我完成了大学学业的毕业考试,并且决定继续献身于哲学,这时一份洪堡奖学金使我得以到了柏林和弗莱堡。1932-1933年之交柏林发生的闹剧中包含着欧洲毁灭的开始,同时也包含着现象学的命运以及许多现象学家的命运的一个悲惨转折。当我于1933年夏季学期出现在弗莱堡时,胡塞尔已经经历过了最初的失望和屈辱。我已由基金会通过一封推荐函而被引介给他,并且很快收到他的邀请。当我接受邀请前往时,他自己出来开门,并且带着最令人感动的友善来接待我。我记不得准确的说法,但有几句话深深地留在我的心中:"啊,终于有这一天!我已经有了来自世界各地的学生,但一位同胞来到我这里——这还从来没有发生过。"

他让我进去报告我的情况,而后说:"如果您在尚未受到哲学学说的浸染情况下,并且不是在精神上闭目塞听地来到我这里学习真正的看,那么我对您是非常欢迎的。芬克博士会与您谈话,而后看您首先需要什么。"随后我还被邀请去喝下午茶,并被允许离开。在喝茶时我第一次遇到欧根·芬克,他当时是胡塞尔的学术助手。他以其高贵而斯文的外表立即打动了我。他对我表现出的友善并不亚于胡塞尔本人。我很快就为他的无可比拟的哲学才华所折服。除了芬克之外还有一位日本人和一位中国人,他们显然与芬克早已有学术交往;芬克后来还曾刻画过他们的精神特性。时隔多年,我已经记不起他们的名字。我们当然谈论现象学、它的精神使命——一旦涉及"现象学的世界概念"时,这是胡塞尔最喜欢的论题。我还记得,他当时说:"我们在这里的统统都是敌人。"他指着我和芬克:"敌人。"指着中国人和日本人:"敌人。""而超越一切的是现象学。"

而后芬克让我去他那里,并且随后向我做了显然不无助益的介绍,因为他得到指令,要在现象学上给我以最为强化的指导,他的确也做了认真的履行。同时我根据建议的顺序来研读胡塞尔的文本,几乎每天向芬克请教,时而我也被带着参与胡塞尔和芬克习惯于每天都进行的"哲学散步",在此过程中他们讨论最新的工作成果。

这些谈话的特点在于,你会立即被理解为最严肃的词义上的伙伴——虽然缺乏经验,但正因为此而提供了一个可能的说服的领域。人们期待友善的指责和说明,而如果没有这些,那么人们可以从沉默和迟疑中听取它们。而在人们处于窘境的地方会转瞬间蹦出一个通过新问题而开启的始料未及的问题域。

胡塞尔与芬克当时主要在探讨作为现象学的超越论的观念论之钥匙的现象学还原的问题域。芬克正准备将这种观念论解释为一种独创的观念论，并突出它与德国观念论的相似性，他是后一方面的专家，而胡塞尔本人则从未停止过对英国经验论的意义的指明，他的大部分教育都受益于这个方面。但芬克和胡塞尔两人都一再强调，应当面向一个具体的个别问题，由此出发才能学会理解现象学方法的普遍意义——这个方法的整个效果是在很久以后才为我所领会的。在芬克那里让我感到异常敬佩的地方在于他的似乎永无止境的提问之艺术。这里有一种与海德格尔方式的明白无误的相似性，而在胡塞尔这里显然始终有一种与此思想家的非论题的分歧在进行着。

胡塞尔一有机会便会强调他的观点与海德格尔观点的不可调和性。想要将它们综合在一起的尝试必定始终会失败，他这样告诫，并且指出，有一些年轻人一再尝试这样做，却一再进入死胡同。也许芬克在这点上恰恰始终忠实于胡塞尔：当芬克试图从整体立场出发讨论空间、时间、世界这些大的总体性问题时，他完全[不]离开超越论反思的现象学道路。——胡塞尔有一次甚至试图要我在去听海德格尔课程与向他和芬克请教之间做出选择；但他很理解我所给出的我的奖学金生的义务的说明，并且对我听之任之。此外，我已经获得对胡塞尔研究的巨大问题如此强烈的印象，以至于我几乎没有时间和精力去深入了解海德格尔。

胡塞尔从未以贬低的口吻谈论海德格尔，他的谈论尽管是批评性的，但却是对他的出色才华的认可。然而对于胡塞尔来说，才华本身与其说是一种价值，不如说是一种义务。他也看到自己身边始终有极富才华的人——这里的典范恰恰就是芬克。有一次胡塞尔描述了芬克在课堂上的首次出现——他注意到当时有一位学生在听课时未做笔记,而且这种情况一再发生。这时他想,如果他来考试,就会有他"好看的";但当他来考试时,他的报告就像是照着书念出来的一样。人们会情不自禁地想到,柏拉图曾将完美的记忆称作一位哲学天才的第一条件。

一个大学生很少会将尊敬的老师看作一个有烦恼、有苦痛、有人的困境的人。两位哲学家当时所过的生活对我来说是新奇的事情。他们似乎并不关心那时在围绕着他们周围的、无论他们是否愿意都决定着他们命运的压抑的政治现实。他们有自己的任务,因为这个任务,他们生活得更为敬业,并且他们当时给了我第一个范例:在全然的公共性之外,一种真正意义上的精神生活如何能够不顾一切地盛开。当时我还远远无法思考胡塞尔的极度担忧,这些担忧与他的事业、这项巨大而努力的工作的命运相关,而且我当时还不知道,这些担忧有朝一日会与我如此地接近。

当我与胡塞尔告别时,他指示我在他以前的助手路德维希·兰德格雷贝那里继续我的学业。兰德格雷贝当时正好在奥斯卡·克劳斯教授那里谋求一个布拉格德语大学的讲师位置,而且他作为长年的合作者可以对超越论现象学的所有问题提供出色的咨询。但后来在布拉格所得到的结果更多:埃米尔·乌蒂茨教授从哈勒回到自己的老家,他视野开阔,对于精神的可能性嗅觉极其敏锐,而且是一流的组织者。这位以前的布伦塔诺的学生并不理解超越论,因此他也就更为强调在胡塞尔那里的具体分析,并且拟订了一个将布拉格建成一个现象学研究中心的计划。按照当时已经世界闻名的布拉格语言学学会的范本,应当也形成一个哲学的学会,它部分是由同一些成员组成,并且与语言学学会保持某种联系。因此,在两个哲学系的教授乌蒂茨和科扎克(J. B. Kozak)于1934年建立起"布拉格哲学学会"①之后,除了每周与兰德格雷贝的哲学私人谈话(与兰德格雷贝的谈话主要讨论胡塞尔的问题,他作为教师在豁达宽容方面并不弱于芬克)之外,我还会去参加学会的公开会议,它们的议程不那么闭塞。

通过埃尔玛·霍伦斯坦的奠基性工作,我们今天知道,布拉格的语言论者对于胡塞尔的《逻辑研究》所欠甚多,主要是通过他们之中最杰出者的中介,我指的是罗曼·雅各布森。然而并非所有人都以同样的程度看清这一点,在捷克人中了解这个情况的主要是扬·穆卡洛甫斯基(Jan Mukarovsky)。当时的精神布拉格有许多始终未被使用的可能性,其中之一便是这种平行性没有得到系统的培育。诚然,兰德格雷贝正在以一篇关于马尔梯的语言哲学问题的论文申请任教资格,他也在语言学学会中活动,而穆卡洛甫斯基也参与我们的会议。然而这个当年的首都如此充满了动力与联系,以至于它们几乎都没有能够得到缜密的使用。这里有布伦塔诺学派,虽然处在一种奇怪的僵化形态中,但毕竟还在维续着那个从中产生出胡塞尔的意识意向性学说的传统。而这条路线的独断的代表人物则更少。卡夫卡的朋友勃罗德(Brod)和维尔契(Weltsch)对于分析的工作要更为开放些。对于维也纳学派的代表人物,人们保持距离。但他们毕竟在此,通过菲利浦·弗兰克与卡尔纳普而得到出色的倡导,并且在某些语言学家和哲学家那里发挥影响。凯尔森(Kelsen)与外尔

---

① 帕托契卡在这里给出的"布拉格哲学学会"正式名称是以法文标示的"Cercle philosophique de Prague pour les recherches de l'entendement humain"(布拉格人类知性研究哲学学会)。这是学会成立时出于在捷克文和德文之间保持某种平衡的考虑。乌蒂茨和科扎克分别是该学会的首任德语主席和捷克语主席。(参见:Jan Patočka,"Edmund Husserl's *Die Krisis der europäischen Wissenschaften und die transcendentale Phänomenologie*", in: L'. Učník et al. (eds.), *The Phenomenological Critique of Mathematisation and the Question of Responsibility*, Contributions to Phenomenology 76, Springer International Publishing, Switzerland 2015, p. 17.)——译者注

（Weyl)的"纯粹法学"虽然与现象学鲜有联系,但凯尔森在谈到胡塞尔时毕竟恭敬有加,而且时常可以在学会中见到他。还有可能与林德渥斯基学派（Lindworsky-Schule)的心理学家们建立起联系。考虑到所有这些,乌蒂茨认为,可以在一种广泛地被理解的、带有《逻辑研究》风格的现象学学说的基础上构建起一个精神科学的研究共同体,它应当为个体提供空间,并且仍然具有足够的特征,从而可以充分清晰地勾勒出自身与外部的界限所在。

1934年的布拉格哲学家大会为学会的建立提供了一个机会。这个大会是由著名的捷克哲学家和生物学理论史的撰写者莱德(E. Rádl)组织的,他是一位具有极为特殊才智的人,在这里的老师中,他的人格对我们大学生的影响最多,而且如今回想起来他的重要性还会更大一些。这个独特的生命哲学家和批判性的学生马塞里克将哲学理解为对现时的人类问题的道德形而上学分析,他产生出一个想法,将这个大会按民主的危机问题来分组。

这个伟大的计划失败了；被邀请的苏维埃哲学家们没有出席,德国人派来的是海帕赫(Hellpach)、海耶瑟(Heyse)以及类似的人,他们无法提供相应于尼古拉·哈特曼这类中立者们的均势,法国的民主"辩护人"、参议员巴瑟米(Barthelemy)后来暴露出自己是一个反民主分子——毫不奇怪,意大利人对他十分客气。这样一来,原先附带的东西在大会上成为了主要的事情,大会成为维也纳学派的首次完整出场,它以当前生机论者们（杜里舒本人也在场)的失败为例演证了它的反形而上学的命题。但莱德的一个基本意图仍然不由自主地流露了出来:让这些非官方人士在官方人士旁边出场,让民主具体地体现在这些不去顾及那些斤斤计较的政治任务的思想交锋中。其中也包括胡塞尔致大会的信,其中暗示了现象学的世界使命——显然是对"危机"问题域的一个预先说明。当时也有重要人物从波兰来到布拉格：英加尔登在大会上与新实证主义者进行了交锋，而我当时是初次能够听到这位极其细腻的分析家和胡塞尔超越论的批评者的讲话，并与之进行交谈。——所有这些都为学会的建立提供了现时的契机。此外还有一个被乌蒂茨以其专注于必要之物的敏锐目光所把捉到的伟大动机：胡塞尔的巨大担忧，即对他的学术遗稿的担忧，乌蒂茨将此作为学会的主要任务之一和主要合法认证之一来加以推动。科扎克教授当时是捷克斯洛伐克国会的议员，他设法弄到了一笔虽然微薄，但对开创阶段已经足够的财政基金，于是制定了计划：获取现有的资料，通过将速记体文稿誊写成打字稿来安置它们。同时还想到邀请胡塞尔到布拉格做一次讲演旅行。我当时的职务是学会的捷克语秘书[德语秘书是哲学系的年青教育学家、讲师库尔特·格鲁伯（Kurt Grube）]，非常兴奋地接受了胡塞尔的邀请，于1934年圣诞节到弗莱堡去拜访他。

胡塞尔对其殚精竭虑的科学研究之命运的担忧由来已久。它们原初可能与现象学内部海德格尔学派占据上风的状况相关联。此外还要加上1933年之后由政治所引发的忧虑，这些忧虑的确是有充分根据的。胡塞尔在他的国家是一个"内部流放者"，并且不能指望任何来自公共方面的公开支持。布拉格学会、捷克斯洛伐克在此情况下虽然不是非常强大的联盟者，但却是在这个看起来毫无指望的黑暗中的一束亮光。将一个伟大的哲学使命，也是人类的使命感受为一种始终活跃的工作冲动，同时不得不为此工作去期待一个被丢入海中的瓶子的命运，这是贯穿在多年间的持续担忧。当时人们还更多地将此视作异常的例外，并且还没有想到，这个命运有朝一日——撇开其使命的伟大不论——会成为那些触及在欧洲大部，甚至间接触及全世界的智识之士的事情的一个预演——人们觉得自己还处在相对安全的状态中，德国当时还受到孤立，而西欧的——也包括我们的！——决定性的政治圈子的道德弱点还没有表现得像在几年后那样明显。因此人们还有理由相信，可以抱有希望和制定计划。在这种情绪中，对流亡者所告知的希特勒政府的庞大军备状况，人们乐于听而不闻，这也是我的柏林朋友克莱因（J. Klein）所遭遇的情况，他于1934年去美国的途中曾在布拉格做了代数学史的几个报告。

胡塞尔与他的老祖国没有很多联系，但有一个动机是强有力的：他与马塞里克本人的关系。在我1934年圣诞节滞留弗莱堡期间常常会谈到马塞里克。胡塞尔很喜欢回忆在莱比锡共同度过的大学生涯，回忆在格林家（Göhrings）的共同交往，回忆莱比锡哲学学会——也回忆马塞里克指引他去维也纳布伦塔诺那里。胡塞尔知道马塞里克为布伦塔诺档案馆所做的事情，并且显然对他抱有某种希望。"在哲学上他并不很重要，但作为道德人格他是独一无二的。"——这是他的看法。他也回忆起布伦塔诺曾谈到马塞里克，说在他的学生中马塞里克是首先对哲学教理的实践结果感兴趣的人。

圣诞前夜我从胡塞尔那里得到一个独特的礼物。初看上去它并不起眼——一块浅棕色的木头——仔细看是一个在读书时用来架书的简单阅读架。这是马塞里克在离开莱比锡时留给这位对哲学感兴趣的年青数学家的，而后者自70年代末便始终保留着它——在忠实的忆念中！这样我便成为一个伟大"传统"的继承人，我从未觉得自己足以配得上这个传统。在得知我此前从未有机会与这位当时的国家总统交谈过之后，他还交给我一封致马塞里克的私人信件，让我到他那里转交给他——可惜没有成功，因为在1935年马塞里克便病倒了；虽然信被交到拉娜宫殿的秘书处，而且我作为带信者受到了恭敬的接待，但已经无法考虑去拜访了——这个不幸后来也重又为胡塞尔本人在他访问布拉格期间所经历。

欧根·芬克也重又在此，谈话在去年的风格中进行。圣诞节是如此和煦,施洛斯山上的连翘已经初放花朵,让人禁不住想要将哲学的散步一直延伸到圣奥悌里恩的近旁。汉斯·拉斯纳(Hans Lassner)也从维也纳来到这里,他为胡塞尔拍摄了许多可爱的照片,这些照片后来流传开来。胡塞尔到布拉格和维也纳的讲演旅行当时便得以决定。

胡塞尔于5月在维也纳讲演,于11月应学会邀请在布拉格讲演——这是学会的活动与存在的顶峰。伟大的思想家来到这里,就像此前在维也纳,就一个迫在眉睫的当前问题域进行讲演,但在这里要更为深刻和更为原本,因为在这里首次将所有问题都建基于被跳过的生活世界问题上:人们看到在尽管成就斐然却仍然爆发的科学危机背后的理性危机和人类危机,人们看到几百年来日趋深化的启蒙危机,要想克服这个危机,就不能回避理性,而是必须达到一个尚未预料到的理性和科学的阶段。它与巴黎讲演形成如此鲜明的对比,在那里论述的是一个在新构建的思想之纯粹苍穹中的设想,而在这里则有一个声音在呼唤人们回返,它将哲学家的信息传达给处在极度危险中的人类。胡塞尔在德语的哲学系和捷克语的哲学系各做了一次报告,此外还在乌蒂茨的研讨课上做了一次即席演说,在语言学学会的捷克人那里做了另一次即席演说,当时罗曼·雅各布森是实际的东道主。在这里可以回想起那个老的场面,即所谓"敌人——而超越一切的是现象学。"讲演重又获得巨大的成功,胡塞尔的人格以及他的思维的孤独力量给人留下深刻的印象。我们的大礼堂在此前和此后都从未看到过这样一种事件,人们从未听到过这样的话语,人们从未被哲学精神如此直接地触及到。

胡塞尔哲学的爱好者当时从维也纳来到布拉格,以便聆听胡塞尔并分担对这位思想家及其著作的忧虑。弗兰茨·考夫曼和阿尔弗雷德·舒茨(Alfred Schütz)常常与胡塞尔交谈,甚至为可能的迁移制定野心勃勃的计划。在速记稿上的工作此时才真正开始。兰德格雷贝去弗莱堡，与芬克和胡塞尔一起做了一个概览，并且将资料带到布拉格。在他的肩上承载着最大的工作负担——后来在准备将《经验与判断》付诸印刷时，情况也是如此。学会启动了关于精神本质的一个周期的讲演，它的包括"危机"在内的第一部分发表在流亡至贝尔格莱德的阿尔图尔·利贝尔特（Arthur Liebert）主持的杂志《哲学》（Philosophia）上。人们已经提前准备在1937年于巴黎计划举办的笛卡尔大会上共同出场。

然而在这个大会与我们之间当时还隔着黑暗的1936年连同莱茵河地区的占领、作为德国重新军备之结果的政治局面的骤变、西班牙内战。自此之后，人们就感到阿南刻的纺锤在反向旋转。国内充满了危机以及政治紧张。但人们始终还在希望着，并且在努力地工作着。在布拉格停留期间，胡塞尔一再催促我完成任教资格考试；探讨胡塞尔论题，尤其是生活世界论题的文章在1936年完成。[①] 任教资格考试的其它阶段在1937年也进展正常。

而不正常的是学会的进一步生存的情况。有一天，所有的非犹太的和无犹太亲缘关系的德国人都离开了我们。甚至连理事会都不得不重组。外部对共和国的压力甚至已经表现在一个看起来如此微小的领域里。

学会在巴黎的出场并没有获得辉煌的成功，但这实际上是一个现象学化的团体的首次国际亮相，是首次现象学的会饮。离开这个充满了不确定气氛、带有混乱的世界博览会外部标记的巴黎，我来到弗莱堡，以便看望胡塞尔并向他报告。我没有料到，这是我最后一次

[①] 其法译本于1976年在马尔蒂米斯·奈伊霍夫出版，题为：《作为哲学问题的自然世界》（*Le monde naturel comme probleme philosophique*），"现象学丛书"，第68卷。——原编者注

有机会与他谈话。

还在大会召开之前就已经发生了令人黯然神伤的损失：马塞里克去世了，莱德的身体垮了。现在我也发现，胡塞尔，这位在坚定的清晰性上的勇敢之士，处在同样黯然神伤的心情中。他知道情况的恶劣糟糕，并且不抱任何幻想——捷克斯洛伐克的梦对他来说已经破灭，他的生命事业重又陷入完全的黑暗之中，对于这个国家本身，他看不到希望。当然，他的谈话还是得体而小心，但这是一种与人们此前习惯于听到的完全不同的声音，它受制于一种对局势的冷静权衡的领会。他没有做出任何预言，肯定没有预言这些事情的可耻结局，但从所有可能情况来看，对于哲学研究而言这是一种绝望的状况。然而在此期间能做的只是继续工作。在我滞留的最后一天，当我打电话去时，我听到马尔维娜太太说，胡塞尔在浴室滑倒了，并且受伤严重。我不能再像约定的那样去看望他。这就是那个发展成致命的胸膜炎的事故，他未能从这个胸膜炎中再得到恢复。——在从波西米亚边境回返时可以看到到处都是军队、大量的机械化部队。——他不用再去经历奥地利的合并（遑论捷克斯洛伐克的灾难）。

通过阿黛尔贡迪斯·耶格施密特（Adelgundis Jaegerschmidt）修女的报告，人们知道这个结局是多么沉重——无论是由于生理的痛苦，还是由于对其受到威胁的生命事业的担忧。但欧根·芬克陈述说，有一天，当他对这些由于是最精神的因而是最沉重的世界担忧转过身去，并且完全朝向另一面时，他便达到了一个临界状态，而这给他带来了平和舒缓。或许可以推测，这种对死亡的挣脱是一种出离。

欧根·芬克在胡塞尔墓前致了告别词。我当时有半年时间正在承担捷克的哲学杂志《捷克精神》（Ceskd Mysl）的编辑出版工作，并且能够将这个告别词的译文予以刊载。学会也组织了对这位现象学大师的一个纪念活动,当时我和兰德格雷贝做了发言。布莱斯劳的马尔库斯出版社那时正好迁移到布拉格,并且愿意接受对学会著述的编辑出版。载有这两个纪念讲话的小册子是这个出版系列的第一辑。第二辑是兰德格雷贝编辑的《经验与判断》的文字。这本书在希特勒的部队军事占领布拉格前不久出版,而后除了少数几册之外,它们都被没收和销毁。战后我还能够为兰德格雷贝提供一册样本用于重印。

我在这里不再叙述学会的解散和它的活动的中断。这是另外一个篇章:与朋友们的分离、陷入孤独。但在这幅昏暗的图像上还添加了明亮的色调。在慕尼黑之后不久,在布拉格出现了一位拯救者,没有人曾预料到他,胡塞尔本人也从未预料到他,因为他从未见过他。关于这个人,可以毫不夸张地说:他将其生命奉献给了,甚至是祭献给了胡塞尔的事业:海尔曼·列奥·范·布雷达(Herman Leo Van Breda)。他自己曾讲述过他是如何挽救胡塞尔的生命事业的,而且他所做的不止于此:他将芬克和兰德格雷贝接到卢汶,组织胡塞尔文库的工作,赢得新的和更新的合作者,使得胡塞尔的思想还在战时便为法国的和其它国家的思想家所了解,冒着极度的个人危险为马尔维娜太太在整个战争期间提供安全保护——他在战后时期拯救了胡塞尔并使其著作为哲学世界所了解。他也接管了我们的担忧,并使得一个计划得以实现,没有他所特有的牺牲精神和认真仔细,任何机构都没有能力完成这个计划;在我们这里,战后的状况对于胡塞尔著作的编辑出版不仅仅是不利的,而且干脆就是不可能的。

回忆胡塞尔[1]

〔德〕马克斯·米勒 著

冯芳 译

1928/29冬季学期,结束在慕尼黑大学的学习,我转到故乡的弗莱堡大学。就我记忆所及,这是已经退休的埃德蒙德·胡塞尔在弗莱堡讲课的最后一个学期,也是作为其继任人的马丁·海德格尔担任第一讲座教授的第一学期。对胡塞尔和海德格尔的大名,我已有所闻,但尚未拜读过他们的原著。由于我的第一位导师弗雷德里希·迈内克的影响,我主要研究历史领域。尽管如此,出于内心需要,哲学一直在我的关注范围之内。作为历史学者,我深入探究了黑格尔、德罗伊森和西南康德学派的文化哲学(文德尔班与李凯尔特)。同时,对天主教青年运动的"投入",促使我对中世纪经院哲学进行了严肃的考察(在此领域,约瑟夫·盖泽尔是我在慕尼黑的导师,雅克·马里旦和埃蒂安·吉尔森则是我在巴黎的导师)。说到现象学,我则完全是个门外汉。在我求学慕尼黑期间,胡塞尔的两个学生亚历山大·普凡德尔和迪特里希·希尔德布兰特在那里任教[2],前者以其《逻辑学》而被视为胡塞尔学派的典范人物,后者则以现象学-伦

---

[1] Max Müller,原文无标题,载于:H. R. Sepp(Hrsg.),*Husserl und die Phänomenologische Bewegung-Zeugnisse in Text und Bild*,Verlag Karl Albert:Freiburg 1988,S. 33-39.

[2] 米勒这里的说法有误:普凡德尔并非胡塞尔的学生,而是慕尼黑哲学家和心理学家特奥多尔·利普斯的学生。——原编者注

理学研究著称。但从这两人身上,我并未了解到何谓现象学以及现象学能带来什么。

那时,我同时准备国家考试和撰写博士论文,但由于文献和遗稿方面的困难,我最终没有完成两篇历史学论文。带着一份论价值哲学基本概念的论文计划,我转到了弗莱堡,此文将探讨价值哲学是否能为历史理解奠基或后者是否更需要另一种(意义上的)奠基的问题(结论是后者)。

阅览了论文计划之后,霍奈克答应做我的论文指导教授。而在此期间,越来越强烈地引起我兴趣的却是一直以来只闻其名的两位"现象学"大师——胡塞尔和海德格尔。与海德格尔,我很快建立起了一种亲近的个人关系,对这一点,我在别处已论及[《弗莱堡大学学报》,第 92 期(1986 年 6 月),第 13-31 页]。在我犹疑是否应该参加"亚里士多德现象学练习"这门高级研讨课时(比起形而上学和先验哲学,我认为自己对现象学尚缺乏足够认知),海德格尔说,这无关紧要,重要的是懂希腊文,冠以"现象学"之名不过是随俗前人(指胡塞尔)之举。但无论如何,尤其令我兴奋的还是有缘在这门学问的"创始人"那里体验原汁原味的现象学。胡塞尔最后一次冬季学期讲座课提供的就是这样的机缘。

这门课名为"移情现象学——讲座与练习"。胡塞尔在这门课中给我的印象与海德格尔截然不同,两者甚至可以说"天差地别"。海德格尔咄咄逼人的非市民阶级作风(Unbürgerlichkeit)、("有意为之"之)新意迭出的陈述风格和语言、"追本溯源"的深入探讨的方式,与胡塞尔慈父般循循善诱的风格形成了鲜明的对照——前者将人卷入提问的旋涡中,后者则给人留下细心倾听和思考一场独白的余暇。课名中所谓"讲座"与"练习"区别不大:课的前半段是"讲座"时间,胡塞尔照例站在讲台上,后半段"练习"时间则上下踱步于微微上斜的大教室中间过道。即便是"练习"时间,多数情况下还是由他本人主讲,但允许学生简短提问。显然,他乐于回答学生们的这些问题。胡塞尔的课堂可谓有问有答,却没有"意见的交流",更不用说"争论"了。

自特奥尔多·利普斯以来,慕尼黑哲学圈业已形成探讨"移情"问题的传统,但这种探究仅局限于心理学范围。作为利普斯第二位后继者的埃里希·贝歇尔则在认识论层面上以"类比推理"的方式得出"他人心灵"(存在)的假定。无论如何,慕尼黑哲学探讨的移情终究以个体意识这样一种单子式结构为出发点。而在狄尔泰有关精神科学的理论中扮演核心角色的移情,同样先需克服"自我"障碍,原初的两个主体或多个主体则是不可想象的。因此,我很好奇,对被称为"先验自我论"创始人的胡塞尔而言,究竟是寓于他人之中的"业已存在"使移情成为可能,还是相反,移情才是我们通达其它主体和客体的基础。这种解惑的期待在胡塞尔的讲座课上没有获得满足。尽管胡塞尔的个性给我留下深刻印象,我还是有些失望。不管怎么说,与胡塞尔的首度相遇毕竟促使我在1930年早春提交的博士论文中添了新的一章——"对埃德蒙德·胡塞尔意识概念中的自发性和接受性问题的探讨"。

这便是我与埃德蒙德·胡塞尔的初缘。比起它,1934至1938年间的二度遇会无论在人际交流还是事务性层面上都要深入得多,在人性价值的意义上也丰富得多。关于这段经历,我也已经在《弗莱堡大学学报》的"海德格尔专刊"中提及。

1933年以后,胡塞尔处境孤立。那些年里,社会关系鲜有不受时局影响的。胡塞尔那时住在洛莱托街,我作为大学助教则寄居于父母位于马克西米利安街的家中。胡塞尔和他的"忠仆"欧根·芬克几乎每天都会经过我家门前去"星林"散步。

从那时还未流亡的弗里茨·考夫曼那里，我也得到了一些有关胡塞尔的消息。考夫曼是在胡塞尔那里通过任教资格考试的，其思想亦受胡塞尔影响。不过，他一开始就认识到了哲学天地中的新星马丁·海德格尔非同寻常的意义，并在其"今日历史哲学"（《哲学研究报告》第 10 册）（1931 年）一文中令人信服地论述了海德格尔思想必将取代新康德先验主义的价值文化哲学。此外，考夫曼还是一个重要的美学家，晚年则以"宗教思想家"之名见世。他死于二战以后，直到那时为止，我们一直保持着频繁、友好的联系。

考夫曼和后来成为我好友的芬克，是两个懂得如何在不"投奔"海德格尔的情况下成为胡塞尔和海德格尔现象学真实中介桥梁的人物。我则以完全不同的方式与退休的胡塞尔形成了一种个人关系。

1933 年之后，我尽管也从芬克和考夫曼那里获得胡塞尔及其所从事工作的消息，但促使我上门拜访胡塞尔的还是马丁·霍奈克。也许霍奈克是出于良心不安——如此对一位年高德劭的大师不闻不问，不管怎么说，这里确有真实的共事情谊。自 1934 年起，霍氏每学期末都会交给我拜访胡塞尔的任务，向他"致以哲学系最衷心的祝愿"，并报告研讨课的相关内容，带去完成的学生论文。简而言之，我的使命类似于向他作"弗莱堡哲学现状报告"、传递文献资料。海氏是否知道此事乃至共同促成其事，这点我不得而知。霍奈克对此并无只言片语，而我本人自 1933 年秋以来就不曾与海氏打过直接的交道（直到 1937 年才因大学任教资格一事恢复了短暂的联系）。

"您将会在与这位大师的会面中得到愉悦并获益匪浅，而您的拜访也会令他感到欣慰"，将这一"期末使命"分派给我之际，霍奈克这样说。此言非虚。几次拜访胡府之后，我将自己与胡塞尔的对话作了即时的记录。我至今还保存着这些记录，它们的作用更在于促进我那时对胡塞尔思想的理解，对胡塞尔本人则意义不大。不过，所谓

"对话"并非名副其实的两方间的谈话,而主要是我这方的记述和报道。胡塞尔本人很少提问,这又与海氏形成鲜明对照。后者1946年之后亦因自身原因被迫与弗莱堡的实际生活中断联系,然而,在那时我与海氏的每次会面中,我都能从他那层出不穷的提问中感受到他对当下发生的一切(不管是"事务"方面还是"人事"方面)充满关切。胡塞尔几乎从未提过这类问题,他更多地谈及与我的论文相关、理应由我向他提出的那些问题。因此,与其说我们之间进行的是"对话",不如说是我对他的"采访":年轻的助手和大学任教资格申请人马克斯·米勒并非真正意义上的对话伙伴,而是一个通过大师的回答受教的提问者。在我眼中,这位大师就像是位"贤者",日常问题无法引起他的兴趣——即使是在时事政治正不断威胁作为犹太人的他和他的夫人之际。看起来,对这些威胁,他似乎一无所知或根本不曾在意。毕竟,他还是"受到庇护"的人(因其国际声望)。

相反,在此期间,他的夫人马尔维娜显然备受折磨——尽管并未失去参与生活的乐观精神。在拜会和离开胡塞尔家时,我和胡塞尔夫人会有简短照面,或交换只言片语。在我看来,是她令胡塞尔能与所有那些忧心烦恼保持距离,不以"溢于言表"的"心事重重"扰乱他的宁静。否则,他不可能保持这种哲学式的开朗和与世无争的心境。我总是禁不住想:斯宾诺莎的处境大概也是这样。尽管几乎"与世隔绝",他还是常常提到一个人——欧根·芬克。"他是唯一一个不断追随我、理解我所说与所写的人。"直至1938年胡塞尔去世,芬克一直保持着对他的忠诚,放弃了一切在希特勒帝国中开展学术生涯的机会。直到1946年,他才在弗莱堡获得任教资格。

胡塞尔从未在我面前谈及海氏的政治立场,对他的哲学思想则提过几次。他大致是这样说的:"他是那时属于我的圈子的人中天赋最高的一位。"胡塞尔曾长久考虑让亚历山大·普凡德尔担任他在弗莱堡的后继者,不过,海氏在思想深度和原创性上无疑更胜一筹。"因此我必须优先考虑他(指海氏)。"从胡塞尔的先验和构造现象学的立场来看,海氏已非现象学者,尽管他从现象学中汲取了很多东西。"也许是他的人类学激情将他引到了一条方法论的歧途上。"显然,这话完全是对海氏的误解。而当我问胡塞尔,他眼下转向"生活世界"——一个以其历史-实际"当下"(Jeweiligkeit)问题域超出先验现象学方法界限的领域——是否乃海氏思想"反作用"使然,他答道:"海德格尔给我留下了深刻的印象,但我从未受到他的影响。"我从未听他吐露过任何攻击海氏人格的言辞。

我问了很多关于宗教现象学之可能性的问题。我的老友海因里希·奥尔斯纳(他也是海氏青年和求学期间的友人)曾在鲁道夫·奥托和马克斯·舍勒那里从事宗教现象学的研究,而在此之前,他亦是与胡塞尔关系紧密的学生之一。胡塞尔认为,艺术哲学和宗教现象学中讨论的价值的"实现"前景不大。可描述的一系列视野才是问题的关键,在这些视野中,才有可能性、现实性和实现可言,这些视野本身则超越诸般"区别相"。我认为,历史-实际的种种宗教形态鲜能引起这位大师的兴趣。他从未领会犹太教丰厚的历史传统,对基督新教的皈依也仅仅是社会习俗意义上的。阿黛尔贡迪斯·耶格施密特·OSB 曾谓胡塞尔在晚年几乎皈依天主教,这种说法在他涉及宗教现象学的"独白"中毫无征兆:他对宗教精神的兴趣是视域现象意义上的,实际的宗教非其关注焦点。至少在那时的我看来,这么说并不为过,我将他的宗教精神/信念视为莱辛自然神论意义上的那种"上帝信仰"。这种看法在多大程度上受到我本人主观思想和个人兴趣的制约,又在多大程度上是对胡塞尔思想方式客观公允的评价,此非我本人能予置评。无论如何,与埃德蒙德·胡塞尔这些短暂的相会属于我宝贵回忆的一部分。但我依然下意识地认为,其人其论主要还是欧洲市民阶层及其打上深深理想主义烙印的思想史的一部分,属于那伟大可敬的过去,而非向西方思想史之新时代的突破(不同于胡塞尔那批在哥廷根的早期现象学小组成员的看法)。

短暂的相逢[①]

〔日〕芳贺檀 著

冯芳 译

能借此次庆祝活动表达对我们伟大导师埃德蒙德·胡塞尔的谢意,我深感荣幸。"美和永恒的东西不能长保",荷尔德林如是说。然而,对胡塞尔先生的美好回忆依然照耀我心,如同昨日回光。

当我1930年前后抵达弗莱堡时,已有许多日本同仁先行到此,他们同样希望在胡塞尔和海德格尔门下研习哲学。这些人中有法学家尾高智央(Tomoo Otaka)(韩国首尔大学教授)、社会学家臼井仪人(Jihei Usui)(京都大学教授)和哲学家三宅刚一(Goichi Miyake)(仙台大学教授)。我们所有人都是哲学上的"新手"。那时的日本既没有称得上科学的哲学,也没有西方意义上的哲学家。胡塞尔教授此时已退休,因此,我们无缘聆听他的讲课。我们只好恳求欧根·芬克(胡塞尔那时的助手)给我们"开小灶"。芬克很乐意承担这份工作。于是,我们每周聚一到两次,或在芬克处,或在我的膳宿公寓"肖茨基"。我们共同研读胡塞尔的文章,专心倾听芬克的讲解。得到像他这样一位出色的教师,我们感到很幸运。就哲学而言,芬克肯定拥有世上最敏锐的头脑之一。就这样,我们度过了如同梦一般美满充实的一年半时光。

[①] Mayumi Haga(芳贺檀), "Kleine Begegnung", in: H. R. Sepp (Hrsg.), *Husserl und die Phänomenologische Bewegung – Zeugnisse in Text und Bild*, Verlag Karl Albert: Freiburg 1988, S. 17-20.

正当我徜徉于幸福时光,一天,却得到一个来自东京的消息。命运的沉重打击使我霎时失去立足之地,摧毁了我一切对于未来的希望。极度绝望之中,我不知何去何从。我甚至想到了死。在我的一生中,这是离死亡最接近的一刻。我不愿也不能再留在弗莱堡,我必须去别的什么地方。不过,我想最后去拜访一次胡塞尔先生,向他告别。那是晚秋的一个下午,天色已经暗下来。来应门的正是胡塞尔先生,他领我进了他的书房。满含泪水的我几乎要倒在他面前,不过,我还是竭尽全力稳住了自己。在我面前的胡塞尔先生就像一位高不可攀的伟人,显示出一种凛然的尊严,同时散发着柔和而善意的光芒。他似乎看到了我的心里,知道我想的是什么。过了一会儿,他带着几分安慰和鼓励的口气说:"您原本研究文学,不是吗?您是欲借哲学的门径接近诗艺吧,这是您高明之处,这样做无不道理。哲学与诗艺就最内在的起源而言是彼此关联的,两者在心灵中有一种秘密的亲缘性。确有必要重新架起哲学与诗艺之间的桥梁。"他接着问:"日本哲学是怎样的呢?""日本没有哲学",我答道:"(目前的)日本只有您的现象学哲学,教授先生。"——"是这样吗?不过,贵国毕竟有其传统哲学吧,比如禅?"——"当然,从前确有禅学,如道元(禅学),现在已经没有了。如今有的只是'绝对无'哲学。"事实上,"绝对无"哲学彼时确实风靡全日本。也许是年轻一代预感到了即将到来的悲剧命运?"我能理解禅学中所谓的'无',然而,什么是绝对无?"看来,胡塞尔先生不赞同这种说法。"世上没有绝对无。只要有生成,就不会有'绝对无'。因为从'绝对无'中只能产生出'绝对无'。人如何能思考这样的东西呢?这样的东西无法成为思想的对象。不。哲学关乎存在和真理。世界的存在是哲学思想体系(产生)的基本前提。有'物'存在,此即事情本身。这是一切哲学的根据。所谓哲学,即与存在之丰富现象建立关联,哲学是对存在的追寻。存在理念是人的生存不可或缺的。理论一旦成了自身的目的,哲学就僵化了。哲学的使命在于,通过追问使自己不拘泥于传统的、事先给定的前哲学的世界理解。"

我就这样告别了胡塞尔先生。归家途中,我已是另一个人。我不再听凭死亡摆布,而是转向了生活,获得了拯救。与胡塞尔先生相会的这半小时,令我彻底脱胎换骨。对教授伟大人格的惊异之情使我置身于新的曙光中,其中的一切都焕发出别样光芒。在我面前,似乎有一种更高的境界开启。这是一种彻底的回向体验,人从此踏上"回家的路",人与自身的关系经历深刻的"转向"。这种转化的奇迹总是发生在生命的边际。那里无生无死,有的只是坚定的信念——身体力行那不可避免之事:"做你必须做的,彻底投入自己——为了人类的未来。"自从这场彻底的回向体验在我身上发生以来,我一直活在生命的边际,这也是我的诗作与哲学的主题(我的书就以《克服死亡》命名)。"克服"其实意味着"超升"。荷尔德林的那句话常在我耳边响起:"危险所在之处,亦生成着拯救。"我不知如何表达对胡塞尔先生的感恩之情,对他的感念将终生不渝——直到我生命的尽头。

从胡塞尔到海德格尔

——1928年弗莱堡日记节选[①]

〔英〕威廉·拉尔夫·鲍伊斯·吉布森 著
赫伯特·施皮格伯格 编
张琳 译

编者序

对绝大多数现象学专业的学生而言,威廉·拉尔夫·鲍伊斯·吉布森(1869-1935)不过是把胡塞尔的《纯粹现象学与现象学哲学的观念 I》(1913年)译为《观念:纯粹现象学通论》的英译者而已,尽管这位造诣颇深的英国哲学家独立完成的这一先锋壮举不甚完美,它的历史却不同寻常,因而值得探究。也许1928年的弗莱堡时期是关键所在,任教于墨尔本大学的吉布森当时正在休学术年假,他在那里度过了一个多学期。这种时间安排使他有机会见证了德国哲学中最重要的现象学教席从胡塞尔向海德格尔的过渡。至于他这个见证者有多么与众不同,可从其弗莱堡日记中窥见一斑。

[①] W. R. Boyce Gibson, "From Husserl to Heidegger: Excerpts From a 1928 Freiburg Diary", edited by Hebert Spiegelberg, in: *The Journal of the British Society for Phenomenology*. 2. (1971), pp. 58-83.

关于日记文本

这本日记最近才公之于众,他的儿子 A. 鲍伊斯·吉布森教授(墨尔本大学)和昆廷·吉布森(澳大利亚国立大学)把这份私人资料中大量摘录的副本转交给了卢汶的胡塞尔文库。胡塞尔文库的范·布雷达教授通过梅斯博士邀请我担任本期的编辑,因此我得以收到他们寄来的另一份副本。此外他们还借给我原件的影印本,对此我深表感激。但我更感谢他们在本文的实际编辑中所给予的及时帮助:A. 鲍伊斯·吉布森教授主要为我提供了有关其父的背景知识,没有他的帮助,即便有这个可能,我也很难收集到它们。昆廷·吉布森教授对本书内容做了仔细检查,其中有一部分是基于他本人的转写与评论。鉴于他们对文本出版的许可,对我所做选择的赞同以及所提供给我的具体建议,我认为这本书称得上是合作的结果。我仅能保证绝大多数解释性注解与导言是我写的。

这份日记的原本是一些记在工作日志上的记录,时间是 1928 年[①],吉布森每天写一小页。相关内容自 4 月 30 日起,至 10 月 16、17 日止,这两天的日记各写了两页。实际上日记远非止于这一时间,之后日期仍不断更新,而 11 月 16 日那篇才算是结束。期间许多天吉布森什么也没写,也有几天他写了很多页。

这种独特的手写体总体上清晰易读,即使外行也读得懂。我们只对文本中很少几处单词的辨识保留质疑,此类单词放在了括号内,用引号标注。大多数情况下,我那兢兢业业的打字员露丝·杰克森夫人会想出方法加以辨别。其余不确定之处则交由昆廷·吉布森教

---

① 原稿误作 1926 年。——译者注

授解决。

初看日记,读者也许会认为作者做这些纪录是为了辅助记忆。许多被删内容的确是这个情况。但这些便条都准备得极为精心,而且越读下去我越觉得作者是希望读者能理解它们的,包括那些不完整的句子。事实是,它们值得一读,而且相当有趣,说明发表这本日记是正确之举。

据昆廷·吉布森教授介绍,他父亲的"那些日记主体的摘录是在弗莱堡时期写的。删除的那些主要是关于偶发的私人事件及一些与哲学无关的讨论——主要是他与(赫曼·)康特洛维茨(法理学教授)和他的朋友以及与胡塞尔夫人关于英国和俄罗斯文学的讨论,还有与乔纳斯·科恩(哲学和教学法教授)的简短讨论(关于当时的德国哲学作品)。"我还删除了他在那个夏季学期末去耶拿的那部分,里面是一些关于当时德国大学的泛谈,包括胡塞尔对它们的评论。同样被删除的还有几个见证人提供的二手故事,他们显然并不知情,或者只是道听途说。本部分得以保留的依据是每则日记所包含的关注点,它们有助于更好地理解1928年弗莱堡时期现象学的状况。

关于日记主人:这本日记的背景

要想更充分理解鲍伊斯·吉布森的弗莱堡日记和他与现象学的渊源,我们需要了解一下他的个人情况。W.A.麦瑞黎斯是吉布森在墨尔本大学期间的一个同事,他在为后者撰写的一篇讣文中提供了大量相关信息。[1]

---

[1] "威廉·拉尔夫·鲍伊斯·吉布森",《澳大利亚心理学与哲学期刊》,XIII(1935年),第85-92页。

下面的内容似乎与鲍伊斯·吉布森对胡塞尔的兴趣有关,这些兴趣产生得相对较晚,但却极为浓厚:从牛津数学系毕业后,吉布森转而关注哲学,并在欧洲大陆开始了对哲学的追求。他的第一站在耶拿,时值1893年,师从鲁道夫·奥伊肯和奥托·利普曼。对奥伊肯人格观念主义的兴趣驱使他在格拉斯哥完成了哲学学习,之后开始在英国多所大学任教,再后于1906年重访耶拿,并为自己关于鲁道夫·奥伊肯的第一部著作(《鲁道夫·奥伊肯的哲学生活》)做好了准备,后者曾积极支持他的写作。这并非说鲍伊斯·吉布森是奥伊肯死心塌地的仰慕者。相反,他的一些批评,例如关于奥伊肯对心理学的错误认知以及对知性主义不信任的批评,甚至可用来解释为什么他会在奥伊肯的《人生观》(Lebensanschauung)之外不断寻找先天哲学。与此同时,他与妻子露西一起翻译了奥伊肯的三部著作。吉布森对奥伊肯的紧密追随还体现在一个事实上:1928年,他专门去了一次耶拿,在奥伊肯家逗留,拜访了后者的遗孀和继任者们。关于这些,他在《日记》中零零散散写了大约10页纸的"追忆"。在与胡塞尔会面时,他也经常提起奥伊肯。

现有充足证据表明奥伊肯曾高度关注过胡塞尔,而且至少在1911年即已开始。胡塞尔文库仍存有奥伊肯写给胡塞尔的六封信,内容相关他曾竭力争取对胡塞尔的任命,即作其耶拿教席的继任者,但这一努力仅因财政问题而告失败。因此,鲍伊斯·吉布森会从奥伊肯处得知胡塞尔,这不无可能,但由于两人之间再无其它通信,至少吉布森家人手里并没有,这一点是否属实尚无法确知。

据麦瑞黎斯的文章,鲍伊斯·吉布森"对胡塞尔现象学感兴趣却并不满意",虽然他对后者"倾注了他最后15年的大部分时间"。吉布森应该是自1920年左右即已开始关注胡塞尔现象学,当时他已在澳大利亚工作了8年。这个时段没什么可特别解释的。但A.鲍伊斯·吉布森教授并不记得他父亲在1920年以前提过胡塞尔,不过那时他倒是刚好离开了澳大利亚。他认为吉布森"紧紧追随德国哲学的发展……并一直很自然地浏览德国的动态。"因此,就像道威斯·希克斯的一样,吉布森也不可能忽略胡塞尔的崛起。1922年,希克斯邀请胡塞尔去伦敦和剑桥讲学。① 顺便提一下,A.鲍伊斯·吉布森教授告诉我说,他们相互之间很熟悉。

吉布森的这个兴趣第一次见诸报端是在一篇题为"胡塞尔现象学中的实在与观念的问题"的文章中,这篇文章在1923年于墨尔本召开的澳大利亚心理学与哲学学会年会上第一次提交。② 这让我们清楚了解了鲍伊斯·吉布森对胡塞尔的最初关注与好感、他后来的弗莱堡之行以及翻译《观念》的计划等,包括他在弗莱堡时期,尤其是在他与胡塞尔的谈话中提出和探究的一些问题。

这篇文章向英国哲学家和科学家们推荐了以胡塞尔的《哲学与现象学研究年鉴》为代表的现象学流派,此后集中讨论一个特殊问题,由于当时胡塞尔的新观念主义尚未公之于众,这个问题与其说是因为胡塞尔的地位,不如说是因为吉布森对人格观念主义的关注而显得特殊。这个令吉布森烦恼的问题就是,现象学作为一门本质科学似乎对实在之物以及形而上学所研究的终极实在性持漠然态度。但他认为,胡塞尔的纯粹意识或自我实际上是一种形而上学实体。对单纯作为观念本质的绝对纯粹意识的研究不可能穷尽,只有在我们把它当作是一个有待形而上学来阐明的、基本的实存事实的领域去接受,并充分利用现象学的帮助时,才可能做到。对这一问题的记

---

① 参看"胡塞尔在英国:事实与教训",本刊1,第4-15页。
② 《心灵》(Mind),XXXIV(1925年),第311-327页。

录出现在5月20日、6月15日、7月14、24日和10月27日的弗莱堡对话中,在最后这一次,开始提到海德格尔的新形而上学。

与这一问题密切相关的是吉布森初到弗莱堡时所产生的失望情绪,因为他发现当时的胡塞尔极为坚持发展一门严格的科学,这表现在他对鲁道夫·奥伊肯式哲学世界观与人生观的拒斥。相关记录出现在5月20日与6月15日的对话中,当时吉布森试图劝胡塞尔对严格性少一些执着。

这篇文章还尝试指出,现象学有可能朝向在一门意识神学中将观念本质与实在性进行神学联结方面发展,于是6月25日的对话中出现了他的建议。

最后,文章指出了吉布森所谓的"最困难之处",即胡塞尔通过本质直观达到的明见性的标准:"我个人认为,这个现象学标准太教条,简直不可理喻。"这一反对意见出现在6月25日、7月14日和11月15日他与勒维纳斯和胡塞尔的对话中,吉布森没有从中得到任何令他满意的答复,这使他的认识论立场更加趋向经验主义。

整篇文章都流露出吉布森的一个愿望,即,《观念》丢失的第二、三部分会解决一点他的难题,尤其会阐明胡塞尔的新形而上学。因此,当7月24日胡塞尔宣称这些卷册压根不可能再找到时,吉布森一定极为失望,因为也许在弗莱堡的这个学期里,吉布森的一个目的就是能找到更多这些卷册。

文章的最后一段让我们开始有点明白吉布森这次访问的第二个目的:他或许可以独立完成整部著作的翻译,因为翻译奥伊肯作品已为他积累了丰富的经验:

与此同时,希望有人拥有必要的勇气、洞见、从容以及对哲学语言精微之处的熟稔,来把这位伟大思想家的作品译成通俗易懂的英文。这件事值得去做。

显然,之前①五年多时间,加上到弗莱堡后的这两个月,鲍伊斯·吉布森才做好了向胡塞尔提出他这一打算的准备。

关于他在弗莱堡访问的真实情况,除了这本日记,目前尚无更多资料可予以确认。但据昆廷·吉布森教授,他当时在上小学,一直跟在父母身边。按澳大利亚的学术日程安排,他父亲1928年整年都在休学术假,其中两个月在意大利,夏天去了英国几周,秋天在巴黎住了一个月,但旅欧这一年的主要时间都是在弗莱堡度过的,接近六个月。

记载鲍伊斯·吉布森与胡塞尔之后来往的资料中,只有胡塞尔1928年12月24日写的一封信和1930年12月29日寄的一张明信片保留下来,也已被捐赠给了胡塞尔文库。由这封信可知,吉布森11月19日给胡塞尔发了一封深表谢意的拜别短信,其中就其逻辑学著作向胡塞尔表达了感谢,并提到了他给胡塞尔的第二封信,它让胡塞尔颇为担心,因为这个翻译项目遭遇到一个明显障碍,也许关系到找出版商的问题。但很显然吉布森设法将这份工作做了下去。1930年12月,由于胡塞尔还没听说此书的出版事宜,因此他告诉吉布森他不得不在1930年的《年鉴》上发表他为译作所写的德文版后序(Nachwort)。无论如何,译作最终由 Allen and Unwin(伦敦)和 Macmillan(纽约)出版社于1931年出版发行。

吉布森对现象学的最终回应是怎样的呢?唯一一个见诸纸端的标识可在他最后写的一篇关于"什么是哲学?"的短文中找到,1933

---

① 原稿误作"之后"。——译者注

年他在墨尔本宣读过这篇文章。① 在文中,他区分了两种哲学:一种是"意在人生观或世界观的哲学",如"哲学"一词所示;另一种是"回避诗学而贴近科学,且寻求在严格性与精确性上超过科学"。他接着说道:

> 胡塞尔及其追随者的现象学意在达到这种彻底的严格性,却把思辨性的世界观与人生观看作是外行的、主观的、非哲学的。我们不必如此极端。哲学拥有逻辑学与现象学基础固然极为重要,但它与生活和行为的联系也同样重要,而一方要求的严格性对另一方来说可能是令人窒息的。那就让我们接受这两种哲学概念吧:一种是与诗歌和宗教内在相关,另一种则与科学和数学密切联系……(第94页)

因此,吉布森从未因胡塞尔放弃过奥伊肯,就他个人的整体偏好而言,胡塞尔只是奥伊肯的后备人选。

关于这本日记的意义所在

为什么一本匆匆记在旧日历上的日记会在今天有着保存与出版的双重价值呢?毕竟,它从一个外国目击者的视角对发生在德国的事件进行了描述,这位外国学者并不熟悉当时的情形,而当时,在他周围有很多更了解情况的目击者,他们中有一些人甚至依然健在。

首先,这本日记是由一名外国学者而非德国本土学者写的,这一

---

① 《澳大利亚心理学与哲学杂志》,XI(1933年),第88-98页。

事实使它具有一种特殊价值。这位学者是英国人,从学术背景与权威性来讲,他再合格不过,因为日记会因此更符合本刊读者的口味。唯一可与其相媲美的见证人是比他年轻些的克里斯托弗·萨蒙,但后者显然没留下可进行同等比较的记录。唯一与其情况相似的是美国人多里昂·凯恩斯记录的他与胡塞尔和欧根·芬克的对话,时间跨度为1931到1932年,当时胡塞尔已退休。

但这本日记即使从更一般的角度看也仍是独一无二的。迄今尚无可与之相比的一手资料在德国或其它地方出现,尤其是记载1928年在弗莱堡注定要发生的从胡塞尔向海德格尔过渡的资料更是无从查找。诚然,吉布森并不知道,也不可能知道这个故事的内幕以及它悲剧式的蕴涵,尤其对胡塞尔而言。但这并未消减这本日记的价值,它从一个不偏不倚的外围见证人角度对这场过渡作出了描述。

当然,日记最初的关注点是吉布森眼中的胡塞尔,前者对后者非常感兴趣。在当时的吉布森看来,胡塞尔无论是作为教师还是普通人,其个性特点都极为鲜明。更重要的是他从胡塞尔那里获取的信息,尤其是关于英美哲学的,例如胡塞尔对大卫·休谟的看法以及他在英格兰的访问。

但日记也让我们对1928年的海德格尔有了一个有趣的发现——他回到弗莱堡时产生的第一次冲击,以及当时他与胡塞尔的关系。显然,虽然海德格尔的出现最初颇具喜剧效果,但吉布森对他的教学却印象很深刻,尽管当时他所了解的不过是对方的名声以及胡塞尔对他的推荐。海德格尔到来后不久,他与胡塞尔之间的裂痕即已出现,并逐渐扩大。吉布森当时并没意识到这一点,因而没觉得11月15日送别派对上海德格尔的沉默有什么特别,但人们还是对此持怀疑态度。联系到吉布森对海德格尔形而上学倾向的兴趣,有一点值得一提:他应该还没听说过海德格尔在1929年6月24日就职演说上做的"什么是形而上学?",附带说一句,这个演说没有提及哪怕一星半点胡塞尔的现象学。

使用胡塞尔《观念》的吉布森译本的人会愿意知道更多它的历史,特别是关于7月20日之后翻译工作的开展情况。这本日记可让人们了解译者如何把握胡塞尔的术语翻译问题,诸如"实项的"(reell)与"实在的"(real)(在英语中没有区分)以及"构造"(Konstituierung)(10月29日和11月12日)等。就此而言,奥斯卡·贝克尔在德语方面为吉布森提供的建议好像远多过胡塞尔。

最后,我想说的是,这本日记展现了作者本人的哲学个性:开明、求知欲强、大度、感性又不乏批评意识与幽默感。[1] 从我个人角度讲,可以肯定的是,通过读他的日记与其它哲学作品,我对他日渐熟悉,也越来越欣赏他的为人与思想。这也增加了这本日记的价值——它对西方哲学史上一个重要事件做出了独一无二的深思。短时间内我们可能无法做到对这整个事件的彻底探究与理解,但鲍伊斯·吉布森的日记对其重构而言一定会是一份不可或缺的证据。

赫伯特·施皮格伯格
华盛顿大学

---

[1] 值得一提的是,如昆廷·吉布森在信中所写,30年代时,奥伊肯追随者联盟(Euckenbund)发给过他父亲一些纳粹宣传资料,这让吉布森"大受打击",因此断绝了与该联盟的一切联系。

日记摘录

5月8日：今天中午12点见到了伟大的[①]胡塞尔(洛莱托街40号)。他10点刚从荷兰回来，坐了一整夜的火车。复活节假期间他一直在荷兰做讲座。[②](1922年在伦敦做了四场，后来还拜访过亚里士多德学会)。他非常热诚愉快地欢迎我们，并与我进行了半个多小时极为有趣且富有启迪性的谈话。他先跟我谈起萨蒙[③]，一个极有才华的英格兰人(hochbegabter Engländer)，他去年就来这里学习，写了一篇关于休谟是现象学奠基人或类似主题的论文。胡塞尔本人认可这一观点。但休谟并不是把外部世界预设为实在的然后从现象开始研究，他也并不使用现象学方法——(贝克莱在这个方向上迈出了重要的一大步)。从胡塞尔这里得知休谟是一个现象学家而不是经验心理学家，这真是太有意思了。[④]

萨蒙的学位论文将要发表在明年的《年鉴》上。他会以非常令人

[①] 任何人，只要他认识这本日记的作者，就会明白，使用这个形容词既非崇拜也非讽刺，而是因为它既有点开玩笑的意思，又不无恭敬之意。——A.鲍伊斯·吉布森

[②] 胡塞尔阿姆斯特丹讲座的文本，即他为《大不列颠百科全书》撰写的"现象学"词条德语草稿的新版本，可在《胡塞尔全集》，第9卷，第302-349页找到。关于这些讲座的实施，见一位参与者，列夫·舍斯托夫的文章"纪念伟大的哲学家胡塞尔"中的记载[《哲学与现象学研究》第22卷(1962年)，第450页]。关于1922年的伦敦讲座，见本刊1，第15-17页中的"胡塞尔在英国：事实与教训"。

[③] 克里斯托弗·V.萨蒙(卒于1960年)，在牛津读的硕士(MA)，在弗莱堡学习两年后于1929年获博士学位，论文题目为"大卫·休谟哲学的关键问题"，是胡塞尔主持的《哲学与现象学研究年鉴》(第十卷，第299-449页)中唯一一篇英文而非德文的文章。鲍伊斯·吉布森在《观念》"译者序"中(第24页)也感谢他为自己的译本作了最后校核。

[④] 对休谟其它的评价见5月20日日记。在胡塞尔已出版的著作中对休谟的其它指涉已被理查德·H.霍尔姆斯收集在了当时尚未发表的学位论文中，题为"超越论的转向"(华盛顿大学1971年)。

愉悦又富有建议性的方式把现象学介绍给英语读者。

贝克尔[①]、考夫曼[②]、海德格尔[③]都是胡塞尔的学生。贝克尔的两篇发表在《年鉴》上的文章都极为敏锐。他可能会得到举荐而在今年离开弗莱堡。[④] 海德格尔(只有36岁)[或者1928年39岁。编者按]是德国年轻一代哲学家中最出色的一位,在青年人中极具影响力,他会在10月份来弗莱堡。在德国,两个重要的、真正有活力的运动是现象学与狄尔泰的精神科学历史观。狄尔泰与现象学有着重要的关联。[⑤] 海德格尔是从神学切近现象学,贝克尔和胡塞尔则是从数学和自然科学。因此,海德格尔沿着狄尔泰的走向前行,尝试将康德的批判运用到精神科学上(就像康德批判自然科学一样)。

在其生命的最后15年里,胡塞尔没有发表任何东西。他告诉我,它们已在丛林中徘徊了经年。在这个丛林中会碰到野兽与泥沼,他这15年来一直在跟这些野兽斗争,并认为自己已取得了一些进

---

① 奥斯卡·贝克尔(1889-1964)当时在弗莱堡作私人讲师,他来这里之前主要在莱比锡学习,也曾以编辑身份在为新生开的研讨班上担任胡塞尔的助手。他发表在《年鉴》上的两篇文章是"关于几何学及其物理学应用的现象学论证文稿"(Beiträge zur phänomenologischen Bergründung der Geometrie und ihrer physikalischen Anwendungen)(VI,1923,第385-560页)和"数学实存"(VIII,1927,第441-809页)。

② 弗里茨·考夫曼(1891-1958),弗莱堡私人讲师,在哥廷根和弗莱堡时师从胡塞尔。

③ 马丁·海德格尔(1889-)在其学生时期从未在胡塞尔指导下学习。见"我进入现象学之路",载于《面向思的事情》(图宾根,1969年),第81-90页。但胡塞尔1916年来弗莱堡后,他成为胡塞尔的助手。

④ 贝克尔于1926年被提为编外教授(Extraordinarius),但直到1931年他搬到波恩以后才成为正教授。

⑤ 与狄尔泰的联系,见我的《现象学运动》,第122页等。1928年,胡塞尔主编的《年鉴》,第九卷,第231-360页发表了路德维希·兰德格雷贝的学位论文,题目为"威廉·狄尔泰的精神科学理论"。

展。① 他强调指出现象学将要问世作品的先锋特点，并问我有没有发现德语"Ideen"非常难懂。我说，它像大多数德语一样难懂。这个回答让他挺开心。这半小时对我而言极为美妙，极富启迪性。我会一直记着它。

胡塞尔与奥伊肯的对比［1907年，奥伊肯希望胡塞尔能继任利普曼在耶拿的教席，于是把他的名字列在推荐名单的第一位，但当地政府发现把鲍赫调过去比把胡塞尔从哥廷根调过去花费要少］。② 胡塞尔说起话来语速缓慢、清晰、富含深意、要点明确而突出、没有废话、慢条斯理但却和气而彬彬有礼。［他称我为同事先生（Herr Kollege）］。

这半小时，太棒了！

（还是5月8日）第一次参加了胡塞尔的现象学心理学讲座。5点5分来到2号阶梯教室（Hörsaal）。在前排就座。教室很快就人满为患，学生们有坐在窗台上的，有倚墙而立的，门口站着满满的人。这时，管理员进来喊道"请到6号阶梯教室去"，于是又来一次争先恐后的大迁移。我占到了一个很好的位置，在教室中间。168个座位很快坐满，其余的学生只能站着。我估摸了一下，总数有180人左右。胡塞尔的讲话声音温和，语速相对较慢，大部分时间是在读稿子，引领学生慢慢来到关键处。（他拿了一页纸，上面满是注释。）总的说来很容易跟上胡塞尔的讲课。有趣的是，竟会有180多个学生

---

① 1913年（《观念》出版的这一年）到1928年间，胡塞尔没发表过大的著作。对这种貌似的无产，他给出的一个原因就是，他的困难主要来自现象学构造的问题；特见尚未发表的、他于1931年1月6日写给亚历山大·普凡德尔的信。

② 奥伊肯在1911年5月12日到7月1日之间写给胡塞尔的六封信全面证实了这一点。胡塞尔对奥伊肯的看法及其局限最明显地体现在一则简要的讣告"现象学与鲁道夫·奥伊肯"中，载于《现实世界》（耶拿）III（1927年），第10-11页。

争先恐后来听现象学心理学的讲座。①

5月9日。第一次参加胡塞尔主持的研讨班。大约有25人，其中有三四个日本人。胡塞尔一定是要讲话的，但他布置给我们的却是狄尔泰的一本书，下次班里一位资深成员将做个报告，给我们介绍狄尔泰。②

一名来自牛津大学布雷奇诺斯学院（B.N.C.）的学生③下课时向我做了自我介绍。我们互换了名片，过后我会给他打电话。

5月10日：贝克尔的讲座简直就像在解说赛马！

5月14日：另一场胡塞尔的讲座。这次大约有150名学生。胡塞尔是位很好的教师，他的语速慢得十分到位。这次讲的是狄尔泰及其哲学心理学前沿著作。

5月20日：胡塞尔邀请他的实践班（Uebung）学生4点半到洛莱托街40号他的家里喝下午茶。我与四名日本学生和一名立陶宛学生同时到达。我们鱼贯而入，受到了教授夫人非常亲切的接待。学生们互相做了介绍，聊了一会儿。然后大家围坐在一起喝下午茶——我在外国学生那一桌，旁边是一位来自荷兰阿姆斯特丹的女学生，斯托普斯小姐（她是神学专业的，认为自己需要现象学的帮助来写出关于信念心理学的学位论文）。同桌的还有那位立陶宛的同学、四个日本人以及布雷奇诺斯学院的尼尔。教授夫人和教授本人轮流坐在主位，因而整个交谈过程进行得非常流畅。教授夫人告诉

---

① 现在由瓦尔特·比梅尔发表，《胡塞尔全集》第9卷中的这些讲座是在1925年的夏季学期、之后又在1928年的夏季学期以"意向心理学"（根据系列讲座"现象学心理学简介"）为题做的。

② 也许"班里资深成员"是指路德维希·兰德格雷贝，但日记没有5月16日的记载，这一天可能是之后一周中下一次研讨班的时间，可能会有人做报告。

③ 这位"布雷奇诺斯学院人"显然指的是威廉·尼尔，5月20日和6月15日又提到过他，见320页注②。

我们她先生的一些生活和工作趣事，比如《逻辑研究》花了他 10 年的时间，在这期间，胡塞尔担任私人讲师，没上过任何课。① 整整 10 年中他一直在研究逻辑学，放弃了听音乐会、看戏剧、参加社交等娱乐项目，由于经济极为拮据，他们可以说勉强捱过了这段时间。

她接着换了话题，告诉我们 1922 年伦敦大学的名誉副校长是如何邀请胡塞尔去做讲座的。胡塞尔是战后第一个在英国做讲座的德国人。② 经过充分权衡，胡塞尔决定接受邀请，但有个条件，就是用德语做讲座。"理所当然"(Selbstverständlich)，这是副校长的回复。讲座很成功，教授夫人深深地被讲座结束时持续向胡塞尔致敬的掌声所感动。巴黎方面也邀请过胡塞尔去做讲座，但他未接受。他在荷兰受到的礼遇也像在英国一样。这时，胡塞尔来到了桌端，我利用自己座位紧挨着他的优势请教了他对现象学与形而上学关系的看法。在接下来约一个半小时里，胡塞尔陈述了自己作为一名现象学家的立场，陈述之精彩让整桌人为之兴奋不已。

  i. 对每个人来说，确立他自己在所有主要的人类利益、政治、经济、艺术、宗教等方面的看法是基本之举。这样我们每人必须有一种实际上相应的世界观与人生观。这是他自己的私人世界(Privat-World)。但依靠人生观与世界观是不会通往真理的。③

---

① 这显然是一种夸张说法。虽然胡塞尔在哈勒的 14 年中学术业绩不是多么突出，但他每学期都上课、开研讨班，其中一些内容收入到《胡塞尔全集》，第 7 卷，第 xxvii 页。

② 更多关于胡塞尔在伦敦大学所做四场讲座的信息，见我的文章"胡塞尔在英国：事实与教训"，JBSP(1970 年)，第 4-17 页。

③ 这是胡塞尔在他那篇影响巨大的文章"哲学作为严格的科学"最后一节特别持有的立场，载于《逻各斯》(1911 年)，第 328 页等；由昆廷·劳尔翻译的英文版载于《现象学与哲学危机》。请见 6 月 15 日的日记。

ii. 柏拉图以降的所有伟大哲学家都已确知,哲学能够而且必须是一门严格的科学(strenge Wissenschaft),且只能如此。这完全不同于人生观-世界观。

我们必须回到休谟的《人性论》(胡塞尔进一步详述了真正的、重要的《人性论》与20多年后经过润色、修订的《人类理智研究》之间的巨大差别。《人性论》时期的休谟是一名最伟大的哲学天才。但昙花一现,三四年后他就转向历史、纯文学方面,尤其是使馆、宫廷等——因而丢失了他对哲学的诚挚,而后来当他再回到哲学时,则致力于缓和与曾拒绝其《人性论》的宗教方的关系。从为人角度讲,休谟缺乏诚挚的力量。)在休谟的《人性论》中,我们发现了现象学之父的影子。他以意识状态作为起点,根本不设定任何外部世界。他既不预设外部世界的,也不预设自我的实在性。

休谟所持的这个立场必须在现象学精神中重新得到激发,这要借助宗教知性分析。但问题是,这样就能把理论与实践的重要性截然分开了吗?"严格科学的"重要性难道不是实践的重要性一个最突出的表现吗?

胡塞尔的回答并未击中要害。显然他认为关于人对其复杂环境之思考的实践调整绝非理论所能决定。理论领域与此大不相同。他承认一代现象学家的研究可提升另一代的人生观-世界观,但他还无法清楚地想出具体做法。① 不管怎样,根据原有立场,他认为,现象学是形而上学的基础,反之则不然。而这是哲学终极根本的问题。

无论如何,不管是作为所有科学之根还是作为对未来形而上学

---

① 胡塞尔在这一点上的开诚布公预示着他在1935年维也纳讲座中更直言不讳的声明:现象学承诺,将最终解决20世纪"欧洲人的危机"(《胡塞尔全集》,第6卷,第314-348页)。

进行精炼的知性工具,现象学始终是具有十足价值的绝佳研究方法。我确信这一点,而且我必须尽早确知胡塞尔与海德格尔的关系。

喝茶期间,有个学生给我们带来了舍勒去世的消息。——估计是在法兰克福,因为他在那里就职。① 我想在这里记下胡塞尔的人格给我留下了多么深刻的印象。他对自己的学生非常好,不厌其烦地给他们把问题讲解清楚。他充分强调其事业的重要性,但却从不小题大做。(参看他对石里克的批评!)② 他感情十分丰富,这主要是由于——我也从他的谈话中发现这一点——战争对他的人生观与世界观产生的巨大影响,他在世界中没看到理性的影子[在战争中,他一个儿子身亡,另一个则一只眼睛失明]③,这让他认为所有的人生观-世界观都是私人事物,从而专注于现象学的纯粹先天理性,一个人们对理性的信念可在其中得到完美展现的重要领域。他个性强烈而鲜明,简单、认真、投入,待客极为周到、讲座十分清晰,而主持研讨时尤为高效。

身为哲学家,我们必须关注科学大军(Wissenschafts-armee)中的私人事宜;每个人都无私奉献自己的那一份。没有嫉妒,没有私有。在精神领域,没有私有一说。所有的观念都是共有的——为所有人所分享。

这一态度也表明了胡塞尔在知识上的慷慨。15 年左右的时间

---

① 舍勒前一天(1928 年 5 月 19 日)在法兰克福大学因心脏病突发去世,他还未开始上课。

② 胡塞尔对莫里茨·石里克的批评可能是指他在《逻辑研究》第二卷第二部分(第 VI 页等)第二版前言中对石里克的《普通认识论》(1918 年)所作的总结性回复。见康拉德·格兰特:"莫里茨·石里克与胡塞尔的第一次争论",Padagogische Blätter 出版社(拉廷根),1967 年,第 441-480 页。

③ 沃尔夫冈,胡塞尔的小儿子,一位优秀的东方语言学学生,在 1916 年凡尔登战役前阵亡;见后面 6 月 24 日的日记。他的大儿子,格哈特,一位法学教授和法哲学家,在战争中两次受重伤。

里,他什么也没发表,却允许并鼓励他的学生任意使用他的观点。

[写于 6 月 16 日]

6 月 15 日:8 点去参加了胡塞尔夫妇举办的晚宴(Abendessen),一个大型派对,大约有 16 人参加,其中有几位来自希腊的教授。席间谈论东方语言、地理、经济等。晚宴很棒,但很经济,只有两道菜。第一道是一个拼盘,有牛排、香肠、通心粉、山葵酱及多种蔬菜。第二道是草莓塔和奶油。每一道菜都会再上一次,客人可每种拿两份。桌子中间摆着一排瓶装酒,想喝的人可自由拿取。晚餐结束时,我们都站起来,男士先陪女伴到另一个房间,接下来是围着女主人一通握手。寒暄几句后,男士女士分成两拨,直到派对结束。人们互相递接啤酒、柠檬水和蛋糕。很多人在吸烟。

我和胡塞尔聊了几句,得知下一卷《年鉴》上会发表他的一篇关于时间的短文,我想,这可能是他 20 年前写就的。[1] 海德格尔手里握有一份关于时间意识的重要手稿,是胡塞尔写的,大约 150 页,海德格尔却坚持由他来负责出版,因此胡塞尔不知道这份手稿何时以及怎样出版(或许,我应该这样想,它会出现在一本致胡塞尔的集子中,里面有他所有弟子的文章。但这只是猜想,因为胡塞尔对此只字未提)。很遗憾,海德格尔自己的《存在与时间》第二卷短时间内可能无法见诸纸端。[2]

关于现象学与世界观哲学的关系。在我看来,胡塞尔似乎有所让步。他的确告诉过我,他会随时准备好改变自己的观点,而且也打

---

[1] 至于那篇没有出现在 1928 年《年鉴》(第九卷)中的"有关时间的短文",我猜不出是哪一篇。而"在海德格尔手里"的那篇手稿显然是"内时间意识现象学讲稿",由埃迪·施泰因整理、海德格尔编辑,发表在第九卷,第 367-498 页,后重新发表在《胡塞尔全集》,第 10 卷,第 3-136 页。

[2] 关于《存在与时间》上卷的出版历史,见现在的《面向思的事情》(1969 年),第 67 页等。

算仔细思考这一关系。(这里对着的页边空白处划了三条杠)我问他对这些进行系统的哲学思考时是否不必非要联系到经验,他回答说:是的。但你想把什么系统化呢?我说:"思维"。当时我也不确定自己是否清楚在说什么。不就是说,人们将其形而上学地系统化之物是可理解性元素,是事物中的理性,包括思想本身中的可理解性元素吗?

胡塞尔告诉我,埃迪·施泰因①是他以前在哥廷根的学生,曾在弗莱堡作了两年他的助理(也就是现在兰德格雷贝的位置)。她可以接触到胡塞尔所有的手稿。她是名天主教徒,现在一家女修道院里。

胡塞尔前一天已跟尼尔谈过。他竭力想说服后者,让他相信献身现象学研究是他的责任和义务。[我认为他给尼尔设的这个目标是正确的,后者也会做得很好]。但尼尔对现象学太没有信心,因此拒绝了。他跟胡塞尔谈论辩证法。在这方面胡塞尔立场很坚定。他认为所有辩证法都是不必要的、多余的,我们可以忽略黑格尔,也应该如此。②(参看海德格尔。他不忽视黑格尔。相反,他在文章的结

---

① 埃迪·施泰因从 1916 年开始做胡塞尔的助手,到 1918 年他从哥廷根搬到弗莱堡后结束;见罗曼·英加尔登发表在《哲学与现象学研究》第 23 卷(1962 年)上的文章,第 155-175 页。施泰因 1922 年皈依天主教,1933 年进入科隆的卡莫雷特修道院。

② 非常感谢尼尔教授同意我把鲍伊斯·吉布森对这一插曲的关注包含进来,以及他在 1970 年 2 月 24 日给我的信中写有如下内容:

我在 1928 年 1 月到了弗莱堡,作为下学期的旁听生注了册。当我向胡塞尔提请参加他的研讨班时,他问我都读过他的什么书,并告诉我他的《逻辑研究》中那篇"关于整体与部分的学说"的短文是最好的学习起点。研讨班的题目是"狄尔泰的描述与分析心理学",但我记得大家对布伦塔诺谈了很多。胡塞尔的关注点好像放在他与前辈的区别上。他的助手依然是兰德格雷贝,除了胡塞尔,他是唯一说话的人。鲍伊斯·吉布森和我是班里仅有的讲英语的,但还有其他的外国人,例如一个来自波罗的海国家的人,他叫勒维纳斯。

可以肯定,鲍伊斯·吉布森在他 6 月 25 日日记中提到的派对是受到了胡塞尔夫妇的邀请,他们邀请研讨班的成员来家里聚会——但我们喝的是草莓波利酒,不是潘趣酒。我记得胡塞尔处于一种怀旧情绪中,但我不记得任何关于他出行英格兰的事情。也许当时我在房间里别的地方。这一晚上胡塞尔宣布了论文竞赛中的获胜者,我很吃惊地听到他

语处还专门讨论黑格尔的思想；但他也的确在某处说过辩证法是多余的。）这里胡塞尔与乔纳斯·科恩的态度、特别是与西奥多·利特的态度相左，这很有启发性。胡塞尔对尼尔说，他认为意大利"肤浅的"（oberflächlich）运动中包括克罗齐的美学理论（这表明他对其缺乏足够的同情）。

另：胡塞尔在会谈期间告诉我（我告诉他找到了一个地方，在那儿可以深入阅读他那篇《逻各斯》论文并进行哲学研讨，马上就会拿到钥匙。我们由此开启了这次谈话），他依然非常认同这篇文章的内容，并且又结合《逻辑研究》补充道，这些理论中有很多部分他不再认同，但还没有时间仔细思考以确定它们到底是什么。（因此，对胡塞尔来说，确定1913年以来他思想中的主要变化并非易事。）

6月24日：今天是纪念日〔这一天，校内所有相关阵亡者的纪念物都装饰成了绿色〕，因此星期三的研讨班后延。胡塞尔把学生们叫到了家里。虽然没研讨出什么结果，但这一晚我们过得轻松愉快。小组讨论了一刻钟，然后我们围桌而坐。我紧挨着胡塞尔。在待客

说（没有微笑，眼都没眨一下）有一个候选者已经具有了"使用某某年未发表的弗莱堡讲稿"的优先权。

对于胡塞尔差不多同时也对我说的话，鲍伊斯·吉布森的解释非常正确，但我没问过胡塞尔对黑格尔的看法。如果没记错的话，我应邀去胡塞尔家的时候，他问过我的研究计划，我对他说希望将来能当一名哲学教师。他接着建议我最好在弗莱堡待一段时间，就现象学的某个方面写论文，就像刚刚因此获得巨大成功的"天才萨蒙先生"一样。这让我有点尴尬，因为我已决定这学期结束就离开（现在想想，幸好我在海德格尔来之前离开了，胡塞尔在研讨班里还愉快地宣布了他的任命）。因此我竭力解释说，我英国的指导老师们不希望我当时就写学位论文，而且我应该已经说过了要去法国或意大利再待六七个月。胡塞尔接着说，在当了这些年的哲学教师之后（我想他说的是十年，但我记不清了），他很沮丧，因为他发现自己没有什么可教的，直到他认为自己有了一个阐释体系之后，才重新快乐起来。我回应说我认为哲学是苏格拉底式辩证法的实践，它寻求的是清晰性。我想我说的话可能会让人觉得我倾向认为所有通往先天知识的思想都属于这种辩证法（或者说我当时的确有这个想法）。如果胡塞尔因此认为我是在为黑格尔主义辩护的话，那一定是因为我没有表达清楚，但胡塞尔的回答（不是21岁的我说的话）却让人很感兴趣。

方面,他真的是魅力十足且极为出色。他先给我们讲了些他自己的过去和思想。

《算术哲学》曾被宣称是"绝版",或者实情就是如此,因为出版商换了两茬,这期间,此书的原稿被弄丢后又找到了。还不止这些。刚一出版,它就受到了文德尔班、里尔、西格瓦特、李凯尔特等人的热烈欢迎——只有一个强烈反对者:耶拿的弗雷格。胡塞尔说过,弗雷格的批评是他唯一真正感激的,因为它一针见血。①

此书出版后,胡塞尔度过了很长一段低谷期,约有四五年的时间,而这段时间也正是《逻辑研究》等待横空出世的时期。

他在维也纳拿到了博士学位,但没经过困难的[?]答辩审核。在去哈勒任教时,他不得不进行了"答辩"。

胡塞尔对德国的大学教学体系大加赞赏,因为它鼓励教师按自己的思路与精神讲授自己的研究内容。在这种影响下,大部分学生会依据对课程的爱好选课。他们不会去选考试最容易通过的,而会选他们认为最重要的课程。胡塞尔说,这与美国的情况不同。(与澳大利亚更不同!)最根本的是鼓励学生培养对科目的兴趣而非为了通过考试。(德国的大学精神在战后的几年内曾经历过危机,但现在已完全进入自我-修复中。)

胡塞尔对我说,他已受邀前往索邦②大学做讲座(用德语)。

他也为下一版的《大不列颠百科全书》撰写了一则关于"现象学"的词条。萨蒙正在翻译它,当然也在压缩它。③

---

① 弗雷格的评论出现在《哲学与哲学批评》CIII(1894 年)上,第 313-322 页。——胡塞尔在哈勒写出的那 8 篇特别有趣的论文可在《胡塞尔全集》,第 12 卷,第 339 页找到。

② 这些讲座是胡塞尔于 1929 年 2 月 23 日和 25 日在索邦的笛卡尔大厅做的(见《胡塞尔全集》,第 1 卷,第 3-39 页)。

③ 这句话表明胡塞尔知道他为《大不列颠百科全书》起草的词条将不得不压缩的事实,而他把这个决定权交给萨蒙,后者实际上对词条做了很严肃的改动而不仅仅是削减。

胡塞尔在剑桥的希克斯家里度过了一段美好时光,他非常享受那里的围炉夜聊、皮质扶手椅和烟草。

他在那里遇见了沃德,还与斯托特偶遇,后者当时正在剑桥做监审员。他提到了《分析心理学》和《心理学手册》,认为斯托特从布伦塔诺开始其研究,是与他本人的最佳切近之处,并对自己没研究过斯托特的《心理学手册》表示遗憾,但现在为时已太晚:他老了,没有能力做这种阅读了。他注意到了沃德在德国攻读博士学位时所做的一切以及他的其它优点。① 希克斯也在德国上过五年学,还担任过当地哲学学会的主席(Vorstand),并因此不得不在当时的"皇帝"来学校时上前欢迎。那时他虽然熟知德语,但口语却很糟糕。希克斯待客很热情。他三年前再婚。②

我们是一边"大杯喝着潘趣酒",一边谈着这些话的。从8点半一直延续到12点。

6月25日:和勒维纳斯散了会儿步。这名立陶宛学生当时在斯特拉斯堡大学③攻读博士学位,他的论文与胡塞尔的直观学说有关。我们用法语交谈,他竭力想跟我讲清胡塞尔的"明见性"学说,特别强调胡塞尔的标准是意向对象本身的客观明见性,其主要原创之一在于看出明见性不仅是形式的而且是质料的,以及矛盾律本身需要明见性作为基础等。他头脑清晰、思维敏锐,显然是个很好的哲学人才。关于胡塞尔的观点,我还不是很确信,还仅只聚焦于重要的方

---

① 关于胡塞尔与乔治·弗雷德里克·斯托特及其著作的关系以及与詹姆斯·沃德的关系,见"胡塞尔在英国:事实与教训"。本刊1(1970年),第15页。

② 关于希克斯及其与胡塞尔的关系,同上,第4页等。

③ 伊曼纽尔·勒维纳斯,生于考纳斯(立陶宛),1923年起在法国生活,任教于巴黎培养犹太教师的师范学校和索邦(现在的南泰尔)大学。他在向法国引介现象学的过程中发挥了非常重要的作用,特别是通过他在斯特拉斯堡大学的学位论文《胡塞尔现象学中的直观理论》(巴黎,1930年)所做的介绍。

向。我该把这一点作为重读胡塞尔的起点,也应该尝试与他讨论明见性的问题。

勒维纳斯告诉我,胡塞尔很少读书。他翻开一本书看了两页后就会因自己的思维受到冲击而不得不放下它。在写《逻辑研究》的时候,他甚至对康德还没有一个全面的了解。这倒符合他跟我说过的自己没读过斯托特著作的实情。

7月14日:刚刚和胡塞尔作了一次长谈。他是那么的出色(气温高达华氏86度,但他认真地谈了两个小时)。

他以一个自己心仪的话题开始这次长谈,关于德国大学课程安排的固定模式,这种模式的目的是鼓励学者将研究发挥到极致。

首先是私人讲师体制。在过去,私人讲师没有任何报酬[可参考我们的导师]。胡塞尔当了14年的私人讲师,一分钱报酬也没有。现在有一些私人讲师每月能拿到450马克(这是贝克尔教授的薪资数额:他的教授职位只是名义上的,没有附带职责)。

学校鼓励私人讲师从事自己的研究,他们没有讲课任务,除非自己主动要求,学校的工作也是一星半点,不会影响他们。因此,这个职位除了可以自由做研究外,并无其它引人之处;而对那些把研究看得比金钱重很多的人来说,这是最诱人的职位。贝克尔做私人讲师的价值已得到了实现。在马堡时他在海德格尔空出的教席候选人中排第一位(不是第二,也不是第三),在基尔时排第二(本来可以是第一,但当时有一个后台很大的老资格的人),因此我想他可能会拿到这个职位。希望他十月的时候能在这里,这样我走之前可以跟他谈一两次[也就是说,如果他会像看上去那么有希望得到任命的话]。而到这个时候胡塞尔还是认为他也许会留在这里。

考试体制在这里被挤到边缘位置。在这所大学,唯一的学术型考试就是学位论文答辩。除非论文特别多,否则工作量不是很大。

但这里的教授们要参与大量国家考试,这会给他们增加一点负担。讲师们每年会有两三天的时间参与考试。他们拥有完全属于自己的假期,凭借自己所做研究的价值而得到评价和提升。因此,德国的学术研究具有极高的含金量。

在慕尼黑有一派特殊的现象学。1900 年以前,利普斯完全投身心理主义。《逻辑研究》出版后,他发生了转向,其作品呈现出不同的特点。他热情支持先天的与现象学观点,并做了相关讲座。但他忽略了构造元素,也没能把握胡塞尔赋予超越性的真正含义。整个慕尼黑学派始终有此缺憾,包括利普斯的学生普凡德尔;马克西米兰·贝克在他所著的《哲学笔记》[①]中也是如此。

狄尔泰深受《逻辑研究》的影响。胡塞尔在哥廷根时,皮特金(六个实在论者之一)告诉他说狄尔泰一直在参加[②]关于《逻辑研究》的研讨课。这让胡塞尔非常吃惊,因为他当时已习惯了被忽视和"单打独斗"。1905 年,他与狄尔泰见了面,与他认真会谈了两三天。这次拜访给胡塞尔留下了极深的印象。他以前是位实证主义者,[③]并对狄尔泰 1904-05 年的心理学著作持有与艾宾浩斯相同的观点(例如艾宾浩斯曾严厉批判过《描述的与分类的心理学》,而狄尔泰不知道如何应对他的批判),但他现在对狄尔泰产生了共鸣和浓厚的兴趣,

---

[①] 有趣的是,这一对现象学慕尼黑"学派"的指涉让我们明白了胡塞尔在 1928 年对它的看法。虽然普凡德尔真的特别不能接受胡塞尔的超越论观念主义,但显然,胡塞尔并不知情的是,前者的确在其现象学认识论中使用了他的加括号还原。马克西米兰·贝克(Maximilian Beck,1886-1950)曾是普凡德尔的学生,他在 1929 到 1936 年间在柏林和布拉格出版了他具有挑衅性的《哲学笔记》。也可参看 11 月 12 日的日记。

[②] 也许鲍伊斯·吉布森是想说狄尔泰在"讲授"(而非"参与")关于胡塞尔的研讨课。

[③] 胡塞尔在遇到狄尔泰之前的自我刻画,"坚定的实证主义者",可基于他对恩斯特·马赫的羡慕做一理解,尽管他在《逻辑研究》的第一卷中抨击过马赫的思想经济原则。例如,见他对马赫《通俗科学讲座》(1896 年)的评论,在《讲座》中,马赫用到了"现象学"。(《现象学运动》,第 9 页,注 2)

站到了"绝对精神"的立场上,而且两人相互认识到了各自所引领的运动之间存在着共鸣与和谐。兰德格雷贝在《年鉴》第九卷上发表的文章中,尤其在结尾处,会讲明胡塞尔对狄尔泰的影响,并揭示他与整个现象学的关系。

皮特金翻译了《逻辑研究》的前言,出版商起初同意了,后来他却又去征求威廉·詹姆士的意见,而后者警告他远离此事!事情就是这样。①

迈农和胡塞尔都是布伦塔诺的学生。他们曾经关系很好。但《逻辑研究》出版后,迈农很不满其中对心理主义的批判,并对此发表了颇具敌意的文章。自此他们的友谊出现了裂痕。1900年之后,迈农开始写关于"对象理论"的东西,胡塞尔认为这反映了自己在各方面产生的影响,并认为其中不尽如人意的地方都在《逻辑研究》中得到了进一步完善。他不确定迈农是否读过此书,但认为他读过的可能性非常大。②胡塞尔不认可精神财产这类东西。他慷慨地任由其所有学生从他的思想中充分获益(参看他对让·海林作品的批评——让·海林是他在哥廷根的学生,他教了他两年。这个学生比较偏激,但执著且善于表达。胡塞尔曾建议我看看他的书),③但在这里他却情绪高昂,强烈反对任何人攫取他自己(胡塞尔)的思想,并说出"我是一个全新观念秩序的奠基者"之类的话,而认为自始至终,

----

① 沃尔特·鲍顿·皮特金(1878-1953)当时是一名独自在欧洲攻读硕士学位的美国学生,他后来成为六个实在论者之一。关于他对翻译胡塞尔《逻辑研究》的兴趣、这一译作的命运以及威廉·詹姆士在其中可能起到的作用,见我即将发表在《纪念阿隆·古尔维奇》上的文章"威廉·詹姆士所知的胡塞尔"。

② 关于迈农与胡塞尔的关系,见《现象学运动》,第98-101页。在那之后,罗德里克·奇泽姆教授给我看了迈农拍摄的一卷录音记录的微缩照片,里面记录了对胡塞尔《观念》的详细评论。

③ 让·海林后来成为斯特拉斯堡大学的《新约》教授,作为一个土生土长的阿尔萨斯人,对于引介现象学到法国也起到了重要作用。

迈农与其说是原创者，不如说是借用者。

整整40年间，胡塞尔特立独行，收获了他的巨大宝藏，从不在意别人都写了些什么来评论他，也从没正面回应过这些评论之类。

他在2月份去了巴黎。

巴黎方本希望他11月能去，但他去不了。

海德格尔关于日常生活的分析有很多东西都来自胡塞尔最后15年里的伦理学现象学讲座及其它类似的源头。① 他认为海德格尔对"死亡"(Tod)的分析已远远超过他自己能达到的深度。

六七年前，他拒绝了前往柏林的邀请（当时也趁机推掉了参与国家考试的差事）。②

对自己的哲学立场，胡塞尔谈了很多。我试着把他的话题引到**现象学与形而上学的关系**上。他明确认可现象学对终极问题的处理，认为整个关于上帝和神的问题与人格问题一样都可在现象学基础上得到解决。但不同于他一点一点挖掘宝藏的慢功夫——从一个关系联结转到另一个，借助③被指责为不充分的过程来证实相对性——在海德格尔加快堕入的这个重大问题域方面，他持谨慎态度。

我不能把他引到明见性问题上，因为那样我会冒着将明见性混同于终结性假设的危险。我必须自己先把这个问题搞清楚再说。

至于辩证法，在谈话过程中我就没机会哪怕旁敲侧击地提出。

上午碰见了勒维纳斯。他去过斯特拉斯堡了，告诉我说让·海

---

① 胡塞尔从未以明确的"现象学伦理学"为题做过讲座。1920年夏季学期，胡塞尔宣布他的最后一讲是有关伦理学的。海德格尔可能参加了，当时他已开始在弗莱堡教学。

② 1923年，胡塞尔收到柏林大学一个重要教席的邀约，但被他婉拒了。之后，他又辞去为国家教育委员会审核中学教师候选人的差事。他还得到了研究助理基金。

③ 为了"那件事"，我读"遍"了手稿以获取更清楚的意思。

林教授已读过我那篇关于胡塞尔①的文章,如果我途经斯特拉斯堡时愿意跟他一见,他会很高兴。我要努力争取成行。他在《年鉴》上发表过关于"本质"(Wesen)的文章,也出版过关于宗教经验现象学②的著作。无论如何我应想法弄到这本书。

谈到"纯粹意识"领域的潜在性时,我斗胆建议"观念的"可与"我"放在一起讨论,这样就可以把上帝考虑进去。③ 胡塞尔说我可以再往前走一步,在"烦"(Sorge)和恶问题域内讨论上帝的存在。我没接话。他仍处于在战争中痛失爱子的状态中,让他接受上帝是神圣的、善的这一点有些困难。(顺便说一句,关于观念的善是否没有烦和恶影响大,这是个问题)。要记得,他之前说过,"我曾经很多年都是一名坚定的实证主义者(只是到 1905 年他拜访了狄尔泰这位绝对精神的信仰者之后才有所改变)。所以对我来说,'形而上学'一词几乎是我要本能避开的东西。它意味着抽象和不育。"因此他厌恶将他的现象学描述为形而上学的,尽管对现象学构造[我必须弄清楚它到底是啥]的强调需要这种定位——当然是有所保留的。

我认为,他对辩证法的态度主要受他还是实证主义者时对黑格尔拒斥的影响。我觉得只要足够尊重"严格的科学",把现象学看作是基本的形而上学未尝不可。可能我理解起"明见性"来会更困难,因为胡塞尔一直在回避这个问题。

胡塞尔十分认同他与奥伊肯的观点中有根本的相似之处,我会充分展示它们。对两个人来说,绝对精神都是基本的。

---

① 提到的这篇文章只可能是鲍伊斯·吉布森 1925 年发表在《心灵》上的那一篇("胡塞尔著作中的实在与观念问题"。第 XXXIV 辑,第 311-333 页)。

② 这篇发表在《年鉴》第四卷(1921 年)第 496-543 页的文章题目是"基督教关于本质、存在与观念的看法";讨论的是宗教现象学:《现象学与宗教哲学》(1925 年)。

③ 鲍伊斯·吉布森以前曾在他发表在《心灵》(1925 年)第 324-325 页上的文章中阐释过这一建议。

胡塞尔的另外两个重要老师（除了布伦塔诺）是柏拉图和笛卡尔，①尤其是后者。这让他的索邦之行变得恰如其分。他曾一度完全沉浸在笛卡尔式关于一门单一科学的理想中——这门科学后来发展成为现象学——而在他的作为所有实在性之源泉的纯粹意识理论中，他对"我思"（Cogito）的倚仗尤为明显。参看奥伊肯的"柏拉图与费希特"。

7月20日：写信给了胡塞尔，提请翻译《观念》。②

7月23日：会晤了来访的本鲁比教授（"日内瓦-讲师"，在日内瓦大学讲授法国与德国哲学）；③跟他一起去听了胡塞尔的课。讲课结束时，胡塞尔欣然同意由我来翻译《观念》，并邀请露西和我第二天参加欢迎本鲁比教授夫妇的晚宴，一共六个人。

7月24日：结果共有七个人参加了晚宴，因为本鲁比还单身，而奥伊肯夫妇④也受到了邀请。这是一个令人沉醉的晚上。晚餐开始，我们刚一落座，胡塞尔夫人就站起来提议大家为耶拿的奥伊肯教授干杯。我们都与他有着同样的情怀，她说，而现在是最佳的表达场合。这纯属自然之举，因而令人印象极为深刻，这表明两位伟大德国思想家的观点在根本上是一致的。

离开饭桌后（总是同样的两道菜晚餐，每一份分发两次），我们坐在屋外的前廊上，胡塞尔在座首。从9点半到11点45分两个多小

---

① 除了布伦塔诺，胡塞尔还把柏拉图和笛卡尔看作是自己的两位重要老师，这与例如他在1922年伦敦讲座中所宣称的相符。

② 这一重要宣布一定要在导言中提到。值得注意的是，为提出这一请求，鲍伊斯·吉布森到弗莱堡后花了大约两个月的时间做准备。

③ 埃萨克·本鲁比（生于1876年）专门研究法国当代哲学。

④ 这显然是指鲁道夫·奥伊肯的一个儿子，经济学"弗莱堡学派"的创始人、经济学家沃尔特·奥伊肯（1891-1950），他的思想极大影响了德意志联邦共和国的经济政策。在他的一些论著中特别提到了胡塞尔的《逻辑研究》，例如他的《经济基础》（译者：T. W. 哈金森，芝加哥大学，1951年）等。

时的时间里,我们谈论着现象学。胡塞尔夫人和奥伊肯夫人对现象学也有很不错的了解,奥伊肯夫人曾听过胡塞尔的讲座。奥伊肯教授本人对于从经济学切入哲学很感兴趣,他发现这很困难。(他应该读一读克罗齐的实践论:我一定要告诉他这一点。)

本鲁比问了很多问题,有点像"面试官",但他发现现象学气氛令人疲惫,因此在最后一小时里一直保持沉默,他也承认自己觉得没意思。奥伊肯夫人是最咄咄逼人的。露西很安静,我也几乎没怎么说话,除了我不抱什么希望地试图多得到点关于现象学与形而上学关系的信息。而实际上,胡塞尔对此说得更多,也比以前更确定。我总结了一下,说的是形而上学在他看来是现象学的一种特殊发展。现象学的"最高阶段"(höchste Stufe)更具体地讨论"命运(Schiksal)、死亡与上帝(Gott)"的问题。[①] 我认为,如果现象学对科学的要求有所让步,"现在"和"我"的问题就能让人[②]理解。但无论如何,没有理由把形而上学限制在胡塞尔意义上。把现象学自身看作是"严格的科学的形而上学"(streng wissenschaftliche Metaphysik)可能会更好。

把胡塞尔赋予同感、"我们"(Wir)以及"交互主体的精神世界"的含义做个笔记会很有意思。

要点:

(1)关于舍勒。他有一目十行(flüchtige)快速读书的本事,能抓出最醒目、最有意思、通常也最重要之处,当然并非总是如此。他从未充分把握第五和第六研究的重要性;对这种读书法[③]而言,它们实

[①] 这种形而上学的痕迹还可在 1928 年写就的《笛卡尔式的沉思》的结尾段中见到。
[②] 这里我用"让"替换了手册中的"最"。
[③] 后来舍勒在发展他的本质现象学时,胡塞尔针对其轻率进行的批评变得更加强硬。但我们一定不能忽略一件事:据舍勒说,他们初次在哈勒相遇时,正是出于对胡塞尔在《逻辑研究》第六研究中阐释的直观概念的认同,舍勒才认为胡塞尔是位与他意气相投的思想家。见《现象学运动》,第 229 页。

在太难了。但他对先天性的普遍性把握得很好。过去,人们在作为逻辑学和伦理学源头的数学那里四下探寻先天性;而现象学认为任何心理(Seelisches)之物都有其先天性。先天性被普遍化,变成了可体验的。我们看到了这一点。舍勒在其去世前不久发表了一篇文章抨击胡塞尔。① 显然,胡塞尔对此予以反对主要因为它们是基于误解。他说,最后一处批评中到处都是错误概念(例如关于"还原"的)。他高度评价舍勒的第一本书(我一定要弄到),是关于理解方法的——很出色,但完全是奥伊肯式的。②

(2)胡塞尔师从布伦达诺前并未接触过哲学,因此他说,在布伦塔诺指导下学习的那两个学期是他一生中决定性的转折点。③ 是布伦达诺的影响首先决定了他成为哲学家,否则他可能会做数学讲师。布伦塔诺把他转给施通普夫,④但胡塞尔好像并未从后者处同样获益(尽管相比较冯特而言他更愿意跟着施通普夫,冯特与施通普夫是对头)。当时他还是哲学上的生手,布伦塔诺对他的影响还很大。他在哈勒作了两年多⑤的讲师(哈勒距离莱比锡很近)。

(3)战争马上要爆发的那段时间是他精力旺盛的时期。他撰写了《观念》、修订了《逻辑研究》。若非战争干扰,《观念》的其它部分就

---

① 提到舍勒的最后一击,胡塞尔可能指的是舍勒在讲座《论人在宇宙中的地位》(被汉斯·迈耶霍夫译作《人在自然中的位置》,1961 年)中委婉地反对关于胡塞尔现象学还原的讨论。

② 舍勒的第一本书是《超越论和心理学的方法》(1899 年)。他题献给耶拿的鲁道夫·奥伊肯的是任教资格论文,此书表明他对奥伊肯的"精神理智方法"有浓厚兴趣。

③ 关于布伦塔诺对胡塞尔的影响,见后者投给奥斯卡·克劳斯的稿件"弗兰茨·布伦塔诺"(1919 年),第 153 页等。

④ 卡尔·施通普夫,在他的指导下,胡塞尔成为哈勒的私人讲师,《逻辑研究》也是题献给他的。关于他的信息主要见于第二卷中的第三研究:"关于整体与部分的学说"。

⑤ 实际上,胡塞尔在哈勒做私人讲师的时间长达 14 年之久(1886-1901 年)。

会写成。但事实是,它们不可能出现了。① 兰德格雷贝先生会继续做胡塞尔的助手并致力于其作品的出版。他已将《观念》②的"索引"进行了压缩与修正,就是这一部分出现在单独出版的《观念》的第三编中。兰德格雷贝将负责监管胡塞尔手稿的收集及出版事宜。③

(4)胡塞尔说他从奥伊肯身上能感觉到比对舍勒更深的同感。奥伊肯富有人性,这很吸引他。

战争期间,舍勒曾一度仔细研究过天主教义,并有过改革它的想法。④ 但后来他又转移兴趣,重拾其心智上的独立。

胡塞尔说他每次上课前都会有一点点紧张,即使现在 70 岁了也依然如此,而每学期第一次课前他都会非常紧张,然后才会跟学生正常接触。在我看来,这番话好像开启了一种与辩证法的联系。现象学是最彻底的相对主义,同时又是最彻底的绝对主义。

这些不正是辩证因素(Momente)么?

胡塞尔也深受莱布尼茨的影响,在他怀疑最甚时曾一度认真研究过后者的著作。因此,他的形而上学从根本上说是一种单子-形而上学(Monaden-Metaphysik),这些单子拥有开放的窗口(通过同感)。很有趣的是,这种骨子里怀疑的天性竟然能达到对绝对精神的绝对确信。

7 月 25 日:研讨班

---

① 《观念 II》由埃迪·施泰因整理,发表在《胡塞尔全集》第 4 卷中,《观念 III》在第 5 卷中。见第 4 卷中的编者简介(瓦尔特·比梅尔),第 xiii-xx 页。

② 兰德格雷贝的索引取代了之前由格尔达·瓦尔特撰写的,另发表于 1923 年。

③ 兰德格雷贝于 1930 年离开弗莱堡前往布拉格大学履行教授职位,由欧根·芬克接替他的工作。但两人依然合作,例如长期负责在征得胡塞尔可后安排其文章的发表,直到他去世以及后来把这些文章转到卢汶;见《哲学与现象学研究》第 7 卷(1947 年),第 487-490 页发表的详单。

④ 关于舍勒的天主教时期,见《现象学运动》,第 237 页等。

学生们已经用鲜花装饰了椅子,我们也作为学生送上了满满一篮玫瑰。

```
              兰德格雷贝    胡塞尔    列维纳斯
                  |          |         |
斯托普斯小姐  ┌────────────────────────────┐  欧珀尔
              └────────────────────────────┘
```

欧珀尔先生[①]言简意赅地讲了几句话,强调了胡塞尔坚持科学精神与素质的价值所在。胡塞尔回应说,他的主要目的已展示得很明白:严格的科学;至于说素质,则是绝对的诚信(absolute Redlichkeit)与绝对的诚实(absolute Ehrlichkeit),这关系到生活的方方面面,包括思想。首当其要的是严格的学术良心。在这个所有事物似乎都在分崩离析的崩溃(Zusammensturz)的时期,这些观点显得极为重要。

有一点他非常确信,即,现象学从根本上讲是绝对有效的,它标志着一个哲学新时代的开启。

[狄尔泰曾称现象学是"划时代的"(epochemachend)]。

他引用萧伯纳的玛士撒拉[②],说他感觉好像自己在大学里刚当讲师的那些日子就在眼前。(他的确年轻,年轻得令人吃惊。他是1859年生人。他们准备明年隆重庆祝他的70大寿,这我很能理解。)

胡塞尔这次讲话措辞很恰当,此后,由于有点累,他让勒维纳斯

[①] 卡尔·舒曼博士,也是我需要向其表达感谢的人,感谢他给我的帮助和建议,以及对"欧珀尔先生"是指"(海因里希)鲁道夫先生"的质疑。欧珀尔1922年开始师从胡塞尔,但其之后的职业无从知晓。5月20日的日记中还提到了斯托普斯小姐,她可能就是学位论文"马丁·路德的人类学,一个哲学视角的思考"的作者 M. A. H. 斯托普斯,发表于1935年,克劳斯特曼出版社,法兰克福。

[②] 这一暗示与胡塞尔在《观念》的自序(第21页)中对玛士撒拉的指涉相关。

把文章读完——通常临时教师(Referent)会在刚读出第一或第二个短语时[①]被示意停下,因此对这种不被打断而一气呵成的自由,勒维纳斯还有点不适应。阅读持续了不到10分钟。这还是第一次,论文的结尾被赋予了与开头段落同样的重要性。

胡塞尔提出两个重点论题,但把所有时间都花在了对第一个的讨论上。最后他坦诚地说自己实在太累,进行不下去了。他问了下时间,还剩五分钟,于是用来答疑。勒维纳斯提了一个问题,胡塞尔兴致勃勃地讲解了十分钟,之后彬彬有礼地用几句话结束了他与学校的"聘任关系"(beamtete)[②]。本鲁比和我停下脚步跟他握手,然后目送他慢慢朝伯托尔德街方向走去,腋下夹着他的巴拿马草帽和雨伞,身影在阳光下渐行渐远,直到消失。

我从兰德格雷贝处得知,海德格尔8月份会来这里,他已在黑森林弄到了一栋小屋度夏。

〔日记中没有记载7月到10月之间与弗莱堡相关的内容,因为这期间鲍伊斯·吉布森去了耶拿和英格兰。——编者〕

10月19日:刚刚从胡塞尔夫妇举办的晚宴回来,受邀的还有"范·德·胡普"[③]和他的妻子。胡普是胡塞尔在阿姆斯特丹时的房东。他是一位遵循现象学思路的精神分析家。他曾为《国际心理学、

[①] 其它报道和我在1924/25胡塞尔研讨班中的亲身经历都可证实这一点。胡塞尔的研讨班主要是他自己的独白,这些独白有时会有个开场白,有时干脆就直接开始。

[②] "聘任关系"意思是"承担办公室(Amt)的行政职责"。

[③] 约翰尼斯·赫曼努斯·范·德·胡普(1887-1950),据K.库伊珀斯教授,他是现象学家-哲学家亨德里克·J.珀斯的一个朋友,1928年起在阿姆斯特丹的自由大学任精神病学私人讲师,在其论著中尝试将荣格式心理分析与现象学结合起来。因此,在其著作《意识取向:神经分析与心理分析中的个性研究》(伦敦,1939年)的前言中,他提到了自己与胡塞尔和海德格尔相遇后得到的帮助,确认了后者对他的鼓励,但并未特别提到胡塞尔的阿姆斯特丹讲座和他自己对弗莱堡的访问。《性格与良知:对弗洛伊德与荣格心理学的批判性阐释》由E.特里维廉英译,收入1923年出版的《国际心理学、哲学与科学方法文库》。

哲学与科学方法文库》系列丛书写过一本关于"性格与无意识"的书。

这是一个令人愉快的晚上。教授和夫人两人本身就是善与亲切的化身。胡塞尔真是太好了！

他已借给我他为《大不列颠百科全书》撰写的原始词条的手稿。这则词条大约 7000 单词,后来不得不被它的译者萨蒙缩减成 4000 单词。① 此外他还送我一本《观念》,并在扉页上题了词,我自当倍加珍惜。

胡塞尔身为名誉教授,可任意做讲座和开研讨班。冯特也是近 90 高龄时还每周上六小时的课。胡塞尔不是系里的成员。在有些大学里,例如普鲁士大学,名誉教授依然是系里的一员,但没有选举权。

胡塞尔 28 岁完成任教资格考试(habilitiert),在哈勒任教,一直到 42 岁。一分钱报酬也没有。后来他去了哥廷根,虽然被称作教授,但却有两年的时间里没拿任何报酬。再后来他成为编内教授,但却拿不到编内教授应得的全部工资(Gehalt),因为系里想要一名历史学家(他们后来找到了迈尔)。② 胡塞尔当时已发表《算术哲学》,因而被看作是自然科学家(Naturwissenschaftler)。他一直是语言学家与历史学家同自然科学学生争夺的对象。胡塞尔因此十分喜欢哥廷根,而且在那里买了一套房子,所以他 1917 年前往弗莱堡时并非自愿。当时不再有针对现象学的任何偏见,相反,连他的学生都成了被追逐的对象。

---

① 这是能找到的关于胡塞尔的德语草稿之悲惨命运的最具体的信息,它被 C. V. 萨蒙缩减释译之后,发表在第 14 版《大不列颠百科全书》上。

② 胡塞尔受挫的经过——首先是做了五年编外教授,接着是编内教授,但席位是普鲁士教育部不听他同事们的建议而专门为他设置的——这些在这里没有必要补充。海因里希·迈尔(1867-1933)因其关于苏格拉底与亚里士多德的著作而为人们所知,他在 1911-18 年间任教于哥廷根。

我在书架上看到了布罗德(《科学思想》)、索利(《价值》,道威斯·希克斯送给他的)等人的著作。胡塞尔是在剑桥遇见的布罗德和斯托特的,他们当时是那里的终身监审员。他无法和斯托特交流,因为后者不懂德语,每件事都要借助翻译。他们带他去拜访了摩尔,摩尔很欣赏《逻辑研究》,但却接受不了《观念》。胡塞尔觉得布罗德不愿拿出必要的时间去了解现象学,摩尔也是如此。但这很可能是由于他没考虑到当时风行英国的实在论的态度。①

关于翻译。胡塞尔已就此给他的出版商写过信。我们得理解他的出版商(Verleger)。德文版相比较英文版会有亏损,特别是如果胡塞尔真的按他所说加上前言(Vorwort)和后序的话[里面陈述了自《观念》后的两个改进方向:——(一)交互主体性(同感)。同感现象学。(二)本我与"习性"(Habit)——尽管我现在还说不出它到底指的是什么。使用"习性"意在强调"恒久的东西"(das Bleibende)]。② 但我如果写信给《国际文库》的编辑并不妥,除非可能完全试探性地一问,当然胡塞尔必须确定他的费用,尽管他告诉我英文版编辑不必考虑这一点。总之他一定不能因英文版而蒙受损失。

胡塞尔希望我把所有的困难当面告诉他,我可以随时因此找他或给他写信。③

---

① 关于胡塞尔与 G. 道威斯·希克斯、C. D. 布罗德、G. F. 斯托特和 G. E. 摩尔的关系,见"胡塞尔在英国:事实与教训"第 4 页等和第 15 页。布罗德教授在 1970 年 2 月 26 日的一封信中回忆过与胡塞尔的相遇,但对此没再有其它特殊的记忆。

② 对前言和后序都提及也许是指胡塞尔打算不仅要为英译版写个前言,而实际上这是鲍伊斯·吉布森译本中(第 5-22 页)唯一的一个序。但它在《年鉴》第十一卷的最后一卷被刊出,前面加了 3 页,用以澄清当时在德国出现的误解,又去掉了最后的第 22 页。这个序再次发表在《胡塞尔全集》第 5 卷中,第 138-162 页。对《观念 I》之后出现的现象学新进展进行发布的计划没能实施。但它们被收入与前言几乎同时写出的《笛卡尔式的沉思》。1931 年的前言第 22 页中提到了这部著作,特别提到了关于交互主体性的分析。

③ 没有证据表明鲍伊斯·吉布森利用了这一提议。但他的确咨询过奥斯卡·贝尔(见下文)和 C. V. 萨蒙(见《观念》的译者序,第 24 页)。

11月6日他要在关于"同感"的第一次研讨班上做一个讲座——部分原因是为了我!——我也受邀参加。我当然愿意!至于13日的我是否参加,那要看他在6日那天讲了什么。

贝克尔教授今年会做他的研讨班助理。马堡的席位现在还空着。

兰德格雷贝通过某种奖学金领取报酬(每年120英镑)。

芬克应该也在做着点办公室工作。

胡塞尔丝毫不考虑霍夫勒的"逻辑学"。[①] 他认为罗素可称得上出色的数学家(ausgezeichneter Mathematiker),但作为哲学家[②]则"不过尔尔"。

胡塞尔只要读书,一定是激情澎湃的。正是这种激情与智力的结合成就了胡塞尔的伟大。

关于照片。胡塞尔很乐意提供;英文版中应该附上以示郑重并且方便学生认识他,此外别无他意。胡塞尔给了我们三张照片,一张是在哥廷根时照的,非常严肃;一张是近照,照得很好,曾附在《德国学者》[③]一书中(我们墨尔本大学图书馆应该收藏有这本书);第三张中,胡塞尔戴着圆顶礼帽,看上去像个法国人,表情稍显愉悦。

他强烈推荐阿达尔贝特·施蒂弗特的作品(尤其是《研究》(Studien)与《Bei…?》)[④]。海德格尔在马堡的一个学生给了他一份(合集)。

---

① 路易斯·霍夫勒(1853-1922),迈农的学生,在胡塞尔的《逻辑研究》中主要以心理主义的另一名代表人物的身份出现。

② 关于胡塞尔与伯特兰·罗素的关系,见《现象学运动》第93页注1。

③ 这里所说的照片显然是附在1928/29年发布的《Kurschners学者词典》第961页上的。

④ 这里提到的不完整的、奥地利学者阿达尔贝特·施蒂弗特(1805-1868)的第二部作品可能是《彩色石》(Bunte Steine)。

一次美妙的休息，远离这个充斥着匆忙与汽车的世界。它引人入胜，温和(zart)、明确(klar)、纯粹(rein)，这气氛实在太美妙了。

(也一定要读艾兴多尔夫的《一个无用人的生涯》。)

他给我看了一本书，作者希望证明胡塞尔的《观念》是自苏格拉底以来理性主义的归谬法！"从苏格拉底到胡塞尔"(Von Sokrates bis Husserl)(尽管这不是本书的题目)①。

三周前有一位哈佛的哲学家致函提请翻译《观念》！②

10月24日：第一次见到了海德格尔。贝克尔安排了与海德格尔的会面——或者说是被召见——他邀请我11点到研讨 I 班(哲学)，把我介绍给研讨班的主持者。我如约而至，也如期得到了介绍。海德格尔体形短小精悍，神情稍显戒备，穿着及膝短裤，身量瘦削结实，他的头和脸长得很有趣，但一看之下就让人想到一个远程摩托车赛冠军，或者别的精力充沛的什么人的样子。他话不多，我坐下来，提请允许我参与这个为高年级学生开的研讨班，他对此回应道："当然！当然！"此外很少说话。我们离开时礼貌地握了握手。他还告诉我说他文章的后半部分很快就要刊出，但不大可能会在下一卷《年鉴》上。

这跟我与胡塞尔的会晤真是太不一样了！如果说胡塞尔是柏拉图，那海德格尔就是亚里士多德。

10月25日：露西、科林和我去了郝伊特大街1号的君特谷做

---

① 几乎可以肯定，这句话指的是列夫·舍斯托夫的《死亡的象征：关于埃德蒙德·胡塞尔的知识论》(《哲学评论》CI(1925年)，第1-62页)。尽管发出这一抨击，但舍斯托夫本人与胡塞尔关系很友好，不仅参加了后者的阿姆斯特丹讲座，而且据他自己说，还为胡塞尔的巴黎讲座准备过材料。见他的"纪念伟大的哲学家埃德蒙德·胡塞尔"，载于《哲学与现象学研究》第22卷(1962年)，第449-471页。

② 我没找到任何关于鲍伊斯·吉布森的这位可能对手的身份信息。显然不是多里昂·凯恩斯(他也告诉过我说他现在正在重译《观念》)。

客。科恩教授夫人在家，她非常热情地招待我们，大家一起喝茶、聊天，听她讲一些趣闻逸事。

　　胡塞尔和夫人都是犹太血统。胡塞尔的父母是犹太人。教授夫人被描述为"尖锐的"（scharf），她曾嫉妒过自己的丈夫，并习惯怀疑他人接近他是冲着他的思想去的。正因为此，埃迪·施泰因的结局可谓痛苦。在最痛苦的那段时期，施泰因小姐一方面致力于胡塞尔的事业，另一方面当然也有自己的抱负，希望能独立思考问题，结果受伤至深，完全放弃了与现象学的所有联系，退隐到一家有着最严格戒律的修道院。马克斯·舍勒也未得到胡塞尔夫妇的善待，因为他被指责未经许可就借用了胡塞尔的思想。科恩夫人兴致勃勃地回忆着舍勒和她丈夫以前谈话的精彩片断。当然，他最终不得不凭借自己的能量与创造力走出低谷。

　　胡塞尔视力不好，因而读起书来很费事。他能看清远处的事物，但近在眼前的却根本看不到。他会与最好的朋友擦肩而过却认不出对方。他看书时总要借助放大镜。因此，读一本博士论文对他来说不啻是一种折磨。这就解释了很多现象，特别是他什么都不读这件事。1917 年来这里后情况好了很多。于是他开始读书，但视力慢慢越来越糟。

　　海德格尔是梅斯基希镇上一名穷教堂司事兼敲钟人的儿子。他从小是个天主教徒，拿到的学位是天主教神学，或者说无论怎样为之努力过。[①] 家人希望他做神父，但他挣脱了这一束缚。天主教徒们依然善待他，因为他们希望挽回他。科恩夫人相信他们会如愿的，并指出他这么年纪轻轻就被"死亡恐惧"所困扰，所以她认为顶多 20 年

[①] 海德格尔在弗莱堡学习了两年天主教神学后便放弃了，没有拿到学位。见《面向思的事情》，第 81-82 页。

他就会重回上帝的羊栏！但海德格尔加入了新教并受了洗。[1] 他的孩子们是按着福音派方式抚养长大的。他的妻子是名新教徒。

星期一。10 月 29 日：刚和贝克尔一起喝茶回来。他给了我一张最重要的德语哲学书单，这很有用。他还建议我读詹姆斯·乔伊斯的《尤利西斯》(这在英美是禁书)。

我问他胡塞尔对术语"实项的"(reell)和"构造"(Konstituierung)的使用情况。"实项的"是指意向活动的实在性，但它是现象学意义上的。意向相关项是非-实项的(nicht-reell)。"Real"更接近黑格尔的"实在的"(Reale)。如果我跟他人一样在此在环境(Daseinssphere)中反思自己，我的立足点是实在的(real)。如果我反思作为我自己的自己，这就不好确定术语了。要想成为"实项的"，立足点应该是现象学的。"实在的"与"现实的"(wirklich)实际上是同义词。[2]

更大的困难在"构造"这里。这个词中并不包含因果性与真正的构型观念。它也不是纯粹的(？)逻辑构型，除非谁想给"逻辑的"增添新的意义。它不是辩证法的(胡塞尔对谢林和黑格尔一无所知——只对费希特略知一二)，[它是现象学的]也不是纯粹心理学的，因为直到《观念》之后胡塞尔才转向发生心理学思考(纯粹的、现象学的)。这里就出现了一个问题。它是一个先天联结点，与其说是逻辑的，不如说是本体的，但又二者都不是。无论怎样它是观念的而非实在的。它包含着基于含义(meaning)的先天综合原则的功能。在《观念》

---

[1] 关于海德格尔皈依新教甚至受了洗这件事，显然是误传，也许由于他和马堡的新教神学家们的关系所致。奇怪的是，连胡塞尔都相信，他在 1919 年给鲁道夫·奥托的信中还提及此事(1919 年 3 月 5 日信件)。

[2] 从鲍伊斯·吉布森把《观念》第 41 节("感知的实在性质")中的"reell"(不幸)翻译成"real"可以看到，他纠结于"实项的"(reell)与"实在的"(real)之间的区别很有意思。

中,它是结构的而非功能的,而目的论观念代表不了它。

我必须仔细思考这个问题。以上是我们一起讨论的结果。

贝克尔在研究了几年数学现象学之后,开始转向别的方向,主要是自然现象学,从广义上讲它包含语言与文化中史前的东西,也包含数学的东西,因而他当下的动向超越了之前的。

关于现象学与数学。贝克尔和海德格尔都更接受形而上学的原初地位。海德格尔的"本体论"(Ontologie)实际上就是"形而上学",只是这个术语歧义性太大,让人无法自信地说出这一点。这就是主要差异。而贝克尔的确认同现象学意在给出一个更好的形而上学以进一步臣服于后者。

贝克尔建议我读尼古拉·哈特曼、雅斯贝尔斯、特别是狄尔泰的书(但具体要参看他给我的纸条),要读完了舍勒的《伦理学》之后再读哈特曼的书。他是现象学家们的朋友。雅斯贝尔斯也是。

在《论灵魂》中,亚里士多德的观点的确是现象学的(只是没有显性的还原)。(参看胡塞尔与休谟。)

我们都是现象学路向的,特别是作为本质心理学家,只是没有早发现这一点。

11月5日:盖伊·福克斯节这一天,我听海德格尔做了他来弗莱堡任教授的第一场讲座。地点在6号阶梯教室,267个座位。听课的人熙熙攘攘。大约有280人,学生站满了四周。(此后这个数字一直保持着,甚至有所增加。)

一刻钟后,海德格尔穿着及膝短裤和长筒袜出现,好像刚从他的摩托车上下来。没有任何繁文缛节。学生们击脚欢迎了短短两秒钟。然后他就直接开始,没对讲座主题作任何介绍。他有一张看起来有趣的脸[有一点点像年轻时的斯托特],眼睛里闪着迷人的光芒。他措词清晰,听者很容易在语言和思想上跟上他。他意在让学生觉得学哲学就是自己作为学生的本分。

他比胡塞尔讲得好,因为他不漫谈,也不重复(除了在讲了很长一段之后重述要点)。他的声音温和悦耳,样子十分安详。我突然想,他这是已经跟我们开了一两个玩笑了。

在11月8日的哲学研讨班(周五,6-8点)上,他同样安详地讲课。而且讲得非常好!

[研讨班有30多个人,还有贝克尔、考夫曼和艾宾浩斯]。①

他很懂让学生回应的技巧。相当多的学生好像是从马堡跟过来的。他讲课时直奔主题,只是非常简短地提一下主要课本:康德的《批判》、亚里士多德的《形而上学》、莱布尼茨、费希特等人的著作。他从康德开始讲,接着到亚里士多德,快速经过柏拉图的《巴门尼德》,然后是莱布尼茨和费希特。

他的讲座由问题引导,这些问题他控制得很好,使学生能跟着他的思路,朝向由康德建立的不矛盾律与时间之间的联结这一中心问题,先围绕它展开,然后离开它。

开始讨论康德的论文主题。贝克尔从毗邻的图书馆里给他拿来了一本[所以说,在图书馆里,特别是在自家的图书馆(哲学的)里开研讨班真是好处多多]。读了几分钟的拉丁文本。他希望所有人都能跟上。高级中学的学生都学过九年的拉丁文。初衷是为了让他们能流畅阅读,而不是写构思巧妙的诗歌或散文。下一次研讨班将围绕亚里士多德的《形而上学》I(导引?)展开。

11月10日:刚去探望了一下胡塞尔。他跟往常一样亲切而愉悦。关于出版,我认为他自己熟悉的出版社是最合作的,因为它一点

---

① 朱利叶斯·艾宾浩斯,心理学家赫尔曼·艾宾浩斯的儿子,弗莱堡大学的私人讲师,后来成为马堡大学的教授,对康德哲学尤其感兴趣。

也不会添乱。胡塞尔也这样想。当我对他说，他应该得到公正对待，这是最基本的，他肯定不富有（战后属于德国中产阶级），我们也不希望已经很富有的出版社再不公正地从中获利，更不能由他来付费时，他说，我没那么多铜臭气，一点也没有。

他昨晚去听了一位俄罗斯教授的课：绍勒施教授①，或者类似的名字，他是胡塞尔的朋友，但写文章批判过他（一本中等尺寸的书，黄色封皮），把自己描写成理性主义的顶峰。因此在哲学意义上讲，从苏格拉底到胡塞尔都成为他的最大敌人。参看海德格尔的《从笛卡尔到胡塞尔》。②

［这位俄罗斯哲学家（他正在做关于托尔斯泰的讲座）把死亡当作其哲学的中心，这一点在一定程度上与海德格尔相似。胡塞尔主动告诉我的。］

但这并不表明海德格尔对天主教有任何偏好。谈到海德格尔，胡塞尔的话很有趣。他说，他对海德格尔很友好，而海德格尔也每周③都打电话给他。海德格尔身上的新教因素比天主教因素多，多很多。他的孩子们都是按福音派方式抚养大的：海德格尔夫人也是福音派的忠实信徒。他认为海德格尔的孩子们已受过两次洗。

在马堡，为德国神学家们所普遍知晓的人是海德格尔而非奥托。在哥廷根时，胡塞尔与奥托在一起。胡塞尔并未很重视他，也不认为他是"真正的（echt）［现象学家］"。④那些德国人显然也并没怎么在

---

① 这里指的一定是列夫·舍斯托夫，在前面讨论 10 月 19 日（338 页注①——原文）日记时提到过他的书。

② "参看海德格尔的《从笛卡尔到胡塞尔》"似乎指的是海德格尔对当代哲学中主观主义传统的抨击，这可回溯至《存在与时间》。

③ 海德格尔对胡塞尔的拜访从每周一次很快变得不那么频繁，到 1931 年终止。

④ 一封由胡塞尔写给鲁道夫·奥托的信，其中一部分被安斯加尔·鲍尔斯发表在了《虔诚的认知原因》（莱顿，1966 年，第 117 页注解 107）上，这很有趣，因为它让我们看清了胡塞尔是怎么看待奥托的"现象学"的。

意他，无论他是作为哲学家还是神学家。

同样在马堡，有一次新教神学系的柯兰克教授邀请海德格尔到他的研讨班做助手。海德格尔同意了。但在上课过程中，柯兰克生病了，结果海德格尔把这个研讨班带到结束。①

海德格尔从小学习古典哲学：柏拉图、亚里士多德、普罗提诺等。他可谓浸在其中长大的。

11月12日：与胡塞尔度过了一段"愉快"的时光。大约11点45分去的洛莱托街40号，一直待到1点半。

我在他桌子上看到了一本克拉格斯的小册子，于是话题从它开始。他说："整个克拉格斯-巴拉圭运动②就是现象学要出手解决并宣告其荒谬的典型。克拉格斯可能是现象学现存的最大对手。"胡塞尔跟巴拉圭关系也不怎么样，他认识后者。[胡塞尔说过，他曾介绍巴拉圭给巴尔扎诺。]"一颗疯狂的脑袋（Kopf）"，从来不考虑严格的科学思考。我认为有必要从不同作者那里得到刺激（Anregung），像巴拉圭就算一个。胡塞尔持反对意见，认为这种刺激完全可从伟大的典籍中得到，从柏拉图到康德已经足够，其余的任何事物都是在浪

---

① 在马堡大学神学系没有叫"柯兰克"（Krank）的新教神学家。这个名字很可能源于一种混乱的解释，它把一个表达健康状况（疾病，Krankheit）的词根错当成了受害者的名字。埃里希·弗兰克，海德格尔的哲学继任者，在海德格尔离开后才来到马堡。按替代鲁道夫·布特曼的沃纳 G. 库迈尔教授好心为我去查实的，前者作为这件事最有可能的知情人，对这一插曲没有任何印象。

② 路德维希·克拉格斯，尤其是在其主要的反理性主义著作《精神作为灵魂的对手》（1929-1932年）中非常倾向匈牙利哲学家梅尔基奥·巴拉圭（1859-1924）的早期作品。在阅读这一解释时，我们必须知道，鲍伊斯·吉布森刚刚发表了两篇关于"梅尔基奥·巴拉圭的哲学"的文章在《哲学》III（1928年）上，分别是第15-28页和第157-172页，他推论这个主题主要是基于巴拉圭的形而上学原创性。关于胡塞尔对此的反应，我们一定要结合一个背景：在其早期著作《现代逻辑学中心理主义与形式主义的论争》（1902年）中，巴拉圭抨击过《逻辑研究》，对此，胡塞尔在发表于《心理学与感官生理学杂志》XXXI（1903年）第287-293页的"[关于1894年德国逻辑学]著述的报告"中曾给出过有力反驳。

费时间,在把人领偏。面对诸多互相冲突的著作和理论,唯一的解决办法就是回到"必须如此",而只有现象学能满足这一点。我暗示说他是个特别有才华的人(begabter Mensch),而我们普通人都需要受到来自这个世界的多少有些乱,但始终在更新的思想的刺激,需要这种刺激的帮助继续走下去,使我们能看得见。他没有理会"才华"(Begabung)一词,说道:我是个激进派。人们曾叫我布尔什维克,但随着年纪的增长,我越来越发现自己是彻头彻尾的保守派。我总体上没有偏离自己当初抛下的旧锚:实证主义者的偏见(我见证了里尔不无嘲弄地把黑格尔的作品称作黑格尔类,以及倾向科学心理学就像让·海林等人)的偏见。不,每个人似乎都相对过得挺安逸,除了现象学家,他说,他们是真正的、如假包换的辛苦劳作者。胡塞尔甚至暗示说,如果世界上的现象学家没有现在这么多了,那是因为那些人逃避了这份辛苦工作。

我们接着讨论,开始切入他的体系。

关于构造。这是超越论(Transcendentale)的构造。但跟经验(Empirische)的构造毫无干系。最好不要使用"因果性",而要用"发生"(Genesis)。"发生"观点是继《观念》之后开发出来的。① 发生是前逻辑的、前心理学的,是前科学(vor-wissenschaftliche)阶段,一定要这样理解它。它不是时间(zeitlich),但时间自身是发生地构造起来的(genetisch konstituiert)。胡塞尔用"流"(Strom)这个词来描述它。他的关键点是,直接而素朴的经验给了我们这种流。

现象学是一种理解启蒙学说的系统(Lehre der verständigen Aufklärung)。[这里加上了狄尔泰的理解学说系统(Verständnislehre)。参看斯普兰格。]所谓彻底理解一件事物就是在现象学意义上理

---

① "发生现象学"在胡塞尔的《形式逻辑与超越论逻辑》(1929年)中第一次提出。

解它。

但要达到彻底的理解,必须是在超越论的、现象学超越论的基础上。

这要依靠还原。无论舍勒、盖格尔还是慕尼黑学派的任何其他人都没能理解"超越论的还原"。

它的灵魂是构造发生学。如果我们能达到这样一个立场,我们就达到了由胡塞尔现象学实现的、他所称的"哥白尼式变革":我们从对世界的素朴观点(已在笛卡尔的前两个沉思中有所预兆)而非所谓科学的、文化的、为书本知识所充斥的观点出发,并且不预设任何感知、想象、思想或其它官能之间的差别,只是如其直接被表象的那样思考我们面前的事物,然后通过"构造发生"重新构建起这个世界。我们必须接受这一点,因为它是超越论立场。

在发展它的过程中,我们一步步从本质心理学发展到超越论的心理学,再到超越论的哲学。(参看《大不列颠百科全书》即将发表的词条。)

胡塞尔特别强调一个事实,即,在过去十年所做的讲座中,他已把他的现象学建立在了一个新的基础上。在《观念》中,现象学一般是由实施了的还原出发。而在新的立场中,现象学直接从对世界的素朴观点开始,随后才是在现象学领域内作为悬搁物的还原。① 他把这两种观点看作是交替的,但我认为,显然后一种实际上取代了前一种。因此,《观念》代表了一种被取代的观点。海德格尔主要受第二种观点的影响。甚至在《观念》中有一页,就是环境(Umwelt)与器具(Zeug)的观念得到清晰阐明的那一页,其阐明方式就预示了之后

---

① 这种新的第二种方法的特点可被理解为对之后出现的生活世界现象学的一种预期,这直到胡塞尔最后一部不完整著作《欧洲科学的危机与超越论的现象学》才得以明确。

海德格尔的发展。①

11月13日

刚从胡塞尔的研讨班回来。[精彩至极！两个小时的讨论,中间有简短的小憩。接近40个学生在场]。我回来时,先是和奥伊肯夫人一起走,后来奥伊肯教授也跟了上来。我们在歌德大街10号与奥伊肯夫人道别,然后我和胡塞尔一起慢慢走着。

他现在致力于超越论逻辑学(这是他下一步要发表的东西)。自《逻辑研究》②以来,他已取得了长足的进展。他当时并不知道自己要往哪里走,现在知道了,他说,他的逻辑学要比《逻辑研究》那会儿清楚了太多,也深入了太多。

他2月中旬要去巴黎。2月底准备开始为英文版写前言和后记。③

超越论逻辑学讲座也会包含形式逻辑。

星期四。11月15日

刚结束一个值得纪念的与胡塞尔夫妇共度的夜晚。只有我们5个人。胡塞尔教授和夫人,我们俩,还有海德格尔。我送给胡塞尔我的佛罗伦萨书封作为纪念品(Andenken),里面带着一本书。晚餐精致而美味,期间海德格尔非常安静,餐后我们退到了书房。大家继续讨论逻辑学:矛盾律与排中律。我只是简短概述了一下我对形式逻辑的看法,认为它与含义(meanings)有关。胡塞尔听后眼睛一亮,说:没错。你是什么时候看出这一点的?我刚准备详述就突然想起

---

① 胡塞尔《观念》这里指的可能是第27节;提到的海德格尔的术语是"器具(用具)",胡塞尔在《观念》中并没用它。
② 《形式逻辑与超越论逻辑》是胡塞尔生前完成的最后一本书,出现在他的1929年《年鉴》第十卷中。
③ 这句话很显然指的是《观念》的翻译;见前面336页注②(原文)。

我曾就这个主题写过些什么。① 胡塞尔开始了长长的一番独白（在此期间海德格尔保持沉默，只是偶尔说上一两句，有时会看看他的列车时间表），持续了大约半个小时或一刻钟。这真是太有意思了。让我努力回想一下几个小片断。胡塞尔一直在思考伴随着逻辑必然性含义的"明见性"，最终把它溯源到了（或者说相关更合适）伴随我们对作为含义的陈述含义之把握的明见性。这使他产生了含义的形式逻辑的观点，而不指称真或假。他也认为排中律与这种逻辑学没有任何关系。对真和假的指称并不在判断自身内，据我对胡塞尔的理解，它作为判断只是一种含义功能。它存在于对实在性的指称。实在的及其自我持有（Selbst-Haben）对思想者[？]而言是一个被给予性（Gegebenheit），借助它，空的判断（leeres Urteil）得到充实（erfüllt），为直观（Anschauung）所充实，并因此获得真与假。数学从本质上讲是逻辑学：它像在物理学中一样可指称实在性，但它的主题是空的判断的主题。直观并非数学的一部分主题。胡塞尔如是说。

即是说，整个普遍数理模式从本质上讲在于空的判断，且只是一种含义联结（胡塞尔没说的是：只是一种可能性）。在读他的逻辑学论著时，一定要把胡塞尔的这些观点记在心中。

我要请布莱克给胡塞尔发一本带有我献辞的《逻辑的问题》。

大家把酒量控制在不影响我们身体和安全上路的限度上。我妻子和枢密顾问夫人在门口吻别，教授保证会在未来五、六年里，在我

---

① 这里指的是鲍伊斯·吉布森的《逻辑的问题》(伦敦，亚当和查尔斯·布莱克出版社，1908年)，里面有一章(X)讨论"思维规律"，特别是"不矛盾律与排中律"(第98-104页)。当胡塞尔收到这本"好书"(见段落末尾)时，他在1928年12月24日的信中作了回应，告诉鲍伊斯·吉布森他已经读过了几遍这本书，对里面关于一般问题的讨论尤感兴趣，例如"导言"，第三章，特别是对思维规律的讨论，如第十一章（归纳与归纳原则）、第十三章（归纳的目标）以及第十四章（归纳假设）等。但这本书有500页，只有其中153页被裁开了，并且胡塞尔也没在上面做什么标记。

再次来弗莱堡之前依然保持年轻。然后我们就和海德格尔一起离开了这个热情好客、充满欢乐的家,海德格尔一直陪着我们走到洛莱托街的尽头,又上行到歌德街与欧文街的交叉路口。他说,一月份《存在与时间》的第二版就会出版,新增版附有新的导言,第二卷会在十月出版,或者说到那时已准备好出版。① 那晚我坐在海德格尔身旁的时候胡塞尔夫人曾说过:《观念》译完后,你会翻译《存在与时间》的。我没表态,但也许将来有一天会去做吧。

他们还谈到了在柏林的施通普夫,80高龄了(直到79岁他还做讲座)。他是布伦塔诺最老的学生。

再见了,胡塞尔、海德格尔,还有那个丰富的哲学宝藏。胡塞尔是这个世界上一名伟大的哲学家:我坚信这一点。无论是从哲学家还是普通人的角度,我都感到自己很荣幸,能如此近距离地接触到他。

至于我的翻译,胡塞尔说他不介意选哪家出版社,但希望有一个好的"版式"——因为他有点清高——当然这是玩笑话(Scherz)——我告诉他,如果他写前言和后记的话,我不会写导言,顶多写点"译者注"(Anmerkungen)。他欣然同意。把一切都交给我去办。

11月16日:萨卡斯咖啡屋。凯撒大街

邀请了勒维纳斯。我们在音乐、咖啡和蛋糕的陪伴下讨论现象学。开始讨论构造等等。我们按照胡塞尔的第二种方法,从经验心理学开始,然后在现象学研究的第一阶段讨论本质心理学,接下来在第二阶段讨论纯粹意识的超越论。在这一阶段,纯粹本我被包含在它的内在(immanent)时间中,我们在自我-中心拥有构造出的宇宙

---

① 这个为第二版写的"新导言"从未出现过(只是在1957年末修改的第八版中有一个简短的"前言"),而第二卷被永久禁止。

时间(kosmische Zeit)以及其它基本要素。难题在于内在时间自身是否构造出来的。在我看来,胡塞尔好像说"是"。但勒维纳斯和我都看不透这一难题。[①] 我觉得,好像只有在某种形式的逻辑构型或可能性构型中我们才可能理解这个基本的构造。

关于翻译。勒维纳斯提到了让·海林使用"圣"(hiero)作前缀来表达宗教哲学方面的东西。

勒维纳斯给了我他的地址,我也给了他我在墨尔本的地址,我会跟他保持联系。他有着非常清晰的头脑和非常敏锐的理解力。

[①] 胡塞尔与欧根·芬克一起合作得出的关于时间构造的终极理论还无法理解。一些相关迹象见格尔德·勃兰特的《世界、我与时间》(1955年)。

表象的崩塌[1]

〔法〕伊曼努尔·勒维纳斯 著

朱刚 译

遇到一个人,就是被一个谜搅得惊醒不安。在与胡塞尔接触时,这个谜就是他的工作之谜。尽管我们在他家中可以感受到相对单纯的热情好客,但是在他本人这里人们遇到的却总是现象学。我的回忆要追溯到青年时代。对于那时的我来说,胡塞尔已经在他的神话中向我显现了;我的回忆只包含与他有个人关系的两学期。但是,除去我们20出头时所具有的那种满含敬意的谦逊、"狂热"以及对于神话的爱好外,我仍认为几乎没有人能像胡塞尔那样在更大程度上等同于他自己的工作,更多的人是把工作与自己分开。胡塞尔有一组组尚未整理的手稿沉睡在某个箱子底下。这些手稿是对滞留、感性或自我的现象学的思考——毋庸置疑,当他提到这些手稿时,他总是自然而然地说:"Wir haben schon darüber ganze Wissenschaften"〔"对此我们已经有了完善的科学"〕。谈到这些仍然未知的科学时,他的神情似乎是他已经获得了它们,而不是创造了它们。至于他的工作,即使在私下,胡塞尔也只用这一工作本身的术语来谈论。这是关于现象学的现象学,也几乎——在我与他相处期间——总是无人敢于打断的独白。同样,对于我来说,对于一个人的亏欠也和对于其

---

[1] Emmanuel Levinas, "La Ruine De La Représentation", in: *Edmund Husserl: 1859–1959. Recueil commémoratif publié à l'occasion du centenaire de la naissance du philosophe*. La Haye: Nijhoff, 1959, S. 73-85.

工作的亏欠密不可分。①

　　胡塞尔一方面庄重严肃,同时又不失和蔼可亲;他总是正装笔挺,但又常常忘记外部世界、心不在焉,不过他也并不倨傲自大,就像坚定不移中又带有些犹豫不决。他沉湎工作,一望可知。他的工作既一丝不苟又开放大胆,且不停地重新开始,就像一场持续不断的革命,与当时人们喜爱的形式——少一点古典,少一点教导——颇为相契,也吻合于人们当时钟情的语言:富于戏剧性而非单调乏味。他的工作的的确确充满着全新的重音,然而这些重音唯有在那些敏锐或训练有素、但必定是隐藏着的耳朵那里才能产生回响。

　　不过,海德格尔的哲学,从一开始就显得全然不同。在弗莱堡,这两种思想的相遇给一批在认识海德格尔之前就已经接受胡塞尔指

---

　　① 至于与胡塞尔的私人关系,其他人会提供一些趣闻轶事。我只想记录三点。1. 在我于弗莱堡的两个学期期间(1928 年的夏季学期,1928/29 年的冬季学期),胡塞尔夫人曾以下次去巴黎旅游为借口,跟我上"法语进修"课。他们的目的其实是想增加学生的奖学金而非提高[像她这样的]杰出学生的词汇量。这些被掩饰的善意行为经常出现在胡塞尔家中,而其受益者不乏赫赫有名之人。2. 1928 年 7 月末,我在胡塞尔的一个研讨班上做了一个报告。那是他教学生涯最后一学期的最后一场。当然喽,这场报告在接下来的告别致辞中没有提到;胡塞尔在致辞中说,在他看来,那些哲学疑难最终都得到了完全澄清,既然岁月已为他安排好了时间去解决这些疑难。3. 最后一点,即使新近提出的胡塞尔的犹太人问题没有促使我将它束之高阁,我终究还是犹豫着是否要把它叙述出来。我们知道,胡塞尔与他的夫人是皈依了新教的犹太人。大师的最后一些照片暴露了他的一些犹太人相貌的特征(人们说大师的相貌开始变得与先知的相貌相似了,这样说或许不对,因为毕竟,没有人拥有先知耶利米或哈巴谷的肖像)。胡塞尔夫人曾严格地以第三人称——甚至都没有以第二人称——对我谈起过犹太人。胡塞尔则从未与我谈起过犹太人,除去一次。那一次,他的夫人要利用去斯特拉斯堡的行程买一件很重要的东西。在斯特拉斯堡的神学家和哲学家让·海林(Hering)的母亲海林夫人的陪同下,她完成了此次购物。回来之后,她当着我的面公开说:"我们发现了一家很棒的商店。*Die Leute obgleich Juden, sind sehr zuverlässig*[老板尽管是犹太人,却非常可靠]。"我没有掩饰我受到的伤害。于是胡塞尔说:"算了,勒维纳斯先生,我自己也来自一个[犹太]商人家庭……"他没有继续说下去。犹太人之间彼此苛刻,尽管他们无法忍受非犹太人向他们瞎讲的"犹太历史";正如教士讨厌那些来自世俗人员的反教权的笑话,但是他们自己之间却常讲这些笑话一样。胡塞尔的反思使我心情平复下来。

导且正在完成学业的学生提供了一个重要的思考和讨论的主题。欧根·芬克和路德维希·兰德格雷贝即属于其中。对于那些将于1928/29学年冬季来到海德格尔那里的人而言,已经于1928/29学年冬季学期末退休且在1928年夏季过渡学期期间就已处于半退休状态的胡塞尔,只是一位前辈罢了。我自己通过这些讨论进入到现象学之中,并经受了现象学学科的塑造。在下面的几页文字中,我将尝试着回忆那些在我当时看来在胡塞尔思想中是决定性的——从它们在过去那些年中出现的情况来看——主题。我们是否处在这样一种哲学中?它对于你们来说标志着一种"绝对知识"的真理,或某些姿态与"语调变化",而这些姿态与"语调变化"则为你们构成任何话语(即使是内部话语)所必须的对话者的面容?

一

现象学,就是意向性。这意味着什么呢?意味着拒绝把意识等同于感觉物的感觉主义?当然。但是可感者(le sensible)在现象学中承担重要角色,而意向性则恢复了可感者的权利。意味着主体与对象之间必然的相关性?毫无疑问。但是我们无需等待胡塞尔来抗议那种与对象分离的主体的观念。如果意向性只是意味着意识向着对象"绽开",意味着我们直接在事物那里,那么就绝不会有现象学。

[如果这样,]我们就会拥有一种关于表象的素朴生活的知识理论;表象遇到的是从任何境域中拔根出来的持久本质——在这个意义上它们是抽象的——这些本质被在一个它们于其中是自足的当前中提交出来。生活的当前恰恰是抽象活动的一种未受质疑但又源始的形式,存在者保持在这种抽象活动中,就像它们由此开始一样。再-现(la re-présentation)如此涉及诸存在者,就如它们完全由它们

本身支撑自己一样,好像它们是实体。再-现拥有对这些存在者的条件不感兴趣——只是在一瞬间、在表象的瞬间——的能力。它战胜了真正的思想与真实的思想在存在者中所打开的无限条件的眩晕。我并没有穿越今日生活所参照的过去之无限系列,我在其全部的实在性中迎接这一日,我从这些转瞬即逝的瞬间出发抓住我的存在本身。康德表明知性可以追求它的理论工作但却无法满足理性,借此,他就阐明了这种无需无条件的原则的"经验实在论"的永恒本质。

现象学,正如任何哲学一样,给我们以下教导:在事物那里的直接在场还没有理解事物的意义,因此,也没有代替真理。但是,我们要感激胡塞尔引导我们超越直接性的方式,它使我们拥有了开展哲学活动的新的可能性。首先,胡塞尔带来了意向分析的观念,这一意向分析比进入这些意向的思想能告诉我们更多关于存在(这些意向原本被认为只是对存在的掌握或反映)的知识。似乎,已经迷失在被掌握或被反映的对象中的基础存在论事件,一直比客观性更客观,一直是一种超越论的运动。对"构造"这一术语的求助或许掩盖了对"超越论的"这一概念本身的更新,这一更新在我们看来乃是现象学的一个本质性的贡献。由此,在我们可以称为"哲学的推理"的层次上,一种从一个观念过渡到另一个观念的新的方式就产生了。由此,哲学概念本身就发生了变化,它曾经一直被等同于凭借"同一"吸收任何"他者",或被等同于从"同一"中推演出任何"他者"(亦即被等同于观念论,在这个词的激进的意义上);因此在这种哲学概念中,同一与他者之间的关系并没有颠倒哲学的爱欲。最后,一种新的哲学风格以一种更为一般的模式产生了。这种哲学还没有变成一门作为具有普遍强制性的各种学说之集合体的严格科学。但是,现象学已经开创了一种意识分析,这种分析最为关心的是结构,是一种心灵运动与另一种心灵运动结合为一体的方式,是心灵运动位于现象整体之中相互叠搭与安置的方式。我们不再以列举的方式分析心灵状态的组成部分。这些"结构样式"的基准点当然还要依赖于学说所具有的最终预设。但是，一种新的严格精神已经创建起来了：研究的深入并不在于触及灵魂中的精微处或无限小的部分，而在于并不让这些精微的元素或其延伸物遗落在结构之外。在我们看来，正是这些要点才是所有后胡塞尔思想的本质所在；对于我们这些微不足道的研究者来说，我们从对胡塞尔工作的长期研习中所获得的益处也正是这些。它们深刻地影响了自《逻辑研究》以降的思想，尽管《逻辑研究》很糟糕地定义了现象学，但它也非常出色地证明了现象学，因为它就像一个人通过行走证明运动那样对现象学作了证明。

二

为什么逻辑——它建立起那些支配着"思想"之空乏形式的观念法则——会要求一种对意向性思想之步骤的描述作为它的基础？随着人们力主逻辑形式的观念性，力主把逻辑形式与意识的"实项内容"、与表象行为或判断行为、更不用说与"原始内容"或感觉混为一谈的不可能性，这一解释性问题就更加使人不安了。早在《大观念》以其对超越论观念论的清楚表述让整整一代学生们忧心忡忡之前，人们就已经遭遇到了这一问题；胡塞尔坚持超越论的观念论，显然是为了反对关于形式本质和质料本质的实在论。然而，形式本质和质料本质的超越性毫无争议地构成了胡塞尔全部工作的重大主题，而自《逻辑研究》第一卷——哲学文献中最具说服力的一卷——出版以来，人们就聚集在这一主题之下。

但为什么又返回到对意识的描述？这会"有益于"在观念本质之外去认识那些把握观念本质的主观行为或对这种认识"起指导作用"

吗?但这种补充性的、让人感兴趣的研究又何以能够使人避免给纯粹逻辑学这一本质上是数学而根本不是心理学的科学造成一些混乱或歧义?在这些混乱中,胡塞尔提到了心理主义,似乎在《纯粹逻辑学导引》①将之推翻之后,它仍然以新的努力为自己进行辩护。当然,自《逻辑研究》第二卷的"引论"之后,胡塞尔又提到需要对纯粹逻辑学概念进行认识论的澄清——这种澄清也将会是一种哲学的澄清。意识现象学会打开"'涌现出'纯粹逻辑学的基本概念和观念规律的'源泉',只有在把握住这些基本概念和观念规律的来历的情况下,我们才能赋予它们以'明晰性',这是认识批判地理解纯粹逻辑学的前提。"②但是,在其自康德以来所获得的意义上,认识论和认识批判确已规定好了认识活动的源泉,并到处划定了理性合法运用的界限。它们并没有澄清科学所使用的那些概念本身,而且在任何情况下,也没有修改自亚里士多德以来即已被构造好的、在其完善性中的纯粹逻辑学的那些概念。在其认识论的要求中,胡塞尔现象学的新意在于求助于意识去澄清科学的概念,并保护它们以抵御一些不可避免的歧义,而它们在一种由于自然态度而总是朝向对象的思想中往往会承载这些歧义。"这种分析对于促进纯粹逻辑学的研究仍然是必不可少的。"③最后,严格说来,这样一个事实——即:"对象的自在被表象,在认识中被把握,就是说,最后还是成为主观的"④——在一种把主体设定为封闭在其自身中的内在领域的哲学中仍然会成问

---

① 即《逻辑研究》第一卷。——译者注
② 参见胡塞尔:《逻辑研究》第二卷第一部分,乌尔苏拉·潘策尔编,倪梁康译,商务印书馆,2015年,第307页。——译者注
③ 参见胡塞尔:《逻辑研究》第二卷第一部分,倪梁康译,前引,第309页。——译者注
④ 参见胡塞尔:《逻辑研究》第二卷第一部分,倪梁康译,前引,第312页。译文稍有改动。——译者注

题；凭借意识的意向性观念，这一问题被预先解决了：因为，主体在超越之物那里的在场是对意识的定义本身。

然而，宣布出来的整个研究兴趣都与那对意向性加以定义的主体-对象之间的相关性无关，而是源自一种激发意向性的其它动力。这样，意向性的真正的谜就不会在于主体在对象那里的在场，而在于意向性允许赋予给这种在场的那一新的意义。

如果意识分析对于澄清对象是必要的，那是因为朝向对象的意向并没有把握住它们的意义，而只是一种不可避免的误解中的抽象；是因为那处于其"朝向对象之绽裂"中的意向也是一种对这一对象之意义的无知与误解，因为它遗忘了所有它仅以隐含的方式所包含的和意识以未见的方式所看到的东西。这是对我们刚刚提醒注意的那一困难的回应。这一回应是胡塞尔在《笛卡尔式的沉思》第20节中刻画意向分析的本原性时给出的："它的本原的操作"，胡塞尔说，"就是揭示出'隐含'在意识的现时性（现时状态）中的潜在性。由此，那对意识之所意谓者，亦即意识之对象性意义的阐明、规定或许还有澄清，就从意向相关项的角度实现出来了。"[①]

因此意向性指示着一种与对象的关系，但是一种这样的关系：它在自身中承载着一种本质上是隐含的意义。在事物那里的在场隐含一种在事物那里的另一种被忽视的在场，隐含着一些与这些隐含的意向相关的其它境域，即使是对在素朴态度中被给予的对象的最专注、最谨慎的考虑也无法揭示出这些其它境域。"每一个我思作为意识在最广泛的意义上都是对它所意指之物的意指，但是这一'意

[①] 参见 Edmund Husserl, *Husserliana*, Band Ⅰ, Kluwer Academic Publishers, Dordrecht/Boston/London，1963，SS. 83-84；中译文参见：胡塞尔:《笛卡尔式的沉思》，张廷国译，中国城市出版社，2002年，第63页；胡塞尔:《笛卡尔沉思与巴黎讲演》，张宪译，人民出版社，2008年，第83页。译文根据德文和法文有改动。——译者注

指'在每一个瞬间都超出了那在各个瞬间作为'明确地被意指者'而被给予的东西。意识超出所意指之物,就是说,它是一种延展到[明确地被意指者]之外的'更大'的大……这种为一切意识所固有的、在意向本身中的意向的超出,应当被视为这种意识的本质环节(*Wesensmoment*)"(第 40 页)。① "任何意向性结构都隐含着一个'境域'(*die Horizontstruktur*)这一事实为现象学的分析与描述规定了一种全新的方法"(第 42 页)。②

对主体与对象之间关系的经典理解,是对象的在场与[主体]在对象那里的在场。实际上,这一关系是以这样一种方式被理解的:在这一关系中,在场者穷尽了主体的存在与对象的存在。对象在这一关系中在每一瞬间都恰恰是主体现时地思考的事物。换言之,主体-对象关系是完全被意识到的。尽管有这一关系所能持续的那段时间,但这一关系永远使这个透明的、现时的当前重新开始,并在再-现一词之词源学的意义上保持着。相反,意向性在其自身中带有着其各种隐含(implications)所具有的无数境域,并思考着比其所瞄定的对象无限多的"事物"。肯定意向性,就是察觉到思想是紧密连接在隐含物(l'implicite)上的,它不是偶然地落入这种隐含物,而是本质上就位于其中。由此,思想就既不是纯粹当前的,也不是纯粹的再现(représentation)。这种对既不是"明确物"(l'explicite)的单纯"缺陷"也不是其"瓦解"的隐含物的揭示,在观念史中显得残酷可怕或充满奇迹,因为在观念史中,现时性(l'actualité)概念一直是与绝对清

---

① 参见 Edmund Husserl, *Husserliana*, Band Ⅰ, S. 84;中译文参见:胡塞尔:《笛卡尔式的沉思》,张廷国译,第 63 页;胡塞尔:《笛卡尔沉思与巴黎讲演》,张宪译,第 83 页。译文根据德文和法文有改动。——译者注

② 参见 Edmund Husserl, *Husserliana*, Band Ⅰ, S. 86;中译文参见:胡塞尔:《笛卡尔式的沉思》,张廷国译,第 66 页;胡塞尔:《笛卡尔沉思与巴黎讲演》,张宪译,第 86 页。译文根据德文和法文有改动。——译者注

醒的状态和理智的澄明相一致的。这种思想发现自己无法摆脱一种匿名的、模糊的生命，无法摆脱必须被重建为对象（意识相信能完全掌控它）的被遗忘的风景——毋庸置疑，这一点酷似关于无意识与深层意识的现代构想。但是，由此不只产生了一种新的心理学。一种新的存在论也开始了：存在不只被设定为思想的相关项，而且被认为已经为那构造着它的思想本身进行奠基。我们马上回到这一点。目前请注意的是，被意识到的现时性受潜在性制约这一事实，要比在情感生活中揭示出一种专门的不可还原为理论意向性的意向性、比肯定主体在沉思之先就已主动地卷入生活，更为彻底地危及表象的统治权。胡塞尔认为有关纯粹逻辑结构和"某物一般"之纯粹形式的表象的统治权是成问题的，在这些纯粹逻辑结构和纯粹形式中，任何情感都不起作用，没有任何东西被呈交给意志；唯当这些结构与形式被置回到它们的境域中时，它们才能揭示出它们的真理。然而，这并不是一种关于动摇了表象概念的情感与意志的非理性主义。一种遗忘了思想之隐含物——在对这种思想进行反思之前这些隐含物是不可见的——的思想，是在对[其]对象进行操作，而非思考它们。现象学的还原中止这种操作，以便回溯到真理，以便在其超越论的涌现中展示出被表象的存在者。

一种关于必然的隐含的观念——这种隐含绝对不可为朝向对象的主体所知觉，只能事后（après coup）在反思中被揭示，因此不是在当前中产生，就是说，是在不为我所知的情况下产生——关于这样一种隐含的观念，使表象的理想和主体统治权的理想终结了，使那种于其中没有什么能悄悄溜进我之中的观念论终结了。于是，一种根本的受动（passion）就在思想中启示出来了，这种受动不再与感觉的被动性和被给予者的被动性有任何共同之处——它们仍分有经验论与实在论。胡塞尔的现象学已经教给我们的并不是把意识状态抛投入存在之中，更不是把客观的结构还原为意识状态，而是求助于一个"比任何客观性都更为客观的主观的"领域。它已经揭示出这一崭新的领域。纯粹自我是一种"内在中的超越"，它本身是以某种方式根据这一其中上演着某种本质性游戏的领域构造起来的。

三

在意向本身中超出意向，比思考更多地思，这将会是一种悖谬，如果这种由思想对思想的超出还是一种具有与表象的本性相同的本性的运动的话，如果"潜在"只是一种减少的或稀薄的"现时"（或者它会是意识的普通等级）的话。胡塞尔凭其具体分析所说明的乃是：那朝向其对象的思想包含着一些朝着意向相关项的境域开放的思想，这些境域已经支撑着那在其运动中朝向对象的主体，因此支持着那在其作为中的主体，发挥着超越论的作用：感性与感性质并不是范畴形式或观念本质由之加工而成的材料，而是主体为了实现一种范畴意向而已经置身其中的处境；我的身体也并不只是一个被感知的对象，而是一个感知着的主体；大地并不是事物在其中显现出来的地基，而是主体为了感知对象而要求的条件。因此，意向性中隐含的境域并不是对象的还模模糊糊地被想到的脉络，而是主体的处境（la situation）。意向所具有的这种本质性的潜在性宣告出主体是在处境中的，或者如海德格尔所说的，是在世界之中的。意向性所表达出来的在事物那里的在场是一种超越，这种超越在它刚刚进入的世界之中已经拥有比如历史这样的东西。如果胡塞尔要求为这些隐含获得一种完全的照亮，那么他就只能在反思中要求得到这种照亮。对于他来说，存在并不是在历史中而毋宁是在意识中揭示其真理，但这意识不再是那掌握着这种真理的表象的统治性意识。

道路向各种实存哲学打开了，后者可以离开它们直到那时为止仍一直囿于其中的感伤与宗教事物的领域。道路向关于感性事物与前述谓之物的所有胡塞尔式的分析打开，胡塞尔本人对这种分析极其偏爱，这一分析回溯到那同时既是第一主体又是第一对象，同时既是给予者又是被给出者的 Urimpression（原印象）。道路向关于本己身体的哲学打开，在本己身体中，意向性揭示出其真正的本性，因为在身体那里，意向性之朝向被表象之物的运动扎根于肉身化实存的所有那些不被表象的隐含境域之中；肉身化实存从这些境域中引出其存在，而这些境域在某种意义上又是由它构造的（既然它意识到它们）。在这里情况似乎是：被构造的存在制约着对它自己的构造。这是一个海德格尔将处处赋予其明见性并处处让其发挥作用的悖论性结构：存在激发起主观性和主观之维本身，似乎就是为了能实现那铭刻在存在之揭示中的东西，实现那铭刻在"自然"（存在在自然中乃是在真理中）之光辉中的东西。

在事物那里的在场指向那些一开始并且在绝大多数情况下都未受质疑的境域，这些境域然而又引导着这种在场本身——这一点实际上也预示了海德格尔意义上的存在哲学。任何把自己导向存在者的哲学，都已经植根于存在者的存在（海德格尔表明，它不能被还原为存在者），已经植根于境域与这样一种场所（site）：这一场所支配着每一个位置的占据、每一处风景的照亮，同时也已经引导着那在意愿着、劳作着、判断着的主体的创始活动。海德格尔的全部工作都在于打开和探索这一在观念史上未为人知的维度，不过海德格尔又赋予它一个最广为人知的名字：Sein（存在）。相对于客观性的传统模式而言，这是一个主观性的领域，但是是一个"比任何客观性都更为客观的"主观主义的领域。

超越论的活动既不是反思一个内容这一事实，也不是一个被思的存在的产生。对一个对象的构造已经为一个前述谓的,但又由主体所构造的"世界"所庇护;反之,在一个世界中的逗留又只有作为一个构造着的主体的自发性才是可以思议的,没有这种自发性,这种逗留就会是一个部分之于全体的那种单纯的从属,而主体也只是一块地基的单纯产物。超越论的观念论一直在脱离世界与卷入世界之间游移不定,胡塞尔曾为此饱受指责,但这并非他的弱点,而是他的力量所在。自由与从属的这种同时性——没有任何一项被牺牲——或许是那穿过并承载存在整体的 Sinngebung(意义给予)本身,即意义授予行为。无论如何,超越论的活动在现象学中获得了这种新的定向。世界不仅是被构造的,而且还是起构造作用的。主体不再是纯粹主体,对象也不再是纯粹对象。现象同时既是被揭示者,也是那揭示者;既是存在也是通往存在的通道。如果不照亮那进行揭示者——照亮那作为通道的现象——那被揭示者,即存在,也就始终是一种抽象。尽管一些现象学分析给人以这样的印象,即它们使概念与事物遭到变形,但这些现象学分析的新的重点和闪光之处仍然在于这样一种双重视角:在这种视角中,存在物(entités)被放回到它们原来的位置。于是,对象被从它们平淡晦暗的静止不变中拔根出来,以便在那些往返于给予者与被给出者之间的光之游戏中熠熠生辉。人们在来来往往中构造着人们已属于的世界。现象学的分析就像一种永恒的重言式的不断反复:空间设定空间,被表象的空间设定某种在空间中的植入,这种植入复又只有作为对空间的勾画(projet)才可能。在这种显而易见的重言式中,本质——存在物之存在——绽现出来。空间变为对空间的经验。它不再与它的揭示、它的真理相分离;它不只是被投入其真理中,毋宁是在其中实现自身。这是一种颠倒:在这一颠倒中,存在创建那筹划它的行动;在这一颠倒中,行动的当前或者它的现时性转变为过去;但在这一颠倒中,对象的存在立刻在那针对它的态度中得到完善；在这一颠倒中，存在的在先性被重新置入一种将来；这是这样一种颠倒，在其中人的行为举止被解释为原初的经验而非经验的果实——这种颠倒正是现象学本身。现象学把我们引导到主体-对象范畴之外，并摧毁表象的统治。主体与对象只是这种意向性生活的极点。在我们看来，现象学还原从来不是由内在领域的绝然性（l'apodicticité）证成的，而是由这一意向性游戏的敞开性证成的，由对固定对象的放弃证成的，这种固定的对象乃是这一意向性游戏的结果与遮蔽。意向性意味着任何意识都是对某物的意识，但是尤其意味着任何对象都呼唤着且似乎激发着某种意识：正是凭借这种意识，该对象的存在才闪现出光辉并由此而显现出来。

感性经验被赋予特权，因为在感性经验中，构造的这种两可性（ambiguïté）在发挥作用：在这种构造中，意向相关项制约并庇护着那构造它的意向行为。现象学中的对文化属性的偏爱同样如此：思想构造着文化属性，但它在构造文化属性的过程之中又享用着文化属性。表面上看，文化世界是后来者，但它的存在本身恰恰在于授予意义；在现象学的分析中，正是它的存在支撑着所有那些在事物与观念中看起来是单纯被包含和被给予的东西。

从那以后，那些直到那时为止仍一直保持在对象层面上的概念就构成了这样一个系列：这一系列上的诸项既不以分析的方式也不以综合的方式相互连接。它们也并不像一块拼图的各个部分那样相互补充，而是以超越论的方式相互制约。处境与参照着处境的对象之间的关系，以及构成着处境之统一性（在反思性描述中得到揭示）的现象之间的关系，与演绎关系一样都是必然的。尽管严格地看，它们在客观上是相互孤立的，但现象学把它们连接在一起。在那时以前，唯有诗人与先知才能允许自己通过隐喻与"异象"（"vision"）进行这种连接,并借助语言把它们在词源中聚集在一起。天与地、手与用具、身体与他人,先天地制约着知识与存在。误认这种先天制约作用,就导致思想中的抽象、歧义与空洞。或许,正是由于这种对遗忘了其构造性境域的简明思想的警惕,胡塞尔的工作对于所有理论家,尤其是对于下面这些人而言才是最直接有用的:他们没有认识到神学思想、道德思想或政治思想的具体的、某种意义上具身性的条件(正是从这些条件中,那些表面上最纯粹的概念汲取着它们的真正意义),并由此想象他们把这些思想精神化了。

四

但是,思想本质上是隐含的这一事实,完全现时性的理想只能来自于一种从思想本身中获取来的抽象观点这一事实,或许标志着整个哲学定向的终结。哲学源自于与意见的对立,它趋向于智慧,后者乃是完全的自身拥有这样一个瞬间。在此瞬间,不再有任何外在之物或他者前来限制同一(le Même)在思想中的那种辉煌的同一化。走向真理,就在于揭示一个总体,在其中,多样性重又发现它自己是同一的,就是说,是在同一的层次上或在同一之层次上演绎出来的。由此就有了演绎的重要性:它从部分经验中引出总体(无论这种演绎是分析的、机械的抑或辩证的)。那使在被表象者中的隐含之物变得明晰的思想,原则上是完全的现时化这一权能,是纯粹现实本身。

而这就是说,那在其意向的全部真诚性中被引向对象的思想并没有在其素朴的真诚性中触及存在;它思得比它思得更多且不同于它现时之所思,在此意义上,它自身并不是内在的,即使从它那一方面看来它亲自把握到了它所瞄向的对象!既然存在既不在思想内亦不在思想外，而是思想本身处于其自身之外，那么我们就已经超逾了观念论与实在论。必须要有一种第二性的行为和事后之思（un esprit de l'escalier）①，以便揭示出那些被遮蔽的境域，后者不再是这一对象的语境，而是对象之意义的超越论的给予者。为了掌握世界与真理，必须要比瞬间或明见性之永恒更多。

在对象化的、完全现时的反思行为（凭借何种特权？）的形式下，胡塞尔本人已经看到了这种事后之思，但是这一事实对于他的作品所具有的影响来说可能并不是决定性的。这种授予意义的生活或许以别样的方式把自己呈交出来，并且为了它自己的揭示而在同一与他者之间设定某些关系，这些关系不再是对象化，而是社会生活（société）。人们可以在一种伦理学中研究真理的条件。协作中的哲学，是否只是偶然地才成为胡塞尔的理念？

终结那种认为思想与主体-对象的关系具有相同外延的观点——这就是让人们隐约看见与他者的这样一种关系：这种关系既不是对思者的无法容忍的限制，也不是以内容的形式把这一他者径直吸收到一个自我中。在这种"吸收"中，任何的 Sinngebung（意义给予）都是一个统治性的自我的作为，而他者，实际上也只能被吸收进表象之中。但是在现象学中，总体化的（totalisante）和极权性的（totalitaire）的表象活动已经在其本己意向中被越过了；表象发现自己已经处于一些境域之中，而这些境域，表象在某种意义上并不曾想要，但是它却无法免除——在这样的现象学中，一种伦理的 Sinngebung（意义给予），亦即，对于他者的根本的尊重，变得可能了。在胡塞尔自己那里，在立足于对象化行为的对交互主体性的构造这一事

---

① 在法语中，"avoir l'escalier de l'escalier"是一句俗语，意为"事后聪明，事后诸葛亮"，勒维纳斯这里指一种在素朴地朝向对象的思想背后、能够揭示境域的"第二性的思想"。——译者注

业之中,一些社会性的、不可还原为对象化构造的关系突然苏醒了,而这种对象化的构造却声称以其自己的步调构思这些关系。

(巴黎)

纪念伟大的哲学家：埃德蒙德·胡塞尔[①]

〔俄〕列夫·舍斯托夫 著

卓立 杨晶 译

一

在马克斯·舍勒去世前两周，我最后一次见他，其间他突然问我："为何你要如此执着地反驳胡塞尔？"而我在弗莱堡拜访胡塞尔时，胡塞尔本人亦曾亲自向一群来访的美国哲学教授们介绍我说："从来没有人像他那样尖锐地批评过我，但也正因为如此，我们才能成为这么亲密的朋友。"胡塞尔在言语间所清晰展露的"公正无私"（disinterestedne）令人叹服，如是品质甚至在很多伟大的哲学家身上都不多见。他最大的兴趣在于真理，为了寻求真理而和学术论敌成为朋友，不仅是可能的而且是必要的。这是胡塞尔最为突出的特质。

但目前我们所关注的是另一个问题，即究竟是什么原因让我如此尖锐地批评他？在我看来，为了理解胡塞尔艰深而卓著的现象学

[①] Leon Shestov, "Pamyati velikovo filosofa (Edmund Husserl)", *Russkiye zapiski* (Paris), NO.12(1938): 126 - 145; NO.1(1939): 107 - 116. 此文是在舍斯托夫离世前几周写就，英译文由乔治·L.克莱因（George Leonard Kline）自俄文译成，发表于 *Philosophy and Phenomenological Research*, Vol. 22, No. 4 (Jun., 1962), pp. 449-471。舍斯托夫原文中对所引胡塞尔文献并无注释。除去明确注明舍斯托夫的注外，本文的引文注释主要来自英译者，部分由中译者查证补充。中译文的胡塞尔著作引文主要参考相关中译本（略有改动）：《逻辑研究》，倪梁康译，商务印书馆，2015年；《哲学作为严格的科学》，倪梁康译，商务印书馆，1999年。——译者注

理论,似乎既需阐明其学说,又需阐明我从过去到现在始终无法接受其学说的原因。因为反对的意见不仅能表明批评者的观点,也能表明被批评的思想家的观点。

我第一次读到胡塞尔的著作是在 30 年前,[①] 彼时他只出版了《逻辑研究》,这本书令人印象极为深刻。在 20 世纪早期的哲学家中,无论力度、胆识、深度和思想的重要性,皆罕有与胡塞尔相匹者。又过了很久,在我于《哲学评论》(*Revue Philosophique*)[②] 上刊发了两篇关于胡塞尔的文章之后,我们方才见面。当时我应邀去阿姆斯特丹的一个哲学学会做学术报告,到那后我便听说胡塞尔随后也要来讲演,且他问我是否愿意等他来,以便和我会次面。我当然乐意之至,愉快地延后了归期。胡塞尔竟如此希望与一位直言不讳的论敌会面,这般难得的雅量让我既惊又喜。

我们的第一次会面是在哲学学会,胡塞尔做报告当晚。他专注于论文的讲演,自然无暇与我进行哲学讨论。他的讲演耗时两小时有余。顺便提一句,他是站着讲完的,其间他所流露出的优容、技巧与活力,更像 40 岁上下的中年人,而非七旬老者。胡塞尔与妻子住在一位哲学学会会员家中(这是阿姆斯特丹的传统,受邀讲学的学者鲜少会下榻于宾馆,而多是住在会员家里)。他请那个会员第二天邀我吃晚饭。晚餐桌上当然不会谈及哲学,但晚餐过后,我们刚从饭厅走到书房,他便开始提出哲学问题,直截了当,切中肯綮。这正是他

[①] 这里说的是 1908 年,舍斯托夫仍在圣彼得堡时,胡塞尔《逻辑研究》第一卷的俄文版在圣彼得堡出版;而《作为严格科学的哲学》是于 1911-1912 年载于《逻各斯》俄文版上的。在俄罗斯,关于胡塞尔思想的主要研究是来自 B. Jakovenko(1912)和 G. Shpet (1914)。

[②] 这里所说的两篇论文是: Leon Shestov, "Memento Mori", *Revue Philosophique*, 101-102(1926), p.5-62; Leon Shestov, "qu'est-ce que la vérité?", ibid., 103-104(1927), p.36-74。

的一贯特质。我记得几天之后,我们在另一位会员家中共进晚餐,吃过饭,我们的主人,一位非常富有的藏书家,开始向胡塞尔展示他所收藏的初版《纯粹理性批判》和斯宾诺莎的《伦理学》等珍本书籍。而胡塞尔只是敷衍地看了看这些珍贵书卷,很快便把我拉到一旁开始了哲学讨论,这让我们的主人颇为失望。

在另一些场合,也能看出胡塞尔对于那些他感兴趣的问题的高度关注,彼时受阿德勒教授之托,我问胡塞尔是否愿意接受索邦大学的邀请到巴黎去。对此他只问了我一个问题:"在你看来,我能在巴黎找到既懂德语,又愿意认真思考我的问题的人吗?"在我们所有的谈话中,他对于哲学的极度专注皆一望可知——无论是最初在阿姆斯特丹,还是后来在弗莱堡和巴黎。我们初次见面,他便尖锐而激动地指向我说:"你错了,你已经将我塑成了一尊石像,抬到高大的基座之上,再用锤子一下下敲得粉碎。但我的理论难道真的如你所认为的那般机巧吗?你似乎并没有注意到是什么迫使我将知识本质问题以如此激进的方式提出来,并重新修改那些曾使我和学界同侪们颇为满意的主流知识理论。对逻辑的基本问题探索得愈深,我便愈发体认到我们的科学,我们的知识大厦本身的摇摇欲坠。而最终,使我感到难以形容的恐慌的是,我深知如若当代的哲学已经做出了关乎知识本质的最终结论,那我们反而毫无任何知识可言。有一次,我在一所大学做讲演,想要详细阐释我所接受的当代哲学家的观念,突然间我觉得无话可说,我站在学生们面前,两手空空,灵魂亦是如此。从那时起,我便下定决心,对现有的知识理论进行严格而无情的批判,尽管会激起许多人的愤怒,但我这么做不仅是为了我自己,也是为了我的学生。与此同时,我开始于前人从未曾探求,亦从不认为能成功找寻到真理之处进行自己的探索。而这正是我写作《逻辑研究》的由来。在我的挣扎中,在我'或此或彼'的激进表述中,你并不愿意看到的是这样一个事实——如果理性的努力无法战胜我内心的质疑,如果我们注定要继续全然忽略知识大厦的裂缝和伤口,那么终有一天这座知识大厦会轰然坍塌,我们会发现我们站在曾经恢弘伟岸,如今却已是断壁残垣的知识废墟之上。"

胡塞尔所言大意如此,不同的是他本人用了更大的气力和更丰沛的情感,以及在他所有精彩著作和演讲中表现出的过人热忱,来和我谈论他那大胆与独创的,无情横扫了当代最优秀思想家之基本观念的哲学思想来源。他的《逻辑研究》和其它相关著作"扫荡"了彼时的思想界,当然,仅限于"旧人"而非"新人"(毕竟新人们尚未钻研哲理)。与此同时,他的著作亦是为我们的知识寻求根基的一种伟大而卓绝的努力,此种根基纵是"地狱之门"(gates of Hell)也无法摧毁。胡塞尔所言诚挚,热切而鼓舞人心;我相信即便是不研习哲学的人也能立刻感到他所提出的问题绝非空谈,对于问题的解答只要不偏不倚,便颇可被接受,但问题本身,则是如他自己所说的那样关乎生死。胡塞尔极像莎士比亚笔下的哈姆雷特,抛掷出那个可怕的,宿命般的疑问,"生存抑或毁灭"。他和哈姆雷特一样(又或者如莎士比亚一样)看到了时代的颠倒混乱。他的话有着令人震慑的效力。我与他的初次见面,一如20年前我初读他的著作一样令人难忘。人们不会忘记这样伟大的人物。

"你说的当然没错",我坦率地回答道,"我曾经不遗余力地批评过你的观点,但这只是因为我看到了你思想威力之巨大之无与伦比,感到了如你现在所说的,你那大胆与独创的思想的由来。我的文章尚未发表时,法国几乎没有人知道你,而现在,毫无疑问地,法国人已然意识到他们的邻国出了一位第一流的哲学家,帮他们打开了那个长久以来为传统而庸常的思想所遮蔽的视域。我的尖锐批评实则是对你为哲学所做出的巨大而重要贡献之强调,而非贬低。若有人与你进行辩争,他必须集中起一切的精神力量,且所有的努力,都必以极大的热情作为前提。我所面临的是一个进退两难的困境,是全盘接受你的观点及其背后尚未被阐明的哲学意蕴呢?还是反对呢?将来,在我因反抗明见性①而被控背弃了哲学时,我会指向你,让你代我接受火刑。你总是用你那直观明见性苦苦地追着我,胁迫我,弄得我无路可走。我要么对你的一切俯首帖耳,要么就让自己做好奋不顾身起而反抗的准备,不仅反抗你,而且反抗所有素来被视为是哲学与思想毋庸置疑的基础的东西,反抗明见的真理。你关于当今时代是颠倒混乱的论断是非常正确的。所有想要检视人类知识基础中最细微缝隙的企图都会使时代变得更加纷杂无绪。但我们是否就一定要不惜代价地保存知识呢?是否一定要重新恢复时代的秩序呢?又或者,是否干脆推波助澜,将其打得粉碎呢?"

以上,只是对那次谈话所做的简要粗略的概述,这次谈话厘清了我们之间的共识与分歧。某些人或许会感到奇怪,我的第一位哲学老师居然是莎士比亚,是他那句高深莫测又饱含威吓与忧思的话:"这是一个颠倒混乱的时代。"当时代颠倒混乱时,当存在暴露出它的可怖时,我们能做什么?能怎么做?我满心急切地从莎士比亚转向了康德,后者在其《实践理性批判》中,经由其无可比拟的技巧,经由其著名的假定,努力试图遮盖他自己长久以来在纯粹理性批判中所暴露出的本体论问题,他成功了。但康德并未能解答我的疑问。于是我随即转向了与之极为相异的《圣经》。但《圣经》是否就一定不能

---

① 舍斯托夫所用的术语是"очевидность",近似于胡塞尔的"Evidenz"。英文中另有"obviousness"、"certainty",甚至"intuition"这几种译法与之对应。胡塞尔本人将明见性(Evidenz)定位为"对真理的相即感知"、"知识"、"无可争议的确定性"和"事物与智性的相即"(adaequatio rei et intellectus)。参见 Edmund Husserl, *Logische Untersuchungen*, Vol. II, Pt.ii, SS.118, 122, 225. 他也提及一种"明见的行为"。(英译者将 Evidenz 译为 self-evidence,中译采用目前通译"明见性"。——译者注)

与明见性相比较呢？彼时我尚无法提出此种疑问，那些认同教皇无谬论的人们亦然。人们只满足于实践理性的假定，并据此来缓解，或谓忘却，甚至无视理论理性那毁灭一切的力量。

我和胡塞尔的谈话几乎全都围绕着上述主题。当他来我巴黎家中拜访时，刚一吃过晚饭（他甚至似乎不曾注意到这件事），便立刻把我拉去另一个房间开始了哲学讨论。当时我正在写《雅典与耶路撒冷》(Athens and Jerusalem)一书中的第一部分，名为"被缚的巴门尼德"的章节：于是很自然地，我将话题引至我当时正在写作的题目上去。我用了此后我在《被缚的巴门尼德》中几乎一模一样的表述对胡塞尔说：公元前399年，苏格拉底饮鸩而死，留下了"为真理本身所迫"（亚里士多德语）的门生柏拉图，后者忍不住，也无法忍住去想、去说苏格拉底被毒死之事。柏拉图所有的著作，都在详细阐释一个最为核心的问题：这世上有什么能使我们接受苏格拉底饮鸩而死这一事实？于亚里士多德而言，这一问题似乎并无意义。他深信，"一只狗被毒死"这一"事实"，与"苏格拉底被毒死"这一"事实"一样，是永远不以人或神的反对与否为转移的。毒药于苏格拉底或狗而言亦无任何区别。同样地，为真理本身所迫，我们不得不认为苏格拉底和狗，乃至疯狗之间也毫无二致。

我原本以为胡塞尔听了上述言论会勃然大怒，但事实却并非如此。他全神贯注地听着，似乎在他的思想深处，一早便已发现了亚里士多德的"为真理本身所迫"中所包含的虚伪与叛逆。更令我感到惊异的是，我们曾经那么热烈地争论过哲学是什么的问题：彼时我说，哲学是一场伟大而终极的斗争。他随即尖锐地回应道"不，哲学即是思义(Besinnung)。"然而此时，我们的谈话立场发生了变化，他似乎也感到亚里士多德的确定性不啻为沙上建塔。总之，胡塞尔决定将我的《被缚的巴门尼德》一文刊发在《逻各斯》上。但其实这篇文章并不适合在该杂志上发表,一来因为文章过长,更重要的是,它反对这样一种信念:即人类永远无法否认诸如"苏格拉底饮鸩而死"这样的事实。我必须重申,胡塞尔的胸襟极为开阔,在我的文章见刊后不久,他便写信给我"你我道虽不同,但我非常理解,并重视你的问题。"① 读罢,我方才想明白一件奇怪的事:在我于弗莱堡访学期间,胡塞尔得知我从未涉猎过克尔凯郭尔的著作,于是他立即出乎意料地坚决要求——而非仅仅是建议——我去熟悉这位丹麦思想家的著述。作为一个穷其一生都在颂扬理性的人,胡塞尔怎么会将我引至克尔凯郭尔那对于荒谬之事的赞美呢?可以确定的是,胡塞尔本人直到临终前几年方才开始熟悉克尔凯郭尔的学说。迄今为止,在他的著作中,亦找不到任何证据证明他熟知那位"或此或彼"的作者的著述。但毋庸置疑的是,后者的思想给他留下了深刻的印象。

二

有人认为胡塞尔的现象学就意旨而言纯粹是方法论的;此种极其错误的认知,不过是对于胡塞尔的复杂问题之广度与意义的遮蔽。胡塞尔自己写道:"哲学……本质上是一门关于本原(wahren Anfiingen)②、起源(Urspriingen)和万物之根(ριζώματα πάντων)③的科学"④ 如是定义,已经足以将他的目标表达清楚。而他极具冲击力的

---

① 颇为有趣的是,有次他对我说:"你所致力的,我也称之为科学。"
② 胡塞尔原文为 wahren Anfiingen,直译为"真正的开端",英译为 principles,与 arche 涵义相符,故采通译"本原"。
③ ριζώματα πάντων 源自恩培多克勒的"四根"说,英译为 roots of all,故译为"万物之根"。——译者注
④ Edmund Husserl, "Philosophie als strenge Wissenschaft", *Logos*, I(1910-1911), S. 340.

长篇檄文《作为严格科学的哲学》,亦并非是对于现象学学派结果的阐释,而是一份代表现象学学派的宣言,一份关乎他在已经发表和即将发表的核心著作:《逻辑研究》(1900,1901年),《纯粹现象学和现象学哲学的观念》(1913年)中所持具的立场之简要陈述。以一种必成大事之人的过人胆识,胡塞尔宣称:

> 也许在整个近代生活中都没有任何观念比科学的观念更强大地、更不可阻挡地向前挺进着。没有什么能够阻挡它的凯旋。事实上,就其合理的目的而言,它是无所不包的。如果设想它得到了理想的完善,那么它也就是理性本身,在它之外、在它之上也就不再可能有其它的权威……科学说了话,智慧从现在起便只能学习。①

胡塞尔的有力论述让人想起那句众所周知的话:"罗马一发话,争端便结束"(Roma locuta, causa finita)。

但是,我们也不应当假定胡塞尔全盘否定了早期的哲学。相反,他对自己与过往先贤之间的传承有着真切的体悟:

> 成为严格的科学,这样一个充分被意识到的意愿主宰着苏格拉底-柏拉图对哲学的变革,同样也在近代之初主宰着对经院哲学的科学反叛,尤其是主宰着笛卡尔的变革。它的推动力一直延续到17世纪和18世纪的伟大哲学之中,它以极端的力量在康德的理性批判中更新了自己,并且还主宰着费希特的哲学

---

① Ibid., SS. 296, 334.

思考。①

胡塞尔只是对当代哲学进行了无条件且无情的批判与指责：

> 它甚至连科学的严格学说的开端都谈不上……它至多也只是一个科学的半成品，或一个世界观和理论认识的混合物。②

他所称的"世界观"（或"智慧"）激起了他极大的愤怒：

> 我们必须始终意识到我们对人类所应承担的责任。我们切不可为了时代而放弃永恒，我们切不可为了减轻我们的困境而将一个又一个的困境作为最终无法根除的恶遗传给我们的后代。……世界观可以争执，唯有科学才能决断，而它的决断带有永恒的烙印。③

上述质疑直接指向了 19 世纪后半叶的哲学家们：穆勒、贝恩（Bain）、冯特、西格瓦特（Sigwart）、埃德尔曼（Erdmann）、利普斯和狄尔泰。他指责他们都是"心理主义"，即相对主义。先贤早已揭示过相对主义的内部矛盾。亚里士多德曾宣称：相对主义——不是作为他所发现的真理，而是众所周知的真理——是自身悖谬的。于胡塞尔而言，这个命题恰是他所有研究的出发点。诚然，普罗泰戈拉的反对者们否决了他关于"人是万物的尺度"的命题。但在胡塞尔看来，他们却是或无意识或隐秘地受到了普罗泰戈拉思想的全然支配。

---

① Ibid., S. 292.
② Ibid., S. 335.
③ Ibid., S. 337.

他们之所以认识不到这一点,乃是因为他们并非彻底的相对主义者,而是他所谓的"特殊的"(或种类的)①相对主义者。他们看到了"人人都可以有自己的真理"这一说法的荒谬无稽,但却没能意识到人作为一个物种,有他自己的真理这一说法,同样是站不住脚的。胡塞尔站在所有这些当代哲学家的对立面,饱含激情地宣称:

> 一个东西如果是真理便绝对地、"自在地"为真理,真理总是同一的一个,无论它是被人还是被非人、被天使还是被上帝判断地把握。②

上述文句涵括了胡塞尔思想的全部要义,他为自己和哲学所设立的那个宏大的,人力几难企及的目标,就是寻求本原、起源和万物之根。在康德之后——尤其是在他的《纯粹理性批判》之后,如是愿望似乎颇为异想天开。谁愿意认真讨论诸如绝对真理一类的话题呢?胡塞尔本人当然清楚地知道,当代思想是极担心受到此种判断的攻击的。认识论者们都在谈论明见的真理,但是于他们而言,明见性——我们关于存在普遍与必然的判断的确信——用西格瓦特的话来说——仅仅是"一种我们无法逾越的假定",一种仅存在于主观意识之中的确定性,"一种伴随着我们某些特定思想的确定性"。这也是如埃德尔曼那般杰出思想家的观点。这些思想家们似乎想要假定明见的感觉是一种"充分的理由",后者足以证明我们对于科学探索结果的信心。但在胡塞尔看来,这样有意或无意做出的轻率假定,实则是对哲学的极大危害。在回答埃德尔曼和西格瓦特时,他写道:

---

① Edmund Husserl, *Logische Untersuchungen*, Vol. I, SS.116ff.
② Ibid., S. 117.

(根据这种观点)也许存在着一种特殊的生物,我们姑且称之为逻辑超人,我们的原理对他们无效,毋宁说,对他们来说合理有效的是,他们不体验他们所体验的心理现象。也可能我们的存在以及他们的存在对我们来说为真,对他们来说则为假,如此等等。我们这些逻辑常人当然会判断说,这些生物疯了,他们谈论真理并且取消真理的规律,他们声称拥有他们自己的思维规律,并且他们否定那些决定着整个规律可能性的规律。他们提出主张并且又允许否定这个主张。是与否,真理与谬误,存在与不存在在他们的思维中不具有任何相互的差异。①

当然,胡塞尔并没有将自己局限于此种郑而重之的声明之中。上文这种述及疯狂生物的警示,远远超出了一则简单声明的范围。相对主义者——无论是个体的还是"特殊的"——其主张的荒谬无稽,必然会引致严谨认真的研究者的不安。

在《逻辑研究》的第二卷中,胡塞尔用一种更加平静却有力的方式详细阐释了同样的思想:"我们无法使自己确信,在逻辑学和几何学上背谬的东西会在心理学上是可能的。"我们承认,他解释说:"逻辑概念具有心理学的起源,但我们在这里也反对由此得出的心理主义结论。"究竟是什么结论?我们又为何要否认它呢?——"对我们的学说而言,关于抽象概念根源的心理学问题是引不起兴趣的。"胡塞尔哲学的原创性与颠覆性由此可见一斑。他极为勇敢地为普遍(或观念)对象,以及个体(或实在)对象的合法性提供了辩护。

这里就是相对主义的和经验主义的心理主义与观念主义的

---

① Ibid., SS. 151f.

分界点,观念主义才是一门自身一致的认识论的唯一可能性。①

胡塞尔将"真理"与个人的"真假判断行为"区分开来。姑且认为 2×2=4 这一判断理所当然是一种纯粹的心理行为,是可供心理学家进行研究的。但是,无论心理学家能发现多少实际思想的规律,他仍无法从中抽离出一个能分辨真伪的准则。相反地,拥有一个能分辨真伪的准则,是他所有推论的理性预设。哲学家们丝毫不在意张三或李四的 2×2=4 的判断。对于某个对象可以做出成千上万种个体判断,但真理却只有一个。

如果自然研究者从杠杆定律、重力定律等等出发推导出一个机器的作用方式,那么他当然在自身中体验到各种主观行为。但他统一地思考的并加以连结的东西则是概念和命题,连同它们的对象关系。②

上述思想在《逻辑研究》第一卷中表达得更为清晰。

即使所有受引力吸引的物体都毁灭了,万有引力的规律并不因此而被取消,它仍然存在,只是没有实际运用的可能性而已。它并没有对受引力吸引的万物的实存作任何陈述,而只陈述应属于那些受引力吸引的万物本身的东西。③

在这些坚定的表述中我们可以体察到现象学的核心精神。如是

---

① Edmund Husserl,*Logische Untersuchungen*,Vol.II,pt. i,S. 107.
② Ibid.,S.94.
③ Edmund Husserl,*Logische Untersuchungen*,Vol.I,S.150.

理念贯穿于胡塞尔的所有思想。为了消除人们对于他的意图的疑虑,胡塞尔提供了如下论据:

> 陈述句"π是一个超越数"所表明的东西——我们在读这个句子时所理解的东西,以及在说这个句子时所意指的东西——并不是我们思维体验的一个个体的、仅仅随时可重复的特征。在不同的情况中,这种特征在个体上也各不相同,而这个陈述句的意义却应当是同一的……与个体体验的无限杂多性相对的是,在这些体验中被表达出来的东西,它始终是一个同一之物,是在最严格词义上的同一个。命题含义并不随人和行为的数量而增多,在观念的逻辑的意义上的判断是同一个判断……我们在这里所做的不是一个要通过大量说明才能论证的单纯假设;相反,我们将它作为一个直接可把握的真理来运用并在这里遵循所有认识问题中的最后权威,即:明见性。①

以上,便是胡塞尔面对当代哲学时做出的回应,后者将相对主义倾向暗藏在了新康德主义模糊不明的理论之中。而真理,于人,于神,都只有一个。真理栖于明见性之中,在它面前,人与神是同样的无力。因此,哲学是由胡塞尔所称的"现象学还原法"开始的。为了直抵本源、起源和万物之根,我们必须抛开现实的、变化多端的、转瞬即逝的现象,并将其悬搁,或谓加上括号归在一起。在括号之外,便有了纯粹和理想的存在;有了哲学所寻求的,由明见性本身所确保的毋庸怀疑的真理。胡塞尔不假思索地说道:

---

① Edmund Husserl,*Logische Untersuchungen*,Vol. II,pt. i,SS99f.

明见性并非意识的某种标识,视其为附属于意识就像有个来自更好世界的神秘声音在对我们说:"这便是真理"——仿佛我们这些自由的思想者会不追问这一断言的合法性证据而径直听从这个声音。

没有任何当代哲学家敢于用如此大胆而有力的话语论及真理的独立自主性。且胡塞尔不会接受那种将大多数思想者引至歧途的妥协。明见性要么是最高的上诉法庭,在其中人类精神能得到全然而确定的满足,若非如此,我们的知识便是虚妄而错误的,并迟早会形成一个混乱而疯狂的领域,于是,那些尚未懒到不愿伸手的人们便会开始篡夺理性的主权、节杖与王冠。真理将变得完全不同于那些精确科学迄今为止寻求和发现的,坚定而无可更易的法则。塞内加(Seneca)巧妙地提出了那则启迪古代哲学的基本命题:"世界的创世主与统治者们一朝施令,永被奉行"(Ipse creator et conditor mundi semel jussit, semper paret)(De Providentia, V, 8.)。任何人任何时候皆可发号施令的想法是与希腊的真理概念相凿枘的,他们虽未明言,但却深信"命令"(jubere)(指挥或裁决)与独断思想密不可分,而此种独断会将我们径直引至康德曾警告过我们的"热烈崇拜和迷信一切"的思想。实际上,塞内加和他的老师们深信,没有任何一个人,即便是造物主,曾制定过法令。造物主和所有理性或非理性的生物们素来只是服从。而见证了这一切的明见性,亦并非来自于另一个世界的神秘声音(这样的声音是不会给思想自由的人们留下深刻印象的)。

明见性揭示出了存在的永恒结构,后者经由现象学的还原坦露无遗。胡塞尔引述了莱布尼茨关于理性真理和事实真理之区分:在莱布尼茨看来,上帝本人在不自知的情况下便已然受到了理性真理的影响。康德在他那本意欲推翻莱布尼茨与沃尔夫之教条主义的著作《纯粹理性批判》中毫不犹豫地宣称：经验只能告诉我们什么东西是存在的，却无法告诉我们它为何必须作为那样东西而不是别的东西而存在，所以经验不仅无法满足我的理性，甚至还会干扰我们的理性。理性所渴望的是不容置喙的真理（compelling truth）；必须将自由的"命令"（jubere）永远驱逐出哲学的范畴，因为哲学是，且仅愿是一个永远服从（parere）的领域。莱布尼茨——这一点上他先于康德——在服从中看见了人类所企望的目标。在他看来，永恒的真理不仅迫使我们相信，而且说服了我们相信。但无论莱布尼茨抑或康德，都未能将他们向之祈祷的那尊永恒真理的圣像安放进圣殿的角落。胡塞尔是第一个用与此思想之非凡哲学意义最为相契的方式论及明见性的人："一个东西如果是真理便绝对地、'自在地'为真理，真理总是同一的一个，无论它是被人还是被非人、被天使还是被上帝判断地把握。"

三

为使哲学成为一门关乎绝对真理的科学，胡塞尔付出了无止境的努力。他不仅将他的基本理念运用到了数学和自然科学中（"即使所有受引力吸引的物体都毁灭了，万有引力的规律也不因此而被取消"，等等），与此同时他还试图对历史发号施令。他希望可以通过现象学还原的方法规定人类精神的一切表现形式。藉由其崇高和挑战的决心，以及其强而有力的思想——后者是他性格中惯有的充满魅力的特质——胡塞尔起而捍卫他所珍视的目标。在这一点上，最具启发性的事件便是胡塞尔与当代著名哲学家狄尔泰的辩论。胡塞尔对于狄尔泰可谓极尽尊崇之能事。尽管如此，像对待西格瓦特和埃德尔曼一样,他把狄尔泰也送进了疯人院,虽然用语更温和克制,但无论怎么说,疯人院总还是疯人院。对于引发胡塞尔激烈抗辩的核心思想,狄尔泰曾有简明的表述如下:

> 一旦放眼于地球和所有的过去,生活的基本状态、宗教和哲学的某个个别形式的绝对有效性便不复存在了。因此,历史意识的展开要比对体系间争论的纵观更彻底地摧毁着对任何一门企图以强迫的方式通过一种概念的联系来陈述世界联系的哲学之普遍有效性的信仰。[1]

对此,胡塞尔尖锐地回应道:

> 显而易见,如果将历史主义坚定地贯彻到底,它就会导向极端怀疑的主观主义。真理、理论、科学的观念会像的所有观念一样失去其绝对有效性。一个观念具有有效性,这将意味着:它是一个事实的精神构成,它被视作有效的并在这种有效性的事实性中规定着思维。这样也就不存在绝然的有效性或'自在的'有效性,不存在那种即使没有人实施,或者,即使没有一个历史的人类曾经实施过,它也仍然是其自身所是的有效性。这样也就不存在对矛盾律和所有逻辑学而言的有效性……最终情况是,无矛盾性的逻辑原则由此而转向其对立面。接下来,我们所陈述的所有那些语句,甚至那些为我们所考虑并作为有效存在的而为我们所运动的可能性,它们自身也不再具有任何有效性。

---

[1] Wilhelm Dilthey, *Weltanschauung*, Philosophie und Religion, Berlin, 1911, quoted by Husserl in „philosophie...", S.324.

如此等等。没有必要在这里继续下去并重复那些在其它地方已经给出的阐述。①

上文所谓的"其它地方",据胡塞尔自己说明,即为《逻辑研究》第一卷。众所周知,他在这卷中将所有相对主义的拥趸——无论是"种类的"相对主义还是"个体的"相对主义,都送进了疯人院里。他毫不犹豫地宣称:

> 历史,作为一种经验的精神科学,不能决定是否可以在作为文化构型的宗教和作为观念的,即作为有效宗教的宗教之间作出区分,是否可以在作为文化形态的艺术和有效的艺术之间、在历史的法律和有效的法律之间作出区分;最终,是否在历史的哲学与有效的哲学之间作出区分;历史也不能决定,是否在两者之间存在着一种关系,一种用柏拉图的话来说观念与其模糊的显现形式之间的关系。② 只有哲学的理解才能够给我们揭示出而且必然会揭示出生命和世界的奥秘。③

在以上阐释中,胡塞尔的思想达到了他的顶峰。尤其值得注意的是,虽然从没有一个哲学家曾如此直率而大胆地谈论过"无边际的客观理性",④但事实上所有哲学家都深信,唯有理性才有力量回答困扰人类灵魂的一切问题。明见性正如美杜莎的头⑤一样,所有人

---

① Edmund Husserl,"Philosophie als strenge Wissenschaft",*Logos*,I(1910-1911),S. 324f.
② Ibid.,S. 325.
③ Ibid.,S. 336.
④ Edmund Husserl,*Logische Untersuchungen*,Vol. II,pt. ii,S. 90.
⑤ 希腊神话中的女妖。——译者注

一看向它，便会精神萎靡，意志崩溃，化成石像①，屈从于外部世界的一切影响。但没人愿意承认，人其实受控于一种黑暗、神秘、不可理解的力量。此种力量迫使人们接受理性的裁断，尽管后者侵犯了他们最宝贵、最神圣的东西。人们遵从着亚里士多德的指导，力行中庸之道，从不曾冒险走向极端；他们使自己相信，他们可以通过研究中庸之道来推知两极的特性。但人类及其它物种所生活的温带与极地和赤道大不相同。若要对两极做出判断，便应该先去体验它们。

推论中最错误的一则是：既然理性做了这么多，那它就能够做。"多"（much）并不等同于"所有"（everything），"多"与"所有"是截然不同的范畴，两者不可相互通约。即使是宗教——正如我们刚从胡塞尔那里所听到的——也能够藉由明见性获得支持，而这是极具意义与重要性的。理性决定了什么样的宗教是有效的——什么样的宗教就其自身而言，就一般而言，又或者就其根本而言是确实有效的；在哪一种宗教中可以听见上帝的声音，与此同时，哪一种宗教最终不过是经由所谓圣人之口发出人性的声音。无论理性的声明为何，情况必然是"罗马说了就算"（Roma locuta）。

我必须再次重申：胡塞尔最昭著的贡献在于他敢于以如此方式陈述问题。他的立场（Einstellung），不仅直接反对当代哲学，也反对了康德，后者的《纯粹理性批判》虽然立场激进，但却仍旧免不了在其中夹带了些许私货——即关于上帝、灵魂不朽以及自由的假设。胡塞尔忠于自己所规定的任务，也保留了对于柏拉图的认同。在《欧绪弗洛篇》中柏拉图追问道：是因为诸神爱某种东西才使之成为神圣的呢？还是因为它是神圣的诸神才爱它呢？当然，柏拉图赞同第二种回答。神圣的东西乃居于诸神之上，一如理念真理居于宇宙之上。

---

① 后文所说"石像"皆源于此处比喻。——译者注

神圣并非被创造的，无论它向我们昭示什么，向我们要求什么，我们都必须接受，都必须遵从——不仅我们人类如此，魔鬼、天使，以及诸神亦然。神圣的东西永远神圣，正如理念真理永远是真理；人们是否需要它们，人们（甚至是诸神）会因它们而感到欢欣或悲伤，满怀希望或饱含绝望，凡此种种，皆与它们全不相干。因真理本身即为真理，不以那些受其支配的"经验现象"为转移。

这正是胡塞尔的哲学所做出的最为深刻和重要的贡献。这里出现的问题是：为什么胡塞尔那样坚决地要求我读克尔凯郭尔的著作呢？和胡塞尔正好相反，克尔凯郭尔是从荒谬而非理性中寻求真理的。对他而言，矛盾律就好像是一个天使，手持出鞘利刃，奉上帝之命守在天堂门口——既不为真理作证，也无法区分可能与不可能的界限。在克尔凯郭尔看来，哲学（即他所谓"存在主义"）恰恰肇端于这样一个节点：理性藉由明见性的力量看到，所有的可能性皆已被穷尽，所有一切皆已结束，除却观望和等待死亡，人类一无所有。在这里，克尔凯郭尔将他所谓的"信念"，引入哲学，并将之定义为"为争取可能而进行的疯狂斗争"，亦即：争取不可能的可能性——明显是指向了《圣经》中的箴言：人类的智慧在上帝面前显得愚笨不堪。

人类惧怕愚蠢与疯癫超过世上任何其它的事物。克尔凯郭尔深知这一点；因此他一再强调，人类的弱点便是不敢正视死亡与疯癫。诚然，我们在《斐多》（*Phaedo*）中读到，哲学是"死亡的准备"，一切真正献身于哲学的人，虽然"或许没有让别人知道，他们除却准备好迎接死亡之外什么都没有做"。如是伟大的思想似乎是苏格拉底之死带给柏拉图的启发。但柏拉图并未再回到此种思想上来；他全身心地投入于《理想国》与《法律篇》的写作，甚至在老年亦是如此——正因如此，他像一个普通的凡人和角斗士一样，践行了那条古老的箴言："你好，凯撒，赴死的人们在欢迎你。"即使面对死亡，人们仍然无法将他们与"凯撒"分开,与众所皆知的"现实"(reality)分开。而这正是"再自然不过的"!我们要如何理解"死亡的准备"?这难道不正是与演证、矛盾律,以及无边际的理性进行搏斗的开始和准备吗?不正是在竭力抗拒理性在可能性终结,不可能性开始之际的恣意妄为么?——不正是在拼死抵抗手持出鞘利刃,站在天堂门口的天使么?在没有经验的人看来,这般无限的权力似乎理所当然地从属于理性,而事实中也并不存在任何可怕之物抑或威胁。

但事情并非如此。存在中无可战胜亦无法忍受的恐怖正是源于这样一个事实:划定可能性界限的权力完全由理性所独占。正如胡塞尔所说:理性的命令,人必须遵从。不仅遵从,而且须要心怀欢欣与崇敬地降卑自己。这里若举一个例子,便是尼采对于无节制残忍的宣扬,彼时,该论调一出,举众哗然。胡塞尔坚决要求我研习克尔凯郭尔,如果不是我知道尼采远在我认识胡塞尔之前,他应当也会坚决要求我去研习尼采的。胡塞尔的学说与尼采和克尔凯郭尔之间有着深厚的内在联系。在使真理绝对化方面,胡塞尔不得不将存在相对化,更准确地说,将人类生活相对化。同样地,尼采也不得不如此。完全屈从于理性的力量,不承认任何其它的权力(他虽不是始终如此,但至少经常如此),这使得他毫无选择,唯有疾呼:"假如一个人没有给自己增添剧痛的力量与意志,他如何能成就伟业呢?人能吃苦,这实在微不足道,连柔弱的妇人,乃至奴隶在这方面也有不同凡响的表现。但是倘若给自己增添剧痛,听见剧痛的呼号却不被巨痛和不安所毁,这样的人才堪称伟大啊!"[①]

尼采之所以确信展现无情残酷是伟大的明证,其原因何在?正如《圣经》中所要求的人对上帝的尊崇与爱,我们"全心全意"地去争

[①] Nietzsche,*The Gay Science*,section 325.

取的,又是怎样一种伟大呢?一如尼采所说,人类在实现理性的要求时,便已然杀死了上帝——尼采关于"罪之罪"的论述,有着即使于他本人而言也殊为罕见的力量与激情,遗憾的是囿于篇幅,我无法全文引用——但理性的要求如此,必须杀死上帝,就像必须要去做所有理性认为是必要且公正的事一样。理性在提出无止境的要求时是格外冷酷无情的。尼采在另一篇文章中写道:"我们最终难道不做出牺牲吗?""难道人们最后不是要把一切慰藉、神圣、健康、一切希望,都为隐蔽的和谐、未来的极乐和正义的信仰做牺牲吗?人们不是不得不要牺牲掉神本身,而且,由于对自身的残酷性而祈求冥顽、愚蠢、沉重、命运、虚无吗?为了无,而牺牲上帝——这最后的、残酷的、矛盾的神秘学,留给了如今正在攀升的性,少说为佳;因为,我们大家都已经对性领略一二了。"①

尼采的这些话可能——确切的说,是很可能——不尽准确。所有人都知道若想实现理性的要求,就必须神化石像、愚蠢与虚无,这与事实全不相符。恰恰相反(这点非常重要):大多数人对此却毫不怀疑。当代科学与哲学的杰出代表们以一种漫不经心的态度(这一点尼采本人对我们说过很多次),将自身及全人类的命运交托给了理性,尽管他们对理性的权威与力量的界限毫不知情亦不愿去了解。理性已然提出了自己的要求,而我们也已无条件地同意去神化石像、愚蠢与虚无。没有人有勇气发问:是什么神秘的力量迫使我们放弃我们一切的希望和雄心,放弃我们视之为神圣和安慰的一切,放弃我们能从中窥见公正与幸福的一切?对于我们的希望与绝望毫不关心的理性,严禁我们提出这样的问题。我们能向谁发问呢?向理性本身吗?但它已然给出了它的答案。除却自身之外,理性不承认任何

---

① Nietzsche, *Beyond Good and Evil*, section 55.

其它的权威,因为一旦如此,便意味着放弃了它的主权。

四

虽然胡塞尔和我从未曾有机会讨论过尼采,我还是引用了他的某些观点。胡塞尔可能,甚至是很可能,对尼采一无所知。然而,在需要一条直接通往他们共同认为是哲学本质——本原、起源和万物之根——的路径时,胡塞尔和尼采、克尔凯郭尔的立场是非常相近的。胡塞尔和尼采两人都给予了理性无限的信任,分别以他们自己的方式践行了"罗马一发话,争端便结束"。尼采,为了他自己和所有的人,也为了胡塞尔,毫不犹疑甚至心怀恭敬地接受了理性的要求,神化了石像、重力、命运,也神化了如石像一般的、沉重的、宿命的道德。

这里必须补充一点,尼采所宣称和赞美的残忍,并非如一些人所认为的那样,在哲学上未尝闻见。然而在尼采之前,确实从未有人曾以如此具煽动性的犀利和超群拔俗的灵感沉湎于残忍这一思想。事实上,这个思想在古代哲学中便已经得到了充分阐释,一如灰烬中的火光一般,隐没在古希腊天才们的伟大成就中,不为人所见。柏拉图在《法律篇》中,面向个体对象郑重地宣称:"你们,可怜的凡人是微不足道的,但在总体的存在秩序中有一定的意义……你们不想想这个事实:每个个体生物都是为了全部存在的东西而生,以便它能有幸福的生活;而不是为了你们自己,你们才为了这个世界被创造出来。"在我看来,当他坚持这个主张时,已经为尼采的思想埋下了伏笔。古希腊最后一位伟大的哲学家用一种更为具体和直白的话语阐述了柏拉图的观点:你的儿子被杀死,你的女儿被侵犯,你的家园被荒废;这一切,没有什么令人感到可怕或惊惶的。事实如此,且必须如此,我们必须从容地接受它。这便是我们的理性面对"现实"(reality)时所采取的态度;这便是理性评判现实的方式。人是无法和理性起争执的。诚然,普罗提诺,一言以蔽之,曾巧妙地试图"超越理性"(soar above reason),超越"知识和理解"。关于这个问题我此前已经讨论得足够多了,在此且不多做阐释。①

但是,只要普罗提诺仍囿于古代思想——即柏拉图、亚里士多德、斯多葛学派的观念的总和——的窠臼之中,他就仍然还在对自身明见性做出让步,承认人类生存的可怕境况乃无可避免地来自于存在的法则与根基,故而是可靠的、正确的、正当的。而且它们因此留存至今。所有人都相信,我们的思想应当如塞内加所说,毫无怨尤地欣然服从于理性所揭示的一切。神和人智慧的终章,皆是"命运指引着自愿者,拖曳着不自愿者"(fata volentum ducunt, nolentem trahunt,塞内加)。命运的观念——命运是盲目的、充耳不闻的、对一切事物漠不关心的——全然支配着一切有理性的生物之思想。尼采本人,曾猛烈地抨击过奴隶的道德,竭力颂扬过统治者的道德,亦虔敬地屈从了命运。成为一名命运的奴隶,出自本心而非恐惧地去奉行命运的一切指令,在尼采看来既不羞耻也不可怖。他对屈从命运甚至是热爱命运(amor fati)的宣扬——具有一切无情和残忍的命运——既率直又感人。理性及其所提供的知识向我们揭示了真理,后者不仅对我们,而且对更高的存在,对于天使和诸神而言,都是不可超越的。所有想要和这些真理做斗争的尝试都注定要失败。尼采和胡塞尔——每个人都分别用自己的方式论述了上述观点——都感到在这一点上他们是无可反驳的,因为对此,他们二人均

---

① 我和胡塞尔只有一次曾谈及普罗提诺。以其特有的迷人的诚实态度他承认说:"我从未研究过普罗提诺,并且我对他的全部了解皆来自你的著作。"

有明见性所提供的辩护。

但是,我还要再问一遍:为什么胡塞尔要如此坚决地建议我去读克尔凯郭尔呢?克尔凯郭尔也有颇多关乎命运的论述。凭借其特殊的洞察力,克尔凯郭尔比胡塞尔和尼采更早地宣称,一个人越是学识渊博,声名昭著,天赋异禀,便越会为命运的观念所支配。但是,与尼采和胡塞尔不同,克尔凯郭尔并没有把这个当做伟大的象征。虽然承认起来绝非易事,但克尔凯郭尔还是必须要说,天才往往都是伟大的罪人。对于理性的绝对信任——不仅在它于经验世界和存在的"中庸地带"占据领导权时,而且在生活的际遇把我们推至存在的极端时——是一种罪孽,一种堕落,一种可以想见的最大堕落——一种我们在《创世记》中所读到的堕落。人尝过知识之树的果实后,便被迫离开了生命之源。在我们看来这不啻为一种疯狂。克尔凯郭尔比任何人都清楚这一点。但此种"知识"并不能限制他。在他看来,约伯不仅是一位"饱受折磨的老者",而且还是一位"思者",一位"隐秘的思者",从他身上我们不难看出,真理并未向当代哲学的杰出代表(如黑格尔),又或者古代哲学的卓越人物们显明自身:在天平的两端,人类的苦难称起来比海里的沙子还重。克尔凯郭尔深知明见的真理对人类的掌控力。仅有极少数人如他一般亲身体验过此种力量。尽管如此,在《圣经》的感召之下,他还是为克服明见性做出了卓绝的努力。他用我们生活中的巨大苦难与恐怖来对抗明见性。诚然,克尔凯郭尔并非是唯一一个直面恐怖的人,其他人,无论是哲学家或是非哲学家都曾这样做过。但克尔凯郭尔面临着一个进退两难的艰难困境:是和之前一样,继续直面存在的恐怖,将理性所提供的一切视为终极的、至高的真理呢?还是遵循《圣经》,起而质疑理性及理性所提供的知识的合法性呢?在上帝面前,人类的智慧显得愚笨不堪。是否要用约伯的呼号,耶利米的"哀歌",先知和《启示录》中的批判对抗理性那"深思熟虑的判断"呢？对此，我需要再次重申，这是一种毫无疑问的"疯癫"（madness）。但从另一方面来说，生活中的恐怖——任何人只要正视它们，它们便会显现出来——难道不也是一种疯癫吗？难道约伯的悲惨经历，耶利米对于其人民命运的哀叹，甚至普罗提诺对于被屠杀的青年和被奸污的少女的回忆，不都是理性的极限吗？

我们站在两种"疯癫"之间——一种是理性的疯癫，对于后者而言，它所关乎的存在物的恐怖所揭示的"真理"是终极的、确定的、永恒的，对所有人都具有强制性的真理；另一种疯癫是克尔凯郭尔的"荒谬"（absurd）的疯癫，这种荒谬竟敢在理性和明见性都已证实，斗争是不可能且注定会遭到可耻失败的情况下，冒险发动斗争。我们要何去何从？——是追随希腊的思想家呢？还是约伯和先知呢？哪种疯癫更可取呢？约伯的呼号，耶利米的哀歌，先知和《启示录》中的批判毫无疑问地表明了人类生存的恐怖并不是不为《圣经》中那些"隐秘的思者"们所知的，他们有足够的勇气和毅力去直面人们惯常所称的现实。然而——和永恒哲学（philosophia perennis）的代表们不同——他们并未受现实及其恐怖所迫而必须屈从于必然。当思辨哲学看到了一切可能性的终结并顺从地拱起双手时，存在主义哲学开始了最后的伟大的斗争。存在主义哲学不是思义（Besinnung），不是"审问"（interrogatin）现实，不是从意识的直接材料中寻求真理；而是对在我们看来难以超越的东西的一种超越。克尔凯郭尔反复说："于上帝而言，万事皆有可能。"藉由这句简单的话语，他总结了迄今为止人们从《圣经》中所听闻的一切。可能性并不取决于亡者抑或垂死之人在宇宙结构中所铭刻的永恒真理；可能性受控于那个创造并庇佑了人类的，活生生的，完美无缺的力量。无论存在曾向我们昭示过怎样的恐怖，无论理性曾做过怎样的保证，这些恐怖既不彰显

"真理"(truth)，也不排除其自我消解的可能性。

《赞美诗》的作者喊道："我从深处向你求告"(de profundis ad te domine, clamavi)。人们从那个可怕的、堕落的、绝望的深渊里向上帝呼求。先知和使徒们惊呼："噢，死亡，你的刺痛在哪里？噢，地狱，你的胜利在哪里？"他们带来消息：上帝关爱每一个活着的人。最终的胜利并不在于现实的不公与冷酷，而在于那个"就是你们的头发也都数过了"的上帝，一个慈爱的上帝，他允诺每一滴眼泪都将被拭去。但毫无疑问的是，于理性而言，这所有的斗争，所有的承诺，以及与之相关的人类所有的希望，都不过是荒谬的妄想与谎言而已。生命的法则并非由永生的上帝所赐予；生命的法则并非是爱，而是永恒的，不可调和的敌意。伟大的希腊哲学家"知道"斗争才是一切事物的由来与主宰。人们应该神化的不是《圣经》中的造物主，而是石像、愚昧和虚无。

神化石像的人们选择让那些在生活中体认到敌对原则的人们成为英雄，而不是那些在爱中看见本原、起源和万物之根的人们。成为英雄的人们不是使徒，不是先知，而是在孩提时便立下对罗马的永恒仇誓的汉尼拔，又或者是认定"迦太基必须毁灭"的加图。

在崇拜明见性，拷问事实以求真理的理性看来，先知和使徒对于爱的宣扬是一种幼稚的、令人厌恶的感情用事，终将被历史消解得无影无踪。他们的指责并非来自天堂，而是发端于地狱。《圣经》中关于亚当堕落的传说更是一个天真而空洞的虚构：知识之树的果实非但不会毁坏生命之树的果实，而且前者还是后者的前提和假设。正如胡塞尔所说：理性一旦开口，智慧必须服从。《圣经》的最后一卷《启示录》宣称，上帝不但拭去了人们脸上的每一滴眼泪，而且给他们吃了生命之树的果实。但又有什么开明的人愿意认真讨论，更不用说去接受，《圣经》中诸如此类的箴言呢？每个人都想"知道"；每个人都相信,知识将会夺走终极的真理——即关于何为是何为非,何为可能何为不可能的真理。与此同时,没有人敢于和知识所提供的真理进行争论。那么,胡塞尔要求我去看的克尔凯郭尔,又怎么敢于在这个无人敢争论的问题上——人人都寄希望于敌人的怜悯的地方——进行抗辩呢?我对于这个问题的回答恰好也是我对马克斯·舍勒所提问题的回答。

五

对于胡塞尔和克尔凯郭尔而言,折中的解决方案便意味着对哲学的背弃。他们两人都面对着"或此或彼"的这个大问题的方方面面。胡塞尔对于如下的种种思想感到非常失望:即人文知识是有条件的、相对的、瞬息万变的,以至于即使是"苏格拉底饮鸩而死"这样一个永恒的、无可更易的事实也可能被动摇,实际上后者已经被动摇了,于天使和诸神而言,它已经不存在了,而我们没有任何理由断言这条真理对普通凡人来说会一直存在。在这一点上,读者应该会记得,胡塞尔曾以前所未有的力量提出了他的"或此或彼":或者我们大家都疯了,或者"苏格拉底饮鸩而死"是一则永恒的事实,后者对一切有意识的生命都具有约束力。克尔凯郭尔的"或此或彼"具有同样坚定而慑人的力量:或者理性在意识的直接材料中所发现的"永恒的"真理实则仅仅是转瞬即逝的,约伯所饱尝的恐怖,耶利米所哀叹的恐怖,约翰在《启示录》中所论及的恐怖,都会在创造出世间一切的造物主的意志之下化为乌有,化为幻象,正如梦魇的恐怖在人们沉睡时全然主宰了他们的意识,但当他们醒来时,又化为乌有一样——又或者我们都活在一个疯癫的世界里。对于约伯、耶利米、约翰和其他所有人来说,"真相"(reality)已然变为梦魇,在他们呻吟哀叹的压力之下,明见性——在胡塞尔看来,并不是来自于天堂的声音——并非是不可超越的,而它对于自身之不可战胜性的主张亦颇值得商榷。克尔凯郭尔对于明见性威权的怀疑乃是受了《圣经》的启发,所谓"人类的智慧在上帝面前显得愚笨不堪"。

矛盾律同样无法挽救明见性。一个人梦见自己正在被怪兽追赶,后者威胁说要将他和全世界一起毁灭变为灰烬,而他此时却浑身瘫软,不仅无力自卫,甚至连四肢都无法动弹,伴随救星而来的是矛盾的意识:噩梦不是真的,只是一种暂时的"梦魇"(obsessive)状态。意识所以是矛盾的,因为它假定了这个做梦的人清楚地知道自己梦中的意识状态不是真的,并因此假定了一个自我毁灭的事实。为了摆脱噩梦,人们必须否认关乎清醒意识的一切明见的真理所依据的矛盾律。人们必须奋力挣扎——然后才能醒转过来。这就是为什么,如我同胡塞尔所说的,哲学并非"思义"(Besinnung),亦非使人沉睡不醒的映像与解释,而是一种斗争。这便是我对胡塞尔所持的基本异见。与此同时,这也是《创世记》中关于亚当堕落之神秘传说的意义:承载着死亡的知识之树被置于生命之树的对立面。人类的苦难最终战胜了知识所提供的真理。

我非常清楚当代人的开明思想对这种假设的可能性所产生的愤慨。虽然两地之间隔着无可逾越的天堑,但欧洲思想和印度思想已然不断趋同。婆罗门教,甚至在更大意义上还有佛教——后者被欧洲学者认为是印度思想的最高成就——皆全然仰赖于以明见性为基础的知识。人们不可能克服关乎律令一般的现象之因果规律的永恒法则,不可能终止轮回或业报(karma),亦不可能改变一切事物有始必有终的永恒真理。人们必须遵从所有这些"不可能"。当然,人们有理由相信,西方的思想已经把印度教的世界观调整得与自身的智识文化传统更为相契了。解脱和救赎的观念统治了印度教的思想,但或许此种观念对于印度教徒而言有着和我们全然不同的意义。传说，佛陀在临终前曾重复说道，一切事物有始必有终。而他论及人类的苦难时，则和耶利米以及圣约翰一样激动，他说：人类的眼泪总和，比四大洋的海水还要多。难道佛陀不是像约伯一样，把人类生存的恐怖比作了恒河之沙吗？他是否出于对"理论化"(theorizing)的排斥而没有对上述论点作进一步的说明呢？当然，在这里不宜讨论这个问题。我只是想强调，受明见性所影响的欧洲思想，自认已经超越(risen above)了一种"被揭示"的真理——于后者而言，人类的眼泪比明见性所揭示的必然更有力——超越了某种确定性：即通往本原、起源和生命之根的道路，是经由人们呼求造物主时的泪水所铺就的，而不是经由不断拷问"被给予的"(given)事物的理性。

以上便是我对马克斯·舍勒的回答的实质性内容。同时它也解释了我为何会如此高度地重视胡塞尔的哲学研究。胡塞尔敢于以罕见的勇气与禀赋，提出那个最为重要、最为困难，亦最为痛苦的问题——即知识的"合法性"(validity)。为求合法有效，知识必须被视为是绝对的。这意味着我们必须接受知识提出的任何要求。我们必须神化石像，接受无情与残忍，使自己变得麻木不仁，放弃于我们而言最为珍贵与重要的一切东西——一如尼采在真理的逼迫下所宣扬的那样。否则，我们就要否认绝对知识，反抗那些由我们尚不知是否正确的东西所支配的真理，反抗那些将经验存在的恐怖任意转换为存在之永恒法则的明见的真理。迄于近代，胡塞尔选择了第一条道路，而胡塞尔向我推荐的克尔凯郭尔选择了第二条。正如我所指出的那样，人们或者须将真理绝对化，生活相对化，或者为了拯救人类生活而拒绝服从真理的胁迫。同明见性的斗争，对明见性的超越，是将《圣经》转化为哲学语言的过程，或谓，对《圣经》中"人类的智慧在上帝面前显得愚笨不堪"的昭示。胡塞尔以一种哲学天才的非凡洞见体察到这一点,而这正是他坚持要求我去读克尔凯郭尔的原因。令我感到无比惊讶的是,我发现克尔凯郭尔几可谓是陀思妥耶夫斯基的孪生兄弟,而正是后者的作品,在我与胡塞尔的论争中给予了我极大的支持。谁能料想到会被一个哲学家送到他最坚定的论敌那里去呢?谁又能料想到一个颂扬理性与明见的真理的人,会如此看重一个赞美荒谬,并与明见性进行过无情而至死方休的抗争的人呢?

唯有洞悉胡塞尔与克尔凯郭尔之间深刻的内在关联,才可能真正理解和评判胡塞尔。胡塞尔服从于真理的强制性,并在理性的明见性中获得启发;克尔凯郭尔的内心充满着"恐惧与颤栗",他在理性看见永恒虚无领域的发端之处寻求他的启示。于胡塞尔而言,恒河之沙多于人类的苦难;于克尔凯郭尔而言,人类的苦难则多于恒河之沙。胡塞尔藏身于永远服从(parere)的阴影之下;而克尔凯郭尔则深钻到为人类思想所遗忘的,隐蔽而神秘的"命令"(jubere)中去。是否有理由希望胡塞尔与克尔凯郭尔极富挑战性的"或此或彼"将会改良当代的思想,并将其从由来已久的沉寂中唤醒呢?我个人以为不会。现象学运动中曾涌现不少杰出的哲学家;尽管他们在早年间便已经熟知尼采与克尔凯郭尔,但他们仍都抛弃了胡塞尔与克尔凯郭尔的"或此或彼"。他们更喜欢老的口号:回到康德去。在康德看来,克尔凯郭尔的荒谬象征着"狂热与盲信"(Schwarmerei und Allerglauben),这令他感到难以认同,甚至曾就此小心地警告过自己的读者。康德有意用《实践理性批判》来缓和《纯粹理性批判》。关乎上帝存在、灵魂不朽的设定旨在安抚民众,《纯粹理性批判》中关于上帝之死的讯息使包括康德本人在内的人们受到极大震动。然而,这种假设是不会为理性所接受的。当然,理性会毫不犹疑地将这些假设交托给"狂热与盲信"。毋庸置疑的是,承认上帝的存在抑或相信灵魂的不朽是最为荒诞无稽的迷信,无论你将这些真理称为公理,还是假设，对明见性的撼动都是远非人力所能及的。我们如若假设《圣经》从头至尾都是关于堕落的故事，那么这个故事便写在《旧约》的开篇，而上帝让人品尝生命之树果实的应许则放在《新约》的结尾。但是如所周知，无论《旧约》还是《新约》都是幻想与迷信的产物！一个开明的人决不会在一本愚昧无知的人所写就的古老书籍中去寻求真理。一如他绝不会同意用约伯的呼号，耶利米的哀歌，《启示录》的雷鸣来对抗理性与明见性深思熟虑的判断一样。哲学是永远不会背弃康德的。

这是不是意味着克尔凯郭尔和康德的"或此或彼"将永远被否定呢？是不是意味着我们注定要像尼采沉湎于理性时那样，神化石像，宣扬对邻人的冷酷无情呢？是不是意味着克尔凯郭尔的荒谬迟早会被人类的意识所抛弃呢？我不这么认为。在人类精神生活的整体架构中，尽管很难估量，但超越明见性的努力是有着极其重要的意义的。胡塞尔用他犀利思想的强大力量，迫使我于无人"认为"（considers）存在着希望或成功可能性的地方开始我的奋斗，因此，我对他始终怀有无限的感激。为了与"明见性"作斗争，人必须停止"思虑"。这是胡塞尔教给我的，虽然我曾反对过他，但在我心中他曾经是，亦会永远是我们这个时代伟大的，非常伟大的哲学家。

迷恋真理

——回忆埃德蒙德·胡塞尔[①]

〔德〕埃迪·奥伊肯-埃尔德希克[②] 著
倪梁康 译

我从未见过一个比他更认真严肃的人。尽管如此,我们的友谊还是轻松愉快的。是成熟、智慧的年长者与无忧无虑的年青人之间的友谊。我们认识时,胡塞尔已近70,我差不多30。现在,当我谈论他时,我一再地看到这位哲人用他仁慈而透彻的目光盯着我,与此同时却有对这个人的几个有趣回忆无可阻挡地涌现给我。要将这两个视角结合为一实非易事。

我们的第一次相遇便已是轻松愉快的。那是在我的先生瓦尔特·奥伊肯[③]刚被弗莱堡大学聘任不久。在一次晚宴上,我坐在胡塞尔旁边,只是坐在他的左边,因为这位当时已是著名人物的右边位置大都被保留给某个尊贵的女枢密顾问,她不知如何应对他的优先地位,就像他也不知如何应对她的优先地位一样。胡塞尔不是一个

[①] Edith Eucken-Erdsiek, „Leidenschaft zur Wahrheit – Erinnerungen an Edmund Husserl", in: *Frankfurter Allgemeine Zeitung*, Samstag, 15. Januar 1977/Nummer 12.

[②] 埃迪·奥伊肯-埃尔德希克(Edith Eucken-Erdsiek,1896-1985),文化哲学家和作家,母亲有犹太血统。她与经济学家瓦尔特·奥伊肯结婚,育有一子二女。她与丈夫自1927年后一直居住在弗莱堡。——译者注

[③] 瓦尔特·奥伊肯(Walter Eucken,1891-1950),德国经济学家,社会市场经济的策划者,秩序自由主义(也是德国版本的新自由主义)的弗莱堡学派创始人。他的父亲鲁道夫·奥伊肯是德国著名哲学家(详后)。——译者注

社交家。但在我们之间却是完全另外一种情况。能与这位大思想家相遇实在让我高兴不已。由此而不经意地形成了一种融洽,而且是如此地显然,以至于我常常会在他旁边找到坐位,但始终只是作为坐在他的左手边的女宾,为此他曾打趣地安慰说,这是他的心所在的一边。

在这个晚上谈到了梦。我们很高兴有同样的在高处自由漂浮的美梦经验。而后胡塞尔还讲述了一个奇特的梦:挥舞长矛的贝都因人冲向他,将他扑倒在地。后来我才理解,这个梦或许可以在一个相当受困扰的生活中找到其起因。事实是他曾有过几十年的艰难时期。起初没有任何东西表明他会有一个伟大的未来。

1859年生于摩拉维亚的小城普罗斯涅兹,小胡塞尔在一个犹太商人家庭中长大——腼腆而爱幻想,并未因为在某个方向上的成就而引人注目,直到他通过出色的毕业考试而令众人惊讶不已。

坠落与火灾

他从不谈他的青少年时代。只有一次他破了例,这天便因此而对我们成为值得思念的一天。当时胡塞尔在黑森林的山上滞留休闲,一场暴雨突然降临。想到老人独自在山上会又冷又湿,我们于心不忍,于是我与先生果断决定,在瓢泼大雨中出门上山去找他。年青而健康的我们,欢笑愉悦地跑向他,而他还是以他的风格在行进,昂首挺胸,直举着雨伞。他看到我们时吃惊地站住,目光悠长。而后他轻声地,像是自言自语地说:"不,我不想羡慕你们。"在一家客栈的居家般的温暖中产生出一种舒适的氛围。胡塞尔一反常态变得健谈起来。他向我们讲述了他年青时期的一个或许最刻骨铭心的体验。

在一次郊游中他走得离一个斜坡过近,在伸手去抓一根支出的树枝时坠入深处。他被抬到一间屋中，这时就像厄运尚未完结一样，开始着起火来。他再次被救出。胡塞尔没有说这个体验对他究竟意味着什么。但它必定对一个年青人有过深刻的触动，他毕生工作的研究课题便是我们的此在之谜。

就我所知，这个事件尚未载入任何文献。人们只是知道，这位大学生首先为天文学所吸引，而后转向数学，又从那里转到心理学，最后落脚在哲学。但这种变换究竟意味着什么？它是无所筹划的，为何后来却让我们觉得像是一个有着严谨构架的艺术乐章的序列？首先是青年时代面对消失在宇宙中的星空世界而产生的巨大惊异、这些星空连同其神秘的秩序、它们所开启的无穷之门，所有这些应当已经在他心中唤醒了某些东西，类似于对他未来哲学的预感；而后是这个生而具有抽象禀赋的精神从具体的现象转向藏于其后的法则：数学；但在这里，数学的根基对他而言也消逝在昏暗之中，于是继续前行去探问心理学；最后，当心理学的回答再次回溯到进一步的问题上时，便有了这样的明见：唯有哲学才可能是最终的。随之得以明了的是目标，但还不是道路。

哲学在那个时代被笼罩在一个大步前行的科学的阴影之中：对自然的不断发现、对历史的新发现。这里找到的东西是有效的。与此相对，笼罩在哲学中的是彼此争斗的不同的观点与学派的不可靠。真理何在？——对胡塞尔来说，实证科学的真理不可能是全部真理。"事实科学造就事实人。"而事实人不再会与"对真正人而言至关重要的大问题"有任何内心关联；不仅是认知的问题，而且还有与此密切相关的"评价与意愿"的问题。这两者在胡塞尔看来是不可分离的。因为，一旦人不再是在他与世界的关系中理解自己，那么怀疑就会去侵袭那些决定着他的行为的准则。我们面临的"最极端的危险就是淹没在怀疑论的洪水之中"。

胡塞尔对由此产生的"生命困苦"的感受如此强烈,以至于他把对此困苦的克服当作自己哲学思考的任务。最初这是一种纯粹的个人必然性。不弄清这些问题他就无法生活。但他很快便认识到,"想要认真地作哲学家"的责任要比这伸展得更远。这里有事关整个人类的东西。他将全人类的事情当作自己的事情。这样一来,责任的负担就变得过于庞大。绝望的挣扎是他在哈勒任私人讲师期间的标示,持续不断地试图把捉真理,而真理却像坦塔罗斯的树枝①一样一再地缩回。

　　他向我们讲述,那时他常常来到弗兰克孤儿院中观看那里的一个题词,以便从中汲取慰藉,这个题词就刻在正门上方:"但那倚靠上主的,必从新得力,他们必如鹰展翅上腾。"始终伴随他一生的自我怀疑在那时达到了如此的程度,以至于他觉得自己的工作根本就是不完善的,甚至比不上他认识的一个鞋匠的极为仔细的手艺活儿。这个艰难的搏斗延续了14年之久。但后来有了突破。他发现了那个允诺为他带来问题之答案的方法。现象学便由此而诞生。

　　《逻辑研究》于1900年开始出版。在长期沉默之后,勇敢无畏的尝试得以展露,它导致整个思维的一个仿佛哥白尼式的转向。哲学的事情在于理解那些十分困难的思考。这里只能说:胡塞尔与笛卡尔相关联,但超出了后者。在笛卡尔看来,世界只是在意识中被给予我们。胡塞尔比笛卡尔更为彻底,他第一次尝试去分析这个承载一切的意识。在这里需要探究那些在我们生活中始终素朴而自明的、不经进一步探问便接受下来的前被给予性(Vorgegebenheit)。易言

---

① 坦塔罗斯(Tantalus)是希腊神话中的人物形象,是宙斯之子,珀罗普斯和尼俄柏之父。因犯天条,受神界处罚:欲望无法得到满足。他站在一个水池中,旁边是一棵长满果实的树。当他饿了而想要抬头吃树上果子时,树枝会升高,使他够不着;当他渴了而想要低头喝池中水时,水位会降低,使他喝不到。——译者注

之，任务就在于审查那些与"A、B、C"一样构造起一切的要素，犹如字母构成文字，我们的经验便由这些要素构成，我们的衰老经验，同样还有我们对科学的经验。这个全新的思维方式引发了轰动。胡塞尔得以成名。我们遇到他时，他早已闻名遐迩。整个世界都在讨论他的观念。许多现象学的组织建立起来。他受到敬重。但荣誉不是他意图所在。有一次他去做一场客座讲演，在那里他处在一场盛典的中心，回来后我想祝贺他个人的成功。胡塞尔吃惊地退后。"您也要祝贺吗？不——您不应该这样。这只是俗套而已！"

在他的友善关照中时而也不乏某种尖锐。在批判地对待自己的同时，他也不会姑息一个人。偶尔的生硬意味着一种当真。我们会每隔14天见到他一次。我参加他的一些讲座与研讨班。作为传授者，他看起来朴实无华，完全不讲究修辞，令人印象深刻。在交谈中他是繁杂而琐碎的。对每个问题，他都会将他的回答写在一张大纸上。在弧线的极点上，最有兴趣的听众也会失去线索。我此时也会陷入这种状况，但我会努力保持一种完全领会的表情，以便让说者可以坚持他的思路，并有把握使我们在回到其出发点时能得到一个富于启示的答案。

胡塞尔是与世隔绝的，而且其程度是如此之深，可以像蒙森①的心不在焉一样，让最滑稽的奇闻轶事流传开来，但我因为它们并不可信而绕开它们。我自己则试图尽力通过我的努力来弥补这个状态，方法就是我将自己的经历报告出来，作为生活中发生的惊奇故事供人记录在案。胡塞尔此时会坐在伦勃朗《雅各布与天使角力》画下面的沙发上，那是他工作室中唯一的画像。他吸着他的烟斗，并且转向

---

① 这里指的应当是德国著名历史学家特奥多尔·蒙森（Theodor Mommsen, 1817-1903）。——译者注

他的太太说:"马尔维娜,你听说过这些吗?"没有,马尔维娜从未听说过这些,而且也真心实意地不想听说这些。但胡塞尔通常会意味深长地接着做几个令人难忘的说明。他也具有诙谐的天赋,举一个小例为证。我的公公鲁道夫·奥伊肯[①]九十诞辰时,我在法兰克福的报纸上写了一篇短文纪念他。胡塞尔打了电话过来:"亲爱的女朋友,我有话要对您说,但您不要回答,我是聋子"(他的耳朵有些背)。"我曾对鲁道夫·奥伊肯十分敬重,但我们终因方法不同而分道扬镳。我记不得为何曾喜欢他。现在我又知道了。您在那里做得不错,但不要因此而异想天开。您始终忠实的埃德蒙德·胡塞尔。"而后电话挂了。

在他那里总可以学到一些东西。例如我想起他给我们的深思熟虑的忠告:不要将片刻的福与祸视作某种持续的东西,因为随时都有可能转向截然相反的一面。他拒绝一切派生的东西,包括对二手文献的过于铺展的研究。"必须回到源泉上。""火焰只能在火焰上点燃。"我印象尤深的是,他当时已经预见到了我们今天这个时代的症结所在:将一切都当作可掌控的和可支配的——无论是在马克思主义的领域中,还是在技术专制的领域中。

梦醒了

他的创造性想象极为丰富,但他也极为正派,不会去想象周围人的恶意、欺骗或背叛。胡塞尔是一个心无猜忌的人。所以,在他十分认真地考察了总体形势之后,与纳粹野蛮行径联系在一起的那种卑

[①] 鲁道夫·奥伊肯(Rudolf Eucken, 1846-1926),德国哲学家,长期执教于耶拿大学,1908年获诺贝尔文学奖。——译者注

劣和无耻还是对他造成了突如其来的打击。由于其出身，胡塞尔的名字被从教授名单上删除。他始终觉得自己是德国人，他曾不得不在第一次世界大战中献出自己的一个儿子，现在他被逐出"民族共同体"。尤为沉重的是这样的失望：对他而言一直是最亲密学生与朋友的马丁·海德格尔，作为一所不再允许"非雅利安人"胡塞尔踏入校园的大学的新任校长，暴露出一种毅然决然的反犹主义。胡塞尔优雅如故地用以这样的话来打发："我们生活在一个荒谬的时代。"他的周围变得冷清。儿女被迫合家流亡国外。

他的最出色学生中的几个人离开了他，并选择了一个现象学的流派，这样一门现象学若无胡塞尔便不可想象，但它却与胡塞尔的本真意向、他的哲学的严格性无法一致——这属于胡塞尔生活的悲剧。苦涩的责难堆积如山，他需要时日来处理它们。但令人赞叹的是，胡塞尔随后便从所有这些厄运中脱身而出。使他得以坚持下来的是他从早至晚的工作。卢汶的胡塞尔文库至今还在处理他的四万页速记遗稿，它们是他的坚持不懈努力的见证。然而他早期对哲学之为严格科学的哲学追求却表明自己是乌托邦式的。"梦醒了"，他曾做过这样一个认命般的说明。

学生与学生的学生

然而如果自我批判与在对业已选择路线之坚守中的无情结果没有在他那里融合为一，胡塞尔便不是胡塞尔了。可以惊异地体验到他是如何赢得一个新的维度。在其哲学开端上，他倔犟地竭尽全力去贯彻一种不同寻常的思维方式，现在，取代这种倔犟的是更为强烈的向传统之中的纳入，首先是对伟大的希腊哲学的朝向。曾有的碎心裂胆的痛苦消逝殆尽。心中的安宁复归于斯。令人生厌的外部状态属于他始终凌驾于其上的领域。人们在需要慰藉时还可以到他那里去。在最后的几年里有一线欢快的微光在闪烁。在那种形势下怎么可能？答案只能是：他找到了一种平和状态：本性中的一切都在追求平和，超出所有干扰，以自我治愈的方式。他始终思考的两个原初之谜：世界与意识，像是结合成了一个巨大的圆。意识只是理性的另一个名称。最终的现实是精神。对他本人而言，他因此而以预感的方式达到了那个在其一生中都作为整个人类的最终目标而浮现在他眼前的意义充实。

胡塞尔没有再经历到第二次世界大战、德国的分裂、如此多的看似坚固的秩序的崩溃。许多状况自此之后发生了变化。他的形象从另一个时代一直凸入到我们这个令同时代人不再了解的迷乱当下之中。他会为那些难以找到平衡的年青人提供多少东西！除此之外，他还会为我们所有人提供一个反像：一个既与意识形态、也与虚幻错觉，既与傲慢不羁的生活观、也与失败主义的生活观针锋相对的镜像。

在他去世前两年产生出了他的或许是最美的著作，它以欧洲科学的危机为讨论对象。他在此书中分析了他称作他那个时代的"崩溃处境"。他始终工作着，直到病魔来袭。他于1938年4月27日辞世，享年79岁。那时是希特勒的时代。敢于去向他表达最后敬意的只有少数几个人。

我们在他那里失去了多少，这一点我在前不久才得以明白，那时赫伯特·马尔库塞在弗莱堡做了一个报告，但不是在胡塞尔曾经授课的那个简朴讲堂，而是在人满为患的大礼堂。他的题目是：塑造一种崩溃的模式。——胡塞尔想要将人们从崩溃中引出，他想将人们引入崩溃；马尔库塞，海德格尔的一个学生，而海德格尔曾是胡塞尔的一个学生。这一时刻的讽刺已经达到了极致。

与胡塞尔的谈话(1931-1936年)①

〔德〕阿黛尔贡迪斯·耶格施密特 记撰
张任之 译

在胡塞尔生命的最后几年中,随着国家社会主义悲剧的最初迹象已经变得可见,在弗莱堡,甚至在我回到君特谷的圣利奥巴修道院路上的有轨电车上,我在每一次会面后立刻以日记的形式把我们的谈话记录在散页的纸上。作为一个老练的史学工作者,我清醒地注意到这一事实:我自己只是一个联系人以及胡塞尔带着美好的人与人的信任而传达给我的、发自其人格内在生命的内容的"传播者"(traditor)。我想把他的话保留给新的时代。

胡塞尔去世后5个月的1938年9月,他的遗孀马尔维娜(Malwine)女士让比利时方济各会的神父范·布雷达(卢汶胡塞尔文库的创始人)来找我,因为他正为他的博士论文搜集胡塞尔个人的信息。考虑到当时世界政治的危险局势,范·布雷达神父决然地逼使我在第二天晚上用打字机记下我的回忆。这些回忆是一份历史文件、一个小小的原始资料,没有文学的加工——而且也不指望它们成为别的什么。

---

① Adelgundis Jaegerschmid, O. S. B., „Gespräche mit Edmund Husserl (1931-1936)", in: Waltraud Herbstrith (Hrsg.), *Edith Stein. Wege zur inneren Stille*, Aschaffenburg: Kaffke-Verlag 1987, S. 205-222. 该文首次发表于 *Stimmen und Zeit* 199 Band (1981), S. 48-58.

1931 年 4 月 28 日

访问到将近晚上,差不多两个小时。我试着很快地让胡塞尔在谈话中占据主导。有时我提出反对意见,由此迫使他澄清困难的问题。

"修士的生活,一般而言基督-宗教的生活始终游走在危险的边缘。它容易堕落,但总是再次挺立。它有一个目标:看到上帝那里的世界,它没有否定世界。当然,这是有危险的:人们可能由此变得太着迷于这个世界(weltselig)或者把爱的事工同样还有虔诚置于庸碌之中。"

他接着谈到印度宗教。他热情地向我推荐他刚读过的罗曼·罗兰论甘地的书。"与基督教相反,印度宗教有涅槃;它否定世界。每一个主动性都招致被动性,因此有停滞不前的危险。但每一个被动性——作为出发点:上帝那里的静止——再次要求主动性:爱的事工。"我说:"就像托马斯说的。"胡塞尔接着说:"对,世界上所有的伟大人物都这么说。每一个决定都已经是意志的主动性。通过主动性而获得的一切带来被动性,因此是危险的。因此这意味着一切获得物都须再一次地激活。"

我们谈论宗教生活以及修会生活的感召。我说:"要过宗教的生活,人们必须被感召。"胡塞尔说:"更好的是:人们必须被召唤。这是纯粹的恩典。我没有达至这个领域的通道,尽管我自从年轻时起就始终是上帝最热情的追寻者之一。真正的科学是真诚的、纯粹的;它具有真正谦虚的优点,但同时有批评和决定的能力。如今的世界不再了解真正的科学;它堕入了最狭隘的专门化。这在我们那个时代是不同的。阶梯教室对我们来说是教堂,而教授就是传道士。"

我告诉他我们年轻时如何在大学中在考试和生计之外追求真正的科学，并以纯粹的热情服务于它。当然，识得比考试更高追求的只有非常少的人。于是我得出结论："我们也为科学燃烧过。但您对科学可以拯救我们的世界并将我们的世界引向更高是怎么想的？因为它始终只对少数人存在。"

胡塞尔说："真正的科学引出无私和善。如今甚至完全唯物主义的或自然主义的学者（自然科学家）都可以献身于他们的科学，甚至毫无信仰的数学家。因为科学是好的，即使它不引向宗教。另一方面，不可能声称最终导向宗教和上帝的科学就不是真正的科学。任何形式的教育（不只在学校里的）都必须推进真正科学的成果并实践地转化它们以更新世界。这是您必须做的，阿黛尔贡迪斯（Adelgundis）修女。灵魂的困苦是巨大的。最好的事情始终都是爱——对邻人真正的、实践的爱，它的基础在对上帝的爱那里。后者并不总在忏悔中被发现。宗教经常声誉扫地的原因是信教的人根本不是内心虔诚的。有多少次仅仅是假装，就有多少次例行公事和迷信！

真正的科学一定是普遍科学，它包括基于自主性的全部明见性，宗教也被包括在内。在这个领域中基督教也有其位置。从这样一种现象学已经领会的普遍科学出发，人们最终获得一个导向上帝、绝对者的目的论的发展。"

对于我的问题：他是否真的相信绝对者（他之前否认过），他回答说："那些是相对性，而我们必须有勇气正视相对性。它们也可以是明见性；例如，对原始民族的人来说逻辑学具有与对我们来说完全不同的明见性。最终我们可以限制自己并理解这一事态；我们可以设身处地去想。这终究就是，我如何在意识中体验另一个人的痛疼而没有在我自己的身体中经验它。作为科学的现象学就是为无法像您这样通达信仰的人存在的。许多在晚年才遇到宗教的人怎么办呢？他们不再发现与宗教的人格性关系。"

我对礼拜仪式问题和现象学感兴趣，因为毕竟礼拜仪式是恩典的力量(*opus operatum*)，并且可以展现为像现象学还原这样的东西。胡塞尔不能回答这个问题；对他来说，宗教的效应只有通过个体和他们对神圣性的追复体验才可想象。他对阿维拉的特蕾莎(Theresia of Avila)比较熟悉，他在埃迪·施泰因由于特蕾莎的作品而转宗天主教时，对之做了一些研究。胡塞尔始终将托马斯和神秘主义者理解为宗教生命的主观表达，就他们是宗教的一种表达和反映而言。胡塞尔对于我的异议——正是在其客观性中(在圣礼中)礼拜仪式与现象学一致——回应说：

"最危险的错误在于相信主观错误最好是通过客观真理来克服。不，只有彻底的主观主义可以克服主观主义，只要我们完全严肃地对待它，而不是对它视为不见。"

他接着谈到卡尔·巴特，并且给我看了一期《在时代之间》(*Zwischen den Zeiten*)杂志。我们也谈到希尔德勃兰特(Dietrich von Hildebrand)和埃迪·施泰因，他们的生命成长特别地感动他："即使人们在世界观上分道而行，人们还是可以继续喜欢彼此。就像埃迪·施泰因转宗后所表现的那样。相反，希尔德勃兰特在转宗后退隐了。非常奇怪的是，我的一些学生都进行了彻底的宗教抉择，他们一些是或者变成了非常虔诚的新教徒，另一些则皈依了天主教。他们与我的关系并未因此而有任何改变；这个关系还是具有相互的信任。另外，我随时愿意为真理而彻底争辩。我始终准备好认清我的错误并背弃自己。"

在我要离开的时候，我们谈到《新约》和《旧约》。他指向他的书桌，上面有本《圣经》，然后说："还有谁能理解《旧约》？如今我喜欢的是先知耶利米和以赛亚。在我年轻时的某一刻我就不再想理解《旧约》了。它在我看来如此的无意义，但情况并非如此，不是吗？"

1933 年 12 月 5 日

胡塞尔说："殉难是教会的原则。在我看来，对于教会来说，它是无与伦比的，而这本身是需要教会再次反思的。但如今教会是否仍可得到民众的支持，以致它可以在一场新的文化斗争中引领他们？或者它是否不再敢进入这样一场斗争？教会是不是也许不应该选择两个恶中较大的恶并且不应该与德国缔结宗教协定？对于科学，殉难也会成为通向拯救的唯一可行道路。只有精神的英雄、彻底的人也许可以再次拯救科学。教会始终通过理性和信仰的综合来替代合理性。但相当多的人只是表面上虔诚；确实，他们曾内在地相信并且在他们的天主教信仰上坚定不移，但如今他们都沦丧了！同样地，科学不再是人们内在关注的事情；否则他们现在不会那么随便地把它抛弃！在科学中也会有殉难者。因为如今如果任何人想致力于纯粹科学，那他必须有勇气成为一个殉难者。

您看，教会和科学拥有相同的目标：上帝。一些人在敬神和仁爱之路上达到祂，另一些人则在精神探求和一种道德生命之路上达到祂。但二者都被怀疑论和这种或那种形式的诡辩所威胁。教会由此变得过于政治化、过于此世化；科学则堕入唯物主义以及无基础的理性主义。如今在每一个秩序的歪曲和欺罔中，结果是显而易见的。"

1934 年 2 月 23 日

胡塞尔说："一个基督徒的价值总是在他可以成为一个殉难者时被决定。但你们（天主教徒）中的许多人把精神生命看作天堂中一场有赞美诗和熏香的首演的包厢座位的免费门票。因为神职人员严重缺乏教育,宗教改革作为急需改革的天主教会的最大幸事而获得如此轻易而迅速的成功。今天,神职人员确实已经大量地学习,在拉丁语和希腊语以及其它领域中受到很好的教育,但却在神学院里事务太多,而对个体中的神性之充满责任的人格性生活和体验太少。——一个问题:埃迪·施泰因一定充分认识到经院哲学明显被平衡过的精神约束。这从哪儿来的呢?在阿维拉的圣特蕾莎那里真的一点痕迹都没有吗?"我说:"这对局外人来说无疑是一个谜:每一个真正的经院哲学家差不多也都会是一个神秘主义者,而每一个真正的神秘主义者差不多都会是经院哲学家。"

胡塞尔说:"奇怪,她(埃迪·施泰因——作者注)从一座山上看见了在其美妙的透视性和生动性中的地平线的清晰和开阔中极尽视野,但同时她拥有别的转向、内心的转向和她的自我的视角。"我说:"是的,在上帝那里这是可能的,但只在祂那里可能。"胡塞尔说:"她〔(埃迪·施泰因)——作者注〕是完全真诚的;否则我会说这一定是被谋划的、矫揉做作的。但最后——在犹太人中存在着彻底主义和对殉难的爱。"胡塞尔这么说时提到作为加尔默罗会修女的埃迪·施泰因的生活及其心性(Mentalität)。

后来他问:"我也可以有时不去柏意龙(Beuron)吗?"我说:"当然。"胡塞尔说:"噢,我可能是太老了。我不能再转宗了。"我说:"但您不需要这么做;没人期待这样的事或者试图促使您转宗。毕竟,就像您曾告诉我的,您处在恩宠中。这是根本的东西,而且它完全够了。"事实上,他曾极为严肃的向我提出这个奇怪的问题(这对他确实是一个萦怀的事情):"阿黛尔贡迪斯修女,我不也处于恩宠中吗?"

1934 年 5 月 3 日

胡塞尔造访圣利奥巴的修道院（在君特谷）。这是他的一个恳求：与他妻子一起为了感谢我给他 75 岁生日所写的一封信来拜访。他带了花。他特别想多听一些关于施泰因在科隆的加尔默罗会隐修院的授职仪式（Einkleidung, 1934 年 4 月底）。我朗读了一个参与者寄给我的报道。胡塞尔听得很专心投入。他不时打断我，提一些关于教会机构和习惯的问题。让他真正满意的是施泰因被尊重，既被教会，也被修道会尊重。在我看来他就像一个对女儿嫁入一个新家庭而忧虑的父亲。他不无父亲般的自豪地补充说："我不认为教会拥有具有施泰因这种素质的新的修道士——感谢上帝，她被允许在科隆的加尔默罗会隐修院继续她的工作。"

我注意到他很遗憾没有出席科隆加尔默罗隐修会的授职仪式。他真诚地说："我本应该是新娘的父亲。阿黛尔贡迪斯修女，真遗憾至少连您都不在那里！"当我回应说我完全付不起火车票时，他立刻说："我会很高兴给您钱的。"接着我不得不给他看圣特蕾莎的照片，［这样他可以看到］修会的衣服。他拿走了一张小照片，以及我们本笃会修女在圣利奥巴的授职仪式和修道誓言（Profess）。接着他说："我想非常仔细地研究这个。"

我们接着谈到了当下，尤其是我们时代的精神低谷。但他突然这样打断自己："但不，我们怎么能在这里在修道院谈论这些事呢？这是另一个世界，这是它自己的世界，处在这个罪恶的时代之外。这里就像在天堂。"

然后我不得不为他打开图书馆的书橱。他尤其对教父产生了极大的兴趣，拿出一卷奥古斯丁的书。在参观圣餐礼拜堂和唱诗班时，他显然很高兴并且在内心被感动。我们走入花园。胡塞尔好像在沉思;他甚至丢下我们,过了一会才回来。他突然抓住我的手,急切地问道:"您也为人们提供灵魂上的帮助吗?"我说:"是的。"胡塞尔说:"噢,太好了。阿黛尔贡迪斯修女,现在我知道了,在我灵魂受忧心和烦恼所困时我可以去哪里了。我会去圣利奥巴,您会安慰我。那时我会与一位神父一起在花园里一个安静的角落里的某个地方坐下来。实际上,我还根本不了解他们。"

1934 年 12 月 31 日

胡塞尔说:"您的来访是结束这一年的好办法。"他谈到贝尼迪克塔修女(Benedikta,即埃迪·施泰因)的来信——她写到了邓·司各脱,并说:"现在他是一个神秘主义者,比托马斯·阿奎那更有过之。现在,教会在成长,而且神职人员正从世俗化和政治化中向真正的内在性发展。至此为止教会避免了文化斗争,因为它为了确定有其信众首先想完成去世俗化过程。教会想要的,我也想要,那就是把人性(Menschheit)引向永恒(Aeternitas)。我的任务是尝试通过哲学来完成它。我至今为止所写的一切只是准备性工作;它们只是方法的创立。遗憾的是,在生命过程中人们根本不能抵达中心,抵达根本的东西。如此重要的是,哲学再次从自由主义和理性主义被引向根本的东西,引向真理。关于终极存在、关于真理的问题一定是每一真的哲学的对象。这就是我一生的工作。

我会继续是一个离经叛道者。如果我年轻 40 岁,那么我可能让您领我去教堂。但您看,我现在这么老了,而且因为我一直做每件事都那么彻底,每一个教义我需要至少五年。您可以算算要达到目标我得多大年纪了。您仍然会保留对我的友谊吗?

您可以看到在我的书桌和工作台上总是放着不同版本的《新约》。在许多年前我病得很严重时,贝尼迪克塔修女坐在我病床前,为我读《新约》。"

我说:"是的,您也可以叫我来,如果您生病的话,即使是您最后一次生病。"胡塞尔说:"哦,我完全可以想象在我死的时候您会在那里,并且在永恒开始时为我读《新约》。"

1935 年 4 月 8 日

为祝贺胡塞尔 76 岁生日而造访。他非常感动,泪水湿润了双眼,几乎说不出话来。这时许多朋友和学生已经不与他来往——第三帝国中反犹太人态度的后果。他对我将在 5 月 1 日进行的修道誓约非常感兴趣且十分热衷,当我向他发出郑重的邀请时,他说:"八天前您不会看到我这么高兴。因为,为了即将在维也纳和布拉格进行的演讲,我非常焦急不安到底能不能在这个节日场合出现,而在那里对我而言非常重要。不,我应该推迟演讲;无论如何我都要参加您的这个仪式。但现在一切都是好的。直到秋天我才会去那里。"他恳求我解释誓约仪式(Profeßritus)。随他所愿,我留给他一个副本,他想留着它仔细地研究。

1935 年 5 月 1 日

胡塞尔和他的妻子准时来参加我在圣利奥巴永久修道誓约仪式。他们从优待席可以清楚地看到一切,而且后来我听说,他们也以最大的兴趣和最深的敬虔跟随着神圣的行为。在大约两个半小时的仪式结束后,我被叫到图书馆,他们——被感动而情绪激动,胡塞尔几乎落泪——向我致意并表示祝贺。他给了我一张他的大的签名照,而他的妻子给了我一朵极美的,盛开的马蹄莲。突然他摁住自己的心口,开始眩晕。我们给他喝了一杯葡萄酒,艰难地扶他起来。他带着温和的微笑,低声说:"我是太高兴了。这太美了。"

1935 年 9 月 4 日

胡塞尔说:"在宗教中是情性的正直,在哲学中就是智性的真诚。我一生都在为这种真诚而战,实际上是搏斗。别人早就满意的地方,我一再重新追问并仔细检查背景中是否确实没有一丝不真诚。我所有的工作,即使是今天的,也只是一遍遍地检查和审视,因为我提出的一切毕竟都是相对的。人们必须有勇气承认并且说那些人们昨天还认为是真的,但今天看起来是错误的东西就是这样的错误。这里没有什么是绝对的。我在许多年前对我的学生方济各会教士 P 说过这些。他非常聪明,在哲学上也紧跟我的步伐,不过只是到某个点上。但他没能发现转身宣布某些东西是错误的勇气。对他来说,即使在哲学中,也只有绝对之物才是有效的。在此我们分道而行。

人们如此不理解我让我感到深深的遗憾(这时胡塞尔变得非常严肃和坚决,几乎有些激动)。自从我的哲学发生巨大变化以来,自从我的内在转向之后没有人再与我同行。1901 年出版的《逻辑研究》,只是一个起步者小小的开端——而如今人们只是根据《逻辑研究》来评价胡塞尔。但在它出版后的许多年我真的不知道该往哪里走。我自己都不清楚,但是若如今每个人仍还在这本书上停滞不前,那将是不幸的。它只是一条道路而已,尽管是一条必经之路。即便是施泰因也只陪伴我到 1917 年……人们甚至声称我后退到康德那里。人们如此地误解我!因为人们看到,我的现象学是唯一也与经院哲学有联系的哲学；也因为在许多神学家研究我的《逻辑研究》时——但遗憾的是也没有研究后期作品——他们声称我起初转向宗教，而后又堕入无信仰！

无论如何，我曾相信——今天这不只是信仰，今天它是知识——是我的现象学，只有它是这样一门哲学，这样一门教会可以使用的哲学，因为它结合了托马斯主义并扩展了托马斯哲学。为什么教会如此固守于托马斯主义？如果教会有活力一些，它一定也能在现象学上进一步发展。上帝之言始终都是一样的：它是永恒的。但哲学解释依赖于每个时代各自生活的人。因此它是相对的。请您想一下，托马斯的背后是无信仰的亚里士多德，他建立在亚里士多德之上。托马斯自己那么聪明又富有创造力，他独立推进了很多。但没什么比新托马斯主义更没有创造力了（胡塞尔几乎没说法国新托马斯主义什么好话）。它的背后只有托马斯，因此变得僵化了。天主教哲学有一天必须超越所有这些。我有一个任务、一项使命，这是上帝交托给我的。我必须实现它，我就是为之而生。我每天持续地进一步地、对新的东西进行研究，现在已经35年了。我几乎没有时间把我的手稿整理出版。除了芬克，过去4年来我没有能谈论我的想法的学生。当时我也完全不可能谈论我的想法。因此我很痛苦，但也无法避免。我70岁——现在76岁了——就没有学生圈或在大学授课的可能，我缺乏想推进我的思想并出版它们的学派。先知是上帝之口。非常直接。他不是一位老师，他不工作。在真正的、通常意义上他没有任务。"

我回答说："但先知也是一个人，上帝分配给他的指示充满他。他害怕地感到他人性的弱点（耶利米）并被净化（以赛亚）；因为在他之中不只感召和仁慈，自然也在起作用。他可以承担这个任务，或者拒绝它。您是一位先知，顾问先生（Herr Geheimrat），因为您对这个时代有话要说。您对人们有使命!"

胡塞尔说:"我的使命只是科学。我想用科学服务于基督教的忏悔。也许以后人们会认识到我后来不得不做些改动,而在这么做时我仍然对自身是真诚的。

我的学生分成两类——公羊和绵羊。在忏悔或宗教信仰问题上,公羊想把我看作与他们一样,但最终不是自由的、放松的、客观的、真实的、真诚的。绵羊——我与他们相处得相当好,无论他们是严格的天主教徒还是新教徒——在宗教方面给我拥有自由人格性的权力,因此把我看作如我所是的那样并且尊重我。因此我一直与他们相处得这么好这么久。阿黛尔贡迪斯修女,自1916年来的许多年间,我们的友谊从未产生裂痕,因为您从不试图在宗教上攻击我。"

在接在来的谈话过程中,他说到洪堡以及后期歌德:"当时他们选择了这么精彩的方式来谈论事情:深刻、聪明,但又不是太深奥或科学化。这是做哲学的好方法,但不是严格意义上的哲学。最终它是最佳意义上的表现主义。今天没有人再有任何精神的方式方法;一切都建立在感受、冲动和印象上,没有任何理性的基础。"我说:"帕斯卡尔为处于感受和理性之间的东西留下了空间,他将之称为心的逻辑。"胡塞尔说:"是的,不以冷酷的理性而以与情性(Gemüt)类似的冷静、清楚的方式思考和判断(不是一种感受)事物是非常好的。"

1935 年 12 月

我在胡塞尔家待了一小时。他们热烈而愉快的谈论他们在布拉格演讲中感受到的好客和高度理解。然后我留下单独与大师在一起。在我打算离开时,他开始转向哲学工作并娓娓而谈,谈论他的哲学至少45分钟——整个的时间我们都站着。他最后简要地说:"人的生命只是通向上帝的道路。我试图不用神学证明、方法或帮助达到这个目标,即不用上帝达到上帝。可以说,我必须把上帝从我的科学的此在中排除出去,为了为人们——与您通过教会拥有对信仰的信心不同——开辟通向上帝的道路。我知道我的前行对我可能是危险的,如果我自己不是一个与上帝紧密相连的人,不是基督的信徒的话。"1935/36年冬季,胡塞尔病得很严重。他得了一种不是完全无害的胸膜炎。他恢复得相当慢。因为我整个冬天都在巡回演讲,所以直到他77岁生日那天,即1936年4月8日我才再次见到他。

1936年4月8日

他看起来相当痛苦,尽管充满活力、容光焕发,他接受了我的祝贺,几乎带着年轻人的热情大声地说——实际上甚至在我说话之前,就像这热情已习惯于预先注入快乐一样:"您必须和我们一起去拉帕洛;我们八天后走;医生规定我去南方疗养。请求你们修道院的院长同意这次旅行。我需要一个护士和一个可以与之谈论我思想的学生。这完全会是一个美好的时光,我非常期待这几周。但您必须来。"1936年4月15日,我和胡塞尔的女儿伊丽一起经戈特哈特(Gotthard)到了米兰。17号晚上我们到达拉帕洛。

1936年4月20日

雨天。关于舍勒和海德格尔的谈话。胡塞尔说:"我只是现象学之父。人们(新经院哲学家们)认为我被困住了。但对于新经院哲学家的源头——您不要告诉任何人——我只熟悉由施泰因翻译的《论真理》(De veritate);但我又把它放在一旁了,因为我不会采用除了我自己的道路之外的其它道路。我花了很多年才看清,我是被引导的。我从未真正学习过哲学,而只学了数学和自然科学。面对绝对和启示时,我与经院哲学一样,鲜有止步不前。"

喝茶时他谈到他的工作,即,谈到他当时带在身边的工作。他把它称为"我一生工作的预备阶段"。他说,他毫无喘息地致力于此,从早到晚,更谈不上星期天或一个假期的空闲。我们一致认为这是错误的。

喝完茶和胡塞尔一起散步,他站不稳,由人搀扶着。他伤心地说:"我失去了我的祖国,我被遗弃了。真正的哲学与宗教的自身思义(Selbstbesinnung)一样。"

接着我们谈到瓜尔蒂尼(Romano Guardini),胡塞尔对他关于陀思妥耶夫斯基的书评价很高。瓜尔蒂尼是他所理解的基督教作家之一,他与他有一种内在联系。他带着极大的同情读了他的《上帝》(Der Herr)。相反,他严厉地拒绝特奥多尔·哈克(Theodor Haecker)。晚餐后,讨论天才概念。胡塞尔也想接受破坏性精神是一种天才,不过他否认大多数圣徒是天才。这像是他心中的反抗,当那个下午他宣布他非常希望什么时候读一下写得很好的圣徒生平时我越发对此反抗感到惊奇。应他的要求,我给了他雨果·巴尔(Hugo Ball)的《拜占庭基督教》(Byzantinisches Christentum),它比许多圣徒传记写的好得多。

1936 年 4 月 21 日

当我和往常一样早上从教堂回来时,胡塞尔在花园里向我走来并说:"我坐在阳光下读《新约》。"他给我看了他儿子沃尔夫冈的那本

《新约》,他①阵亡了。他微笑着补充说:"所以我得到两次阳光。"

晚餐时,有关于宗教法庭、修会、依纳爵·罗耀拉(Ignatius von Loyola)的对话,有关于雨果·巴尔的书的讨论。胡塞尔的生命理想是斯多葛主义者的明智节制,他最严厉地拒绝过分的粗鲁和拜占庭式殉教者热切而无情的严峻主义。

1936年4月26日

晚餐时,让我们大家都非常高兴的是,胡塞尔吃得很好,他变得相当活跃。买了一副黑眼镜很可能在精神和身体上转变了他的情绪。他大量谈及他的老师弗兰茨·布伦塔诺。尽管他确实作为一个神父结婚了,但在内心深处他仍然如此像天主教徒和神职人员,以致某天当胡塞尔声称对圣徒的膜拜是偶像崇拜后他真地冲向胡塞尔。在得到布伦塔诺的同意后,胡塞尔开了一门洛采论上帝证明的讲座课。亚里士多德和托马斯是布伦塔诺除自己之外接受的仅有的两个哲学家。

胡塞尔反复坚称他高度评价瓜尔蒂尼。今天他声称在我给他的《镜子和譬喻》(Spiegel und Gleichnis)一书中,瓜尔蒂尼严格跟随着海德维希·康拉德-马蒂乌斯。他再次因为没有创造性而拒绝特奥多尔·哈克,无论如何,他对哈克没有对瓜尔蒂尼感兴趣。

晚上我们更久地谈论象征主义以及《圣经》历史的和发生的诠注。胡塞尔接着谈了不少(直到11点)此世的静态末世论的方面,他称之为:"有限性,与上帝(无限性)分离,努力回到无限性。恩典是上帝的自由。"胡塞尔为人只有通过不断奋斗才能接近他的上帝、才能

---

① 在一战中。——译者注

接近无限的观点做论证。没有恩典,这实际上也发生了。因此,人需要上帝,而上帝也需要这个世界和人。我对此持有异议。没有结果或达成一致,我们那天很晚才道别——有些沮丧和忧心,因为我们没能达成一致。①

---

① 从 1936 年夏天直至胡塞尔去世,耶格施密特修女的记撰以"胡塞尔的最后岁月(1936-1938 年)"[Die letzten Jahre von Edmund Husserl (1936-1938)]为题发表。——译者注

胡塞尔的最后岁月（1936-1938年）[①]

〔德〕阿黛尔贡迪斯·耶格施密特 记撰

张任之 译

1936年夏

在从拉帕洛回来之后，胡塞尔夫妇整个夏天直到深秋一直待在新城的卡佩尔（Kappel bei Neustadt，黑森林地区）。那里的气氛对胡塞尔满是融洽和极大的友善。因其敏感性，胡塞尔对当时显现出来的所有对犹太人的敌视反应相当强烈。这个夏天他非常紧张地开

[①] Adelgundis Jaegerschmid, O. S. B., „Die letzten Jahre von Edmund Husserl (1936-1938)", in: Waltraud Herbstrith (Hrsg.), *Edith Stein. Wege zur inneren Stille*, Aschaffenburg: Kaffke-Verlag 1987, S. 223-239. 该文首次发表于 *Stimmen und Zeit* 199 Band (1981), S. 129-138.

耶格施密特修女的记撰开始于1931年，从1931年至1936年上半年的记撰，以"与胡塞尔的谈话（1931-1936年）"[Gespräche mit Edmund Husserl（1931-1936）]为题发表。关于这个文本的形成背景，耶格施密特修女在该文开篇有所交代，兹录如下："在胡塞尔生命的最后几年中，随着国家社会主义悲剧的最初迹象已经变得可见，在弗莱堡，甚至在我回到君特谷的圣利奥巴修道院路上的有轨电车上，我在每一次会面后立刻以日记的形式把我们的谈话记录在散页的纸上。作为一个老练的史学工作者，我清醒地注意到这一事实：我自己只是一个联系人以及胡塞尔带着美好的人与人的信任而传达给我的、发自其人格内在生命的内容的"传播者"（traditor）。我想把他的话保留给新的时代。

胡塞尔去世后5个月的1938年9月，他的遗孀马尔维娜（Malwine）女士让比利时方济各会的神父范·布雷达（卢汶胡塞尔文库的创始人）来找我，因为他正为他的博士论文搜集胡塞尔个人的信息。考虑到当时世界政治的危险局势，范·布雷达神父决然地逼我在第二天晚上用打字机记下我的回忆。这些回忆是一份历史文件，一个小小的原始资料，没有文学的加工——而且也不指望它们成为别的什么。"——译者注

始写作一部新的著作,[1]该书的导论最近刚完成并在贝尔格莱德出版[2](因为德国出版社不允许接受胡塞尔的著作)。他的状况反复不定。高高坐落的村庄的与世隔绝、黑森林广阔的景色——这里特别具有高原的特征,以及广阔的视野——在焚风的日子可以看到山脉闪着银光,所有这些对他那变得非常敏感的灵魂是很好的。我猜想他年轻时看到的摩拉维亚[3]景色又浮现在他面前。他反复强调他与施蒂弗特(Adalbert Stifter)[4]和里尔克[5]的同乡渊源关系。清新而强烈的山间空气(卡佩尔位于海拔 900-1000 米高度)刺激了他的创作。有时,他似乎确实为可能不再能完成他的著作而焦虑。于是他会在他的房间里关着窗狂热地、不间断地工作,不肯出来散步。胡塞尔太太邀请我去住几天,以让他能有短暂的放松;他确实因为我的出现分了点心,并且被迫和我一起出去走走,于此期间他打破深深的沉默开始说话。不过,在我们一起吃饭时,他大多数时候心不在焉,比平常安静得多;一方面,他似乎被沉重的思想和担忧压迫着,另一方面,却又被内心的构图强烈地打动着。

我可以回想起两次长时间的、单独的散步。他大量谈论他深爱的德国以及像可厌的肮脏洪水一样倾泻在德国犹太人身上的不应得的仇恨。这使胡塞尔极为痛苦,因为他是深入骨子里的德国人。这对他是完全不可理解的。我们一起在卡佩尔墓地时,他说他自己已

---

[1] 应是指《欧洲科学的危机与超越论的现象学》。——译者注
[2] 这是指胡塞尔在贝尔格莱德出版的《哲学》(*Philosophia*)杂志第一卷上发表的《欧洲科学的危机与超越论的现象学》的第一、第二部分。——译者注
[3] 胡塞尔出生于当时属于奥匈帝国的普罗斯捷耶夫镇,这里属于摩拉维亚地区。——译者注
[4] 施蒂弗特(Adalbert Stifter,1805-1868),奥地利作家、抒情诗人、画家和教育家,他出生于波西米亚森林地区。——译者注
[5] 里尔克(Rainer Maria Rilke,1875-1926),著名德语诗人,出生于布拉格,当时也属于奥匈帝国的波西米亚地区。——译者注

经选定了这里的一个墓穴作为他最后的安息之处。他希望能平静地长眠于此直到复活。在散步时胡塞尔说：

"最近从美国寄来一本杂志，里面一个耶稣会会士——所以是你们中的一员，阿黛尔贡迪斯修女——把我写成一个基督教哲学家。我对这种过分热心的、轻率的作为感到震惊。我对此一无所知。怎么会有人做这样的事而不问问我呢！我不是一个基督教哲学家。请确保我死后不被假称为一个基督教哲学家。我常跟您说我的哲学、现象学只想成为一条道路、一种方法，就是为了向离开基督教以及基督教会的那些人展示重回上帝的道路。"

1937年3月23日

胡塞尔说："基督教作为科学为奠基（Begründung）做了什么？它在自身内部具有明见性——当然，不是何时何地都绝对的明见性。但我们也必须承认相对的明见性。否则我们就消解了生命，否则我们就损害了基督教徒的生命——它终究在自身内具有对其可信性的明见性。当然，我们也可以通过科学接近基督教，而这就是经院哲学、教会法以及教会管理所做的事情——但相较于所有这些，活生生的生命更重要，而且那里相对明见性也乐于被接受。在宗教生命中有比祷告更确定、更真实的明见性吗？当然不是胡言乱语！不过祷告却不涉及终极、绝对的明见性。科学也同样如此。过去三百年来它的所有错误的根源正是在于——甚至经院哲学也无法摆脱这点——在全然的怀疑主义面前，它失去了本身为真的东西的基础。"

1937年4月8日

这时候,胡塞尔变得非常孤独。因为国家社会主义已经导致他的朋友圈变得越来越小,而且也使得官方科学机构与他保持距离。当我去祝贺他78岁生日时,他很孤单。我们进行了愉快的谈话:

"当基督教,即,教会接受了希腊哲学(亚里士多德)时,它就把自己交给了一个永远无法解决的灾难性的矛盾。因为永恒和启示哲学(*philosophia perennis et relevanta*)与自律哲学最终背道而驰。当亲爱的上帝创造世界时,他也创造了哲学(胡塞尔说话时带着温和而幽默的微笑),他当然不是恶的,而是善的。当人们以一种虔敬的方式去研究和思考——每一个哲学家都是虔诚的,并且不会不加考虑地接受被启示的真理,而是把此真理作为探究的对象时,或者,当人们为了在目的论上为真理奠基而面临'完全怀疑主义的地狱'时,经院哲学家并不想一同前行,而且只有新经院哲学家感到他们必须在根本上超越托马斯(确实,托马斯是非常伟大的,是一个非凡的现象)。

但新经院哲学家害怕去把所有的启示、教义,甚至上帝置于一旁——即使只是在思想中(假设地)。我想通过一种普遍有效的认识方法把所有的哲学和宗教都只是汇聚在我的现象学还原中。本体主义(Ontologismus)是一种非常危险的错误学说。当我走到这步时新经院哲学家又来赞成我。但后来他们不能理解这只是我的道路上的一站。人们抽象出绝对的存在并排除意识——只是在意识中,存在才是活生生的,并且保持为活生生的。甚至物质也是某种精神性的东西,只不过它在精神秩序中处于最低层。"

这个夏天,胡塞尔因为"种族理由"被迫离开所钟爱的位于洛莱托大街40号3楼的寓所。他们在这里幸福地度过了许多年,在这里,大师的大而壮观的工作室始终就像一个圣所展现给我们,也恰恰只有这里算得上一个圣所。他们住在这里整整20年。之前他们住在拜仁大街。两座建筑彼此背靠着背。我1916年在那里第一次见到胡塞尔。这件事是这样的:一天我收到一张胡塞尔寄的手写明信片,[大意是:]我可以去他的寓所拜访他,去拿走他的一个女学生在遗嘱中留给我的一些哲学书。胡塞尔亲自为我这个一年级的学生,从他死去的学生的大量藏书中挑选了这些书:文德尔班的哲学导论、包尔生(Paulsen)的概论和一个纲要简编(雷克拉姆出版社的)。

1937年夏天住所的改变并不太坏,而我常常有机会惊叹上帝的智举,它赐予大师在人世的最后一站住在极美的在半山腰的屋子,它位于休内克大街6号法斯特宅。这房子看起来几乎像一个圆形大厅,无论如何,人们在这里可以看到各方向最美的风光和景色。从街上走来,会经过一座小桥到一块平地然后进入寓所,它包括几个非常大的房间。一个宽敞、连续的阳台沿着房子的全部三个面延伸,使房间彼此连接。从这里可以享受整个城市直到凯撒施图尔和孚日山脉的难以形容的风光,甚至可以在丛山间看到一点点莱茵河水道。

当胡塞尔太太负责搬家时,她的丈夫去了欣特察尔滕的布赖特瑙(Breitnau bei Hinterzarten,黑森林地区)大约两周。他非常喜欢这个1000米高的地方,因为它的与世隔绝和特点。十字架旅店的老板娘多年来都很喜欢胡塞尔夫妇,她甚至在1937年再次毫无顾忌地接待了他。不过,这必须秘密地进行,所以胡塞尔在隔壁房间独自用餐。我在一个阳光明媚的夏日拜访了他。他平静而愉悦地把我从公共汽车上接下来,我们一起待了一天直到晚上。我们大部分时间都在户外。满目繁花似锦的草地和硕果累累的田野使他充满惆怅的快乐。时代和德国正在发生的一切给了他很大的压力。他越发地紧紧抓住他还有的几个老朋友的忠诚和爱。可以理解,他对陌生人非常胆怯。大约中午,我们参观了布赖特瑙的教堂,它位于被白色矮墙环绕的墓地中间。我们在一排排墓穴间来回地走,经常停下来。胡塞尔心事重重地看着远方,他的灵魂因为悲哀而阴郁。

尽管很痛苦,他还是冷静地告诉我他被邀请去法国在笛卡尔会议上担任主席,但文化部长鲁斯特(Rust)否决了他的旅行许可,理由是胡塞尔不能在国外代表德国哲学。正因此鲁斯特提议来自的海德堡的科里克(Krieck)教授承担这个任务。顺便说一下,科里克刚为新的布罗克豪斯(Brockhaus)[①]写了一篇可耻的,甚至蹩脚的关于胡塞尔的文章,我们都觉得它是极其伤人的,如果不是卑鄙的话。尽管我们努力对胡塞尔隐瞒它,但他最后还是在某一天从其它渠道得知了这个事情。这个他倾注全部精力而为之工作的德国,现在却怎样地对待他啊,这深深地伤害了他。即使笛卡尔会议的主席位子因为法国当然地拒绝了科里克教授而空缺这一情况也不能排解他的沮丧情绪。"您看,阿黛尔贡迪斯修女,甚至我的骨灰也不配安息在德国的土地上。"他看了一眼墓穴,(第一次也是唯一的一次)并非完全没有痛苦地说:"甚至在这里我也不被允许找到安宁。您看看德国已经走得多远了!也许即使在这里这个村子的墓地里狂热者也会亵渎我的坟墓,如果他们找到它的话。"

下午胡塞尔非常疲惫,我们在他住的小农社的花园里用餐。那一天我没能让他愉快起来。我们谈到他的同乡施蒂弗特,他深深地喜爱他,而且他与他一样具有高贵而庄重的尊严。在他生命的最后一年,他再次愉快地阅读了施蒂弗特,并常常谈论他所读到的。顺便

[①] 指《布罗克豪斯百科全书》(*Brockhaus Enzyklopädie*),它是由布罗克豪斯出版社出版的以标准德语来编写的百科全书。——译者注

提一下,《魏提寇》(Witiko)①是胡塞尔读的最后一本书。

胡塞尔并未能长久地享受他新居里良好的工作条件。1937年8月10日,胡塞尔夫妇非常平静地庆祝了他们结婚50周年。他们明确地不希望别人知悉,甚至是他们亲近的朋友。当日清晨在浴室穿衣服时,胡塞尔滑倒了并且似乎受了内伤。医生认为这一跤埋下了他致命疾病的种子。他得了渗出性胸膜炎,这始终消耗着他。它变成了一个极其漫长的、痛苦的、折磨人的疾病,持续了八个月。

奥托(Otto)医生——给他进行治疗的老家庭医生说在他多年的行医中从没遇到过类似的病例。在医学上说,病人不可能存活到1938年4月。他摄入的营养越来越少。发烧动摇了并且不停地消耗他身体的力量和根基。两次严重的渗出造成了必须穿刺。因为应胡塞尔的愿望和请求我有时也负责护理他,所以我也协助穿刺:这个病人沉默地忍受痛苦让人不安。在其它情况下胡塞尔也很少抱怨,他对一切感到满意,除了他几乎不去吃东西,任何的劝说都会让他激动。他的身体在缩小,但他的精神却未受妨碍,仍过着其严格的本己生活。有时这给人们留下印象,似乎只有精神还在那里。他的生命对医生来说确实是个谜。无论如何,它与他们的医学经验背道而驰。这个精神不停地活跃着并提供它的财富。

1937年9月16日

当我来拜访时,胡塞尔已经起床了。有时在感觉好的时候,他会在晚上起床。②我们在他的书房一起用餐。他握住我的手并且在谈

---

① 《魏提寇》(Witiko)是施蒂弗特创作的历史小说,1867年出版。——译者注

② 此句在收入荷尔斯特赫特(Waltraud Herbstrith)所编文集的本文中缺失,兹据期刊(Stimmen und Zeit)中发表的文本补充。——译者注

话时一直抓着它。外面,早秋难得美丽的一天即将结束。非常宁静。太阳慢慢地落在孚日山脉背后。大教堂的轮廓在傍晚的金色余晖中在他所钟爱的城市的数百年的叠嶂的灰色屋顶上壮丽而庄严地耸立。他的眼中闪耀着傍晚的光辉。他的目光完全地全神贯注于在地平线上柔和地发光的山脉和他脚下的城市的图景。然后他打破了我们之间长时间存在的沉寂。他继续凝视着大教堂,轻柔而恳切地说:"我不知道死是这么困难的。我无疑已经用尽一生让自己摆脱一切自负(Eitelkeit),现在,在走过我自己的路之后,我完完全全地认识到这个使命的责任,并且在最近在维也纳和布拉格的演讲中以及接着在最近写作《欧洲科学的危机和超越论的现象学》(贝尔格莱德,1936年)中,我首次从我自己走出来,完全自发地,并且有了一个小小的开端,现在我必须停下来,留下我未完成的使命。就是现在,在我结束的时候,我知道我刚从头开始,因为结束意味着从头开始。

我曾想象,当我完成我的使命、我为世界的使命(Weltaufgabe)时,以及为了让人们摆脱他们的自负和他们的自我而通过现象学向他们展示他们责任的全新存在样式时,于我来说那是多么美好啊。哦,上帝,从我年轻时我就在与自负做斗争,现在我几乎完全摆脱它们了,包括职业的自负——年轻人没有它就不能工作:我的学生的尊敬和钦佩。是的,现在,在死前几分钟,我差不多完全献身于《新约》,并且只读这一本书。那该是多么美好的迟暮之年啊!现在,在完成我的义务使命之后,我最终有这样的感受:现在我可以做那些藉之我可认识我自己的事了。没有人可以不读《圣经》而认识自己。

我亲爱的孩子,您的使命,我认为首要是——哦,希望您保持它!——用爱去争取年轻人的灵魂来爱并保护他们免遭教会的巨大危险:无结果的自负和僵硬的形式主义。请您答应我,不要只因为别人说过什么就说什么。教会伟大而神圣的祷告始终处在变得空洞的危险中，因为人们不再使它们充满人格性生命。教会将拒绝我的工作——也许不是教会的年轻人，您的朋友——因为它在我这里看到经院哲学的最大敌人，至少是新经院哲学的最大敌人。"他带着宁静而嘲讽的微笑补充说："是的，托马斯，我崇拜他——但他也不是一个新经院哲学家。"

冬天的几个月里他明显消瘦了。三月份情况变得如此严重，我常常整夜在他床边照看他。他睡得很多，躺在那里处于半沉睡状态，虽然不能说他完全失去了意识。他经常看起来沉浸在与自己的对话中或者好像他在与一个不可见的对话者谈话。通常，当我在傍晚到达时，他半沉睡地躺着，我无声地、相当安静地坐在他的床边直到他醒来。每一次他的眉目间都表示出非常高兴，它日益变得安乐幸福、超凡脱俗。他的嘴唇总是形成谢谢、友谊这些词的口型。现在他也渴望在表面上表达这些，而在健康的时候他非常少，只在某些极特别的情况下才这么做。

我可以回想起在这些天，因为他有时跟我谈到他年轻时，所以他会说出哈勒的弗兰克孤儿院的格言。他这么做可能是与他科学生涯早期的困难年代有关联，因为这个他经常避而不谈的格言对他而言意义重大："就是少年人也要疲乏困倦；强壮的也必全然跌倒。但那等候耶和华的必从新得力。他们必如鹰展翅上腾；他们奔跑却不困倦，行走却不疲乏。"（《以赛亚书》40:30-31）

1938 年 3 月 16-17 日

在我值夜期间，我们进行了以下谈话，我当晚直接写了下来。在我看来他似乎服从在另一世界有效的法则。没有任何的导引和对照，他突然开始说："自我始终处于每一个开端之前，它存在着并且思考和寻求过去、现在和未来的关系,但这恰恰是困难的问题。开端之前是什么?"

这些最后的对话不再是感到自己被召唤去完成世界使命的现象学家的对话,而是很快要走到上帝面前的、受爱戴的、将要离开人世的老师和朋友的对话。我多么希望他的灵魂能懂得摆脱一切烦恼,不受一切纯粹外在偶然事件的困扰。因此我回应他的话说:"开端之前是上帝——如约翰所说:'太初有道,道与神同在,道就是神。'"胡塞尔说:"是的,这正是我们只能逐渐去解决的问题。"

过了片刻,他思忖着说:"对哲学研究来说前苏格拉底哲学家是极为重要的。您设法要让人们去读一读。亚里士多德说:开端是存在者;知识与意见的分离是存在者创造性的发现。——哲学就是获得关于存在者知识的强烈意愿。我的书里所写的东西是很难的。一切哲学都是关于开端的哲学,关于生与死的哲学。我们一次次地从头开始,越来越多地从头开始。我的哲学始终尽力从主观之物走向存在者。"大约一小时后,他好像深深地沉思着并说:"当我们思考这些时,自我始终是我们设定的东西,不是一个物,一棵树或一间屋子。"

接着他又睡着了。当我思考他的话时,我想到这些:在我们最近的一次谈话中我们谈到了他的哲学讲座。我提出一个在我做学生时就常常触动我的问题:"为什么您从不和我们谈论上帝?您知道,当时我失去了祂并在哲学中寻求祂。从一个讲座到另一个讲座,我都在等待着通过您的哲学找到祂。"对此他回答说:"可怜的孩子,我多么让您失望,我自己承担了那么多的责任以致不能给你们所寻求的东西。我从未在我的讲座中展示业已完成的东西,我只对触动我的东西进行哲学思考。现在我终于到了可以举行讲座,可以真正可以给年轻人一些东西的地步了,但是现在太晚了。"

1938 年 4 月 14 日，濯足节①

过去两周，必须请护士不停地值班。柯雷瑞·伊密施（Kläre Immisch），一位红十字会护士向我报告了如下的谈话，这次谈话是为了给胡塞尔在美国的女儿伊丽·罗森贝格（Elly Rosenberg）回信而进行的。在下午 2:30 时，他说:"爸爸已经开始他第一百个工作学期（这事实上与胡塞尔的学术教学生涯大致相符），并且有了新的进展。富有成效的新的工作时期开始了，在根本上可以期待在今后两年会有新的认识。当然，富有成效的工作接着会逐渐终止。每一个在连续的精神性上与我一起生活的人都会知道，在最后这些年在我这里没有出现无意义的东西。它将是并且已经是:生与死，我的哲学的最后志向。我作为一个哲学家而生活，也想努力作为一个哲学家死去。我曾被允许做了什么并且还会被允许做些什么都在上帝手中。"

所有这些都是在他醒后就像独白那样而说的，他似乎想继续他在睡着时看到的和思考的东西，说出声来可以让一圈听众听见。这些句子有明显的逻辑，即便完全不同于胡塞尔如此熟练并透彻使用的那种逻辑。他接着沉默了一阵，他的灵魂似乎从另一边再次回到他的身体。当他注意到护士在他床边时，他问她关于他的死——他很可能感到它的临近:"人们也会舒适地死去吗？"护士说:"是的，在安宁中。"胡塞尔说:"那如何可能呢？"护士说:"在上帝之中。"胡塞尔说:"您不要认为我是怕痛苦，不过这痛苦把我与上帝分开了。"

他一定会为这些折磨人的想法而非常痛苦:他不能完成他的使

---

① 宗教节日，是复活节前的星期四。——译者注

命,自己承担着即将出现的新的哲学著作,却只能把它看作一个想法而现在不再有力量使它成形。直到此刻,他的生命、他的遭遇以及他自己对死的准备都带着富有尊严的古典生活方式的印记。实际上,人们完全可以说他像苏格拉底一样无畏而孤独地迎向死亡,只不过他的祖国发生的一切压垮了他。但现在他的生命进程极为缓慢地,起初还犹犹豫豫地,但接着就越来越确定而清楚地转入了基督教思维和信仰的领域。柯雷瑞护士以非凡的机敏在这个伟大的灵魂中摸索前进,凭记忆以路德翻译的《诗篇》第 23 篇来引导他:"上帝是我的牧者。"当柯雷瑞护士说到"我虽然行过死荫的幽谷,也不怕遭害,因为你与我同在"时,胡塞尔说:"是的,这就是我的意思,这就是我的意思。祂应该与我同在,但我感受不到祂。"之后护士为他吟诵了一首歌:"那么牵着我的手,引领我……你引领我到终点,甚至穿过黑夜。"胡塞尔说:"是的,就是这样。我还能要什么、感觉什么呢?您现在一定要为我祈祷。"

在濯足节晚上 9 点,他对他的妻子说:"上帝已经接受我蒙恩了。祂允许我去死了。"以特有的方式,他对他 50 年的忠诚伴侣,出于真正的、夫妻间的爱而说出这些话。在一次长时间的、愉快的对话中,她曾在散步时,挽着我的手在病房前长长的露台上向我吐露:"在我们的婚姻中,我只想成为他的踏脚石。"这是这位聪明、热情的女子对她在这位伟大男人身边一生任务的总结。

从濯足节那晚起,胡塞尔没有对他的哲学工作再说过一句话,之前几个月这一直占据他的思想。只有在他快死去时,他的整个生命多么受制于一个更高者的使命才被显露出来。现在他终于感到从他的使命中解脱并释放出来。

在此之后他最后度过的短暂时间里,他仅仅朝向上帝和天堂。现在总是显露出来了,他一直多么地被恩宠,他的灵魂实际上多么内在地与基督紧密连在一起,即使他在一生中隐藏和遮蔽了宗教的东西。

1938年4月15日,耶稣受难日

最后的对话,告别。早晨他醒来时他的妻子跟他说:"今天是耶稣受难日。"胡塞尔说:"多重大的日子啊,耶稣受难日!是的,基督宽恕了我们所有人。"一整天他大部分时间以那种奇怪的半沉睡状态地睡着,这是将死的人独有的,因为灵魂在两个世界间来回徘徊。

我大约傍晚时到达。当我和胡塞尔太太一起站在他床边时,他抬起了手。认识的微笑掠过他的眉目。每一个动作显然都引起他的痛苦。但他仍然抓住我的手,以他特有的彬彬有礼亲吻它,并把它握在他的手里。

当我们独处时,他艰难地呼吸着要求直起坐起来,然后一直由我的手臂支撑着坐着。一片沉寂,直到他抱怨似地温和地说:"我们已经真挚地请求上帝能允许我们去死。现在祂已经允许了。但我们仍然活着,这太令人失望了。"我试图让他充满一个基督徒的强烈希望,我说:"就像十字架上的基督一样,您今天也必须受难直到最后。"于是他深信不疑且极为严肃地说——听起来像是"阿门"——"是的。"因为他内心充满焦虑不安却说不出来,所以我对他说:"上帝很好,上帝真的非常好。"胡塞尔说:"上帝很好,是的;上帝很好,但如此不可理解。现在这对我们是巨大的考验。"

之后他似乎在寻找什么。在他继续说话前,他的手在动,而他脸上的表情非常的专注,仿佛他在不断地无声祷告。最后,他用手相互寻找的动作来解释说:"有两个动作不断地寻找彼此,找到彼此后再次寻找。"我试图将他的话提升到超自然世界中,并给它们一个基督教意义:"是的,天国和尘世在耶稣那里相遇。上帝在基督那里更接近人。"胡塞尔(欢快地)说:"是的,是这样。他是类比,在……"他在寻找词汇,但他没能发现它们,这显然使他苦恼,所以我再次尝试结束由他开始的思路:"是的,耶稣是上帝和我们人之间的类比。这就是受难日:同时赎罪和复活。"胡塞尔(似乎放松并解脱了,带着深深的确信和完全超凡的对内在理解的注目,这深深地触动了我)说:"是的,是这样。"

过了一会——他早就又靠着枕头躺了一会了——他再次移动他的手,在空中画线,他也做出防御的动作,好像他看到了什么让他害怕的东西。我问他看到了什么,他似乎在梦一般的深度沉思中用我完全不熟悉的似乎来自那一边的声音说:"光和黑暗,是的,非常黑暗,接着是光……"

他的妻子后来告诉我,这是胡塞尔的最后一次谈话。此后他只是静静地躺着,睡得很多。在最后的日子里,一天下午,他睡觉醒来,容光焕发地注视着,双眼炯炯发光,他说:"噢,我看到如此美妙的东西,快写!"在护士拿起本子之前,他已经因虚弱而倒向一边了。他把他看到的秘密一起带入了永恒,在那里他这位不知疲倦的真理追求者,很快会走近永恒真理。

他逝世于1938年4月26日。

私人札记[①]

〔德〕埃德蒙德·胡塞尔 著
〔德〕瓦尔特·比梅尔 编
倪梁康 译

编者引论[②]

在卢汶胡塞尔文库中保存着一个黑色笔记本(编号:X x 5),胡塞尔曾在其中摘录过他留有印象的书,记下重要的著作,并于1906-1908年的关键年代也做过一些私人的、类似日记的札记。他在《斐莱布篇》(16 c)中挑选了下列柏拉图的话作为座右铭:

作为诸神给人类的一个礼物,我极为看重这个天赋:从多中看到一。诸神派下一个新普罗米修斯给我们,今天他们才为我们点燃一束绚丽的火焰。

最后写入文字的时间估计在1929年,抄录的是一首旧诗。(胡

[①] Edmund Husserl, „Persönliche Aufzeichnungen", 原载于: *Philosophy and Phenomenological Research*, Vol. 16, No. 3.(Mar., 1956), pp. 293-302. 后收录于: Hua XXIV, *Einleitung in die Logik und Erkenntnistheorie – Vorlesungen 1906/07*, Martinus Nijhoff Publishers, Dordrecht / Boston / Lancaster 1984, S. 442-449. 中译本参照了两个版本。其中一些编者注为全集版编者所加。——译者注

[②] 附有 H. S. 标记的脚注由赫伯特·施皮格伯格(劳伦斯学院)共同承担责任。——原编者注

塞尔对此说明：由爱德华·鲍姆加腾告知的古诗。）

> 倒下的人，常卧不起，
> 站立的人，仍可胜利，
> 剩下的人，是有理的，
> 逃逸的人，是败坏的。

下面将首次发表胡塞尔记载在上述笔记本中的完整文字（唯有一个涉及家庭的说明是例外）。1906年9月25日的札记曾在《哲学研究》第二卷、第3-4册上发表过。

为了更好地理解胡塞尔在同行的轻视方面所做的几个说明，可以提醒读者的是：他自1901/02年冬季学期以来就是哥廷根大学的编外副教授。1902年12月，他得到了编内副教授的位置。1905年，普鲁士教育部建议任命他为哲学正教授，但是这个建议被院系拒绝了，理由是缺乏科学方面的重要性。1906年6月28日，胡塞尔被教育部任命为正教授。

在胡塞尔文库中保存的与此相关的资料以及涉及胡塞尔生平与影响的档案与公文已经被戈尔伯博士女士汇聚在一个至此为止未发表的研究工作中["鉴证辑录"（Acta Authentica）]。我们要着重指明这个研究工作，因为它曾供我们查阅。

这些文字的发表得到了卢汶胡塞尔文库主任范·布雷达教授的友善允准。

比梅尔

胡塞尔:原文

1906年9月25日

自本月初以来我就认真地投入到工作中。我是否做得对呢？我首先研究了迈农《论假设》①的书，同时我不得不一再地看我自己的旧作并且思考到它们之中去。

我对《算术哲学》②做了许多阅读。这部书让我觉得是如此地不成熟和幼稚，几乎是孩子气。现在看来，出版时曾有的良心谴责不无道理。实际上我在出版它时已经从它那里脱身而出了。它基本上产生于86/87年。③ 当时我是初学者，在哲学问题上没有正确的知识，在哲学能力上没有正确的训练。而当我在极力构想数学思维的逻辑学，尤其是数学运算的逻辑学时，那些不可理解的陌生世界在困扰着我：纯粹逻辑的世界和行为意识的世界，今天我会说，是现象学的世界，也是心理学的世界。我知道不能将它们等同为一，但它们相互间必定具有联系，并且构成一个内部的统一。因此，我一方面在表象和判断的本质、在关系理论等等问题上绞尽脑汁，而另一方面则为弄清数学-逻辑形式的联系而苦思冥想。也许首先是1890年冬对逻辑演算的研究④导致了向整个纯粹逻辑领域的扩展。而后是1891/92年关于心理学的讲座。⑤ 它使我看到了描述心理学的著述，使我如饥

---

① A. 迈农，《论假设》，莱比锡，1902年。——原编者注

② 参见《胡塞尔全集》第12卷（海牙：马尔蒂米斯·奈伊霍夫出版社，1970年）。——原译者注

③ 胡塞尔原先写的是87/88，而后将数字做了修正。——原编者注

④ 对此参见《胡塞尔全集》第21卷（海牙：马尔蒂米斯·奈伊霍夫出版社，1983年），第一部分，第3页及以后各页。——原编者注

⑤ 胡塞尔作为私人讲师曾于1891/92年冬季学期在哈勒做过一个每周四小时的心理学讲座。——原编者注

似渴地看向它。詹姆士的心理学①我只读过一些,极为有限,它给了一些启示之光。② 我看到,一个果敢和独创的人是如何不受传统的束缚,并且试图真实地坚持和描述他所直观到的东西。这个影响对我来说也许不无意义,尽管我只能阅读和理解少数几页。是的,描述与忠诚,这是完全必要的。诚然,在我的论文于1894年③发表后,我才阅读和摘录了较多的部分。我现在重读了这篇论文(对在上述讲座中涌现给我的思想的阐述)。它是对《逻辑研究》,尤其是对第三研究和第五研究的第一个构想。

可惜我无法再判断,迈农的关系理论对我的影响有多大。我于90年前后就已经读过它。但直至1891年④与迈农的通信才导致了对它的更为仔细的研究。但很难设想,除了几个有限的思想以外,它

————————

① W. 詹姆士:《心理学原理》,伦敦,1890年。——原编者注
② 胡塞尔的《心理学原理》藏本中留有许多深入阅读的痕迹。尤其在以下各处可以发现边注:第一卷第四章(习性)、第五章(自动机理论)、第六章(心智素材理论)、第七章(心理学的方法与陷阱)、第八章(心智与其它事物的关系)、第九章(思想之流)、第十一章(注意)、第十二章(概念构成)和第二卷第二十章(空间感知)、第二十一章(实在感知)、第二十二章(推理)、第二十六章(意愿)。——也可以参见《逻辑研究》第二卷(1901年)、第二研究、第五章、附论对詹姆士的指明:
"詹姆士在表象体验的描述心理学领域中的天才考察并不会迫使人们接受心理主义。因为,我从这位出色的研究者那里所获得的在描述分析上的促进恰恰有利于我摆脱心理主义的立场。"
根据胡塞尔于1931年在多里昂·凯恩斯面前所做的一个说明,胡塞尔是通过卡尔·施通普夫而注意到詹姆士的。——H.S.
③ 这里所说的论文显然是"对基础逻辑学的心理学研究",它发表于《哲学月刊》第30期(1894年)第159-191页,并在两个脚注中提到詹姆士,以他为附加的证人。——H. S.[该论文后来收于《胡塞尔全集》第22卷(海牙:马尔蒂努斯·奈伊霍夫出版社,1979年),第92-123页。——译者注]
④ 在胡塞尔文库中没有发现这个时期的这类通信。——H.S[这个时期的这类通信目前已经可以在《胡塞尔书信集》第一卷(多特雷赫特:克鲁威尔学术出版社,1994年),第123-131页上读到。虽然在这些有残缺的书信(尤其是那封可能写于1891年6月的书信残篇)中并未发现对关系理论的深入讨论,但胡塞尔显然已经收到并阅读了迈农于1891年发表的文章"论复合与关系的心理学"。——译者注]

还对我在方法上提供过什么。

近来我又读了我最近几年的书评,[1]还有《逻辑研究》的一些部分。

迈农的书已经无法在表象和判断的研究方面为我提供很多的东西了,除了一个巨大的兴奋以外,每当一个并非无足轻重的人在思考的问题也正是我们多年来操心的问题时,就会出现这种兴奋。我在这部书中仅仅发现一个重要的思想,它是我在《逻辑研究》中没有说出的,尽管我在起草过程中已经有了它并思考过它,但却未敢接受它:将判断向"单纯表象"的变异转用于愿望和所有其它行为上,我还有关于这个问题的标明日期的页张[2](1894年),在那儿我恰好和迈农的立场一致。当然,我看到了迈农没有看到的巨大困难,而它们阻止我得出结论。迈农的表象概念是完全不明智的,完全不可理解的。显而易见,与迈农的分歧是有必要的并且是无法避免的,撇开这一点不论:总有一天会证明,这些研究领域与最本质认识的这两个方面实际上是一致的。

我们像是两个在同一个黑暗的局部世界中旅行的人。我们当然常常看到同一个东西并且对它进行描述,但与我们不同的领悟力相符合,这些描述也含有多重的差异。

可以逐段逐段地证明这一点,撇开关于情感行为的一章以及关于假言判断和假设推理的一章不论。诚然,我是将后者视为完全错误的。我在读完迈农后便开始对我的文稿进行整理和做出纵观。我惊异地看到,在这些文稿中包含了多少东西,有多少东西已被开启但并未被完成。它们完全可以证明,这些深刻的和最深刻的问题曾多

---

[1] "关于1895-1899年德国逻辑学著述的报告"(1903/04),参见《胡塞尔全集》第22卷,同上,第162页及以后各页。——原编者注

[2] 上面用铅笔写着:"我的旧的"。——原编者注

么有力地抓住了我。而且在通读这些文稿时,它们又重新抓住了我。这是肯定的;我永远不会放弃这些研究领域,不会让这些已经启动了的钻研与奠基半途而废。这将意味着放弃我自己。这曾是我多年的生活,而我的生活永远不可以也永远不应当变为碎片。我浪费了多少时间、生命和精神工作(充满价值的认识开端)!我让多少已经开始了的建构复归废墟!自发表《逻辑研究》以来,我的生活获得了内心的坚定性。内心的统一性应当并且必须从现在开始显示出来。可惜我的人格不能再成为充分的和完整的。它不能再获得世界观的统一,无法再获得自由成长的、美的和自然的有机构成的统一。但是,谢天谢地,它并不缺少成果,而且更多的成果正在成熟之中。在这个——真可惜——如此支离破碎和伤痕累累的树干上能够生长出这些特殊的价值,现在应当使它们成熟起来。这就是我自此刻起的生活,这是我特殊的生活使命的领域。我不愿沮丧,而是希望,如果我所做的确实是有益于后代的工作,我会感到满意。即使对我来说,放弃自然的、美的构成中的和谐统一与自由的喜悦是多么艰难,我也必须这样做。我只能欣赏其他人的美和统一性。但我必须为我的使命生活,并且在对它们的完成中寻找我的价值和我的内心保证。在它们的成果上,他们会了解它们。而在我的成果上,我会了解我自己;如果我能够在坚苦的工作中使它们在我之中成熟,而且是在有序的步骤中成熟,那么我就能够敬重我自己。

　　首先需要更为集中内心的精力并充分地利用时间。需要整理和思透所有至此为止的构想。我为这个整理所付出的三个星期没有白费。它走得没有多远。我也犯了这样一个错误,即没有首先研究我的讲座稿,而后再研究那些附页,它们变化多端,试图在相近的变动和时而又是新的变动中澄清和解决同一些问题。我有哪些文献上的任务需要完成?以及哪些问题需要解决?

一、如果我能够称自己为哲学家，那么我首先提到的是我必须为自己解决这个一般的任务。我指的是

理性批判。

这是逻辑理性批判、实践理性批判、普遍评价理性一般的批判。如果不在大致的轮廓中弄清理性批判的意义、本质、方法、主要观点，如果还没有设想、计划、确定和论证它的一般纲领，我就不能真正而又真实地生活。我已经受够了模糊性、左右摇摆的怀疑的折磨。我必须达到内在的坚定性。我知道，这是事关重要的和最为重要的事情。我知道，伟大的天才们曾在这里失败过，如果我想和他们去比较的话，那么从一开始我就不得不绝望。我不想（与他们）比较，但我没有清晰性就根本无法生活。

我愿意并且必须在献身的工作中，在纯粹客观的深入中接近这些高目标。我为我的生命而战，为此我坚定地相信我能够继续下去。最艰难的生活困境、对死亡危险的反击给了我无法揣度、无法估量的力量。我在这里并不追求荣誉和名声，我不想被赞赏，我不考虑其他人和我的外在支持。充实我的唯有一点：我必须获得清晰性，否则我无法生活；如果我无法相信，我能够赢取它，我能够真正地、亲眼地并且目光明晰地看到这个希望之乡，我就无法承受生活。

我的许多个别研究为我提供了实施手段，使我了解了方法。我必须首先弄清最一般的观点。

二、另一方面：我们不仅需要有对目的、路线、准则、方法的认识，以及需要有对其它认识与科学之执态的认识。我们也需要有实际的贯彻。我们必须踏上这些道路本身。我们必须一步一步地解决个别的问题。在这里首先需要一步一步地探讨理性现象学，并且在此基

础上实际地澄清在两方面的原理和基本概念的形式中的逻辑理性与伦理理性。

这里的首要问题是一门感知、想象、时间、事物的现象学的问题。

在 1904/05 年冬季学期关于"[现象学与认识论的]主要部分"的讲座[①]中,我提供了一个最初的、还极不完善的系统论述之设想。但此前就有一些误以为已经可以付印的、至少经过了纯粹加工的 1898 年论文,它们是我的这个讲座的基础,必须将它们再看一遍。必须把其中有用的东西取出来,其余的则抛开或撤开。此外还有一大批的附录,探讨的往往是难题。

与此相关,我也尝试过关于

注意力现象学,

然而还是缺少一门空间现象学,尽管我在 1894 年就已经想启动它,并且做了各种尝试(但没什么可用的东西)。

进一步还需要系统地阐释一门

含义现象学。

这门现象学的基础是我的《逻辑研究》,它在所有方面都提供了富有价值的东西,但却是不充分的、不够系统的东西。

与此相关的是一门空乏意向的现象学和象征表象的现象学。

此外还有一门判断理论,这是一个大空缺,我为此已经做了如此

[①] 参见《胡塞尔全集》第 10 卷(海牙:马尔蒂米斯·奈伊霍夫出版社,1966 年),以及第 23 卷(海牙:马尔蒂米斯·奈伊霍夫出版社,1980 年)的第一号文字。——原编者注

多的工作。对此我有各个讲座稿，还有更多未经处理的和有待使用的文稿。

与现象学判断理论相联系的是对不同命题形式的本质分析，它们另一方面属于纯粹语法学的领域。这重又是一部新的、大的著作的领域。

关于纯粹逻辑学（以及纯粹语法学）的研究、逻辑演算、定界流形、概率逻辑、关于范畴命题和实存命题之本质的理论。

一部关于假言判断和推理以及关于必然性和不可能性等等的概念的全面著述。

在我看来至此为止准备得最充分的是：

一、一部理性批判引论，特别是理论理性批判引论的著作；

二、一部关于感知、想象、时间的全面著作。

我还不很清楚的是：事物表象现象学的开端是否属于这里，我觉得是这样，或者它已经在某种程度上足够成熟了。还应该算上注意力现象学（至少在直观和感性的领域内）。

看起来这将会是一部大著作，并且必须尽快结束。

三、关于纯粹逻辑学、命题的本质分析的论文。关于假言命题与推理的理论在这里应该尤其有价值。后者本身就有理由成为一部重要的和让我愉悦的著作的论题。

四、表象与判断的现象学，或首先是对一门判断理论的实施。它重又提供了一部重要的著作。它已经准备充分了吗？

关于存在信念（belief）的学说已经包含在二中。

五、一篇反驳迈农以及讨论与他在表象、假设、判断的概念上的分歧的论文。

六、与科内利乌斯的分歧。

七、关于先天-后天的论文，

分析的——综合的。

范畴:动机关系(Motivation)与因果关系(Kausation)。

应当如何处理"关于意向对象的论文"①的草稿？它还不能就这样发表。也许主要的东西可以放到与迈农之分歧的语境中:如果这个分析是以多个报告的形式进行的话。

当然这还没有穷尽所有的任务(我在上面忘了提到抽象、普遍形式本体论等等)。但我这里所说的只是这样一些计划,即首先能够得以实施的计划,因为准备工作已经足够充分。在对我的讲座稿,尤其是高级班讲座稿的选择中,我必须尝试为自己找到帮助并且获得出版的构想。

首先需要上天助我。好的工作条件和内心的集中精力、与问题的内心合一状态。不断地阅读、修改、誊写旧的文稿。随时准备用于伟大目标。参见阿米埃尔②以及卡莱尔③的许多漂亮说法。我是多么虚弱:我需要伟大心灵的帮助。我必须依据他们的丰富力量与纯粹意志而坚强起来。我充分地汲取他们,并学会将目光从日常的下行驱动中转出来。噢,上帝。最近的这一年！我怎么能让同行的轻视、院系的拒绝、对另一个位置的希望之破灭来瘫痪自己。我为此而努力过吗？如果是——我相信的确从来没有——也肯定不是在这十年中。纯粹的思义、纯粹的内心生活、对问题自身的汲取、纯粹朝向它们,并仅仅朝向它们,这是我未来的希望。如果达不到这一点,那么我只能过一种生不如死的生活。我还可以希望。但钟声已经敲

---

① 参见《胡塞尔全集》第22卷,同上,第303页及以后各页。——原编者注

② 这里所说的可能是瑞士哲学家 H. F. 阿米埃尔(Henri Frédéric Amiel,1821-1881)。——译者注

③ 这里所说的可能是英国历史学家和哲学家托马斯·卡莱尔(Thomas Carlyle,1795-1881)。——译者注

响，我必须做出决定。仅仅作为一次性决断的"意志"是不够的。需要有内心的改造或内心的纯化和坚定性。我必须用九倍的青铜（mit neunfachen Erzen）来武装自己，做好应对所有外在性、所有亚当的诱惑的准备。

我必须走自己的路，如此有把握，如此坚定不移，以及如此严肃认真，就像丢勒①的骑士在与死神和魔鬼抗争。啊，生活对我而言已然是足够严肃认真的了。感性享受的欢快对我来说已经陌生，并且必须始终保持陌生。我不应是被动的（而享受就是被动性），我必须生活在工作、战斗、为真理之花冠所做的角力之中。欢快是不会缺少的：如果我勇敢而坚定地前行，欢快的上天便在我上面保佑我，就像在丢勒的骑士上面保佑他一样！而上帝既与我也与他同在，尽管我们统统都是罪人。

1907 年 11 月 4 日

我又一次享受到追求着的生活的严肃认真。享受？好像这只是一个一次性的悒郁，一个一次性的苦涩一样。现在我在哥廷根已有六年，而从我的《逻辑研究》发表以来已经快有七年过去。在许多年的含糊的和对清晰性的热切向往的努力中，我传诉了这些在理解问题、获取方法、开启和打通可能的秩序途径方面的尝试。当它们如我所不敢希望的那样开始产生出迅速而有力的影响，尤其是对年轻一代的影响时，我的心是多么地充满自豪；他们现在对我寄予的希望是多么地鼓舞着我，这样一个伟大的目标在我看来是多么地接近：在逻辑学中、在认识论中和在理性批判一般中赢得真正的明察，确定问题

---

① 这里所说的是德国文艺复兴时期画家阿尔布雷希特·丢勒（Albrecht Dürer，1471-1528）。他曾绘有题为《骑士、死神与魔鬼》的画作（1513 年）。胡塞尔在著作中曾多次引此画为例。——译者注

的自然秩序，找到研究的自然秩序，将问题本身提升到最高的精确表达的阶段，在纯粹性和完全的可靠性方面对方法进行加工，并且在这种目标制定的和方法的清晰性中逐步地完成每次必须完成的事情。

在《逻辑研究》发表前，我就开始对它的部分进行加工，或者说，我就完全献身于它的问题域，现在已经又过去了这么多年。而结果是什么呢？的确是年复一年的严肃认真工作，即便不算上外部障碍和外在烦恼的那年。我大概是进步了，尽管我倾向于低估这些在失败时刻中的进步。我的教学活动大部分都以我的生活目标为定位：那么多的起点，那么多的更深入、更广泛地钻研的尝试，以及现在不断更新的尝试：弄清逻辑学、认识论和方法的意义，以及在所有这些之后，我还落后多少。生命在流逝，精力随年华而去。若我在这些研究工作和研究方式中止步不前那会是多么痛苦！这无异于丧失了一个激情努力的生命、一个最艰苦工作的生命。白活了：永远不可能如此！我不愿也不会放弃。首先，我的激情追求无非在于达到一个绝对坚实的基地。我的所有努力此刻都围绕着这些研究的自然秩序问题进行，以及围绕如何再次开始和排列各个基本研究本身的方式进行。

1908年3月6日[①]

在接下来的1906/07年冬季学期中，我极为勤奋地工作并且不无成果。我在关于逻辑学讲座的前半段（到圣诞节）提供了一个科学论的一般引论。[②] 我曾尝试过这样的可能性，即获取一门科学论的

---

① 下面的文字在笔记本中是接在1906年9月29日后面的。1907年的文字是胡塞尔以后贴入到笔记本中去的。——原编者注

② 这个讲座的文稿以F I 25"逻辑学与认识论引论"的编号保存在胡塞尔文库中。——原编者注［后来作为《胡塞尔全集》第24卷出版。——译者注］

观念所要求的本质划界的可能性。圣诞节后我试图扼要地阐述各种不同的客体化形式。但后来并未成为一个总体的东西,尽管这些阐释不应该是全无价值的。我做了很大的努力,但二月份我就疲惫了。复活节(即 1907 年)去了意大利,这是我初次去这个德国人的希望国度旅行。夏天有一个每周四小时的关于现象学的[和理性批判的]主要部分的课程,一个重大的尝试,一门事物性现象学,尤其是空间性现象学的尝试。① 这里是一个新的、大的开端,遗憾的是我的学生并不像我所希望的那样理解它和接受它。困难实在太大了并且不可能一举克服。

在假期里,直至冬季学期关于康德的讲座开始,我探讨的是含义与分析判断的问题;我试图对前次的冬季学期讲座进行加工,并在断言逻辑的观念上忽然想到有必要进一步弄清含义问题。

1907/08 冬,我的工作精力有所削弱。我看到在这种情况下最好是转向讲座,即在我看来我的学生并不感到满意的讲座。至少我通过对康德《纯粹理性批判》的深入研究而有所学习。

圣诞节我得以休整。我亲爱的海因里希②曾来拜访。可惜马尔维娜的身体状况有所恶化,因而始终缺乏内心的喜悦。而后就是格哈特的事故,他的脑震荡。天空乌云密布。我几乎要说,出于我不想说的原因,这是我生活中的最不幸的时刻。现在不是反思的时候。复活节已经开始。我独自一人在这里,我希望能集中精力。我希望能克服分心。我要重新振作起来,并且在我的精神生活与它的伟大

---

① 这个讲座的编号是 F I 13。它涉及在此期间以"现象学的观念"为题的讲座。现已作为《胡塞尔全集》第 2 卷出版(海牙:马尔蒂米斯·奈伊霍夫出版社,1950 年)。参见《胡塞尔全集》第 2 卷和第 16 卷(海牙:马尔蒂米斯·奈伊霍夫出版社,1973 年)。——原编者注

② 可能是指 E. 海因里希,胡塞尔以前的一个学生,他的博士论文《概念学说研究》于 1910 年在哥廷根出版。——H.S.

目标之间建立起统一的联系。我曾处在并仍处在巨大的"生命危险"中。现在,如上帝所愿。在精神中死去,在为内心的清晰性、为哲学的统一而做的斗争中屈服,同时仍还以哲学的方式活着:这对我来说——我希望如此——是不满足的,这对我来说是不可能的。但在我内心变得更为平静、更为安宁、更为稳当之前,我还是不应该反思。

首先有几天是客体的方向。我想要记日记。①

译者注:

1906-1908年是胡塞尔思想发展的重要年代,是他从描述心理学走向超越论现象学的过渡时期。在此期间他曾于一个笔记本中做过一些私人的、类似日记的札记,其中最主要的内容是他对以往思想的回顾和清算,以及他对未来工作的构想与计划。这些计划后来大都得到了实施。除此之外,胡塞尔在里面还留有一些内心的独白,表露出他在此期间的复杂心态。这份文献提供了理解胡塞尔哲学思想和哲学人格的重要依据。

---

① 札记到此结束;接下来只有三行与家庭事务有关的记载。——原编者注

《哲学家辞典》中的自我介绍[1]

〔德〕欧根·芬克 著

王鸿赫 译

埃德蒙德·胡塞尔，1859年4月8日生于普罗斯涅兹（摩拉维亚）。1887年在哈勒任私人讲师，1901年任编外教授，1906年在哥廷根任教授，1916年在弗莱堡任教授，1928年荣誉退休。

如果将胡塞尔的一部部著作孤立开来，按照它们各自的主题来考察的话，就会看不出来胡塞尔在哲学上的毕生劳作。若要看出胡塞尔哲学的劳作，就得将这些著作的历史顺序理解成一个起先模糊，但又不断变得明确的意图的持之以恒的结果，这个意图就是：为了对哲学进行彻底的、新的奠基。他的第一本哲学著作是1891年出版的《算术哲学》第一卷，这部著作是对他在哈勒的大学任教资格论文的扩展性加工，这部任教资格论文只有一部分以《论数字概念》为题于1887年付梓。这位一开始按数学家和自然科学家来接受训练的胡塞尔，将为了实现这样一种可能性作为最终目标，即，彻底严格地在逻辑和心理学上得到了最终澄清的基础上建造几何学。作为对这一目标的贡献，这部著作主要提供了对基本概念"复多"（Vielheit）、

---

[1] 最初发表于《哲学家辞典》（Philosophen-Lexikon），欧根·豪尔（Eugen Hauer）、魏尔纳·齐根弗斯（Werner Ziegenfuß）、格特鲁德·荣格（Gertrud Jung）编，柏林，1937年，第447-452页。这篇以胡塞尔名义发表的文章由欧根·芬克（Eugen Fink）撰写。参见"编者导言"〔《胡塞尔全集》第27卷《文章与讲演（1922-1937）》，托马斯·奈农（Thomas Nenon）、汉斯-莱纳·塞普（Hans Rainer Sepp）编，多特雷赫特/波士顿/伦敦：Kluwer Academic Publishers, 1989〕，第XXIV页及以下。

"统一"、"数目"（Anzahl）的一种描述心理学的起源研究。在起源上更早一些的"复多"这个概念引向对"集合统一"（kollektive Einigung）活动的深入刻画，在这个统一活动中，"共同"（Zusammen）和"总和"（Inbegriff）被原初地意识到。进而这样一个问题便亟待解决：实际上没有集于一体（Kolligieren），那原初的"多"这一谓语是如何可能的？这导向了一个根本性区分，即将本真地被给予的"复多"与感性的"多"（Mehrheiten）区别开来，后者只是"符号性"地，也就是说间接地以联想的方式被把握为复多。为这种联想提供支点的，是构造着感性的"多"的"构型因素"（figurale Momente），这种构型因素在本质上无异于同时期埃伦菲尔斯（Ehrenfels）在完全不同的问题导向上所发现的"构型质性"（Gestaltqualitäten）。在此关联中，第一次出现了关于"行为"和相关联地关于"高阶对象"的学说，以及与纯粹感性概念相对的、关于"范畴概念"之学说的最初开端。一些重要的个别分析还涉及区分（Unterscheiden）和区别（Unterschied）[对比于集合（Kollektion）和集合体（Kollektivum）]以及对无限"复多"的表象之起源。《算术哲学》的特色之处在于它固有的心理学分析和逻辑学分析的双重性，这两种分析并非简单地并行，而是在内在的关涉中，不断地各以对方为目标且相互协调。在此，于一项专门研究中哲学根本动机首次登场，这个动机此后具有决定性的意义：这种关联性的考察方式。这种同时朝向主体和客体的探问所构成的张力统一体是胡塞尔最具特色且富有成果的开端，这一开端在其不断的深入和变化中对接下来的阶段是决定性的，在这些阶段中，一个新的哲学观念最终破土而出。

在《逻辑研究》中，这一开端经过十年的劳作拓展成了一系列开创性的哲学问题以及具体的分析解答。胡塞尔的这部献给他的老师施通普夫的著作分为两卷："纯粹逻辑学导论"（1900 年）和"现象学和认识论研究"(1901年)。奇怪的是,同时代的批评未曾注意到这两部分之间的内在统一,而这种统一无非就在于"关联性考察方式"这一方法原则的实现。为了给主体-客体的统一性研究一个真正的开端,首先需要反对所有错误的主观化来竭力为客体(在此是指"逻辑构成物")的客观性辩护。因此,胡塞尔在第一卷的主要努力便在于,在针对当时占据逻辑学统治地位的"心理主义"而进行的详细批判性论辩中,将逻辑构成物的存在意义解释为"观念统一体",将逻辑规律解释为"观念规律"。在这个批判性的说法中,"心理主义"是指将逻辑概念和逻辑命题解释为心理的构成物,将逻辑规律解释为心理学的事实规律。这个批判的一个卓有成效的要素曾经并且依旧在于,胡塞尔证明了每一种心理主义都是相对主义。从正面看,这种批判主要有利于证实纯粹逻辑的观念性或者说先天性。随后,在结尾一章,这种纯粹逻辑本身的观念得到了细致阐述,而且是在一种双重的任务中进行的:1. 作为先天的科学论,即作为关于"科学或者说理论的观念可能性条件"的学说,2. 作为关于"形式"概念的学说,如对象、事态、统一、复多、数目、关系等,这类形式概念对于对象一般是构造性的,并且"独立于任何认识质料的任一种特殊性"。根据观念,纯粹逻辑学在其主题方面分为"含义范畴"(概念、命题、结论等)的逻辑和"对象范畴"的逻辑,或者换用胡塞尔后来的表述,分为命题逻辑和形式本体论(对象的形式理论),两者具有重要意义的统一体构成了(作为可能理论形式或者说可能"流形"之理论的)纯粹流形论。著作第二卷分为六项研究,这些研究中的一部分是开始着手进行对于纯粹逻辑学的实施而言必不可少的准备工作,一部分作为体验之现象学开启了回退的维度,唯独在此维度中,那些"逻辑观念、概念和规则能达到认识论上的清楚和明白"。在关于"表达与含义"的第一研究,胡塞尔对于含义意向与含义充实、含义体验的意向活动内涵与其观念性内涵之间的本质关联进行了分析性澄清,对于纯粹逻辑学这项任务来说由此获得了一个被决定的明见,即对逻辑体验语法方面的明见。第一研究既对语言哲学家,也对逻辑学家产生了巨大的影响。第二研究"种类的观念统一与现代抽象理论"首次建立了"观念直观"学说,反对将一般之物处理为心理之物,反对任何形式的唯名论,尤其是反对英国感觉主义的唯名论式的抽象理论。第三研究"整体与部分的学说"明确把自身定位为"关于对象本身之先天理论"的基本组成部分。对具体直观"内容"(感觉材料或物体对象)的阐明表明了本质规律是构造整体性的规律。这些规律进而被彻底地分为"分析的"先天规律和"综合的"先天规律,这一划分包含了(纯粹逻辑学中蕴含的)形式的先天对象学说与质料的先天对象学说之间的区分,后一种对象学说涉及奠基于对象的含有实事之物(Sachhaltige)的先天性。在这两个方向上,胡塞尔都进行了全面的分析,这些分析与著作后续部分中的一些其它同样意义上的"对象理论方面的"奠基工作连在了一起(比迈农在这方面的尝试还早了几年)。第四研究"独立的与不独立的含义的区别以及纯粹语法学的观念"是对第一研究的接续,它勾勒了(作为一门纯粹逻辑学之特殊学科的)所有范畴含义的先天形式学说的观念——"纯粹逻辑语法学"的观念。这部著作中的最后两项研究对于胡塞尔哲学接下来的发展至关重要:在这些研究中,现象学的研究方式第一次完全展露给世人。对于著作的内在关联而言,第五研究"关于意向体验及其'内容'"意味着回到逻辑构成物所源出的主体性源泉,这项研究对现象学的判断学说也具有意义。这个问题从一开始便被探讨得如此深远和彻底,以致意识生活一般及其意向性的最普遍的结构成为了主题。在此,这个普遍性的本质——意向行为——按其通过描述能被把握到的基本要素来加以刻画:质料与质性;此外,行为之间的本质上可能的奠基关系也得到了分析。一系列极具深远意义的意识分析就此呈现出来。内容非常丰富的第六研究"现象学的认识启蒙之要素"分析了意向性的现象学基本结构：意向与充实之间的综合。这项研究给出了一个详细的认识层级的现象学，澄清了"一致与矛盾（不相容性）"的逻辑观念，并对澄清明见性与真理（真实的存在）之间的相互关系起了重要的推动作用，等等。整个第二篇是在对感性直观和范畴直观做一根本区分。

我们将《逻辑研究》作为一个整体来考察，就会发现其中的关联性考察方式相比《算术哲学》取得了长足和决定性的进步。人们可以注意到这种"现象学"的基本特征：它所做出的论断仅仅源于纯粹内在的直觉，任何对这种直观自身被给予性领域的逾越都被禁止。不过这种直觉性的明见性并非单纯经验心理学的明见性，它的所有洞见都是绝然的本质洞见。战胜心理主义而赢获的观念领域，即"先天的"观念领域，并非一个进行玄思的根基性区域，而是一个绝然性直觉的领域。这种直觉最终并且在任何地方都还是要回溯到一切"先天之物"的原领域，即意识主体性的原领域。在这里，纯粹意识生活第一次成为普全意识研究的主题，并洞见到内在领域中一切可显明的存在和发生（Geschehen）皆受到本质规律的规定。此种现象学的进一步基本特征在于，在专门针对意识纯然本身的研究中，并在其本己本质性的综合关联中，首先让意向性所固有的本质发挥作用，让"从意向对象出发来探问意向性"这一方法所固有的本质产生效用，这样，布伦塔诺学派"心理现象"学说中徒劳无益的分类-描述方法也由此得到了克服。《逻辑研究》这一开端性努力的坚持不懈的结果无疑直到《观念》才以成熟的形式显露出来，即，将一项普全意识现象学的任务构想为"第一哲学"，而且是怀着这样一个想法：对一切对我们而言的"存在者"进行普全的、构造上的澄清。《逻辑研究》中的意识分析主要还是关于"意向活动的",也就是说,分析是在仅仅朝向体验的反思性目光中进行的,还没有坚定地对属于每一体验本身的意向相关项的意义层次加以研究,即,研究体验的课题内涵。直到《观念》才完全明见到这样一种坚决进行双方面意识分析的必要性。尽管如此,《逻辑研究》中还是可以找到若干有关意向相关项之结构的论述:我们首先找到了对非逻辑领域中的意义要素的指明,比如在直观(感知等)那里,有一种新的认识,它对思维心理学起到了推动作用。

在《逻辑研究》之后,胡塞尔的研究旨在把现象学系统性地扩展为一门普全的意识分析学。胡塞尔1905年关于直观现象学的哥廷根讲座直到1928年才以《内时间意识现象学讲座》为题(海德格尔编)出版。《逻辑研究》由于主题的缘故而将目光主要放在了具有自发主动性的意向功能上,所以在这些"讲座"中,揭示的则是纯粹被动发生(Genesis)的意向功能,在这些意识功能中,意识生活在其流逝中按照严格的本质规律性,在一种不可见且连续的综合中自为地将自身构造成为时间性存在着的体验流。由此开启了新的明察可能性,即明察到意向性的本质及其构造意向之内涵的方式。在此,坚决排除一切超越的有效性的方法已得到贯彻实施,但还没有将纯粹现象学所把握的心理学意义上的主体性与超越论的主体性进行原则上的对照。

作为临时纲领性地对新现象学之普全哲学意义的重新描画,胡塞尔在1911年《逻各斯》第一期发表了一篇备受瞩目的文章"哲学作为严格的科学"。胡塞尔反感(作为对于处在有限性中进行实践的人来说具有指导意义的)世界观哲学之目标以及一门科学性哲学之目标的含混不清,进而为后者的永恒权力辩护,并对其真正的意义进行新的规定。胡塞尔一方面与感觉论的自然主义,另一方面与历史主义进行斗争,即,胡塞尔一方面反对将意识自然化,另一方面反对历史性的人类主义。在这种斗争中,一门普全意向性现象学的必要性被刻画为一门真正心理学和精神科学以及一门普全哲学的基础。

在"构造现象学"真正的基本著作《纯粹现象学和现象学哲学的观念》中,新的科学得到了系统性地有理有据的阐述,即将其特有的意义与功能阐释为第一哲学、"哲学"一般的"基础知识"。在关于"事实与本质"的第一篇之后,第二篇"现象学的基本考察"开始在方法上开辟"纯粹"或"超越论"现象学的固有领域。胡塞尔先是分析了"自然态度",这种态度无非就是持久的、在所有实践生活和理论生活中以没有明确表述的方式进行的对世界之实存的在先设定。随着对这个在先设定的去除,亦即彻底改变这个自然态度,现象学的态度才会变得可能。这个改变植根于坚定地把世界之实存"置入括号",以及把所有于其中隐含的对任何对象的绝然设定"置入括号"。置入括号后剩余的是纯粹意识及其对世界的意指。对于意识生活某些关联的相关物来说,"世界"成为了一个标题,在这种关联中,这个对象性实存本身被意指:直观经验着的、模糊表象着的、思考着的、评价着的、实践上力求着的,等等。世界成为了"世界现象"。只有在意识方面的被意指性的意义上,现象才是"现象学"的普全主题。现象学是关于纯粹意识或者说超越论意识之体验上的以及被意指的组成部分的科学,换言之,是一门关于在现象学主体中每次被视为存在着的世界(以及那些被主体视为"观念"对象的存在)之构造的科学,这种构造是在赋予意义的纯粹意识体验及其被意指的内涵中进行的。

第二篇旨在从方法上保证超越论现象学认识一般,胡塞尔将现象学方法完整的系统学阐述为超越论还原和本质还原的统一,亦即在将世界之实存置入括号后保留下来的绝对主体性的先天本质认识的统一。第三篇"关于纯粹现象学的方法与问题"以原则性的方法分析开始,通过对内时间化问题以及自我问题的排除而对其它的研究领域做出了限制。在接下来关于"意向活动与意向相关项"和"论意向活动-意向相关项结构问题"的章节中,每一节都对完全基础性的结构有新的揭示,由此而每每勾勒出构造性研究的一幅崭新的问题视域。

第四篇"理性与现实性"论述了意向构造的一般性基本问题,将其论述为明见性以及从属于它的存在意义的构造问题。有多少种明见性,就有多少种对象性——就有多少种作为构造问题的理性理论问题。在对完全拓展了的超越论问题以及普全构造问题之观念的展望中,《观念》第一卷画上了句号。对于计划中的接续两卷,胡塞尔于1913至1916年间[在手稿中]进行了全面的构思,由于胡塞尔的学生们可以读到这些构思的复本,所以这些构思业已产生了影响。首先分析的是(作为纯粹源自自然经验之统一体的)质料自然的构造现象学之基本组成部分;将具有本己特性的身体构造出来,这个身体是作为器官的身体,是作为(进行感知、存在着并且是身体存在于物理自然中的)自我的由部分组成的器官系统,另一方面也是作为自然躯体的身体;此外,将作为宽泛意义上自然实在性的心灵(Seele)和人(或者说动物)构造出来;通过对同感功能的构造性研究来构造出"他人"。在构造物理自然和心理物理自然的反方向上,根据自然科学态度和精神科学态度之间的基本区分,探讨了在与其个人周围环境的关系中不同级别的人格性的构造问题,以及文化环境,尤其是"精神"世界的构造。

《观念》之后,下述问题主导了胡塞尔的研究:彻底地阐明现象学与实证科学的关系;现象学的分析学与心理学的意识研究之间的划界问题,以及两者之间的内在联系。尤其是普全方法的问题主导着胡塞尔的研究,在对这种问题的追问中,新的现象学哲学达到最终的方法性洞见，达到最尖端的问题域。另一方面，胡塞尔这些年的时光充溢着他全面且具体的研究。由于胡塞尔切身关心的问题通常都是在其讲座中讲述，所以他主要通过言传身教而对哲学文本产生了难以估量的影响。

1929年出版的著作《形式逻辑与超越论逻辑》（逻辑理性批判之尝试）是对他这么多年文本上蓄而不发之所得的第一次展示。这部著作在一定程度上典范性地展示了客观-世间科学与现象学的关系：我们通过对传统的、随后其意义得到深化并澄清的逻辑（作为形式先天的课题性科学）的前提的批判而被引回到其根基处，即超越论意识现时的以及隐含的意向性的构造关联。由此这部著作分为两篇。第一篇"客观形式逻辑的结构和范围"以彻底的方式重拾已在《逻辑研究》中勾画的"纯粹逻辑"问题。从结构上对逻辑学进行了三重划分，作为这一划分内部的本质上得到了深化的洞见，胡塞尔通过现象学澄清而对纯粹的一致性逻辑进行了划界（在这种逻辑中真理概念尚且不是课题性的基本概念）。与此相关，形式逻辑与形式数学，以及与涵盖这两者的形式普全数理模式之间的关系也在本质上得到了深化。第二篇"从形式逻辑到超越论逻辑"的任务在于明确回到构造问题上。胡塞尔对明见性与存在和真理之间关系的一般问题进行了深入研究，此外还深入研究了彻底的判断理论等。尤其重要的是，胡塞尔更深入地澄清了已在《观念》中明察到的本质意识心理学与"超越论"现象学之间的区别。与此一致的是，对整个现象学哲学来说从方法上根本性地澄清了"超越论心理主义"。在这儿，超越论主体性与心理学主体性之间的关系才获得坚实可靠的明见性，这个明见性可以防止对纯粹现象学的巨大误解，这些误解就源于对明见性的误读。

剩下还要指出的是《笛卡尔式的沉思》，这是胡塞尔1929年春在索邦做的两个报告的扩充版。在这些报告里，胡塞尔概述了现象学哲学的全貌，详细分析了(作为对他人心灵之体验的)同感，在这种分析中，胡塞尔主要为把超越论主体性完全开拓为超越论交互主体性提供了必要的基础，并由此而完整勾画出了构造问题之普全域。

回忆弗兰茨·布伦塔诺[①]

〔德〕埃德蒙德·胡塞尔 著
〔美〕托马斯·奈农 〔德〕汉斯·莱纳·塞普 编
倪梁康 译

编者前言：

布伦塔诺逝世于1917年3月17日。胡塞尔于1919年发表了他的文章"回忆弗兰茨·布伦塔诺"。这篇文章刊登在由布伦塔诺的学生和遗稿管理者奥斯卡·克劳斯（Oskar Kraus）撰写的论述布伦塔诺之生平与著作的专著中。[②] 可能是胡塞尔根据克劳斯的一个请求写下了此文。

胡塞尔曾于1884年至1886年期间在布伦塔诺处学习。年迈时他还对玛利亚·布吕克说："没有布伦塔诺，我连一个字的哲学都不会写。这句话我以前便说过，今天也仍然有效。"[③]他在其"回忆"文

[①] Edmund Husserl,„Erinnerungen an Franz Brentano", in：Oskar Kraus, *Franz Brentano. Zur Kenntnis seines Lebens und seiner Lehre*, mit Beiträgen von Carl Stumpf und Edmund Husserl, C. H. Beck'sche Verlagsbuchhandlung：München 1919, S. 151-167.

[②] Oskar Kraus, *Franz Brentano. Zur Kenntnis seines Lebens und seiner Lehre*, mit Beiträgen von Carl Stumpf und Edmund Husserl, C. H. Beck'sche Verlagsbuchhandlung：München 1919, S. 153-167.

[③] 胡塞尔在与玛利亚·布吕克的一次谈话中所做的表述，1932年1月。发表于：玛利亚·布吕克：《关于胡塞尔与布伦塔诺的关系，特别顾及布伦塔诺的心理学》，维尔茨堡，1933年，第3页。

中承认,他在布伦塔诺那里学到,可以在"最严格的科学精神中"从事哲学;而且他敬佩布伦塔诺具有的那种"圣洁而严肃的语调和最纯粹的献身于实事的精神",布伦塔诺作为原创的思想家汲取了"直观的原初源泉"。关于他与这位以前的老师的哲学联系,胡塞尔在三十年代初曾写道:"用了十多年的时间我才理解了自己的处境,并且极为沉重地对自己承认了与布伦塔诺哲学的决裂。然而我对他的敬重是并且仍然是如此之大。"① 在哲学立场上的分歧并不意味着布伦塔诺与胡塞尔彼此间在人格与著作方面所感到的同情与尊敬的减少。从胡塞尔与布伦塔诺之间的少量通信②中可以看出,胡塞尔始终在努力地承认,尽管他偏离其老师的哲学,但仍然还是布伦塔诺的学生。"我一如既往地觉得自己并且也称自己是您的学生",胡塞尔在1905年的一封信中这样说。③ 布伦塔诺使胡塞尔理解,他恰恰想要培养在哲学上的独立性。"看起来您在许多方面自由地远离了以往所接受的学说,这一点不会以任何方式伤害我,对此您大概也不会怀疑",他在1904年写给胡塞尔的信中这样说。"自己在年迈时也仍然还在变化着,并且但愿还在改善着,同时我也会鼓励我的学生这样做。对以前的学生的一个进步,谁还能比以前的老师更感欣慰呢。"④ 尽管有相互理解的证明,尽管有胡塞尔将自己哲学立场向布伦塔诺靠拢的努力,在事实上,以及在胡塞尔1907年于佛罗伦萨访问布伦塔诺期间的多次对话中,都没有产生任何的亲近,所以胡塞尔强调"某种疏远,即便不是与我老师的某种私人关系上的生分",这种疏远"使一

---

① 致玛利亚·布吕克的信,1932年2月4日,发表于:玛利亚·布吕克,同上书,第7页。
② 赫伯特·施皮格伯格,"胡塞尔致弗兰茨·布伦塔诺的两封论逻辑学的信",载于:《格拉茨哲学研究》,第六辑,1978年,第1—12页。
③ R I 布伦塔诺,1905年3月27日。
④ R II 布伦塔诺,1904年10月7日。

种科学方面的接触变得如此艰难"。

＊　　＊　　＊

我有幸聆听布伦塔诺讲座的时间只有两年。其中完整的学期只有1884/85年和1885/86年的冬季学期。这两次他都是就"实践哲学"每周讲授五小时，并且在哲学练习以外每周讲一、两个小时的"哲学问题择要"。在相应的夏季学期里，他继续这两门课程，但仅对已有一定水平的学生开设，范围较小，在7月的第一个星期便已告结束。这两个课程中的第一门课以"基础逻辑学与在它之中的必要改革"为题，探讨一门智性的描述心理学的一些有系统关联的基础部分，同时也在专门的一章中研究在情感领域中的平行部分。另一门关于"心理学与美学问题择要"的课程则主要提供对想象表象之本质的描述性的基本分析。大约在6月中旬，他去了当时他很喜欢的沃尔夫冈湖，而我应他的友善邀请也陪同他去了那里（奥地利的圣·吉尔根）。正是在夏季的这几个月里，我可以随心所欲地在任何时候去拜访他的好客的家，并参与他的小范围散步与划船（也参与了这两年中唯一一次较大的郊游），我于是得以接近他，在年龄和成熟的巨大差异所允许的范围内。当时我刚刚完成我的大学学业，并且在哲学中还是个初学者（在数学博士的学位中我的副科是哲学）。

在这个时期，我的哲学兴趣在增长，而且我在犹豫，究竟是留在数学这里，以其为终生职业，还是应当将自己完全奉献给哲学，以它为终生职业。此时布伦塔诺的讲座起了决定性的作用。我聆听这些讲座起初只是出于好奇，为了听一下这位在当时维也纳被人谈论得如此之多的人，他被一些人敬重和钦佩之至，却被另一些人（而且为数不少）叱责为伪装的耶稣会士、花言巧语者、自命不凡者、智者、经院论者。他给我的第一印象很深。他的身体消瘦,配上大脑袋和一头卷发,以及有力的鹰钩鼻;他的面部轮廓线条分明,不仅是对他的精神工作的说明,而且也是对他的深层的心灵搏斗的表达;他的这个形态完全脱出了普通生活的框架。他的一举一动、他的向上和向内顾盼的神采奕奕的目光、他的整个自身给予的方式,所有这些都流露出一种伟大的使命感。这些讲座的语言在形式上是完美的,不含有任何人为造作的辞令,不含有任何精神的渲染和修辞的八股,纯粹只是冷静清醒的科学话语。这种话语全然具有一种高雅而艺术的风格,它是对其人格的恰如其分的自然表达。当他带着特有的柔和、低沉而沙哑的声调,伴着庄重的手势而如此进行言说时,他站在年轻的大学生面前,就像一个永恒真理的见证者、一个上天世界的宣告者。

尽管带有各种成见,我对这个人格力量的抗拒时间并不长。他所阐述的实事内容很快便吸引了我,他的阐述所具有的独一无二的清晰性和辨析的尖锐性、他的问题阐发和理论所具有的可以说是令人全身僵直的力量,很快便使我折服。首先是从布伦塔诺的讲座中,我获得了一种信念,它给我勇气去选择哲学作为终生的职业,这种信念就是:哲学也是一个严肃工作的领域,哲学也可以并且因此也必须在严格科学的精神中受到探讨。他解决任何问题时所采取的纯粹实事性,他处理疑难问题的方式,对各种可能的论据的细致而辨析的考虑,对各种歧义的划分,将所有哲学概念都回溯到它们在直观中的原初源泉上去的做法——所有这一切都使我对他满怀钦佩和信任。圣洁而严肃的语调和最纯粹的献身于实事的精神,杜绝了他讲演中有任何低廉的课堂玩笑与戏谑。他自己避开任何形式的才智对决,这种对决在语言上的尖锐化常常是以强制性的思想简单化为代价的。然而在随意的谈话中和在心情好的时候,他却是极度地才华横溢,充满了抑制不住的诙谐和幽默。最为有力的是他在那些难忘的哲学练习中所起的作用。(我记得有以下论题：休谟的《人类理智研究》和《道德原则研究》；赫尔姆霍茨的演讲"感知的事实"；杜·布瓦-雷蒙的《自然认识的界限》。)布伦塔诺是苏格拉底式的助产术大师。他是如此地懂得用问题和反驳来引导我这个胆怯摸索的初学者，为我这个严肃的追求者注入勇气，他会让被感受到的真理的含糊开端转变成清晰的思想和明察；而另一方面，他能够如此从容地将那些泛泛的空谈者排除出局，同时却不带有任何冒犯。在做完练习之后，他常常将报告人和积极参与者中的三四个人带回家，这时伊达·布伦塔诺太太会准备好晚餐。晚餐上不会有日常交谈。课程的论题在这里继续，布伦塔诺会乐此不疲地说下去，提出新的问题或开启整个讲演中的大视野。吃完饭伊达太太会很快离开，令人感动的是她一直在努力地迫使腼腆的大学生们随意地举箸享用，而布伦塔诺自己根本不会留意到这一点。有一次，与他们家关系亲近的朋友、著名政治家 E. v. 普莱纳碰巧来访，突然加入到这个聚会之中，但布伦塔诺并未被分心，那个晚上他完全属于他的学生以及他所思考的讨论课题。

对于他的学生来说，布伦塔诺是个易于交谈的人。他乐于邀请人一同散步，在途中他对提出的哲学问题做出回答，全然不受大都市街道喧嚣的干扰。他不仅以忘我的方式接纳他的那些处在科学困境中的学生，而且也接纳他的那些处在私人困境中的学生，成为他们的最有力的顾问和导师。对那些他视之为可靠朋友的人，他也畅谈他的政治信念和宗教信念，以及他的个人命运。他远离日常政治，但令他心仪的是在古老的南德意志观念意义上的大德意志观念，他生长于其中并始终坚守它，一如他坚守其对普鲁士的反感。在这方面我从未能与他达成一致。对他来说，普鲁士风格显然永远不会作为重要的个人标志或珍贵的社会标志而显露出来，而我自己则更为幸运地学会了给它以极大的尊重。与此相应，他也丝毫不愿接受普鲁士历史的特有的伟大。与此类似的是他对待新教的态度，他退出天主教会的做法绝不意味着他接近新教。作为哲学家，他已从天主教的教义中解放了自己，与新教的理念圈的联系在这里没有起到任何作用；在这里和其它地方一样，布伦塔诺的风格中并不包含那种追复感受的（nachfühlend）历史政治理解以及由此形成的对历史价值的尊重。在我听他谈论天主教本身时，他从来都是带着极为尊敬的口吻。他有时会在一些不明事理的蔑视话语面前激烈地为通过天主教而产生广泛影响的宗教教会力量做辩护。此外，在哲学方面，有神论的世界观将他与旧教会联结在一起，他对这种世界观是如此牵肠挂肚，以至于他常常会乐于谈论上帝问题和不朽问题。以前他在维尔茨堡讲授过每周两小时的关于上帝证明的课程（关于形而上学的较大课程的一部分），后来也在维也纳讲授这门课程；他对这门课程做过仔细入微的透彻思考，当我离开维也纳时，他正开始对相关问题做重新研究。据我所知，这些问题一直追随他到最后的岁月。

在这些年里，他所探讨的主要课题一部分是描述心理学的问题，它们构成上述讲座的论题，一部分是感官心理学的研究，它们在前几年才得以出版，我始终还可以从维也纳和圣·吉尔根的谈话中回忆出它们的内容（至少在主要线索上）。在关于基础逻辑学的讲座中，他尤为详细地，并且显然是在创造性的新构想中探讨描述性的连续统心理学，同时深入地顾及鲍尔查诺的《无穷悖论》；他同样也探讨"直观的与非直观的"表象、"清楚的与不清楚的"表象、"明晰的与不明晰的"表象、"本真的与非本真的"表象、"具体的与抽象的"表象之间的区别；在接下来的夏天，他试图彻底地研究所有处在传统判断区别后面的描述性的、在判断本身的内在本质中可指明的因素。紧接着他便投入到对想象的描述性问题（如前所述，作为一个专门课程的论题）的研究中，尤其是对想象表象和感知表象的关系的研究中。所有这些讲座都给人以特别的推动,因为它们是在研究的流动过程中指明问题,而像有关实践哲学那样的讲座(或也包括关于逻辑学和形而上学的讲座,关于它们,我还可以利用我的简略的笔记)则不同,它们虽然——在某种意义上——是批判辨析的论述,却仍带有独断论的特征,即是说,它们给人或应当给人的印象是一种确定获取了的真理和最终有效的理论。事实上,布伦塔诺完全觉得自己是一门永恒哲学(philosophia perennis)的创造者,我的印象始终如此,无论是当时还是后来。通过对方法的完全可靠而持续的追求,通过对那些可以说是数学式的严格的最高要求的满足,他相信,以其精雕细琢的概念、以其稳固搭建并系统整理起来的理论,并且以其对敌对观点的全面质疑反驳,他已经获得了令人满意的真理。当然,我始终相信,即使他如此决然地倡导他的学说,他也并不僵硬地固守它们。因而他后来重又会放弃一些早年最喜爱的命题。他从未停滞不前。但在深入研究过程中以及常常是天才的直观分析中,他还是会相对较快地从直观过渡到理论:过渡到对清晰概念的确定上,过渡到对研究问题的理论阐述上,过渡到对各种可能的解答方式之总和的系统构建上,而本来更应该通过批判而在这些可能的解答之间做出选择。因此,如果我正确地评判他的哲学风格,那么他在其每个发展阶段都以相同的方式拥有确定完成的理论,配有一个方阵的透彻思考的论据,它们使他觉得能够应对任何外来的学说。对于像康德和后康德的德国观念论者那样的思想家,即那些将原初直观和前直观预感的价值看得远远高于逻辑方法和科学理论之价值的思想家,他的评价并不很高。布伦塔诺几乎不会承认:即使一位哲学思想家的所有理论严格看来都是不科学的,甚至他的所有基本概念都没有能够达到期望的"明白和清楚",他仍然能够被评价为伟大的;他的伟大有可能不在于他的理论的逻辑完善,而是在于那些尽管含糊未清,却仍然至关重要的基本直观的原本性,并与此一致地在于前逻辑的、刚刚涌向逻各斯的那种坚定性——简言之,在于全新的和对于哲学研究的所有目标而言是最终决定性的思维动机,亦即在于那些还远未在理论严格的明察中发挥出来的思维动机。布伦塔诺,这位完全献身于最严格的哲学科学的苦涩理想(对他来说,这个理想在精确的自然科学中得到了展现)的人,仅仅把德国观念论的体系看作是一种衰老退化。在开端上我完全受布伦塔诺的引导,直到后来我自己才达成这样一个信念,一个为当代的一些思考严格科学之哲学的研究者所共有的信念:必须将观念论的体系看作是一种年轻未成熟——从根本上说,它们全都是由笛卡尔开启的这个时代的先行哲学——,并且必须对它们做出最高的评价。即便康德和其他德国观念论者并没有为科学严格地处理那些如此有力地感动了他们的问题动机提供多少令人满意的和站得住脚的东西,即那些确实能够对这些动机进行追复理解并能够在它们直观内涵中立足的东西,但有一点却可以肯定:在观念论体系中涌现出了全新的和最为彻底的哲学问题维度,只有在澄清了它们并构造出它们的特性所要求的哲学方法之后,哲学的最终的和最高的目标才会开显出来。

此外,尽管布伦塔诺的极其出色而令人钦佩的强项在于逻辑的理论化,但他自己哲学的非同寻常的、远未完结的影响最终却还是在于:他自己作为原创思想家是从直观的原初源泉中畅饮,并因此而为在七十年代变得无创造力的德国哲学带来了新的蓬勃向上的动机。这里无法决定他的方法和理论会维续得有多远。无论如何,德国观念论的那些动机没有在他的耕地上,却已在其他思想家的耕地上得以生长,并随之而再次证明了它们的原初的、蓬勃的生命力。他当然不会为此而高兴,因为如前所述,他对他的哲学抱有十分把握。事实上,他的自信是完备无缺的。他内心确信自己处在正确的道路上,而且自己论证的是唯一科学的哲学。这种内心的确然性从未发生过任何动摇。他将这门在系统的基本学说之内的哲学视为确然可靠的,他在内心中和从上而下地受到召唤去进一步扩建它。我想将这种对其使命的绝然无疑的信念直截了当地标识为他的生命的原事实。没有它,就无法理解,因此也无法合理地评判布伦塔诺的人格。

所以,首先可以理解,他为何对一种深入的教学效果是如此在意,甚至可以在好的意义上说,他为何对一个学派的建立是如此在意:这不仅是为了传播已经获得的明察,而且也是为了对他的思想做继续的加工。当然,他对任何偏离开在他看来业已确定的信念的做法都非常敏感;遇到与此有关的指责,他会变得活跃起来,他总会多多少少地僵持在深思熟虑的表述和质疑性的论证上,并且借助于他的娴熟辨析来做出胜利的宣言,但如果指责者立足于相反的原初直观之上,他的这种辨析就有可能会让人不尽满意。没有人比他更会教育人独立自由地思考了,但是,当这种思考是反对他自己的根深蒂固的信念时,它也就变得更加难以承受。

布伦塔诺坚信自己是一门新哲学的开创者,与这个信念联系在一起的无疑还有一个重要的(当时我还难以理解的)价值,即他所看重的在维也纳重新申请正教授一事的重要价值。他常常谈到那些一再向他显露的希望,谈到那些向他做出却从未信守的承诺。对他来说实在难以忍受的是,不能再指导博士论文并且不能在系里出现,尤其是不得不被动地旁观那些他不太喜欢的私人讲师的任教资格考试。他常常苦涩地谈起这些事情。当然这种状况并不会影响到他的教学活动(撇开他自愿限制其夏季讲座的做法不论),他一如既往地不仅在维也纳,而且在整个奥地利发挥着决定性的影响。他的出色的,甚至可以说是经典完备的关于实践哲学的讲座每年冬天都会有几百个第一学期的法学生和来自所有院系的听众参加——诚然,这个巨大的数字在几周之后便会大幅缩减,因为不是每个人都能应对这里所要求的循规蹈矩的合作。此外,从这些讲座中一再地会有几个有才华的年轻人加入他的练习课,并证明他的努力是卓有成效的。

那几年他常常抱怨他衰弱的神经,在圣·吉尔根也是如此,他抱怨这种状况有所增强。他的精神工作的休养方式就是随时进行另一些同样紧张而努力的活动。他在维也纳国际象棋俱乐部中被视为一个特别有才华的棋手(太有才华,有人这样告诉我,而且太留意对一个指导思想的追踪,以便能够做到常胜不败),并且可以在短时期内全身心地投入激情的对局。在其它时间里,他做一些雕刻工作,或者绘画和描图,他做起事来总是充满激情和投入。他总是必须以某种方式来主动地做些什么。在一同去圣·吉尔根的路上他很快便取出一副他自己手雕的国际象棋,而后整个漫长的旅程都是在专注的弈棋中度过的。在圣·吉尔根,他乐于参与到他妻子(一位能干的女画家)的肖像画工作中,在其中加入修改,或者将她正在创作的画完全接过来画:她而后又不得不帮忙收拾和重新补救。就这样,他在1886年与他妻子一同为我画像:"一幅可爱的画",敏锐的艺术批评家特奥多尔·菲舍尔①曾这样评价。正是带着这种热忱,他在圣·吉尔根用下午的时间来玩地板滚球游戏(Bocciaspiel)(在"园子"里,这是在湖边所租小屋后面的一块小草坪)。他一点也不迷恋登山,而只喜欢温和的户外漫游。在圣·吉尔根,也包括在维也纳,他的生活

---

① 卡尔·舒曼在为"马尔维娜·胡塞尔的'E. 胡塞尔生平素描'"(《胡塞尔研究》,第五卷,1988年,第121页)所写的编者引论中曾说明:胡塞尔在这里提到的"特奥多尔·菲舍尔"实际上应当是罗伯特·菲舍尔(Robert Vischer,1847-1933)。他在1893和1911年期间是哥廷根的艺术史教授,作为胡塞尔同系的同事而与胡塞尔有一定联系。特奥多尔·菲舍尔(Friedrich Theodor Vischer,1807-1887)是罗伯特·菲舍尔的父亲,当时主要因其小说《也是一个人》(Auch Einer)而闻名于世。这个错误仍然保留在《胡塞尔全集》第25卷(第311页)中。但在胡塞尔的文稿中已经得到纠正。——译者注

方式非常简单。此外，无须与他熟识并观察其生活习惯很久，就会感觉到那些传言的可笑，即他与其第一任妻子结婚只是为了她的财富。对于富人的享受，对于奢侈、美食，对于任何类型的耽于享乐的生活，他都完全缺乏感觉器官。他不吸烟，吃、喝都非常适度，根本不会注意其中的区别。常在他家用餐的我从未听到他对饭食与饮料做过任何表述，也从未留意到他在这时是以特别的乐趣在享用。有次我们先于他妻子到达圣·吉尔根而不得不在一个相当糟糕的乡村客栈吃饭，当时他就是那种始终满足的人，他根本意识不到区别，始终忙于他的思想或对话。他只要求最简单的饭菜，一如他独自坐火车时总是满足于最低等车厢。他的衣着情况也是如此，过于简单并常常过于陈旧。他在所有这些方面都很节俭，但就其本己人格而言，当他可以为他人做善事时，却是慷慨豁达的。在他对年轻人的个人举止中，他一方面虽然是极有尊严的，另一方面却完全是和蔼可亲的，始终关心着去促进他们的科学培养，也关心着他们的伦理人格。人们所能做的，就只是将自己完全交付给这种更高的引导，并且即使离他很远，也持续地感受到这种引导所具有的使人高尚的力量。即便在他的讲座中，一个将自己交付给他的人也不只是会为那些理论方面的实事内容，而且也会为他的人格的纯粹伦理志向（Ethos）而深深地感动。他自己能够如此地将自己亲自交付出来！使我难以忘怀的是那些夏日傍晚在沃尔夫冈湖边的宁静漫步，他在途中常常无拘无束地畅谈他自己。他是纯真而坦率的，他完全具有那种为天才所具有的纯真性。

我与布伦塔诺的书信往来不多。我曾写信请他接受我在《算术哲学》（我的哲学处女作）上给他的献辞，他回信表示热诚的谢意，但同时认真地告诫我：我不应去惹恼他的敌人。尽管如此，我仍将这部书题献给他，但寄去赠书后并未得到进一步的回复。直到14年之后，布伦塔诺才注意到，我的确将此书题献给了他，并在这时才衷心友好地表达谢意；他显然没有仔细地看过它，或在其中以他的方式"交叉地读过"。他对我来说是高高在上的，而我对他也太了解，所以并不介意。

我们之间之所以没有频繁的通信，有着更为深层的原因。开始时我是他的热情学生，虽然我从未停止对他这位老师的高度尊重，可是我并不善于始终作他的学派的成员。然而我知道，如果有人走自己的路，哪怕是从他那里分出的路，这会使他多么激动不安。这时他会容易变得不公正，并且在我面前也曾如此，而这是令人痛苦的。如果有人发自内心地为不甚明了，但却极为有力的思想动机所驱使，或者试图满足那些概念上还无法把握、现有理论还不愿赞同的直观，那么他也不会乐意向一个已在其理论中找到安宁的人——遑论像布伦塔诺这样的逻辑大师——敞开自己心怀的。人们已经为自己的不清晰而受到了足够的折磨，不需要为自己的逻辑无能——而这种逻辑无能又恰恰是进行研究思考的驱动力——再找新的证明，再找辨析的反驳。无论这些证明和反驳预设了什么：方法、概念、命题，它们可惜都必须遭到怀疑，并且作为可疑的而首先遭到排除，而不幸之处恰恰在于，人们无法清晰地反驳，而且自己也无法充分清晰而确定地提出任何东西。在我的成长过程中便是这种情况，这就解释了某种疏远，即便不是与我老师的某种私人关系上的生分。这种疏远后来也使一种科学方面的接触变得如此艰难。我必须坦率承认，他做了他所能做的。他一再地努力重新建立起科学的联系。他很高兴，我在这几十年里对他的尊重从未减少过。相反，这种尊重只会有所增加。在我的发展进程中，我恰恰学会了对从他那里获得的推动力量和价值做越来越高的估量。

在做私人讲师时，我曾在暑假里去多瑙河边的申比尔访问过他一次;他不久前买了一家"塔维纳"①,现在要将它改建为住宅。让我无法忘怀的是当我找到他时的那个场景。我在走向房子时看到一群泥水匠,其中有一个瘦高个儿,身着敞开的衬衫,裤子和宽边的软呢帽上沾满了石灰,手上的抹泥板与其他人一样是用旧了的:一个当时在街头巷尾到处看得见的意大利工人。这是布伦塔诺!他友好地向我走来,给我看他的改建设计,抱怨无能的建筑师和泥水匠,他们逼得他一切都要亲自掌控和亲自参与。不久我们便进入到哲学的谈话中,而他始终还是这身装束。

我大约在1907年才在佛罗伦萨再次见到他,在他位于贝罗斯瓜多大街(Via Bellosguardo)的环境优美的住宅里。对这些日子的怀念总是让我感动无比。当几乎已经失明的他在阳台上向我说明佛罗伦萨的无与伦比的景色与风光时,或当他领我和我妻子到伽利略曾住过的两个位于最美丽街道上的别墅去时,我是如此被打动。从外表看我觉得他几乎没有变化,只是头发花白了,而眼睛失去了它的光泽和以前的表露。但从这双眼睛中现在还是诉说出那么多的东西,诉说出神圣化和上帝希望。当然也就哲学谈论了许多。这也是令人痛苦的。能够再一次作哲学的畅谈,这使他心旷神怡;作为教师,他曾将巨大影响视为一种生命需求,现在不得不在佛罗伦萨孤独平淡地度日,无法在那里发挥个人的影响,而当北方有人过来,能够倾听他和理解他,这对他已然是一种幸福了。这几天对我来说就像是我的自维也纳学生时代以来的几十年变成了黄粱一梦。在他面前、在这位才华过人、精神强壮的人面前,我觉得自己重又像是一个胆怯的初学者。我宁可去听而不自己说。而他滔滔不绝的话语是如此层次

---

① "塔维纳"(Taverne)是意大利语餐馆的意思。这里是指布伦塔诺买下的那所房屋原先是一家餐馆,很可能是意大利餐馆。——译者注

分明，并且在所有层次中都有固定的结构。但有一次他自己想听，并让我将现象学研究方式的意义和我原先反对心理主义的斗争联系起来报告给他，在此期间他并未用他的批评来打断我。结果并未达到我们之间的沟通。也许我在这方面也有一些责任。对我有所妨碍的是我内心的一个信念，即：在其考察方式的固化了的风格中，并且以他的概念和论据的固定框架，他已经没有足够的适应能力来追复理解对他的基本观点进行改造的必然性了，而我当时却看到了这种改造的迫切性。

在这些美好的日子里没有出现丝毫的不谐之音，他的第二任妻子埃米莉也在此期间向我们表明了所有可能的友善，她以如此舒适而体贴的方式照顾着他的暮年，并因此而在他当时生活的画面中加入了最美丽的一笔。他想尽可能多地与我在一起，他自己觉得，我对他的感谢是无法抹消的。通过他的人格以及通过他的学说的鲜活力量，他对我意味着那么多的东西。他在晚年变得更为亲切与平和，我在他身上没有看到那种愤世嫉俗的老人，而他的第一家园和第二家园给他的资助微乎其微，没有给他的巨大才华以应有的酬谢。他始终生活在他的观念世界中以及对他的哲学的完善中，如他所说，他的哲学在几十年的进程中获得了重大的发展。在他的上方漂浮着一缕神圣化的气息，好像他不再隶属于这个世界，并且有一半已经生活在那个更高的世界中了，他如此坚信这个更高的世界，而且在晚年也探讨了许多在有神论中对它的哲学诠释。当时我在佛罗伦萨从他那里获得的最后的图像，最深地沉入到了我的心灵中：现在他便如此地永远生活在我心中，一个来自更高世界的形象。

埃德蒙德·胡塞尔的哲学[①]

（为其七十诞辰而撰）

〔德〕奥斯卡·贝克尔 著

倪梁康 译

> 康德喜欢说，人们无法学习哲学，而只能学习哲思（Philosophieren）。这难道不正是对哲学之非科学性的公认不讳吗？
> ——胡塞尔

一

在其1929年4月8日七十诞辰的庆祝会上，胡塞尔对到场者致谢。在其纯朴的发言中，他提到了他的老师们，当然包括弗兰茨·布伦塔诺，此外他还特别强调了卡尔·魏尔斯特拉斯，这位数学家率先为微积分的严格论证做出了贡献。魏尔斯特拉斯最终清除了关于无穷的模糊说法，并且用精确的、建基于清楚明白的明察之上的概念与方法来取而代之；与此相同，胡塞尔自己的哲学目标就在于，用纯朴的，但对无成见者来说绝对明晰的、不再给模糊性留下余地的考察来

---

① Oskar Becker, „Die Philosophie Edmund Husserls (Anläßlich seines 70. Geburtstags dargestellt)", in: *Kantstudien*, Bd. XXXV, 9(1930), S. 119–150.

取代当代的,也包括以往的体系的含糊阐述,这些体系虽然无比伟大,但却晦暗不明。这是一门"作为严格的(精确的)哲学"所抱有的多被误解的追求之单纯却仍深远的意义。胡塞尔从数学的东西出发,在数学的精确性之理想上受到教育,这一点对于他的科学人格性已经具有了至关重要的意义,尽管纯粹就实事而言并不存在这样的必然性,即现象学只有从数学的问题域出发才能开启。

这在他的哲学处女作《算术哲学》(1891年,可追溯到他1887年的任教资格论文)中得到了清楚的表明。这本书的副标题是:"逻辑学的和心理学的研究",而这部著作的新颖与超前之处恰恰包含在"心理学的"这个词中。这里所涉及的实际上是我们今天会称作"构造-现象学的"研究,尽管方法在早期著作中从未得到原理上的和哲学上的阐述。为了尊重这个状况的术语,我们需要回忆,在《逻辑研究》第二卷的第一版(1901年)中,考察的方式还被标示为"描述心理学的",而这恰恰是在"反心理主义的"第一卷出版之后。今天我们知道,将"现象学的"称作"描述心理学的"这一做法并非不合理,以及为何并非不合理:在胡塞尔哲学的今日版本中,"现象学的心理学"同样在原则方法上起着决定性的作用:任何一门具体而纯粹的现象学的确证也都会具有一种心理学的意义,而且反过来,通向现象学的各个根本的系统道路中的一条道路就是通过(描述的或"理解的")心理学所引导的道路。事实上,在《算术哲学》中就可以发现,集合论与数论的基本概念——首先是"集合联结"本身的概念——乃是通过向集合行为与计数行为的自发活动的回溯才得到阐释的,那些概念的意义是在这些行为中得到论证的。在这里首先尝试从"构造"它们的意向活动出发对"范畴的对象性"(几何与数)进行说明,这些对象性原本是作为这些意向活动的成就出现的。这里已经很清楚,唯有那些自发行动才是决定性的,它是一种在事态(实事内涵)例如被集合的要素变更时始终保持不变的东西。因此,算术以及建基于它之上的数学分析的形式就在于它与"某物一般"(对象性一般)的一以贯之的关联性。算术-分析的基本概念表明自己是空的某物的句法导数形式。显然,对于这种考察方式的内在意义而言,所有"心理学的东西",即所有束缚在地球上某个偶然生物种类智人(homo sapiens)的思维进程之自然规律上的东西都是完全陌生的,因而在这里所说的不可能是《逻辑研究》所抗争的那种真正的心理主义。这一点之所以有趣,是因为时而会有这样的说法:胡塞尔自己从一个心理主义的极端代表(在《算术哲学》中)发展成了最激烈的反心理主义者(在《逻辑研究》第一卷中),而后(早在《逻辑研究》的第二卷中,后来还在其它著作中)重又或多或少地回落到心理主义之中。这个看法并不符合历史事实。胡塞尔思想发展的进程在总体上要持续稳定得多,尽管并不始终是直线性的,而且后来的基本思想萌芽显露得要比人们通常所以为的更早。因而在此联系中还需要指出《算术哲学》的两个方面:首先是对"本真的"和"符号的"数的概念的基本划分,以及对符号概念对于算术一般之意义所具有的根本本质性的强调:"倘若我们对所有数都具有像对在数列中的最初几个数一样的本真表象,那么就不会有算术了,因为那样的话,它就是完全多余的了。而如今通过繁琐的计算才辛苦发现的各个数之间的最复杂的关系,将会在表象数的同时以像'2+3=5'……这类命题一样的明见性而对我们是当下的。然而事实上我们在我们的表象能力方面是极其有限的。我们在这里受到某种限制,其原因在于人的本性的有限性。我们只能苛求一个无限的理智来对所有数进行本真的表象"(第213页)。"整个算术难道不都是一个为了克服这里所涉及的我们智力之本质不完善性而使用的人为手段之总和吗"(第214页)。"就此而论,高斯的名言'神的算术'(ὁϑεὸςἀριϑμητίζει)并不符合一个无限完善的生物的概念……我只会说：'人的算术'(ὁ ἄνθρωπος ἀριθμητίζει)。对'本真的'和'非本真的'(符号的)表象的区分已经为布伦塔诺所特别强调过(正如胡塞尔在上书第 215 页注中所说明的那样)"。胡塞尔将符号表象定义为这样一种表象，它并非直接地，而是"间接地通过那些明确刻画它的符号"来将其内容给定为"它之所是"(第 215 页)。这里已经明显含有《逻辑研究》以及其它较后著作的"自身给予"和"单纯符号"臆指(Vermeinung)的基本区分，这个区分自身包含着整个现象学的一个本质的方法的基本观念，即用自身给予的(也可作"切身的")直观来充实单纯符号的空乏表象的思想。但也许更为重要的是下面的进一步状况：充实的(也作"本原的"、"切身的")直观具有不同的模态，例如首先是感性的和范畴的模态。(后来曾说到"不能在提琴上演奏椭圆函数"。)一个特定的对象性具有一个完全特定的，包含在其本质中的并因此而完全不可逾越的被给予性的模态。它是如此而非别样地被给予，并且只能——无论在何种状态下——如此而非别样地被给予，这不是统摄它们的智力的一个偶然的，或许必然的不完善性，而是就处在于它自身之中。随之，我们便回到在前面在《算术哲学》的引文中已经触及的(在无穷数列的最简单情况中的)无穷之被给予方式的问题。根据前引文字，看起来好像是人的有限智力的局限性使得数列只能以符号的方式、在无限重复的加一的"如此等等"中被给予，亦即作为"潜无穷"(ἄπειρονδυνάμει ὄν)被给予。但接下来的论述(同上书，第 246 页及以后各页)则表明，情况并非如此。就对无穷集合的符号表象而言，那里的说法是：它"……对原初的(集合)概念做了如此的扩展，以至于这个概念不仅超出了在某种程度上的偶然界限，而且也超出了对于所有认识的本质而言的必然界限……""这个思想，即对我们的认识能力进行某种可把握的扩展，有可能会使这个能力可真实地表象或哪怕是逐渐地穷尽这样的

（无穷）集合，乃是无法设想的。即便是我们的理想化的能力也会在这里受到一种限制。"如果将后面这些表述与前面的表述放在一起看，那么简言之，这里可以发现：特别的现象学意义上的超越论的观念论之思想已然得到了表述。有限性首先是人的智力的一个标示，它显现为——至少当它被理解为一种开放的有限性、"如此等等"的潜无穷时——一种所有哲学上可把握的认识一般的必然个性。"朝向一个（实）无穷的集合之构成的意向"（类似于一种无穷的集合活动）是"荒谬的"。不仅是对于人而言，而且自在自为地是对于每个认识者而言。当然，因此可以得出，高斯意义上的（因而也是古代本体论意义上的）神"在某种程度上是一个虚的（imaginär）概念"。这里可以看到，胡塞尔在当时毫无所知的情况下是如何逼进到了康德的思想那里。① 在这里已经迈出了那个在《纯粹现象学与现象学哲学的观念》中起着重要作用的思想步骤：即使对于理想的智力（神的智力，只要神被理解为临界概念，尤其在这里被理解为"认识论的临界概念"，就像胡塞尔后来始终所做的那样）而言，例如物质事物也始终只是单方面地、在一个特定的方位和视角中、以一种特定的"显现方式"被给予。"超越的"事物——自在自为地——在一个包含在特定的、无穷的，即开放的视域中的显现方式的杂多性中"构造自身"，它在这个杂多性的"河流"中保持为同一个东西。"因此，以为在每个存在者中都包含这样的原则可能性，即能够素朴地直观它之所是，并且尤其是能够在一种相即的、不假任何中介而通过'显现'来给予切身的自身（das leibhafte Selbst）的感知中感知它，……这是一个原则错误。神，绝对完善认识的主体，因而也是所有可能相即感知的主体，

---

① 参见康德：《纯粹理性批判》，第二版，第 624 页注。按照那里使用的术语，神是一个虽然可能，但却空乏的概念：不能从概念的"逻辑"可能性推断出事物的一种"实在"可能性。

当然会具有(人们这样说)我们这些有限生物所不具有的对物自体的感知。但这个看法是背谬的"(《观念》,同上,第78页)。这里的传统的神的概念还需要在方法上得到克服,它还是对高斯名言"神的算术"(αριϑμητίζει)之批判的基础。按照从《算术哲学》中所引述的说法:对无穷集合的特性的第二种较为明确的理解是:无穷集合仅仅作为潜无穷集合才是可能的,而且作为实"集合活动"(aktuale „Kollektion")是一个"在某种程度上的虚概念",而第一种较为含糊的直观则是:算术只具有对于"不完善的"人类智力而言的意义,而最终得到贯彻的是第二种理解。严格说来,算术活动的智力,至少作为在任意高的数量级面前的有限智力,是不完善的;在传统的无限智力(intellectus infinitus)之假设意义上的完善性恰恰是背谬的。这种考察方式是彻头彻尾地——它已经隐含在《算术哲学》中,并且表露在《观念》的许多从各个方面阐明事态的地方——受到超越论的观念论原则规定的,即所有那些可以被哲学有意义地谈论的对象都是普遍地和原则上可以被达及的。令人诧异的是,在以胡塞尔为出发点的现象学运动中有一整个学派在否认这个原则,而更令人诧异的是,那个学派的一个代表最近还在仿佛惊讶地询问那个原则的来历。实际上,正确理解的(不是在一个"主观的"观念论的或也在形而上学观念论意义上被误释的!)超越论的("构造的")观念论原则是现象学本身的一个重要组成部分。与此相应,这一点也可以在胡塞尔的哲学思考的每一个阶段中得到展现,这在后面还会得到表明。

这里可以回顾地说:在《算术哲学》中已经包含了胡塞尔的逻辑学与现象学(如果这里可以出于外在的原因而将它们分离开来的话)的基本原则的很大一部分:对本真的和符号的(即直观充实的、"自身给予的"与符号的、空泛意指的)表象的根本划分、对意向分析的真正施行、对其摆脱了偶然实际性的形式特征(本质概念!)的意识、视域的"如此等等……"的观念，最后还有超越论的观念论的原则，当然尚未被毫不动摇地陈述出来。

暂付阙如的是关于现象学还原的学说，即是说，对"超越论的"和朝向"现象"之本质（"埃多斯"）的新考察方式的原则的和明确的制定，这种考察方式将会担当"现象学"的名称。

二

包含《纯粹逻辑学导引》(1900年，1899年已完成付印)的《逻辑研究》第一卷在其前十章中有对当时的"心理主义"的批判辨析，其结果是对后者的实际完善的和最终有效的摧毁。唯有第十一章是肯定性的：它提出了纯粹逻辑学的观念。在十九、二十世纪之交，胡塞尔并不是在他那个时代唯一与逻辑学中的心理主义做斗争的人，各种新康德主义学派，尤其是马堡学派，也在进行这种斗争，此外还有——带着令人赞佩的锐利，但似乎没有实质性效果的——数学家和"逻辑主义者"戈特洛布·弗雷格（在其1893年于耶拿出版的《算术原理》的详细前言中）。但为胡塞尔的阐述提供无可比拟的推动力的恰恰是那种对对方论据之展示的仔细周到，那种对心理主义成见直至其最终藏身处的追踪，以及直至其最终根源的看穿与反驳的缜密彻底。柏拉图就已经看到并且透彻地指出：一种真正彻底的怀疑论（相对主义）会自身扬弃；但现代逻辑学中各种较为间接的和看似不那么彻底的相对主义观点会在其最终结论中和在其最深的意义方面回溯到那种背谬的彻底怀疑论上。留待胡塞尔去完成的就是在无可反驳的严格性中具体地证明这一点。在这里既不可能，也无必要去再现那些具体的、按其本性十分琐碎的思考。它们如今已不像30年前那样有现时意义：由于胡塞尔著作的穿透性的成就，科学的状况如今发生了如此根本的变化。今天谁还知道那时的经验主义、人类主义、相对主义、心理主义？当然，今天在"认识论"中还有一个经验主义的流派，但它已经成为"批判的"了，即是说，在逻辑问题方面本质上更为小心了：今天的"批判的经验主义"与一种在逻辑计算意义上的逻辑形式主义结合在一起，首先是在罗素的影响下。因此，在逻辑学领域已经不再谈论经验了。

然而，即使可以在这个简短的素描中越过胡塞尔《导引》的具体细节，对在它们之中得到表达的哲学基本地位的刻画仍然是十分重要的，尤其是就胡塞尔哲学的进一步发展而言。

如前所述，而且这一点已经在同时代的各种批评中得到表达，人们觉得，《逻辑研究》从第一卷到第二卷的过渡是一种断裂；人们甚至谈到在第二卷向曾为第一卷如此激烈地抗争过的心理主义的"回落"。无论这个观点从胡塞尔哲学的整体出发来看是多么充满误解，它也还是可以理解的。因为这门形成中的"现象学"在《逻辑研究》中完成了它的突破，它的发展在此期间并不是直线进行的，即使哲学作为严格科学的基本倾向始终一以贯之地得到了遵循。与指向"主观的"，即指向行为的《算术哲学》相反，《纯粹逻辑学导引》承载了一种完全"客观的"、纯粹朝向对象的特征。"心理主义的成见"（第八章）的总结性阐释在对心理主义与其对手的"关键性的差异"的论述中达到顶峰（第48节），在这些阐释中，一再重复的措辞"观念的种类"与"个体的事实"、"意向统一"与个体的和实在心理的行为被置于相互对立的位置上。在逻辑原则这里关涉的不是"一个判断行为的规律，而是……一个判断内容的规律，换言之，观念含义的规律。"我们无须考虑作为实在行为的判断，而只须考虑在"在一种观念意义上的判断"。"观念的"（ideal）在这里所标示的是杂多的、实在的和"主观-人类学的"现象或心理行为的对立面，而这些现象和行为是通过其时间性而得到进一步特征刻画的。"在逻辑工艺论的心理学部分中,人们将判断称作'视之为真',就是说,人们所谈的是特定种类的意识体验。判断在这里差不多意味着命题……被理解为一种观念的含义统一。""谁带着逻辑分析的意图说:'上帝是公正的'这个绝对判断具有主体表象'上帝',那么他谈的肯定不是……作为心理体验的判断,也不是……心理行为;他谈的是'上帝是公正的'这个命题,尽管有杂多的可能体验……"为什么在《算术哲学》中计数的行为和集合的行为等等是按照必然包含在它们本身之中的东西来分析,诚然是在心理学分析的误导性标题下,而现在,心理学的东西却要明确地从观念的东西分离出来,而后者一般说来都与对象相关,永远不会与行为相关。但有一点是被承认的:可以将那些在观念对象与观念事态中表现出的"先天的绝然明见性"变为"在心理学上可用的"。"我们可以随时从这些规律中获得与某些心理行为、计数行为、加、乘……联结的行为等有关的先天可能性和不可能性。"而在这里最终有一个观点在跃跃欲出,尽管起初还不为人注意,它允许将行为本身理解为"观念化的",即使还没有理解为观念的。接下来还有这样的说法:"但是这些规律并不因此就本身是心理学定律。作为关于心理体验的自然科学,心理学的任务在于研究这些体验的自然限定状态。因此,在它的领域中尤其包含着数学活动与逻辑活动的经验-实在状况。然而它们的观念状况和观念规律则构成一个自为的王国。这个王国是在纯粹的总体定律中构造自身,它由'概念'组成,这些概念不是心理行为的种属概念,而是以这些行为,或者说,以它们的客观相关项为具体基础的观念概念(本质概念)。如我们所说,3这个数……不是经验的个别性或个别性的种属,它们是我们在计数的、明见性的判断等行为相关项中本质直观地把握到的观念对象。"逻辑判断的明见性具有某种自然的"条件",诸如"兴趣的集中、某种精神上的清醒、熟练等等"。研究这些是心理学的任务，它在这里只能遭遇"模糊的经验普遍性"。但判断的明见性除了受这些"心理学的"、"外在的"和"经验的"条件制约，还要受"观念的条件"的制约。"任何一个真理都是那些具有同样形式和质料的正确陈述在可能性上无穷和无限的多样性的一个观念统一。……纯粹逻辑规律便是纯粹建基于真理的概念……之上的真理。在将这些规律运用于可能判断行为的过程中，它们根据单纯判断形式所陈述的是明见性的可能性或不可能性的观念条件。在这两类明见性的条件［即在心理学的和观念的条件］中，有一类与出现在心理学范围中的心理本质的种类的特殊构造有关……；但另一类条件作为观念的规律性条件却对任何可能的意识都完全有效。"①在这些语句中包含着对现象学还原的第一个清楚暗示；因为在这里得到清楚表述的是关于对任何可能意识而言——不只是对观念的客体而言——的观念规律之想法。但需要承认，这些语词在《导引》的框架内不再是一些临时的和分散的指明；关于"纯粹逻辑学"的肯定性结尾章仅仅持守那种使得科学成为科学的"客观的或观念的联系"。"人类学的统一，即思维行为、思维素质连同某些有关的外在活动的统一"在这里并不是"我们的兴趣"。也不需要去考察明见的判断行为本身。"如果我们反思这种行为，那么，被把握的对象便不是那个对象之物，而是真理本身，而且，真理以对象的方式被给予。我们在这里——在观念化的抽向中——将真理把握为短暂的主观认识行为的观念相关项，把握为相对于可能的认识行为和认识个体的无限杂多而言的那个一。"②

从这里出发，纯粹逻辑学后来被设想为"可能理论形式的理论或

---

① 同上书，第一卷，第187页。（重点号为我所加）
② 同上书，第一卷，第230页。

纯粹流形论的理论",被设想为对莱布尼茨的"普全数理模式"(mathesis universalis)之梦想的实现,当然,它只有在纯粹含义范畴和对象范畴以及建基于其上的法则得到确立之后才是可能的。这样,在《导引》的一般的、明确的对象的朝向方面就不可能有任何怀疑了。

三

与此相反,在重要性上远远超出《导引》的《逻辑研究》第二卷在其最关键的部分含有对行为和行为复合的"意向分析"。这个改变了的观点实际上在许多方面与《算术哲学》的关系都比与《导引》的关系更为紧密,对这个观点的辩护是第二卷引论的重要的第 2 节的任务,它的标题是:"对这些[即'现象学的']研究目标的澄清"。这里绝未扬弃《导引》的立场,而只是试图去适应新的任务。还在第 1 节中就已经说明,这里所关系的是"最普遍种类的阐释,这些阐释属于一门客观的认识理论以及与此最密切相关的思维体验与认识体验的纯粹现象学的更广泛领域。""纯粹现象学展示了一个中立性研究的领域,在这个领域中有着各门科学的根。一方面,纯粹现象学服务于作为经验科学的心理学。……另一方面,现象学打开了'涌现出'纯粹逻辑学的基本概念和观念规律的'泉源'……"第 2 节继续说明:"纯粹逻辑学所要研究的那些客体起先是披着语法的外衣而被给予的。更确切地看,……是作为在具体心理体验中的嵌入物(Einbettungen)而被给予的,这些心理体验在行使含义意向或含义充实的作用时……隶属于一定的语言表达并与语言表达一起构成一种现象学的统一体。"尽管从"理论性的东西在心理体验中'实现'自身,并且在心理体验中以个案的方式被给予"这个事实中并不能得出这样的自明性,即:那些心理体验、逻辑的"行为特征""必须……被视为逻辑研究的首要客体"。因为逻辑学家感兴趣的不是"心理学的",而是"逻辑学的"判断,"相对于杂多的、在描述上极具差异性的判断体验而言同一的陈述含义"。同样并不起决定作用的一点在于,"在个别体验中总有某个始终共同的特征"与观念的含义统一相符合。但是,尽管"属于纯粹逻辑学原本领域的"是"观念分析而非现象学分析"(要注意这个后来对于胡塞尔来说完全不可能的对置!),这个第二种分析并不因此就是可以或缺的,因为,所有逻辑的东西,"只要它应当作为研究客体而为我们所拥有,并且使建基于它之上的先天规律的明见性得以可能",就必定是在"主观的实现"中被给予的。因为观念的逻辑的规律首先只会在语词含义中被给予。我们明见地把握,这种明见性与这些语词含义相关联。未留意到的歧义性有可能以后加的方式将其它概念塞入这些语词中,并且歪曲纯粹-逻辑学命题的意义。逻辑观念必须通过现象学的分析而达到"认识论上的清楚明白"。因为,"作为有效的思维统一性的逻辑概念必定起源于直观;它们必定是在某些体验的基础上通过观念化的抽象而产生的,并且必定需要在新进行的抽象中一再地重新地被验证,以及需要在与其自身的同一性①中被把握。""我们决不会仅仅满足于'单纯的语词'……我们要回到'实事本身'上去。"

可以看出,这些对"现象学"研究的任务与作用的最后规定是与《算术哲学》中的描述相一致的。它们是如此一致,以至于毫不畏惧地为新的研究方向规定了这样的目标:"为我们对这些心理体验和寓居于其中的意义提供一种足够广泛的、描述性的(而非一种诸如发生

---

① 贝克尔在这里误作"观念性"(Idealität),但《逻辑研究》的原文在所有德文版本中都作"同一性"(Identität)。——译者注

心理学的)理解,以便能赋予逻辑的基本概念以固定的含义。"在第 6 节的补充三中还有更清楚的说法:"现象学是描述心理学",它当然会导向这样的指责:"认识批判基本上就是心理学……。纯粹逻辑学……也建立在心理学的基础上……。为什么要那么起劲地反驳心理主义呢?"但是,就"纯粹现象学"在前面已经被标示为一个"中立性研究的领域"(参见①第 128 页)而论,对此问题可以回答说:"纯粹的描述只是理论的前阶段……。所以,同一项描述可以为不同的理论科学做准备。作为完整的科学的心理学并不是纯粹逻辑学的基础,而是某些构成理论心理学之前阶段的描述,……同时也构成基本抽象的基础,通过这些抽象,逻辑学家明见地把握到他的观念对象和观念联系的本质。"因而"我们最好还是提现象学而不提描述心理学"。所以,这里是以后补的方式,但在《逻辑研究》第一版的一个补充(第二卷,第 18 页)中就已经回到了"描述心理学"这个不合适的称号上。关于后面这个称号,胡塞尔在《逻辑研究》第二版的前言中做了严厉的自我批评(第一卷,第 XIII 页):"原先的[第二卷]'引论'动摇不定,与这里实际阐述的各项研究所具有的意义和方法相距甚远。在第二卷出版之后我就立即发现了它的缺陷,并也很快便有机会(在《系统哲学文库》1903 年第九卷发表的一篇书评上,第 397 页及以后各页)对我将现象学标示为描述心理学的误导做法提出了异议。"在那里(第 399 页)的说法是:"现象学的描述并不涉及关于经验个人的体验或体验种类……。关于我的和其他人的体验,它们一无所知,它们也一无所测;关于这些,它们并不提出问题,并不尝试给出定义,并不做出任何假设……"在这个书评中,胡塞尔(1913 年)已然处在通

---

① 除了他自己特别标明的以外,贝克尔在这里引用的都是《逻辑研究》的第一版,即 A 版。——译者注

向完全的现象学还原的直线路途上。但这个原则已经在《逻辑研究》第一版中得到了最初的、显然还不相即的表达，这一点已经表现在第二卷第7节中，标题为："认识论研究的无前提性原则"。诚然，这个标题所表明的还不够充分，认识论方面已经多次提出过这样的要求。但对这个原理的基本理解则是新的。"这个原则在我们看来只能意味着：严格地排斥所有在现象学上无法完全实现的假设。任何认识论的研究都必须在纯粹现象学的基础上进行。"而"阐明的认识论"只是"想根据其构造因素或规律阐明认识的观念……；理解认识的客观性在其中得到表明的那些特种关系的观念意义；……通过向相即充实的直观的回复而使纯粹的认识形式和规律变得清楚而明白。"与同时代各个流派正相反对的特征就在于，认识论中关键性的东西是在现象中、在阐明（不是说明）中、在理解和"相即充实"的直观中被看见的。这个而后在《逻辑研究》，尤其是第五研究的进程中得到自身论证的观点，在这里首先显现为现象学方法一般的原则。人们可以将此视作一个体系的缺失：方法的基本原则是在其运用的过程中才表明自己得到了论证。但在逻辑学的原则上的自身回涉性方面，看起来一种"之"字形的运动（第二卷，第18页）是无法避免的。

以上所说至少大致指明了《逻辑研究》时期胡塞尔哲学问题的起始状况。余下的是对六项逻辑研究的内容做简短的说明。这里当然只能顾及原则上最为重要的东西。

我们从关于"种类的观念统一"的至关重要的第二研究开始，因为预备性的第一研究的论题是在第六研究中才得到真正的处理的。这里首次用一个例子演证了所谓的"本质直观"（Wesensschau），在这里还叫作"观念化"（Ideation），并且在那些否认它的经验主义者（穆勒、斯宾塞、洛克、贝克莱、休谟）的"近代抽象理论"面前通过详细的辨析而为它做了辩护。更确切地说，这里涉及对"与个体对象并存的种类(或观念)对象的固有权利的维护",以及对"不同的表象方式,即这些和那些对象被我们清楚地意识到的不同方式的维护"。尽管存在着"某种现象的共同性","我们意指种类之物的行为与我们意指个体之物的行为却是根本不同的"。因为,这两次"显现的是同一个具体之物,而且由于它的显现,同一些感性内容是在同一个立义方式中被给予的"。但是,"这一次,这个显现是一个个体的意指行为的表象基础",而另一次则是"一个种类化的立义与意指的行为的表象基础;这就是说,当这个事物,或毋宁说,当事物的这个标记显现时,我们所意指的并不是这个对象性的标记,不是这个此时此地,而是它的内容、它的'观念'。我们所意指的不是在这所房屋上的这个红的因素,而是这个红。"在所有具体案例中,个体的红都是不同的红,但在每个"红"之中,这同一个种类都得到了实现:这里的这个红与那里的那个红是同一个;种类地看,它是同一个颜色;但个体地看,它是一个不同的、对象的个别特征。这里关涉的是一个范畴的、认识论的区别,它属于"意识的形式";它的"起源"在于"意识的方式",而不在于变换不定的"认识质料"。"关于普遍对象的说法"证明自己是不可避免的,在种类的判断和个体的判断(两者重又可以或是单个的判断或是普全的判断)之间,例如在"苏格拉底是一个人"、"所有人都是会死的"这一方面与"2 是一个偶数"、"所有分析函数都是可分的"另一方面之间,并不存在无法均衡的区别。"旧传统意义上的种类之物的严格同一性[1]"在这里得到坚持。我们不只是以非本真的方式谈论"这同一个红",因为我们是在本真地意指例如在不同地方的相同的红颜色。因为每个相同性都回溯到它形成于其中的视角的观念性上;否

---

[1] 贝克尔在这里误作"观念性"(Idealität),但《逻辑研究》的原文在所有德文版本中都作"同一性"(Identität)。——译者注

则就会进入一种无限循环(regressus in infinitum)。与这些用许多例子来阐释的针对"观念种类"之反对者的证据相衔接的最终是关于经验论理论的出色论战性的和批判性的阐述,它们在其彻底性和穿透力方面可以与《导引》的最初部分相提并论。在这项研究的结尾处还有几个肯定性的论述,其中应当提到的是对原则不同的抽象概念的区分,将"突出强调的意义上的抽象"区分于"抽象的内容",即在一个对象上的不独立部分("因素"而非"块片"),与概念的构成、种类的把握相对立。

第三研究"关于整体与部分的学说"深化了对独立的和不独立的部分("块片"与"因素")的研究,并且探讨与此相关联的先天规律。这项研究的对象概念是一个极为一般的概念,例如它既包含行为,也包含客体。这一点也让人有理由去提取一个精准的"分析"概念,而这实际上是这项研究的意义最为深远的成就。"分析命题是这样一些命题,它们具有完全独立于它们对象的内容特性……的有效性;因而它们是这样一些命题,它们可以将自身完整地形式化,并且将自身把握为特殊情况或对通过由此而形成的形式规律或分析规律的单纯运用。所谓形式化就在于,在已被给予的分析命题中,一切含有实事的确定都被不确定之物所取代,并且这些不确定之物而后被理解成无限制的变项"(第二卷,第247页)。与此相反,所有实事的,也包括必然的("先天的")命题都是"综合的",诸如这样的命题:"如果没有一个具有颜色的东西,一个颜色就不能存在。"因为"颜色并不是一个相对的表达,其含义包含着对它与其它东西的关系的表象。"尽管若无有颜色的东西,颜色就"无法想象",但某个有颜色之物的实存,更确切地说,一个广延的实存并没有在颜色的概念中"分析地"得到论证。与此相反的例如是一个分析必然的命题:"相关的东西要求彼此相关"。对"分析的"这个表达的运用更多是与亚里士多德的"分析"

(Ἀναλυτικά)相联结，而非与康德相联结，即使并不缺少与康德的关系。这里根本性的东西在于："总体化"即使达到最高的属也永远无法取代"形式化"；形式空乏的"某物"并不是如斯多葛学派所说的那个东西（参见后来在《观念》第 13 节中对此理论的阐述）。整体与部分的学说最终在对一门分析-形式的部分关系理论构想中达到了顶峰，诚然，按照对其所做的进一步阐释，这门理论将会属于数理逻辑。

第四研究从第三研究关于"形式-本体论"的考察返回到最初在第一研究中已经涉及的含义理论的（"断言的"）问题上。作为纯粹含义形式论的"纯粹语法"的观念得到了阐述。个别语言的语法规律是各不相同的，每个语言都必须有某种语法的结构原则，它们回指向含义联结一般的结构规律（这也适用于一种类似逻辑运算的人为的概念"语言"）。首先可以按纯粹组合的方式来考察那些将基本的逻辑-语法构成物联结为逐级更高阶的错综复杂之复合体的联结可能性（胡塞尔最近曾明确要求这样一门最宽泛意义上的判断形式论[①]）。但这样一种含义组合学并不等同于纯粹语法学。这里的兴趣仅仅在于这种对含义的组合（此外，这些含义只需是空乏意指的含义即可，即便它们是"清楚的"），它们本身又具有一个含义的特征。因而一个命题含义是由包含在它之中的诸语词含义"组合"而成的，但并不始终以这样的方式，即所有部分含义都是这个命题总体的独立部分。在这里，含义的"不独立性"并不仅仅在于它的对象的不独立性，而是一种完全特别的不独立性。关键的区别是在"合谓的"含义（它也不是指残缺的或异常简略的含义）与"专谓的"含义之间的区别。这些关系导致的结果（这里无法详述）是：将诸含义组合成一个含义整体，这种组合是受特定规律制约的，这些规律将一种所谓纯粹语法的"无

[①] 胡塞尔：《形式逻辑与超越论逻辑》（1929 年），第十三节和附录 I。

意义"排除在外。需要将这种无意义区别于任何一个不仅是质料的,而且也是纯粹形式的(第三研究意义上的"分析的")背谬。相对于在纯粹语法上"有意义的",但已经在分析上背谬的表达(一个不是 A 的 A),将"一个人和是"(无意义)加以并列的做法表明了这一点("一个没有广延的有颜色的东西",或者"一个正千面体"也是一种实事的背谬,至少当第二个表达是在一个本真的空间几何学意义上被意指时)。

关于最后的两个研究,即第五研究"关于意向体验及其'内容'"和第六研究"现象学的认识启蒙之要素",我们只能考察后一个对于如此多的东西而言是基础性的研究。尽管第五研究的历史意义如此重大,在它之中被给予的是范围较大、内容广泛的"意向分析"的首个详细案例,行为的本质在此分析中第一次获得了它的权利,但由于这里必须做到简短扼要,我们就不可能完全展示其细致的和行为分析方面的内容。

相反,从第六研究中则可以十分扼要地勾勒出两个基本的思想系列。与这项研究的两个篇章相应,这里所涉及的首先是"认识作为充实的综合"的思想,其次是"范畴直观"。

第一研究中已经指明了"空乏的意向"与"充实的直观"之间的区别。尤其是指出了,一个以"充实"某个空乏表象的方式而从属于这个表象的直观不可能是指那种偶然的和不相即的图像式"描画",人们以往常常将这种描画与直观——尤其是在联想心理学方面——混为一谈。对于"任何一个奇数次的代数方程式都至少具有一个实根"这个命题,我可能例如会"描画地"想到:"一本打开的书(我认出这是一本塞雷的《代数学》),然后是用陶伯纳字体印出来的代数函数的感性原型,而在'根'这个词旁边的是著名的符号'$\sqrt{\ }$'"(第二卷,第 63 页)。但所有这些都不会为我理解这个命题提供丝毫的帮助,遑论对其真理的"明察"。那个导向这个"明察"的直观显然具有一种与感性-描画的"伴随的想象图像"完全不同的特征。即是说,首先,它根本不是感性的,而是范畴的;其次,它所涉及的是命题作为意指的含义所意指的东西(而不是仅仅"伴随着"这个被意指之物的东西),恰恰是以一种相符的(相即的)直观的方式。这意味着:在这两者之间存在着一种"认同的综合",而恰恰是这个综合才导向对这个真实事态的明察(明见性)。是的,从根本上说,那个事态的"真理"无非就在于这个被意指之物和被直观之物的同一性。

"表达着的思想与被表达的直观之间的统一"可以是"静态的",也可以是"动态的"。在"静止的统一关系"那里,例如"含义赋予的思想"建基于直观之上并因此而与直观的对象相关联。例如我说"我的墨水瓶",而这个墨水瓶本身同时就处在我的面前,我看到它。这个名称指称这个对象,而且是"借助意指的……行为"。名称和对象之间的关系在此统一状态中表明某种描述性特征:……"我的墨水瓶"这个名称可以说是"将自己安放到"被感知的对象上去……(第二卷,第 496 页)。相反,在含义意向与充实直观"动态"相合的情况下,"我们体验到一个在描述上极具特色的充实意识"。"我们体验到,同一个对象起初在象征行为中'仅只是被想象',尔后在直观中则直观地被当下化,而且,这个起初只是被想象的(只是被意指的)对象恰恰是作为这样或那样被规定的东西而被直观到"(第二卷,第 504 页)。"直观行为的意向本质适合于表达行为的含义本质"。然而一个含义意向并不始终会充实(erfüllt);它也可能会"失实"(enttäuscht)。这个表达,也包括"不充实"的表达本身,"指的并不是充实的缺失",而是一个新的"描述性事实,一个像充实一样的特殊综合形式"(第二卷,第 513 页)。与充实中的一致相应的是"作为相关可能性"的"争执"。直观与含义意向相争执。"争执在进行分离",但争执的体验却在联系与统一之中进行设定,这是一个"综合"的形式——现在不再是那种"认同",而是一种"区分"。因为普遍有效的是:"一个意向之所以会以争执的方式得以失实,只是因为它是一个更宽泛的意向的一个部分,而这个更宽泛意向的补充部分又得到了充实"(第二卷,第515页)。

这个意向的充实是可以增长的,这不仅是在现实的直观性被达到的意义上,而且也是指,这个直观本身能够有程度不同的清晰性和丰富性。这表明,"充实发展的终极目标在于:完整的和全部的意向都达到了充实,也就是说,不是得到了中间的和局部的充实,而是得到了永久的和最终的充实。……只要一个表象意向通过这种理想完整的感知而达到了最终的充实,那么'事物与智性的相即'(adaequatio rei et intellectus)也就得以产生:对象之物完全就是那个被意指的东西,它是现实'当下的'或'被给予的'"(第二卷,第589-590页)。在这里所标示的情况中,"相即性的理想是由明见性提供的",而且"在认识批判的确切意义上的明见性仅仅与这个最终的、不可逾越的目标有关,仅仅与这个最完善的充实综合的行为有关,它为意向……提供了绝对的内容充盈,提供了对象本身的内容充盈。……与任何一个认同一样,明见性也是一个客体化的行为,它的客观相关物就叫作'真理意义上的存在',或者也可以叫作'真理'"(第二卷,第593-594页)。诚然,这里可以进一步划分出四个真理概念。

1. "真理作为一个认同行为的相关物是一个事态";"作为一个相合的认同的相关物便是一个同一性,即:在被意指之物和被给予之物本身之间的完整一致性。"诚然,明见性是"对真理的体验",但这并不立即就意味着:它是对真理的相即感知;因为必须承认,"认同的相合之进行还不是对对象的一致性的现时感知,相反,只有通过一个客体化立义的本己行为,只有通过一种对现存的真理的特有观向(Hin-

blicken)，认同的相合才能成为对象性的一致。"

2.真理作为"在各个相合行为的认识本质之间的观念关系"。因此，真理不是"与明见性行为相符合的对象之物"，而是"属于行为形式的观念"、"经验偶然的明见性行为的合乎认识的并被理解为观念的本质，或者也可以说是绝对相即性本身的观念"。

3.本质（存在、真理）是"以被意指对象的方式在明见性中被给予的对象，它就是充盈本身"；只要它"被体验为使之为真的对象"。①

4.真理作为意向的正确性，特别是作为判断的正确性、作为意向与真实对象之相即状态。

现在应当如何区分"真理"与"存在"的概念呢？如果顾及到，这项研究无差别地延伸到"关系的"（判断的）行为和"非关系的"（简单设定的）行为，即包含了客体化行为的整个领域，那么看起来最合适的做法就是将真理的概念归给行为以及"它的观念地被理解的各个因素"，而将存在概念（真实-存在）归给所属的对象相关项——尽管始终还会"为多义性留下某些空间"。因此，真理（根据第二点和第四点）可以被定义为客体化设定的相即性或正确性的观念；存在（真实-存在）根据第一点和第三点而可以被定义为在相即中同时被意指和被给予的对象的同一性。与此情况相似的是荒谬（对全然争执的体验）、错误和不存在的诸概念。

从第六研究的第38至39节的这些规定出发，现象学的可及性（Zugänglichkeit）原则以及通过这种可及性才构造起来的"真实存在的"对象的原则便尽可能清晰地表露出来。如果一个对象没有能够——至少是以观念的方式（idealiter）——"相即地在明见性中以

---

① 贝克尔在这里的引述有两处小的笔误。中译文根据《逻辑研究》的德文原文做了修改。——译者注

被意指之物的方式"被给予,没有能够被体验为使一个意向为真的对象,那么它就是"不真实的"。而如果一个对象不能如此"真实存在",那么它就根本不存在。

剩下来还需要简短地看一眼第六研究的第二篇,它将包含对种类的本真直观(第二研究)在内的"范畴直观"引入现象学。

如果所有真理,包括与语法的、数学的和类似对象相关的真理都应当是在明见性中通过相即充实的直观而被给予的,那么直观的概念就必须延伸到感性的领域之外。"如果我们不能使用对象这个语词,那么我们应当如何来标示一个非感性的……主体表象之相关项;如果我们不能使用感知这个语词,那么我们又应当如何来指称对象的现时'被给予存在'……?"所以,……总和、不定的多、数、选言、谓词……事态都成为"对象",那些使它们作为被给予而显现出来的行为则成为"感知"(第二卷,第615页)。

在感性直观与范畴直观之间当然存在着现象学的区别。虽然每个感知都直接地把握其对象,但"这种直接的把握具有一个不同的意义和特征",随被"直接"把握到的对象性的不同而各有差异:一个感性对象或一个范畴对象……一个实在对象或一个观念对象。事实上,感性对象是"以素朴的方式"在感知行为中"构造起自身",这意味着,它"并不是在这样一种行为中构造起自身,这些行为是奠基于那些使其它的、另外的对象显现出来的行为中。……感性对象在感知中是处在一个行为层次上。"相反,范畴直观行为是被奠基的直观行为。如果我们局限在或许最简单的例子即集合等等之上,那么很明显,"那种与'和'与'或'、'两者'与'两者之一'这些语词直观地相符的东西,是无法用手抓住的……实际上也不能在图像中被展示,例如不能被画出来。我可以画A,并且可以画B,也可以在同一个图像空间里画这两者;但我不能画这'两者',不能画A'和'B。"我们在这里只能"根据这两个个别直观行为而进行新的联言判断(合取)行为,并通过这种方式来意指A'和'B客体的总和"。人们不能将那些"对感性-统一的集合、序列、群集等等的素朴感知"混同于"合取感知",唯有在它们之中"才自身地和本真地构造起'多'的意识"。

以上这些已经足以指明这些本身至关重要的分析,真正的《逻辑研究》随之便告结束。

四

在1902年至1912年期间,除了《逻各斯》上的文章"哲学作为严格的科学"之外,胡塞尔没有本质性的文字发表。然而这篇论文已经足以能够清晰地说明他的研究状况。

值得注意的是,"精确"哲学的理想在开篇时就以尖锐乃至率直的方式得到表述……"哲学没有能力将自身构建成为一门真实的科学。这位在人性之永恒事业方面具有天职的教师根本不能进行教授:不能以客观有效的方式进行教授。康德喜欢说,人们无法学习哲学,而只能学习哲思(Philosophieren)。这难道不正是对哲学之非科学性的公认不讳吗?"① "我并不是说,哲学是一门未完善的科学,而是就干脆说,哲学还不是一门科学,它作为科学尚未开始,而我在这里用作评判标准的是那些得到客观论证的理论学说内容的哪怕很小的一部分。"② 即使是那些"倍受赞赏的精确科学"也是有缺陷的,但在它们之中,"一个学说内涵已经形成,它不断地增长并且一再产生出新的分支"。"对数学和自然科学的美妙理论的客观真实性或客观

---

① 重点号为我所加。
② 《逻各斯》,第一期(1910-1911年);第290页。

论证了的或然性,任何有理性的人都不会抱有怀疑。"这样一种客观性在哲学中不能通过"那些从结论中得出的单纯反驳性的批判",而只能通过一种"对基础和方法的积极批判"来获取。这里表明,在最近时期伪装成精确的哲学基础科学出现的实验心理学恰恰无法胜任这样一种批判。因此,胡塞尔文章的第一部分是在抵御"对意识的自然化"和"对观念的自然化"。真正的哲学基础科学不是"自然科学",而是"意识现象学"。在进行这些我们于此无法具体遵循的阐释的过程中,以下的思想得到了越来越清晰的展开:现象学的还原、特别的无前提性以及尽管如此仍有的现象学的具体性——这些思想而后在1913年的《观念》中以系统严格的方式得到展示。

还需提及的是在论文结尾处针对"世界观哲学"和"历史主义"的简短论战,它引发了曾如此激动地赞赏过《逻辑研究》第二卷的狄尔泰的异议。① 在这里同样表明了胡塞尔特有的精确性理想。精神科学是经验科学,而非本质科学,它描述艺术、宗教、道德、科学、哲学、"世界观"的"形态结构"、种种历史形态的类型。如此形成的类型之繁多和差异很容易导向一种怀疑论的相对主义。然而精神科学作为经验科学既没有能力证明,也没有能力反驳这种怀疑论的合理性。

有效性问题是一个观念的问题;它只能通过一种本质研究来决定,永远无法通过对历史-事实的研究来决定。这一点为"历史主义者"所误识;这是他的根本错误。有一点是独特的:胡塞尔于此在真理概念方面将哲学与实证科学完全等同起来。"我们可以将一个科学问题的成功解决评价为一个伟大的成就,而这个问题在今天则属于那种可以为一个高中学生所轻易克服的问题类型。类似的情况适

---

① "引发"(hervorriefen)在这里是复数形式,但疑为笔误,因为"论战"是单数。——译者注

用于所有的领域"(第327页)。因而它也适用于哲学领域。"深邃是智慧的事情,概念的清晰和明白是严格理论的事情。……精确的科学也曾有过漫长的深邃时期。正如它们在文艺复兴的战斗中一样,哲学——我斗胆这样期望——在当前的战斗中将会从深邃的层次挺进到科学清晰的层次"(第339页)。——"我们当然也需要历史。但显然不是以历史学家的方式。……我们并不能通过哲思而成为哲学家,……研究的动力必定……来自实事与问题"(第340页)。——"对于一个无成见的人来说,一个确定是源自于康德还是托马斯·阿奎那,是源自于达尔文还是亚里士多德,是源自于赫尔姆霍茨还是巴拉塞尔苏斯,这都是无关紧要的。"

这意味着一种对所有纯粹历史生成的原则上的无兴趣。直到后来,胡塞尔才试图从现象学上把捉发生本身:与"静态构造"相应的是"先天-发生的"构造,在意向的被蕴涵者中包含着它的"积淀的历史"。①

五

至今为止,《纯粹现象学与现象学哲学的观念》②始终还是胡塞尔最全面的哲学著作,这并非在外在方面就其相对单薄的篇幅而论,而是就提问的广度以及哲学奠基的深度方面来看。它终于含有了对此前已经一再涉及的现象学基本方法"现象学还原"的系统阐述。胡塞尔从两个相互交叉的基本区分出发,即"事实-本质"和"实在之物-非实在之物"。"纯粹的或超越论的现象学"既不探讨事实,也不探讨

---

① 参见胡塞尔:《形式逻辑与超越论逻辑》(1929年),第221页。
② 作为新创刊的《哲学与现象学研究年鉴》的第一篇文字发表于1913年(第一卷,第1页)。

实在之物，易言之：它在两个方面"还原"在"自然观点"中我们所面临的实在事实：一方面是"本质的"以及另一方面是"超越论的"，即是说，它首先使它们成为"本质"，而后使它们成为"纯粹意识"中的"超越论现象"。

必须从一开始就弄清，这两个现象学还原的"方向"或"方面"的关系就像两个独立的组元，它们在任意的组合顺序中都会产生同样的结果，但根据这个组合的顺序的不同，它们会在两条不同的道路上带有不同的、就本身以及就总体而言重要的中途站点。借助一个可勾画的图形可以最好地说明这个关系：或者可以从自然的观点 N 出发，在"垂直的"方向上转到本质的观点 E（或相关地：从"自然的对象"，即从"实在事实"N，转到"本质"E），而后从 E 出发，在"水平的"方向上转到完全的或"纯粹的"现象学观点（或者说，纯粹的、超越论的现象）。或者也可以首先在"水平的"方向上从 N 出发向 T 前行，即向超越论事实（"形而上学"）的观点 T（或者说，"作为单个事实的超越论的现象"）前行，而后从那里出发在"垂直的"方向上前行。因此，垂直的道路意味着还原的"本质的"组元，水平的道路意味着还原的"超越论的"组元。重要的是这两者在 NE 和 NT 这两条不同道路上相切的中间阶段 E 和 T，纯粹的、"超越的"本质 E 和"超越论"的事实 T。（"超越的"在这里意味着"尚未经过超越论还原的"。）超越论的本质构成"本体论"①的对象，这门本体论重又分为一个形式的部分和一个质料的部分，后者又包含一批个别的"区域"，它们是受"各个最高的属"规定的。② 相反，关于超越论事实的哲学科学是在

---

① 胡塞尔对这个语词的使用既不完全符合十七、十八世纪的传统，尽管这里有一些相交点，也不与海德格尔的术语相符。

② 参见《观念》的第一篇"本质与本质认识"。

形而上学中达到顶峰的,因而形而上学是明确地与"本体论"相分离的。①

关于本体论,我们不需要做详细的陈述。从根本上说,《观念》的第一篇并未提供相对于《逻辑研究》而言本质上的新东西,当然,它以更清晰和更系统的方式提供了许多东西。

《观念》特有的阐释是从第二篇"现象学的基本考察"开始的,"超越论还原"随之而走到前台。首先得到描述的是"在自然观点中的世界",它带着其遥远而不确定的"视域"围绕在我们周边。"我思"(cogito)的自发性与它相关联,并且将其"各个观念的周围世界"(例如算术的"观念的周围世界")与它相并列。此外,这个自然的世界是一个"交互主体的"世界,在其中"他人"与我并存。这个"先于所有理论的描述"的要义就是"自然观点的总命题":"'这个'世界始终作为现实性而存在于此,它至多在这里或那里有别于我所臆指的,从它之中会有这个或那个在'假象'、'幻象'等标题下可以说是被清除,它——在总命题的意义上——却始终是在此存在的世界"(《观念》,第 53 页)。超越论的还原仅仅在于对这种自然观点的一种"彻底改变"。刚才标示的"总命题"虽然"并不处在一个个别的判断行为中,并不处在一个关于实存的清晰判断中",但即便是这些"潜在的和不明显的"此在-命题也是可以"被排除的"或"被加括号的",即以一种特别的方式在其内容未因此而被触及的情况下"被判为无效"。从与著名的笛卡尔式"怀疑尝试"的比较出发,这种"悬搁"(ἐποχή)(中止判断)的意义便可以得到揭示。即便是一个"对某个被意识为现存的东西的怀疑尝试","也必然决定着某种对(存在)命题的扬弃"。因为

---

① 对此"形而上学"只能在《观念》中找到少数几个说明(第 5 页、第 96-97 页、第 110-111 页、第 119 页注),这里无法对它们做进一步研究。

即便是这样一个尝试也不属于我们的自由任意的领域。"我们不放弃我们已完成的命题,我们不改变我们的信念……但它[命题]仍然经历了一次变异:在它自身仍然是其所是的同时,我们可以说已经判它出局,我们'排除'它,我们'给它加了括号'。它仍然在此,就像在括号中的被加括号之物……。命题是体验,但我们'并不使用它'。……怀疑的尝试是与一个命题,如我们所设定的那样,与一个确定的而且持续着的命题相联系的,在这种怀疑的尝试中,'排除'是在反命题的变异中进行的而且是随着这变异而进行的……。我们在这里不去考虑这些,我们对怀疑尝试的每个分析组元并不感兴趣……。我们只从中把握住'加括号'或'排除'的现象……。在与每个命题的关联中我们都可以完全自由地进行这种特别的'悬搁',进行某种中止判断,它与对未被动摇的,且因其明见性而有可能无法动摇的真理的信念是相互一致的"(同上书,第54-55页)。"如果我这样……做,那么,我就不会像诡辩者那样否认这个'世界',我就不会像怀疑论者那样怀疑它的此在,但是我会运用'现象学的''悬搁',它使我完全放弃关于时空此在的任何判断"(第56页)。随之,所有现实科学(也包括关于"超越的"纯粹可能性的现实科学)都"被排除",——然而它们的结果却绝没有被怀疑,因为这——如我们所见——根本不是我所能随意做的。"现象学的"现实科学也不是指"实证的",它并不反对"形而上学"以及诸如此类。按照胡塞尔本人常常表述的一个说明,它更应当比作那种从科学讨论的合作伙伴那里做出的自愿的中止判断,这种中止判断代表着这个讨论之可能性的前提条件:两个合作伙伴必须在开始时先将决定放在一边。不能对他们的如此坚定的信念做丝毫的运用——即使他们连一瞬间也不能放弃它——,因为一切都必须被托付给证明的进程。

现在,这种"悬搁"的可能成就是什么?"如果整个世界,也包括我们自己连同所有的思考(cogitare)都被排除了?"(第57页)所谓的还原"剩余"包含着一个新的存在区域,即"纯粹"意识一般的本质区域。其中包含着这样的"明察:意识本身具有一个本己存在,它在其绝对的本己本质中不会被现象学的排除所触及"(第59页)。正是这一点才使得这个区域成为可达及的。

纯粹意识的最重要结构是意向性:意识——撇开某些例外不论——是"关于某物的意识"。这里关涉的不是在一个心理事件与一个实在对象之间的联结,不是一个"在世界中的体验事实",而是意识的"纯粹的和在观念化中作为单纯观念而被把握到的本质"。诚然,"并不是在一个意向意识本身的具体统一中的每个实项因素都具有意向性的基本特征",例如感觉材料就不具有这种特征。但这最终是由一种分析的限制所决定的,即将分析限制在某种"构造阶段"上。原初的时间意识在《观念》中仅仅被涉及,但却未被分析(第81节至第83节)。在这种时间意识本身之中,每个实项的组成部分原初都是意向的。对于心理学而言,也对于《观念》[1]阶段的现象学分析而言,感觉材料是最终的因素,但它们表明自己是在原初的时间意识被构造的,通过所谓的"被动"综合,即对各个过去发生的意向的"原现象",即对"原印象"、"滞留"和"前摄"的一个杂多之认同的"被动"综合。[2]

现在出现这样的问题:"纯粹自我"是否会通过还原而被排除。在起初的动摇(在《逻辑研究》的第一版中,第二卷,第一部分,第340-

---

[1] 原文中"观念"(Ideen)未加书名号。——译者注
[2] 对此参见胡塞尔的1910年便已产生的《内时间意识现象学讲座》,载于:《哲学与现象学研究年鉴》,第九卷(1928年)。

341页)之后,胡塞尔对此予以否认(《观念》,第57节)。世界中的人作为自然生物和作为"人格"而受到排除,在还原之后留存下来的无非是"纯粹"的体验"流",它们如我们所知——而且从根本上说,甚至毫无例外——主要是意向性的。我们会发现属于它的纯粹自我吗?因为,作为体验块片,它会随着体验本身产生和消失。但事实上"在每个来而复逝的体验中都有这样的情况,即它的'目光''穿过'每个现时的'我思'(cogito)而朝向对象性的东西。这个目光束是一个随每个我思而变换的目光束……,但自我却是一个同一的东西"(第109页)。没有一个体验是必然持续的;纯粹自我是一个原则上必然的东西,在康德看来它必定能够伴随所有的表象。因此,纯粹自我"展示着一个特别的——不是被构造的——超越,一个在(体验流的)内在中的超越"(第110页),它不可能遭到排除。确切地理解,这只涉及纯粹自我;每个具体的-人格的习惯(Habitus)、一切所谓的习性(Habitualität),都会被加括号。

此外,被排除的还有"上帝的超越性",它在意识流的目的论中得到表露,这门目的论在构造的道路上导向自然世界和文化世界。因为,这种目的论是一个事实;"自然的合理性"已经是一个从本质规律上看并非必然的事实。或许对于世界而言,但至少对于绝对意识而言,这是超越的,并因此而是需要被排除的(第58节)。

最后,被排除的还有纯粹逻辑学本身!这似乎不可能,因为形式逻辑主宰着任何一项科学活动,因而也主宰着现象学家本身的科学活动。但有这样一个前提:"现象学的纯粹意识研究仅仅提出和需要提出描述分析的任务",在这个前提下,逻辑学是可以或缺的。因为,"在概念构成和判断构成不是以建构方式进行的地方,在不构建间接演绎系统的地方,演绎系统的形式论完全可以……不作为质料研究的工具起作用"(第113页)。

因此,"世界的命题是一个'偶然的'命题,与它相对的是我的纯粹自我和自我生活的命题,它是必然的、确然无疑的命题。所有切身被给予的事物都可能不存在,但任何一个切身被给予的体验都不可能不存在"(第86页)。"意识的存在虽然因为对事物世界的毁灭而必然发生变异,但并未在其本己的实存中被触及"(第91页)。"没有一个实在的存在……是对于意识的存在而言必然的。因而,内在的存在在此意义上无疑是绝对的存在,即它原则上不需要任何'事物'的存在(nulla 're' indiget ad existendum)。"

"另一方面,超越的'事物'(res)的世界完全要听命于意识,而且不是逻辑地构想出的意识,而是现时的意识"(第92页)。"尽管存在着一个在我们世界之外的一个世界的'逻辑可能性',但同时它的'实事背谬'也是存在的"(第48节,第90页)。尽管"对一个在此世界之外的实在之物的"纯粹"假设"不具有形式矛盾,因而是"逻辑可能的",但这样一个假定设想的"有效性的本质条件"是"由它的意义所要求的证明方式"(可以想一下第六逻辑研究①的真理概念)决定的,即在它之中被设定的超越之物"必定必然是可经验的,不只是对于一个通过空泛的逻辑可能性而被设想的自我而言,而且是对于某个现时的自我而言,作为它的经验联系的可证明的统一。"②而且"对于一个自我而言可认识的东西,原则上对于任何一个自我而言也"必定"是可认识的"。即便不是实际上,也是原则上存在着"制作一种同理解(Einverständnis)、同感(Einfühlung)的本质可能性",直至"对在

---

① 参见前面第135-136页。
② 这里可以考虑一下莱布尼茨在他致克拉克的第五封信的一个著名段落(第52节)中使用的与"观察"(observation)概念相对立的"可观察性"(observabilité)的概念(《莱布尼茨选集》第一卷,卡西尔-布赫瑙(编),第188页,第21-24行;或《哲学著作选集》第二卷,施马伦巴赫(编),第169-170页)。

最遥远的星球世界上或许生活着的心灵的同理解"(第 48 节)。

这样就确定了胡塞尔的观念论"立场",不是作为一种认识论的命题,而是完全从每个超越的设定的分析一般中获取的。胡塞尔以此而以历史的方式继承了从莱布尼茨和康德,并且——尽管对浪漫派哲学抱有个人的反感①——还有德国观念论,但没有继承例如贝克莱的"心理主义"哲学。

胡塞尔的一个异常特点还表现在,他并未停留在对观念论以及对随之而设定的对象"在纯粹意识"中的构造的一般标示上,而是持续地致力于在最缜密研究的最广泛范围中具体地指明这个构造的结构和进程。这些研究的最大部分至今还未发表。《观念》本身所包含的是十分浓缩的并且在这些浓缩中有常常不易理解的关于某些重要部分的纵览。

所有这些都无法在这里得到展示。对此只能做少数几个最为一般的陈述:

"超越的"事物与意识流的内在的"实项的组成部分"["实项的"(reell)必须严格区分于"实在的"(real)!]的关系被规定为一与多的关系。"以本质必然的方式属于对同一个事物的'全面'而连续地统一在自身中证实自身的经验意识的,乃是一个由连续的显现流形和映射流形组成的多重系统,在这些流形中,所有带有切身的自身被给

---

① 参见胡塞尔:"哲学作为严格的科学",载于:《逻各斯》,第一期,第 292 页:"成为严格的科学,这样一个充分被意识到的意愿主宰着苏格拉底-柏拉图对哲学的变革,同样也在近代之初主宰着对经院哲学的科学反叛,尤其是主宰着笛卡尔的变革。它的推动力一直延续到 17 世纪和 18 世纪的伟大哲学之中,它以极端的力量在康德的理性批判中更新了自己,并且还主宰着费希特的哲学思考。研究的方向一再地指向真正的开端,指向关键性的问题表述与合理的方法。只是在浪漫主义哲学中才发生了一个变化。尽管黑格尔坚持其方法和学说的绝对有效性,他的体系仍然缺乏理性批判,而正是这种批判才使哲学的科学性得以可能。与此相关的是,黑格尔哲学与整个浪漫主义哲学一样,它在此后对严格的科学哲学之构造所起的作用就在于,它或是削弱,或是篡改了这个原初的本欲。"

予性特征而坠入感知的对象因素,都在特定的连续性中映射自身"(第74-75页)。这对于每个在其中构造超越的对象性的"认同综合"来说都具有示范的意义。除此之外,每个"真实存在的"对象都有"一个可能意识的观念"与之相符,"在这个意识中,这个对象本身是本原地并与此同时完全相即地可被把握的"。这里同时包含了理性的观念,这个理性在相即把握中"理性地设定了"这个真实存在的对象。这种把握不是一个简单行为,毋宁说,每个对象范畴都规定着一个"明晰的总体的规则",即"一个下属于它的对象应当如何根据意义和被给予方式……成为相即的、本原的被给予性"(第297页)。这里涉及的是对象的构造,涉及的是"在一致的直观的持续进程中的无边界的观念可能性",在这里得到表达的是它的超越。这样,一个特定的对象区域,如"事物"区域,便有可能被用作"超越论的"主导思想。例如"事物的区域观念"规定着"完全特定的、特定地被排列的、无限(in infinitum)前行的、被当作观念的总体而固定封闭的显现序列,规定着对它们的进程的一种特定的、内部的组织,它以本质的和可研究的方式与部分观念相关联,这些部分观念在区域的事物观念中被普遍地标示为它们的组元"(第314-315页)。[例如就像"广延的事物"(res extenso)作为"物质的事物"(res materialis)的部分观念。]许多在现象学上的幼稚者看来是单纯事实的东西,都会表明自身是本质必然性,例如在"空间表象的起源"的问题上,它完全不是一个经验心理学的问题。

然而这是一个特例:实际上,构造的问题完全是普全的。每个对象类型、现实性类型都"带有一门本己的构造现象学并因此带有一门新的具体的理性论"(第319页)。除了具体的区域之外,形式的区域也有其本己的构造,并且除了所有单纯"表象"的领域之外,同一个普全的构造问题也出现在情感和意愿的领域中。

《观念》的结尾一节大略地标示了这个问题域,举例说明它的层次和分支。——当然,所有这些始终都是概述,都是对巨大任务的勾勒,尽管不是含糊的,但却也是轻淡的勾勒。

在这里需要注意到:这些观念是不完整的,它们只是发表在其第一卷中。第二卷包含(在胡塞尔给身边的人传看的手稿中)对"交互主体性"、"同感"分析的构想——从这里出发继续前行到人格问题、社会性问题和其它问题。因此,在《观念》的已发表的部分中占有主导位置的是在"物质事物"方面、在未激活的自然之构造的底层方面的定向,这个定向大部分是由这些发表文字所展示的偶然片段来规定的。

六

这里的阐述随之便达到了开启通向今日胡塞尔哲学通道的节点。关于这门哲学最后还要说几句话:[①]它在其基本态度中与《观念》的基本态度没有差异,但它更为彻底和更为全面地贯彻在《观念》中被概述的东西。胡塞尔现在是从三个方面出发来看待一个通向现象学的原则通道:

1. 从构造的-超越论的逻辑学出发进行的论证。

实证科学尽管不再具有"常人的幼稚性",但却仍然具有"更高阶段的幼稚性",因为它们放弃对它们的方法"从纯粹原则出发、在向纯粹观念的回溯中根据最终的先天可能性和必然性进行辩护"。"但是,如果我们不满足于对一门理论技术的创造之喜悦,……我们就不

[①] 至此为止唯一发表的是《形式逻辑与超越论逻辑》(哈勒,1929 年,《哲学与现象学研究年鉴》第十卷)。——接下来将会出版《笛卡尔式的沉思》(首先是法译本)。

能将那些在彻底的自身负责中的真正的人类和生活并因此也将科学的自身负责区分于人类生活一般的负责之总体。——所以我们必须……寻求最终的可能性和必然性,由此出发我们可以对现实性做出判断的、评价的、行动的表态"(《形式逻辑与超越论逻辑》,第 4-5 页)。因此,科学和作为最普遍科学理论的逻辑学需要就其自身进行思义(Besinnung):这种思义"无非就意味着对意义'本身'的真实制作的尝试……彻底理解了的意义阐释的尝试"。因而这里事关"对形式的(和普遍的)逻辑学之本真意义的意向阐明"。逻辑学古典传统与作为普全数理模式(mathesis universales)的数学留传给我们的理论"构成物"必须"被回置到逻辑学家的活的意向之中"。"要询问在每个真正的追复理解中被激活的意向性,它的用意究竟何在"(第 9 页)。这一点不能被解释为一种对逻辑学的不被允准的主观化,"心理主义的幽灵"必须遭到放逐。这里涉及的不是"自然主体性的问题",而是"在超越论现象学意义上的超越论主体性"问题。故而"开启了这样一个明察:一种真正哲学的逻辑学……只有在超越论现象学的关联中才能生成"。"历史上的逻辑学在其素朴的实证性中……会证明自己是一种哲学上的童稚"(第 12 页)。——这句格言应当被这样一些人铭记在心,他们如今还一直认为,逻辑学(数学)的真正哲学问题可以借助一种教条的素朴"实在论的""对象理论或关系理论"来加以表述,甚或加以解决!

无法简短地说明,从这个提问出发如何发展出纯粹超越论逻辑学的观念。[①] 只能说这么多:这里的问题首先在于重拾对逻辑学中的心理主义的辨析,但这是在一个较之于《逻辑研究》第一卷高得多

[①] 此外还必须放弃对非常值得注意的一个诠释的介绍:将数学分析诠释为一门真理概念尚未在其中起作用的纯粹一致性逻辑学,这门逻辑学包含在胡塞尔的这部逻辑学新书的第一篇中。

的水平上。在拒斥所有素朴的心理主义的同时还指出了，而且是在形式逻辑的完全具体的和基本的问题与命题［如矛盾律和排中律，肯定前件式和否定后件式（modus ponens und tollens）等等］中指出了，这里产生的问题只有回返到相关逻辑对象性的构造上才能解决。逻辑经验的基本概念得到了引入，它在其本质结构中与通常的"经验的"（empirisch）经验概念（Erfahrungsbegriff）是平行的，并且与经验概念一样主要具有"开放性"、可规定性的无限视角、"视域"。由此而表明逻辑原则的通常表述是束缚在"理想化的前设"上的，例如在所有判断的可决定性方面。（排中律；在这里与近代数学研究有内在关联！）最后，陈旧而僵化的且过窄的明见性概念得到了深入的松动和平衡，它消融在无限多的、带有自己的本质规律的种类和阶段中。（在大的基本形式中仅仅谈到新析出的与"明白明见性"相对的"清楚明见性"。）

如此理解的超越论逻辑学最终汇入一门普遍的"理性现象学"，一门规范着"它的超越论澄清本身"的"最终逻辑学"，它终结于"超越论主体性的自身阐释"。

2. 这同一个目标可以在《笛卡尔式的沉思》的道路上达到；甚至必须将这条道路理解为通向现象学本身的真正核心的通道。从根本上说，这个思路已经在《观念》中作为"现象学的基本考察"被引入了。然而如今从它之中产生出一个全面的问题域，尤其是因为对"交互主体的"还原问题的顾及。

尽管世界经验始终是共同体经验，"我在"仍然是"对于我的世界而言的意向原基础"，"对于我们所有人的世界"作为仅仅在此意义上有效的世界也是"我的世界"。"无论舒服还是不舒服，无论它听起来对我来说（不管出于何种成见）是否可怕，这是一个我必须坚持的原事实，我作为哲学家不能对它有片刻的掉转目光"，即使还有"唯我论、心理主义、相对主义的幽灵"。现在可以从这个原事实出发来理解"交互主体性"。这是一个"几乎难堪的谜问:在本我中应当如何还构造出另一个带有另一个心灵的心理-物理的自我,因为在它的作为他人的意义中包含着这样一个原则不可能性:我在现实的原本性中经验到那些在它之中的本己本质的心灵内涵,即那些不同于我自己的心灵内涵。"①此外还必须说明:我不仅是将一个类似的经验世界,而且就是将这同一个经验世界归派给另一个本我。除此之外,情况应当是这样的:完全就像我的心灵回指向我的超越论的主体性一样,"他人"的心灵也指向一个陌生的超越论的本我。——这个问题域的错综复杂在这里已然明了,尽管这里涉及的只是最初的开端;在其进程中接下来还表明,需要区分自然与世界的两个基本种类:首先是"自在第一的"世界、"还不是交互主体的客体性",它"在我的本我中在一种突出的意义上作为我自己的东西被构造起来,就此而论,它自身还不含有任何自我-陌生的东西,即是说,不包含任何通过将陌生自我的构造性纳入而跨越了现实直接的、形式原本的经验的东西"(第213页)。——而后是真正的、交互主体地被构造的共同体经验。——唯有在对这个复杂的问题域的透彻思考中,唯有在对每个显露出来的经验可能性的意义的具体诠释中,在"出自经验本身的最初起源性"中,所谓的"超越论的唯我论"的"超越论假象"才能得到克服。

3.这个被扼要说明的最彻底的"笛卡尔式"问题域现在终于可以——而这是通向超越论现象学的第三条通道——得到心理学的运用。所有"笛卡尔式"考察方式的还原首先也可以被理解为"单纯心理学的还原"。因为,只要不去顾及所有哲学的、可以说是"认识论

---

① 胡塞尔:《形式逻辑与超越论逻辑》,第209-211页。

的"观点,那么"本我论"经验和"交互主体"经验的所有可能阶段和种类都可以纯粹描述性地被视作有可能以心理学方式产生的经验。诸主体(无论是个别的还是集体的)始终处在素朴设定的世界中:这并不会妨碍对它们的主观世界图像的提取——这是一个在所有历史学学科和心理学学科中都或多或少有意识地进行的操作(直至实验心理学,在那里,被试验者的体验进程必定会以某种尽管还不完善的方式而是可描述的——如果撇开极端的"行为主义的"方法不论)。现在可以从这个在生活中、在诗歌中和在上述科学中如此广泛地被运用的操作方式出发,就像例如从某种熟悉的素朴习常的东西出发,由此向后——从我们的考察进程来看——通过一种"翻转"而达到超越论的方法,它将那些素朴提取的原则上哲学的价值揭示出来。胡塞尔在为《不列颠百科全书》("现象学"条目)所撰稿本中大致构想了这样一种考察,并在阿姆斯特丹讲演(1927年)中做了进一步的阐释,这个考察同时展示出既对"心理主义"的最终克服,也对所谓的现象学的心理学敌意的反驳。

* * *

这个阐述随之便达到了它为自己设定的、诚然还很简朴的目标。这里完全有意识地进行了双重的避免,否则这个阐述无疑可以安排得"更为有趣":一方面是避免对任何当代哲思的、也包括在所谓"现象学运动"内部的其它"流派"做辨析和比较。而后是避免对胡塞尔著作做任何主观的"阐明",无论出于何种观点。相反,这里追求的是根据现象学创建者的哲学文献来进行阐释,并且带有这样的信念:在这里可以仅仅涉及"实事本身"。在这里谈论的不是那种纵然"机智的"或"深邃的"意见,而是一部具有恒久基业的作品(non opinio sed opus）。

译者后记：

　　奥斯卡·贝克尔为纪念胡塞尔七十诞辰而撰写并于 1930 年发表在《康德研究》上的这篇文章如今几乎已被完全遗忘，但从中可以看到胡塞尔当时最重要学生之一贝克尔对他老师的现象学的总体理解。贝克尔在这里从数学哲学家、逻辑哲学家、同时也是现象学家的角度出发，将胡塞尔从《算术哲学》到《逻辑研究》、《哲学作为严格的科学》以及《纯粹现象学与现象学哲学的观念》直至《形式逻辑与超越论逻辑》的思想及其一脉相承的发展视之为一门真正的超越论现象学的逐渐成熟的过程，并且对其内在的必然性做了精到的论证。它构成对胡塞尔一生完成了的所有主要著作①的一个系列评论，并以此揭示出一个基本事实，或者说，一个与胡塞尔自称的"永远处在变化中的初学者"的说法并不矛盾的基本观察："胡塞尔思想发展的进程在总体上要持续稳定得多，尽管并不始终是直线性的，而且后来的基本思想萌芽显露得要比人们通常所以为的更早。"

　　在完成这篇文章的翻译之后，译者读到贝克尔的学生奥托·珀格勒在其论述贝克尔的文章的一个脚注中提到："这篇文章至今仍有意义，因为贝克尔清楚地确定：胡塞尔的现象学从一开始并始终是定位在超越论的观念论的原则上的。"②这个说明首先为译者自己对胡

---

　　① 在严格的意义上，胡塞尔 1930 年之后撰写的《笛卡尔式的沉思》、《欧洲科学的危机与超越论的现象学》和《经验与判断》都是未完成的。

　　② 参见：Otto Pöggeler, „Phänomenologie und philosophische Forschung bei Oskar Becker"，„Hermeneutische und mantische Phänomenologie"；最初发表于：*Philosophische Rundschau* 13 (1965), S. 1-39；扩充后收入：Otto Pöggeler (Hrsg), *Heidegger. Perspektiven zur Deutung seines Werkes*, Beltz Athenäum；Weinheim 1994, S. 321-357；此处引自扩充版：S. 354, A. 8.

塞尔的理解,其次也为译者对贝克尔的胡塞尔理解的理解提供了支持,最后也为译者对此文的翻译提供了更为充分的理由。

倪梁康

2015年12月23日

胡塞尔遗稿的拯救与
胡塞尔文库的创立①

〔比〕海尔曼·范·布雷达 著

倪梁康 译

1938年4月27日,埃德蒙德·胡塞尔在患病五个月后于布赖斯高地区的弗莱堡辞世,享年近79岁。

同年8月15日,我到了弗莱堡。我打算为胡塞尔身后遗留的文件编写目录并对它们进行研究,而且想了解他的教学活动的遗留影响。我当时27岁,而且刚刚在卢汶大学的哲学研究所获得一个哲学的神学学士学位。此外我还在这所大学注册为大学生;因为我想继续我的学业,直至完成哲学博士的学位考试。

在1936年至1938年期间,我全力以赴地投身于胡塞尔哲学的研究。我于1938年6月在卢汶提交的学位论文(Lizenzarbeit)以胡塞尔哲学发展的早期阶段为论题,除此之外还含有对他直至1914年的发表论著的详尽分析。这篇论文应当被用作一项关于现象学还原的更为广泛研究的引论,我打算将这项研究作为博士论文来提交。我的弗莱堡之行的主要目的就在于,为这个博士论文打下必要的和

---

① Herman Leo Van Breda, „Die Rettung von Husserls Nachlass und die Gründung des Husserl-Archivs", in: H. L. Breda und J. Taminiaux (Hrsg.), *Husserl et la pensée moderne. Husserl und das Denken der Neuzeit. Actes du deuxième Colloque International de Phénoménologie. Akten des zweiten Internationalen Phänomenologischen Kolloquiums. Krefeld 1.-3. Nov. 1956*, S. 42—77.

必需的基础。

与其他关注胡塞尔1930年前后公开发表著述的读者一样,我也注意到,他一再提到他写下的未发表的哲学文本。他自己补充说,他曾让他的最后期的几位学生看过这些文本。如他所说,这些未发表的研究含有对理解其至今为止公开出版著作而言极为重要的文稿,并且会澄清一系列舆论界所无法解决的问题。因而我前往弗莱堡,以便能够接触这些未发表的著述,或它们中的一部分,并且在可能的情况下将它们用于我的正在撰写的关于还原的研究。

然而在从卢汶动身之前的几天里,我想到了一个完全另类的计划,对它的实施同样是我借弗莱堡之行才注意到的。这里所关系到的也是那些胡塞尔遗留下来的未发表手稿;但事情不仅在于:找到它们和研究它们,而且在于:在可能的情况下出版它们。

在哲学界众所周知的是,埃德蒙德·胡塞尔是犹太血统。从中不难得出,希特勒政权会在德国阻止胡塞尔遗稿的出版。尽管胡塞尔在1887年就已经受洗成为路德教会信徒,而且他在其长期学术生涯中始终远离犹太社团,这些都难以改变这个事实:他的遗稿处在针对各种犹太作者的著述所采取那些措施的范围内。尽管纳粹没有禁止以各种形式出售胡塞尔以前在哈勒尼迈耶出版社出版的图书,而且在德国图书馆中也还能够借到这些书籍,但确定无疑的是,对他撰写著述的任何再版都是不可能的,遑论发表任何新的著作。同样确定无疑的是,在德国的任何官方机构以及以某种方式依赖于这样的机构的研究者都不可能考虑为出版胡塞尔的遗稿做准备。

此外我还知道,纳粹机构自1933年以来就已经将针对所有犹太血统教授所做的规定用在胡塞尔身上。他从大学教授的官方名单上被除名。他不被允许进入图书馆大楼。他被告知,他不能参加于1933年在布拉格和1937年在巴黎举行的国际哲学大会的德国代表团，而且即使他想以私人身份加入德国代表团，他的出境申请也会遭到拒签。除了所有这些以外，我还得知，胡塞尔自1933年起直至他去世都始终在日趋孤独的状态中生活于弗莱堡，只有少数几位朋友和同事还有勇气在他最后患病期间去看望他并最终参加他的葬礼。所有这些状况以及还有一些其它状况都在诉说着一种充分明晰的语言；毫无疑问，任何想要在帝国本身将这位辞世的哲学家的精神遗稿公之于众的企图都将会得到官方德国的何种回答。

如我前面所说，或许在比利时出版胡塞尔遗稿的想法是在我从卢汶出发的几天前才有的。我曾仔细地考虑过，是否能够在卢汶的哲学研究所的出版框架内实施这样一种编辑出版工作。在这方面我曾求助于我的博士导师约瑟夫·道普（Joseph Dopp）教授以及另一位老师路易斯·德·芮迈柯（Louis De Raeymaeker）教授。他们将这个计划呈交莱昂·诺艾阁下（Monsignore Léon Noël），事情必须由作为哲学研究所主任的他来做出决定。作为咨询的结果，我被告知，这个计划看起来原则上是可行的。我被要求借此行之机进行必要的考察，以便在当地收集出版问题的各种状况。我尤其还需要尝试，尽可能准确地设想遗稿的范围及其相对意义，以及它们的各个部分的可供出版的成熟程度。最后的和主要的一点是，我必须仔细地了解所有权人对待这个可能的卢汶出版计划的态度以及了解与胡塞尔文献遗稿有关的法律状况本身：胡塞尔本人的要求和现在的所有权人的要求。

只要认识卢汶哲学研究所的第二任主任、玛斯亚（Mercier）的继任者莱昂·诺艾，只要听过他的讲座，那么在得知他毫不犹豫地赞成这个计划并且原则上愿意在研究所工作的框架内促成它的实施时就不会感到惊讶。他毕生都始终在强调和坚信玛斯亚为其建立的哲学研究所所奠定的那些原则。诺艾与玛斯亚本人一样是公认的对经院哲学进行改造的引领人物之一。但这种对某个学派的从属性在前者和后者那里都没有妨碍他们获取对近代哲学的经典人物的深入了解，并且以最贴近的方式去追踪当代思想的最重要运动。他们的态度始终忠实于玛斯亚为其研究所精心选择的格言："新与旧"（Nova et vetera）。[①]

在此精神中，自1906年起就在近现代哲学研究所担任教授的诺艾同样对胡塞尔于1900/1901年出版的《逻辑研究》抱有兴趣。还在其最早的讲座中他就让他的学生们注意这部著作的意义。他自己于1910年在《新经院哲学评论》（Revue Néo-Scolastique de Philosophie，XVII，S. 211-233）上发表了一项详细的研究文章，在其中他赞同胡塞尔对心理主义的逻辑规律解释的批判，并且承认在这部著作中包含的现象学分析的价值。如我们自己也可以确证的那样，胡塞尔绝未忽略这项研究的发表，尤其是因为这是探讨他的思想的第一篇以法语发表的文字。1939年我们很高兴地在胡塞尔的私人图书馆中发现了那项研究的特印本，这是诺艾寄给胡塞尔的，上面写有他给后者的题献。

此外，大约在1913年，诺艾曾鼓动他的最有才华的学生中的一位雷诺·克莱默（René Kremer），让他在自己的指导下撰写关于胡塞尔现象学的博士论文。这位于1934年便英年早逝的克莱默由于战争的缘故在1919年才能够提交他的论文《埃德蒙德·胡塞尔的哲学》。在他的老师的启发下，克莱默打算对他的研究做进一步的加工，并且将它出版，以此来申请哲学研究所的硕士学位，亦即任教资格。然而，世界大战以及由此而在比利时，尤其在卢汶引发的反德情

[①] 此典出自《马太福音》第13章第52节："凡文士受教作天国的门徒，就像一个家主，从他库里拿出新旧的东西来。"以此强调的是现代与传统的融合，或现代对传统的继承。——译者注

绪促使他放弃了这个计划。在战争期间他跟随其老师被迫到盎格鲁-撒克逊国家居留了一段时间，并利用这个优势为他的著作《美国的新实在论》收集了资料，他以此书于1920年通过了硕士考试。而倘若1914年没有爆发世界大战，那么在诺艾指导下完成的第一个硕士论文或许就会是一篇致力于胡塞尔思想研究的论文了。

自1928年起，诺艾担任哲学研究所的主任，他在其1930年至1940年期间的教学活动中继续强调现象学研究方向的意义，这个研究方向在两次大战之间的这段时间里的发展已经闻名于世。如果在那些年里研究所的许多学生们将他们的研究集中在对当代思想的这个方向上，那么那些讲座的影响当然也是原因之一。就我自己而言，我想在这里宣布的是，正是诺艾所做的关于现象学的几个令人印象深刻的说明才引起了我对胡塞尔的个人兴趣。带着这些印象，我后来投身于对他的思想的研究。但从那些兴趣和这个研究出发，我陷入到一些迷乱之中，它们应当通过卢汶胡塞尔文库的建立而得到最终的解决。由于诺艾阁下在对于胡塞尔文库之建立而言关键性的时刻1938和1939年并且直至他从研究所主任位置上退休都从未停止过给我们以宝贵的建议，并且赋予文库以最大的道德支持，因而我在这里绝不能沉默地绕过他本人在胡塞尔文库的建立和进一步的发展中所起的极其根本性的作用。

当我1938年8月到弗莱堡时，我得知哲学家的妻子、马尔维娜太太、婚前姓：施泰因施奈德，仍然健在，而且一直还住在她丈夫于四月前辞世时所住的房子里。纳粹政府知道如何将所有所谓非雅利安人置于真空隔离的境地，这种真空是如此完善，以至于需要通过我的几个弗莱堡方济各会兄弟的一系列调查和自愿的帮助才能够做出这个最为简单的确定。况且这里所关系的还是一位在1916年至1933年期间这所古老大学之荣誉的最重要承载人之一的遗孀，而且还是在胡塞尔刚刚墓葬不久。8月29日周一,胡塞尔太太在家中接待了我。在请求她与我会谈的信中,我只是强调了我的意图,即撰写一份关于胡塞尔还原学说的全面研究论文。我只是含糊地暗示,除此之外我还会向她转告卢汶哲学研究所的一个建议,同时我并未提到,这个建议与她丈夫未发表的著述有关。我告诉她,我是比利时人、神父、方济各会修士和卢汶大学的学生。在哲学方面,我补充说,无论如何我可以自视为高年级学生。

胡塞尔太太当时还住在位于城市边缘的美角街上的漂亮而宽敞的屋子里,胡塞尔在此度过了他一生中的最后两年。与她丈夫一样,她也是犹太血统,出生于旧奥匈帝国。她是著名的中世纪希伯来手稿和犹太文学专家莫里茨·施泰因施奈德的亲戚。由于其犹太血统,她也与她丈夫一样被政府的反犹主义措施所涉及,并且自1933年以来便与他一样生活在孤独的状态中。较之于她的丈夫,她与朋友的关系更紧密,对社会生活也加入得更多,因而她对这种孤独的感受也比她的丈夫更深;而且更有甚之,她比他更清楚地知道,人的怯懦还会以何种方式参与到这种日益增加的孤立之中。然而她还是如此完善地控制着她的感觉,以至于许多人,甚至是家中最亲近的朋友,都几乎注意不到她的这些感觉。至少在外表上她还在可能的限度内安排其生活,做出最重要的决定,撰写大量的书信,与她选择的朋友聚会,并如此生活着,就好像没有纳粹政权一样,而且没有让人看出她是这个政权的一个牺牲品。在她身上表现出不同寻常的骨气和意志力。但使她在那些悲惨年代得以坚持下来的东西首先在于她的不可动摇的信念,即对她丈夫的哲学使命之意义的信念。自胡塞尔于1938年去世,直至1945年他的精神遗产得到保存、对它们的学术开发最终得以确定之际,胡塞尔太太让其它一切都服从于对她丈夫遗稿的可能拯救和可能利用,以及由此而完成的对其哲学使命的实现。对于她来说，这是一个简单的义务，无论是她的日趋年迈的状况（她生于 1860 年），还是所有那些威胁着她的骇人危险，都不能阻止她完成这个义务。哲学世界首先要感谢这位饱受苦难考验，但从未屈服的女性，正因为她，现存于胡塞尔文库中的全部原本资料才得以保存和安置。

借那次在 1938 年 8 月 29 日与胡塞尔太太初次会谈之际，我第一次得以看到胡塞尔在去世时留给后世的那些哲学记录文件的令人惊讶的范围。欧根·芬克、胡塞尔最后岁月中的忠实而敏锐的学生，也参与了这次会谈。他在此刻就已经使我了解到胡塞尔遗稿的巨大意义。怀着深深的感动，我的目光掠过令人难忘的一排手稿文件夹，它们含有胡塞尔的四万页速记手写稿，还有约一万页的誊抄稿，这是由埃迪·施泰因、路德维希·兰德格雷贝和欧根·芬克完成的手写稿或打字机稿，他们曾先后担任胡塞尔的助手。芬克向我说明，胡塞尔在其最后的著作中提到的就是这些誊抄稿；前些年他曾允许他的几位学生在其中做过查阅。它们的数量足够丰富；但是，我对自己说，与那些尚未誊抄的速记稿的巨大数量相比，它们又算得了什么！

随后，胡塞尔太太和芬克又给我看了胡塞尔自 1880 年至 1938 年期间收集的众多哲学藏书。它包含了超过 2700 卷的图书以及大约 2000 份重要的特印本。除此之外，由于许多书籍和印本还带有作者们的原本题献，因此它们具有特别的藏书价值。然而对于胡塞尔思想的历史研究来说，无比重要的是他的这些私人工作用具。因为他仔细阅读过的所有书籍和文章都留有他手写的边注，这些边注是他在阅读过程中用铅笔、以纤细字体写在上面的。芬克曾说明，仔细研究这些边注会为胡塞尔思想的文献来源的艰难问题之解决提供可能。此外，这里藏有解开一整系列在阅读和诠释我所看到的这些未发表的速记稿时将会产生的其它问题的钥匙。

最后我从胡塞尔太太口中得知,她丈夫在遗嘱中将他的精神遗产的管理托付给了他的儿子格哈特·胡塞尔教授。但格哈特·胡塞尔自1934年起便离开了德国;他当时住在美国,是华盛顿法学院的教授。由于他看到因路途遥远而不可能做出需要在当时当地完成的安排,他已经将他父亲在遗嘱中赋予他的权利部分地转交给了他的母亲。

在得知这些情况的同时,我正在脑海中准备关于我们在卢汶设想的出版计划的谈话。因为我希望在胡塞尔太太这里的首次拜访能够以这个谈话结束。当胡塞尔太太在我参观这个遗稿收藏结束时询问我在给他的信中暗示的"卢汶计划"时,我必须承认,我感到有些迷乱。我开始报告:人们在卢汶如何曾相信,或许有可能解决出版这一本或另一本文稿的问题。我随即补充说:从我刚刚得到的对现有的东西的通览可以得出,预想的解决方案不仅是不足的,而且是完全无法实施的。

我继续说:在这种情况下,我只想立即提出我在刚刚通览这些资料时想到的另一个建议。这个新的建议已经远远超出了我提交给我的卢汶教授们的建议,因而不能以任何方式对他们具有约束力。这个建议至多可以被视作对这个问题的一种理论上可能的解决方案的预计,它的可能实现首先取决于胡塞尔继承人的同意,而后取决于卢汶大学机构的决定。

由于这个我后来提出的建议在几个月之后以今天在胡塞尔文库名义下为人所知的结构的形式得以实现,我便允许自己在这里再现我当时向胡塞尔太太和欧根·芬克所做的阐述。

我说:胡塞尔的精神遗产是这样一种遗产,以至于只要有任何可能,就必须决定将它完整无缺地提供给人们研究。即使当前的境况仅仅允许先做部分的发表,这也必须在顾及哲学世界以后无疑会希望的方式进行，即：可以将这些部分放在总体著作的关联中进行研究。

但如果对这些遗稿文本的处理是根据这个重要观点来进行的，那么科学地开放这些文稿的唯一富有前景的途径就是创立一个胡塞尔文库，这是我在那一时刻就已经提到的名称。在这个为学习和研究胡塞尔的思想和著作而建立起来的文库中，首先应当将我在那天下午所见到的所有部分统合起来，而后用所有其它文献来完善这些收藏，它们能够为胡塞尔的事业以及与此相连的现象学研究方向的历史提供说明。

由于这项工作要求一种特殊的专业知识，因而这个结构有赖于专业研究者的合作，他们必须实施必要的研究计划并且承担编辑出版的责任。毫无疑问，这些合作者们的首要任务在于，按照语言学的缜密规则，将胡塞尔自己以速记方式写下的文本的很大一部分转换成通行体。而后需要尽可能地确定每一个个别的文本在其产生的以及在其为胡塞尔所做整理的历史关联中的位置。最后还要对遗稿的最重要部分做考证性的编辑出版，同时需要说明这些被编辑出版的文本与胡塞尔的已经为人所知的著述的关系。为了能够合乎实事地开发这些遗稿，探讨它们的研究者们必须能够查阅胡塞尔的私人书库并且获取所有那些可以提供有关作者的学术生涯和哲学生涯的资料。

而后我说：我清楚地知道要实现这样一个计划会面临哪些困难。

由于德国当时主宰者和统治者态度的缘故，要在德国建立这样一个研究场所是不可能的。情况既然如此，如果仍然想要决定建立它，那么剩余的可能就是在帝国边界之外找到一个合适的地点。而后可以考虑例如卢汶，那里的哲学研究所的负责人已经表现出了支持在这方面有所行动的想法。当然，在这种情况下必须对此有所准备，即在将大批资料藏品从弗莱堡运至其德国境外的新储存处时可能遭遇到的纳粹方面的无尽困难。

即使克服了纳粹的刁难而完成了运输，困难也才刚刚开始。首先是财政方面的困难：如何找到必要的经费来租借场地，支付合作者的薪酬，以及承担编辑出版费用？这个第一份所需支出的表格是如此不完善，以至于在它之中都还没有列出将处在弗莱堡的遗稿运至卢汶的运输费用。

为了实现这个设想的计划，最终并且主要还需克服一系列与私人类型的问题联结在一起的困难。如果无法获得胡塞尔最后两个助手路德维希·兰德格雷贝和欧根·芬克的合作，或者至少得到他们两人之一的合作，那么这个研究场所的创建就是无法想象的。因此必须确保他们的合作；而且这是为了一个因为目前状况的缘故而必须在德国边界以外建立的机构。这难道不意味着：就当时情况而言，对他们提出过分的要求，即实际上要求他们决定过一种——在某些方面不太舒适的——流亡生活？

但他们的合作是全然不可缺少的，这一点对于每一个详细了解相关文献的人来说都是确然明了的。没有对胡塞尔速记体的知识就不可能对汗牛充栋的速记体文献做出任何处理。尽管胡塞尔在一般情况下严格遵守所谓加贝尔斯贝格系统，它当时为许多德国人和奥地利人或多或少地所熟悉。然而胡塞尔在50年使用这个字体的过程中自发地建构了一系列自己发明的缩写。除此之外，在对亲笔手写的文字进行辨读和学术处理之前，不仅有必要具备对胡塞尔思想的坚实知识，而且也有必要把握对手写的现存分类，掌握胡塞尔使用的参考系统，而且有必要知道其它成千上万的、只有在与这类文献打过较长时期的交道后才会熟悉的细节。但在1938年只有兰德格雷贝和芬克才具备这样的知识并且能够引导其他研究者进行工作。兰德格雷贝当时是布拉格大学的年青私人讲师,并且此外在那里已经自两年来就在转录胡塞尔的速记文稿。芬克自1933年起就出于对他本人信念的忠诚以及对他老师的忠诚而拒绝了为他提供的各种教学职位,始终还住在弗莱堡。他当时——1938年8月至9月——正准备结束各种与胡塞尔文稿相关的研究工作。两人都刚刚结婚。此外,他们都离群索居,以一些分派给年轻研究者、规定给哲学的微薄收入维持生活。他们会同意参加这个应当创立的研究所的工作吗?而且,即使他们同意参与研究所的工作,他们有可能与他们的家庭一起离开他们眼下的居住地,移居到另一个国家去,例如移居到比利时去吗?

当我在那次值得纪念的会谈中谈及这个将由兰德格雷贝和芬克的不可或缺的合作所提出的问题时,我立即也看到还有另一个问题将会产生,它同样是私人性质的问题。尽管我小心避免立即谈论这个问题,我还是清楚地知道,它很快就会表明是无法回避的。一旦决定将胡塞尔的精神遗产转移到德国之外的一个地点,那么就没有什么东西还会将他的遗孀阻留在弗莱堡了。是的,一旦遗稿基本上被移走并被安置,那么只需简单的智慧就可以得出,胡塞尔太太要尽快做出流亡国外的决断。无需先知的才华就可以预料第三帝国将会为其犹太血统公民安排的悲惨结局。她的两个孩子、她的仅有的近亲已经在1933年至1935年期间流亡国外。他们从那时起就与他们的家庭一起居住在美国。孩子们曾尝试过劝说他们的父母亲一同流亡,当时南加州大学曾为胡塞尔提供一个哲学教席。但胡塞尔并不"相信"应当接受这个"邀请",他认为发出这个邀请的人显然是想用此邀请来尽可能地使他远离德国,而并非是认真地想将他接纳到大学的全体成员中去。即使面对亲人的催逼,胡塞尔也始终坚定不移;他回答说:他在哪里生活和工作,也应当在哪里死去。但在此之后,非雅利安人在德国的处境变得日益无法忍受，而且还持续地恶化。由此可以得出，胡塞尔太太的移居一旦有可能就必须在最短时间里完成。如我前面所说，我决没有逃避这个从我们面临的处境得出的这个逻辑推论。我当时没有谈到这件事，当然是出于对我的谈话对象的爱护，但——我也不想隐瞒——也是因为我怯于看到对这个进一步任务的可能实施的困难……

胡塞尔太太极为关注地倾听了我在这里概括的长长的陈述。她多次打断我，以便表达她的赞同或向我提出问题。在短暂思考之后她对我说，她和我一样坚信，只有建立一个如我所考虑的那种胡塞尔研究场所才可能保证对她丈夫的全部事业的学术开发。她继续说：显然，如果现在建立这样一个机构，那么它只能建在德国之外。当然，有大量的困难需要克服。但她已经决定，接受此事，连同相关的这些困难，并部分地承担这些困难。在结束其——对于一个78岁的女士来说显然是令人惊讶的——声明时，她对我说：初看上去，她觉得卢汶是可能建立这样一个机构的出色场所，并且她要求我尽力获取我在卢汶哲学研究所的上司的表态。胡塞尔太太这方面则会向她的儿子格哈特·胡塞尔和女儿伊丽莎白·胡塞尔-罗森贝格报告我们今天谈话的基本内容。此外，她还会请她的儿子，即胡塞尔确定的遗嘱执行人，提供原则上同意与卢汶哲学研究所进行可能协商的意见。

三天后，1938年9月1日周四，胡塞尔太太告诉我，在对我提出的建议经过深入而全面的思考之后，她决定接受这个建议。她补充说：一旦我的大学机构通知我它们原则上同意的消息，她就准备与我商讨与实施相关的细节，以便能够尽快地启动在卢汶建立研究所的计划。她不怀疑也会从她儿子那里获得有利的信息。看起来应当在等待她儿子的回信期间就可以立即开始研究需要解决的众多实际问题。

  这份报告的读者无疑会对胡塞尔太太做出这个决定的急速感到吃惊。此外我自己当时也十分惊讶。为了理解这一点，首先需要回忆那些威胁着所有住在帝国的犹太人的重大危险，以及恰恰是在他们之中那些"不愿屈服的"人生活于其中的极度紧张状态。他们必须在每一刻都准备做出最重要的决定。而马尔维娜·胡塞尔肯定是那些勇敢者中的最勇敢者之一。她所具有杰出的勇敢之天赋，以及她恰恰在最困难时刻所具有的决断力已经合理地在其朋友圈中成为佳话。

  然而，她之所以如此急速地接受了卢汶可能是建立一个胡塞尔文库的自然场所的想法，还有其它的原因。其中的首要原因是我作为卢汶之代表所提的建议是清楚而具体的。对她来说这可以说是一个正中下怀的建议。此外，在长期生活于学术圈的过程中，她常常听到关于卢汶大学的谈论，并且了解由这个古老的说布拉班特方言的①母校（Alma mater）通过大量的经卢汶学者完成的考证性文本的编辑出版而在德国所赢得的好名声。在卢汶完成的出色的语言学研究工作事先为她保证了希望有朝一日在那里完成的胡塞尔出版物的质量。最后，卢汶大学如所周知是一所天主教大学。但胡塞尔本人以及他的太太自1933年以后便带着日益钦佩的心情看到天主教教会的整个抵抗，尤其是对希特勒政权的抵抗的发展过程。特别是他们懂得珍视由许多基督徒所证明的对敌视犹太人的法律的拒绝，以及在他们周围的真空越来越大的情况下，几位出色的天主教徒继续向他们表明的牢不可破的忠心友谊。还在我们最初几次交谈中，胡

---

  ① 布拉班特语（brabantisch）是在比利时、荷兰和德国交界地区所说的一种方言的名称。——译者注

塞尔太太就已经谈到她最亲近的几位天主教徒的感人忠诚；尤其是谈到她的忠诚的女管家约瑟芬·奈普勒小姐（Josephine Näpple），而且她还会随她一同流亡；还谈到修女阿黛尔贡迪斯·耶格施密特，我们后面还会继续谈到她；以及其他许多人。此外她同样也不断夸奖诸多新教徒。因此，卢汶大学是一所受罗马教会保护的机构，这一状况显然使她产生了信任；她坚信，宗教阶层有可能会在保护她丈夫的精神遗产的过程中表现得特别坚定。

我本想利用9月2日至5日的周末撰写一份关于已进行协商的详细报告给我的博士导师约瑟夫·道普。但我必须将此打算的实施推迟几天，因为此刻加斯东·贝尔格（Gaston Berger）和路德维希·兰德格雷贝来到弗莱堡。

贝尔格当时在准备他的著作《胡塞尔哲学中的我思》与《关于认识条件的研究》，他于周日，即9月3日，拜访了胡塞尔太太。我本人在当天就遇到他，并且自此刻起便有伟大的友谊和特别的善意产生，这位出色的哲学家现在是法国高等教育总干事，他始终向卢汶胡塞尔文库以及这篇报告的作者展示着这种伟大的友谊和特别的善意。胡塞尔太太向他简短地说明我在弗莱堡驻留的原因，并且告知他我们这几天商谈的结果。贝尔格极为担忧胡塞尔遗稿面临的危险，并且特别强调保证它们安全的必要性，即是说，有必要将它们运出纳粹控制地区。他继续说：在他看来，卢汶可以为胡塞尔文库的建立提供所有必需的保证；手稿肯定会在那里得到仔细的保管，而在那里完成学术工作的质量会为在此方面需做之事提供保障。

9月5日周一，路德维希·兰德格雷贝到达弗莱堡。如前所述，他曾是胡塞尔的私人助手，而且完全熟悉由胡塞尔手稿的开发而会产生的所有问题。即便是在他1929年离开弗莱堡并于1935年在布拉格完成任教资格考试之后，他也没有中断与胡塞尔的合作。这个忠实合作的出色结果就是 1939 年在布拉格出版并此后为所有胡塞尔哲学专家所使用的胡塞尔的著作《经验与判断》。他的这项工作主要在于对其老师未发表文稿的最终编辑出版。除此之外，兰德格雷贝还继续对胡塞尔的速记文稿做系统的转录。在他到达布拉格之后，他甚至能够使当地的"哲学学会"（Cercle philosophique）对转录工作感兴趣，并赢得对他的支持。自 1936 年以来，这个学会为他提供一个微薄的资助，用于支付他的办公费用并使他赴弗莱堡的旅程得以可能。出于对此经费支持的感激之情，胡塞尔同意将所有由兰德格雷贝在布拉格转录过的原稿放在"哲学学会"的所在地做继续保管。直至 1938 年 9 月，已有约 1500 页通过这个途径到了那里，因而当时已被存放在布拉格。此外，兰德格雷贝当时在弗莱堡访问的目的恰恰就是保证在胡塞尔去世后将他进行的工作定期地继续下去。因为肯定会从中产生在其继续实施形式方面的变化。但兰德格雷贝已下定决心继续进行他的工作，并且想要将一个新的系列的手稿带到布拉格去。他在到达后得知，一所比利时的大学恰恰对这些文稿极为感兴趣，并且考虑承担对它们的完整开发时，感到十分吃惊。让我感到十分高兴的是，兰德格雷贝随即就十分友善地接受了这件新鲜事。就像他懂得珍视布拉格"哲学学会"所做的贡献一样，他也立即领会了，卢汶的计划更为全面，而且如果能够实施，也会更为令人满意。

而后在 9 月 6 日，兰德格雷贝、芬克和我进行了三人之间的最后一次长时间商谈，话题主要是他们在卢汶研究所的可能合作事项。两人首先告诉我，他们毫无保留地赞同我建议的解决方案的主要原则。他们会十分仔细地检验卢汶发给他们的合作邀请，而且他们衷心希望，情况会允许他们在可能情况下接受这样一个邀请。

我不必强调兰德格雷贝和芬克的这个原则声明的重要性。现在是我立即索取我的卢汶教授们对所有这些方案的态度的时候了。我在9月8日终于可以给道普教授寄出一份关于这个构成的手书的详细报告了，他可以用它来与哲学所的领导人物们讨论这些被提出的问题。我首先向他描述我看到的遗稿的丰富组成。而后我概括出我在它们的评估方面得出的结论。我在这里直截了当地强调，有必要将全部文献储存在德国以外的一个地方，而且在我看来建立一个特有的研究场所是开发胡塞尔遗稿的唯一途径。但如果不能首先为兰德格雷贝和芬克或至少他们两人中的一人的合作提供保证，那么就无法设想有效的研究工作。在最初的两三年中他们的帮助和参谋是不可或缺的；他们的在场在我看来是绝对必需的。最后我还告知道普教授这个无疑令人印象最深的消息：胡塞尔太太以各种形式委托我向哲学研究所的领导转达她对在卢汶、在哲学所的框架内建立这样一个研究所的建议。因此我的信可以被视作从她那里发出的一个正式提议。在我这方面，我已经表示愿意向胡塞尔太太通报哲学所将会给我的答复。

我于9月8日给道普手写的长信或许已不复存在。在我的文档中只有一些我用于起草该信而使用的笔记。但我还仔细地保留着道普于9月12日寄至弗莱堡的给我的回信。他说：这封信既是以诺艾阁下的名义，也是以他的名义撰写的。然而这封信的极为友善的口吻和作者对我的成功努力的祝贺并没有让我误解这封信内容的真实含义。信中说：卢汶的哲学所认为目前没有能力承担与我建议的建立一个胡塞尔研究所相关联的负担，尤其在经费方面。道普教授对我写道：主要是诺艾阁下担心"会面临照顾一个合作者生活费用的状况"。因此，必须放弃让胡塞尔的最后两位合作者或只是他们两人之一去卢汶的想法。由于担心有朝一日不能兑现曾合理地做出的一个承诺，研究所的主任也不想在这个方向上迈出哪怕最小的一步。此刻"他觉得对经济的未来没有把握,因而不能为未来承担某种义务",他的"绝对的诚实"迫使他采取这样的态度。然而,他继续写道:对我提出的这个广泛方案的拒绝并不会排除这样的可能:卢汶希望参与对胡塞尔文稿的编辑出版工作。可是卢汶的参与只能是一种"有限的参与"。但"准确表达的建议"肯定会"在卢汶得到怀有最大善意的检验";例如这些建议可以包含对"一卷或少数几卷"的编辑出版。结束时道普教授还补充说:如果我在准备编辑出版时需要第三方的资助,那么从任何方面来看都值得期望的是,在卢汶出版的各卷是以我的名义编辑的。因为在这种情况下,这个出版可以预期从比利时科学基金会方面获得支持。

如果我在这里承认,这封信的内容尽管在某些方面给人鼓励,但与几天来我所满怀的兴奋之情很难协调一致,那么人们大概不会感到讶异。我认识到,我的这些计划已经超出了当时在卢汶存在的可能性,但我并没有放弃寻找实现它们的方法。在我向胡塞尔太太告知我的老师们的回复时,我立即又补充说,在我看来这必须被解释为仅仅是初次的、此外还是可理解的反应;但我这方面已经下定决心,在我回到卢汶之后对整个问题重新做一个审视。满怀青春的狂热,我最后还向她保证,我对即将建立的、我新近称作卢汶胡塞尔文库的机构抱有不可动摇的信念。

9月16日周五,在与胡塞尔太太商谈并告知她卢汶方面回答的消息之后的两三天,她一早打电话给我并请我得空时去找她。我于当天上午稍后时去了她那里。

几天前,纳粹政府和政党以所谓苏台德地区的德国居民受到捷克国家的压迫为借口开始进攻捷克斯洛伐克。面对这些尖锐的冲突,人们预计在极短时间内会有帝国的武装行动。这可能会引发全面的冲突。一连串的事件开始发生,它们应当以慕尼黑危机为名载入史册。

胡塞尔太太请我去她那里的9月16日这天，人们还无法预料到两周之后法国与英国会在慕尼黑立即接受了由"元首"口授的决议。相反，当时看起来一切都表明一场法德冲突是不可避免的。胡塞尔太太有所动容，但也有所克制地向我谈到她在此国际形势面前怀有的巨大担忧。在此处境中她认为自己不得不做出艰难的决定，刻不容缓地让人将全部学术遗稿或至少是手写稿转移出弗莱堡。许多朋友，其中有她的银行委托人克雷普斯（Krebs）先生已经向她表明，这些文稿在战争状况下放在弗莱堡会面临危险。弗莱堡距离法国边境只有几公里，无疑会是敌对军事行动的首要目标之一。胡塞尔太太深信有必要为她保护的文献找到一个庇护所，她请我承担对她的决定的实施。她补充说：此外，这并非是要求我承担我们此前谈到的建立研究所的义务。与此无关，她首先托付给我这个任务，即：安置她丈夫遗稿的基本部分，即主要是手写稿的部分。如果我愿意接受这个任务，那么她和我就会决定为此需要采取哪些基本措施；在具体实施的所有问题上她都给我完全的自由。

我回答说：我完全懂得珍视她以此建议对我表明的信任，并认为我有义务接受它。但我补充说：如果决定将文稿运出弗莱堡，那么我认为它们不能仅仅被运到德国的另一个地方，而是必须立即运到国外。当然，弗莱堡在战争情况下尤其会招惹是非；但在纳粹德国则时时处处都会面临其它的危险。这天的主宰者的某个法令或下层的地方权势人物的某个情绪有可能会导致胡塞尔太太精心保护的一切都遭到完全毁灭。因此我建议，立即考虑所有的可能性：如何将胡塞尔的即使不是遗稿整体、也无论如何是全部原本文稿以及业已完成的誊写稿转移到帝国边界之外。

在她丈夫和她近几年已经不得不承受来自纳粹方面的一切之

后，她马上就理解，我所说的是对的。她毫不犹豫地赞同在德国之外寻找一个保存文稿之地的想法。然而，即使在她做出这个沉重的决定时，她仍然没有失去其实际感。几乎就在她表示原则同意我的建议的同时，她也已经在问我如何实施这个建议。

正是在此刻我第一次清楚地想到，有可能借助比利时驻德国的外国使领馆来安置胡塞尔的遗稿。尽管我当时对外交官的权利和特权知之甚少，我还是记得，首先是使领馆的大楼——即使在战争情况下，直至外交社团撤回——享受治外法权；此外，外交事务官员具有不受阻碍地与他们所代表的政府的通信的可能：它们的使领馆人员可以在不受通常检查和管控的情况下通过边界。

很明显，这两个外交使领馆的特权可以为解决摆在我面前的难题提供无比有利的可能性。如果治外法权实际上包含了我所猜测的权利，那么就可以得出，将手稿放置在一个享有治外法权的大楼中也就相当于得到了安置。它们在那里可以最终逃离纳粹反犹措施的干预。另一方面，我估计"外交官行李"所具有的特权有可能会允许将文稿无危险地运过国界，例如运到比利时。

尽管我因为对外交阶层缺乏信任而不能隐瞒某种不确定性，我仍然毫不犹豫地向胡塞尔太太说明，我刚刚想到的解决我们问题的第一可能性是什么。

我接着说：如果她本人认为这样一个解决方案至少值得尝试，那么我这方面就准备与一个比利时领事或柏林的比利时大使馆的官员进行商谈。

在她征询了欧根·芬克的意见之后，胡塞尔太太还在这次谈话期间便委托我尽快与比利时政府在德国的代表进行商谈。由于最近的比利时领事馆位于美因河畔的法兰克福，因此决定我在当天晚上便乘火车去那里。次日我将尝试在那里与领事馆的领导官员谈话。

与此同时我们也没有忽略，即使在我的法兰克福商谈以成功告成的情况下，实施这个已经决定的计划也需要几天时间，如果不是两到三周的话。在此期间国际形势是如此紧张，弗莱堡有可能在一两天之间就处在军事行动的中心。根据这个情况，胡塞尔太太、芬克和我约定，我们将——以最慎重的方式——寻找一个远离边界的可靠地点，把文稿放置在那里，直至最终能够将它们转移出德国。

9月17日周六，我果真能够在美因河畔的法兰克福被一位在那里主持我的国家领事馆的德国公民接见会谈。如果我说，我的阐述引起了他的特别兴趣，那么我是夸张了，尽管他作为好官员没有介意我进入他办公室时略带随意的方式而仍然保持适当而友善的态度。如果他只是用半只耳朵来听我的陈述，那么实际上这并不是因为他真的缺乏兴趣或热心，而是因为他在我的陈述一开始就清楚地看到，我的所有设想都用错了地方，至少不应当用在他这里。因为我不合理地预设了：一个寻常的领事可以享受治外法权和外交官行李特权。我的谈话伙伴告诉我，事实上任何领事都不具有这些特权。在所有位于帝国领域的比利时代表处中，唯一具有治外法权的是柏林的大使馆大楼，而被视作为外交官行李的只有由大使馆本身填报的文献。由此可见，如果我仍然想要坚持我所说的计划，我就必须向柏林的比利时大使馆的主管官员递交我的申请。当天晚上又回到弗莱堡之后，我向胡塞尔太太通报了我经历的一切。在深思熟虑之后决定，既然已经踏上了这条路，就继续走下去，即我还应去一趟柏林。然而这个旅程应当被推迟几天：在我上路之前，看起来可以有办法先将文稿放置在国内另一个较为可靠的地方。

我曾在我的教团的几位上级那里小心地提出过这个问题，并且很快得到一个证明，即如果我们在德国土地上寻找这样一个至少可以暂时存放几百公斤速记文稿的可靠地点，就必须准备应对严重的困难。我的教团上级中有为数不少的几位此前已经提供了他们坚定反对希特勒政权及其反犹法令的清楚证明。尽管如此，很明显，他们都是在犹豫很久之后才会让他们委托的人去冒为保存重要的犹太文书而必定带有的额外风险。由于纳粹当时一旦有机会就在修道院中进行抄家搜寻，并且将他们找到的每一件可疑的文献都用来指控修道院成员，因此我很难指责我一再收到的这种拒绝的状况。而当我此后寻求几位平民的帮助时，我几乎就没有成功过。

9月17日晚的现状便是如此，这时我们曾提及的修女阿黛尔贡迪斯·耶格施密特、一位来自弗莱堡附近君特谷利奥巴修道院（Lioba-Kloster）的本笃会修女，向我们做了一个建议，我们立即将注意力转向它。

在她进入修道院之前，阿黛尔贡迪斯修女，当时还是新教徒，曾在弗莱堡听过胡塞尔的讲座。她的改变信仰与进入修道院给她的许多朋友和熟人留下深刻印象，尤其是因为这两者都是在她——以一份历史学博士论文——出色地完成了博士学位考试后不久发生的。1938年她已经在南德意志学术圈中有了真正的名气，她曾在这里做过关于宗教问题的各种报告。她在整个纳粹执政时期表现出自然的和道德的勇气或许要归功于她生在一个旧式军官的家庭里。与许多人相反，她从未停止在胡塞尔家中公开地出入来往。在哲学家的临终病痛期间，她常常守护在病榻旁，而在他去世之后，她用她的建议和亲近来援助他的遗孀。

在向胡塞尔太太报告了现有计划的进程以及我们遭遇的困难之后，她建议立即将文稿运到利奥巴修女们在康斯坦茨拥有的一个小分院去，这个城市的南部市郊有几处毗邻瑞士边界。由于那个分院修女们的活动既延伸到瑞士边界一边，也延伸到德国边界这一边，因此她们可以在她们往返来回的过程中逐渐地将文稿带入瑞士。阿黛尔贡迪斯修女所求助的是利奥巴修道院女院长的母亲，那个康斯坦茨分院也由她主管，她告诉我们，如果修女们愿意声明为了使这些重要文献得到安置而自愿实施这个计划，那么她愿意允准她们这样做。

正如读者已经注意到的那样，阿黛尔贡迪斯修女提出的建议不仅仅局限于将文稿安置在德国的另一个地方。如果能够实施这个计划，那么实际上就已经解决了跨越边界并将文件转移到国外的棘手问题。我必须承认，我从考虑这个建议的第一瞬间开始就对它实现的可能性抱有严重的怀疑。此外我还相信，国际局势有可能导致在短时间内关闭所有国界，这样我们就面临不得不使我们从事的活动半途而废的危险。我在讨论的过程中丝毫没有隐瞒这个担忧。然而我补充说：即使我还没有看出，以此途径如何能够将文稿运到瑞士境内，我仍然坚信，必须立即抓住这个命定的机会，将文稿从弗莱堡运到康斯坦茨去。

于是便决定，阿黛尔贡迪斯修女应当于9月19日周一踏上去康斯坦茨的旅程，并将所有速记文稿带到那里。当我在周一早晨在阿黛尔贡迪斯修女的火车车厢里放下三个装有四万页手写稿的沉重箱子时，为了胡塞尔事业的出埃及记（exodus e patria）之钟被敲响了。

阿黛尔贡迪斯修女回来后向我们所做的报告表明，不能再指望以此途径将文稿运到瑞士去。我们听到她的报告是在9月20日周二，即她回去一天后。她说：康斯坦茨小修道院的修女们毫不犹豫地表明她们愿意将胡塞尔手写稿保存在她们那里。但她们认为，将文献运入瑞士在此刻是一件极其危险的事情。如果将这么大量的速记文本秘密地运过边界不是一件绝然不可能的事情，也是一件任何一个有理智的人不能冒险去做的事情。此外，阿黛尔贡迪斯修女利用机会与胡塞尔家的一位瑞士朋友谈论了此事，他也是同样的意见。

需要提到的是，阿黛尔贡迪斯修女在她踏上瑞士土地后不久便给她的女友、胡塞尔的女儿伊丽莎白·胡塞尔-罗森贝格寄去了一封长信通报。因而她与她的哥哥格哈特·胡塞尔在很短时间里便获得了关于在他们母亲家中发生的最重要事情的详细报告。

阿黛尔贡迪斯修女的讲述坚定了我已经得出的看法：唯有向柏林的比利时大使馆直接提交申请才能为我们开启一个出路。9月20日晚在胡塞尔太太家中进行了长时间的交换意见，我在此期间直截了当地表达了这个信念。阿黛尔贡迪斯修女和芬克也参与了这个讨论。在完整地检验了此刻展示出的形势之后，所有人都接受了我的观点。因此我请胡塞尔太太尽快让我去柏林，以便在那里的比利时大使馆采取所有我认为合适的步骤来安置她丈夫的遗稿以及将文件转移到国外。但是，在我到柏林之前，我还要去康斯坦茨重新取得文稿。因为这样我就可以在我于大使馆获得成功的情况下当即将文献存放在使馆中。

人们无须费力就会理解，我只能接受这个赋予我的新任务；因为是我自己提出这个计划，从中才产生出这个任务。然而在我开始实施之前，我觉得，我拥有一份胡塞尔太太签字的文件会对我有用，尽管不是必要，这份文件能够让我在柏林比较容易引起大使馆的先生们对文稿命运的兴趣。因为法兰克福的领事向我暗示过，大使馆原则上仅仅存放这样的物件，它们是它所代表国家的成员的所有物。由此可以得出，如果我必须承认，不是相关物事的所有者，那么我在柏林会有当场被拒绝的危险。为了避免这种在已看见码头还沉船事情的发生，我觉得胡塞尔太太绝对有必要为我写一张证书，证明她全权将她丈夫文稿的拥有权转交给我。我随即补充说：这样一份文件尽管看起来必须完全像是真的，但按照我的意图应当既不会对胡塞尔太太，也不会对她的家人具有严格的束缚力。它只是被用来创造一个我为达到自己目的所需要的合法境况。此外我决定，一旦我看到了那个"赠与"行为的必要性,就会起草第二份文件,我愿意自己签上名。在其中我愿意确定,那个赠予具有纯粹臆想的性质,而且一旦文件越过边界,所有与文稿相关的权利便将重新归于胡塞尔家庭。

我在我们的商谈结束时允许自己问胡塞尔太太,她是否准备——在上述条件下——为这样一个赠予行为签字,她当即做了肯定的回答。在芬克和一位犹太女律师、也是胡塞尔的家庭女委托人的帮助下起草和制定了两份文本。第一份的内容无非是我刚才谈到的赠予行为;第二份文本则确定我对胡塞尔家庭承担的义务。在9月21日签署两份文件时,胡塞尔太太又在第二份文件上添加了一个手写的附录。她在其中确定,我自此日起对她丈夫著作的编辑出版的每一活动的参与都具有不会抹灭的权利。尽管我在这一刻已经不再是全然不配获得这样一个允诺,我还是完全懂得珍视由此而向我表明的信任。

这样就为我的柏林之行做好了一切准备。9月22日周四,我先到康斯坦茨,在那里重新取得装有文稿的箱子。22日至23日的夜里,我从康斯坦茨前往柏林。到达后我先将箱子放置在柏林-潘考夫(Berlin-Pankow)方济各会的修道院中。还在当日,即9月23日周五下午,我便能够受到比利时大使馆的两位外交官的接见和会谈。我首先与总领事哈鲁克斯(?)先生谈话,从他那里我得知,在所有问题上,无论是涉及比利时财产在大使馆的安置方面,还是在允许非官方物件使用外交官行李方面,原则上都是由大使本人来授权的。由于大使当时不在柏林,由此只有他的代表,即大使秘书才能对我提出的问题做出表述。

大使秘书的位置于1938年在柏林是由拜瑞尔子爵(Vicomte J. Berryer)担任的,据说他后来有极其辉煌的外交官仕途。他在这个对我来说如此值得纪念的状况中极为友好地接待了我。当时我曾为他对我抱有的完全信任而感到意外,后来我也曾对此一再感到惊讶。毫无疑问,应当在这篇报告中感激地提及这位好人在那个严重的和对胡塞尔事业的命运的关键时刻所表明的直接理解以及他的精干。他十分关注地倾听了这个我此前经历的不寻常故事,并且立即表示同意我在次日就将文稿存放在大使馆中。他向我保证:从此刻起,它们将可以完全摆脱纳粹的任何干预。为了更好地保护它们,他会在大使馆的巨大钢制橱柜中给它们腾出一个位置。

而后他对我说:当然,他无法做出有可能将文稿用外交官行李运到布鲁塞尔的决定。如果事先布鲁塞尔外交部没有通知他们同意此事,那么就连大卫格农子爵(Vicomte J. Davignon)大使本人可能也不想承担这样一个运送的责任。因而拜瑞尔先生劝我暂时满足于将我运来的文件在大使馆中的安置。如果我重新回到比利时,我借助卢汶大学机构的帮助当然可以容易得到允准,让人将胡塞尔的文件以外交途径运到比利时。

次日,9月24日,中午12点左右,我将文稿亲手转交给拜瑞尔先生,而且我们将它共同锁入大使馆的保险柜。随之,胡塞尔遗稿的基本组成部分终于处在一个安全的地方。可以希望在可预见的时间能够完成最终的安置。

达到这个目的之后就没有什么还可以让我留在德国首都了。我急切地想向胡塞尔太太报告我此行的结果,并且尽快离开德国,返回比利时。对我要回到我的国家的愿望,任何一个记得这几天在欧洲发生的扣人心弦事件的人都不会感到惊异。慕尼黑危机达到了它的顶峰。每个人都认为,战争是不可避免的,而且它的爆发近在咫尺。直到9月25日,在张伯伦与希特勒在哥德贝格会面并召开已经获得悲剧名声的慕尼黑会议之后,紧张的气氛才达到可感受的——当然也是虚幻的——缓和。然而在我的柏林之行的整个持续期间都还无法预料局势的缓和。在我周围,我到处看见充满忧虑的面孔和满怀对可怕战争之恐惧的人。这个处在极度骚动状态中的国家或许在很短时间里就会进攻我的国家,我在穿越这个国家的过程中只有一个急迫愿望:一旦我完成了这个我承担下来的任务,我就要离开这个国家。我很清楚,我在纳粹德国实施这个任务冒了多大的风险,这更增强了我的急迫愿望:只要可能,就尽快离开。自9月16日以来,即从我将拯救文稿当作自己的任务以来,我始终没再能够摆脱一个凝重的恐惧。我知道,只有少数事情能够躲避笼罩在这个国家上的警察监视,而且对法令的最小逾越都不会不受到惩处。如果我在帝国土地上被现场抓住,那么我就必须做好遭受最凶狠报复的准备,而由于我是外国人,并且还是神父和方济各会修士,对我的处理只会更严厉。……

我9月25日回弗莱堡的行程以及而后在9月27日从弗莱堡到卢汶的行程只是一个匆促逃亡的两个阶段。我已经无法忍受这种可怕的紧张。我越来越向往卢汶和我的家人。尽管胡塞尔太太对我的行动的成功结果十分欣喜,她也立即理解了,我想结束此事,返回比利时。此外她很清楚,已经没有任何急切的任务需要我留在德国,同时也需要我回到比利时,以便在那里继续我的努力并将文稿运过边界。

现在我要离开胡塞尔太太,并且高兴地想到终于可以避开无处不在的希特勒当局的警察监视,但与此同时,每当我想到我留给其命运安排的老夫人时,我的心都会抽紧。但是,尽管明显受到感动,她还是又一次展示了她的不同寻常的果敢。她说:我对于她就像一个儿子,而且我已经为她丈夫的事业做出了贡献。即使一场战争会在我们之间建起不可逾越的壁垒,她还是知道,我为胡塞尔事业所做的一切将会在她的精神中以及与她愿望相一致地发生。我始终可以期待她的最完全的信任，而且她衷心地期望我一切顺利。

9月26日晚，我与胡塞尔太太告别。次日早晨我离开弗莱堡，返回卢汶。在我的箱子里我已经带上了可观的一部分遗稿，即至此已由胡塞尔的助手埃迪·施泰因、路德维希·兰德格雷贝和欧根·芬克完成的转录稿各一份，它们以誊清本的方式再现了作者的原本。幸运的是，德国的边境安检警察对我的大量行李的这个部分没有表示任何兴趣。这样，胡塞尔遗产的第一次流亡行动就在无意外事件发生的情况下完成了。

如果我曾希望看到在比利时的紧张气氛会比在德国少一些，那么在我到达后的所见就立即给了我一个教训。全力以赴的动员看起来并不十分成功。到处都充满混乱，而且有一种针对所有那些哪怕只具有一丁点责任感的人的沉闷恼怒正在生起。在这些日子里，比利时人丢失了他们享有盛名的健康人类理智，就好像他们从来就不曾有过它一样。

在这种混乱中我需要好几天才能找到我的卢汶教授。一些教授被应征到军队，与此同时，其他留在原地的教授则必须首先考虑最为紧急的安全措施，以便能够有所准备地应对局势。当我于10月1日终于能够与莱昂·诺艾阁下、路易斯·德·芮迈柯教授和约瑟夫·道普教授会面时，我开始报告我的不同寻常的经历，连同一个必定会让他们觉得几乎无法相信的消息。我说，按照胡塞尔太太的明确意愿，与胡塞尔遗稿相关的著作权的完全支配权，除了一些限制之外，已经被转交给我。尤其是胡塞尔太太让我向卢汶的哲学研究所转交一个新的提议：委托哲学研究所开发这些遗稿。诚然，这个提议只有在已故哲学家的儿子和这些权利的拥有者格哈特·胡塞尔以各种形式确认之后才会最终生效。但胡塞尔太太授权给我表达她的信念：她儿子在全面了解后会毫不犹豫地确认这个提议。我补充说：胡塞尔的全部遗稿文本最终都信任地托付给了我。出于小心的缘故，我将速记文稿暂时存放在柏林的比利时大使馆中，同时，有一系列对那些文本的重要摘录稿此刻已经在卢汶了。

由于他们直至此刻都还对所有这些一无所知，因而我的听众几乎不敢相信他们的耳朵。然而在他们听完我自9月初以来在德国的经历之后，他们觉得不再是那么不可信了。在我对此的长篇叙述讲完之后，诺艾阁下毫无保留地赞同我的处理方式并且对我的行为表示祝贺。他说：胡塞尔太太的提议当然是对研究所的尊敬，但更多是对研究所最初指派的这位学生的尊敬。现在首先要等待格哈特·胡塞尔的表态，并且同时根据它在卢汶实现的可能性来从各方面检验这个建议。诺艾阁下补充说：但他不想向我隐瞒，他对从事如此规模活动的最初顾虑在我的阐述之后不仅没有减轻，而且更为加重了。因此我必须以最小心的方式行事，并且不能给任何人以如此的印象，好像研究所已经决定宣布准备保存胡塞尔的文稿并且对它进行开发一样。然而我并不需要将这个保留视为研究所的负责人对这个建议的拒绝。它与一个具有如此影响力的建议必定会在每个有责任意识的人那里引发的巨大顾虑是相对应的，即使存在着能够接受它的愿望。

在我于谈话开始时所做报告中，我已经特别强调地指出，我们的柏林大使馆只有在获得布鲁塞尔办事机构的明确指示之后才能将速记文稿作为外交官行李运送到比利时。我的谈话对象们说：没有什么阻止我们立即采取相应的步骤。尽管尚未最终确定是否要建立一个胡塞尔研究所，但这个状况不会妨碍我们现在就采取适当措施，将文献放置在一个安全的地点。最后决定，由诺艾阁下直接向当时的总理和外交部长保尔-亨利·斯巴克（Paul-Henri Spaak）求助。相信部长会给我们有利的通知，这样，将文稿运到比利时还面临的最终障碍很快就会被铲除。

斯巴克的回复果然是有利的。还在10月11日，外交部的内阁秘书尼色斯（E. Nicaise）先生就接见了我，以便与我讨论运输的细节。还在11月底之前，我存放在柏林的文件就合为一体，并且自此起便存放在卢汶大学图书馆的保险柜中。所以，我相信从现在起它们在纳粹面前是得到安全保障的。因为当时我还没有预见到，在不到两年之后，他们会部署到比利时这边来，而我则不得不将这些从他们手中夺回的财富重新再隐藏四年多的时间。

我还想在这里提及：比利时外交部门在1939年5、6月里为避免胡塞尔手稿的最后一部分落入纳粹之手而再次做出过贡献。我前面已经报告过，在何种条件下以及为了什么目的，胡塞尔曾将一系列文稿托付给布拉格的"哲学学会"。如所周知，希特勒于1939年3月15日未费周折地用武力吞并了捷克斯洛伐克，在那里他的反犹太法也开始生效。由此可以得出，存放在布拉格的文稿也不再处于安全的境地。在实施一个事先——借一次布拉格之行的机会——由我与"哲学学会"领导人达成的协议的过程中，比利时外交部也表示愿意将最后的文件包运至布鲁塞尔。1939年6月12日，尼塞斯先生通知我，带有这些文件的箱子已经到达布鲁塞尔，并且供我处理。

尽管运输问题的成功解决让我感到欣喜，但我还是不能隐瞒，我对我的老师们起先对建立胡塞尔文库项目采取的态度感到不安。由诺艾阁下表达的保留让我担心他最终会驳回我的建议。我大致感觉到，研究所主任和我的教授们肯定对我抱有关爱，因此将会继续支持我。然而在急切振奋的状态中，我完全无法认识到在我的计划面前还有许多极其实际的障碍，而且我怀疑——我很快就看到这是不合理的——那些更为冷静地看待事情的人的真正意图。

无论如何，我这方面仍然决定做所有的尝试，以便让胡塞尔的遗稿留在比利时并在这里开始对它的开发。由于我在那时便担心卢汶不会表示意愿,或者至少研究所的领导人不想独自承担这个任务,因此我自问,是否对此问题的适当解决方案在于,在比利时四所大学的共同庇护下建构这个我梦想的文库。我知道,在最近几年里,我们的那些大学的哲学教席的多位持有者都曾表明对胡塞尔思想的兴趣。在根特执教的是埃德加·德·布罗尹讷(Edgar De Bruyne)、一个全面公认的现象学领域权威。布鲁塞尔的简·兰梅埃(Jean Lameere)自几个月以来便与胡塞尔太太和与各个现象学家频繁通信;他正在准备《国际哲学评论》的一个胡塞尔分册的出版。由于我了解这些有利的先决条件,因此我觉得,必定有可能由四所大学的代表组成一个委员会,他们在其中共同做出建立一个胡塞尔研究所的决定并且承担对它的领导。此外我还相信:通过这样的合成,一旦事关在比利时公共机构和科学基金会那里申请补助,这个委员会就会处在有利的位置上。很难拒绝一个由四所大学的指定代表们共同提交的申请。

我曾与德·芮迈柯教授谈到这个新计划,他虽然提出了几个异议,但看起来原则上并不拒绝性地站在它的对立面。我想不惜任何代价尽快获得某种积极的结果,因此我利用几天后一个偶然呈现的机会将我的计划在埃德加·德·布罗尹讷教授和他当时的根特同事德·弗雷绍瓦(H. J. De Vleeschauwer)面前做了报告。匆促中我甚至疏忽了事先向诺艾阁下或道普教授说明我计划采取的步骤。直到后来我才领会,我以此方式违背了所有有效的游戏规则,而且我的行为方式在我卢汶教授们的眼中必定会成为有些特异的例外。

10月12日我遇到了德·布罗尹讷,而14日我在根特与德·弗雷绍瓦有过商谈。两人都有利地接受了对以大学间合作方式建立胡塞尔文库的想法。这样一种合作在他们看来不仅是可能的,而且他们认为这会提供可观的优势。

带着对此结果的自豪感,我向德·芮迈柯教授做了报告,并请他将此转告研究所主任。我承认,我的教授们的回复让我吃惊不小:因为诺艾阁下通知我,他在此期间已经做出了他的决定。在10月1日和15日之间他详细校验了由胡塞尔文库的可能建立而产生的各种问题,并且自现在起决定,在由他领导的研究所的框架内建立这样一个文库。他立即开始行动。现在我发现,这位令人尊敬的、有学识的高级教士,这位公认的不易做出某个决定,而且实施决定更慢的人,在必要的情况下也会具备行动者的天赋。在不到十天的时间内,这位已经年迈、此外还几近失明的先生在对各个地方做了多次拜访的过程中首先获得了大学校长保林·兰道兹(Paulin Ladeuze)阁下对建立相关研究所的同意。带着这个同意意见,这位哲学研究所主任而后又取得比利时主教们的意见,他们构成布拉班特大学的管理委员会。在获得主教们的无异议(Nihilobstat)之后,诺艾和兰道兹最后还共同向比利时科学研究基金会提交一份经过详细论证的申请,以便获得必要的资金来创建和维持计划中的研究所。根据这个申请,弗兰魁基金会(Fondation Francqui)的管理委员会在其1938年10月27日的会议上决定,同意为文库提供至少两年,每年75000比利时法郎的支持。这笔款项应当供卢汶哲学研究所支配,并用来抵偿两名在卢汶文库进行合作的合格专家的居留费用和生活费用。这里考虑的两位研究者正是路德维希·兰德格雷贝和欧根·芬克,他们原则上已经表示愿意在卢汶居留一段时间;他们的首要任务就是对速记文稿做系统的解码。

我相信,可以合理地将10月27日,即弗兰魁基金会做出上述决定的这天,视为卢汶胡塞尔文库真正的生日。因为在这天,建立文库所面临的最终障碍终于被铲除了;而这里所关系的无疑不是一个微不足道的障碍。……所有根本的决定现在已经做出,而文库的维持资金已经得到保障。我，与塔瑟斯的保罗一样，在险境、劳苦、守夜（in plagis, in laboribus et in vigiliis multis）中所做的所有这些伟大计划之具体实现的钟声已经响起。

我在这里满足于仅仅简短强调在接下来几个月里发生的几个最重要事件。从1938年11月初到1939年6月末，我的任务主要在于对上述决定的实施。

在我于1938年1月12日至25日所做的旅行期间，我首先来到布赖斯高地区的弗莱堡，而后与胡塞尔太太和欧根·芬克相聚。此后我从弗莱堡出发去布拉格，而后在那里将卢汶发出的在文库合作的提议提交给路德维希·兰德格雷贝。

在我于弗莱堡访问期间，首先决定，胡塞尔太太应当尽早离开德国，希望她能够随她的子女去美国。由于我借一次在斯图加特的短暂拜访之际根据那里的美国领事馆的消息得知，以她的情况不可能立即获得移民文件，因此我向胡塞尔太太建议暂时去比利时。这样她会避开那些她在德国始终都面临的危险，而且她这样可以安静地等待她可以移民去美国的那一刻的到来。

在这次滞留弗莱堡期间，我在芬克的自愿帮助下制定了在胡塞尔家庭与卢汶哲学研究所之间的协议草案。这个协议应当为胡塞尔遗稿的全部确定两方面的权利和义务。尽管胡塞尔太太当场便赞同了这个草案，但不言自明的是，在格哈特·胡塞尔作为这些事务的家庭法律代理以及另一方面诺艾阁下作为研究所主任同意之前，这个草案是不能生效的。根据这个经过几个无关紧要的修改而实际上在接下来的12月便签署了的协议草案，胡塞尔的全部手写稿原件与私人文件仍然是胡塞尔家庭的财产；而研究所则被授予——至少在一定的限度内——转录、使用和出版这些文本的权利。

离开弗莱堡之前，我最终满意地得到了芬克愿意移居卢汶并在弗兰魁基金会提供的条件下参与胡塞尔遗稿开发工作的声明。在我11月18日至22日去布拉格旅行的过程中我要两次穿越苏台德地区,它刚被并入帝国。那里还是一片无政府和无秩序的状态,而要想穿过这个地区还需要一些技巧。即使在布拉格,捷克人因慕尼黑协议而经历的充满屈辱的践踏导致人们在那些只能说德语或法语的外国人面前鲜有友好之情;这两种语言在这个时刻都同样被他们所憎恨。在此期间,兰德格雷贝夫妇的友好接待和扬·帕托契卡[①]的好客之情让我忘记了在这个城市中的令人感到压抑的气氛。——此外,这是一个美丽四溢的城市。

我很快便得到了路德维希·兰德格雷贝的同意,他接受邀请移居卢汶,而后在那里参与新的研究机构的合作。与芬克一样,他也接受了为他提供的条件。

通过兰德格雷贝和帕托契卡的介绍,我在布拉格也会见了布拉格"哲学学会"的主席埃米尔·乌蒂茨[②],在他的赞助下,前面已提到的胡塞尔手稿的转录得以进行,而已被转录的原稿则在他那里得到保管。

值此之机,在"哲学学会"与卢汶研究所之间达成了一个原则性的协议:一旦捷克斯洛伐克被帝国完整占领的危险成为现实,就应当将存放在布拉格的原稿运至比利时。前面我已经报告过,1939年初,在希特勒将捷克斯洛伐克共和国在慕尼黑之后的剩余部分也强占之后,这个协议得到了实施。

[①] 扬·帕托契卡(Jan Patočka,1907-1977),捷克哲学家,是胡塞尔弗莱堡时期的学生,也是这里提到的布拉格"哲学学会"的奠基人之一。——译者注

[②] 埃米尔·乌蒂茨(Emil Utitz,1883-1956),德语哲学家、心理学家、艺术理论家。父母均犹太人。生于捷克波西米亚地区,死于德国耶拿。他是弗兰茨·布伦塔诺的学生,与胡塞尔、舍勒均有交往。——译者注

在离开布拉格之前,我最后还对由奥斯卡·克劳斯在那里创立和领导的布伦塔诺文库做了短暂的访问。他也是犹太血统,并且据说在几个月之后为了躲避纳粹而不得不匆忙逃往伦敦。他只能带走他辛苦收集的文献中的一小部分,而他的离开就意味着布伦塔诺文库的编辑出版工作的完全中断。尽管他并未向我隐瞒他对胡塞尔思想以布伦塔诺思想为代价而获得的巨大影响的不乐意——他是这样表达的——,他还是欣然给我看了他的文库的收藏,并且告诉我一些有关它们的开发所使用的方法。尽管他对胡塞尔的敌意使我感到震惊,我还是要承认,他在那些事情上的经验令我敬服,而且后来我常常会想起在他那里看到的东西。

11月25日回到卢汶后,我看到那里已经收到格哈特·胡塞尔的一封长信,他是多次提到的胡塞尔精神遗产的著作权持有者。我这方面在10月17日写信报告了所有的进程,并且请他对那些经过斟酌的计划表明他的态度。在回信中他对在卢汶建立一个文库的做法表示完全赞同,并且仅仅提出以下条件——他坚信这是不可或缺的——,即研究所要保证兰德格雷贝和芬克的参与合作。由于自我踏上路途之后这方面就不存在任何怀疑,我便立即寄给他几天前在弗莱堡由芬克和我自己起草、已经为胡塞尔太太同意的协议草案。在完成几个纯粹外部修改并也得到伊丽莎白·胡塞尔-罗森贝格太太的赞同之后,这个协议——胡塞尔文库的法律基础——为两方面所签署。为研究所签字的是诺艾阁下,1938年12月25日,格哈特·胡塞尔也在上面签了名。

1938-39年这个学年对我而言充满了紧急的活动,同时我也还要在研究所为准备博士论文而完成讲座方案;而这段时间对我的健康而言是代价很高的。然而由于我在这一年的进程中能够收获我此前所做努力的多重成果,因而它始终留在我的愉快回忆中。

1939年3月16日,芬克来到比利时;他很快开始他的转录工作。他的迁居和他家庭安置在卢汶没有遭遇太大困难,但兰德格雷贝夫妇以及他们的小孩则绝非如此,他们——在捷克斯洛伐克被吞并后不久——遭遇了在获得出境许可过程中所有可想象的困难,而且在移居他国的过程中几乎丧失了他们的全部家具。在经历了既与纳粹也与捷克官员的无尽麻烦之后,兰德格雷贝一家终于在4月24日到达卢汶;最后,他们3月底在布拉格寄出的家具也于8月14日抵达卢汶!

与此同时我们也成功地解决了胡塞尔太太移居比利时的问题。借助两位重要的比利时政治家、此外也是卢汶教授的卡诺伊(A. Carnoy)和德·弗雷绍瓦的明确支持,我在做了无尽的努力之后终于成功地从司法部——我必须说——争得了胡塞尔太太的入境许可和居留许可。从1月13日到18日,我第三次来到弗莱堡,然后将这个消息传递给她,尽管是一个好消息,但对她来说也意味着流亡的开始以及随之而来的与其至此为止的生活的完全中断。无论她为此有多么痛苦,她现在也依然既没有丧失其决断力,也没有丧失其实际感。带着她固有的、从未离开过她的能量,她此外还获取了必要的许可,不仅将她的漂亮的家中的贵重家具,而且还将她的已故丈夫的大量藏书带了过来。1939年6月20日,在她的忠诚的女管家约瑟芬·奈普勒的陪同下到达比利时。几天前我为她办理了装在60个箱子里的藏书和装在一个巨大集装箱中的家具的海关手续。

按照我们所有人的预料,胡塞尔太太只会在比利时居留到她能够继续前往美国到她孩子那里去时为止。我们相信,在几个月的时间内就可以拿到入境签证。但很快我们就明白,美国的办事机构在这样一类情况中比我们所希望的要更不配合得多。国务院的官员们始终毫不动摇，并且即使面对出自在他们那里已经享有盛名的保罗·范·泽兰[①]的最热诚推荐也不同意予以哪怕是丝毫的考虑。这个境况始终没有改变，直至1939年9月爆发的战争迫使我们放弃任何旅行美国的计划。与所有的预见相反，胡塞尔太太在比利时的居留一直延长到1946年5月；而后我才能够将在此期间已经86岁的老妇人送到哥德堡，她在那里坐船去美国。从1939年6月到1946年5月她都住在卢汶附近海伦特镇的一个女修道院的小房间里。在整个纳粹占领期间她都不得不隐姓埋名，并且承受由此生活带来的一切。她也再次表明她的无可动摇的勇气。帮助她承受这个漫长的孤独和无尽的等待岁月的主要是我们为再次拯救她丈夫毕生事业的努力，以及好心修女们的忠诚，首先是她的约瑟芬·奈普勒的无可比拟的支持。在完全没有我协助的情况下，她于1941年向我表达加入罗马教会的愿望。在一个在她看来毫无希望并且周围充满危险的时刻，她的新获得的信仰以及她对宗教生活的参与成为她的新的力量的来源。

不幸的是，1940年9月，我前面所述的装有家具的集装箱因为战争的缘故而被摧毁了；在指望可以将它装船运到美国去的时间里，我们让人将集装箱放置在安特卫普的港口。由于盟军在1940年9月16日的一次空袭以及由此造成的火灾，胡塞尔的老师布伦塔诺为青年胡塞尔所绘的两幅画像以及他的通信的一个重要部分——也包括马丁·海德格尔给他的信——被毁灭殆尽。但我在事发地还能够重新找到含有他骨灰的骨灰盒残余。在去世前胡塞尔规定，他的遗

[①] 范·泽兰（Paul Van Zeeland,1893-1973），比利时法学家、经济学家、天主教政治家，于1935年3月至1937年11月期间担任比利时首相。——译者注

体要火化。他决定采取这个措施是为了阻止狂热的纳粹亵渎他的坟墓。还在1938年就已经有犹太人的坟场以此方式遭到羞辱。在整个战争延续期间我都避免将这个沉重的损失报告给胡塞尔太太，她会因为集装箱的毁灭而痛苦。至于骨灰，我在此期间将它保存在卢汶我的方济各会修士的小屋中。战后我将它交还给胡塞尔家人。1950年，在胡塞尔太太去世后，他们的孩子们决定将他们父亲的骨灰放在他们母亲的棺材旁，安置在弗莱堡附近君特谷的公墓中；用来装饰坟墓的是一块简单然而优美的石碑。

尽管在集装箱的全部内容中只能救出胡塞尔的骨灰，我们还是通过我们的努力而幸运地保存了藏书。虽然它们在1940年至1945年期间面临了各种危险，既来自纳粹占领方面，也来自盟军的轰炸。胡塞尔的藏书直到今天还是在卢汶保存的胡塞尔遗产的组成部分。尽管胡塞尔家人保留了胡塞尔手稿以及托付给文库的私人文件的所有权，他们还是将有关藏书的全部权利都转交给了卢汶大学的哲学图书馆。1939年4月24日，我电话通知格哈特・胡塞尔一份出自大学校长拉道兹（Ladeuze）阁下的购买出价；格哈特・胡塞尔于次日告诉我们，他接受这个出价。这样，这些藏书便成为文库所属的大学的财产。

在由胡塞尔太太指定寄给我们的包裹到达之后，胡塞尔学术遗产的所有本质部分都在卢汶合为一体。与此同时，通过顺序签署的协议完成了所有使遗稿的开发可以可能所必需的法律规定。拥有对于文库工作所必需的知识的学术合作者已经到位。简言之，1939年6月底，卢汶胡塞尔文库的建构时期已经结束，而真正的工作自此时起便可以开始了。

在1939年的整个夏季并且接下来直至1940年5月，兰德格雷贝和芬克都集中精力工作，将他们的老师的一系列珍贵的速记手写稿转录成打字机文稿。即使在1939年9月开始的"滑稽战争"期间，他们也没有以任何方式减少他们每天的工作成就。

直到1940年5月10日周五，工作才被打断。如所周知，比利时在这天也受到帝国军队的进攻。在几个小时的时间里，整个国家成为一个巨大的沙场。两天内我在文库周围聚集起来的流亡者小组就分散开来。作为德国公民，兰德格雷贝、芬克和他太太还在5月10日便已被隔离，而后很快被运送到法国南部。直到7月，在法国放下武器之后，他们才返回。胡塞尔太太和她的女管家以及兰德格雷贝太太和她两个孩子——第二个是在5月8日出生的！——在布鲁塞尔附近的一家大医院找到了临时安身处。5月13日清晨，我也不得不离开卢汶。根据政府的指令，所有从16岁到35岁的比利时公民都有义务逃避德国人并听凭军队支配。由于我还不知道，这个措施如此之快就失效了，因而我听从了这个安排。我已经意识到，我在离开前为文库的组成部分找到的临时存放处在战争中是毫无用处的；但在这个完全混乱的境况中还能有什么更好的办法呢？

我在离开几乎3个月之后于8月回到卢汶，重又见到那些我不得不留给他们命运安排的所有人都安然无恙，同样也发现我不得不弃置不顾的那些珍贵文件也毫发无损，这时我是多么高兴啊！虽然我感到如此这般地解脱，我还是不能隐瞒，无论是对于这些人，还是对于这些文件，德国的占领都将会带来比我们至此为止所经受的更大的危险。需要立即做出决定！文库本身要在公共视野中消失，并且要与那些困难做斗争，即与那些摆在所有想反对现行安排而继续其活动的机构之工作所面临的困难做斗争。我们已经说过，胡塞尔太太在四年多的时间里不得不隐姓埋名地生活在一个被德国占领所压制的国家里。由于文库的——诚然是虚构的——解散，弗兰魁基金会不能继续提供其资助。此外，兰德格雷贝和芬克在比利时的居留也开始引起纳粹的猜疑，他们决定返回德国。他们于1940年11月的仓促离开同时意味着他们在几个月前刚刚以有效方式开始的整个工作的戛然中断。这样，在1940年底，在1938-39年付出了许多努力才步入正轨的工作看起来虽然没有被宣判为完全取消，但也已被宣判为中断所有创造活动。完全撇开每个战争对于所有献身于纯粹研究的科学机构所带来的困难和限制不论，纳粹的在场和监控系统对文库存在本身会造成完全毁灭的危险。

这样，在1940年11月，在拯救胡塞尔遗稿的历史中开始了新的一章。我们在不到两年的时间里第二次面临困难的任务：使遗稿摆脱纳粹，并确保它的开发。如人们所知道的那样，这个双重的任务这一次最终也得以完成。还在入侵者不得不离开比利时之前，在文稿方面的工作就已经能够以强化的方式得到重启。但我们想将对此漫长而艰难的岁月的详细报告保留给另一时机。如果我们能够借上帝之助而幸运地熬过这些年代，那么我们这次也要感谢我们许多朋友的出色协助，尤其要感谢我的兄弟们的经济支持以及我在我的研究所的老师们那里找到的道德支撑。1941年我成为了他们的年青同事。在我已报告事件的过程中，他们就已经从不拒绝给我关爱与帮助，而自1941年起，他们将文库的所有工作都毫无例外地视为一种家庭工作，并且毫不犹豫地分担所有因它存在而生成的危险和风险。

这里的文字是献给我的这些老师们和朋友们的，无论他们仍然健在，还是已经过世！通常人们会说，胡塞尔著作的确保与胡塞尔文库的创立是这篇文字的作者的事业。我希望这个长篇报告会表明，其他人为公理之故在多大的程度上参与了这个被宽宏地允准给我们的功绩。愿所有那些在常常是悲惨的时刻赋予我信任、给予我忠告、并且通过他们的关切而赐予我力量的人能够将这些文字当作诚真感激的符号接受下来。作为"阿西西的穷人"①的真正信徒,我想在他们大家面前引述泰伦提乌斯②的优美诗句:

无论我多么贫穷,我都关注了一件事:要保持诚意。③

附录:海尔曼·范·布雷达教授[④]

〔德〕路德维希·兰德格雷贝 著

倪梁康 译

1974年3月3日,胡塞尔著作的编辑出版主任,海尔曼·列奥·范·布雷达[⑤]在卢汶突然辞世。他是方济各会的神父、哲学博士和哲学名誉博士、卢汶天主教大学中世纪哲学教授、胡塞尔文库主任,以及"现象学丛书"(Phaenomenologica)主编。毫不夸张地说,没有他的活动,就不会有今天的世界范围的现象学运动。没有他,对

---

① "阿西西的穷人"(Poverello von Assisi)是指"圣方济各"(St. Francis,也译作"圣弗朗西斯",1181-1228)。他生于意大利翁布里亚地区的阿西西城,因此被称作"阿西西的圣弗朗西斯"。由于他提倡过神贫的(poor in spirit)生活才得到幸福,因此也被称作"阿西西的穷人"。——译者注

② 泰伦提乌斯(德文名为 Terenz,实际名为 Publius Terentius Afer,生于公元前185年,卒于公元前159年),古罗马时期的喜剧作家和诗人。——译者注

③ 原文为:"Quanta haec mea paupertas est, tamenad hoc curavi unum hoc quidem, ut mihi esset fides."这里特别感谢耿宁和梅谦立两位教授提供的解释!——译者注

④ 兰德格雷贝的英文本原载于:《哲学与现象学研究》(Philosophy and Phenomenological Research),第35卷,1975年3月,第441-442页。——译者注

⑤ 范·布雷达(Herman Leo Van Breda),出生于1911年。——译者注

胡塞尔思想的认知就会局限在胡塞尔自己出版的少数几部著作上，以及局限在他的学生们从他那里亲自学到的东西上。对胡塞尔四万页速记手稿的编辑出版首先表明，胡塞尔的已出版的著作只是他的全部著述的极小部分，并且只有在他未发表的研究的基础上才能被理解。要感谢范·布雷达，是他将胡塞尔未发表的文稿在面临纳粹威胁时予以安置。他于1938年9月[①]到弗莱堡拜访胡塞尔的遗孀，询问这些未发表的手稿对他的关于胡塞尔现象学的博士论文是否重要，而且他直接认识到它们的重要性以及在纳粹的查抄之前安置它们的必要性。他获得他的卢汶大学上级的允许，将手稿运到比利时。他在"现象学丛书"的第2卷中仔细描述了这次冒险营救的故事。[②]

作为一个比利时银行家家族的后裔，他以其卓越的实践本能而成功地获得了组建胡塞尔文库的资源。这样，胡塞尔的最后的两个合作者欧根·芬克和路德维希·兰德格雷贝得以在1939年3月便来到卢汶，并开始进行第一阶段的手稿转录，以便未来将它们编辑出版。这个工作由于1940年的德国占领而中断。芬克与兰德格雷贝不得不离开比利时。范·布雷达接纳了从奥地利移民过来的斯特凡·施特拉塞尔[③]，这样他就可以为《笛卡尔式的沉思》的编辑出版秘密做准备。胡塞尔的遗孀也于1939年被范·布雷达带到卢汶，她在那里得以安全地居留到战争结束。战后范·布雷达试图让分散在多个国家的现象学家们会聚在一起，以便重建他们之间在战争中失去的联系。因此他于1950年在布鲁塞尔组织了第一届国际研讨会，

[①] 准确的说法应当是：1938年8月15日从卢汶到达弗莱堡，9月27日离开弗莱堡回到卢汶。——译者注

[②] 即上文"胡塞尔遗稿的拯救与胡塞尔文库的创立"。——译者注

[③] S.施特拉塞尔（Stephan Strasser，1905-1991），犹太血统，奥地利哲学家、现象学家，《胡塞尔全集》第1卷《笛卡尔式的沉思》（马尔蒂米斯·奈伊霍夫出版社：海牙，1950年）的编者。——译者注

而后在若约芒、克雷菲尔德，以及最近一次于1969年在施瓦本哈尔。他在这里提出了建立一个国际组织的计划，它将那些处在个别国家中的各个现象学学会统一起来。他没有能实现这个计划。世界上仍然还有一些现象学家不认识他。对所有人来说他都始终是一个乐意助人的好朋友，可以说，是现象学家的世界大家庭的父亲。因而他们的所有会议都带有家庭节日的特点。

但他的活动超出了这个限制。无论在哪里，只要有需要，他都会给出帮助。他于1944年为荷兰的各个学会组织了额外的服务。他安置了众多的犹太人。他受到众多的表彰。他获得荷兰的"奥兰治-拿骚"奖章、比利时的"皇冠奖章"和"利奥珀德奖章"、德国的平民抵抗勋章和"联邦功勋十字"勋章。作为一个教士，他也常常受到他的同伴的夸奖，并且作为"教父"而为众人所知。因而有近两千人参加了在卢汶圣彼得大教堂为他举办的葬礼。他表明，一个单个的人在一个由未名事件主宰的时代里可以发挥什么样的影响。他不仅非常懂得如何给予帮助，而且也懂得如何给向他请求的人以快乐。他的生活遵循着圣方济各的要求：

> 我们的主啊，让我成为一位平安的信使吧，让我在有恨的地方给予爱，让我给争执的人以和解，让我给生活在黑暗地方的人以希望。①

---

① 是圣方济各的著名祷告的节选。——译者注

编者后记

埃德蒙德·古斯塔夫·阿尔布雷希特·胡塞尔出生于1859年4月8日，辞世于1938年4月27日。为了纪念他诞生160周年和逝世80周年，编者于两年前开始收集和挑选一批关于他的回忆文章，邀请一批同仁与同学参与，陆续将它们译成中文，现在结集于商务印书馆的《现象学文库》中出版。

这些文章共计30篇，其作者均为胡塞尔的同时代人，而且其中大部分是他的学生，包括他的几位最重要的和最亲近的学生。他们与胡塞尔交往以及对他的观察或是因距离近，或是因时间长而弥足珍贵。当然其中还有几个例外：首先，第一篇回忆录是他的太太马尔维娜对她丈夫的一生的回忆与记录；而最后一篇则是他未曾谋面的追随者范·布雷达关于胡塞尔遗稿之拯救和胡塞尔文库之创建的回忆录。其次，还有两篇文字则不是对胡塞尔的回忆，而是出自胡塞尔自己之手的回忆文字：一篇是他的日记，一篇是他自己的回忆，主要是对他与自己老师布伦塔诺交往的回忆。最后，还有两篇不能算是回忆，而更多是对胡塞尔思想的总体回顾与展示；这两篇均出自他弗莱堡时期的两位研究助手的手笔，一篇为贝克尔所撰，另一篇为芬克所撰。

由于各个作者对待胡塞尔哲学所持的态度不一，对他的现象学哲学的熟悉程度不一，与他的私人关系的亲疏程度不一，与他建立个人联系的年代先后不一，以及还有其它如此等等不一，例如男女作者在各自印象、记忆与表达风格方面的不一，因而这里展示出的胡塞尔形象给人的感觉可以说是千姿百态。但无论如何，在这个万千"现象"后面的"本体"仍然是轮廓分明的，触手可及的。这个意义上的"本体"，具有交互主体意义上的客观性。

编者坚信，无论是缺乏哲学理论背景的读者，还是专业的哲学研究者，甚至谙熟现象学运动史的现象学者，都可以通过这些回忆录而获得观察胡塞尔及其现象学的特殊视角以及进入他的思想领域的特殊路径。

这里特别感谢各位同仁和同学参与此次纪念胡塞尔的活动！也要感谢傅智伟同学对全部译稿的认真通读与仔细编校！

倪梁康

2018年3月2日元宵节

杭州武林门

图书在版编目(CIP)数据

回忆埃德蒙德·胡塞尔/倪梁康编.—北京:商务印书馆,2018
(现象学文库·现象学原典译丛)
ISBN 978-7-100-16742-0

Ⅰ.①回… Ⅱ.①倪… Ⅲ.①胡塞尔(Husserl,Edmund 1859-1938)—回忆录 Ⅳ.①B516.52

中国版本图书馆 CIP 数据核字(2018)第 238855 号

权利保留,侵权必究。

中国现象学文库
现象学原典译丛

回忆埃德蒙德·胡塞尔
倪梁康 编
倪梁康 等译

商 务 印 书 馆 出 版
(北京王府井大街36号 邮政编码100710)
商 务 印 书 馆 发 行
北 京 冠 中 印 刷 厂 印 刷
ISBN 978-7-100-16742-0

2018年12月第1版 开本 880×1230 1/32
2018年12月北京第1次印刷 印张 17¾

定价:56.00元